삼국시대의 중국(262년)

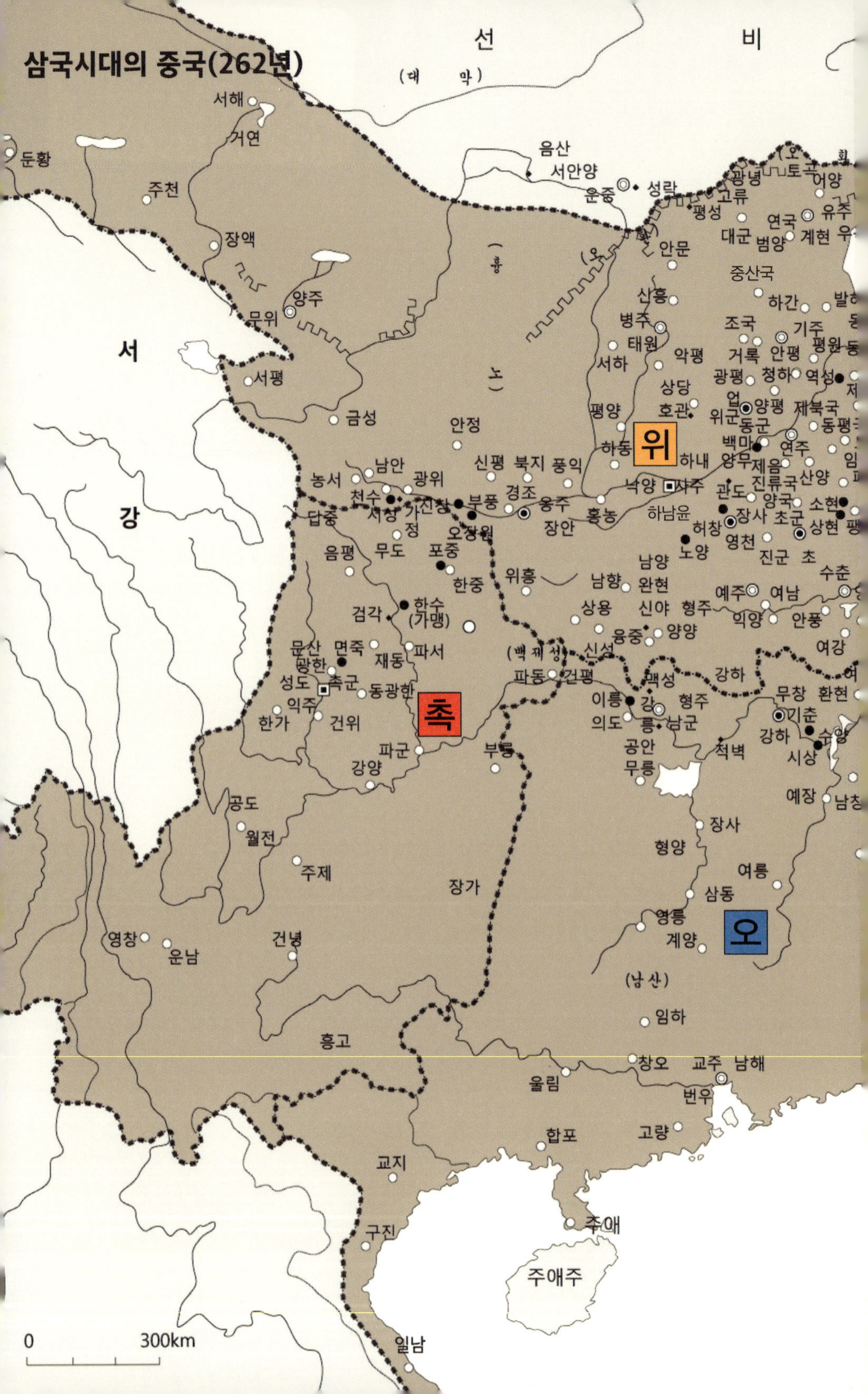

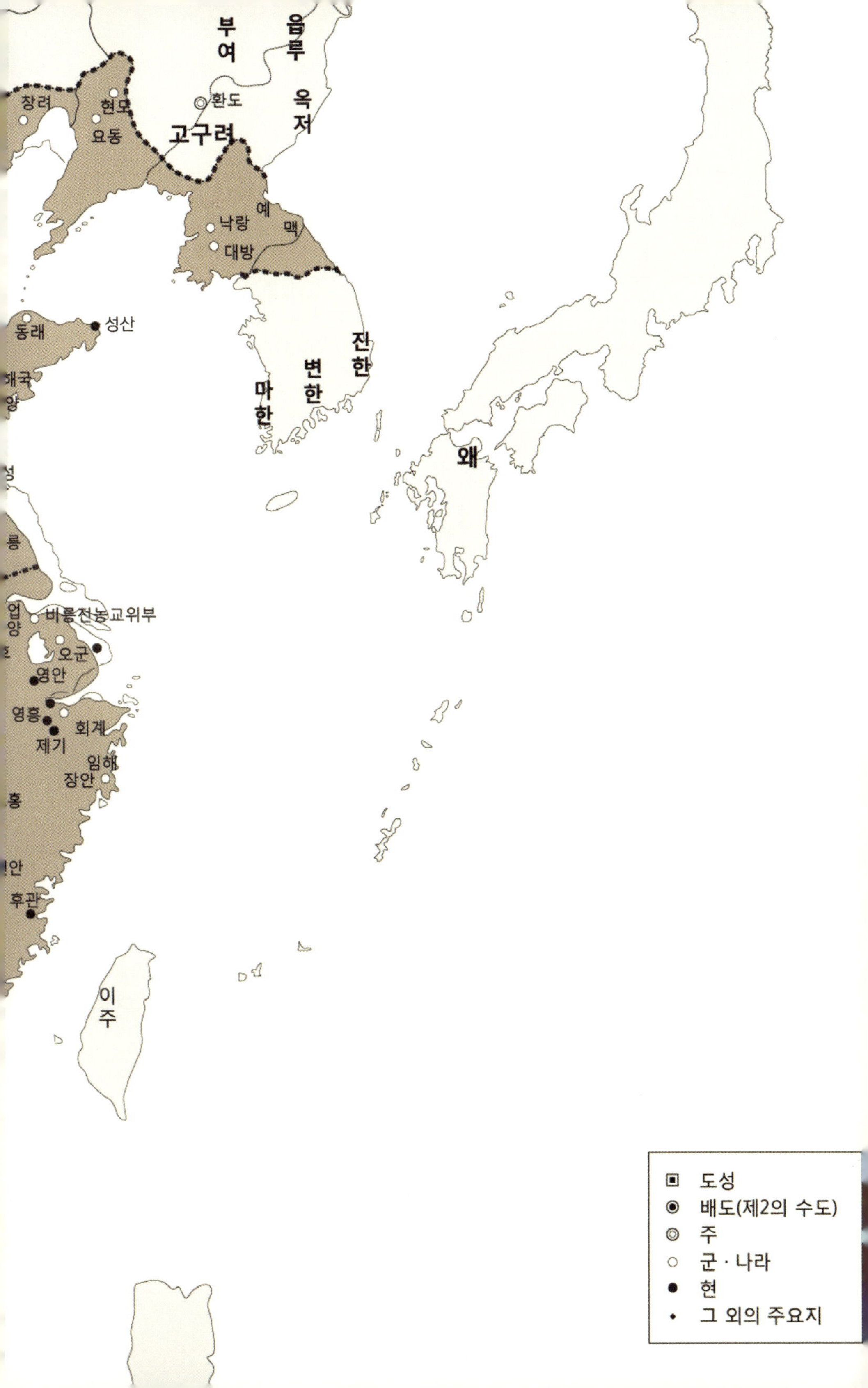

부여
읍루
옥저
환도
고구려
창려
현도
요동
낙랑
대방
예
맥
진한
변한
마한
동래
성산
왜
비릉전농교위부
오군
영안
영흥
회계
제기
임해
장안
후관
이주
도성
배도(제2의 수도)
주
군 · 나라
현
그 외의 주요지

고금 우리집 후록에 잠드신 조부모님, 부모님께 삼가 이 졸저를 올립니다.

삼국지 유비
한실 꿈 펼친
모신 무장들

한형수 저

박영사

저자 소개

한형수(韓亨洙)

아호: 고금(古今)

- 전북 장수 출생
- 고려대학교 사회학과 및 동대학원 졸업(문학박사)
- 전북대학교 사회학과 전임강사
- 서울시립대학교 사회복지학과 교수, 교무처장, 도시과학대학 학장, 도시과학대학원 원장, 세무전문대학원 원장
- 한국사회복지정책학회 회장, 한국노년학회 회장
- 보건복지부 저출산고령사회위원회 위원
- 서울특별시 사회복지위원회 위원장
- 현재 서울시립대학교 명예교수

• 1992년부터 《삼국지를 사랑하는 교수들의 모임》의 삼국지 세미나 20여 년간 주도적 참여.
• 2015년 중국어문연구회 · 고려대학교 중국학연구소 주최
기획주제 《삼국지연의 과거 · 현재 · 미래》 학술대회에서 "삼국지에 나타난 인물 관우의 성격" 논문 발표.
• "삼국지에 나타난 인물 관우의 성격" 《중국학 논총》 제49집 논문 게재.
• 저서: 《삼국지 군웅할거 인물론》, 홍문관, 2017.

삼국지 유비 한실 꿈 펼친 모신 무장들

초판발행 2025년 11월 4일

지은이 한형수
펴낸이 안종만 · 안상준

편 집 김다혜
기획/마케팅 장규식
표지디자인 BEN STORY
제 작 고철민 · 김원표

펴낸곳 (주) 박영사
서울특별시 금천구 가산디지털2로 53, 210호(가산동, 한라시그마밸리)
등록 1959. 3. 11. 제300-1959-1호(倫)
전 화 02)733-6771
f a x 02)736-4818
e-mail pys@pybook.co.kr
homepage www.pybook.co.kr
ISBN 979-11-303-2279-7 03910

정 가 29,000원

머리말

나는 덕유산 자락의 시골 마을에서 나서 조부모님과 부모님 슬하에서 엄한 교육을 받으면서도 자애로운 사랑을 받고 초등학교를 다녔다. 도청 소재지가 있는 큰 도시의 중학교에 진학하게 되었는데, 무척이나 외롭고 고향집 생각이 하루도 떠나지 않는 나날이었다. 학교 수업이 좀 일찍 끝나는 날에는, 나는 하숙집 가까이에 있는 도립도서관에 달려가서 문학전집에서부터 대중소설까지 닥치는 대로 읽으면서 우리집 생각을 달래곤 하였다. 그러던 중 중국의 4대 기서라 하는 〈서유기〉, 〈수호지〉, 〈금병매〉, 그리고 〈삼국지〉에 눈길이 가게 되었다. 〈서유기〉는 허황된 상상의 이야기이고, 〈수호지〉는 양산박 의적들의 이야기로 매우 흥미진진하였다. 〈금병매〉도 있을 법한 인간의 이야기였지만, 〈삼국지〉에는 충의의 교훈이 있고 삶의 지혜가 담겨 있어 그 읽는 재미는 단연 으뜸이라 여겨졌다. 한번 손에 잡으면 다 읽을 때까지 놓지 않게 되는, 단순한 재미 이상의 마력이 있었다.

나는 그때 여러 종류의 〈삼국지〉를 거의 다 읽었는데, 특히 그중에서 1954년에 정음사가 펴낸 전 10권으로 된 〈삼국지〉를 되풀이해서 읽었다. 당시 책자에는 번역 및 발행인이 최영해로 되어 있었는데, 그 후 오래 지나서야 원 번역자가 구보 박태원이었고 약 반 정도 번역한 상태에서 그가 월북하여, 최영해 발행인이 그 문체로 마무리했다는 사실을 알게 되었다. 아무튼 그 번역의 문체가 무척이나 마음에 들어서 이를 읽느라고 하숙방에서 밤을 지새우던 날이 하루 이틀이 아니었다. 지금도 생생하게 기억하건대, 도서관에서 〈삼국지〉를 대출받아 대나무

숲 벤치에서 깊이 탐독하고 있을 때 바람이 불어 대나무 잎이 흔들렸다. 바로 이때, '역사는 흐른다'는 생각이 머리를 스쳤던 기억은 어제 일처럼 지금도 생생하다.

고등학교에 진학하여 1학년 때, 가정 형편으로 일 년 휴학하게 되어 나는 조부님의 말씀을 따라 1년 동안 고향에서 서당을 다니게 되었다. 거기서 강지江贄의 〈통감절요〉를 배웠는데 권20에서 권26까지가 삼국시대 역사였고 앞서의 중학교 때 읽은 〈삼국지〉는 기실 나관중羅貫中의 〈삼국지연의〉라고 불리는 소설임을 알게 되었다. 대학 1, 2학년 때, 대학, 중용, 논어, 맹자와 시경 교과목을 이수하면서 자연스럽게 한문 원전에 가까워졌고 삼국시대의 역사서인 진수陳壽의 〈삼국지〉를 탐독하게 되었다. 대학, 대학원을 마치고 그 후 교수로 재임할 당시에는 전공 분야인 사회과학 영역의 연구와 강의로 하루하루가 채워지면서, 〈삼국지〉와는 상당한 거리를 두는 세월이 흘러갔다.

그러다가 1992년 우연히 몇몇 교수들과 관악산 등산을 하면서 〈삼국지〉 이야기를 나누게 되었다. 이는 '삼국지를 사랑하는 교수들의 모임'으로 이어졌고, 동호인들의 상당한 호응 가운데 춘하추동으로 정례적인 '삼국지 세미나'가 20여 년간 진행되었다. 나는 여기에 주도적으로 참여하면서 나 스스로 〈삼국지 배송지裴松之 주〉와 범엽范曄의 〈후한서 본기〉, 그중에 〈삼국지〉 인물과 겹쳐지게 입전된 〈후한서 열전〉 13명의 인물을 깊이 탐독하게 되었다. 이어 사마광司馬光의 〈자치통감〉 권55 제1차 당고의 화에서 권81 진晉나라의 천하통일까지, 그리고 방현령房玄齡 〈진서〉의 선제기, 두예전, 왕준전을 깊이 있게 파고들게 되었다.

중학교 시절 도서관 대나무 숲에서 소설 〈삼국지연의〉를 읽을 때 떠올랐던 '역사는 흐른다'는 문제의식에서 이제는 역사 〈삼국지〉를 통해 1,800년 전 약 1세기에 걸친 긴 전란의 '삼국시대를 이끌어가는 추동력은 무엇인가'라는 테제에 나의 모든 관심이 집중되었다.

일찍이 〈삼국지〉의 삼국시대 제갈량諸葛亮은 융중대에서 "조조를 원소와 비교해 보면, 명성은 희미하고 병력은 적었지만 마침내 조조가 원소를 무찌르고 약자에서 강자가 될 수 있었던 까닭은 오로지 천시天時 때문만이 아니라 인모人謀에 의지했기 때문이다."라고 말한 바 있다. 결국 역사를 이끌어 가는 추동력은 인간의 의지 작용이라는 것이다. 또한 모택동毛澤東은 그의 〈지구전을 논함〉에서 "의식적 능동성은 인간 특유의 특성이다. 이 특성은 전쟁에서 두드러지게 나타난다. 분명히 승패는 전쟁을 수행하는 쌍방의 고유한 일련의 조건들 전체에 의해 결정된다. 하지만 이 조건들은 승패의 가능성을 결정할 뿐이며, 승패에 대한 결정을 초래하는 데에는 전쟁에서의 의식적 능동성이 필요하다."라고 갈파하고 있다.

이와 같은 역사 변동의 패러다임에서 후한 왕조가 무너지고, 〈삼국지〉의 삼국시대 약 100년 동안 격동하는 난세에 접어들면서 군웅할거 시대를 거쳐 마침내 위魏, 촉蜀, 오吳의 삼국정립으로 압축되고, 그 세 나라는 각기 주군과 모신, 무장들의 '의지와 계책'이라는 추동력을 다해 천하통일을 향한 쟁패를 펼쳐나간다. 파란만장하게 역사에 수놓아진 이 인물들의 역사 대서사시를 본서 〈삼국지 인물론〉 연작물에서 한 올 한 올 풀어 펼쳐나가려고 한다.

모택동은 〈심원춘 장사〉에서 "아, 광대무변하여라 / 묻노라 이 창망한 대지 위 / 인간의 모든 운명 주재하는 자 그 누구이던가"라며 역사의 추동력은 무엇인가라고 묻고, 이에 대해 〈심원춘 설〉에서 "모두가 흘러가 버린 일 / 정녕 영걸을 찾으려거든 / 오늘을 보아야 하리."라고 화답하고 있다.

〈삼국지〉의 삼국시대라고 하는 그 옛날古의 역사 추동력의 주술을 풀어낼 마법은 다름 아닌 여러분의 오늘날今이다. 나는 〈삼국지〉 텍스트의 역사 인식에서 진실로 고금의 만남의 접점을 찾아보고자 하며,

이 같은 지평이 본서의 독자들에게 조그마한 울림으로라도 다가간다면 더 바랄 나위가 없겠다.

2008년 3월 봄 눈발이 흩날리던 어느 날, 서울시민대학에서 〈삼국지와 삶의 세계〉 첫 강의를 시작하면서 동시에 〈삼국지 인물론〉 저술을 구상하게 되었다. 큰 설렘과 또한 두려움이 함께 하였다. 높은 산에 등산해 본 경험도 없이 세계 최고봉 에베레스트산을 등반하려는 계획으로 등산용품 가게에서 서성이는 심정이었다. 그동안 '미쳐야 미친다'는 말이 있듯이, 〈삼국지〉의 세계에 흠뻑 빠져 거의 8여 년이 된 2017년에 〈삼국지 인물론〉의 프롤로그라 할 〈삼국지 군웅할거 인물론〉을 출간한 바 있다. 〈삼국지〉 마니아를 대상으로 하는 〈삼국지〉 수준을 업그레이드했다는 격려도 받았으나 〈삼국지〉 인물들의 성격 분석을 다원적 프리즘으로 시도하다 보니 사료가 중복되는 등 첫 작품으로 미흡함도 적지 않았다. 그 후 또 만 8년이 지나 이제 〈삼국지 인물론〉의 본령이라고 할, 삼국정립의 양 대척점에 서있는 위魏와 촉蜀의 〈삼국지 조조 천하 꿈 펼친 모신 무장들〉과 〈삼국지 유비 한실 꿈 펼친 모신 무장들〉 등 두 권을 동시에 상재하게 되었다. 돌이켜보면 2008년 3월 〈삼국지 인물론〉 저술 구상 후, 〈삼국지〉의 세계에 미쳐 있었으나 해찰을 많이 하는 등 저자의 미흡함이 적지 않았는데, 이번에 상재하는 두 책자는 〈삼국지 인물론〉의 본령을 다루게 됨에 저자 나름대로는 쓰고 싶은 대로 힘껏 썼다는 속내를 표하면서 동학제현의 관심과 많은 질정을 바라는 바다.

오랜 집필 기간 동안 좌절하지 않게 꾸준히 힘이 되어 격려해 주신 선배, 친우, 후배님께 먼저 깊은 감사와, 아울러 〈삼국지와 삶의 세계〉 강좌에 참여하시며 세월을 함께 하신 회원님들께 감사의 말씀을 드린다. 또한 원고 정리에 수고를 아끼지 않은 서울시립대학교 사회복지학과 제자들에게 고마움을 전한다. 끝으로 본서의 출간을 기꺼이 맡아준 박영사 기획 · 마케팅, 편집 담당자 여러분의 노고에 감사를 드리고자 한다.

2025년 10월

고금재古今齋에서

저자 한 형 수

목차

제8장
아두 품고 적 대군을 돌파한 위기 관리의 장수 조운 / 425

제9장
양의와 후계 다투다가 반기를 든 것이 된 숙장 위연 / 465

제10장
북벌에 일로매진 촉의 명망 잡지 못한 최후 주자 강유 / 499

제1장

난세를 추동하는 인물들 삼국정립 펼치다

중국 대륙에서는 진秦 · 한漢의 통일 제국 시대를 거쳐, 196년간의 후한 왕조가 저물어 가면서 거의 1세기에 걸친 긴 전란의 분열 시대가 막을 연다. 이른바 난세에 접어들게 되면서 광대한 중국천하를 놓고 벌이는 많은 군웅들의 쟁패는 군웅할거시대를 열었고, 마침내 위魏의 조조曹操, 촉蜀의 유비劉備, 오吳의 손권孫權으로 삼국정립이 압축되어 그 세 나라는 모든 역량과 지략을 다해 천하통일을 향한 쟁패를 펼쳐나간다. 이 격동하는 난세를 추동하는 이들 개성 있는 여러 주군과 모신, 무장 인물들에 의해 파란만장하게 시대 정신의 흐름과 개인의 야망이 서로 밀고 밀리면서, 뒤 강물이 앞 강물을 밀어내듯이 역사는 도도하게 흘러가고 있었다.

1. 삼국시대는 이렇게 시작되었다

《삼국지》의 삼국시대 시작은, 일반적으로 중평 원년(184년)에 변방과 장강 이남을 제외한 전국 대다수 주에서 일어난 황건黃巾의 난에서부터 기원한다고 되어있다. 하지만 그보다 약 20년 전쯤 거슬러 환제 시기 연희 9년(166년)과 영제 시기 건녕 원년(168년)에 일어난 제1 · 2차 '당고黨錮의 화禍'에서부터 시작한다는 견해도 있다. 이 당고의 화는 환관 및 이에 아부하는 '탁류파'에 반대하여 그 기치를 높이 든 이른바 '청류파'로 불리는 청의를 내세우는 관료와, 사인士人들이 두 차례에 걸쳐 탄압을 받은 사건이었다. 이로부터 환관세력의 국정농단과 후한왕조의 붕괴가 서로 맞물려 들어가기 때문이다.

이후 '청류파'의 흐름을 이어받은 사람들은 여론의 힘을 얻어 '명사名士'로 불리게 되었고, 그들 상호 간에 인물 품평을 하면서 새로운 자율적 질서를 형성하고 있었다. 또한 명성 있는 '인물 품평의 명사'에게 평가받음으로써 새로운 인물이 '명사'층에 합류하게 되는 커다란 계기가 되었다. 월단평으로 유명한 허소에게 '치세의 능신, 난세의 간웅'으로 평가된 조조, 양양의 방덕공에게 각각 '와룡'과 '봉추'로 평가된 제갈량, 방통 등이 그러하다. 나중에 후한의 순숙, 순상, 진식, 이고, 이응, 노식, 진번, 두무, 공융, 유우, 왕윤, 원소, 원술, 유표 등을 비롯하여, 위나라의 순욱, 순유, 정욱, 곽가, 최염, 모개, 종요, 진군, 화흠, 왕랑, 두기, 사마의, 가규, 그밖에 촉나라의 허정, 법정, 장완, 비의, 이엄, 동화, 유파, 마량, 오나라의 장소, 장굉, 주유, 노숙, 고옹, 보즐, 제갈근, 육손 등이 '명사'로 일컬어지는 인물들이다. 이들은 그들이 그리는 이상적인 국가를 건설하기 위해 《삼국지》의 삼국시대를 움직이는 인물이 된다.

한편 본격적인 삼국시대의 개막을 알리는 역사적 사건은 중평 원년(184년) '황건의 난'이다. 후한왕조가 부정부패하게 되면서 크게 일어난 신흥 종교의 하나인 '태평도'의 교주 장각이 신도들을 규합하여 이들을 이끌고 '푸른 하늘이 이미 죽었으니 누런 하늘에 들어서리라'고 내걸며, 전국적으로 13개 주 가운데 8개 주에서 일제히 들고 일어난 봉기이다. 이때 금고(죄과로 인하여 벼슬길에 쓰지 아니함)에 처해 있었던 '청류파' 인사들이 해금되어 이른바 '명사'들과 함께 황건의 난 진압에 나서는데, 이것은 조정에서 '청류파' 인사들이 황건의 난을 일으킨 세력과 결탁하는 것을 크게 두려워했던 데에서 연유된 조치로 풀이된다. 또한 이와 동시에 각 주의 장관인 자사에게 군사권을 주어 목牧으로 개편하는데, 이때부터 여러 제후들은 독자적인 세력을 갖게 되어, 이리하여 조정의 지배는 점차 미약해지게 되며 국면은 바야흐로 군웅할거의 시대로 넘어가고 있었던 것이다.

2. 군웅할거에서 위·촉·오 삼국정립으로

중평 6년(189년) 영제가 죽고 열네 살의 소제가 즉위한다. 이때 외척인 대장군 하진이 이른바 십상시의 난으로 환관에게 살해되고, 그 궁중에 있던 2천여 명의 환관들도 원소, 원술 등에게 모두 주살되며 3천 명 군사를 이끌고 낙양에 들어온 동탁董卓이 조정의 정권을 장악하게 된다. 동탁은 하황후 소생인 소제를 폐위하여 홍농왕으로 삼고, 왕미인 소생인 아홉 살의 진류왕을 옹립한다. 바로 이 사람이 후한의 마지막 황제인 헌제獻帝이다.

당시 동탁의 국정 전횡과 횡포에 맞서 원소袁紹, 조조를 비롯한 관동의 각 주와 군에서는 제후들이 군대를 일으켜서, 초평 원년(190년) 동탁 타도의 기치를 내걸며 각각 수만의 군사를 거느리고 연합군을 결성한다. 동탁은 관동연합군의 맹추격을 받자 낙양을 불태우고 장안으로 천도를 하였는데, 반동탁연합군 측도 싸움이 장기 대치되자 이해관계가 서로 달라져 원소와 원술의 사이가 벌어지기 시작한다. 또한 유대가 교모를 살해하는 사건이 일어나는 등 연합군은 연합군대로 서로 분열하고 만다. 마침내 포학무도함이 극에 달한 동탁은 초평 3년(192년)에 왕윤과 여포呂布에 의해 살해되지만, 동탁의 잔당인 이각, 곽사가 양주병을 이끌고 장안을 습격하여 왕윤은 처형되고, 여포는 도망쳐 객장이 되기에 이른다.

한편, 원소와 원술의 골육상쟁도 격화되어 기주의 원소는 조조, 유표劉表와 결합하고, 회남의 원술은 손견, 공손찬公孫瓚과 각기 연합하여 하북 일대에 쟁패가 계속된다. 이때 오군에서 거병하여 황건의 난 진압에 기여한 손견은, 반동탁연합군이 와해되면서 유표를 공격하는 도중에 황조에게 전사하고 만다. 또한 연주의 조조가 서주의 도겸을 토벌하고 있는 사이에 조조 부하 진궁과 진류태수 장막이 여포를 연주목으로 맞아들인다. 이리하여 조조와 여포가 연주쟁탈전을 전개하고 있는 동안, 흥평 원년(194년) 서주의 도겸이 죽고 유비가 서주목을 계승하게 된다. 그러나 조조에게 패한 여포가 유비에게 의탁하고, 유비가 원술과 싸우고 있는 틈에 여포는 서주를 탈취하여 이번에는 유비가 조조에게 의탁하는 처지가 된다.

그래서 조조와 유비에 대항하여 원술과 여포의 연합군이 서로 다투게 된다. 조조는 건안 원년(196년) 헌제를 봉대하여 이른바 협천자挾天子하고 있었고, 원술은 분수에 맞지 않게 건안 2년(197년) 회남 수춘에서 스스로 황제라고 참칭하여 세간의 공공의 적이 되어 있었으므로 시류와 여론은 조조에게 유리하게 전개되어 갔다. 손견의 아들 손책은 이런 원술과 손을 끊게 되고, 조조는 원술과 여포를 분리시켜 공격, 결국 건안 3년(198년) 여포는 하비에서 사로잡고 건안 4년(199년) 원술의 북상을 저지시키니 차례로 패망하고 만다.

그런데 유비는 원술을 요격하겠다면서 조조에게서 탈신하여 서주를 점거하고 반조조기치를 들지만, 곧 패배하여 원소에게 의탁하게 된다. 원소는 이미 북방 유주의 공손찬을 토벌하여 기주, 청주, 유주, 병주 등 4주를 지배하여 하북의 제일주자였다. 그러나 건안 5년(200년) 원소는 백마, 관도에서 조조와 중원과 하북의 패권을 놓고 7년 전쟁을 치르게 되는데, 압도적인 전력의 우세에도 끝내 패하고 만다. 원소가 죽고 그 아들 원담, 원상 형제의 분열로 원씨는 이제 하북에서 멸망의 길을 걷게 된다. 한편 동오의 손책은 강동에 웅거, 조조와 원소가 싸우고 있는 사이에 허도를 습격하여 천자를 봉대하려고 하지만, 미처 실행에 옮기기 전에 오군 태수였던 허공의 가객의 손에 스물여섯 살에 죽는다. 그리하여 건안 5년(200년) 강동은 열아홉 살의 그의 동생 손권이 뒤를 잇게 되어, 강동 6군에 자리 잡아 한 축을 이루어 나간다.

건안 13년(208년) 형주의 유표가 죽고 그 뒤를 이은 유종은 남정하는 조조에게 주를 들어 바친다. 조조는 여세를 몰아 강동으로 원정을 밀어붙이다가, 건안 13년(208년) 적벽대전에서 유비와 손권의 연합군에게 패하여 천하통일의 꿈이 멀어지게 된다. 그 후 위국의 조조는 양주의 마초, 한중의 장로를 토벌하여 영토를 확장하고, 건안 19년(214년) 유비도 또한 익주목 유장을 굴복시켜 익주를 차지하게 된다. 이로부터 중국대륙에서 형주를 쟁패의 전초기지로 삼던 조조, 유비, 손권이라는 세 영웅이 점차 천하의 패권을 다투어 나가게 된다.

건안 24년(219년) 유비는 조조의 한중을 탈취하지만 대신 형주는 손권의 손에 떨어지고, 그때 관우도 양번전쟁에 패하여 죽고 만다. 황초원년(220년) 조조가 죽자 그의 아들 조비曹조는 후한 헌제로부터 선양받아 낙양에서 황제에 즉위하여 위나라로 왕조가 교체된다. 장무 원년(221년) 촉나라 유비가 성도에서 황제에 오르고 오나라 손권도 황룡 원년(229년)에 무창에서 황제로 등극하여 이제 정식으로 삼국시대가 도래한다.

《삼국지》의 주군과 모신 무장들의 사상 가치성향

01

1. 동양적 가치를 통한 인물 논의의 기준점: 사상과 시대

21세기에 접어들면서 아시아인 스스로 동아시아를 중심으로 한 '아시아적 가치(Asian Value)'에 대해 많은 관심을 보이고 있다. 주로 경제적인 성공과 연결하여 그 요인을 분석하려는 과정에서 접근한 서구의 경우와 달리, 아시아인들은 내재적인 정체성을 발견하려는 주체적인 움직임의 일환으로 이 문제를 다루는 경향이 있다.[1] 이러한 점에서 삼국시대의 인물론을 사상 가치성향의 측면에서 논의하기 전에 "동양적 가치란 무엇인가?" 또는, "동양적 가치가 존재할 수 있는가?"에 관한 진지한 문제 제기가 우선 선행될 필요가 있다. 만일 '동양적'이라는 말을 전제한다면, 이것은 가치에 지역성과 특수성을 인정해야 한다. 또한 동시에 이것은 '가치에도 지역과 간間지역, 보편과 특수의 두 측면이 존재한다'는 의미를 갖게 될 것이다.

여기서 우리가 논의의 출발점으로 삼을 수 있는 기준은 사상이다. 일반적으로 동서양 사상의 문제의식은 '대상에 관한 명증한 이해'와 '보다 더 나은 삶에 관한 추구'로 요약된다.[2] 서양은 유럽의 에게해

---

1) Tom Plate 저, 박세연 역(2013), 《마하티르와의 대화》, 알에이치코리아 참조.

(Aegean Sea)를 중심으로 유럽-아시아의 두 대륙에 걸친 상호교류로 발전하였으므로 동양에 비해 그 사상이 외부 환경의 인식에 관한 관심으로부터 출발하였다. 그에 비해 아시아는 첫째는 서양과 문화적으로 상호 영향을 활발하게 한 중앙아시아-인도이고, 둘째는 지역적 폐쇄성과 제한적 특성을 지녔던 동아시아로 구분된다. 이 중 우리가 논하고자 하는 중국 사상은 동아시아 문화권에서 배태되었다 하겠는데, 나이토 코난內藤湖南은 "중국 역사의 동아시아 문화권의 범주를 설정하면서 파미르, 티벳고원을 중심으로 펼쳐진 사방의 세계 가운데 인도, 중앙아시아, 페르시아 등 세 방면을 제외한 지리적 영역으로 한정하고 있다. 즉, 이 지역의 문화는 기본적으로 다른 지역의 영향에 의하여 형성된 것이 아니라 스스로의 문화형성을 통해 하나의 계통으로 연속된 역사를 형성하였다.

따라서 중국 내부에서 발생한 문화가 사방으로 파급되어 나간다는 운동의 방향을 인정할 수 있다. 즉, 중국문화의 영향이 주변의 문화적 자각을 촉진한 결과, 중국 내부에 대한 반작용이 생겼다. 이 작용과 반작용이 반복된 결과, 중국 문화의 시대적인 특색이 형성되었다는 것이다."[3] 이러한 점에서 '보다 나은 삶'이라는 것 역시 동아시아 문화권은 내재적이라는 점에서 서양과 확실히 다르다고 하겠는데, 이것은 가장 이상적으로 여기는 가치를 어떻게 접근하느냐에 따라 나타나는 것이다.

이에 그치지 않고 한 가지 기준을 더 제시한다면 그것은 바로 시대상황이다. 중국 역사는 여러 왕조를 거치면서 시대적으로 상당한 사상적 차이를 보여 왔다. 제자백가가 사상적으로 만개했던 춘추전국시대

---

2) 이승환(2007), 「총론: 동양사상과 리더십」, 〈오늘의 동양사상〉, 제17호 가을/겨울, 예문동양사상연구원, 61쪽.

3) 나이토 코난內藤湖南(1934), 《支那上古史》, 京都大學 참조.

이후, 통일왕조들은 거대한 제국을 통합시킬 사상을 구축하는 데 주력하였다.[4] 그 시도로 이루어진 첫 번째 종합적 산물이 한漢 문화이다. 오늘날 중국인들이 스스로 한족漢族이라고 부르는 데에서 확인할 수 있듯이, 한 왕조는 중국 문화의 원형으로 여겨질 만큼 후대에 지대한 영향을 끼친 시대였다. 우리가 다루게 되는 삼국지의 무대인 삼국시대도 크게 볼 때, 이러한 한 문화의 범주에 속해있음은 두말할 나위도 없다.

2. 삼국지의 사상: 한漢 과도기에서 출현된 합작품

한 문화의 시작은 전한의 무제로부터 거슬러 올라간다. 이 시기에 협의적 의미에서 한왕조의 이념과 가치 등 사상적 기반이 일정하게 제도화되고 체계화되었음이 두드러지게 나타난 것이다. 한 무제는 황제로 등극하면서, 당시 등태후에 의해 오랫동안 보호를 받았던 황로학파를 밀어내고, 유학자들을 적극 기용하려 하였다. 바로 이 시점에 등장한 사람이 동중서董仲舒였다. 한 무제의 '책문' 즉 질문에 대한 '대책對策' 즉 '회답'을 통해 그 이전 시기보다 더 적극적으로 유학을 차용하도록 주청하였다. 한 무제는 동중서의 제안에 따라 유학을 국교로 채택하면서 다른 사상들을 강하게 억누르게 된다. 이러한 한무제의 노력은, 전한·후한에 걸친 한조 정권에 유학儒學이 사상적 중추가 될 수 있는 결실을 가져오게 그 단초를 제공하였다.

《삼국지》의 삼국시대는 한나라의 통일왕조 붕괴로 인해 출현한 과도기였다. 그러기에 이 시기에는 양한兩漢 시대의 영향과 새로운 시대로 이행하려는 추동력의 인자들이 동시에 출현한 것은 당연하다 할 것

4) 물론 이전 삼대三代로 불리는 하夏, 은殷, 주周 역시 문화적 특징을 갖추고 있는 것으로 추정되나, 가장 시대적으로 가까운 주를 제외하면 정확히 어떠했는지 확인할 사료가 부족하다. 따라서 전 제국을 통합할 사상적 바탕을 구축하는 작업은 공식적으로 한漢 이후로 생각할 것이다.

이다. 기존의 유가儒家는 물론 다른 사상들이 뒤섞일 수밖에 없었던 것이고, 이로 인한 다양한 가치성향들이 파생될 것임은 자명한 이치이다. 따라서 삼국시대 인물의 사상 가치성향을 살피는 데 있어서는, 유가적 인물형이 지닌 특성이 가장 근간을 이루고 있다고 하겠다.

유가는 예외 없이 인의와 충효를 인간성의 중요한 기준으로 제시한다. 한대 유학이 독존적 지위를 얻은 이후, 이러한 면은 더욱 강화되어 나타난다. 효렴孝廉의 기준을 충량방정忠良方正(충성스럽고 선량하여 하는 일이 바르고 점잖음)으로 정한 것도, 바로 이러한 유학의 영향을 보여주는 한 증거이다. 여기에 유가는 한 무제 이후 내조內朝 중심의 정치를 시행한 것에 반발하여, 이른바 하늘이 노하게 된다는 천견天譴(하늘에서 꾸짖음)을 앞세운 재이災異(재앙이 되는 괴이한 일)와 참위讖緯(미래의 길흉화복의 조짐이나 그에 대한 예언)를 중시, 이를 외조外朝의 명분으로 삼아 균형을 도모하였다.[5] 이러한 면모는 삼국정립이 이뤄지기 직전인 후한 말엽의 시대상에서도 잘 드러나고 있다.

> **경사(장안)에 지진이 나자 동탁은 채옹에게 또 물었다. 채옹이 대답하였다. "땅이 진동하는 것은 음기가 성한 때문이며 대신이 법제를 뛰어 넘어섰기 때문에 일어나는 것입니다. 공이 청개거(천자의 수레)를 타시니 멀고 가까운 곳에서 모두 이를 마땅치 않게 여기고 있습니다." 동탁이 이를 좇아 금화조개거(금으로 꾸며진 검은 일산의**

5) 풍우란에 따르면, 전한의 경사들은 음양가의 언설을 차용하였으며, 금문학파今文學派가 대체로 이러한 경향으로 기울었다고 설명한다. 그러므로 한유漢儒들은 재이와 정치를 깊이 연관시켰다. 또한 순자학荀子學의 지대한 영향으로 진한秦漢 사이에 파괴된 경전의 복원과 함께 예학이 발전하여 크게 고례古禮, 예용禮容, 한의漢儀의 3가지 계통으로 자리 잡았던 것으로 보인다. 고례는 제齊·노魯 지역에서 전승된 것이고, 예용은 노魯의 고당생高堂生, 서생徐生 일파에 의해 발전하였으며, 한의는 진의秦儀를 감본으로 하여 정리한 숙손통叔孫通을 필두로 한다. (馮友蘭 저, 박성규 역, 1999, 《중국철학사(하)》, 까치, 10쪽. 김용천, 2007, 《전한후기 예제담론》, 선인, 43~44쪽 참조.)

수레)를 탔다. 《삼국지 위서 동탁전/배송지 주, 헌제기》

후한 말엽, 황건의 난이 겨우 진정된 국면에 접어들었지만 조정은 그야말로 혼란이 극에 달했다. 난세를 틈타 독자세력을 꾀한 군웅들이 대거 출현하기 시작했는데, 여기서 가장 먼저 독보적 행보를 펼친 인물은 서량 출신의 군웅 동탁이었다. 그가 입조入朝를 계기로 천자를 폐립하면서 국정을 농단하게 되자, 이를 두고 조야는 아연하지 않을 수 없었다.

당대의 명사였던 채옹이 천도 후 발생했던 지진에 대해 그 원인이 동탁의 행동에 있다고 지적하게 되는 것은, 이는 일종의 재이설과 무관치 않다. 양한 당시의 유학은, 음양가陰陽家의 영향과 참위, 재이, 그리고 상수象數(《주역》괘卦에 나타난 형상과 변화를 말함) 등이 뒤섞인 채 잡다한 성격을 가지고 있었다. 더욱이 유학이 장기적으로 한漢의 관학官學으로서 자리를 잡았으므로, 여론 주도층과 백성을 설득하기 위해 재이에 의한 정당화는 매우 중요한 것이었다.[6] 즉, 일종의 미신이라고 볼 수 있는 요소가 유가와 전혀 무관치 않다는 것이다. 이러한 점은 유가적 인물형의 특징을 설명하는 데 있어 고려해야 할 부분이다.

그러나 유가사상이 주조를 이루어온 한대에서는, 무엇보다 이상적인 군왕이나 지도자는 인정仁政의 시행 여부로 묘사되기도 한다. 사서에 기록된 유비의 행적은, 특히 그 점을 잘 보여주는 좋은 사례가 된다.

6) 《자치통감》에 따르면, 좌중랑장 이복李伏과 태사승 허지許芝가 "위나라가 응당 한나라를 대신해야 한다는 징험이 도위圖緯에 나타나고 있다."며 찬탈을 정당화하거나, 일식을 이유로 태위의 파면을 요청함에 조비가 "재이는 원수元首를 견책하려는 것이다."라고 말하는 대목이 있다. 또한 장번張璠의 《한기》에서도 "시중 태사령 왕립王立이 한 위 왕조의 교체를 하늘의 운행에 빗대어 설명하거나 《위략》에서 진군陳羣과 환계桓階가 경위經緯와 도참을 근거로 선양을 권유한다."는 대목이 있다. 이 또한 상수나 재이가 국정의 결정에 영향을 미쳤다는 것을 보여주고 있다.

유평이 자객으로 하여금 유비를 찔러 죽이게 하였는데, 유비는 (그 사실을) 알지 못하고 자객을 심히 후대하였다. (이에) 자객이 그 사실을 털어놓고 떠났다. 이때 사람들이 굶주리자 무리 지어 노략질하고 다니며 폭력을 일삼았다. 유비가 밖으로는 도적으로 인한 어려움을 막고 안으로는 재물을 넉넉히 베풀었다. 신분이 낮은 사인들과도 반드시 자리를 같이하고 같은 식기로 먹으며 여러 총중에서 특별히 가리는 바가 없었다. (이에) 무리들이 많이 그에게 귀부하였다. 《삼국지 촉서 선주전/배송지 주, 위서》

《삼국지》에서 흔히 유비를 두고 가장 대표적인 인의의 인물로 꼽는다. 이 점은 《경서》에서도 세밀하게 묘사되는데, 맹자가 말한 바와 같이 "가까운 사람을 가까이하고" "백성과 더불어 즐거움을 함께 할 수 있는"[7] 인물은 전형적인 유가의 성인聖人이다. 이러한 점에서 유가적 인물형으로 판단할 수 있는 첫째 근거는, 바로 인의와 충효를 행위의 원칙으로 실천하는가에 있다. 지도자로서 자신의 정치를 이에 근거하려고 노력한다면, 그는 유가적인 성향을 많이 보여준다고 할 수 있다. 유학은 당시 양한의 사상적 주류이자 관학이었으므로 이러한 행위를 보여주는 인물은 복고적이라고도 할 수 있다.

또한 유가적 인물형은 '소통'의 면모를 통해서 드러나기도 한다.

제갈량이 후에 승상이 되자 아랫사람들에게 교서를 내리며 말했다. "무릇 각기 직무를 맡은 자는 사람들의 의견을 모으고 주군에게 충성스럽고 이로운 의견을 널리 받아들이도록 하라." 《삼국지 촉서 동화전》

---

7) "老吾老, 以及人之老; 幼吾幼, 以及人之幼", "古之人與民偕樂, 故能樂也"《맹자孟子》「양혜왕(상)」.

제갈량의 법가적인 성격을 보여주는 것으로 자주 이야기되지만, 그의 통치 방식은 일반적으로 소통을 중심으로 하여 이루어지고 있다. 이것은 교령敎令을 통하여 그의 행위 원칙을 분명하게 보여주는 실례라고 할 수 있다. 관용을 되도록 적게 하고 엄정한 기강을 강조하는 것이 다소 있기는 하나, 제갈량은 기본적으로 인치人治를 매우 중시하고 있었다. 법치는 소통을 통치에 걸림돌이 되는 것으로 판단하기 때문이다. 이러한 점에서 제갈량 역시 기본적으로 유비와 마찬가지로, 유가의 통치 이념을 자신의 정치에 도입하고 있으며 유가적 인물형의 한 모습을 보여준다. 이렇듯 인애와 의리를 행위의 중요한 원칙으로 삼고 실천하며, 아랫사람들과 소통하여 통치의 원활한 방식을 교류하는 점에서 유가적 인물형으로 볼 수 있다.

그러나 단지 참위설이나 재이를 언급한다고 해서 유가적 일면이라고 말할 수는 없다. 처음 한대 유가의 특성으로 이러한 잡학의 성격을 언급한 이유가 여기에 있다. 또한 교령에서 유가의 경전을 언급하거나, 상주문에서 그러한 것도 마찬가지이다. 교양으로 배워서 유학을 '아는 것'과, 행위로 그 원칙을 '실천하는 것'은 엄연히 다르다. 더불어 비록 이 원칙에 가까운 행위를 보였다고 해도 일관되게 실천하지 못하는 경우도 마찬가지이다. 조조 역시 교령에 유가의 경전을 자주 언급하고 널리 자문을 구하려고 노력하기는 하나, 의심이 많은 성격인 탓으로 오히려 자신이 주도하는 방식에 맞추기를 더 바라는 인간형이다. 특히 여러 갈래로 자신의 신하들을 자주 시험하는 모습은, 전형적인 '불통不通'의 형태이다. 이러한 인간형은 유가보다는, 오히려 법가에서 지향하는 제왕의 모습에 더 가깝다고 말할 수 있을 것이다.

그렇다면 법가적 인물형은 어떻게 이해해야 하는가? 알다시피 법가주의가 중추를 이루었던 왕조는 전국시대를 통일한 진秦 제국이었다. 그러나 진나라가 멸망하고 한왕조가 수립되면서, 그 초기의 대부분 지식인들은 진나라의 법치를 부정적으로 평가했다. 이러한 점에서 한의 지식인들은 법가가 중시한 엄형嚴刑보다는, 유가의 덕치를 이상적으로 여기는 경향이 강했다. 예컨대 유비가 서촉을 평정한 이후, 촉한의 법전인 촉과蜀科를 제정하는 과정에서 법정이 유방의 약법삼장約法三章을 근거로 제갈량과 이견을 보였던 것이 그 증거이다. 비록 촉과가 촉한에서 장기간에 걸쳐 시행한 온건한 통치의 반동이었으나, 반유장파였던 법정마저 관대한 정치를 추구했다는 점은, 앞서의 양한兩漢 지식인의 관점을 잘 보여주는 것이다.

한대의 지식인들에 있어 엄형은 올바르지 못한 통치의 전형이었으며, 이와 대비되는 관용을 권장하는 것이 일반적이었다. 제갈량이 이따금 사면 등의 문제와 관련해 사인士人들의 주장을 비판하거나 법의 공정함을 주장하는 것도 같은 맥락이다. 그 점은 당시 지식인층이 엄형에 부정적이었다는 방증인 것이다. 이러한 점에서, 법가적 성향의 일면이 드러나 보이기도 하는 조조나 제갈량의 경우는 좀 색다르다고 할 수 있다. 그러나 이는 법가사상에 대한 전면적 동조였다기보다, 당시의 사회적 퇴락에서 그 원인을 찾아야 할 것이다. 즉, 조조의 경우는 법가의 사상적 토대 위에 유가적 치술을 모색한 것으로 봐야 하는 이른바 외유내법外儒內法이며, 제갈량의 경우는 그와 달리 유가의 사상적 토대 위에서 법가적 치술을 찾으려는 외법내유外法內儒라 할 것이다.

기실 난세를 초래하던 후한말 당시 사회적 모순은 심각했다. 호강豪强 지주집단은 거대한 장원과 사병의 소유, 천거를 통한 중앙 권력과의 결탁, 고리故吏의 양산에 따른 관권官權의 사유화까지 당시 그들의 전횡과 부패는 극에 달해 있었다. 일례로 원소만 해도 그 가문의 고리인 한복을 제압하고 기주를 탈취하는 등, 사유화된 관권을 농단하는 일이 비일비재하였다. 법가적 성향의 일면을 보이는 인물 등장은 400년이라는 장구한 양한 기간 동안, 점차적으로 쇠잔해진 황권과 문란해진 기득권층의 부패에 대한 반동이었다. 그러나 뚜렷하게 그들 스스로 법술을 유가에 대체할 만한 새로운 사상으로 받아들인 것은 아니었다. 가령 조조를 계승한 조비가 위나라 새 왕조 개창의 정당성을 부여하고자 선양을 거치면서도 재이설을 동원한 것은, 한대의 뿌리 깊은 유가사상적 토대를 벗어나기 어려웠음을 보여준다.

결국 법가는 이미 진秦의 실패로 인해 국가 지도이념으로 그 동력을 상실했으며, 유가와 도가에 일부 빗대어 제왕학과 엄형주의의 형태로 잔존한 것으로 보인다. 특히 삼국시대를 전후한 당시 사회상의 부패와 타락은, 이의 필요성을 강하게 불러일으킨 것이다. 그러나 그것이 법가를 다시 제도권 안으로 끌어들여 주된 영향력을 갖도록 동력을 이룬 것은 아니었다. 법가적 인물형은, 앞선 유가, 도가의 두 가지 사회적 지도이념 안에서 통치 방식의 대안을 찾으려는 한 형태로 함께 나타난 것이다. 이에 조조나 제갈량 같은 사회개혁적 성향의 인사들은 일부 그런 모습을 보여주었을 따름이며, 일부 무장이나 관리들이 엄형을 사용한 것도 이와 같은 맥락이다. 그들은 당시대 사회적 모순을 깊이 절감하고 변화를 추구하며, 이를 개선할 목적으로 법치를 도입하려 한 것이다. 그런 점에서, 당시대에 분명한 법가적 인물형에 속하는 경우는 드물 것으로 여겨진다.

삼국시대 말엽에 등장한 새로운 풍조는, 기존의 사상과는 완연히 색다른 면모를 나타내게 된다. 세상사에 대한 무관심이나 온갖 기행奇行 등을 펼치는 사풍士風(선비의 풍도)이 그러한데, 이는 도가와 관련성이 깊다. 이 시기에 드러난 도가적 풍조는 기실 그 출발점부터 원래의 도가의 태생과 매우 다르게 출발하였다. 노장老莊으로 대표되는 원시도가는, 청정무위淸淨無爲와 자연을 근간으로 인위와 스스로 구별되는 소국과민小國寡民의 '작은 국가'를 지향하였다. 이것은 춘추전국시대 당시의 경향과 전혀 다르게 배치되는 것이었다. 동시에 노자의 사상 안에는 어느 정도 정치에 관한 관심과 인식도 일부 드러난다. 여기서 도가의 가르침은 두 가지 형태로 반영되는데, 그것이 법가의 한비자韓非子와 황로학黃老學이라 하겠다. 모두 무위의 정치를 설파하지만, 법가와 달리 황로학은 휴양을 중시하고 있다.

한나라 초기, 오랜 전란 끝에 새로이 열린 왕조의 이념으로 자리 잡게 된 것은 바로 황로학이었다. 그것은 법가, 그중에서도 한비자의 통치 이념이 실행된 진秦의 단명과 그로 인한 장기적 내란 때문이었다. 이후 한 무제의 등장까지 약 70년 동안, 황로학은 한의 통치 이념으로 영향을 미쳤다.

그 뒤 후한 말부터 위진남북조시대까지 장기간에 걸쳐 도교가 영향을 드리우게 된다. 도교가 역사의 전면에서 정치적 행동을 보여준 것은, 태평교도에 의한 소위 '황건의 난'이다. 중평 원년(184년) 태평도의 교주 장각은 전국에서 8주州에 걸쳐 수십만의 신도가 1만 명 내외를 단위로 하는 36방方으로 거대한 조직을 만든 뒤, 관청을 불태우고 마을들을 공략하면서 한나라 왕실을 뒤엎으려는 대대적인 일체봉기를 일으킨다.[8)]

그런가 하면 이와 같은 무렵 삼장三張으로 불리는 단일 교주에 의해 지도된 천사도는, 한중, 파, 촉지방을 중심으로 상호부조적인 종교집단으로 뿌리내려 소규모의 정치 세력화에 성공, 군웅으로 세상에 모습을 드러내기도 한다.[9)] 특히 천사도는 조조에 의해 한중이 병탄된 뒤

8) 와덕충窪德忠, 서순장西順藏 등이 엮은 《중국종교사》에 따르면, 태평도의 연원은 후한 순제(125~144) 당시 낭야의 관숭官嵩이 스승 우길于吉로부터 받은 《태평청령서》 170권을 올린 일과 환제(146~167) 당시 습음隰陰의 양해襄楷도 같은 책을 올렸다는 기록에 근거한다. 장각張角의 태평도는 바로 이 책에서 교법을 창시한 것이며, 오늘날 《도장道藏》에 수록된 《태평경》은 그 후신이라고 한다. 장각은 10년 만에 13주 중 8주에 36만의 신도를 양성한 뒤, 교세의 성세에 따른 중앙 전제국가의 탄압을 받으면서 군대와 유사한 조직을 구축, 반란을 꾀한 것으로 설명한다. (와덕충 · 서순장 저, 조성을 역, 2002, 《중국종교사》, 한울아카데미, 42~43쪽.)

교주 장로를 포함한 지도집단이 작위를 받아 위魏의 지배층으로 흡수되고, 그들의 교리 또한 위魏에 흡수될 때까지 장구하게 유지된다.[10] 이후 교주 일가는 종단과 분리되고 중간관리자인 도관道官 중심으로 재편되었지만, 그 영향력은 오히려 강해지게 된다. 그 뒤 남북조시대의 북위北魏에 들어와 신천사도로 재편된 것 역시, 그러한 바탕에서 가능했던 것이다.[11]

이러한 도교와 별도로, 위진 교체기에 신도가로 명명된 노장 계통의 학자군도 있다. 이는 한초에 영향을 미친 황로학의 잔영으로서[12], 이들은 위나라 정시 연간 조방의 치세 전후를 기준으로 구분할 수 있다. 그것은 하안, 왕필 등을 중심으로 하는 조상 정권의 핵심 세력과, 위진 교체기의 지식인층이다.[13] 정시 초의 조상 정권 내 인사들은 이른바

---

9) 《중국종교사》에 따르면, 천사도는 도道를 받는 자에게 쌀 5두斗를 받았다고 해서 '오두미교五斗米教'로 불리며, 순제와 환제 당시 촉의 학명산鶴鳴山에서 수도한 장릉張陵을 초대 교주로 한다는 점에서 태평도와 활동시기가 겹친다. '삼장三張'이라는 호칭은 장릉 사후 아들 장형張衡, 손자 장로張魯가 계승한 데서 유래하며, 천사란 이름도 장릉을 부른 호칭에서 유래한 것이며 장형은 사사嗣師, 장로는 계사系師라 이른다. 그 외 이 교단 내 장수張修라는 인물도 보이지만 장형의 와전이라는 설도 있어 확인하기 어렵다. (와덕충 · 서순장 저, 조성을 역, 2002, 전게서, 44쪽.)

10) 와덕충 · 서순장 저, 조성을 역, 2002, 전게서, 58쪽.

11) 이것은 위나라로 병합한 이후 등장한 신新천사도의 지도자인 구겸지寇謙之에 관한 일화에서 확인할 수 있다. 그에 따르면, 북위北魏 신서 2년(415년) 태상노군太上老君이 구겸지에게 "천사 장릉이 세상을 떠난 이래 지상에 적임자가 없었는데 이제 비로소 네게 천사의 지위를 주고 《운중음송신과지계》 20권을 내린다."는 계시를 받았다고 한다. 또한 계시 안에 "삼장三張의 거짓 법인 조미租米 전세錢稅 및 남녀 합기合氣의 술術을 제거하라!"라고 말해 삼장으로부터 독립하였음을 분명히 하고 있다. 와덕충 등은 이로부터 "오두미교의 전통 일부를 버림과 동시에 신선 사상과 불교를 아울러 섭취하여 예도를 으뜸으로 한다."고 하여 도교의 왕법화王法化로 이해한다. (와덕충 · 서순장 저, 조성을 역, 2002, 전게서, 58쪽과 62~63쪽.)

12) 풍우란은 참위의 전성기를 주도한 금문경학 중심의 유가에 대한 진일보한 반동으로 도가 학설의 부흥을 들고 있다. 특히 이러한 신도가는 위진 교체기와 서진을 거쳐 남북조시대까지 영향을 미친다. 물론 도가의 실질적인 부흥으로만 본다면 이 시기에 해당한다고 볼 수 있다. 그러나 한대 초에 정책적으로 황로학이 도입되고 70년 동안 한의 정치 이념으로 자리 잡은 점을 간과해서는 안 된다. 따라서, 전한 초 70년을 유가와 도가의 정치적 투쟁기간으로 보기도 한다.

'무無'를 중시하는 사상인 본무론本無論을 이념으로 하는 적극적인 사회 개혁 세력이었으나, 반동적 쿠데타인 고평황릉의 사변으로 모두 제거되었다. 이후 위진 교체기로 갈수록 현실에 염증을 느끼고 이를 도피하려 청담淸談(삼국시대부터 남북조시대에 걸쳐 유행한 노장老壯적 색채가 짙은 담론)을 주고받으며 세속에의 초탈과 허무를 숭상하는, 언행이 불일치한 모습을 드러낸다. 실제로 혜강 등 몇몇을 제외하고는 대부분의 위진 교체기의 지식인들이 이러한 경향을 보여준다. 이것은 삼국시대 말엽으로 갈수록 사류士類(학문과 덕을 닦는 선비의 무리)의 기풍이 쇠잔하고 오랜 전란에 지쳐 도피처를 찾는 동시에, 조조의 치세 이래로 진행된 급속한 변화에 두려움을 느끼고 반동적인 형태로 기울어져 간 시류를 반영한 것이다.

따라서 도가적 인물형은 주로 위진 교체기에 집중되어 있으며, 장기간의 전란기와 삼국 간의 쟁투가 이어지면서 더욱 빠르게 확산된다. 이러한 사실을 감안하면, 위나라 말엽과 서진 초기 이전의 시기나 촉, 오 지역 인사들에게서 황로학이나 도교의 영향을 파악하기란 무리가 있다. 최소한 정치 활동에 참여했던 군웅과 그 가신家臣들은, 이러한 도가적 성향과 무관하다고 보아야 할 것이다. 도가적 인물형 중 정치에 직접적으로 참여한 것은 위나라 정시 연간의 조상 일파에 한정되며, 그 이후는 대부분 기풍이 문란해지거나 정치와 담을 쌓는 은일隱逸(벼슬하지 않고 숨은 선비)로 돌아간다. 또한 도교의 경우, 황건적이나 미적米賊으로 불렸던 태평도나 천사도의 경우처럼 정치 행위의 일부인 내란을

13) 《진서晉書 왕연전》에 따르면, "위나라 정시 연간에 하안과 왕필 등은 노장老莊을 추존하는 논의를 수립"하였다고 하며, 《삼국지 위서 조상전》에서도 하안에 관해 "노장의 말을 좋아하여 《도덕론》을 비롯한 여러 글과 부賦 등 수십 편을 저술했다."고 한다. 이 당시는 도가의 학설로 유가경전을 해석하는 등, 현학玄學의 경학이 그 특징으로 나타난다. 그에 비해 죽림칠현이라 일컬어지는 완적, 혜강, 유령 등이 등장하는 위진 교체기는 "세속에서 해방되어 예교를 지키지 않는 행위를 고상하게 여기는" 풍토로 점차 기울게 된다. (풍우란 저, 박성규 역, 1999, 전게서, 148~163쪽.)

획책한 경우도 있고 소규모 지역을 다스리기도 했지만, 도교의 실질적인 영향은 서진 이후이므로 삼국시대에 끼친 영향은 주도적인 사조와는 거리가 있었다고 보아야 할 것이다.

3. 삼국지의 가치성향: 난세로부터 파생된 사상적 잔영

기실 삼국시대에서 유·법·도가가 끼친 영향을 제외하면, 다른 학파의 사상적 영향은 비교적 간헐적으로 추동하고 있었다. 게다가 역사적 인물들에 관한 분석에서 가장 어려운 점은, 사상의 '밖'에 있는 인물에 관한 것이다. 일반적으로 이 구분은 문文과 무武라는 영역의 차이로 이해할 수 있다. 직접 통치 행위에 참여하며 언행을 통해 사상적 영향을 추적할 수 있는 문사文士들과 달리, 무장들의 기록은 전쟁 참여 기록에 한정되어 있고 사상이나 정치성의 표현이 매우 제약되어 있기 때문이다. 특히 동양적 전통에서는 무장은 정치에 대한 참여를 가급적 배제시키려는 경향이 상당히 강하다.

이러한 점에서 무장의 경우처럼 개인적으로 정치적, 사상적 성향의 분화가 잘 드러나지 않는 영역에 있는 인물들에는 새로운 기준을 적용할 필요가 있다.[14] 그러기에 새로운 기준의 하나로 집단적 성향을 꼽을 수 있다. 이 기준은, 특정 정치 세력에 속하지 않거나 사상적 기반을 갖지 않는 경우에도 유효하게 적용할 수 있다. 대표적으로 유비가 관우, 장비와 함께 '잠잘 때도 한 침상을 썼고 은의가 형제와 같았던' 모습을 한번 생각해보자. 이러한 모습은 사실 유가적인 사고에서 비롯된 행동이 아니라, 그들 모두 '임협任俠'이라는 집단적 성향을 근본으로

14) 물론 무장도 시대적으로 당대의 사상과 그로부터 파생된 가치기준의 영향하에 놓여 있다고 봐야 할 것이다. 그러나 그럴 경우 문관과 뚜렷한 차이를 갖는다고 보기 어렵고, 그들의 언행에서 그 근거를 찾기도 힘들게 된다. 그렇기 때문에 뚜렷하게 개인적으로 차별화되는 사상적인 특징이 잘 드러나지 않는다고 본 것이다.

갖고 있었기 때문이다.

> **태조(조조)는 어려서부터 눈치가 빠르고 기민했으며 권모술수가 있었으나 임협방탕任俠放蕩하여 행업行業(덕행과 학업)을 닦지 않았으므로 세상 사람들은 그를 뛰어난 인재가 될 그릇으로 생각하지 않았다.《삼국지 위서 무제기》**

> **원소는 (…) 또한 유협遊俠들과 좋은 정의情誼를 맺어 장맹탁(장막), 하백구(하옹), 오자경(오유), 허자원(허유), 오덕유(오경) 등과 모두 분주히 도주하더라도 의리를 저버리지 않을 만한 친구(奔走之友)가 되었다.《삼국지 위서 원소전/배송지 주, 영웅기》**

《삼국지연의》와 달리, 사서인《삼국지》의 여러 인물열전에서 임협이라는 용어를 심심찮게 볼 수 있게 된다. 이는 소위 유협遊俠, 호협豪俠 등과 일맥상통하는 것이다. 임협은《한비자》와《사기》에서 최초로 등장한다. 임협은 제도권의 밖에 있으면서, 자기들만의 의리로 세상을 이해하는 무리들을 의미한다. 대표적으로 촉한 왕조를 개창한 유비와 형제와 같은 정의의 관우, 장비도 이 범주로 묶인다.[15)]

임협의 출발점은 묵도墨徒이다. 전국시대 초에 출현한 묵가는 점차 각 지역으로 확산되면서, 중간 관리자인 거자鉅子를 중심으로 일정한 무리를 형성하였다. 이들은 어느 정도의 종교적 성향을 지니면서 무력을 지닌 용병의 형태로 존재하였던 것으로 보인다.《묵자墨子》의 후반

15) 유비와 관우, 장비의 형제와 같은 정의는 일반적으로 이러한 임협의 범주 안에 포함된다. 그러므로 이들이 거느린 500명의 의병은 이 임협의 의리 안에서 운용되었을 것이다. 또한 조조와 손권도 초창기에 이런 임협 형태의 집단에서 자립의 기반을 만들었다. 이른바 '도당徒黨'이나 '의종義從'이 바로 그것이다. 사병집단으로 구축된 이런 무리들은 후한 말엽의 황건의 난으로 더욱 양성화되고 군웅의 모체가 되었다.

12편이, 공성과 방어 등 전쟁 기술에 관한 내용으로 이루어져 있는 점이 바로 그 한 증거이다. 이들은 진한秦漢 시대를 거치면서 점차 원형을 잃었으나 임협의 형태로 남았던 것이다. 이들은 당시대 비주류층 인사들로 흔히 저잣거리의 인물로 대표되나, 후한 말엽에는 그 사회 주류층 인사들도 난세의 도래를 염려하여 이들 임협에 대한 수용 태도를 지니게 되었고, 이 흐름 속에서 하나의 사상 가치성향을 형성하였던 것 같다.

그렇다면 임협의 가치기준은 과연 어떤 것일까?

> **"쌍무적인 주종관계로 맺어진 새로운 인적 결합방식을 '임협관계'라고 한다. '임협관계'는 기본적으로 인간적인 의리에서 출발한다. (…) 그 요체는 주군이 가신을 예로써 대우하는 '지우지은知遇之恩(자기를 잘 알아주고 후하게 대우해 준 은덕)'에 있었다."**[16)]

이러한 임협에 대한 논의에서 확인할 수 있는 그 단서는, 크게 쌍무적 주종관계와 인간적인 의리이다. 우선 쌍무적 주종관계는 계약 등에 의해 주종 모두 일정한 책임을 지는 경우를 의미하는데, 《삼국지연의》 속에 등장하는 도원결의와 같은 경우를 이러한 한 예로 볼 수 있다. 실제 이들의 관계에서 하나의 상징으로 등장한 도원결의의 원형은 한대가 아닌 훨씬 후대의 것인데, 당초 임협이던 관우와 장비가 유비와 결합하여 500명의 무리로 늘어났던 것으로 보면 충분히 예상할 수 있는 내용이기도 하다. 또 임협은 사회적 규율에 의해 제약을 받지 않으므로, 제도권의 윤리와 규범으로 설명될 수 없었고 새로운 관계 규약이 필요했다. 이것이 바로 인간적인 관계라고 볼 수 있으며, 이때의 인

---

16) 신동준(2008), 《제자백가 사상을 논하다》, 한길사, 146쪽.

간적이란 다분히 '사적私的'의 의미를 갖는 것이었다.17) 따라서 이러한 임협에 속한 주군이나 무장, 또는 그들이 속한 무리들은 이러한 관계와 규율 속에서 파악해야 한다.

일반적인 관점에서 유비의 동오 정벌은 비상식적 행동이었다고 치부할 수 있으나, 이러한 임협 간 관계에서는 국가적인 폭력으로 나타난 사적 복수로서 그들의 의리에 맞는 것이었다. 그래서 이런 행동은, 임협과 무관한 주군에게서는 나타날 수 없는 그들만의 독특한 사상 가치성향인 것이다. 만일 이것을 상식에만 기초하여 '몰상식한 행동'으로 평가한다면, 부당할 수밖에 없는 이유 또한 여기에서 확인할 수 있다. 그러나 그들의 의식은 제도권 밖에서 형성된 것이므로 제도권의 상식으로 단정할 수 없는 것이다. 이는 마치 전혀 다른 범주의 기준으로, 상호 간을 평가하는 것에 비견할 수 있다. 이러한 것이 바로 사상의 '밖'에서 가치성향을 통해 판단해야 하는 역사적 사실 중 하나이다.18)

그밖에 생각해볼 수 있는 또 다른 단서가, 바로 무장들의 소속 변경에 관한 것이다. 한대는 초기 일부를 제외하고 대부분 유교에 의해 지배된 사회였다. 이러한 점에서 한대 사람들 대부분은 상식적으로 유학의 가르침에 익숙했을 것으로 여겨진다. 그런데 난세에서 이런 유학의 가르침대로 살아나가기는 매우 어려운 일이었다. 모신이나 무장 모두

---

17) 이들이 생각한 '인간적 관계'는 대체로 오늘날 홍콩 느와르(noir)에서 보이는 그것과 유사하다. 느와르 계통의 영화에서는 흔히 주인공과 주변인물 간의 의리, 배신, 복수 등을 다루는 경우를 볼 수 있는데, 이 모두는 사적 관계에 기초하여 있으며 사적 복수를 정의로운 것으로 허용하고 있다. 이것은 마치 과거 아랍권에서 말하는 '눈에는 눈, 이에는 이'라는 함무라비 법전상의 복수 허용과 매우 유사한데, 이는 사적 복수를 부당한 것으로 보는 제도권의 윤리와 규범과 상반된 것이었다.

18) 이러한 맥락에서 조운과 유비 간에 있었던 이릉대전의 정당성 논쟁도 새롭게 해석될 수 있다. 조운은 국가의 적이 '위魏나라'라는 이유로 유비의 출병을 강력하게 반대하는데, 이것은 유비의 명분 중 하나인 한실재흥에 기초하여 제기된 주장이다. 만일 유비의 출병을 임협의 의리에 기초한 제도권 밖의 기준에서 판단한다면, 거꾸로 조운의 주장은 이와 상반된 제도권 안의 기준에 충실했다고 할 수 있다. 그런 점에서 가늠해 본다면, 조운의 사상적 성향이 유가적으로 볼 소지가 생기는 것이다.

군웅의 흥망성쇠에 따라 주인을 바꾸는 경우가 허다했고, 어찌 보면 단지 그것의 적극성 여부에 있어서만 약간의 차이가 존재할 뿐이었다.

이러한 특수한 경우에 필요한 이른바 상황적 논리는 주로 역사적인 교훈에 의해 만들어졌을 것이다. 이와 관련된 대표적인 성어가 바로 어진 선비는 현명한 주군을 선택한다는 '양금택목良禽擇木'19) 또는 장부 자기 알아주는 사람 위해 목숨 바친다는 '중인국사지론衆人國士之論'과 같은 것이었다. 주로 《좌전》이나 《국어》, 그리고 《사기》 등과 같은 역사서에서 이러한 지론이 유래한 점도, 그러한 가능성을 뒷받침해주고 있다. 이러한 지론이 가져다주는 역사적 교훈의 특징은 현명한 주군을 선택하는 신하의 행동을 정당화해 준다는 점이다. 가령 춘추시대 말에서 전국시대 사이 자신의 소속 지역을 벗어나 타지의 새로운 군주를 찾는 행동이나, 옛 주군의 은택恩澤(은혜로운 덕택)에 보답하기 위해 사적 복수를 행하는 모습 등이 여기에 해당한다.

주로 삼국정립 체제로 국가가 정비되는 과정에서 군웅에 흩어져 속했던 많은 모신 무장들은, 이러한 각자 다른 선택의 기준에 비추어 자신의 행동을 결정했다. 가령 위나라의 가후와 서황, 장료, 장합이나 촉나라의 법정, 조운, 오나라의 감녕, 태사자 등 삼국시대 수많은 모신 무장들의 소극적 혹은 적극적인 항복 등이 바로 이러한 경우에 비추어 판단할 수 있는 일례들이다. 이들의 행보는 대부분 유교의 기준에 비춰볼 때 불충한 행동이었으며 주군보다는 자신을 위해 살길을 도모한 것처럼 보일 수 있었기 때문이다.

이러한 행동양식은, 특히 그 군웅이 과연 난세를 평정할 수 있는 역량을 갖추었는가라는 판단 여부에 따라 보다 빈번하게 나타났다. 그러기에 만약 섬기려는 군웅이 패업을 지향하는 인물이라면 더 말할 나위

---

19) 또는 《시경》에서 유래한 "時乎時乎不再來(때여, 때여! 다시 오지 않으리라)"도 같은 의미의 성어이다.

가 없었다. 소위 '패권霸權', '패도霸道' 등으로 표현되는 이러한 사상 가치성향은, 무력을 통해서 기존의 세상을 안정시키거나 새로운 세상을 만드는 목적을 갖고 있었다. 후한 말에는 전통적 사상과 가치라 여겨지는 문치文治를 통해 세상을 안정시키려는 왕도王道와는 지극히 상반된 무력이 추동하는 시대 상황에 이르렀던 것이다.

저 노숙이 생각건대 한나라 왕실은 다시 일어설 수 없고, 조조는 쉽사리 제거되지 않습니다. 장군을 위한 계책은 오직 강동의 정족鼎足을 도모하고, 천하의 변화를 살피는 것뿐입니다.《삼국지 오서 노숙전》

이에 삼국시대 인물들이 갖고 있는 패도적인 사상 가치성향은, 한왕조가 다시는 부흥할 수 없다는 인식에서 출발한다. 물론 순욱이나 제갈량처럼 한조부흥을 위해 패도를 수단으로 삼는 경우도 있지만, 어찌 보면 궁극적으로 원하는 방법의 수행이 아니었고 그러기에 이는 예외적인 경우로 봐야 한다. 왜냐하면 난세에서 나름대로 적극적인 행동을 취했던 인물들은, 대개 한실 몰락 후 새로운 세상이 개창될 것이라는 기대를 갖고 있는 경우가 많았다. 이들의 활약은 치세의 전형적인 인물들과는 뚜렷하게 대비가 된다. 예를 들어, 위나라의 곽가, 정욱, 촉나라의 법정, 이엄, 오나라의 주유, 노숙 등을 꼽을 수 있다. 이들은 유가적 소양이 뚜렷한 선비였음에도 인의와 충효를 중시하는 면모를 그리 찾아볼 수가 없는데, 이는 아무래도 그들이 패도적 사상 가치성향을 갖고 있던 것과 무관치 않다. 이들 입장에서는 저마다 난세에서의 활약을 위해서 기존 제도권의 사상과 가치를 반드시 고수할 필요가 없었던 것이다.

동시에 이러한 사상 가치성향은 주군들에게도 큰 숙제를 남겼다. 그것은 바로 주종 관계를 유지하는 방법에 관한 것이다. 사적 의리를 중시하는 임협을 제외한다면, 대부분의 주군들은 난세에서 기존의 상식에 비추어 무조건적인 충성을 요구할 수 없었다. 이러한 점에서《삼국지연의》에 나타난 관우의 오관육참장五關六斬將 같은 일화는, 유가적 관점으로는 쉽사리 해석될 수 없는 면이 존재하게 되는 것이다. 조조처럼 황실을 옹립하는 경우는 관직이나 봉작을 하사하는 방법으로 회유할 수도 있었으나, 촉과 오의 성립 과정에서 볼 수 있는 이런 소수 세력을 지원하는 자들에 대한 관계 유지는 다른 방법이 동원되었다. 유비처럼 함께 한 침상을 썼으며 그들과 안위를 같이 하는 헌신적 행동을 보이는 경우도 있었고, 손권처럼 전폭적인 지지를 하거나 혹은 영병제와 같은 제도를 통해 세력의 유지와 세습을 허용해 폭넓게 수용하기도 하였던 것이다.

이러한 패권주의적 정세에서 비롯되는 종횡가縱橫家의 면모는, 삼국간의 각축전을 더욱 심화시키는 일종의 촉매제였다. 소위 합종연횡의 외교적 술책을 통해 자국의 이익을 도모하고 적국에 피해를 입히려는, 유세객遊說客의 활약이 바로 종횡가와 관련이 있다. 우리가 흔히 아는 전국시대의 소진과 장의가 바로 대표적인 종횡가이다. 이러한 종횡가적 면모가 다분히 엿보이는 사건이 바로 조조를 대적하려 한 손권과 유비의 연합이다.

당시 중원과 하북을 제패한 조조는, 그 누구보다 천하 통일에 가장 가까이 간 인물이었다. 겨우 명맥을 유지하고 있던 유비는, 손권의 사자로 온 노숙과 제갈량의 지모로 손권과 유비의 연합을 일구어내 이른바 적벽대전을 연출시켰다. 그 결과 유비는 기사회생하였고, 조조는 천하통일에 대한 야망이 분쇄되고 말았다. 이때 제갈량이 직접 외교사절의 임무를 맡아 손권을 설득하였던 것에 주목할 필요가 있다. 그는 정교한 논리를 사용하여 유가적 성향이 짙은 동오의 장소, 진송 등 문치파들의 반전론反戰論에 맞섰다. 이 결과 항전의 의지를 갖고 있던 손권의 의지를 확실히 이끌어 내어, 동오의 주유, 노숙 등 주전론자들을 전폭적으로 지지할 수 있게 만들었다. 이러한 종횡가적 면모는, 특히 오나라를 중심으로 위와 촉의 외교 활동이 최후까지 빈번했던 점에서 더욱 두드러지게 나타난다. 특히 손권이 등거리 외교를 통해 수성의 달인이 되었던 것도, 이러한 종횡가적 처세가 한몫했음을 꼽지 않을 수 없을 것이다.

마지막으로 병가兵家의 경우도 더 말할 나위가 없을 것이다. 이미 《삼국지》는 모든 전략과 전술을 최대한 실현한 장이었으며, 문무 모두를 능히 소화하지 않고서 정치를 행할 수 없던 시대였다. 이런 상황에서 병가의 발전이 극대화되었음은 당연한 것이다. 특히 조조 자신이 《손자병법》에 붙인 주석은 지금까지 전해져 무경武經의 기본으로 전해지고 있다. 이러한 점에서 병가사상은 춘추전국시대와 더불어, 그 이론뿐만 아니라 실천에 이르기까지 충실하게 숙성하였던 것이다. 비록 위작의 논란이 있다고 하나 제갈량이 《장원》과 같은 병서를 남긴 점도 하나의 좋은 근거이다. 당시 주요한 모신은 물론 주군, 무장들이 대부분 병법에 밝았던 점을 감안한다면, 병가는 이 시기에 이르러 많은 발전을 이루었다고 해도 과언이 아닐 것이다.

《삼국지》의 주군과 모신 무장들의 성격유형 02

칼 구스타브 융(Carl Gustav Jung)은 지그문트 프로이드(Sigmund Freud)의 정신분석학설에 공감하여 그를 지지하고, 그와 함께 인간의 심성을 추구하였다. 그러나 한편으로는 프로이드의 지나친 성욕중심설을 비판하며 독자적인 학설을 세우고 이를 분석심리학이라고 불렀다.[20] 융의 심리학설은 정신병리현상을 넘어 인간과 사회의 여러 보편성 현상을 이해하는 데 크게 기여하여 정신의학 분야뿐 아니라, 많은 인문사회과학 분야에 영향을 끼쳤다.

융은 그의 무의식(the unconscious)의 탐구에 정신과 의사로서 사람들의 심리분석을 하면서 얻은 수많은 경험을 토대로, 의식의 뿌리이며 정신 활동의 원천이 되는 '원형原型(archetypus)'과 '집단적 무의식'(the collective unconscious)이라는 개념을 사용하게 되었다. 융은 프로이드로 대표되는 정신분석학파와는 달리 병리적 현상뿐만 아니라, 건강한 사람의 마음의 뿌리를 보다 깊게 이해하고자 노력하였다.

융은 그의 원형론이나 자기실현의 과정이 자신의 무의식에 대한 관찰을 통해 하나의 가설로 정립되어 가고 있을 때, 중국에 대한 연구를 했던 리하르트 빌헬름(Richard Wilhelm)과, 인도에 대한 연구를 했던 하임리히 짐머(Heinrich Zimmer) 등 몇몇 동양학자에 의해 소개된 동양사

20) 이부영 편(1995), 《의학개론(II)》, 서울대학교출판부, 167쪽.

상 속에서 똑같은 생각을 발견하고 더욱 동양사상에 대해 깊이 이해하고자 노력하게 되었으며, 여러 문화권의 신화와 민담, 종교현상들을 고찰하였다.

융의 동양사상에 대한 관심은, 1929년 빌헬름과 함께 《태을금화종지太乙金華宗旨 Das Geheimnis der Goldenen Blüte》라는 1794년 류 화 양(Liu Hua Yang)이 쓴 중국의 도교경전의 번역과 주석, 그리고 이에 대한 심리학적 해석을 출간한 것으로 이어진다. 여기서 융은 서양인의 무의식에 나타난 '하나의 길'에 이르는 경지의 만다라상像을 제시하고, 이것이 이 경전에 나오는 최고의 자각과 해탈의 경지와 같은 것임을 증명하고 있다.

이어 1930년대 후반에는 각종 동양사상에 대한 심리학적 주석과 논설을 발표하였는데, 「티베트사서死書」에서는 살아있는 자와 죽은 자가 모두 관련되는 개성화 과정을 해석하고 있고, 스즈키 다이세츠鈴木大拙의 「선불교서론禪佛教序論」 유럽판에 붙인 서문에서는 각覺의 과정과 경지를 주로 심리학적 입장에서 해석하고 있다. 1936년에는 「요가와 서양인」이라는 제목하에 요가를 받아들이는 서양인의 피상적인 태도를 경고하고, 1943년 「동양적 명상의 심리학에 대하여 Zur Psychologie östlicher Meditation」라는 논문에서는, 진리의 중심에 도달하려는 적극적 명상(Aktive Imagination)에 대한 보다 면밀한 심리학적 해석을 시도하고 있다.[21]

이러한 과정을 통해 동양적 정신의 높은 경지를 옹호한 융은 그 사상의 중심을 조명하여 이를 서양인의 거울로 삼는 데 역점을 두었고, 주목할 것은 융이 동서양 사유에 관해 견해를 말할 때, 막스 베버[22]가 도교와 유교를 비교하듯이, 동양사상의 객관적 비판을 하기보다는 그

21) 이부영(1978), 《분석심리학－C.G. Jung의 인간심성론－》, 일조각, 349쪽.
22) Max Weber 저, 이상률 역(1990), 《유교와 도교》, 문예출판사 참조.

사상의 중심을 조명하여 이를 서양인의 거울로 삼는 데 역점을 두었다는 점이다. 물론 융은 동양에서는 중세 유럽처럼 심리학의 모태인 비판철학을 알지 못했으며, 다만 형이상학이 있었다고 지적하고 있다. 그런데 분석심리학의 경우, 서양사상의 전통 위에서 생겨난 것임에도 불구하고 노장의 철학, 불교 사상과 놀랄만한 일치점을 보여주는 심리학설이다.[23)]

특히 이 분석심리학의 문을 연 융은 동양적 사유와 깊은 연관성을 갖는다는 사실에서, 그의 심리학적 유형론(psychological types)은 모든 사람들이 다 다르지만 자세히 살펴보면 몇 가지의 특징적인 경향으로 나눌 수 있으리라는 가설에서 출발하고 있다. 이는 인간이 인간으로서 가장 근원적인 보편적 내용의 마음에 바탕을 둔 성격 탐구의 이론[24)]이라는 점에서, 이를 비단 그가 살았던 서양이라는 차이를 넘어 동양인들의 성격을 비춰보는 거울로 삼아 볼 수 있지 않을까 한다.

융의 심리학적 유형론은 의식의 구조와 각 기능들의 유형, 의식과 무의식과의 관계를 설명한 이론이다. 일찍이 그가 프로이드와 결별한 뒤 두 사람 사이에 벌어졌던 논쟁의 원인을 파고들게 된 것이, 이 학설을 연구하게 된 계기가 되었다. 20년간에 걸친 연구 끝에 융은 이 이론을 발표하게 되었는데, 이 유형론은 융 자신이 정신과 의사로서 임상에서 관찰한 경험들, 사회 각계각층에서 알게 된 인간관계, 그 자신의 프로이드와 반대론자들과의 대결과 갈등, 그의 학설의 특이성에 대한 다른 학자들의 비판의 근거를 살펴가는 데서 얻은 경험을 토대로 형성된 것이다.

이 이론의 특징은 심리적 경향을 정적인 관점이 아니라 동적인 관점에서 파악한다는 데에 있다. 즉, 정적인 어느 인간의 초상이 아니고,

---

23) 이부영(1978), 전게서, 363쪽.

24) 이부영(1995), 전게서, 115쪽.

인간의 마음 안에서 움직이는 심리적 구조 간의 동적인 관계를 파악한다는 것이다.

융은 심리학적 유형을 두 가지 측면에서 보았다. 첫째, 일반적인 태도에서 볼 수 있는 유형에 따라 내향적 태도와 외향적 태도로 구분하였고 둘째, 특수기능상의 유형으로 정신기능을 사고, 감정, 감각, 직관으로 구분하고, 각 기능 중 적응과정에서 사고와 감정기능을 합리적기능, 감각과 직관기능을 비합리적 기능이라 구분하고, 이 각 기능을 구성하는 두 기능은 서로 극을 이루어 대등하게 인간의 정신기능의 하나로 다루어 전체 정신을 포괄하고자 하는 유형론의 특징을 이루고 있다.25)

1. 외향형과 내향형

융은 인간의 일반적인 태도상의 유형을 내향형과 외향형으로 나누었는데, 인간은 내향적 태도와 외향적 태도의 두 가지 서로 다른 태도를 갖추고 살아가고 있다고 보았다. 흔히 내향적 태도는 수줍고 비사교적인 태도, 외향적인 태도는 사교적이고 활발한 사람의 태도를 두고 말한다고 생각하지만, 이것은 통속적인 해석이고, 단지 그 개념의 단면만을 지적한 것이다. 내향적 태도와 외향적 태도의 구별은, 그 개체의 주체와 객체에 대한 태도에 따라서 판단할 수 있다는 것이다. 예를 들어 그 사람의 태도가 주체보다 객체를 중요시하면, 그는 외향적 태도를 취한다고 할 수 있다. 즉, 어떤 사람의 행동과 판단을 결정하는 것이 주로 객체일 때 그의 태도는 외향적이며, 그 사람의 판단기준이나 행동을 결정하는 것이 객체보다 주체이면 그의 태도는 내향적이라고 할 수 있다.26)

---

25) C.G. Jung(1979), *Psychological Types*, London and Henley: Routledge & Kegan Paul, 330~407쪽.

외향형, 내향형이란 위의 외향적 태도와 내향적 태도가 각각 그 사람의 전 생애를 통해서 거의 하나의 생활상의 습성이 되었을 때를 두고 말한다. 이 두 가지 유형은 실상 모두 적극적인 사람이다. 다만 내향형은 주체를 지키는 데 적극적이고 객체를 따르는 데 소홀히 하는 경향이 있는데, 외향형은 객체를 따르는 데 적극적이고 주체를 소홀히 하는 경향이 있다는 것이 다르다. 이것을 융은 관심의 방향의 차이로 설명한다. 외향형은 관심이 밖으로 향하여 객관 세계로 뛰어들어 그것과 관계를 맺는 것을 좋아하며, 때로는 객체를 바꾸는 데 적극적으로 관여한다. 그에 비해 내향형에 있어서 객체는 주체를 위협하는 존재로 간주되고, 밖에서 오는 자극에서 조금이라도 주체를 손상하지 않도록 주체를 지키려고 한다.

그런데 '이런 두 개의 상반된 경향이 과연 교육이나 그 밖의 환경 때문이겠는가?'라고 융은 반문한다. 물론 부모나 사회의 교육에 의해서, 혹은 본인의 의지에 따라 이 두 가지 경향이 형성되는 수도 있을 것이다. 그러나 자세히 관찰하면 어릴 때부터 이 두 가지 성향은 뚜렷이 구분된다. 물론 어린이에게서조차 부모의 무의식적인 영향을 고려하지 않을 수 없다. 그러나 정상적인 가정에서 자라났으면서 형제자매 간에 각기 내향적인 것이 두드러진 아이와 외향적인 아이가 있다. 또한 이런 두 가지 유형은 어느 민족에서도 볼 수 있고 어느 사회계층에서도 한결같이 두 가지 유형이 발견되며, 어느 시대에도 내향형과 외향형 간의 갈등은 끊이지 않았다. 그런 점으로 파악하여 보면, 내향, 외향의 두 태도상의 유형은 어느 집단이나 종족 또는 시대에 특수한 유형이 아니고 보편적인 것이며 어렸을 때 이미 본능적으로 구별되는, 태어날 때부터 가지고 나온 경향인 것 같다고 융은 말하고 있다.[27]

---

26) 이부영(1978), 전게서, 126쪽.

27) 최근 '문화'와 '사회'에서의 외향성과 내향성에 대해 수전 케인(S. Cain)은 「콰이어

1) 외향형(extroverted type)

그의 의식 전체는 밖을 내다보는데, 왜냐하면 중요한 결정요인들이 밖에서 온다고 예상하기 때문이다.[28)]

앞서 말했듯이 중요한 결정이나 행동의 대부분이 주체의 의견에 의하지 않고, 객관적인 상황에 의해 좌우될 때, 이를 외향적 태도라 하고, 이런 외향적 태도가 습성화되어 그의 생활의 일정한 특징을 이루면 그를 외향형이라 부른다. 누구나 살아나가자면 외계가 제공해 주는 자료들에 따라 자기 태도를 결정하지만 그 결정하는 양식이나 동기가 다르며, 외향형에서는 늘 객체에 맞추고 객체에 부합되는 방향으로 행동하고 판단해 가는 경향이 강한 것이 특징이다.

어떤 사람의 생각, 느낌, 행동이 방법, 즉 사는 법이 좋든 나쁘든 객관적인 사정이나 객관적 상황에서 오는 여러 가지 요구에 직접 부합되는 것이면, 그 인간은 외향적이다. 물론 외향형이라고 해서 주관이 없는 것은 아니지만, 주관보다는 객체에서 의식의 태도를 결정하는 힘이 강하다는 것이 특징이다. 그의 시선은 언제나 외계로 향하며 내적인 것은 외부의 요구에 의해 눌린다.

외향형은, 객관적인 가능성을 추구하여 당장 그때그때 장래성이 있

트(Quiet), 김우열 역(2012), RHK」에서 외향형 인물과 내향형 인물에 대해 각각의 특성을 통해 구분하고 있다. 「콰이어트(Quiet)」에 소개된 바에 따르면 외향형 인물은 "활동적인, 원기왕성한, 말이 많은, 사교적인, 사람을 좋아하는, 흥분을 잘하는, 지배적인, 자기주장이 강한, 적극적인, 위험을 무릅쓰는, 얼굴이 두꺼운, 외부를 향하는, 느긋한, 대담한, 스포트라이트에서도 편안한" 사람을 말하고 내향형 인물은 "사색적인, 지적인, 책벌레, 꾸밈없는, 섬세한, 사려 깊은, 진지한, 숙고하는, 미세한, 내성적인, 내면을 향하는, 부드러운, 차분한, 수수한, 혼자 있기를 좋아하는, 수줍음 많은, 위험을 싫어하는, 얼굴이 두껍지 않은" 사람을 말한다.

28) C.G. Jung 저, 이부영 외 역(2001), 《정신요법의 기본문제》, 솔출판사, 248쪽.

는 직업을 택하거나, 당장 주위 사람들이 필요로 하고 해주기를 기대하는 것을 수행한다. 그는 주위의 기대가 있는 한 변혁을 과감하게 실천하지만, 그것이 주위의 기대에 어긋나는 것이면 변혁을 피한다. 그는 명랑하고 사교적이고 자유스럽게 주위 환경에 작용하고, 주변으로부터의 작용도 거절하지 않고 받아들인다.

반면 외향형은 외향적인 태도가 일방적으로 극단화될 때, 자기의 주체를 소홀히 할 위험성을 안고 있다. 주관적인 사실로서 가장 소홀히 되는 것은 신체이다. 이것은 그에게는 외적이고 객관적인 것과는 거리가 먼 것처럼 보이기 때문이다. 그 결과 외향적 태도가 너무 지나치면 신체가 고통을 받는데, 대개 외향형은 이상한 신체 감각이 나타나야 비로소 관심을 가진다. 또한 외향형의 성격상 모든 것을 구체적, 객관적으로 보는 버릇이 있으므로 신체 증상도 그렇게 본다.

2) 내향형(introverted type)

세계는 결코 그 자체로서만 존재하는 것이 아니다. 그것은 「나에게 보이는 것」으로서 존재하기도 하는 것이다.[29]

내향적인 사람은 객체의 인상이 주체 안에서 형성한 것에 의거해서 사물을 본다. 내향적인 의식의 태도에도 물론 외적인 조건을 인식하는 능력이 있지만, 언제나 그 판단과 행동에 결정적인 것은 주관적인 속성이다.

심리학적 유형론에서 융은 외향형을 기술할 때와는 달리, 내향형에서는 그 특징보다도 내향적 태도가 외향적 태도와 똑같이 중요한 태도

29) C.G. Jung(1960), *Psychologische Typen*, Gesammelte Werke Bd. 6 Rascher, Zürich, 407쪽.

라는 것을 강조하는 데 많은 설명을 할애하고 있다. 이것은 당대의 학문적 경향이 오늘날보다도 더욱 '객관성'에 치중하고 있었기 때문에, 이를 일깨우기 위한 노력이었다고 할 수 있다. 그러나 융은 주관적인 것을 객관적인 것보다 우월시 하거나 그것을 절대시하려고 하지는 않은 것 같다.30)

외향형에 내향적 경향이 있듯이, 내향형에도 외향적 경향이 있어 적절하게 보상함으로써 내향적 태도의 보다 효과적인 관리를 가능하게 한다. 그러나 내향적 태도가 극도에 이르러 이에 어울리지 않는 모든 경향이 의식에서 배제되면, 무의식에는 의식의 경향과는 상반된 외향적 경향이 나타나게 된다. 자아는 이와 같은 무의식의 외향적 관심의 제물이 되거나, 앞에 말한 바와 같이 자아의 팽창으로 인한 엄청난 권력욕에 사로잡히게 된다.

내향형과 외향형 사이의 관계에 대해 융은 다음과 같이 묘사하였다.

> 내향형에게 객체가 왜 항상 결정적인 것이어야 하는지 이해할 수 없는 것처럼, 외향형에게는 어째서 주관적인 입장이 객관적 입장보다 우위에 있어야 하는지 늘 의문이다. 외향형은 내향형이 저만 잘난 줄 아는 이기주의자가 아니면 독선적인 공상가라고 추측하지 않을 수 없는 지경에 이른다. 더 나아가 외향형은 다음과 같이 가정하기에 이를 것이다. 내향형은 무의식적인 권력 콤플렉스의 영향하에 있다고 간주하는 이런 외향형의 편견에 내향형은 어쩔 수 없이 걸려들 만한 행동을 하고 있다. 그는 그의 단정적이고 강하게 일반화하는 표현 양식을 통하여 마치 그가 모든 다른 의견을 처음부터 배척하기나 하는 것 같은 인상을 준다.31)

---

30) 이부영(1998), 전게서, 143쪽.
31) C.G. Jung(1960), 전게서, 410쪽.

외향형과 내향형 두 가지 유형의 관점에서 서로를 관조해 보는 것은, 어느 유형의 편견으로도 물들지 않는 있는 그대로의 사실을 이해하고 파악하는 데 도움을 줄 것이다. 그러기 위해서는 이 두 가지 유형을 뛰어넘을 제3의 시점에서 양측 이야기를 종합하는 수밖에 없는데, 관찰자의 유형에 따라서 그 기술의 양상이 달라지는 것은 어쩔 수 없는 일이다. 이러한 유형에 따르는 편견이나 선입관념을 극소로 줄이려면 각자가 자신의 무의식적 경향에 대하여 자각하는 것이 중요하다.

2. 정신의 4가지의 기능

이러한 일반적 태도상의 유형인 외향형과 내향형 이외에, 융은 특수기능상의 유형으로 정신기능을 다시 4가지의 기능, 즉 사고思考(thinking), 감정感情(feeling), 감각感覺(sensation), 직관直觀(intuition)으로 구분하여 사고와 감정기능을 합리적 기능, 감각과 직관의 기능을 비합리적 기능이라 구분하였다.32)

여기에서 합리적 기능이란 판단과정을 밟는 기능을 말하며, 감정을 합리적 기능에 분류하는 것은 감정도 좋고 싫음의 판단기능이기 때문이다. 비합리적 기능은 사물의 직접적인 파악이라는 특징을 가지고 있는데, 비합리적 정신기능을 합리적 기능과 대등하게 인간의 정신기능의 하나로 삼는 것은 전체 정신을 포괄하고자 하는 융의 유형론의 특징이다.

네 가지 정신기능 중에 그 사람이 주로 어느 한 가지의 가장 분화된 기능을 발현하여 살아가고 있다고 할 때, 주기능에 따라 사고형, 감정형, 감각형, 직관형으로 나눌 수 있으며 이를 다시 일반적 태도상의 유형에 따라 외향적 사고형, 내향적 사고형, 외향적 감정형, 내향적 감정

---

32) 이부영(1978), 전게서, 165쪽.

형, 외향적 감각형, 내향적 감각형, 외향적 직관형, 내향적 직관형 8가지 성격유형으로 범주화하게 된다.

이 네 기능은 또한 각기 외적으로 향하려는 성향이 있음에 따라 외향형과 내적으로 향하려는 성향에 따라 내향형을 이루고 있다는 것이 공통적이라 할 수 있다.

1) 사고형(thinking type)[33]

사고란 주어진 관념내용을 그 고유의 법칙에 따라 서로 연관시키는 정신기능이다. 사고에는 능동적인 사고 작업과 저절로 일어나는 수동적인 사고 작업이 있다. 전자는 어떤 목적을 향하여 방향 지어진 사고로서 의지적 판단작용이며 합리적 기능이지만, 후자는 일종의 직관적 사고라 할 만한 것으로 비합리적 기능이다. 또한 감정적 사고 역시 논리적 원칙을 따르지 않고 감정에 종속된 사고이다. 사고가 분화한다는 것은 그것이 고태적古態的인 것과 혼동되지 않는 것을 말한다. 미분화기능의 특징은 그러므로 미분화된 감정, 감각, 환상과 혼동되어 양가경향兩價傾向을 나타낸다.[34]

사고는 두 가지 원천에서 나온다. 하나는 주관적인, 궁극적으로 우리가 잘 모르는 무의식적인 원천에서 주어지고, 다른 하나는 감관을 통한 지각으로써 전달되는 객관적 사항에서 주어진다. 이것이 내향적 사고와 외향적 사고의 두 가지 서로 다른 사고의 근거를 이루고 있다. 이러한 내향적이든 외향적이든, 사고형은 주로 여성보다는 남성에서 많이 나타나는 특징을 지니고 있다고 융은 지적하고 있다.

---

33) 사고형은 주로 이성의 판단법칙을 좇아 살아가는 유형으로 외향적/내향적 사고형으로 구분할 수 있으며, 두 유형 모두 대척점에 있는 구성요소인 감정의 분화가 더디다.

34) C.G. Jung(1960), 전게서, 457~459쪽.

(1) 외향적 사고형

외향적 사고는 사고 판단이 주로 객체에 근거하여 진행되고 결론 또한 객관적 보편성에 귀착된다. 법관, 행정가, 사무원 등의 기능에 어울리는 형의 사람들이며 과학자에서도 흔히 볼 수 있다.

외향적 사고형은 누구나 수긍할 수 있는 옳고 그름의 판단을 명쾌히 내려서 사회의 이성적인 질서를 만들어 갈 수 있는 특징을 가지고 있다. 이들의 판단은 객관적 보편성의 기준을 향해 진행되며 이 유형의 이상은 늘 다수의 사람의 동의를 얻을 만한 선에 머무르게 된다. 외향적 사고형의 무의식은 기능이 미분화되어 있어 감정에 의존하는 면이 소홀해져 평소에 공정무사한 사람이 때때로 사사로운 감정에 사로잡힐 때 무의식의 이러한 열등한 감정이 발견된다.

삼국지의 주요 인물들 가운데 외향적 사고형 인물로는 하북의 패자로 대세를 잡아나갔으나 우유부단한 권위적 성격으로 불가사의하게 패망하고 만 선두주자 원소, 겉으로는 우둔한 듯 안으로 큰 지혜를 지닌 과감하면서도 합리적인 성격으로 조위의 패업의 비책을 제시했던 군사 순유, 지나친 소신으로 외골수로 나간 융통성 없는 성격의 평생 직언을 그치지 않았던 동오의 중신 장소 등을 들 수 있다.[35]

(2) 내향적 사고형

이성적 판단이 이런 유형의 사람의 전체 생활 태도를 지배한다는 점에서 외향적 사고형과 공통점을 가지고 있다. 그러나 이들은 객관적 사실과 보편적 가치보다도 사실을 판단하는 자기의 주체의 사고를 더

35) 한형수(2017), 《삼국지 군웅할거 인물론》, 홍문관, 110쪽.

중요시한다.

외향적 사고가 지식의 확장에 능통하다면 내향적 사고는 지식의 심화에 능하다. 내향적 사고의 인간형은 외향적 사고와 똑같은 객관적 사실, 객관적인 분석 방법을 사용하지만 항상 하고 있는 작업의 본체를 고찰할 것을 강조한다. 이 유형은 누구나 인정할 만한 법칙이나 가치판단 기준보다는, 비록 생각이 대부분의 사람들에게 불편한 것일지라도 이에 구애받지 않고 자기의 믿는 바를 주장하는 사람이다.

내향적 사고형의 무의식에 억제되는 것은 무엇보다도 외향적 감정기능이며 그것은 매우 열등한 상태에 있다. 이들은 대개 자기의 신념과 자기의 감정은 알고 있으나 남의 감정을 공감하는 능력이 부족하다.

삼국지의 주요 인물 가운데 대표적인 내향적 사고형 인물로는 분석적이고 치밀한 성격으로 난세를 평정하여 한실부흥을 일깨우다 어긋난 마침표를 찍은 안타까운 현사 순욱, 굳센 의지로 대임을 이루기에 아쉬움이 남는 강박적 성격으로 북벌에 매진했던 최후주자 강유, 출세와 패도주의로 자기 개발을 크게 빛내 용의주도한 성격으로 끝내 형주를 함락하고야만 무장 여몽 등을 들 수 있다.[36]

2) 감정형(feeling type)[37]

융은 감정을 표상表象이나 지각의 2차적인 현상으로 보지 않고 하나의 독립된 기능으로 봤다. 감정은 무엇보다도 자아와 주어진 내용 사이에 일어나는 과정으로서 그 내용에 받아들이든가 돌려보내든가 하는 쾌, 불쾌의 일정한 가치를 부여하는 과정이며, 또한 그때그때의 일

36) 한형수(2017), 전게서, 111쪽.

37) 감정형은 그 사람의 인생에서 주로 감정적 판단이 우세한 역할을 하는 사람이며 사고기능이 억제되어 분화되지 않은 상태로 머물러 있을 가능성이 크다.

시적인 의식의 내용이나 일시적인 지각과 관계없이 따로 '기분'으로 나타날 수 있는 과정이다.[38] 이 기분이라는 것도 어떤 특정한 의식 내용의 평가는 아니지만 전체적인 순간적 의식상황의 평가로서 역시 수용, 배척의 평가이다.

융은 감정 기능은 무엇보다도 전적으로 주관적인 과정이어서 외부의 자극과 전혀 관계없이 독립적으로 있을 수 있는 과정이라고 한다. 감정은 사고나 마찬가지로 이성의 법칙에 따라 진행되는 판단의 한 양식이다. 그러므로 합리적 기능이라 할 수 있다. 감정기능이 지적 판단과 다른 것은 개념적인 관련성을 형성하지 않는다는 데 있을 뿐이다.

사고의 경우와 마찬가지로 감정기능도 외향적 감정과 내향적 감정으로 구분할 수 있으며, 외향적 감정에 있어서는 객체적 기준이 그 감정 판단의 근거가 되고 내향적 감정에서는 주체의 기준이 판단의 근거가 된다. 또한 감정은 여성 심리의 가시적인 특징을 잘 나타내기도 하는 만큼 감정형은 외향형이든 내향형이든 여성에 많이 나타나고 있다고 융은 지적하고 있다.

(1) 외향적 감정형

객체적 감정에 잘 적응하는 유형으로 다른 사람들의 감정을 잘 파악하고 거기에 잘 맞출 수 있는 능력을 가졌다. 이런 유형의 여성은 사교계의 여성으로, 모임에 온 사람들을 각자 개성에 맞게 응대함으로써 모든 이의 기분을 즐겁게 하고 이야기가 자연스럽게 흘러가도록 한다.

외향적 감정 판단의 기준은 객체가 있기 때문에, 내향적 감정형처럼 내가 좋아하고 싫어하는 것이 아니고 남들이 다 좋다고 할 만한 것을 좋아하거나 싫어할 만한 것을 싫다고 한다. 음악회에 다녀오거나 교외에 갔다 올 때 누구나가 느낄 만한 보편적 감정에 순응한다. 적당한

---

38) C.G. Jung(1960), 전게서, 467쪽.

배우자를 만나 누구나 행복하다고 할 만한 결혼생활을 하고 주부 잡지의 그런 종류의 화보의 주인공이 될 수 있다. 그러나 너무 객관적 감정에 순응하다 보면, 감정표현이 피상적이고 어딘가 진실성이 결여되고 부자연스럽게 보일 수 있다.

외향적 감정형이 가장 싫어하는 것은 '생각하는 것'이며 무의식의 열등한 사고는 부정적 '불과사고不過思考'의 특성을 띠고 삶에 대한 심각한 의혹의 형태로 나타날 수 있다.

삼국지의 주요 인물 가운데 대표적인 외향적 감정형 인물로는 저돌적인 성격으로 숱한 전공을 세웠으나 자신의 용기를 과신하다 허망한 최후를 맞은 맹장 하후연, 양주와 병주를 종횡하던 맹장이나, 강한 집념의 성격으로 굴곡진 생애를 산 풍운아 마초 등을 들 수 있다.[39]

(2) 내향적 감정형

이 인물을 가리키는 가장 적절한 표현으로는 '잔잔한 물은 깊다'라는 격언일 것이다. 이 유형의 인물들은 대개 조용하고 사귀기가 힘들며 이해하기 어렵다. 흔히 어린애 같은 얼굴이나 통속적인 가면 뒤에 숨어 있거나 또 흔히 애수 어린 기질을 지니고 있다.[40]

내향적 감정형은 무척 분화된 감정을 가지고 있는데, 이 감정은 내적인 기준에 의해 움직이므로 밖으로 표현되거나 객체에 작용하지도 않는다. 그들의 분화된 내향적 감정은 무엇이 내적으로 진실로 중요한 요소인가를 볼 줄 안다.

---

39) 한형수(2017), 전게서, 113쪽.

40) C.G. Jung(1960), 전게서, 423쪽.

그들은 결코 남에게 영향을 끼치려 하지도 않고 다른 사람의 기분을 돋우어 주려고도 하지 않는다. 어떻게 보면 차지도 덥지도 않은 '서늘한' 느낌을 준다. 내향적 감정형의 태도는 다소 경화되어 마치 타인이나 객관 세계에 대하여 무관심하고 냉담하며 배척하는 듯한 인상을 주어, 그의 감정은 객체를 떠나 자기 안으로 들어가 숨어 버린다. 그러나 내향적 감정형의 이러한 겉모습과 달리 그들은 자기 안에 깊은 공감능력을 소유하고 있다. 이것이 겉으로 드러나지 않기 때문에 이들은 외향형의 눈에 '차가운 사람', '몰인정한 사람'으로 비치기도 한다.

그러나 내향적 감정형의 가장 열등한 기능인 사고기능을 지나치게 억압하게 되면 무의식적 사고가 밖으로 드러나게 되며, 이들은 다른 사람들이 몰래 나쁜 계획과 모략을 꾸미고 있음에 틀림없다고 생각하게 된다. 이런 과정 속에서 내향적 감정형의 인물들은 자신을 둘러싼 외부의 '위협적인 객체'를 이기기 위해 강박적인 노력을 하게 되고, 이런 모습은 신경쇠약적 신경증이나 빈혈 등의 부정적 증상을 야기하기도 한다.

삼국지의 주요 인물 가운데 대표적인 내향적 감정형 인물로는 강하팔준으로 중망을 모았던 황실의 후예이나 대세를 읽지 못하고 우유부단한 성격으로 실패한 좌담가 유표, 노회한 처세의 자기통제와 권변에 달통한 외관내기外寬內忌**(겉으로는 관대하나 속으로는 각박함)의 성격으로 끝내 대권을 장악해 낸 승부사 사마의 등을 들 수 있다.**[41]

41) 한형수(2017), 전게서, 114쪽.

3) 감각형(sensation type)[42]

감각이란 물리적 자극이 인식을 매개하는 심리기능이다. 지각知覺과 같은 뜻으로 사용되며 감정과는 순수한 의미에서 별개의 독립된 기능이다. 감각은 사고나 감정처럼 이성의 법칙을 통한 판단이 아니라는 점에서 비합리적 기능이라 할 수 있다.

감각은 구체적 감각과 추상적 감각으로 나누어 생각할 수 있다. 구체적 감각은 순수하게 나타나지 않고 늘 상상, 감정, 사고와 섞여 나타난다. 추상적 감각은 이렇게 섞이지 않고, 그 자체의 원리를 좇아서 지각하는 것인데 미적 감각이라 부르는 것이 이에 해당된다.

융은 감각과 직관을 두 개의 서로 상호보상하는 대극對極으로 본다. 감각이 의식적 지각이라면 직관은 무의식적 지각이라고 융은 말하고 있다. 개체발생학적으로나 계통발생학적으로 사고와 감정은 감각에서 나온 것이며, 직관이 그 대극인 이상 또한 직관에서 나왔다고도 할 수 있다는 것이 융의 주장이다.

감각형 역시 외향적 감각과 내향적 감각이 있는데, 물론 감각이 객체와 외부자극에 의해 일어나는 것은 맞지만 그렇다고 하더라도 내향적 입장에서는 이 과정이 현저하게 변하게 된다. 외향적 감각은 현시적이고 뚜렷이 나타나는 사물의 존재를 파악하는 반면, 내향적 감각은 객체를 주관적 체험을 통해 걸러서 인지하게 된다고 융은 말하고 있다.[43]

(1) 외향적 감각형

외향적 감각형은 한마디로 '현실주의자'라고 할 수 있다. 그는 객관적 사실을 감득하는 능력이 비상하여 현실적인 경험을 끊임없이 쌓아

42) 감각기관을 통한 지각은 판단기능의 매개 없이 직접 일어나는데, 여기에는 객체 중심의 지각(외향적 감각)과 주체에 의해 해석되고 조정된 지각(내향적 감각)이 있다.

43) C.G. Jung(1960), 전게서, 430쪽.

나간다. 실무에 밝은 행정가, 사업가, 기술자에서 이런 유형을 흔히 찾아볼 수 있다. 이들은 객체가 일으키는 감각적 자극에 순응하는 유형으로서 외부에서 들어오는 자극의 강도에 따라 관심의 대상도 바뀌게 된다.

외향적 감각형의 가치기준은, 오직 객관적인 성질을 가진 감각강도이며 이성적 고려나 감정 판단이 아니다. 그에게는 현실이란 오직 지각할 수 있는 구체적 사실이며 그것이 무엇보다 중요하다. 그런 의미에서 이 유형의 사람은 현실에 철저하며 기계를 잘 다루고 전시회나 모임의 조직을 매끄럽게 잘 이끌어 나갈 수 있는 소질을 가지고 있다.

손으로 옷감을 만져 그 직물의 종류를 감별해 낼 수 있을 만큼 객체감각이 섬세하다. 객체적 감각자극에 따라 관심의 대상이 바뀌다 보면 때로는 무책임한 사람, 향락주의자처럼 오해를 받을 수 있다. 그러나 비합리적인 가운데 나름의 윤리의식을 보전하고 있다.

외향적 감각형의 무의식의 열등기능은 당연히 직관기능으로, 그것은 의식의 감각기능이 일방적이면 일방적일수록 의혹의 형태로 외계에 투사되어 분방한 부정적 추측과 의심을 낳을 수 있다.

삼국지의 주요 인물들 가운데 대표적인 외향적 감각형 인물로는 반복무상을 일삼고 절륜한 무용만 앞세웠던 줏대 없는 성격으로 현실적 이익에만 매달려 자멸한 여포, 탁월한 현실감각과 임기응변으로 일관하는 능소능대한 성격의 정치공학의 대가 가후 등을 들 수 있다.[44]

44) 한형수(2017), 전게서, 116쪽.

(2) 내향적 감각형

내향적 감각형에서는 객관적 자극에 의해서 생긴 주관적 감각 부분에 따라 그 행위가 결정된다. 객체는 그에게 있어 그리 중요한 존재가 되지 못한다. 그러나 이러한 과소평가는 의식적인 것이 아니다. 객체에서 오는 자극은 객체의 현실에는 이미 연관되지 않는 주관적인 반응을 통하여 즉시 대치됨으로써 그 가치가 감소된다.[45] 무의식적인 내용이 강화되면, 주관적인 감각부분이 그만큼 활기를 띠어서 객관적 작용을 거의 완전히 덮어 버리고 만다.

그래서 객체의 작용이 거의 주체에 영향을 주지 않으며, 객체적 현실과 주체적 지각을 전혀 구별할 수 없을 정도가 된다. 내향적 감각형은 고도로 예민한 사진건반과 같아, 사람이나 풍경의 모든 빛깔, 그늘, 형태 등을 세밀한 곳까지 지각하여 그것은 그의 주체로 흡수된다. 그래서 이들은 멍한 표정으로 한곳을 응시하는 듯하나, 안으로는 미세한 스펙트럼같이 감각을 흡수해 들이는 작업을 하고 있다.

이 유형의 사람이 무의식에 억제되는 것은 외향적 직관기능이다. 외부 현실의 가능성을 있는 그대로 지각하지 못하고 공연히 어두운 추측에 골몰하는 수가 있다.

삼국지의 주요 인물 가운데 대표적인 내향적 감각형 인물로는 자수성가한 북방의 군웅으로 자신을 과신하고 집착하는 성격으로 상대방을 얕보다 패망한 공손찬, 스스로를 알아주는 주군을 위해 죽겠다는 행보로 성공한 용기 있고 냉철한 성격의 합비전투의 맹장 장료, 패업추구에 진취적인 면모를 보인 기민한 성격으로 뛰어난 상황 판단력을 보인 책사 법정 등을 들 수 있다.[46]

---

45) C.G. Jung(1960), 전게서, 430쪽.

4) 직관형(intuition type)[47]

직관이란 무의식적 방법으로 인식을 유도하는 심리기능이라고 융은 말한다. '직관이란 그 파악하는 내용이 무엇이든 하나의 본능적 파악이다.'[48] 그러므로 직관은 감각과 마찬가지로 비합리적 인식기능이다. 직관 내용은 감각 내용과 마찬가지로, 사고나 감정 내용처럼 유도되거나 표현된 것이 아니라 '이미 주어진 것'이라는 특징을 지니고 있다. 우리는 직관이나 감각을 사고나 감정처럼 어떤 이성의 법칙에 따라 판단하는 것이 아니고 직접 발견하고 직접 지각한다. 따라서 직관적 인식은 확실성을 가지고 있는 것이 특징이다.

직관형 가운데 외향적 직관은, 객관적으로 주어진 것 가운데의 가능성을 발견하는 데서 그 기능을 발휘한다. 내향적 직관은 이에 비해 내적인 객체, 즉 무의식의 요소에 그 시선이 향한다. 이에 대해 융은 '내적인 객체는 내향적 인식에 있어서, 외적인 경험에서는 만날 수 없는 무의식의 내용, 궁극에 가서 집단적 무의식을 이루는 사물의 주관적 상들로 나타난다'고 말하고 있다.

(1) 외향적 직관형

외향적 직관형은 객체가 가지고 있는 '가능성'을 파악하고, 그것이 객관 세계에서 실현될 수 있는 계기를 만들어 주는 데 비상한 능력을 발휘한다.

그래서 이 유형을 기업가, 상인, 신문기자, 정치가 같은 경우에서 많이 발견한다. 이들은 외향적 감각형처럼, 현실적인 감각에 충실한 행

---

46) 한형수(2017), 전게서, 117쪽.

47) 직관형은 직관기능이 삶에서 주도적인 역할을 하는 유형의 사람으로 감각의 매개 없이 직접 사물의 본질을 통찰할 수 있는 사람이다.

48) C.G. Jung(1960), 전게서, 481쪽.

정가와는 달리 무슨 사업이 장래성이 있는가, 무슨 상품이 장차 잘 팔리고 무엇이 앞으로 유행할 것인가, 독자가 무슨 기사를 흥미 있게 읽게 될 것이며, 미래의 세계에 무엇이 일어날 것이며, 어떻게 대응해야 할 것인가를 미리 알 수 있는 사람이다. 증권 부동산 투자를 해서 성공을 거두는 사람 가운데는 외향적 직관형이 흔히 발견되고 이 유형의 사람은 남자보다 여자에 더 많은 것 같다고 융은 말하고 있다.

그들은 어떤 사람이 현재 남에게 평가를 받고 있는가 없는가를 개의치 않는다. 무명의 작가, 화가, 음악가들의 자질과 장래성을 재빠르게 파악하고, 이러한 직관적 인식에 확고하게 발을 디딘 채 이를 후원하며 또한 이들을 서로 만나게 하고 자극을 주게 함으로써 이들의 숨은 능력을 성장하게 한다.

외향적 직관형에서의 열등기능은 감정이나 사고로 그는 타인에 대하여 그리 따뜻한 사람처럼 보이지 않고 그래서 타인으로부터 '사람을 이용하고 무자비하게 버리는 사람'이라고 비난받기가 쉽다. 또 이 유형의 사람들이 지닌 무의식의 열등한 감각기능은 주체로 향하는 경향이 있어 이상한 신체감각, 건강 염려성 강박관념의 형태로 나타날 수 있다.

삼국지의 주요 인물 가운데 대표적인 외향적 직관형 인물로는 패도를 추구하며 예교사회를 무시하던 미래 지향적 성격으로 탁월한 안목을 현실화한 모사 곽가, 학식과는 상반된 권력 지향의 삶을 살아 앞을 내다보았으나 공명심 강한 성격으로 패망하고 만 야심가 종회 등을 들 수 있다.[49]

49) 한형수(2017), 전게서, 119쪽.

(2) 내향적 직관형

내향적 직관형의 사람에게는 직관기능이 객체가 아닌 내적인 세계로 향한다. 비록 직관기능이 객체의 어떤 가능성을 파악한다 하더라도, 그것은 객관 세계에서의 구체적인 가능성이 아니라 그 사람의 마음의 깊은 곳에 있는 원시적 요소들이 어떻게 변해가고 있으며 어떤 방향을 제시하고 있는가 하는 것을 파악하는 것이다.

물론 외향형 내향형이라고 해서 각 특수기능이 꼭 한 가지 방향으로만 움직이는 것이 아니고 언제나 다소 반대되는 경향의 인식이 동반되기 마련이다. 때문에 내향적 직관과 외향적 직관의 경우도 확실하게 구분되는 것이 아니며 어느 경향이 더 강한가 하는 것에 따라 이 유형이 외향적이냐 내향적이냐를 정하게 되는 것이다.

어쨌든 내향적 직관형에서는 구체적 현실에 있어서의 가능성보다 정신세계에 있어서의 가능성을 촉진하는 것이 그의 주 기능의 특징이며, 그는 주로 이러한 인식을 바탕으로 살아가는 사람이다. 그러므로 그는 종교적 예언자, 이른바 선지자이며 예술가나 시인 가운데서도 발견된다. 현대사회의 정신치료가, 정신과의사, 심리학자 가운데서도 이런 유형의 치료전문가가 보인다.

외향적 직관형과 마찬가지로 내향적 직관형에서도 감각기능이 가장 억압되어 열등 상태에 있게 된다. 특히 내향적 직관형에서는 외향적 감각이 가장 미분화된 상태에 있으므로, 이른바 '현실감각'이 극도로 결여되기 쉽다. 외부적인 사실에 대해서 주의를 집중하고, 이것을 충실히 기술하는 노력이 부족할 뿐 아니라 흔히 객관적 사실을 무시해 버린다.

삼국지의 주요 인물들 가운데 대표적인 내향적 직관형의 인물로는 무모할 정도로 용맹을 과신한 안하무인의 성격으로 끝내 반골의 낙인을 벗어나지 못한 외로운 무장 위연, 인기 영합적인 치술로 적폐청산하고 동흥전투에서 위상을 높였으나, 교오한 성격으로 적을 만들어 끝내 패망하고 만 제갈각 등을 들 수 있다.[50]

3. 여덟 가지 성격유형의 특징[51]

앞에서 언급한 여덟 가지 성격유형의 특징을 유형별로 비추어 보면 다음과 같다.

먼저 외향형의 네 가지 유형을 살펴보면 첫째, 외향적 사고형은 현실 상황에 대한 판단능력이 뛰어나고 논리적이며, 또한 설득력이 뛰어나고 호전적인 기질이 있어 강인하고 냉정하며 원리원칙을 중요하게 생각하는 특징을 가지고 있다. 둘째, 외향적 감정형은 다른 사람에 기준을 두어 생활하는 유형으로 적극적인 성격으로, 남들 앞에 나서는 것을 좋아하는 특징을 가지고 있다. 셋째, 외향적 감각형은 객관적 사실을 감득해 내는 능력이 발달하였으며 가장 현실적인 판단을 하여 행동하고, 또한 임기응변에 강하여 핵심적인 사항을 잘 파악하고 요점을 정리하는 능력이 뛰어난 특징을 가지고 있다. 넷째, 외향적 직관형은 객체가 가지고 있는 가능성을 파악하고 실현할 수 있는 계기를 만들어 주는 데 비상한 능력을 가지고 있으며, 장래성을 내다볼 줄 아는 미래 예시형이라는 특징을 가지고 있다.

다음으로 내향형의 네 가지 유형을 살펴보면, 첫째, 내향적 사고형은 사고의 판단기준이 '내가 어떻게 생각하느냐'의 이념이나 관념을 중시하여 개혁을 추구하는 성향이 강하며 분석적, 논리적인 면으로 치밀

---

50) 한형수(2017), 전게서, 120쪽.

51) 이부영(1978), 《분석심리학－C. G. Jung의 인간심성론－》, 일조각. 김종석(2010), 「대통령의 성격유형과 리더십에 관한 사례 연구－박정희·김영삼 대통령을 대상으로－」, 〈행정논총〉, Vol.48, pp.113~142, 서울대학교 한국행정연구소. 이를 토대로 재구성함.

하고 매사에 빈틈이 없는 일 처리를 한다는 특징을 가지고 있다. 둘째, 내향적 감정형은 외관상으로 조용하고 무척 여성적이라는 인상을 주고, 또한 자기주장이 강하지 않고 양보를 많이 하며 관용을 잘 베풀고 겸손하다는 특징을 가지고 있다. 셋째, 내향적 감각형은 외부의 자극이나 객체의 현실에 의지하지 않고 자신의 주관적인 반응을 중시하는 유형으로, 뛰어난 정치적 감각으로 자신에게 유익한 상황을 잘 선택하게 된다는 특징을 가지고 있다. 넷째, 내향적 직관형은 직관기능이 주로 내부로 향하는 특성을 가지고 있으며 개성이 강하고 창조적인 능력이 뛰어나다는 특징을 가지고 있다.

4. 여덟 가지 성격유형의 장점과 단점

앞에서 여덟 가지 성격유형의 특징을 살펴보았는데, 이 성격유형은 각각 장점과 단점을 지니고 있으며 이를 유형별로 세분화하여 살펴보면 다음과 같다.

인물형의 성격 / 심리학적 유형	장점	단점
외향적 사고형	• 정책결정과정에서 현실적으로 바람직한 대안을 합리적으로 선택하며 일단 결정된 정책은 일관되고 확고한 태도로 추진할 수 있음. • 위기 상황에서 뛰어난 관리능력을 발휘할 수 있음.	• 객관적 사실이나 합리성에 치우치고 지나치게 일에만 몰두하는 경향이 있음. • 권력 지향적 성향이 강하여 권위적이고 독선적인 리더십을 행사할 수 있음.

심리학적 유형 \ 인물형의 성격	장점	단점
외향적 감정형	• 현실 상황에 대한 판단능력이 뛰어나고 대인관계가 원만하며 친화력이 뛰어남. • 포용력이 뛰어나서 화합을 중요하게 생각함.	• 자신이 생각하는 것에 확신을 갖지 못하는 경향이 있음. • 합리적이고 체계적인 정책을 선택하고 일관성 있게 추진하는 데 어려움을 느낄 수 있음.
외향적 감각형	• 현실적으로 가장 유익하고 많은 사람들에게 필요한 정책을 선택하고 적극적으로 추진할 수 있는 능력이 있음. • 외교·경제 등의 정책분야에서 탁월한 능력을 발휘할 수 있음.	• 논리적으로 사고하기보다는 즉흥적으로 정책을 결정하는 경향이 있어서 일관성 있게 정책을 추진하지 못할 가능성이 있음. • 충동적이고 독선적인 의사결정을 하기 쉬움.
외향적 직관형	• 창조적이고 미래지향적인 성향을 지니고 있어 미래에 가장 바람직한 정책을 선택할 수 있는 능력이 있음.	• 현실을 무시하는 경향이 있어 정책추진과정에서 갈등을 야기시킬 수 있음. • 이성적으로 자기의 인식을 정리 및 저장할 겨를이 없으며 한곳에 꾸준히 머무르지 못하는 성향이 있음.
내향적 사고형	• 현실에 구애받지 않고 이상적이고 개혁적인 정책을 선택하고 강력하게 추진할 수 있는 능력이 있음. • 논리적이고 분석적인 성향으로 치밀하게 정책을 결정하고 조직적으로 정책을 집행할 수 있음.	• 맹목적인 헌신이나 계산이 들어맞지 않는 행동으로 편협하다는 인상을 받게 됨. • 논리적이고 분석적이지만 객관적으로 설명하는 능력이 부족하여 의견에 대한 설득력이 부족할 수 있음.

심리학적 유형 \ 인물형의 성격	장점	단점
내향적 감정형	• 포용력이 강하고 대인관계가 원만하여 갈등을 잘 조정하고 융화시킬 수 있는 능력이 뛰어남. • 주위 사람들의 장점을 잘 활용할 수 있는 능력이 있음.	• 자신의 감정이나 심리상태를 외부로 표출하기보다는 내부로 숨기는 편임. • 일 처리에 있어서는 너무 자세하고 세밀한 성격 때문에 일을 효과적으로 끝내기가 어려운 경우가 있음.
내향적 감각형	• 뛰어난 감각으로 유리한 상황을 잘 파악하고 이를 잘 활용할 줄 아는 능력이 있음.	• 소극적이며 상황 순응적이기 때문에 장기적이며 개혁적인 정책을 추진하지 못함. • 구체적인 현실에 지나치게 매이는 특성이 있기 때문에 좀 더 멀리 내다보는 원시안적 안목이 요구됨.
내향적 직관형	• 사람들의 능력이나 재능을 잘 파악할 줄 알아서 적재적소에 유능한 인물을 등용시키는 인사정책을 펼칠 수 있음.	• 현실감각이 극도로 결여되어 있어 현실성 있는 정책을 추진하지 못할 가능성이 높음. • 개성이 강하고 조직적인 활동을 잘 이해하지 못함.

또한 여덟 가지 성격유형을 더욱 세분화하여 볼 수 있는데, 각 성격유형이 합리적 기능일 경우 비합리적 기능인 두 개 성격유형이 첨가되는 형태를 보이고 비합리적 기능일 경우 합리적 기능인 두 개 성격유형이 첨가되는 모습을 보인다. 예를 들어 외향적 사고형의 경우 사고형이 합리적 기능이므로 비합리적 기능인 감각과 직관이 결부되어 외향적 사고감각형, 외향적 사고직관형의 형태로 나타날 수 있으며, 외향적 감각형의 경우 감각형이 비합리적 기능이므로 합리적 기능인 사고와 감정이 결부되어 외향적 감각사고형, 외향적 감각감정형의 형태

로 나타날 수 있다. 이는 외향형, 내향형 모두에서 나타나며 여덟 가지의 각 유형마다 이론상 두 번째로 발달된 기능이 무엇이냐에 따라 제2기능이 결부되어 다시 세분되고 총 열여섯 가지의 성격유형으로 나누어 각 유형별로 그 특징과 장점·단점을 비추어 볼 수 있다.

《삼국지》의 촉蜀형세 한실 꿈 펼친 주군과 모신 무장들

03

1. 임협적인 결합과 인간적 매력으로 결집하나 군웅에 의탁살이 전전하다

중국 천하가 삼국으로 삼분정립三分鼎立이 되었다고 하지만, 위魏가 단연 강하고 촉蜀과 오吳는 약한 1강 2약의 형세였다. 영토 면에서 보면, 촉은 그 지배영역이 좁아 후한 시기 13개 주 가운데 익주 한 개 주를 다스렸으며, 일시 형주지역을 관장했으나 곧 잃고, 양주涼州를 두기는 하였으나 기실 양주의 끝부분에 불과한 지역을 지배할 뿐이었다. 물론 주에 따라 면적의 차이가 크게 나고 주와 주 사이의 변경지역은 국가 권력의 실효적 지배가 거의 미치지 못하고 있었음은 감안해야 한다.

인구 면에서는, 사서에 인용되는 사료《삼국지 촉서/후주전 배주 촉기》에 의하면, 촉이 멸망했을 경원 6년(263년) 당시에 약 28만 호구에 인구 약 94만 명이었던 것으로 되어 있다. 그런데 대체적으로 후한 영수 2년(156년)의 인구는 5,006만 6,856명으로 후한의 인구가 가장 많았을 때로 보이는데,《진서지리지》에 의한 후한 말기의 인구는 767만 명으로 나타나 앞서의 7분의 1에 지나지 않는다. 특히 삼국시대는 전쟁이 거듭되는 난세였으니 전란에 의해 인구가 격감한 것을 부정하기 어려워, 촉의 인구도 이에 견주어 그 규모가 가늠되어야 할 것이다.

촉은 장무 원년(221년) 유비가 황제에 즉위하면서부터 경요 6년(263

년) 유선이 위에 멸망되기까지, 2대 43년간에 걸친 왕조다. 촉은 조비에게 무너진 한왕조를 부활시키는 모습으로 건국되었기 때문에 촉한蜀漢이라고 부른다.

흔히 유비는 전한 경제의 아들인 중산정왕 유승의 후예라고 한다. 그러나 유비는 유주 탁현에서 짚신을 삼고 돗자리를 팔아 사는 사회하층부 출신이었다. 《자치통감》을 찬술한 북송의 사마광은 '유비가 비록 중산정왕의 후예라고 말하기는 하지만, 그 가족의 계통이 내려온 지가 멀어서 혈통의 세대수와 이름과 직위를 기록할 수 없었으니 (…) 그러므로 감히 유비를 광무제(유수)의 경우에 비교하여 한 왕조가 남긴 정통을 잇게 할 수는 없었습니다.'라 하였다. 그러나 남송의 주희는 금나라에 황하지역을 잃어 이민족에 대한 적개심이 클 수밖에 없어, 그는 《자치통감강목》에서 촉을 정통왕조로 보아 황초 원년으로 기년한 220년을 후한 건안 25년으로 기록하고, 다음 해인 신축년 221년을 소열황제 장무 원년으로 기록하고 있다.

후한 말 대유 노식에게 유비가 배울 때 일족의 원조를 받은 기록이 있지만, 군사를 일으킨 뒤 그 일족의 힘을 이용했던 행적은 없다. 이는, 선대의 권세나 재력을 일족인 조인, 조홍, 하후돈, 하후연 등 혈연공동체가 거병 초기부터 뒷받침했던 조조나, 선대 손견 이어 손책이 장악했던 강동 6군의 후계자가 된 손권과 비교했을 때, 유비는 현저하게 불리했던 여건이었다. 그러나 유비는 천부적으로 사람을 품는 능굴능신의 포용력이 있었기에, 관우, 장비와 같은 호걸이 그의 밑으로 들어와 의리로 맺어진 임협적인 집단을 결성한 것이다. 《삼국지》에서는 관우, 장비와 유비의 관계는 '잠을 잘 때도 침대를 같이 썼고, 은애恩愛는 형제와 같았다'라고 기술하고 있다. 《삼국지연의》에서는 더 나아가 의형제를 맺는 도원결의의 장면까지 연출하고 있다. 역사적 사실로도 유비와 관우, 장비는, 공적으로는 군신관계이면서 사적으로는 형제 같은 관계를 맺고 있었다. 그들의 관계에서 볼 수 있듯, 유비와 이전부터 굳건하게 따랐던 신하 사이에는 '임협任俠정신'으로 강력한 결속력을 갖고 있었다.

이것은 자기 진영의 핵심을 이룰 만한 조조나 손권 같은 뿌리 깊은 혈연으로 맺어진 일족이 없는 유비가, 그 중핵을 관우와 장비에서 찾은 결과라고 생각할 수 있을 것이다. 《삼국지연의》에서 그저 울기만 하는 이미지와 달리, 유비가 관우, 장비를 거느리고 무예와 전술이 뛰어났기 때문에 공손찬, 도겸, 여포, 조조, 원소, 유표로, 군웅들 사이를, 이른바 용병傭兵집단처럼 옮겨 다닐 수 있었던 것이다. 그러나 그 집단의 무예와 전술이 뛰어난 데 비해 자주 패배하고 있다는 인상을 주는 게 사실이다. 이는 유비진영이 모처럼 거점지역을 점령하고서도 그 통치가 안정되지 않아, 근거지를 차지하더라도 얼마 안 가 잃어버리고는 했기 때문이다.

2. 기존 왕조를 재흥 창출하여 촉蜀을 세우다

후한 말기 넓은 향리 사회를 장악하기 위해서는 대토지를 소유하는 호족과 이들이 지지연계하려는 그 지역에서의 인맥과, 정보를 취한 명망도 있는 명사名士의 협조가[52] 필수적이었다. 어찌 보면 이러한 기본 요건을 갖추지 못한 수준을 맴돌았기에, 유비는 새로운 지역을 점령하여도 계속 오래 유지하지 못한 채 뭇 군웅에게 의탁하는 삶으로 전전하다, 종착에 형주의 유표에게 의탁하게 된 것이다.

유비가 유표의 객장으로 7년여 형주에 머무르고 있을 때, 유가의 이른바 형주학파가 형성되어 실천적으로 난세를 구하려 하는 제갈량, 방통 등이 높은 평가를 받고 있었다. 유비는 바로 그들에게 주목했던 것이며, 또한 한실 부흥이라는 대의명분과 여러 장수들이 있었음에도 호

---

52) 와타나베 요시히로渡邊義浩 저 · 노만수 역(2023), 《삼국지 인재전쟁》, 더봄, 60~62쪽.

족들의 지지와 시무時務(이 시대에 해야 할 일)를 아는 명사가 없었던 유비진영이 그들에게는 매력적인 존재였다. 그러던 차에 사마휘, 서서가 제갈량을 추천했기에, 유비는 몸소 '삼고三顧의 예禮'를 보여 제갈량을 초빙한다. 이 지역 호족들의 지지를 받은 형주 명사가 유비진영에 의탁함으로, 유비와 관우, 장비 등 은의의 강한 결합관계로 엮인 임협집단에서, 제갈량, 방통 등 시무를 아는 명사를 중핵으로 하는 군웅세력으로 질적 변화를 이루게 되었다. 제갈량의 '천하를 삼국으로 나누는 계책天下三分之計'을 바탕으로 유비는 손권과 동맹을 맺고, 건안 13년(208년) 적벽대전에서 하북을 통일하고 남정하는 조조를 격파한다. 이리하여 유비는 형주에 확고한 기반을 구축하고 방통, 마량, 마속, 황충, 위연, 이적, 동화, 동윤, 요립, 진진, 장완, 유봉, 양의 등과 같은 유능한 신하들을 두게 된다.

촉은 험준한 산맥에 둘러싸인 비옥한 분지로 전국시대에 천하 통일을 이룬 진시황의 거점이었다. 또한 전한 왕조를 구축한 한고조(유방)가 이 지역에서 한왕이 되어 항우 타도의 병사를 일으킨 유서 깊은 곳이다. 처음에 촉 지역에 눈을 돌린 사람은 유장의 부친 유언이었다. 유언은 낙양령, 기주자사, 남양태수 등을 지낸 후 '익주益州의 분야에 천자天子 기운이 있다'는 시중 동부53)말을 듣고 중평 5년(188년) 익주목으로 부임, 장로를 독의사마를 삼아 한중에 파견해 장안으로 통하는 길목의 다리 등을 파괴한다. 이리하여 후한 왕조와 거리를 두고 익주의 호족 십여 명을 죽였으며 독자 세력을 구축하려 하였다. 그러나 유언의 뒤를 이은 유장은 범용한 군주였기 때문에, 별가 장송, 군의교위 법정 등이 유비를 촉 군주로 삼으려고 획책해, 건안 16년(211년) 유장과

---

53) 동부董扶의 자는 무안茂安이다. 어려서 스승에게 학문을 배워 여러 경서에 통달하였으며 그는 조정의 초빙을 받은 양후楊厚에게 사사하여 앞날의 길흉을 기록한 예언서 도참圖讖을 깊이 탐구했다.

결련케 하여 유비를 익주로 맞아들인다.

그 배경으로는, 익주의 명사와 호족은 남양·삼보에서 들어온 동주병東州兵 횡포로 대립이 있어 유장정권에 실망하고 있었던 상황이 작용한 것으로 보인다. 유비의 익주 평정은 생각보다 쉽지 않아[54] 2여 년의 원정으로 이루어지게 되나, 그들 대립이 있었기에 이렇다 할 정통성이 없는 유비의 익주 지배가 수용될 수 있게 된 것이라 하겠다.

유비가 낙성을 포위한 지 1년이 되었을 때, 군사 방통이 전사하는 등 격전 끝에 형주로부터 제갈량, 장비, 조운 등을 소환한다. 이로 성도를 포위해, 장로가 유장을 도우려고 구원병을 이끌게 했던 마초까지 합류하여 건안 19년(214년) 유장을 항복시킨다. 그리고 오의, 이엄, 엄안, 황권, 법정, 허정, 유파, 비의, 등지, 장익, 장예, 양홍, 비시 등과 같은 유장의 옛 신하 그리고 익주 인사들을 그대로 중용하였다.

3. 제갈량의 출장입상으로 그의 양어깨에 촉의 명운이 걸린다

그러나 유비 진영에서 '봉추'라고 불리는 방통을 잃은 것은 뼈아픈 일이었다. 유비는 형주의 수비를 관우에게 맡기고 제갈량은 촉의 정무를 보게 해 분주했다. 건안 24년(219년)에 한중을 평정해 유비는 한중왕에 오르고, 한편으로 관우가 번성을 공격하여 중원이 진동하니, 조조가 손권과 밀약을 맺어 여몽에게 습격당해 관우가 죽게 되고 형주를 잃고 만다. 2년 후 장무 원년(221년) 유비는 촉을 건국하고 황제에 즉위하지만, 관우에 대한 설욕전으로 오나라를 침공했다가 이릉대전에서 육손에게 크게 패하고 만다.

장무 3년(223년), 유비는 백제성에서 병상에 눕고 제갈량에게 유선의 보좌를 부탁한다. 이때 '태자가 무능하다면, 그대가 이 나라를 취해도

---

54) 와타나베 요시히로渡邊義浩 저·노만수 역(2023), 전게서, 217쪽.

좋다'고 탁고하는데, 제갈량은 충절을 다 바치겠다는 눈물을 흘리고 유비의 뜻을 이어간다. 후세의 군신 관계에서 이만큼 깊은 신뢰로 맺어진 경우는 흔치 않다.

이에 태자인 유선, 즉 후주가 즉위하여 제갈량의 보정을 받게 된다. 제갈량은 정치가이면서 군사 전략가였다. 그는 촉의 어려운 국면을 타개하기 위하여 대외적으로 오나라와 동맹관계를 회복하고, 조비, 조예로 하여금 촉에 대한 공격보다 방어에 치중하도록 만들었다. 그리고 내적으로 촉과蜀科를 제정하여 법의 집행을 엄격히 하는 한편, 어진 인물들을 등용하면서 신상필벌을 분명히 하였다.

또한 제갈량은 촉나라의 경제발전을 적극적으로 추진하였다. 그는 농업을 장려하여 농민의 농사 시기를 빼앗지 않았으며, 과세와 부역을 가볍게 부과하여 안심하고 농민이 농사일에 전념하도록 하였다. 수공업도 장려하여 병기나 농기구의 제작은 물론, 소금, 비단, 생산 등도 크게 발전하였는데, 특히 사천의 비단은 위나라나 오나라에서도 소비되어 재정적인 바탕이 되었다. 촉의 후방은 '서남이'라고 부르는 소수민족의 거주지였다. 제갈량이 서쪽의 소수민족과 화합하면서, 건흥 3년(225년) 제갈량이 군대를 이끌고 남중을 평정하고 그들의 우두머리를 임용하여 남만을 위무하였다. 서남 소수민족들은 이에 점차 산림을 떠나 평지로 이주하여 마을을 이루었으며 그들 역시 농업에 힘써 이 지역이 대대적으로 개발되었다.

한편 이와 같은 시책을 통하여 촉은 상당한 경제적 기초를 확립한 다음에, 제갈량은 위나라를 치는 북벌北伐을 결행하였다. 건흥 5년(227년), 제갈량은 출병에 앞서 후주 유선에게 출사표를 올리고 첫 번째 북벌에 나선 이후, 때로는 승기를 잡다가도 수차의 북벌이 군량의 보급이 어려워 실패로 끝난다. 건흥 12년(234년), 제갈량은 다섯 번째 북벌로 위나라를 공격하여 장안에서 5백여 리 떨어진 오장원까지 진출하였다.

하지만 사마의의 지구전으로 성공하지 못하고 끝내 병사하고 만다.

4. 촉 멸망이 후주 유선만의 책임은 아니다

흔히 촉 멸망 원인의 하나로 거론되는 것이, 2대 황제 후주 유선이다. 그는 후세 사람들에게 어리석은 군주의 대명사로 '아두阿斗(유선의 아명), 세우나 마나'라는 말을 남긴 장본인이다. 그의 우둔함으로 촉이 멸망했다는 것이다. 하지만 제갈량이 살아있을 때 유선은 전향적으로 정무를 받아들인 인물이었다고도 한다. 또한 제갈량이 죽은 후 30년 동안 정권을 유지해, 재위 기간이 삼국 황제 가운데 가장 길다. 따라서 유선만이 촉 멸망의 책임이 있다고는 할 수 없다.

'사람은 어떤 색이든 물이 들기 마련'이라는 말이 있듯이, 그는 어쩌면 선악을 구별하지 않는 순수한 아이와 같은 인간이었다. 제갈량의 내외정에 걸친 보정이 이루어지고 후한을 찬탈한 조위曹魏와 대척점에 촉한蜀漢이 서 있었다. 제갈량 사후 정사를 장완, 비의 그리고 동윤이 돌볼 때까지였다. 유선은, 환관 황호가 국정을 농단하는데도 그를 신뢰했기 때문에 국내 정치는 궤도를 잃고 부패하고 만다. 《삼국지》를 찬술한 진수는 황호를 가리켜 '나라를 멸망시킨 원흉'이라고 기록해 놓았다.

한편 제갈량의 뜻을 이어받아 거듭 북벌을 행한 강유에게, 비의는 무리한 북벌을 제어하며 1만 명 이하의 병력밖에 내주지 않았다. 그런데 비의가 연희 16년(253년) 위의 항장 곽순에게 살해되자 강유를 제어할 수 있는 인물이 없어지게 된다. 촉은 내적으로 부정부패가 심해지고, 국력이 그리 크지 않는데 외적으로는 수차례에 걸친 북벌로 막대한 비용이 소모되었다. 백성의 신뢰를 잃는 것도 무리가 아니었다. 경요 6년(263년), 위의 등애, 종회 등 대군의 침공을 받자 강유 등은 검각에서 종회 주력군을 저지하였으나, 후주 유선은 등애의 성도 공격에 무력하게 항복하고 촉은 멸망하고 만다.

제2장

사람을 품어
난세를 헤쳐 나간
능굴 능신의 영웅 유비

인물 유비의 삶의 궤적

01

1. 인생 절반을 전쟁 속에 여러 군웅을 거쳐 의탁하다

유비劉備는 자가 현덕玄德이고 탁군 탁현(지금 하북성 탁주시) 사람이며 '한나라 경제의 아들 중산정왕 유승[1]의 후예이다. 유승의 아들 유정이 원수 6년 기원전 117년에 탁현의 육성정후에 봉해졌지만 주금[2]을 조금 바쳤다는 이유로 작위를 박탈당하였는데 탁현에 그대로 머물러 살았다.'《삼국지 촉서 선주전(이하 본전)》

유비는 어려서 아버지를 여의고 어머니와 함께 짚신과 돗자리를 엮어 팔아서 생계를 꾸려 나갔다. 유비가 15세 때, 어머니가 공부를 배우도록 하여 그는 같은 동종인 유덕연, 요서군의 공손찬과 함께 전에 구강태수를 지낸 같은 군 출신 노식[3]의 제자가 되었다. 유덕연의 부친

---

1) 촉서蜀書에 의하면 유승劉勝은 중산왕이었으나 죽은 다음에 시호를 정왕이라고 했다. 그러나 조부 이상의 세계世系는 상고할 수 없다.

2) 이는 한 무제 때 시행되었던 제후 억압 정책 중 하나이다. 한 무제는 주금률酎金律을 제정하여 주금의 수량 부족이나 성분 불량을 이유로 제후의 봉작을 취소하는 등 제후를 억압하고 황제지배체제를 강화하고자 했다. 봉읍은 대대로 이어지는 제후의 경제적 기반이다. 봉작이 취소됨으로써 봉읍이 삭탈된다면 더 이상 안정된 경제적 삶을 보장받을 수 없게 되는 것이다.

3) 노식盧植(?~192년)은 자가 자간으로 탁군 탄현사람으로 정현鄭玄과 함께 마융馬融에게 배운 대유로 중평 원년 184년 북중랑장이 되어 황건의 난을 진압하는 데 기여했다. 그 뒤 상서로 임명되었으나 동탁이 소제를 폐하려 하여 이를 반대하다 면직되어 은거하였다. 저서에 상서장구, 삼례해고를 남겼다.

유원기는 늘 유비에게 아들과 똑같이 대하고 학비를 대주어 수학하게 하였다.

중평 원년 184년 황건의 난이 일어나자 주군州郡에서는 각기 의병을 일으켰고, 유비는 하동 해현(지금 산서성 운성시) 사람 관우와 탁군의 장비 등과 부하들을 이끌고 교위 추정을 따라가 황건적을 토벌하는 데 공을 세워 안희현(지금 하북성 정현 동쪽)위[4]로 임명되었다. 얼마 뒤에 공을 세웠으므로 유비는 하밀현(지금 산동성 창읍현 동쪽)승, 고당현(지금 산동성 우성현 서남)위가 되었다. 이어 현령[5]으로 승진했으나 현이 적에게 격파되자 중랑장 공손찬이 있는 곳으로 찾아가게 된다. 공손찬은 표문을 올려 유비를 별부사마로 임명하였고, 청주자사 전해와 함께 기주목 원소에게 대항하도록 했다. 유비는 여러 차례 전공을 세웠고 잠시 평원현(지금 산동성 평원현) 임시 현령이 되었으며, 이후 평원국상[6]을 대행하였다.

흥평 원년 194년 조조가 군사를 이끌고 서주를 공격해 오니, 서주목 도겸이 전해에게 급박함을 알리자 전해는 유비와 함께 도겸을 구원하였다. 유비가 서주에 도착하자 유비는 마침내 전해를 떠나 도겸에게 귀부했다. 도겸은 표를 올려 유비를 예주자사로 삼고, 조조의 군대는 식량이 다 떨어져서 병사를 이끌고 돌아가게 됐다.

---

4) 현위는 현승과 함께 현령, 현장의 조수인데, 도적을 막고 치안을 유지하는 일을 했다.

5) 전국 13주에 현급의 행정구역이 1,180개로 이 중 1만호가 넘는 현의 지방장관은 현령으로 그 중 1만호 미만인 현의 지방장관은 현장이라 하였다.

6) 후한 시기 봉국封國의 행정장관으로 중앙에서 파견했는데, 왕국王國에는 한명의 상相을 두었으며, 그 직책과 권위는 군郡의 태수와 동등했으며, 후국侯國의 상은 직책과 권위가 현령이나 현장과 동등했다.

2. 서주목이 되었으나 탈취당해 군웅에의 의탁이 이어지다

도겸은 병이 위독하게 되자 별가 미축에게, "유비가 아니라면 이 서주를 안정시킬 수 없소."(본전)라고 말한다. 이에 하비사람 진등이 청하고 북해국상 공융도 유비가 서주 맡기를 적극 권하니, 유비가 서주목을 겸임하여 마침내 서주를 관장하게 되었다.

건안 원년 196년 원술이 유비를 공격하여 서주(지금 강소성 북부)를 두고 다투게 된다. 유비가 사마 장비에게 하비(지금 강소성 회령현 북쪽 고비진)를 지키도록 하고, 원술을 방어하며 서로 밀고 밀리고를 한 달 넘게 하였다. 한편 원술이 여포에게 편지를 보내 하비를 습격하도록 군량을 원조해 주겠다고 약속한다. 여포는 크게 기뻐하여 하비의 서쪽에 주둔하고 있는 군사를 이끌고 수로와 육로로 쳐들어오니, 성내에 내응이 있어 하비를 탈취하게 된다.

유비가 이 소식을 듣고 군사를 이끌고 다시 돌아와 하비에 도착하였을 즈음에는 병사들이 궤멸되어 있었다. 유비가 여포에게 화해하겠다고 요청하자 여포 역시 원술이 양곡 원조를 이어주지 않은 것에 화가 나서, 다시 유비를 소환하여 예주자사를 삼고 더불어 세력을 병합하여 원술을 치고, 소패(지금 강소성 패현)7)에 주둔하도록 했다.

유비는 소패로 돌아와 다시 군사를 규합하여 1만여 명을 모았는데, 여포는 이를 싫어하여 직접 군사를 거느리고 유비를 공격하였다. 유비가 패배하여 조조를 찾아 의탁하게 되니, 조조는 유비를 후하게 대우하고 표를 올려 예주목에 임명하였다. 조조는 유비에게 군사를 더해주고 군량까지 주어 동쪽으로 소패에 이르러 흩어진 병사들을 수습하여 여포를 도모하도록 하였다.

---

7) 한 고조 유방이 본래 사수군泗水郡 패현沛縣 사람인데 천하통일을 하자, 사수군을 패군沛郡으로 이름을 바꾸었고 원래의 패현은 소패小沛로 했다.

건안 3년 198년, 여포가 다시 원술과 왕래하며 그의 중랑장 고순을 보내 유비를 공격하였다. 패성을 격파하고 유비의 처자를 포로로 잡으니, 유비는 혼자서 도주하였다. 같은 해 10월에 조조가 직접 동쪽으로 정벌에 나섰는데 여포가 출격하지 않고 농성에 돌입하자, 마침내 조조는 기수와 사수의 물을 하비(지금 강소성 비현)로 끌어서 대었다. 한 달이 지나자, 여포는 더욱 곤궁하고 절박해져 휘하 장수들과 함께 성루에서 내려와서 사로잡히게 된다. 여포와 고순 모두를 교수형에 처하여 여포의 수급은 허도로 보내졌다.

유비는 다시 처자를 되찾았고 조조와 함께 허도를 회군하였다. 조조는 표를 올려 유비를 좌장군에 임명했고 더욱 예를 갖춰 대우하였으니, 함께 수레를 타고 외출했으며 동석에서 담화하고는 하였다. 애초에 거기장군 동승이 황제의 의대衣帶 속에 숨긴 비밀조서를 받았다고 하면서 유비 등과 더불어 조조를 주살하기로 모의하였었는데, 이때 유비는 어떤 행동을 취하지 않고 있었다.

이 무렵 조조는 조용한 자리에서 유비에게 말하였다. "지금 천하의 영웅은 사군[8]과 나 조조뿐이요. 본초(원소) 같은 자는 손에 꼽을 수도 없습니다."(본전) 유비가 막 식사를 하다가 조조의 이 말에 놀라 비저[9]를 떨어뜨렸다. 마침 하늘에서 천둥이 울리자 유비가 이 기회를 포착해 "성인이 이르기를, '갑작스럽게 천둥과 세찬 바람이 일어나면 반드시 얼굴빛을 바꾸게 한다'고 하였는데, 참으로 그렇습니다"(본전)라고 임기응변으로 대응하였다.

---

8) 사군使君은 주목을 높여 부르는 말로 유비가 예주목이었으므로 사군이라 불렀다.

9) 비저匕箸란 숟가락과 젓가락이다. 유비는 조조가 자기가 영웅이라는 것을 알아보았으므로, 장차 자기를 도모할 것이 두려워서 놀라 수저를 떨어뜨렸다고 호삼성胡三省은 해석하였다. 《자치통감 권63》

마침 이 시기 건안 4년 199년, 원술은 황제의 칭호를 원소에게 귀속시키려 하비를 거쳐 북상하려 하였다. 조조는 유비가 주령과 함께 원술을 요격하게 파견하자, 원술은 이미 남쪽으로 도망하였으며 주령 등은 귀환하였고 유비는 마침내 조조로부터 탈신하게 된다.

유비는 드디어 서주자사 차주를 살해하고, 관우를 남겨두어 하비(서주의 치소, 지금 강소성 수영현 북쪽 고비진)를 지키도록 하였으며 겸하여 태수의 일을 하도록 하였다. 유비 자신은 소패(예주의 치소, 지금 강소성 패현)로 돌아갔다. 동해(지금 산동성 괌성현) 지역의 창희와 여러 군현이 조조에 반기를 들고 유비를 도왔다. 유비의 병사가 수만 명이었고 사자를 파견하여 원소와 더불어 병사를 연합하였다.

건안 5년 200년, 조조는 동쪽으로 서주의 유비를 원정했고 유비는 패전하였다. 조조는 유비의 군사를 모두 흡수하였고 유비의 처자를 포로로 삼았으며 하비의 관우를 사로잡아 회군하였다. 유비는 청주(지금 산동성 평원현)로 달아났는데, 청주자사인 원담은 바로 원소에게 이를 알렸다. 원소는 유비가 온다는 소식을 듣고 직접 군사를 거느리고 업현(지금 하북성 임장현)을 떠나 2백 리 떨어진 곳까지 나와 유비를 영접하였다. 유비가 한 달 남짓 머무르는 동안 흩어졌던 군사들도 점차 그에게로 모여들었다.

조조가 원소와 관도(지금 하남성 중모현 동북)에서 서로 대치하고 있었는데, 원소는 유비를 파견하여 병사를 거느리고 여남(지금 하남성 평여현 서북 사교향)의 유벽을 돕도록 하자, 군과 현 대부분이 그에게 호응하였다. 유비가 여수(회하의 지류), 영수10) 사이의 지역을 경략하자, 허현(지금 하남성 허창시 동쪽)으로부터 이남지역의 관리와 백성들이 동요하였다.

---

10) 채하蔡河는 안휘성 부양현에서 영수潁水로 흘러 들어가고, 영수는 안휘성 정양관에서 회하로 흘러 들어간다.

조조는 이를 근심하여 조인에게 기병을 이끌고 유비를 공격하도록 하자, 유비는 원소의 군사를 거느리고 회군하였다. 유비는 내심으로 원소에게서 떠나려고 생각하며 이에 원소에게 남쪽으로 형주목 유표와 연합해야 한다고 권유하였다. 원소가 유비를 파견하자, 유비는 본래의 병사를 거느리고 다시 여남으로 가서 황건 잔당인 공도 등과 합세하여 수천의 군사를 거느리게 된다. 바로 이 시기, 관우가 조조를 떠나 유비가 있는 곳으로 돌아왔고 장비도 다시금 유비에게 와 함께하게 된다.

건안 6년 201년, 조조가 원소를 관도대전에서 막 격파한 뒤에, 조조는 직접 남쪽 여남으로 공격해 왔고 유비는 대패하여 달아났으며, 공도 등이 모두 흩어졌다. 유비가 미축과 손건을 보내 유표에게 귀부하겠다는 소식을 전하자, 형주목 유표는 유비를 상빈의 예로써 대우하고 그에게 병력을 늘려주어 신야(지금 하남성 신야현)에 주둔하게 하였다.

건안 7년 202년 유표가 유비에게 북방을 치게 하여 섭현(지금 하남성 섭현)에 이르자, 조조는 하후돈과 우금 등을 보내 박망에서 막도록 하였다. 유비가 복병을 두고 군영을 불태우고 거짓으로 도주했는데, 하후돈 등이 유비를 추격하다가 복병에게 격파당했다.

건안 12년 207년 유비가 유표에게, 조조가 북방으로 오환을 정벌하러 갔으므로 허도를 습격하라고 설득했지만 유표는 받아들이지 않았다. 조조가 북방을 정벌하고 돌아왔다는 소식을 듣고 유표가 유비에게 말하였다. "그대의 말을 채용하지 않았기 때문에 큰 기회를 잃었소." 유비가 말하였다. "지금 천하는 분열되어 있고, 매일 전쟁을 계속하니 일할 기회가 오는 것이 어찌 끝이 있겠습니까? 만약 이후 기회에 부응할 수 있다면 이것은 한스러워할 거리가 아닙니다."《자치통감 권65》라 하였다.

3. 손권과 연합하여 조조를 격파하고 삼분을 정립하다

유비가 신야에 머물고 있었는데 양양사람 사마휘에게 가서 재사를 구하니 '이 근처에 엎드린 용인 제갈공명과 봉황 새끼인 방사원이 있다' 하였다. 서서가 유비를 신야에서 보았는데 유비는 서서를 큰 그릇으로 여기고 있었다. 서서가 제갈량은 와룡으로 그를 찾아보라고 하니 유비가 제갈량을 찾아갔는데, 무릇 세 번이나 가서야 마침내 그를 만났다.[11]

유비는 사람을 물리치고 "한나라 황실은 기울어져 무너지고 간신이 권력을 쥐고 있어 주상은 고난을 겪고 있습니다. 저는 덕행과 역량을 헤아리지 못하고 천하에 대의를 펼치려고 했지만 지혜와 모략이 모자라 좌절하고 실패하여 오늘에 이르렀소. 그러나 뜻은 아직 끝나지 아니하였는데, 그대 생각에는 장차 계책을 어찌 내야 하겠소?"《자치통감 권65》

이에 제갈량이 대답하기를, "지금 조조는 이미 100만 병력을 가졌고 천자를 끼고 제후에 호령하고(…) 손권은 강동을 지배한 지 이미 3대가 지났으며 나라가 험고한 곳에 있으니(…), 장군께서 만약 형주와 익주를 걸터앉고 손권과 우호관계를 맺으며 안으로는 정치를 닦고 밖으로는 시대가 변화하는 것을 바라본다면, 패업을 이룰 수 있고 한실을 부흥시킬 수 있다."《자치통감 권65》고 이른바 융중대隆中對를 제시하게 된다. 이로 제갈량은 드디어 유비의 간곡한 청을 받아들여 신야로 오게 되었다.

건안 13년 208년, 조조는 하북을 통일한 후 대군을 거느리고 유표를

11) 호삼성은 '서서가 한마디 하는 말을 듣고, 유비가 세 번씩이나 자기를 굽히고 갔다는 것은 그만큼 서서를 중히 여기고 믿었다는 뜻이기도 하다.'《자치통감 권65》고 하였다.

정벌하러 남하한다. 이때 유표는 이미 병사했고 채모와 장윤 등이 그의 차자 유종을 후사로 삼아 유종은 형주목이 되어 있었다. 조조가 신야에 이르니, 유종은 주를 들어 항복하였으며 부절을 가지고 조조를 맞았다. 이때 유비는 번성(지금 호북성 양번시 한수 북쪽)에 주둔하고 있었는데, 유종은 감히 유비에게 이를 알리지 않았다. 조조가 완현(지금 하남성 남양시)에 왔을 때에야 유비가 이를 알고서 무리를 거느리고 피난하였다. 유비가 양양(지금 호북성 양번시)을 지날 때, 어떤 자가 유비에게 유종을 공격하면 형주를 얻을 수 있다고 권하였다. 그러나 유비는 "나는 차마 그렇게 하지 못하겠소."(본전)라며 유비가 행군을 멈추고 유종을 불렀지만, 유종은 두려워 나서지 못했다. 유비는 양양성 앞을 지나면서 유표의 묘에 들려서 작별하는 고제를 지내면서 눈물을 흘리고 떠났다.

유비가 이미 지나갔다는 말을 듣고, 조조는 정예기병 5천 명을 이끌고 급히 뒤쫓아 하루 낮과 하룻밤으로 3백 리를 가서 당양의 장판(지금 호북성 당양현 북부)까지 추격하였다. 이에 유비는 혼전 중 처자를 버리고 제갈량, 장비, 조운 등 수십 명의 기병과 함께 도주하였으며 가장 가까운 한진으로 향하였다. 마침 관우의 선단船團과 만나서 면수(한수 하류)를 건널 수 있었으며, 유표의 장자인 강하태수 유기의 병력 만여 명을 만나 함께 하구(지금 호북성 무한시 한구)에 주둔하였다.

손권이 노숙을 보내, 조조에게 패하여 후퇴한 유비를 장파에서 만나 그 뜻을 전하니, 유비가 제갈량을 파견 시상(지금 강서성 구강시)에서 손권을 만나 유세하여 동맹을 맺게 된다. 손권이 주유와 정보를 좌, 우독으로 삼아서 수군 수만 명을 보내니, 유비와 함께 힘을 합쳐서 조조와 적벽(지금 호북성 포기현 서북쪽 장강남안)에서 싸워 건안 13년 208년 겨울 조조의 군사를 대파하고 전선을 불태웠다. 유비와 주유가 수륙 양로로 함께 전진하여 조조를 뒤쫓아서 남군(지금 호북성 강릉현)까지 추격하였다. 이때 조조의 군대는 역병이 크게 퍼져서 더욱 죽은 군사가 많았다. 조조는 이에 조인, 서황 등에게 강릉을, 악진에게 양양을 지키도록 하고서 군대를 이끌고 북으로 철수하였다.

유비는 유기를 형주자사로 표를 올리고[12], 군사를 이끌고 남쪽으로 가서 네 군을 순시하자 무릉(지금 호남성 상덕시)태수 금선, 장사(지금 호남성 장사시)태수 한현, 계양(지금 호남성 침현)태수 조범, 영릉(지금 호남성 영릉현)태수 유탁이 모두 항복하였다. 또한 여강(지금 안휘성 서성현) 군영의 장수 뇌서가 부곡 수만 명을 인솔하고 유비에게 귀속하였다.

건안 14년 209년, 유비가 표를 올려 손권을 거기장군 대행으로 삼아 서주목의 일을 관장하도록 하였다. 마침 유기가 병으로 죽자 손권은 유비에게 형주목의 일을 관장하게 하였다. 주유는 남안(지금 호북성 강릉현의 장강변)의 땅을 떼어서 유비에게 주니, 유비는 유구(지금 호북성 공안현)에 군영을 세우고 이름은 공안으로 고쳤다.

4. 서촉에 들어서고 드디어 익주를 병탄하다

같은 해 유비가 형주를 차지하고 세력을 키우자, 이에 손권은 자신의 여동생을 유비의 아내로 삼게 하여 우호관계를 공고히 해두고자 하였다. 그 여동생 손부인은 재주가 있고 민첩하며 굳세고 용맹하여 여러 오빠들과 같은 풍모를 지니고 있었다. 그런데다 시중드는 하녀 백여 명이 모두 칼을 가지고 곁에 서 있어서, 유비는 침소에 들어갈 때마다 마음속으로 항상 두려워하고는 했다.

건안 15년 210년 유비는, 유표의 옛 부하관리나 군사들이 자신에게 귀부하여 공안으로는 수용할 수 없자, 경구(지금 강소성 진강시)로 가서

---

12) 당시 조조가 협천자挾天子하고 있었으니, 유비가 사신을 허도에 파견하여 상주문을 올리는 일은 불가능했다. 기실 유기를 형주자사로 추존하고 임명하기 위하여 표문을 올렸다는 것은, 형식적인 절차였을 것으로 여겨진다.

손권에게 형주의 일을 감독하게 해달라고 요구하였다. 주유가 죽게 되니 손권은 노숙을 분무교위로 삼고 군대의 일을 관장하게 하였다. 이에 노숙이 손권에게 형주를 유비에게 빌려주고서 그와 더불어 조조를 막으라고 권유하여, 손권이 이를 따랐다.

한편 유비가 종사 방통에게 뇌양(지금 호남성 뇌양현) 현령의 직책을 맡도록 하였는데, 유비가 방통을 만나서 그와 더불어 대화를 나누어 보고는 큰 그릇으로 여겨서 방통을 기용하여 치중으로 삼고 친히 제갈량에 버금가는 대우를 하게 된다.

건안 16년 211년 익주목 유장은, 조조가 종요 등을 파견하여 한중(지금 섬서성 한중시)의 장로를 토벌할 것이라는 소문을 듣고 이어 촉의 땅을 취할까 두려움에 떨었다. 촉군의 별가종사 장송은 이 기회를 틈타 유장에게 말하기를, "유비와 결탁하고 촉으로 들어오게 하여 장로를 공격하자."고 하였다. 유장은 장송의 건의를 옳다고 여겨 받아들이고, 법정을 사자로 파견하여 형주에 가서 유비의 도움을 요청하게 된다. 그러면서 법정은 이 기회에 유비에게 익주를 취할 수 있는 방책을 논하였다.

마침내 유비는 제갈량과 관우를 형주에 남겨 지키게 하고 방통 등과 함께 보병 수만 명을 이끌고 익주로 들어갔다. 유비가 파군(지금 사천성 중경시)에 이르러 강주에서 점강수를 경유하여 부성(지금 사천성 면양시)에 도착하였다. 유장도 성도에서 부성으로 유비를 맞이하러 나왔으며 서로 만나 매우 기뻐했다. 장송은 법정을 시켜 유비에게, 군사중랑장 방통이 진언할 때 회합하는 기회를 보아 유장을 습격해야 한다고 말하도록 했다. 그러나 유비는 '이는 중대한 일이니 서두를 수 없소'(본전)라고 하였다. 유장이 유비를 추천하여 대사마 대행 겸 사례교위의 일을 관장하게 하였고, 유비 또한 유장을 진서대장군 대행 겸 익주목의 일을 관장하게 하였으며 번갈아 오가면서 즐겁게 술을 마신 지 100여 일이었다. 유장은 성도(지금 사천성 성도시)로 돌아갔고, 유비는 가맹(지금 사천성 광원시)에 이르자 곧바로 장로를 토벌하지 않고 두터운 은혜와 덕을 베풀어 민심을 두루 얻었다.

건안 17년 212년, 조조가 손권을 공격하자 손권은 유비에게 구원을 요청하였다. 유비가 유장에게 사자를 보내 "손씨(손권)와 고(유비)는 본래 입술과 이처럼 밀접한 관계인데(…) 관우의 군대가 약해서 지금 가서 구하지 못하면, 조조는 반드시 형주를 빼앗고 군대를 돌려서 익주의 경계를 침략할 것이니 그 근심은 장로보다 심할 것입니다. 장로는 자신만 지키는 도적이니 염려할 거리도 아닙니다."《자치통감 권66》 그러면서 유장에게 병력 1만 명과 물자, 식량을 요구하고 동쪽으로 진군하려고 했다. 이에 유장은 단지 병사 4천 명만을 허락하고 그 나머지는 모두 절반씩만 지급하였다. 유비가 이로 말미암아 크게 분노하여 그의 군사들에게 말하였다. "내가 익주(유장)를 위하여 강적을 정벌하느라 군사들은 힘들어하고 초췌해졌는데, 그러나 쌓아둔 재물로는 상을 주는 데에 인색하니 무엇을 가지고 사대부들이 죽기를 각오하고 싸우게 한단 말인가?"《자치통감 권66》 장송이 편지를 써서 유비와 법정에 보내어 말하였다. "지금 큰일이 거의 수립되려는데 어떻게 이 기회를 버리고 갑니까?"《자치통감 권66》 장송의 친형인 광한태수 장숙은 재앙이 자신에게 미칠까 봐 두려워하여 유장에게 모의를 모두 고발했다. 이로 유장은 장송을 잡아다가 목을 베고, 관문을 지키는 여러 장수들에게 문서로 칙령을 내려 모두 다시는 유비와 왕래하지 말라고 명하였다.

유비가 크게 화가 나서 유장의 백수군독 양회와 고패를 불러서 무례하다고 꾸짖고는 목을 베었다. 그리고는 황충과 탁응을 시켜 병사를 이끌고 유장을 공격케 하였다. 유비는 지름길로 백수관에 이르러 장수들과 병사들의 처자를 인질로 잡고 병사들을 인솔해 황충, 탁응 등과 부성(지금 사천성 면죽현)을 점거하였다. 유장이 그의 장수 유괴, 냉포,

장임, 등현 등을 파견하여 유비의 군대를 막게 하였는데 모두 패하여 물러나서 면죽(지금 사천성 면죽현 동쪽)을 지켰다. 유장은 다시 호군 이엄을 보내 면죽에 있는 여러 군대들을 독려하게 하였지만, 이엄은 군사를 거느리고 유비에게 투항하였다. 유비는 그 군사가 더욱 강해졌고 여러 장수들을 나누어 파견하여 여러 속현을 평정케 하였다.

한편 제갈량은 관우를 남겨서 형주를 지키도록 하고 장비, 조운과 함께 군대를 거느리고 강을 거슬러 올라가며 공략했는데 백제(영안지역으로 지금 사천성 봉절현), 강주(지금 사천성 중경시), 강양(지금 사천성 노주시) 등을 차지하였다.

유비가 낙성(지금 사천성 광한시)을 포위한 지 1년이 되었을 때, 방통이 떠도는 화살에 맞아 죽었다. 건안 19년 214년 낙성이 붕괴되자, 유비가 진격하여 성도(지금 사천성 성도시)를 포위하였으며 이에 제갈량, 장비, 조운이 군대를 이끌고 와서 합류하였다.

마초는 앞서 거사가 어그러져 한중의 장로에게 의탁하고 있었는데, 유비가 이회로 하여금 가서 유세하도록 하자 마초는 밀서를 보내 투항하겠다고 말했다.[13] 유비가 사람을 보내 마초를 영입했고 마초는 군사를 거느리고 지름길로 성도 근처에 이르러 성의 북쪽에 주둔하니, 성안에 있는 관민이 두려움에 떨었다. 유비가 성을 포위한 지 수십 일만에 마침내 익주목 유장이 성문을 열고 나와 항복하니, 유비는 유장을 공안(지금 호북성 공안현)으로 옮기고 진위장군의 인수를 그대로 차게 하였다.

유비가 성도로 들어가서 사졸들에게 크게 잔치를 베풀었다. 촉蜀(지금 사천성)은 본래 부유하고 풍족한 지역이었으니, 성안에 있는 금과 은을 거두어서 장령과 병사들에게 나누어 주었으며 그들의 곡식과 비

---

13) 유비는 마초의 투항 소식에 기뻐하며 "나는 이제 익주를 얻었다."라고 말했다. 마초가 성도의 북쪽에 주둔한 지 10일이 안 되어 유장은 항복했다.

단 등을 백성들에게 돌려주었다. 유비는 익주목의 업무를 관장하고 제갈량을 군사장군으로 삼고, 동화를 장군掌軍중랑장으로 좌장군부사를 총괄하게 하였다. 마초를 평서장군, 법정을 촉군태수 겸 양무장군으로, 황충을 토로장군으로, 미축을 안한장군으로, 간옹은 소덕장군으로, 손건을 병충장군으로, 황권을 편장군으로 삼았다. 허정을 좌장군부의 장사로 삼고, 방희를 사마로 이엄을 건위태수로, 비관을 파군태수로, 이적을 종사중랑으로, 유파를 서조연으로 팽양은 익주의 치중종사로 하였다.

이에 동화, 황권, 이엄 등은 본래 유장에게서 임용을 받은 사람이었고, 오의와 비관 등은 유장의 인척이었다. 팽양은 유장이 배척하여 버린 사람이며 유파는 두고두고 꺼리고 한스럽게 여기던 사람이었다. 유비는 그들 모두를 높은 자리에 두어서 그 재주와 능력을 다 발휘하도록 하니, 뜻이 있는 인사들이 다투어 권고하지 않는 자가 없었고, 익주의 백성들은 이리하여서 크게 화합하였다.

5. 한중왕에 오르고 드디어 촉한을 건립하다

건안 20년 215년 유비가 익주를 차지하자, 손권은 중사마 제갈근으로 하여금 유비에게 형주의 여러 군들은 돌려줄 것을 요구하게 하였다. 유비가 허락하지 않으면서 말하였다. "양주凉州를 도모하려는데 평정되면 형주를 다 돌려주겠다."(본전) 하니, 손권이 분노하여 "이는 거짓말이니 돌려주지 않을 것이고 이에 빈말로 세월만 끄는 것이다"라고 하였다. 손권이 크게 화가 나서 여몽을 파견, 군사를 감독하여 장사(지금 호남성 장사시), 영릉(지금 호남성 영주시), 계양(지금 호남성 침주시) 세 군을 빼앗도록 하였다.

이에 유비는 그 소식을 듣고 촉에서부터 친히 도착하여 공안(지금 호북성 공안현)에 주둔하고, 관우를 파견하여 세 군을 놓고 다투도록 하니 일촉즉발의 전황이 감돌았다. 이때 조조가 한중을 공격하려 한다는 소식을 유비가 들었다. 유비는 익주를 잃을까 두려워 사자를 파견하여 손권에게 화평을 요청하였다. 이에 손권도 제갈근에게 화평의 회보를 하도록 하니, 마침내 형주를 분할하여 상수湘水를 경계로 삼아 장사, 강하, 계양 등 동쪽지역을 손권에게, 남군, 영릉, 무릉 등 서쪽지역은 유비에게 속하게 하였다. 이에 유비와 손권은 다시 곧바로 우호관계를 회복하게 되었다.

같은 해에, 조조가 한중을 평정하자 장로는 파서로 도주하였다. 유비는 병사들을 이끌고 강주(파군의 강주현)로 돌아온 뒤 황권을 보내 병사를 이끌고 가서 장로를 맞아들이고자 했다. 그러나 장로는 이미 조조에게 항복한 뒤였기에 황권은 박호, 두호, 임약을 격파하였다. 조조는 하후연이 장합과 서황 등을 감독하여 한중을 지키게 하였으며, 특히 장합에게 여러 군대를 거느리고 삼파지역을 순행케 하여 그곳의 백성을 한중으로 옮기려고 하였으므로 군대를 탕거(지금 사천성 거현 동북의 삼회진)로 내보냈다. 이에 유비는 파서태수 장비에게 병사들을 거느리고 나아가 와구관(지금 사천성 거현 현성 동쪽)에서 장합과 서로 대치하도록 하여, 50여 일이 지난 후 장비가 장합을 습격하여 대파하였다. 장합은 병사를 추슬러 달아나 남정(한중군의 치소)으로 물러가자 유비도 성도로 돌아갔다.

건안 23년 218년, 유비는 여러 장수들을 거느리고 한중으로 진출하였다. 그리고 오란, 뇌동 등을 나눠 파견하여 무도(지금 감숙성 성현)에 진격하였으나, 조조가 파견한 조홍 등에게 오란은 죽고 군사들은 대패하였다. 유비가 양평관(지금 섬서성 면현 서쪽)에 주둔하였는데, 하후연과 장합, 서황 등이 그와 대치하였다. 유비가 그의 장수 진식 등을 파견하여 마명각(지금 사천성 광원시 북쪽)을 가는 도로를 차단하게 하였는데, 서황의 공격을 받아 패하고 만다. 또한 광석이란 곳에 주둔하고 있는 장합을 유비가 공격하였으나 졸연히 이기지 못하자, 급히 편지를 보내어 익주의 군사를 징발하도록 하니, 때마침 법정이 이를 좇아 북쪽으로 오게 된다. 같은 해 가을 조조가 스스로 군사를 거느리고 유비를 공격하기 위해 장안(지금 섬서성 서안시)에 도착하기에 이르렀다.

건안 24년 219년 유비가 하후연과 대치하면서 한 해를 넘기자, 유비는 영평관(지금 섬서성 면현 서쪽)에서 남쪽으로 가서 면수(지금 한수 하류)를 건너 산을 따라 조금씩 전진하여 정군산(지금 섬서성 면현 남쪽)에 군영을 두었다. 하후연이 군사를 이끌고 이와 전투를 벌였는데, 그때 법정이 "공격해도 좋습니다."《삼국지 촉서 법정전》라고 말하였다. 이에 유비는 황충에게 높은 곳에 올라가서 북을 치며 함성을 지르며 적군을 공격하도록 하니, 하후연을 죽이고 그 군사를 격파하였으며 조조가 임명한 익주자사 조옹 등을 죽였다.

조조가 장안으로부터 야곡(지금 섬서성 미현 서남쪽)을 나와서 군사로 은폐된 요충지를 차단하고 한중으로 접근해 갔다. 이에 유비가 말하였다. "조조가 비록 온다고 해도 할 수 있는 것이 없다. 내가 반드시 한천(한중)을 지킬 것이다."(본전) 조조가 진격해 오자 유비는 군사를 모아 험준한 곳을 방어하며 끝내 접전하지는 않았다. 조조는 유비와 한 달이 지나도록 대치하였으나 장마로 점령하지 못했고, 조조의 군사들은 도망자가 날마다 늘어났다. 같은 해 여름, 조조는 한중에 있던 여러 군사를 이끌고 퇴각하여 장안으로 돌아갔고 유비는 드디어 한중을 차지하게 되었다. 유비는 의도태수인 맹달을 파견하여 방릉(지금 호북성 방릉현)을 공격하여 방릉태수 괴기를 죽였다. 또한 양자인 부군중랑장 유봉을 파견하여 맹달의 군사를 통솔하도록 하고 그와 더불어 상용(지금 호북성 죽산현 서남 전가패)을 공격하게 하니, 상용태수 신탐이 군을 들어서 항복하였다.

같은 해 7월, 유비가 스스로 한중왕이라 칭하고 면양(지금 섬서성 면현)에 단을 설치하고 군사를 정렬하여 여러 신하들이 배석한 가운데 주장[14]을 읽기를 마치자 마침내 왕관을 썼다. 아들 유선을 세워서 왕태자로 삼았다. 위연을 발탁하여 진원장군으로 한중태수의 직책을 관장하도록 하여서 한천(한중)에서 진수하도록 했다.

유비가 돌아와 성도를 치소로 삼고 허정을 태부로 삼고, 법정을 상서령으로, 관우를 전장군으로, 장비를 우장군으로, 마초를 좌장군으로, 황충을 후장군으로 삼아, 나머지 모든 사람들의 관위를 차등 있게 올려 주었다. 당시 익주와 한중, 여기에다 형주의 남부 4군, 남군 강릉까지 더하여, 유비의 이 당시 정황은 예전 한고조 유방의 한왕 시기보다 실로 더 좋은 상황이었다. 그러나 이런 좋은 형세에 시국이 돌변하여 관우의 북진은 실패하고 형주가 함몰되어 그가 손권에게 죽으니, 유비는 급전직하하여 융중 노선의 한 날개가 좌초되게 될 줄 누가 알았겠는가.

같은 해 8월, 관우가 대군을 이끌고 북쪽으로 조인이 지키는 번성을 공격하였다. 관우의 군사는 그때 큰 장맛비로 수공의 힘을 빌려 번성을 포위하고 바깥과 안의 연결을 단절시켰다. 조조가 구원군으로 보낸 우금의 칠군七軍이 물에 갇혀 대파되니, 조조는 사람을 보내어 손권에게 권하여 관우의 후방을 치게 하는 밀약을 하게 된다. 또한 조조는 서황에게 조인을 돕도록 하였는데, 서황의 주력이 은밀히 관우의 둔영을 공격해 오니 관우가 보병과 기병을 거느리고 출전하였고 서황이 반격하자 패주하게 된다.

한편 여몽이 강을 거슬러 공안에 이르러 회유하니 부사인이 항복하였고, 남군에 도착하니 미방도 부사인을 보자 항복하였다. 이로 형주가 함몰되어 퇴로가 없이 맥성에 들었던 관우와 아들 관평이 장향에서

---

14) 황제(헌제)에게 드리는 주장奏章으로 사실상 전달이 될 수 없지만 형식을 그렇게 취하였던 것이며, 또한 한 왕조에 대하여 스스로 신하라는 입장을 표현한 것이다.

사로잡혀 끝내 임저에서 손권에게 참수되고 만다.

유비는 장무 원년 221년 4월, 성도 무담산 남쪽에서 황제의 자리에 올라 즉위하여 촉한[15]을 세우고 연호를 장무라 하였다. 대사면령을 내리고 제갈량을 승상에, 허정을 사도에 임명하고 백관을 설치하고 종묘를 세웠으며, 고제高帝 이하의 선조에게 합동으로 제사는 지냈다.[16] 오씨를 황후에 책립하고 아들 유선을 황태자로 삼았다.

6. 이릉에서 패하고 백제에서 탁고託孤하다

애초 유비는 손권이 관우를 공격 살해한 데에 분노하여 동쪽으로 정벌에 나서려고 했다. 거기장군 장비의 갑작스러운 그 측근에의 피살에도 불구하고 같은 해 7월, 익군장군 조운, 광한의 처사 진밀 등의 간언을 받아들이지 않고 유비는 여러 군단을 인솔하고 손권을 공격하였다. 오반, 풍습 등을 선봉으로 삼아 손권의 장수 이이, 유아 등이 지키는 무현(지금 사천성 중경시 무산현)을 격파하고 병사를 자귀현(지금 호북성 의창시 자귀현)으로 진격시켰는데 그 병사가 4만여 명이었다. 손권은 진서장군 육손을 대도독으로 삼아 장군인 주연, 반장, 송겸, 한당, 서성, 선우단, 손환 등 5만 명을 독려하여 이를 막게 하였다.

장무 2년 222년 정월, 유비의 군사는 자귀로 돌아왔고 장군 오반과 진식의 수군은 이릉(지금 호북성 의창시 이릉구)에서 장강을 끼고 동서강 연안에 주둔하였다. 장차 나아가서 동오를 치려 하니 치중종사[17]

---

15) 유비가 세운 정권 역시 한漢왕조를 칭하였으나, 도읍은 촉군蜀郡에 두었으므로 촉한蜀漢이라 하여 전한前漢이나 후한後漢과 구별한다.

16) "신 배송지가 보건대 선주(유비)는 효경제의 혈육이지만 아주 먼 후손이므로, 종묘에서 제사 지내는 순위를 분명히 하기가 어려웠다. 유비는 한나라 왕조를 계승하면서도 어떤 황제를 원조로 하고 친묘親廟를 어떻게 세워야 할지 몰랐다. 이때 영명하고 현명한 사람들이 보좌하고 유생儒生이 관직에 있었으므로 종묘제도에 반드시 헌장憲章이 있지만 기록이 빠졌거나 간략한 것이 유감인저!"《본전 배송지주》

17) 치중종사는 총참모관에 해당하는 직책이다.

황권이 "수군이 수류를 따라 내려가는 것은 나아가기는 쉽지만 물러나기는 어렵습니다."라고 간언하였다. 유비가 이를 좇지 않고 황권을 진북장군으로 삼아 장강 북쪽의 여러 군사를 감독하게 한다. 유비 스스로는 여러 장수들을 인솔하고 장강 남쪽에서 산을 넘고 고개를 넘어서, 이도에 이른 선봉부대를 공격해온 손환을 쳐서 이릉성에 몰아넣어 포위하고 효정[18]에 진을 쳤다.

한편 촉한에서는 한산(지금 호북성 장양현)에서부터 무릉(지금 호북성 상덕시)까지 통하게 해놓고 시중 마량에게 금과 비단을 가지고 가서 오계의 여러 만족과 이족들에게 내려주고 관작도 주게 하였다.[19] 유비는 무협의 건평(지금 호북성 파동현)에서 이릉(지금 호북성 의창시의 동남쪽)의 경계지역까지 군영을 이어서 설치하고 수십 개의 둔을 세우고, 풍습을 대독으로 삼고 장남을 전부독[20]으로 삼아, 그해 정월부터 동오와 서로 대치하였는데 6월에도 결판이 나지 않았다. 유비는 오반을 파견하여 수천 명을 거느리고 평지에 군영을 세우게 하니, 동오의 장수들이 모두 이를 공격하고 싶어 하였으나 육손은 여기에는 반드시 속임수가 있을 것이니 좀 관망하자며 제어한다. 유비는 그의 유인책이 이루어지지 못한 것을 알고 마침내 숨겨놓았던 8천 명을 산골짜기에서 나오게 하였다. 결국 유비의 계속적인 공격은 육손의 지구전에 빠져들었고, 그 대치 상태는 무려 반년이나 지속되었다.

같은 해 윤 6월 육손은, 각기 한 묶음의 풀단을 가지고서 화공火攻으

---

18) 이도夷道는 지금 호북성 의창시 관할 의도현이며, 효정猇亭은 의도현의 동북쪽 20리쯤 되는 곳으로 장강의 북쪽에 닿아 있다.

19) 무릉군武陵郡의 치소는 임완현臨沅縣으로 지금 호남성 북부 상덕시 서쪽이다. 무릉군에는 웅계, 만계, 유계, 무계, 신계 등 5계谿, 溪가 있다. 이 다섯 계곡 양쪽에는 소수민족이 사는데 이를 포괄하여 오계만五溪蠻이라고 한다. 이로 인하여 후에 마량馬良은 촉 지역으로 돌아올 수 없게 된다.

20) 둔屯은 군부대의 영채를 말하고, 대독大督은 총사령관이며 전부독前部督은 선봉부대장이다.

로 격파하도록 칙령을 내렸다. 이러한 형세에 또한 효정에서 여러 군사를 통솔하여 동시에 함께 공격하니, 장남과 풍습, 호족의 왕 사마가 등도 모두 전사하고 40여 개의 군영이 무너졌다. 유비는 마안산에 올라가서 병사를 늘어놓아 스스로를 둘러싸게 하였는데, 육손은 여러 부대를 독촉하여 사방에서 그를 몰아치니 격파되어 죽은 자가 수만 명이었다.

유비는 패주하여 역을 관리하는 자가 스스로 꽹과리와 투구를 져다가 태워서 후방의 추격을 끊어버린 후에야 겨우 백제성에 들어갈 수가 있었다. 같은 해 10월, 손권은 유비가 백제성에 있다는 것을 크게 두려워하여 사자를 보내 강화를 요청했다.[21] 유비가 이를 받아들여 손권은 태중대부 정전에게 촉한을 방문하게 하였고, 촉한의 태중대부 종위가 그에 대해 보빙하니 동오와 촉한이 다시 왕래를 하게 되었다.[22]

이릉대전에서의 패배로 유비가 마음과 몸의 병을 얻어 더욱 침중해지자, 장무 3년 223년 2월, 성도에 있던 승상 제갈량으로 하여금 영안(지금 사천성 봉절현)으로 오게 한 뒤, 영안궁에서 제갈량에게 태자를 부탁하고 상서령 이엄에게 보좌하도록 하였다. 유비는 또 태자 유선에게 조칙을 내려 말하기를, "(…) 사람이 오십 세가 되어 죽는다 하여도 요절이라고 부르지 않는데, 나의 나이 이미 육십 여세이니 다른 무슨 한스러움이 있겠느냐? 그러나 너의 형제들이 마음 쓰일 뿐이다. (…) 힘쓰고도 또 힘쓰도록 하여라. 악한 일은 작아도 하지 말아야 하며, 선한 일은 작아도 하지 않으면 안 된다. 오직 현명함과 덕스러움만이 사람을

21) 손권이 육손에게 물으니, "조비가 대군을 집결하여 겉으로는 우리나라를 도와 유비를 토벌한다는 핑계를 대지만 속으로는 사악한 마음을 가지고 있으니, 삼가 군대를 철수하도록 결정하십시오."라고 말하였다. 《자치통감, 권69》

22) 수호관계를 맺고자 보내는 사자를 빙문聘問이라고 하고, 그에 화답하는 사자를 보빙報聘이라고 한다. 이릉대전을 치렀는데 다시 왕래가 되어서 적대관계는 완화되었지만 촉한과 동오의 사자의 직급이 중급관원인 태중대부였던 것을 보면 완전한 국교정상화는 아니라고 하겠다.

복종시킬 수 있다. 네 아비의 덕이 얕으니 본받기에는 많이 모자란다. (…) 내가 죽은 후에, 너희 형제는 승상을 아버지처럼 섬기며 너는 승상과 더불어 일을 해나가기만 하면 될 것이다."《본전 배주 제갈량집》 하였다.

그해 4월 유비는 영안궁에서 세상을 떠났는데, 이때 나이가 예순셋이었다. 이어 5월에 영구가 영안에서 성도로 돌아왔고, 그해 8월 혜릉에 안장했다. 시호는 소열황제라고 했다.

명분과 인의를 바탕으로 시대를 헤쳐나간 인걸

02

사상 가치성향을 통하여 인물 유비를 살펴보면, 그는 난세의 시류 속에서 무너져가던 한조의 중흥이라는 기치를 세운 인걸이었다. 또한 인의의 도리를 내세워, 조조는 이에 반한다고 여겨 그 대척점에 서서 삼국시대의 서막을 열어나간 영웅이었다. 흔히 《삼국지》를 말하면, 논자들은 대개 조조와 유비를 가장 먼저 떠올린다. 물론 관우와 장비, 제갈량과 같은 인물들이 거론되는 경우도 있겠지만 전체적 구도를 따져 볼 때, 조조와 유비가 차지하는 비중이 큰 것은 부인할 수 없는 사실이다. 그런 점에서 흔히 조조와 유비를 한데 묶어 비교하는가 하면, 양자의 독자적 개성과 서로 간의 상반된 이미지로 인해 논자들의 시비선악을 평정하는 포폄褒貶과, 좋아함과 싫어함의 호오好惡는 시대상황에 따라 변하기도 했다.

전통적으로 유비는 일반 백성들에게 인기가 있는 영웅 중 하나이다. 이는 다분히 《삼국지연의》의 영향이었다고 해도 과언이 아니다. 《삼국지연의》에서의 유비가 갖는 이미지를 상기해 보자. 그는 인정이 많고 신의를 중시하며 백성을 위한 덕치를 꿈꾸는 군자의 모습이다. 어떤 때에는 명분과 인의를 지나치게 고집하여 스스로 위기 상황을 초래하는 경우도 빈번했다. 이런 유비의 태도와 행동에 독자들은 매우 답답

해하면서도, 한편으로는 연민의 정을 느끼지 않을 수 없었다. 나관중은 이렇게 유비를, 한조중흥의 사명을 띠고 결국은 한조를 찬탈하려는 조조와 대척점에 설 수밖에 없는 운명의 인물로 멋들어지게 묘사했다. 권모술수에 능하고, 실리를 중시하는 조조를 냉혹한 권술 이미지로 묘사한 데에 반해, 유비의 사람을 품는 관용과 성정의 이미지는 이와 상당히 대조적인 모습이었던 것이다.

난세의 군웅으로서는 다소 우유부단한 것 같았던 유비에게, 《삼국지연의》는 각색이란 포장으로 시종일관 옹호의 필치를 드러내 주었다. 이러한 움직임이 두드러지게 나타날 수 있었던 저변에는 무엇보다 유비의 가계와 출신이란 근원이 있었다. 나관중은 유비와 헌제의 운명적인 만남을 통해서 유비가 한실의 후예임을 부각시켰다. 또한 헌제의 언급을 빌어 유비에게 황숙皇叔의 칭호를 부여시키고, 생면부지였던 이 두 사람의 관계를 보다 친밀하게 만들었던 것이다.[23)]

한실의 지파支派였던 유비는 선대에서 발생한 주금 문제로 인해, 그의 가문은 한미한 처지로 전락한 지 오래였다. 이러한 사정으로 인하여 유비는 한실종친임에도 불구하고 종친다운 삶을 누리지 못했다. 당시대 제도권의 주류층이었던 유언, 유표, 유우 등 다른 종친들과 달리 유비는 저잣거리의 인물로 살아가야만 했다.[24)] 이러한 배경은 유비가

---

23) 헌제는 실제로 전한 경제의 14대 현손이고, 광무제 유수의 8대 현손이다. 유비는 실제의 가계는 뚜렷하게 드러난 바가 없어 알 수는 없지만, 《삼국지연의》상에서는 경제의 19대 현손으로 나와 있다. 그렇다면 헌제가 유비보다 항렬이 훨씬 높기 때문에 두 사람 사이에는 숙질 관계가 성립이 될 수가 없다. 그런데도 나관중은 황숙이라는 허구적 장치를 동원하여 두 사람의 관계를 이처럼 묶었던 것이다.

24) 여기서 유비는 일반 상민층에 속한다고 할 두 가지 상이한 면모를 복합적으로 보여준다. 하나는 돗자리나 신발을 짜서 파는 상인이고, 또 다른 하나는 바로 협객이다. 특히 협객에 대해 주목할 필요가 있는 것은, 《삼국지연의》를 비롯한 여러 문학작품들은 각색을 통해 유비가 일반 백성과 가까워질 수 있는 남다른 신분의 인물로 묘사하고 있기 때문이다. 이러한 저변에는 아마도 사서의 기록에서 드러난 유비의 임협적인 면모가 큰 영향을 끼쳤을 것으로 짐작된다.

세력의 기반을 갖춘 여타 군웅들과 달리 반평생 이상의 세월을 객장의 신분으로 유랑하게 만든 것과 무관치 않다.

그런데도 유비는 꾸준히 한조중흥이란 명분을 잘 활용하여 다른 군웅들의 명멸 속에서도 꿋꿋이 살아남을 수 있었다. 이 점은 유비의 인생을 드라마틱하게 만들어 주었으며, 이 과정에서 유비가 지향했던 면모는 바로 명분과 인의에 기반을 둔 덕치였다. 이는 조조가 실리와 능력에 기반을 둔 법치를 지향한 면모와는 매우 대조적이었다. 유비가 오랜 세월 동안 일반 백성들의 사랑과 인기를 얻을 수 있었던 기저에는, 바로 이러한 유비의 지향점이 작동하고 있었다고 해도 과언이 아닐 것이다.

그러나 시대가 변하고 사회상황이 달라지면서 유비에 대한 평가도 달라지기 시작한다. 혹자는 유비를 '시대착오적 보수주의자'로 혹평을 하기도 하였고, 판후이성潘慧生은 후흑厚黑의 논리를 빌어 낯가죽이 두꺼운 면후面厚를 통해 인의仁義로운 인물로 묘사되었다고 하였다.[25] 심지어 그의 인의는 가식으로 치부하기도 했다. 조조가 오랜 역사 동안 폄하되어 오다가 오늘날 재평가 되고 있는 것처럼, 상황이 변했다면 유비는 지난날에 비해 오늘날 어느 정도 저평가되는 모습으로 변하고 있는 셈이다. 게다가 유비는 자신의 성공을 위해 타인을 이간질하고 기만과 배신을 되풀이하는 반복무상의 인물로까지 평가되기도 한다.

이 같은 상반되는 평가는, 유비의 사상 가치성향에 대해 살펴보는 입장에서 모두 고려하지 않을 수 없는 견해들이기도 하다. 그렇다면 과연 유비라는 인물은 어떻게 이해되어야 하는가? 사실 이 물음은 이 논의 전체를 관통하는 핵심적인 주제인 것이다. 어떤 인물을 이해하는

25) 판후이성은 '전쟁에 지고 돌아올 때마다 눈물을 흘려 동정을 얻은 점'과 '형주를 돌려주지 않은 점'을 주된 근거로 들어 유비가 실로 뻔뻔한 인물이라고 주장하였다. (관후이성潘慧生 저, 허유영 역(2007), 《후흑》, 한스미디어 참조.)

방법은 다양하며, 특정한 관점을 통해 서술되는 인간은 정형화될 수 있겠지만, 그렇다고 한 인물이 하나의 모습으로 투영되는 것은 아닌 것이다. 이러한 점에서 유비를 제대로 파악하기 위한 관점을 선택하는 작업은 매우 신중할 필요가 있다. 이미 앞의 내용에서 보았듯이, 특히 유비는 접근하는 관점에 따라 그 성격이 다르게 보일 여지가 많은 인물이기 때문이다.

우선, 그의 가문의 배경과 어린 시절의 일화에서 유비의 진면목을 탐색할 수 있는 단초를 찾는 것이 가장 자연스러운 순서일 듯하다.

유비는 본래 임읍후의 지파이다.[26]**《본전/배송지 주, 전략》**

유비의 출신 근원에 대해 (본전)에서는 효경제의 아들 중산정왕 유승의 후예라고 소개하고 있고, 배주에 인용된《전략》에서는 임읍후 유양의 지파로 소개하고 있다. 유양 역시 효경제의 7대손이었으니, 두 사서의 기록은 공통적으로 유비가 경제의 후손이란 점을 보여주고 있는 셈이다.[27] 또한 중산정왕 유승의 아들 유정이 봉함을 받은 '육성정'에 관한 명확한 위치는 확인하기 어렵지만, 아마도 유주 어양의 포구수 일대였던 것으로 짐작된다.[28]

포구수 일대는 어양군의 동남쪽에 위치한 제해현 쪽에 해당하는데,

---

26) 임읍후는 바로 진정왕 유양劉楊(?~26)의 동생 유양劉讓을 이르며, 유양 형제는 전한 경제의 7대손인 것으로 알려져 있다. 이후 후한 광무제 유수의 황후 곽성통은 바로 진정왕 유양의 외조카이다.

27) "신 사마광이 말씀드립니다 (…) 소열제(유비)의 한왕조의 경우 비록 중산정왕(유승)의 후예라고 말하기는 하지만, 그 가족의 계통이 내려온 지가 멀어서 혈통의 세대수와 이름과 직위를 기록할 수 없었으니 (…)" 《자치통감, 권 69》라고 이에 대해 언급하고 있다.

28) 《수경주》〈포구수〉에 관한 기록에 "어양漁陽 박륙성博陸城이 있다."고 하고, 세간에서는 '평륙성平陸城'이라 불렀다고 한다.

이곳은 바다로 통하여 염관이 있던 천주현 부근이다. 천주현이 오늘날 북경과 가까운 천진 부근이고, 유비의 출생지였던 탁군의 탁현은 북경 쪽 부근이다. 이러한 지리적 연관성을 감안해 보면, 육성정의 위치가 포구수 일대라는 가늠이 대략 일치한다. 그러하기에 유정은 주금문제로 봉작을 잃은 뒤에도 지역을 떠나지 않고 그 일대에서 뿌리를 내렸다고 볼 수 있다. 그렇다면 바로 여기에서 유비의 가계가 시작되는 셈이다. 그들은 곡물과 면화가 주로 모이는 인근의 탁현으로 옮겨 지냈던 것으로 보이며, 유비가 신발과 돗자리를 짜서 파는 상인이 될 수 있었던 것도 이것들이 곡물의 줄기를 이용해 쉽게 생산할 수 있는 물품이었기 때문일 것이다. 아마도 진수가 유비의 가계를 의심하지 않고 그대로 기록에 담을 수 있었던 데에는 이 점도 고려되지 않았나 싶다.

또 하나 주목해야 할 점은 유비의 가계에서 확실하게 등장하는 조부 유웅과 부친 유홍의 존재이다. 기록에 따르면, 유웅은 동군 범현령을 지냈고 효렴으로 천거된 경력을 가지고 있다. 또한 유홍도 주군의 관원으로 봉직했다고 한다. 정확한 그의 관명이 기록된 것은 아니지만 유홍은 아마도 자사나 태수의 연속이었을 것이다. 이렇게 유비의 조부와 부친의 관리로서의 경력을 놓고 본다면, 유비는 청류 출신이라는 바탕을 지니고 있는 셈이다.

그러나 (본전)에 드러난 유비의 생업은 실로 의아스럽다. 왜냐하면 이는 사족士族의 신분으로서는 도저히 종사할 일이 아니었기 때문이다. 그런데도 유비가 집안을 위해 그리했다는 것은, 유비의 집안이 사회경제적으로 상당히 몰락했음을 의미한다.[29] 통상적인 제도권 내에서 관계

29) 당시 신분사회에서 상인은 하급 신분이었다. 흔히 사농공상이라 구분되는 고대 신분사회에서, 농민은 양인의 신분으로 관계 진출의 기회를 가졌지만 상인은 의醫(의원)·무巫(무속인)·백공百工(온갖 장인) 등과 더불어 관계 진출에 제약을 받았다. 이에 대해서는 삼국시대 위나라의 여순如淳의 《한서》 주석이나 당나라의 사마정司馬貞의 《사기》 주석에서 양가良家에 대해 설명하면서 언급하고 있다.

진출을 포기했을 정도로 어려웠던 형편이었을 것으로 보인다. 따지고 보면 유비의 가문 배경은 그의 출사에 좋은 여건이었다. 그런데 문제는 궁색한 그의 집안의 경제 형편이었다.

이런 집안 상황에서 엿보이는 사서에 드러난 유비의 어린 시절은, 그의 정신세계를 이해하는 데 있어 좋은 실마리가 된다.

> **살고 있는 집 남동쪽 모퉁이 울타리에 뽕나무가 높이 자라 다섯 장**丈 **남짓 되었는데 멀리서 바라보면 잎과 가지가 무성하여 마치 거개**(수레의 작은 덮개)**처럼 보였다. 그곳을 지나가는 사람들은 모두 이 뽕나무를 괴이하고 범상치 않게 여겼으며 어떤 이는 이 집에서 응당 귀인이 나올 것이라 했다. 유비가 어릴 때 종중**(성姓과 본本이 같은 일가의 모임)**의 여러 아이들과 함께 나무 아래에서 놀면서 말했다. "나는 꼭 이렇게 깃털로 장식된 덮개가 있는 수레를 탈 거야." 숙부 유자경이 말했다. "너는 그런 허튼소리 말거라. 우리 가문을 망칠 수도 있겠구나!"(본전)**

당시의 어린 유비는 휘장을 친 수레에 올라 조정으로 들어가는 자신을 상상하면서, 막연히 그것을 자신의 이상과 포부로 연결 짓고 있다. 유비의 언행을 목격한 숙부 유자경은, 청개거(천자의 수레)를 연상하였는지 유비를 질책했다. 그렇지만 동종同宗(성姓과 본本이 같은 일가)의 일원인 유원기는 오히려 유비를 보통 아이가 아니라면서 격려하였다. 이 일면은 유비에게 몰락한 가문을 일으켜 세울 일말의 가능성을 기대했었음을 보여주고 있다. 유원기는 유비를 자신의 아들 유덕연과 똑같이 대우하며 함께 당대의 유학자인 노식의 문생이 되도록 원조하였다.

이를 계기로 유비는 유가적 가르침을 받아들이기 시작했고, 당시대의 사회상을 바라보는 눈을 뜨기 시작한 것으로 보인다. 이는 이후 유비가 인의와 한실재흥을 목표로 한 정치이념을 확립하는 데 큰 영향을 끼쳤을 것이다. 훗날 유비가 보인 한조부흥을 향한 행보가 보수적 사상 가치성향으로 평가받게 된 데에도 이러한 가문배경과 수학과정이 토대가 되었을 듯하다.

그러나 아직까지 저잣거리의 삶을 벗어나지 못했던 유비에게, 출사의 기회는 좀처럼 찾아오질 않았다. 노식의 문생이 되었음에도 관계에 진출하지 못했던 것을 보면 더더욱 그러했다.30) 중평 원년 184년에 황건의 난이 발발한 것은 그야말로 유비에게는 기회였다. 황건의 난은 당시 시대를 조망할 때 여러 가지 논의를 부여할 수 있겠지만, 개인적 측면에서 본다면 치세에서는 제도권에 주류로 들어서기 힘든 인물들이 자신의 지위와 신분을 상승할 절호의 기회였다. 유비는 향당鄕黨(사기 고향에 사는 사람들)의 청년 500명과 중산의 큰 상인이었던 장세평, 소쌍의 지원을 받아 거병하였다. 이는 향당 내에서의 유비의 명망을 어느 정도 가늠할 수 있게 하는 근거가 될 수 있겠는데, 유비는 황건의 난, 크고 작은 전투에서 공적을 쌓으면서 위망을 얻기 시작했다.

그런데 유비의 생애사에 있어서 그의 거병 행보는 논자들에게 그리 호평을 받지는 않았다. 오히려 상당히 부정적이었다.31) 패망할 것 같으면서도 강한 세력에 의탁하여 재기하기를 반복하는, 어찌 보면 용병傭兵(지원한 사람을 고용한 병사로 이루어진 부대)집단이라 치부하게 되는,

---

30) 효렴孝廉 · 무재茂才 등 향거리선鄕擧里選에 찰거되는 방식이 공채라면, 조정의 징소徵召나 벽소辟召는 특채라 할 수 있다. 가문 배경과 상관없이 저명한 선비나 그의 제자는 학문과 품행으로 징소나 벽소의 기회가 있었다. 서출 출신으로 군의 하급 관리였던 공손찬이, 노식의 문생이 된 이후에 승승장구했던 것을 보면 그러하다. 그런데도 유비가 쉽사리 출사하지 못했던 것을 보면 평소 학행을 제대로 수양하지 못했던 것이 큰 이유였을 것으로 여겨진다.

31) 《삼국지 깊이 읽기》의 저자 이나미 리츠코井波律子는 "무조건적인 유비 편들기와 조조 폄하하기가 나관중의 일관된 창작원칙이다."라고 밝힌 바 있다. 즉, 그의 지론은 나관중의 각색으로 인해 유비가 영웅의 체모를 손상하지 않고 탈바꿈할 수 있었다는 것이다.

유비의 행보에 대하여 부정적 평가가 일게 된다. 가령 유비가 공손찬에서 도겸, 여포, 조조, 원소 그리고 유표 등을 거쳤던 행보가 대표적이라 할 수 있다. 이러한 유비의 천하 여러 지역을 두루 다니는 과정에서 의탁했던 거개의 군웅들이 패망했던 것을 보면, 누군가의 폄하처럼 "그가 없었다면 후한 말엽이 조용했을지 모른다."는 말이 괜한 이야기만은 아니라고 하겠다.

그러나 이것은 유비의 출발점을 돌이켜 보면 다르게 이해될 수 있다. 즉, 유비가 경쟁자들에 비해 현저히 늦게 그리고, 낮은 지위에서 출발한 점을 당시 관제의 녹질의 현격한 차이에서 살펴볼 수 있다는 사실이다. 그때 유비의 현위 직책만 하더라도 녹질이 고작 6백 석인데, 원소와 조조 등은 이미 6천 석이 넘는 지위에 있었다는 것이다.[32)]

그때는 인사제도의 특성상, 고관직일수록 명망이 높은 인사일 경우가 많았다. 이에 상대적으로 낮은 명망에 머물렀던 유비에게 경쟁자들과 똑같은 덕목을 요구하는 것은 상당히 무리한 일이다. 서주목의 일을 관장하게 된 것도, 전임 도겸의 유언과 서주 내부세력의 추대가 없었다면 불가능한 것이었다. 그러나 그것마저도 도겸에 속했던 옛 장교들의 배신으로 여포에게 하비가 넘어가면서 하루아침에 설 기반을 잃게 되었던 거였다. 이들 장교들은 현지에서 오래 머물렀던 사람들로서 유비로의 추대에 불만을 품고, 유비가 치소를 비운 틈에 여포와 결탁했을 가능성이 높다. 기실 이런 상황에서 유비가 안정적인 근거지를 가진다는 것은 거의 불가능에 가까웠다 하겠다.

유비가 여러 세력 사이를 전전한 것도 이런 안정적 근거지를 얻지 못한 때문임을 감안하면, 어찌 보면 이런 일면이 오히려 현명한 처신

---

32) 당시 후한 관제의 녹질[祿秩]은 만 석(삼공) 다음으로 중[中] · 진[眞] · 비[比] 이천 석이었다. 어떤 의미에서 육천 석의 지위라고 주장했는지는 정확하게 알 수가 없지만, 아마 조조 · 원소 등이 겸직하던 관직들의 녹질을 모두 합산하여 판단한 것으로 여겨진다.

이라 볼 수도 있다. 평원국은 공손찬에 의탁한 영지였으므로 평원국이 망하면 유비는 유지가 어려웠고, 서주 시절이나 이후 원소 세력에서도 경우는 달랐지만 역시 비슷한 상황에 있었던 것이다. 여기에다 관동의 정계가 반동탁 연합군의 거병 이후 빠르게 원씨를 중심으로 재편되면서 유비에게 새로운 여지를 만들어주지 않았다. 서주를 잃게 된 배경 역시 원소와 원술 사이의 갈등에 의한 것이 일차적이다. 이러한 데도 유비를 반복무상하며 단지 여러 군웅들에게 떠돌아다닌 우유부단한 인물에 지나지 않는다고 말하는 것은, 과도한 폄하일 뿐이다. 유비는 원소, 조조 등 다른 청 탁류인사들의 출발점과는 달랐기 때문에, 이 점을 감안하여 비평해야 할 것으로 여겨진다.

유비가 여러 군웅을 전전하며 의딕해온 역정 못지않게 유비를 끊임없는 논란의 무대에 서게 만드는 쟁점으로, 형주 분쟁을 들지 않을 수 없게 된다. 유비가 형주에서 유표에 7년여 의탁하던 때에도, 끝내 조조의 침공으로 또다시 도주를 택해야 했다. 유표가 사망하고 그의 뒤를 이은 유종이 조조에게 항복하는 등 뜻밖의 상황들로 인해, 유비는 머무르던 번성을 떠나 후퇴하다 조조의 군사에 쫓겨 대피하고 만다. 그러나 가까스로 강동 손권과 연합한 유비는 기사회생하여 적벽에서 조조를 패퇴시킨 후 곧바로 형주 남부 지역을 차지했다. 그렇지만 형주 중부의 거점이었던 남군을 손권이 차지하게 되면서 이를 유비가 형주를 관장하며 빌린 것이 두고두고 논란거리의 시발점이 되었다.

《삼국지 오서》의 몇몇 기록을 살펴보면, 적벽대전 이후 형주에 관한 문제는 손권이 소유하고 유비가 점유하는 관계임을 명시하고 있다. 그런데 문제는 손권이 형주 반환을 요청할 때면, 유비는 이를 받아들이는 태도를 취하는 것 같으면서도 내심 돌려주지 않으려는 이중적인 행태를 취했다는 사실이다. 이는 점차 유비와 손권의 갈등의 골을 깊어지게 만들었다. 급기야 유비는 그 반환을 미루다가, 형주를 지키는 관우의 북진에 손권과 조조가 손을 잡아 밀약을 맺게 되는 상황까지 초래하게 된다.

유비의 입장에서 본다면, 손권은 적벽대전 이후 남군 일대 공략에 전력을 집중하느라 유비의 행보를 거의 방관하다시피 하고 있었다. 그 사이 유비는 손권이 형주 남부 일대를 적극적으로 공략하려는 의도는 없는 것으로 간주하여 자력으로 형주 남부 일대를 석권하였다. 때문에 실질적으로 손권의 형주 대여라는 말은, 유비 내심으로는 승복할 수 없었을지도 모른다.

게다가 적벽대전 이후 형주목이라는 자리가 누구에게 돌아갔느냐가 또 다른 관건이었다. 유표 사후 그 차자 유종의 후계 계승은 형주를 지키지 못한 점에서 이미 무효화된 것이었다. 또 유표의 옛 관민들 중 많은 수가 유비를 좇아 남하하였고, 형주 남부 4개 군의 경략[33] 전후에도 계속 귀부가 이루어지고 있었다. 이는 많은 형주 사람들 마음이 어떠한 향배였는가를 잘 드러내주는 것이라고 보아야 한다.

이런 과정에서 유비가 표문을 올려 유표의 적장자였던 유기가 형주의 주인으로 형주자사에 임명되었던 것은, 자연스러우면서도 관례에 부합되는 일이었다. 그리고 유기가 병으로 죽은 후 유비에게 그 뜻이 자연스럽게 모여 형주목으로 계승된 것도 역시 같은 맥락이었다. 이런 점에서 손권의 형주 반환 요청은, 유비의 입장에서 볼 때 실로 받아들이기 어려운 일이었을 것이다. 그렇다면 유비가 손권의 요청을 계속 묵살하며 반환을 차일피일 미루었던 것도, 표면상으로 나타나는 바와는 달리 기실 차형주借荊州의 불인정에서 비롯된 태도였던 셈이다.

형주 소유권 분쟁은 훗날 유비의 명운까지 결정할 정도로 매우 중대한 쟁점이었다. 어찌 보면 유비의 사상 가치성향을 상징할 수 있는 가

---

33) 명목상으로 순徇이라고 표현하여 군사의 위력을 과시하는 것이었지만, 이는 위협적인 성격을 지닌 것으로 보아야 하기에 경략經略에 해당하는 것이라 하겠다.

장 중요한 가치척도의 하나가 바로 형주였다. 당시 한왕조의 주인인 천자의 황권皇權이 무력해지면서, 조정은 권신權臣 조조 중심으로 천자를 끼고 제후에 명령하는 방향의 국정 운영이 이뤄지고 있었다. 이러했었기에 반조反曹를 표방하는 세력은 거의 반한反漢의 길을 가기 마련이었다. 그런 상황에서 유비가 한조부흥을 위한 자신의 길을 계속 가려면 형주라는 발판을 반드시 취해야만 했다. 왜냐하면 제갈량의 천하삼분지계를 채택한 촉한으로서는 형주야말로 북벌을 위한 필수 전략적 요충지역이었기 때문이다. 그렇기에 유비에게 형주가 없다면, 그의 북벌은 사실상 그 일익一翼이 없는 것이었다. 여기에서 유비는 자신의 장악하에 들어온 형주를 손권에게 돌려주지 않으려고 부단히 고심했던 것이다.

형주 남부와 중부 일원이 유비의 통치 권역이 되면서 손권의 형주 지분은 강하군에 한정될 상황에 놓이게 되었다.[34] 형주가, 사실상 크게 보면, 유비와 조조로 양분된 형세로 가자, 손권은 이에 따라 유비의 본심을 떠보고자 서촉 정벌을 구체화하려고 했던 것으로 보인다. 우선 자신의 여동생을 유비에게 시집보내 겉으로는 우호를 다지면서, 실제로는 유비의 세력화를 단단히 경계하는 양상을 취하였다. 또한 손유를 하구로 파견하며 서촉을 침공할 것처럼 위세를 부리기도 하였다. 이에 유비는 같은 종친 유장에 대한 신의를 잃지 않겠다는 명분을 내세우며, 스스로는 잔릉, 관우를 강릉, 장비를 자귀, 제갈량을 남군에 주둔시킴으로써 손유의 서쪽을 향하려는 진군을 저지하는 움직임을 보이

---

34) 이 당시 강하는 남군과 더불어 삼국시기의 형주전선에 있어 요해처였다. 강하는 동오의 영토와 가장 인접했기 때문에 민심이 상당히 불안하였는데, 조조는 유표의 숙장이었던 문빙文聘을 강하에 배치시켜 대오전선의 방비를 맡겼다. 훗날 손권이 상수湘水를 경계로 유비와 형주를 서로 할양하게 된 영토 중에 강하가 포함되어 있긴 하지만, 이는 문빙의 관할 지역을 제외한 나머지였기 때문에 사실상 본래는 온전한 영토가 아니었다.

게 된다. 이러한 군사적 대응에 손권은 유비의 의중이 어떠한가를 깨닫고, 이에 유비가 더 이상 형주 반환의 뜻이 없음을 확인하였다.

이렇게 손권의 손유를 내세운 서촉 침공 계획을 물거품으로 만든 유비는, 이윽고 제갈량의 당초 천하삼분지계의 프레임에 따라 군사를 이끌고 입촉한다. 그리고 드디어 익주 전역을 석권하게 되었다. 이어 북진을 감행한 유비는, 한중전쟁에서는 조조를 격퇴하여 익주에 대한 통치권을 공고히 다지면서 기세를 올렸다. 그러면서 유비가, 여러 신하들의 요청에 따라, 한중왕이란 왕호를 칭한 것이었다.

> **유비가 한나라 황제에게 상주문을 올렸다. "신은 자리나 채우는 신하의 재주로 상장上將의 중임을 맡아 삼군三軍을 지휘 · 감독하고 밖에서 소명을 받들었으나, 도적의 환란을 소탕하여 왕실을 도와 안정시키지 못해 오래도록 폐하의 성스러운 교화를 쇠미하게 하고 육합六合(천지와 사방)이 어디든 아직 혼란 속에 태평을 이루지 못하였습니다. 신은 이런 근심으로 잠을 이루지 못하여 몸을 뒤척이며 두통 같은 질병을 앓는 듯합니다. (…) 힘을 다하고 성의껏 받들며 육사六師[35]를 독려하고, 뭇 의로운 이들을 이끌고 천명에 따라 시의에 순응하여, 흉역을 토벌하고, 사직을 안녕케 해 만분의 일이라도 보답하겠습니다. 삼가 장을 올려 역驛을 통해 그전에 받았던 좌장군과 의성정후의 인수는 반환해 올립니다." (본전)**

신하들의 기대에 부응한 유비는 왕위에 등극한 후, 곧바로 헌제에게 상주하고 앞으로의 행보를 천명하였다. 조조가 이성異姓제후로서 위왕에 올라서 봉국를 다스리고 있었기 때문에, 반조反曹를 외치는 유비로

---

35) 군대의 총칭으로 육군六軍이라고도 한다. 고대의 병제에 의하면 천자는 육군, 제후는 등급에 따라 삼군 또는 이군을 보유했다. 일군一軍의 병력은 1만 2,500명이다.

서는 조조에 견줄 수 있는 위세를 갖춰야만 했다. 한조중흥을 이룩하려는 유비는 천자와 동성同姓이기에, 그의 왕위에 오르는 것이 명분상으로 크게 밀릴 일이 없었다. 또한 왕위에 먼저 오르고 난 후, 헌제에게 상주하여 마치 승인을 받는 것과 같은 표면상의 절차를 거침으로써, 대외적인 비난과 질타를 최소화시키고자 하였다. 헌제에게 올리는 표문의 내용을 살펴보면, 한조중흥을 위해서는 조조를 토벌해야 하며, 그 역할을 자신이 맡고 있다는 점을 은근히 강조하고 있는 데서 이를 확인할 수 있다.

그러나 유비의 공공연한 왕위 칭호 사건은, 중원에 적지 않은 충격을 줄 수밖에 없었다. 더 이상 일어날 수 없을 것만 같았던 유비가, 어느덧 조조와 어깨를 나란히 할 정도의 위세를 갖춘 세력으로 부상한 것이다. 이는, 장차 천하의 향배가 자연스레 조조와 유비라는 양웅 사이에서 저울질하게 되는 상황으로 흘러갈 것을 예고하는 것이나 다름 아니었다. 조조가 황제를 끼고 힘으로 왕작을 받아낸 것이었다면, 유비는 소위 천명에 따른다는 명분으로 후한 예교사회의 법식과 절차를 가급적 따르는 방향으로 왕의 자리를 차지하려 한 것이다. 이러한 유비의 움직임은 중원에서 이탈해 있는 혹은 중원 이외 출신 사대부들의 상당한 호응을 받아내기도 했다.

두풍頭風으로 고생하고 있던 조조가 죽고 그의 후사가 된 조비는, 곧바로 헌제에게서 선양의 작업을 착수하였다. 마침내 그는 자신의 존호를 칭하고 연호를 황초로 바꾸었으며 한나라를 멸한 것이다. 사서의 기록에 따르면, 이 사건 직후 당시 서촉 진영에서는 헌제가 해를 입었다는 소문을 접하고 있었다고 한다. 그 시대 교통과 통신의 수준을 감안하면, 아무래도 소문의 진위가 신속하고 자세하게 확인되기 어려워 대체로 소문을 기정사실로 받아들였을 공산이 크다. 때문에 유비를 중심으로 서촉의 인사들은, 한조중흥이라는 자신들의 세력 목표를 새로운 방향으로 수정할 필요성에 직면하게 된다.

> **건안 25년(220년), 위 문제(조비)가 황제를 칭하고 연호를 바꿔 황초黃初라고 했다. 어떤 이가 한나라 황제가 시해를 당했다 전하니 이에 유비는 곧 발상發喪하여 상복을 입고, 시호를 추존해 효민황제라 했다. (···) 이에 성도 무담산의 남쪽에서 제위에 등극하고, 다음과 같이 제문에서 말했다. (본전)**

한조의 명맥이 이대로 끊어지게 내버려 둘 수 없는 서촉으로서는, 유비의 제위 등극을 통해 세력 목표를 기존의 한조중흥에서 한조재흥으로 재편한다. 유비는 한조정권의 유지를 이어받아 한조재흥을 계속 실현해나갈 것임을 대내외에 당당히 천명한 것이다.

그러나 그 사이 벌어진 양번전쟁 와중에 손권과 조조와의 밀약으로 인한 관우의 죽음은 유비를 통분하게 만들었다. 신하들의 반대에도 불구하고 "형제는 한 몸"이라는 생각으로, 유비는 관우에 대한 '협俠의 의리'라는 그의 사상 가치성향을 거의 국가적 규모의 전쟁으로 구현하고자 했다.

"마침내 유비는 관우의 원수를 갚기 위해 촉 오 동맹이 와해되면서 오나라로 쳐들어갔다. 이때 유비는 지금까지 얼굴에 쓰고 있던 성인군자의 가면을 벗고, 누구의 만류도 듣지 않고 관우의 복수를 위해서만 일직선으로 행동한다. 용병대장 시절의 당찬 유비의 모습을 볼 수 있다. (···) 그러나 제갈량은 오나라 정벌 전쟁을 말리지 않았다. 말릴 수가 없었다. 관우를 위해 복수를 감행하는 것은 유비가 살아있는 이유의 '전부'였다. 관우, 장비는 거병 이래 '협俠의 의리'에 바탕을 두고 목숨을 걸고 유비를 지켜왔다. 결국 장무 3년 223년 유비는 이릉대전 실패로 백제성에서 생을 마감했다.

유비는 죽기 전에 후사後嗣를 제갈량에게 탁고하게 되지만, 자신의 생애에는 만족하지 않았을까? 관우, 장비와 함께 천하삼분의 한 축을 형성해 관우, 그리고 그의 복수를 앞두고 피살된 장비를 위해 싸우다 죽어갔으니, '협의 의리'로 한평생을 살아간 유비의 생애에 상응하는 죽음의 모양새이다. 유비가 관우, 장비와의 '협의 의리'를 평생 지켰다는 점에서, 《논어》에서 공자가 말한 '남을 사랑하는 것'으로서의 '인仁'을 엿볼 수 있다. (…) 사람들은 이 때문에 《삼국지연의》는 유비의 '인의'를 관우, 장비와의 '정情'과 함께 버무려 묘사하였다. (…) 사람들은 이런 유비에게 '남을 사랑하는' 인仁의 본질을 보았다. 여기에는 인군仁君으로서 백성을 사랑하는 정치를 원하는 중국인들의 마음이 절절하게 담겨 있다."36)

36) 와다나베 요시히로渡邊義浩 저 · 노만수 역(2023), 《삼국지 인재전쟁》, 더봄, 196~198쪽.

관용과 성심의 성격으로 중망을 얻었던 주군 03

유비는 학문을 익혀야 관직에 진출할 수 있던 당시대 사회 분위기 속에서 노식이라는 저명한 학자를 스승으로 모시고 있었음에도, 학업보다는 호협豪俠(호방하고 의협심 강함)과 교류하는 것을 더 좋아하며 이로 무리를 이끌 정도가 됐다.

유비는 책 읽는 것은 아주 즐기지는 않았으며 사냥개나 말, 풍악, 멋진 의복을 좋아했다. 신장은 7척 5촌에 손을 아래로 내리면 무릎에 닿았고 눈을 돌려 자신의 귀를 볼 수 있었다. 말수가 적고 아랫사람들을 잘 대해주며 기쁨이나 노여움을 얼굴표정에 드러내지 않았고, 호걸이나 협객들과 교우를 맺는 것을 좋아하니 젊은이들이 다투어서 그를 따랐다. (본전)

흔히 내향적인 사람은 비사교적이고 외향적인 사람은 사교적인 태도를 보인다고 생각하지만, 이는 통상적인 해석이며 또한 한 단면적인 모습일 뿐이다. 이 성격의 구별은 주체와 객체에 대한 태도를 가늠해 보아야 한다. 유비는 스스로 학문보다는 협행俠行(협기 있는 행동)을 더 중시한 셈이다. 이를 자신의 판단 혹은 행동의 결정 기준으로 삼으며 행동했다는 점에서 내적 지향형 인물이라 할 수 있다.

유비는 여포를 받아들였다가 서주를 탈취당하고 허도의 조조에게 의탁하여, 겉으로는 비록 대우를 받고 있었으나 불안한 나날을 지내고 있었다. 그러나 그의 내면적인 마음은, 설령 갖은 고초와 몹시 괴로움을 겪는다 하더라도 오직 한조재흥에 공업을 세우는 데에 가 있었다.

조조가 여러 차례 친근한 자를 은밀히 보내어 여러 장수들이 빈객을 맞아 주식을 베푸는 자가 있는지 엿보게 하니, 번번이 이 일로 인해 장수들이 해를 입었다. 유비는 이때 문을 닫아걸고 사람들을 이끌고 무청(순무)을 심고 있었는데, 조조가 사람을 시켜 문안을 엿보게 했다. 그가 엿보고 간 후 유비가 장비와 관우에게 말했다. "내가 어째서 채소를 길렀겠는가? 조조는 필시 의심이 있으니 다시 머물 수 없겠다." 그날 밤에 뒤쪽 목책을 열고 장비 등과 함께 경기[輕騎]를 타고 떠나면서, 하사받거나 선물 받은 의복을 모두 봉하여 남겨두고 소패로 가서 군사들을 거두어 모았다. 신 배송지가 보건대, 위무제(조조)는 선주(유비)를 보내 여러 장수들을 통솔하여 원술을 요격하도록 하자 곽가 등이 번갈아 가며 간언하여 유비를 보내는 것을 만류했으나 조조는 이를 듣지 않았다. 그 일이 명백히 그러하니 채소를 심다가 달아났다는 것은 사실이 아니다. 호충[胡沖]이 말한 바는 그 어그러지고 치우침이 어찌 이토록 심하단 말인가!37)《본전/배송지 주, 호충의 오력》

37) 배송지는 조조가 곽가 등의 간언에도 듣지 않고 유비에게 원술 토벌을 맡겼다가 이후 유비가 도망친 일의 정황이 드러났기 때문인 것이지, 유비가 기르던 채소를 버리고 달아난 것이 아니라는 데서 이 대목이 잘못되게 기술되었다고 비판한 것이다. 유비가 그때 달아났다는 사건정황으로만 본다면 배송지의 지적이 타당하겠으나, 한편으로 달아나기 전의 일반적인 상황을 고려해 보면 꼭 그 기술이 어그러지고 치우쳐져 있다고 할 수도 없다. 곽가, 정욱 등은 유비에 대해 경계심을 갖고 있었고 조조 역시 마찬가지였다. 유비가 조조로부터 탈신하여 원술을 요격하겠다고 출정을 할 수 있었던 것은, 곽가, 정욱 등의 만류에도 불구하고 조조가 유비 그에 대한 의심을 풀었기에 가능한 일이었다. 그러나 유비가 이러한 평소 문을 닫아걸고

유비가 이처럼 기지를 발휘하는 모습은 그가 한때 조조에게 의탁하던 시절에서 여러 차례 엿볼 수 있다. 천자를 끼고 제후에 명하는 권신이라 할 조조는 의심이 많은 인물이었다. 조조는 유비를 포섭하고자 부단히 신경을 쓰는 일면, 유비가 지닌 영웅의 면모를 알아보고 그가 끝내 남의 밑에 오래 있을 위인이 아니라고 우려도 했다. 때문에 조조는 유비에 대한 경계를 게을리하지 않아 유비가 어떤 사람을 만나고 무엇을 하는지 일거수일투족을 감시하였다. 유비는 이러한 숨 막히는 상황 속에서 사람들을 만나지 않고 문을 닫아걸어 뒤뜰에서 채소나 기르는 보통사람의 모습을 보임으로써 조조의 의심을 풀게 만들었다. 이후 원술이 북상하여 조조의 영지를 지나치려고 하자, 유비는 자신이 직접 원술을 토벌하겠다고 주청하여 조조의 울타리에서 벗어날 기회로 십분 활용한 것이다.

이런 모습에서 유비는 내향형의 특성을 지니고 있다 하겠는데, 내향형에서는 객체의 인상이 주체 안에서 형성한 것에 의거해서 사물을 본다. 내향적인 의식의 태도에도 물론 외적인 조건을 인식하는 능력이 있다. 그러나 언제나 그 판단과 행동에 결정적인 것은 주관적인 속성이라 할 수 있으며, 유비의 경우 앞서 언급한 그의 행동들을 통해 볼 때 내향형에 가까운 특징 또한 여실히 드러내 주고 있다 할 수 있겠다.

한편 유비는 주군으로서는 다소 어울리지 않을 수도 있는 감정적인 모습을 많이 보이고 있는데, 이런 유비의 모습이 그의 덕성스러움을 더욱 높이는 장치가 된 듯하다. 감정은 자아와 주어진 내용 사이에 일어나는 과정으로서 그 내용을 받아들이든가 돌려보내든가 하는 쾌, 불쾌의 일정한 가치를 부여하는 과정이다. 또한 기분으로 나타나 전체적인 순간적 의식 상황의 평가로써 수용, 배척의 평가를 하기도 한다.

사람들을 데리고 채소를 기르는 행동을 보이지 않았다면 어떻게 조조가 경계심을 풀고 그를 출정시켰겠는가?

다음에서는 자신의 판단과 행동 기준이, 당면하고 있는 현실과 크게 괴리가 있는 처지에 대해, 절절하게 느끼는 내재적인 감정을 자신의 넓적다리에 군살이 오른 것에 빗대어 탄식했다고 볼 수 있다.

유비는 형주에서 수년 동안 거주했는데, 일찍이 유표가 베푼 주연에서 일어나 측간에 갔다가 넓적다리 안에 군살이 붙은 것을 보고 개탄하며 눈물을 흘렸다. 자리로 돌아온 뒤 유표가 이를 괴이하게 여겨 유비에게 그 까닭을 물었다. 유비가 말했다. "제 몸이 늘상 말안장을 떠나지 않으니 넓적다리 살이 다 빠져 버렸는데, 그런데 지금은 다시 말을 타지 않으니 넓적다리에 군살이 붙었습니다. 세월은 이처럼 빨리 흘러 자꾸 늙어만 가고 있는데 어떠한 공업功業도 아직 세우지 못했으니 이 때문에 슬펐습니다."《본전/배송지 주, 구주춘추》

바로 재능을 발휘할 기회를 가지지 못하고 헛되이 세월만 보내는 일을 탄식하는 비육지탄髀肉之嘆으로 널리 알려진 이 일화는, 유비가 강한 감정형의 인물임을 여실히 보여주는 경우라 하겠다.

유현덕은 취한 김에 또 실수를 저지른다. "제게 근본만 있다면, 천하의 녹록한 무리쯤이야 염려할 것이 없습니다." 유표는 아무 말도 않는다. 유현덕은 곧 자기가 경솔했다는 것을 깨닫고, 취한 것을 핑계 삼아 관사로 돌아갔다.《삼국지연의 제34회》

유비는 유표와 술을 마시며 이야기를 나누고 있었다. 이때 유비가 공업을 세우지 못하고 세월만 보내고 있는 스스로의 처지를 탄식하자, 유표는 어찌 공업을 세우지 못했다는 것만을 가지고 슬퍼하냐고 달랬다. 이때 유비는 취기를 못 이겨 "근본, 즉 기반만 있었다면 (…)"이라는 자신의 속내를 드러내면서, 유표의 경계심을 일으키게 만들었다. 평소 감정을 드러나지 않게 잘 절제해 왔었던 유비지만, 술에 취해 감정을 나타내고 마는 이 상황을 보면, 감정형 인물로서의 그의 면모가 드러난다.

> **이튿날, 공청[空廳]에서 잔치를 베풀고 군사를 위로하는데, 유현덕이 술에 취하여 방통을 돌아보며 묻는다. "오늘 주회[酒會]는 마음껏 즐기는 것이 좋지 않소?" 방통이 대답한다. "남의 나라를 치고서 즐거워하는 것은 어진 분으로서 할 짓이 아닙니다." 유현덕이 언성을 높인다. "옛날에 주 무왕[38]은 폭군 주[紂]를 치고 상무[象武]라는 춤을 추었다 하니, 그럼 그분도 어진 사람이 아니었단 말인가. 너의 말은 도무지 도리에 맞지 않으니 썩 물러가거라." 방통은 크게 웃고 일어나 나가고, 좌우 사람들은 유현덕을 부축하여 후당으로 모셨다. 《삼국지연의 제78회》**

술김에 속내를 드러내며 감정적인 모습을 보이는 예는, 앞서 유표와의 대화뿐만 아니라 여기 방통과의 대화에서도 나타난다. 유비는 유장을 속히 제거하라는 방통의 간언에도, 도의적인 이유를 들며 미적지근한 반대의 모습을 보였다. 그런데 정작 유장에 본격적인 공격을 결정한 후 재빨리 양회와 고패를 사로잡아 목을 베고 부수관을 점령하고 나자, 연회를 열며 기뻐하는 모습을 보인 것이다. 평소에 잘 드러나지 않던 유비의 감정적 면모가 술에 취해 표출되는 것을 보면, 이는 감정형 인물이 지닌 단점을 스스로 잘 제어하지 못하고 마는 부정적인 그

---

38) 주나라 문왕의 아들인 무왕은 이름은 발[發]로 여상[呂尙]을 태사로 하고, 아우 단[旦]과 협력하여 주왕을 토벌한 후 은조[殷朝]를 타도하고 주왕조를 창건하였다.

역기능이 드리워진 한 경우라 할 수 있다.

이런 사례들에서 유비는 감정형에 가까운 태도를 보이고 있다 하겠는데, 감정형은 무엇보다도 자아와 주어진 내용 사이에 일어나는 과정으로서, 또한 그때그때의 일시적인 의식의 내용이나 일시적인 지각과 관계없이 따로 '기분'으로 나타날 수 있는 과정이다. 또한 감정 기능은 외향적 감정과 내향적 감정으로 구분할 수 있는데, 외향적 감정에 있어서는 객체적 기준이 그 감정 판단의 근거가 되고 내향적 감정에서는 주체의 기준이 판단의 근거가 된다. 유비의 경우 그의 행동양식 전체를 꿰뚫고 있는 그 주체적 기준이 감정판단의 근거가 되고 있다고 볼 때, 내향적 감정이 좀 더 유비의 성격에 부합된다고 하겠다.

이상을 토대로 보았을 때, 유비를 성격유형으로 그 인물형을 논한다면 내향적 감정형이라 평할 수 있다. 내향적 감정형의 특징은, 첫째로 전반적으로 외관상 조용하고 다른 사람들과 다소 거리를 유지한 채 관계를 가지며, 둘째로 자기의 주장이 강하지 않고 양보를 많이 하며 관용을 잘 베풀고 겸손하다.

1. 형주 남부 경략 익주 병탄 그리고 한중공략 이외에는, 관용과 양보 성정性情으로 사람들을 품어나가는 특징이 그를 주군으로 추대하여 일어나게 해

이 내향적 감정형의 특징을 유비에게 적용시켜 보면, 첫째 내용은 임협의 기질이 넘치는 유비에게 다소 거리가 있다고 할 수 있다. 둘째 내용은 그야말로 유비의 성격과 매우 잘 부합하는 요소임을 확인할 수 있다.

유비의 일생을 살펴볼 때 그가 자기의 주장을 고수한 경우는, 형주를 맡으라는 유표의 제의를 고사한 것과, 신하들의 반대에도 불구하고 이릉대전을 감행하는 일을 제외하고는 거의 예를 찾아보기 힘들 정도이다. 20살이나 나이 차이가 나는 신참 제갈량을 영입할 때 보듯이, 그는 가급적 타인의 의견을 존중하여 이를 적극적으로 수용했다. 손권과의 동맹을 꾸려 적벽에서 조조를 대적하던 일이나, 유장과의 군사적 충돌을 꺼렸지만 결국 전쟁을 통해 서촉을 병탄하던 일 등은, 자신의 주장만을 계속 고수했으면 쉽게 이뤄지지 못했을 경우일 것이다. 더욱이 유비의 집단은 전국적인 형세에서 볼 때 보잘 것 없는 약소 세력이었음에도, 유비가 뭇사람의 기대를 한껏 받으며 끝까지 삼국시대의 주역으로 남을 수 있었던 바는 무엇 때문일까? 이는 아무래도 그가 양보와 관용, 겸손에다 사람들과 성정으로 관계를 맺는 인간적인 매력을 지닌 인물이었기 때문이라 할 수 있다.

습착치習鑿齒가 말했다. "선주(유비)는 비록 엎드리고 자빠져 환난함에 처했으나 신의를 더욱 밝히고, 형세가 궁핍하고 사태가 위험하였으나 그 말함에 도리를 잃지 않았다. 경승(유표)의 은원을 추모하는 심정이 삼군三軍을 감동시키고, 대의를 좇고자 하는 선비를 연모해 그들이 기꺼이 패배를 같이했다. 그가 뭇사람들의 마음을 얻은 결과를 살펴본다면, 어찌 다만 술을 내버리고 백성의 마음을 어루만지려 하고 여뀌39)를 머금어 그 쓴맛을 감수하며 질병을 보살피려 한 데에 그치겠는가? 끝내는 대업을 이루었으니 역시 마땅하지 않겠는가!" 《본전, 배송지 주》

동진東晉의 사가이자 《한진춘추》의 찬자인 습착치가 유비를 신의와 도의의 인물로 그려내고 있다. 이처럼 유비는 어려움 속에서도 시류를 따라 실리만을 좇기보다는, 그가 생각하는 인의仁義라는 가치를 이룩하

39) 바늘꽃과에 속하는 1년초로 잎줄기는 짓이겨 물에 풀어서 고기를 잡고, 잎은 맛이 매우므로 조미료로 쓰인다. 벼들여뀌, 수료水蓼라고도 한다.

는 것을 더 중시하는 인물이었다. 또한 이를 실천에 옮기고자 부단히 노력하는 유비의 면모가, 바로 많은 이들이 그의 진영에서 동고동락하며 진심을 다해 그를 섬길 수 있게 만드는 원동력이 될 수 있었다.

이렇게 유비의 휘하에 들어온 이들은 유비와의 정의情誼적 인정과 의리로 결속되었다고 한다면, 조조의 휘하에 들어온 이들이 실리를 추구하는 조조의 변혁 의지와 패권에 의해 결속된 것과는 상당히 대조적이라 할 수 있다. 그러기에 유비가 온갖 간난과 고초를 겪으면서도 자멸하지 않고 일어설 수 있었던 것은 절대적인 부하들의 충성과 보필이 있었기에 가능한 것이었고, 이는 유비의 사람을 끄는 성정이 그 바탕이었던 것이다. 부간의 표현처럼 유비는 자신의 부하로 하여금 사력을 다하게 만들 수 있는 성정을 지닌 인물이었다.

조정에 징소된 선비 부간傅幹이 말했다. "유비는 관대하고 어질면서도 도량이 있으며 사람을 얻는데 사력을 다합니다. 제갈량은 다스림에 통달하고 상황의 변화를 알며 바르면서도 권모를 쓸 줄 아니 재상이 될 만합니다. 장비와 관우는 용맹하면서도 의리가 있으니 모두 만 명을 대적할 수 있을 용맹을 지니고 있어 장수로 삼을 만합니다. 이 세 사람은 모두 인걸입니다. 유비의 지략에다 이 세 인걸이 그를 보좌하니 무엇을 성공하지 못하겠습니까?"《본전/배송지 주, 부자》

그러나 비록 유비가 이러한 훌륭한 성정을 지녔다고 하여도, 그가 형주의 유표에 의탁하며 머무르고 있을 때는 조조가 원소의 하북을 평정하여 어느덧 형주로 남하할 준비를 취할 시기였다. 이때 유비는 마땅한 근거지도 없이 여타 세력의 객장 노릇을 면치 못하고 있는 처지였기에, 만약 조조의 침공이 있게 되면 풍전등화와 같은 신세라 아니할 수 없었다. 드디어 벌어진 조조의 대대적인 남정은 유표 사후 형주목이 된 유종의 투항으로 형주를 순식간에 무혈점령하는 사태까지 이르게 되었다. 그러나 유비는 제갈량의 지모에 힘입어 손권과의 연합으로 조조를 극적으로 적벽에서 여지없이 무찔러 달아나게 일패도지一敗塗地 시켰으니, 이로써 조조의 천하일통의 야망은 물거품이 되었던 것이다.

허도로 후퇴한 조조가 군세를 재정비하는 사이, 유비는 제갈량의 천하삼분의 계책에 따라 첫째 목표인 요충지 형주의 상당 부분을 경략하고 다음 목표인 서촉으로 진입하였다. 유비가 과연 서촉을 평정할 수 있을 것인가에 대해서는 당연히 중원의 사대부들도 큰 관심거리일 수밖에 없었다. 조전趙戩과 같은 이들은, 유비가 용병에 졸렬하고 패전지장이기 때문에 지형이 험난한 서촉을 평정할 수 없다고 보았다. 그러나 부간은, 제갈량, 관우, 장비 등과 같은 인걸들이 유비를 위해 사력을 다해 보좌할 것이니 그는 능히 서촉을 평정할 것이라 예견하였다. 과연 부간이 말한 대로 유비가 서촉을 평정하자, 세력의 위세로 볼 때 조조에게 적잖은 근심을 줄 상황이 전개되었다.

유비 개인이 지닌 능력이라 할 사람의 마음을 품는 성정의 성격적인 이러한 특징은, 타인으로 하여금 유비를 위해 진력할 수 있게끔 하는 긍정적인 기능으로 작용하였다. 이는 유비의 굴곡 많은 역정에서 칠전팔기의 신화를 이룩하게 만든 추동력이 된 것이라 하겠다.

유현덕이 대답한다. "이제 나와 수화상극水火相剋으로 겨루는 자는 조조라, 조조가 급히 서두르면 나는 너그러이 대하고, 조조가 횡포하면 나는 어진 태도로 대하고, 조조가 속임수를 쓰면 나는 지성으로 대하여, 매양 조조와 정반대로 겨루어야만 일이 성공하는 법이오. 나는 조그만 이익에 눈이 어두워 만천하에 신의를 잃은

일은 차마 못하겠소."《삼국지연의 제60회》

《삼국지연의》에 묘사된 것처럼 유비의 처세는 관용과 인정, 성심, 신의 등이 그 덕목이었다. 이로 인해 유비는 어려운 상황 속에서도 대내적으로 제갈량, 관우, 장비, 조운 등과 같은 모신, 무장들의 굳건한 충성심과 단결력을 유지할 수 있었다. 변신의 달인이라 이를 수 있는 가후가 순전히 자신의 신명만을 잘 보전하기 위한 명철보신 차원의 처세를 보였다면, 유비는 구국이라는 대의명분 차원의 처세를 펼쳤기에 대외적으로 여러 군웅들의 조력을 쉽사리 얻어낼 수가 있었다고 하겠다. 때문에 유비는 숱한 패배를 겪으면서도 외롭게 좌절하지 않고 끝내 적벽에서 기사회생하며, 천하가 정족지세鼎足之勢로 되는 촉한정권의 황제로 등극할 수 있었던 것이다. 이러한 유비가 보여준 행동양식은, 흔히 조조가 천시天時를 취하고 손권이 지리地利를 취하며 유비가 인화人和를 취했다고 평가를 받게 만드는 데 결코 무관치 않다.

뿐만 아니라 혼란의 소용돌이 속에서 치안 유지에 만전을 기하며 자선을 행하고 지위고하를 막론하고 똑같이 예우를 하니, 유비의 이러한 관용과 인정에 많은 무리들이 그를 진심으로 따르게 되었다. 만인을 상대할 만한 용맹을 지녔던 관우와 장비, 불세출의 지략가인 제갈량, 충성스럽고 강직한 조운 등을 유비가 자신의 복심腹心(심복), 조아爪牙(손톱과 어금니 같은 사람)로 삼을 수 있었던 비결은, 유비가 이들과 같은 침상에서 기거했다고 할 정도로 늘 더불어 사는 성심과 정의로 사람을 품어가는 매력이 효력을 발현했기 때문이라 할 수 있다.

《삼국지연의》의 여러 대목을 통해, 성격이 급하고 거친 장비가 유비의 말이라면 군말 않고 잘 듣는 장면을 눈여겨 볼 수 있을 것이다. 유비는 장비가 실수를 저지르면 꾸짖는 경우도 종종 있었지만, 이는 타이름에 불과했다. 유비 일생에 있어서 장비의 큰 잘못으로 인해 비로소 군웅의 반열에 오를 수 있는 근거지 서주를 잃게 되는 망연자실할 사건도 있었는데, 이때도 유비는 관용과 아량을 베풀며 오히려 장비를 위로하기까지 했다.

> 장비가 허리에 찬 칼을 뽑아 자결하려 하는데 유현덕이 뛰어들어 안더니 칼을 빼앗아 던진다. "옛사람이 말하기를 형제는 손발 같고 처자는 옷과 같다 하였다. 옷은 떨어지면 기워 입을 수 있지만 손발이 끊어지면 어찌 다시 붙일 수 있으리오. 우리 세 사람이 지난날 도원에서 의형제를 맺었을 때, 비록 같은 해 같은 달 같은 날에 태어나지는 못했으나 다만 같은 해 같은 달 같은 날에 함께 죽기를 원했으니, 이제 서주성과 가족을 잃었대서 어찌 형제를 도중에서 죽게 하리요. 더구나 서주성은 본래 나의 것이 아니었다. 가족은 붙들려 있지만 여포가 반드시 해치지 않을 것이니 잘하면 얼마든지 구해낼 수 있다. 그러하거늘 아우는 어째서 한때 잘못을 저질렀다 하여 죽으려 하느냐." 유현덕이 말을 마치고 크게 우니, 관운장과 장비도 목 놓아 울었다. 《삼국지연의 제15회》

싸움의 승패는 병가兵家에 늘 있는 일이라지만, 장비가 여포에게 서주를 탈취당한 것은 단순한 전쟁에서의 패배가 아니었다. 장비가 술에 만취하여 서로 어긋난 도겸의 옛 장수 조표를 곤장을 쳤기 때문에, 이에 앙심을 품은 조표가 여포를 끌어들이려 내통한 데서 벌어진 사건이었다. 장비는 서주성을 잃고 유비의 처자들까지 여포에게 잡히게 되자, 출정했다 돌아오는 유비에게 한걸음에 달려와 자신의 잘못을 고하고는 자결하려고 하였다. 청천벽력과 같은 소식임에도 유비는 애써 태연해하며, 오히려 장비를 달래고 그 잘못을 감싸주는 형제의 진한 우애로 끌어안았다. 이와 같은 유비의 성정이 있었기에, 제아무리 거친 장비라도 유비의 말이라면 그대로 죽는 시늉도 할 수 있을 정도로 충심을 다해 섬겼던 것이다.

유비가 자력으로 세력을 확대 발전시킨 경우는, 적벽대전 이후 형주 남부 지역의 장악과 서촉 병탄, 그리고 한중공략 등을 제외하고는 그리 많지 않다. 그러나 인의와 덕을 바탕으로 하는 그의 인간적인 매력은 군웅으로 발돋움할 근거지를 얻을 계기로 작용하기도 했다. 특히나 그가 보여준 적절한 때의 양보는 상대방이 조바심이 나게 했으며, 거듭 유비 그가 아니면 안 되겠다는 상황으로 몰아가게 만들었다.

이를테면 서주에서나 형주에서의 경우를 들 수 있는데, 먼저 유비가 거듭 고사하면서도 서주를 얻었던 상황을 짚어 보자. 동탁 사후 관동 일대인 중원과 하북의 정세는 그야말로 혼전양상이었다. 하북에는 공손찬과 원소의 대립구도가 펼쳐졌고, 중원에서는 하북의 영향으로 세력들 간의 이해득실에 따른 합종연횡이 이루어지고 있었다. 이때 조조는 원소와 연합했으며, 이에 반발한 원술은 도겸과 더불어 공손찬과 연합을 도모했다. 이러한 군웅들 간의 치열한 각축 속에서 마침 조조의 부친이 가솔을 데리고 서주 접경을 경유하다가 도겸의 부하에게 살해당하는 사건이 발생한다. 이에 조조가 원한에 차 서주를 무차별 공격해오자, 도겸은 공손찬의 명을 받고 청주에 주둔 중이던 전해에게 구원을 요청하였다. 이때 구원군으로 파견된 이가 바로 유비였다.

조조의 서주에 대한 군사적인 공격은 거셌고 그로 인한 이 지역의 피해는 침중했다. 두 차례에 걸친 서주공격에서 수많은 살육이 자행되는 가운데, 이때 조조의 근거지인 연주에서 발생한 반란과 여포의 침공이 이어지자 조조는 결국 서주에서 철군할 수밖에 없었다.

유비는 도겸에게 귀부하여 4천의 병력을 얻고 소패에 주둔하며 서주의 방비를 맡게 된다.

도겸이 병이 깊어지자 별가인 미축에게 말했다, "유비가 아니면 이 서주를 능히 안정시킬 수 없소." 도겸이 죽자 미축은 주州의 관리와 백성들을 이끌고 유비를 영접했으나 유비는 감당할 자리가 아니라고 받아들이려 하지 않았다. (…) 이에 유비가 서주목을 겸임하게 되었다. (본전)

진등 등이 사자를 원소에게 보내어 말했다. "하늘이 재앙을 내려 화禍가 우리 주(서주)에 미치니, 주의 장수는 죽을 것이고 백성들은 주인을 잃게 될 것입니다. (이에) 간사한 영웅이 하루아침에 그 틈을 노려 (서주를 취해) 맹주(반동탁 관동제후연합의 맹주였던 원소를 가리킴)께서 침식을 잊고 걱정하게 할까 두렵습니다. 이에 옛 평원의 상 유비를 부군府君(주목)으로 함께 받들어 종주宗主로 삼고 오래도록 백성들로 하여금 귀의할 곳이 있음을 알게 하고자 합니다. 지금 바야흐로 도적이 종횡하는 어려움으로 갑옷을 벗을 겨를도 없어서 삼가 하급 관리를 보내 급히 집사執事(귀하)께 고하고자 합니다." 원소가 답하였다. "유현덕은 도량이 넓고 신의가 있는데, 지금 서주가 그를 즐거이 추대하려고 하니 이는 실로 내가 바라는 바이기도 하오."《본전/배송지 주, 헌제춘추》

도겸이 유비의 웅략과 그릇을 알아보고 자신의 뒤를 이어 달라 부탁하고 병사하게 되자, 서주의 호족이었던 미축은 이 유촉을 이행시키고자 하였다. 유비는 자신이 적임자가 아니니 차라리 명망 있는 원술이 이어받는 것이 어떠냐며 양보하려 했다. 또 다른 서주의 호족인 진등과 북해국상 공융 등이 거듭 유비에게 서주를 맡을 것을 청하였다. 결국 유비는 이들의 강권을 수락하여 서주목의 일을 관장하게 된다.

그런데 여기에서 재미있는 사실은, 정세의 역학관계로 볼 때 다른 진영에 서 있다 할 수 있는 원소가 이에 대한 진등의 보고를 받고 유비의 서주목 취임을 흔쾌하게 받아들였다는 사실이다. 유비는 엄밀히 따지자면 원소에게 앞으로의 정적이라 할 수 있는데도, 원소는 오히려 유비가 뜻이 크고 당당하며 신의가 있다는 점을 높이 사고 있었다. 유비가 처음부터 서주를 취하려는 모종의 계략을 취했다면, 서주목 도겸이 죽으면서 유비를 후계로 유촉하지 않았음은 물론이다. 또한 미축, 진등, 공융 등도 유비를 추대해 올리지 않았을 것이다. 유비 스스로 욕심이 없이 마음을 텅 비웠기에 이들이 모두 유비가 서주를 맡아주길 원했고, 원소로서도 이를 거부하지 않았던 셈이다. 유비가 지니고 있는 내향적 감정형이라는 성격유형이 지닌 특징, 즉 양보의 미덕이 빛을 발하는 순간이었다. 이를 계기로 유비는 다른 군웅의 밑에 더부살이로 전전하던 삶에 종지부를 찍고 서주라는 군국 물산지의 당당한 주인으로 자리매김하게 된다.

그러나 유비가 서주의 주인 노릇을 하는 것도 그리 오래가진 못했다. 여포를 그에 대한 깊은 대처 없이 받아들였다가, 그의 배신으로 인해 유비는 다시금 남의 밑에 의탁하는 삶으로 돌아가게 되고 만다. 여포에게 있다가, 조조에게, 그러다 원소에게 의탁하여 있게 된다. 그 후 그의 인생 사십대 중반에 형주의 유표에게 7년여라는 긴 의탁살이의 역정이 펼쳐지는데 이 상황을 짚어 보자.

유비를 받아들이게 된 유표는 유비를 상빈의 예우를 하며 군사를 보태주었고, 아울러 신야현에 주둔케 했다. 이에 형주 일대의 여러 호걸들이 유비에게 가까이하자, 유표는 한때 이를 의심하고 은밀히 유비를 방비하기도 하였다. 그러나 다년간 유비의 한결같은 성심과 정의를 겪어본 유표는, 유비에 대한 의심을 거두기 시작한다. 그리고 유표도 도겸과 같은 선택을 하려 한다.

유표는 병이 들자 유비를 형주자사를 겸하게 상주하였다.《본전/배송지 주, 영웅기》

유표는 병이 깊어지자 유비에게 나라를 맡기고자 하였다. (그래서) 유표는 돌아보며 말했다. "내 아이들은 재주가 미치지 못하고 여러 장수들은 모두 죽거나 쇠락했으니, 내가 죽은 뒤에는 경卿이 형주를 맡아 다스려주시오." 유비가 말했다. "여러 아드님들이 현명하니 군君(그대)께서는 병세나 걱정하십시오." 어떤 이는 유표의 말을 마땅히 따라야 한다고 권하자 유비가 말했다. "이분은 나를 후하게 대하였는데 지금 내가 그 말을 좇는다면, 사람들은 필시 내가 야박하다 여길 것이니 차마 그럴 수는 없는 바요."《본전/배송지 주, 위서》

육십대 중반에 접어들어 신병을 얻게 된 유표는, 자신의 병색이 점차 깊어지자 형주의 앞날을 걱정하지 않을 수 없었다. 내부적으로 장남 유기와 차남 유종 간의 후계자 암투가 심하게 벌어지고 있는 상황 속에 있었다. 유표는 어느 아들이 후계자가 되더라도 형주를 온전히 보존할 수 없을 것이라 여겼는지, 갑자기 유비에게 형주를 맡아달라고 제의한다. 이는 한 마디로 유표의 형주 양도나 다름없었다. 그렇지만 유비는 유표의 아들이 현명하다는 이유를 대며 은근히 유표의 아들이 후사가 될 수 있도록 정중히 고사하였다. 혹자는 유표의 형주 양도를 수락하라고 진언했지만, 유비는 세상 사람들이 자신을 은의를 저버리는 자로 평가할 것을 염려하였기에 유표의 아들이 형주의 주인이 될 수 있도록 짐짓 사양한 것이었다.

이러한 유비의 행위는 일면 자기의 주장을 고수한 면에서, 그가 지닌 내향적 감정형이라는 성격유형이 지닌 특징과 배치되는 모습이라고 볼 수도 있다. 그렇지만 오히려 양보를 많이 하며 관용을 잘 베풀고 겸손하다는 측면에는 잘 부합한다는 점에서, 이는 그의 성격유형의 더욱 두드러진 또 다른 특징적인 면모가 되는 것이다. 당시 형주의 많은 인사들이, 조조에게 항복했던 형주의 어린 주인 유종을 뒤따르지 않고 유비에게 귀부하였으니, 적벽대전 이후 유비가 형주를 장악할 수 있었던 것도 따지고 보면 그 연원은 이러한 그의 성격유형이 지닌 특징이 긍정적으로 발현되어 작용한 결과라 할 수 있다.

다음으로 내향적 감정형의 성격유형인 인물이 보여주는 장점은, 첫째 포용력이 강하고 대인관계가 원만하여 갈등을 잘 조정하고 융화시킬 수 있는 능력이 뛰어나다는 점이 있고, 둘째 주위 사람들의 장점을 잘 활용할 수 있는 능력이 있다는 것이다.

2. 익주 병탄하여 촉한을 세우며 강한, 포용력으로 조정 융합하여 그들의 능력을 제대로 잘 발현케 하는 장점 돋보여

이 성격유형의 장점을 유비에게 적용시켜 보면 강한 포용력과 원만한 대인관계, 갈등의 조정과 융화능력, 인력운용 등 이 모든 내용은 그야말로 유비를 존재하게 하는 아이콘(초상)이라 할 수 있다. 특히 포용력의 경우, 삼국시대라는 난세를 살아 주도해 온 두 영웅인 조조와 유비를 놓고 비교해 보면서, 많은 호사가들이 조조를 결단력의 주군이라고 평한다면 유비를 포용력의 주군이라고 평할 정도로, 이는 유비에게 있어 가장 큰 장점이라 할 수 있다. 《삼국지연의》의 초반부 장면에 등장하는 유비와 동탁의 대면 상황만 보더라도, 그의 포용력의 수준이 상당하다는 것을 장비의 혈기의 노기怒氣를 잘 표출하는 모습과 대비하여 선명하게 확인할 수 있다.

그날 유현덕이 업신여김을 당하자, 장비는 화가 나서 곧 동탁을

죽이려 했으나 유현덕과 관운장이 말린다. "동탁은 조정에서 보낸 고관이다. 어찌 맘대로 죽일 수 있으리요." "그놈을 살려두고 그 밑에서 명령을 들어야 한다면, 나는 아니꼬워서 견딜 수 없소. 두 형님은 여기 계시려거든 계십시오. 난 다른 데로 가겠소." 유현덕이 타이른다. "우리 세 사람은 생사를 함께하기로 맹세한 사이다. 어찌 서로 헤어질 수 있으리요. 가려면 다 함께 가자."《삼국지연의 제2회》

유비는 황건적에게 곤란을 겪고 있던 동탁을 구원했지만, 동탁은 유비가 아무 관직도 없는 일개 의병의 우두머리 정도임을 알고 그를 무시하며 홀대하였다. 이러한 동탁의 오만방자한 태도에 대하여 평범한 사람일 경우, 그 불쾌한 기분을 참지 못하고 버럭 화를 낼 법하다. 그러나 유비는 태연하였고 감정적 대응을 하지 않았다. 오히려 곁에 있던 장비가 분한 마음이 치솟아 동탁을 죽이려 하였으나, 유비는 장비를 달래며 이러한 동탁을 그대로 눈감아 두고 다른 곳으로 떠났다.

이 대목만을 놓고 본다면 물론, 그의 포용력이 얼마나 큰지는 가늠할 수 없을 것이다. 유비의 포용력을 더욱더 생생하게 알아볼 수 있는 이와 연관되는 내용으로 여포와 유파의 일례를 들 수 있다.

여포는 유비를 만나자 깊이 경모하여 유비에게 말했다. "나와 경(그대)은 같은 변변치 못한 지방 사람이오. 나는 관동에서 의병이 일어난 것을 보고 동탁을 주살하고자 하였소. 내가 동탁을 죽이고 동쪽으로 나오자, 관동의 여러 장수 가운데 나를 편안하게 하는 자는 없고 모두 나를 죽이려고 할 뿐이었소." 유비를 군막으로 청해 부인의 침상 위에 앉히고 부인에게 절하게 하며 술과 음식을 먹고 유비를 일러 동생이라 하였다. 유비는 여포의 말에 일정함이 없음을 알고 겉으로는 아무 일도 없는 것처럼 행동했으나 속으로는 기분이 좋지 않았다. 《삼국지 위서 여포전/배송지 주, 영웅기》

여포의 경우 동탁을 살해하고 장안에서 패배하고 나와 다른 군웅들에게 의탁했다가, 거의 쫓기다시피 도망 나오고는 했다. 심지어 조조의 근거지인 연주를 차지했다가 결국 조조에게 격파당해, 도저히 다른 곳으로 갈 곳이 없는 상황이었다. 유비는 패잔병을 이끌고 서주로 도망해 온 이 여포를 받아들인다. 유비의 이러한 결정은 어찌 보면 상당히 무모한 것이었는데, 《삼국지연의》에서는 많은 부하들의 반대, 특히 장비의 격렬한 반대의 목소리를 빌려 이를 유비의 포용력의 모습으로 생생하게 그려내고 있다. 이러한 유비의 포용력에 여포는 감동하여 유비를 자신의 거처로 청하여 나름대로는 특별한 예우로 대하였는데, 여포의 이러한 행동이 도가 지나쳤기에 유비를 내심 불쾌하게 만들 정도였다. 그러나 유비는 그를 소패에 자리를 마련하여 편히 주둔하게 함으로써 숨을 돌리게 해주었다.

이는 결과적으로 서주를 잃고 마는 패착의 원인이 되기는 하였지만, 당시 유비의 이러한 통 큰 행동은 타 군웅에게 놀라움을 안겨주었던 것으로 보인다. 《삼국지연의》를 보면 조조는 이 소식을 듣고 유비의 포용력에 매우 놀라면서, 유비와 여포의 연합을 염려하여 어떻게 둘 사이를 이간질시킬까 하는 각종 공작을 펼치려는 분주한 모습을 연출하게 된다. 사서의 기록에서도, 여포를 내쫓게 만든 전력이 있는 원술이, 이번에는 유비의 위세가 강해지는 것을 염려하여 군량미를 지원하겠다고 여포를 유혹하여, 유비를 공격하게 하는 계략을 획책하기도 한다. 어찌 보면 유비는 이 포용력 하나만으로도 수만 명 이상의 군세 효과를 던져주었던 셈이다. 그만큼 유비가 보여주는 내향적 감정형이 지니고 있는 성격유형이 지닌 장점의 발현은, 유비 주위의 강한 군웅들에게 두려움을 안겨주기에 충분했던 것이다.

> 유파는 유비에게 사죄했고 유비는 그를 질책하지 않았다. 제갈량이 그를 자주 칭찬하고 천거했으므로 유비는 그를 벽소하여 좌장군 서조연으로 임명했다.《삼국지 촉서 유파전》

> 유장이 법정을 보내어 유비를 맞이할 때, 유파가 간하여 말했다. "유비는 영웅인지라 (서촉에) 들어오면 반드시 해가 되니 (그를) 안으로 들어오게 하는 것은 불가합니다." (유비가) 이미 들어오자 유파는 거듭 간하여 말했다. "만약 유비로 하여금 장로를 토벌하게 한다면, 이는 산림 속에 호랑이를 풀어놓는 격입니다."라고 했으나 유장이 듣지 않았다. 유파는 문을 닫아걸고 질병을 핑계대고 나가지 않았다. 유비가 성도를 공격하면서 군중軍中에 명령을 내렸다. "유파를 해害하는 자가 있거든 삼족까지 주살하겠다." 마침내 유파를 얻으니, (유비는) 매우 기뻐했다.《삼국지 촉서 유파전/배송지 주, 영릉선현전》

이처럼 유비의 포용력이 얼마나 큰지를 보여줄 수 있는 단적인 예가 바로 유파의 수용이라 해도 과언이 아니다. 유비는 유파를 받아들이고 그에게 촉의 법률을 제정하는 작업을 맡기는가 하면40), 훗날 법정을 대신하여 상서령에 임명하는 등 유파를 중용하였다. 그런데 유파가 과연 어떤 인물이기에 유비가 포용력을 보여주었다고 하는 것인가? 유파

---

40) 유파劉巴의 자는 자초로 영릉군 증양현 사람이다. 익주를 평정한 유비가 유파를 좌장군 서조연에 임명하였고 유비가 한중왕에 오르니 제갈량이 그 재명才名을 자주 칭송하자 상서령에 임명하였다. 유파는 제갈량, 법정, 이엄, 이적 등과 함께 촉과蜀科를 만드는 일에 참여했고 이들에 의해 촉과의 체제가 완성되었다 하겠다.

는 유비와는 참으로 매우 엇갈리는 악연을 지닌 인물이었다. 《삼국지 촉서》의 그의 열전에 나타난 행적을 살펴보면, 그가 얼마나 유비를 섬기는 것을 기피했는지를 확인할 수 있다.

유파는 형주남부 일대의 명사名士로, 유표 생전에 여러 차례 벽소[41] 되고 무재[42]로 천거된 바도 있었지만, 모두 스스로 거절하여 출사하지 않았다. 그런데 유표 사후 조조가 형주를 정벌하자 유비는 강남으로 도망쳤고, 이 과정에서 형·초 땅[43]의 많은 인사들이 유비를 따라갔다. 그러나 여기서 유파는 북쪽으로 조조를 찾아갔는데, 이 일은 유비에게 심히 안타까움을 안겨주었다. 조조는 유파를 자신의 속관으로 삼고 장사군, 계양군, 영릉군을 귀순토록 설득하는 일종의 특사 역할을 그에게 맡겼으나, 이 지역 세군은 이미 유비가 그 사이 모두 경략한 상태였다. 유파는 조조의 명을 받들 수 없어 멀리 남쪽 교지(지금 베트남 하노이시)로 도피했다가, 유비를 섬기기 싫었는지 교지로부터 다시 멀리 촉군으로 가 익주목 유장을 섬겼다.

그렇지만 유파의 이러한 마음의 행로는 그리 오래가지 못했으니, 유비가 서촉의 주인이 될 줄이야 그로서는 상상이나 했겠는가. 형주의 상당 부분을 장악한 유비는, 어느 날 갑자기 유장을 돕기 위해 서촉으로 진입 중이었고 유장은 이를 매우 환대하고 있었다. 이에 유파는 유비의 입촉入蜀을 저지하기 위해 유장에게 강력한 반대 의사를 펼쳤다. 그러나 유파의 반대하는 간언은 유장에게 끝내 채택되지 않았고, 결국 유비는 입촉하게 된 것이다. 이 순간 유파의 심정은 과연 어떠했을까.

---

41) 벽소는 삼공과 자사에 의해 부하府下 연속, 또는 종사 등에 임명되는 것으로 관리 선발제도인 찰거察擧의 일종이나 이는 부정기적인 것으로 보아야 할 것이다.

42) 천거로 관리를 뽑는 제도는 대신이나 열후, 주 자사 등이 추천하는 '수재秀才'와 군국의 장관이 추천하는 '효렴' 등으로 나뉘는데, '수재'는 후한에서는 '무재'라고 불렀다.

43) 흔히 손권의 통치지역이라 하는 강남江南을 말하는 것이 아니라 장강을 경계로 그 남쪽지역을 향해서 달아났다는 것이며 형荊·초楚 땅이란 주로 지금 호북성 일대를 의미한다.

유비와 유장 사이에 밀월기간이 끝나고 전운의 기운이 감돌게 되는 시점에 이르러서야, 유파는 비로소 자신의 마음을 가라앉혔을지 모른다. 그러나 상황은 유비에게 유리하게 흘러 유장의 치소였던 성도가 유비군에게 포위되는 상황에 이르렀을 때, 유파는 매우 불안한 심리상태에 휩싸였을 것이다.

그런데 전혀 뜻밖에도 유비는 성도를 함락시키기에 앞서, 유파를 보호하게 하는 강한 군령을 내린다. 유파가 보인 그간 행적이라면 많은 사람들은 유비가 그를 매우 혐오하고 있을 것이라 짐작했을 것이다. 따라서 그를 주살하는 것이야말로 오히려 공을 쌓는 일로 간주했을 수 있다. 이 점을 염려한 유비는 그러한 사태가 벌어지지 않도록 미리 사전 예방 조치를 취한 것이다.

유비의 이러한 의표를 찌르는 배려는, 성도 함락 후 유파 스스로 유비에게 사죄를 하지 않을 수 없게 만들었다. 유비는 그를 용서하고 오히려 중용하는 포용력을 보여주었다. 마치 한고조 유방이 옹치[44]를 제후에 임명한 것과 같은 예상을 뛰어넘는 조치였던 것이다. 이렇듯 유파에 대한 유비의 강한 포용력은 유장의 구신들이 가질 수 있는, 혹시 모를 숙청에 대한 불안감을 씻을 수 있는 단초가 되었다. 이로 인해 그들은 진력하여 유비의 신정권에 협력과 충성을 다하게 되었으니, 유

44) 옹치[雍齒]는 진말한초 시기의 패군의 호족으로 유방과 사이가 무척 안 좋은 인물이었다. 유방이 거병하여 풍읍과 패현을 기반으로 삼았을 때, 유방은 옹치에게 풍읍을 맡겼지만 옹치는 위구에게 풍읍을 들어 바치며 항복했다. 이후 옹치는 유방의 숙적인 항우에게 항복해 유방을 대적하는 대열의 선두에 섰었다. 옹치 때문에 유방이 겪은 고초란 실로 말하기가 어려울 지경이었던 것이다. 그러다 유방과 항우의 전쟁이 길어지자 옹치는 결국 유방에게 항복하였다. 유방은 천하를 통일한 후 논공행상을 하는 과정에서 공로가 큰 20명에게 봉작을 내리고 나머지에 대해서는 포상 조치를 유예시켰다. 이로 인해 신하들 사이에서 불만과 두려움이 증폭되자 유방은 이를 잠재우기 위해 옹치를 봉작해야 한다는 장량의 건의를 받아들였다. 이를 두고 신하들은 '옹치도 제후가 되는데 하물며 나야!' 하며 안심했다고 한다. 이 때문에 옹치는 늘 싫어하고 미워하는 사람 또는 그런 관계를 비유적으로 이르는 말의 대명사로 쓰이기도 한다.

비의 포용력이 비로소 서촉에서 빛을 발하게 되는 순간이었다.

원만한 대인관계는 유비가 군웅으로서의 삶을 지속시킬 수 있는 가장 큰 원동력이라 할 수 있었다. 즉, 서로 창칼을 겨누고 대치하는 적으로서의 관계가 아닌 이상, 그외 대부분의 군웅들은 유비에게 호의적이었던 것으로 여겨진다. 유비가 군웅으로서의 첫발을 내디뎠을 때, 공손찬의 지원이 많았던 것은 단순히 유비가 공손찬과 같이 노식의 문생이기 때문만은 아니다. 동문수학하던 시절 두 사람의 친분은 남달랐기에, 공손찬은 유비가 입지할 수 있는 배려를 해주었던 것이다. 이후 아무 연고도 없는 도겸이 유비에게 서주를 양도하게 된 것이나, 비록 유비의 근거지를 탈취했던 여포이지만 그도 유비를 자신의 곁에 두어 원술에게서 보호를 해주기도 했다. 한때는 유비와 적내적 구도에 가까웠다고도 할 조조나 원소가 유비를 깊이 예우했던 것, 그리고 자신에게 의탁한 유비에게 초반부터 시기와 경계를 보이던 유표가 그 후 죽음을 앞둔 시점에서 형주를 맡아달라고 부탁하는 경우 등은, 하나같이 유비가 얼마나 군웅들과 원만한 대인관계를 이루고 있었는가를 분명하게 보여준다.

호사가들은 유비를 비판할 때, 그가 여러 차례 다른 군웅들에게 의탁한 것을 두고 반복무상하다고 이를 폄하하기도 한다. 그러나 그가 어려울 때 의탁해서 온전히 한숨을 돌릴 수 있었던 것도, 그의 원만한 대인관계가 아니었다면 불가능했을 것이다. 역시 의탁 행보를 보였던 여포의 경우와 견주어 보면, 그와 차이를 극명히 알 수 있게 한다. 천하에 뛰어난 무용을 지니고 있었던 여포임에도, 대인관계에 신의를 수반하지 못하여 오히려 의탁하고 있는 군웅에게 배척당하거나 심지어 죽을 위기에 몰린 적도 있었다. 그렇듯 신의 없다는 여포가 오죽하면 유비에게는 마음이 많이 움직여 각별한 대우를 해주고는 했겠는가. 이렇듯 유비의 원만한 대인관계는, 대외적으로 그가 군웅으로서의 생명력을 유지해나가는 데 큰 바탕이 되었다.

이러한 면모는 방랑군 시절부터 동고동락한 관우, 장비, 조운, 간옹, 손건, 미축 등과 같은 부하들과의 관계에도 지대한 영향을 미쳤다고 봄이 옳다. 유비에게 앞날을 기대할 수 없는 어려운 상황에서도, 그들은 주군 유비의 포부가 이뤄질 것이라고 믿었다. 이들이 유비를 결코 배신하지 않았던 그 이면에는, 유비를 굳게 믿는 바탕에서 나오는 원만한 대인관계가 기저에 자리 잡고 있었던 것이다. 이렇듯 주군으로서 부하들의 마음을 사로잡았기에 결국 유비는, 이들의 헌신에 힘입어 끝끝내 패망하지 않을 수 있었던 것이다. 바로 그의 이러한 성격유형이 지닌 장점 발현이, 그가 군웅으로서, 주군으로서의 삶을 성공적으로 이룩하는 데에 긍정적인 효과로 이어지게 된 것이라 하겠다.

우리는 흔히 조직이란 어떠한 목표를 위해 기능을 수행해 나가는 두 사람 이상의 구성원의 결속이 이뤄진 체계로 이해하고 있다. 그 조직의 규모가 작을 때는 내부적 이해관계가 비교적 단순하겠지만, 규모가 점차 커지면 구성원이 다양해질 것이고, 구성원들의 이해관계 또한 복잡하게 된다. 때문에 이로 인해 발생하는 문제는, 조직을 관장하고 있는 수장에게 적지 않은 고심거리가 될 수밖에 없을 것이다. 특히 형주에서 익주로 중심지역을 옮겨온 유비에게는, 조직 내의 신구新舊의 대립을 해결하고 이를 조화시키는 것이 당면과제라고 해도 과언이 아니었을 것이다. 바로 구성원 간의 이해관계의 갈등을 조정하고 이들을 융화시키는 과업을, 특히 유비는 잘 해결할 수 있는 능력을 갖춘 인물이 유비였다 하겠다. 이것이 그의 성격유형이 지닌 또 다른 장점이기도 했다.

유비는 그야말로 송곳 한 치 꽂을 근거지도 없어 여러 군웅에의 의탁으로 방랑하면서, 40대 후반에 이르도록 오랜 세월을 보내온 인물이었다. 군웅으로서 홀로서기에는 참 무력하다고 여겨질 정도로 그는 어려운 상황이기만 했다. 허나 남다른 인간적 매력으로 자신의 조직

구성원을 결속시켜 냈기에, 오랜 세월 동안 어려운 여건에서도 조직을 계속 유지시켜 나갈 수 있었던 셈이다. 적어도 유비가 형주에 머무르기까지, 아니 제갈량을 영입하기 전까지는 그 연속선상에 있었다 하겠다.

그러다 제갈량이 들어오게 된 후, 유비의 조직에는 새로운 변화의 바람이 일어나게 된다. 첫째로 유비의 기존 조직이 가지고 있지 못했던 목표를 구현시킬 수 있는 과업과 계책 등이 제시되기 시작했다는 점을 들 수 있다. 한조 정권의 부흥을 위해 폭란을 제거한다는 명분을, 유비 기존 조직의 목표로 삼고 있기는 했다. 그러나 이를 어떻게 세분화한 과업으로 설정하여 구체화시킬 것인지를 제시할 만한 두뇌인력이 그의 휘하에는 전무한 상태였다. 마치 유비의 임협집단과 같은 세력은 그간 나침반 없이 항해를 계속한 선박과도 같은 모습을 벗어나지 못했던 것이다. 여기에 바로 제갈량이 융중대, 즉 천하삼분지계를 통해 유비가 비로소 정치적, 외교적, 군사적 노선을 제대로 세워 그 행보를 펼쳐 나갈 수 있도록 뒷받침해 주었으니, 그야말로 유비 세력에 이정표를 마련해 준 셈이다.

둘째로 구성원의 역할 구분이 확실히 이뤄졌다는 점을 들 수 있다. 제갈량이 영입되기 전의 유비의 인사운용 방식은, 자신은 최전방에 반드시 있되, 관우나 장비 둘 중 하나는 후방에 배치하여 공조체제를 이루는 형국이었다.45) 그러다 유비가 형주의 남군을 비롯하여 형주 남부 일대를 장악하자 제갈량이 군사중랑장46)으로서 군정에 참여하게 되었

45) 유비가 서주라는 근거지를 갖고 있을 당시의 상황을 보면 명확히 드러난다. 도겸 사후 서주목이 되었을 때, 그가 대적하게 된 적은 회남의 원술이었다. 유비가 그를 토벌하러 갈 때 후방인 하비를 지키게 된 것은 장비였다. 당시 장비의 실책으로 서주가 여포에게 탈취당하게 된 바 있는데, 이후 원술 토벌을 명목으로 조조에게서 유비가 탈신하여 다시금 서주를 장악하게 되었을 때에는, 후방 하비를 관우에게 맡겼다.

46) 군사軍師는 삼국시대 삼공 및 상임장군 수하에 설치한 군의 작원계획을 수립하는 직

다. 이에 유비의 제갈량, 관우, 장비, 조운 등에 대한 인사 운용방식이 확연히 바뀌게 된다. 유비는 치소인 공안에 주둔하되 관우를 양양태수, 탕구장군에 그리고 장비를 의도태수, 징로장군에 임명하여 형주 북부 일대에 주둔시켜 공조 체제를 이루게 하였다. 편장군이던 조운을 형주 남부의 계양태수의 직무를 관장하도록 하였으며, 제갈량으로 하여금 영릉, 계양, 장사 등 형주 남부 세 군을 감독하고 그 지역의 부세를 걷어서 군비를 충당하도록 하였다. 결정적으로 달라진 점은, 유비가 최전방이 아닌 후방에 있되 관우와 장비 모두를 전방에 돌린 것이다. 이는 기존의 유비의 인사운용 방식이 잘못되었음을 말해주는 것이 아니라, 인재난에 시달리던 그로서는 제갈량의 영입으로 비로소 관우와 장비 등에 제 역할을 맡길 수 있게 되었음을 뜻하는 것이다. 제갈량의 합류는 유비 조직의 주요 구성원들 각각의 역할을 확실히 구분하여, 이들 기능의 수행 효율성과 효과성을 추구할 수 있게 되었다.

셋째로 활발한 사인士人 명사의 참여가 이루어졌음을 들 수 있다. 조조의 예를 들더라도, 그의 기존 세력은 순욱이 합류하기 전까지는 그저 혈연중심적인 성격을 띠는 군사집단에 불과했다. 그러나 순욱이 들어오면서 그가 중원의 명사라 할 다수 사류인사들을 추천하고, 조조의 조직 체제를 새롭게 정비할 수 있었던 것이다. 유비 역시 제갈량을 영입하기 전까지 그 기존세력은, 의협 중심적인 정의적情誼的인 일종의 용병집단이었다. 물론 유비가 근거지 없이 오랜 세월을 의탁생활로 보낸 탓도 있겠지만, 그의 기존조직 자체는 당시 상황으로 정비된 체제를 기대하기 어려운 실정이었다. 제갈량은 수많은 형주 명사들에게 문호를 개방하여, 인재를 영입하는 연결고리로 그들의 참여를 촉진시켰고, 결국 이는 촉한정권으로까지 확대되어 이어질 수 있었던 것이다.

책의 속관이나 애초 조조가 군사좨주軍師祭酒라는 군사관명을 만들었는데, 유비는 군사작전을 계획하고 동시에 병권을 가진 군사중랑장 관직을 만들었다.

유비는 공명을 스승처럼 대우하고 식사 때는 한 상에서 밥을 먹으며, 잘 때도 한 침상에서 함께 자는데, 날마다 천하 대사에 관해서 담론한다.《삼국지연의 제38회》

제갈량이 오게 되면서 유비의 세력재편에 혁신적인 전환점을 가져왔던 만큼, 유비는 제갈량을 기용한 초기부터 그에 대한 대우가 남달랐다. 제갈량과 스스로 숙식을 같이하는 것은 유비에게 있어 구신舊臣인 관우, 장비, 조운 등에게 하는 특별한 대우였다. 그런데 어찌 보면 신진인사라 할 제갈량이 바로 이러한 파격적인 대우를 받은 것이었다.

이러한 파격적인 대우는 조직에 오랫동안 몸담아온 기존의 구성원들에게 위화감을 조성하여 불만을 증폭시키는 계기가 될 수 있다. 다양한 인간 군상이 등장하는 삼국시대 역시 예외는 아닌지라, 의리에 둘째가라면 서러워할 인물인 관우와 장비도 이에 대한 불만을 서서히 드러내기 시작했다.《삼국지연의》를 보고 있노라면, 숙장인 관우, 장비와 신참 군사 제갈량의 갈등구도가 생생하게 묘사되고 있는데, 이는 독자로 하여금 긴장감과 우려스러움을 느끼게도 한다.

《삼국지연의》에서는 유비 자신과 제갈량의 관계를 수어지교水魚之交로 표현한 유비의 말에, 관우와 장비는 박망파 전투를 앞두고 이를 조롱거리의 화제로 삼고 있다. 그러나 사서에서는 이로 인해 관우와 장비가 더 이상 불쾌한 기색을 보이지 않았다고 분명하게 기술하고 있는 것이다. 이를 근거로 할 때, 제갈량과 관우, 장비 사이의 초기의 갈등관계는 유비의 조정으로 유비를 정점으로 하는 화합과 협력 체계로 확실히 자리 잡은 것으로 보인다.

이외에도 유비는 서촉을 정벌한 후, 유장의 구신, 숙장이었던 허정, 동화, 법정, 비관, 이엄, 유파, 황권 등을 비롯한 수많은 익주 인사들을 참여시킨다. 그리고 이들로 하여금 유비를 따라 북방에서 온 인사와 형주에서 합세한 많은 인사들과 더불어 조화롭게 정권의 중추 기능을 담당케 하였다. 위나라와 오나라는 권력을 둘러싼 내분 내란이 끊이지 않았지만, 촉나라의 경우 권력투쟁보다는 오히려 개인적 감정에 의한 불협화음이 있을 정도였다. 이는 유비가 보여준 내향적 감정형이라는 성격유형이 지닌 장점의 하나인 갈등의 조정과 융화를 잘 구현한 경우에 제대로 해당되는 실례들이라 하겠다.

유비정권 내부의 인사관리의 체계 구축과 그 원활한 운용은 유비의 성격유형이 지닌 긍정적 특징과 직결되었음은 물론, 제갈량을 주축으로 하여 여러 인재들을 잘 활용한 결과였다고 여겨진다. 주위 사람들을 잘 활용할 수 있는 그의 능력이, 안정된 근거지를 얻고 나면서부터 비로소 빛을 발휘하기 시작했던 것이다. 유비는 관용과 겸손의 인간적인 매력을 지닌 인물이었고, 그의 성격상 특징과 장점은 강한 포용력, 원만한 대인관계, 갈등의 조정과 융화능력의 인력운용으로 발현되었던 것이다. 이러한 면모가 지금까지도 《삼국지》의 주인공의 한사람으로 유비를 우뚝 서게 한 '관용과 성심의 성격으로 중망을 얻었던 영웅'이라는 아이콘을 만드는 데 큰 기여를 한 것으로 보인다.

그렇지만 유비 역시 그의 성격유형이 노출하는 단처를 제어하지 못해 야기한 실수나 이로부터 비롯된 여러 문제는, 그의 발목을 잡는 족쇄로 작용하여 적지 않은 타격을 입기도 하였다.

마지막으로 내향적 감정형이라는 성격유형의 인물이 보여주는 단점은, 첫째 자신의 감정이나 심리상태를 외부로 표출하기보다는 내부로 숨기는 편이라 사귀기가 힘들고, 둘째 일 처리에 있어서 너무 자세하고 세밀한 성격 때문에 일을 효과적으로 끝내기가 어려운 경우를 들 수 있다.

3. 형주 관할인지 형주 임대인지, 자신의 감정 심리상태를 외부로 분명하게 표출하지 않아 그 단점으로 형주 문제가 원점에서 맴돌다 끝내 파국 가져와

이 성격유형의 단점을 유비에게 적용시켜 보면, 유비는 세세하게 되짚어 보는 성격이 아니었기 때문에 둘째 내용보다는 첫째 내용, 즉 어떠한 상황에 직면함에 있어서 자신의 감정이나 심리상태를 내부로 숨기는 성품의 일면이야말로 주로 유비에게 잘 부합된다고 할 수 있다. 얼핏 보면 타인에게 자신의 흉금을 속 시원히 털어놓아 신뢰를 받게 되는 인물이라 할 그가 이러한 단점을 보인다는 것이 의아하다고 할 수 있겠다.

그러나 감안해야 할 사실은, 이것이 그의 인생 대부분에서 점철된 문제가 아니라 그의 삶에서 간헐적으로 심하게 드러내 보이는 문제라는 것이다. 먼저 황건의 난이 평정된 후 군공을 세워 안희현의 현위에 제수되었지만, 다음과 같이 관직을 버리고 도주하는 경우도 이 성격상의 단점에서 비롯된 그 일면의 모습이라 할 수 있다.

그 이후 주군州郡에 조서가 내려졌는데, 군공軍功을 세워 장리長吏가 된 자들은 마땅히 선별하여 추려내라는 것이었다. 유비는 바로 자신이 관직에서 쫓겨나게 되는 것으로 의심하였다. 독우[47]가 현에 이르자 유비를 현위에서 내쫓으려 했는데 (독우는) **유비와 평소에 지면이 있는 사람이었다. 유비는 독우가 객사에 있다는 말을 듣고, 유비는 독우를 만나보고자 청하였다.** (그러나) **독우가 질병**

47) 군태수의 속관으로 해당 군郡에 소속된 현縣을 감독, 시찰하고 관리의 업적을 심사하며 지방의 권세가들을 관리 또는 제어하는 책임을 졌으며, 한 군에 몇 개의 부部를 설치했는데, 부마다 독우督郵를 두었다.

이 있다 핑계 대고 유비를 만나주려 하지 않았다. 유비가 이를 한스럽게 여겼고 치소로 되돌아가서, 다시 이졸吏卒들을 거느리고 객사에 이르러 문 안으로 뛰어들며 말했다. "나는 부군府君(군의 태수)의 밀명으로 독우를 체포하러 왔습니다." 마침내 (독우의) 침상으로 가서 그를 묶어 (현의) 경계까지 끌고 나갔다. (그런 뒤 유비가) 직접 스스로의 인수48) 풀어 독우의 목에 걸고 그를 나무에 묶은 뒤 백여 대를 매질하고 죽이려 하였다. 독우가 목숨을 애걸하자 그를 풀어주고 떠났다. 《본전/배송지 주, 전략》

이 사건은 《삼국지연의》에서는 독우의 파견이 환관들이 뇌물을 받기 위한 수단으로 이용되는 조치로 시작되고 있다. 유비에게 뇌물을 요구하는 독우의 횡포에 장비가 분에 못 이겨 그를 심하게 매질하면서, 사태가 어쩔 수 없이 유비로 하여금 관직을 버리고 도망쳐야 하는 장면으로 이어진다.

그렇지만 실제 사서의 기록에는, 유비의 직접적인 대응에서 벌어진 사건으로 드러나고 있다. 당시 유비가 안희현위에 제수된 후, 무슨 영문인지 조정에서 군공으로 2백석 이상의 녹봉을 받는 관원이 된 자에 대해, 그것이 합당한지를 조사하라는 조서를 내린다. 이에 상응한 절차로서 군郡의 감찰관인 독우가 해당 속현에 파견된 것이다. 유비는 이러한 조치가 자신을 겨냥한 것이 아닌가 두려워하였고, 이때 현령이 자신을 보내 독우를 맞이하게끔 하니 스스로 품은 그 의심을 불현듯 사실로 단정 짓게 된다.

그런데다 독우가 마침 유비를 만나주려 하지 않으니, 상황은 묘하게 꼬여만 갔다. 유비는 독우의 태도에 불만을 품고 하급관리들을 이용해

48) 인수印綬는 군문의 장수 같은 병권을 가진 관리의 명부주머니를 매달아 차는 관인官印의 꼭지에 다는 인끈을 가리킨다.

마치 군 태수의 명령을 받고 독우를 체포하러 온 사람인 양 속여, 그를 포박하여 호되게 매질하였다. 또한 심지어 그를 죽이려고까지 했는데, 다행히 독우가 눈물을 보이며 목숨을 애걸했기에 망정이지 하마터면 유비는 순식간에 살인을 저질러 수배자 신세로 전락할 뻔했다.

이때 유비가 범한 잘못은 결코 가볍지 않았다. 이러한 가해행위를 벌인 유비는 중징계를 면하기 어려워 면직에 그치지 않고, 잘못하면 감옥에 갈 수도 있는 상황이었다. 분명 유비는 군공을 세워 현위에 임명되었음에도, 독우의 출현에 무슨 연유인지 혼자 과도하게 지레짐작으로 이를 근심했던 것으로 보인다. 유비가 떳떳했다면, 일단은 정면으로 부딪쳐 보고 상황을 자세히 알아본 연후에 걱정해도 늦지 않았을 것인데 말이다. 이러한 고민을 속으로만 품고 있다 그저 돌이킬 수 없는 실수를 범하고 만 것이다.

유비는 이 일로 인해 관직을 버리고 달아났다가, 이후 동탁 토벌에 종군한 공로로 가까스로 고당현위에 임명되어 이후 고당현령으로 승진하게 된다. 독우의 감찰 결과를 기다리고 있어야 할 그 기간보다, 같은 직급의 자리로 되돌아가는 데 세월이 더 많이 소요된 것이다. 역사에 '만약 그랬더라면'이라는 가정이 성립하기 어렵겠지만, 이 상황에서 유비가 순순히 독우의 감찰 진행을 지켜봤더라면 유비가 자력에 의한 군웅으로서의 행보를 보다 더 일찍이 그리고 용이하게 펼쳤을지 모른다.

실제로 유비의 행보에서 그가 평원국상의 자리에 오른 것도, 기실 공손찬의 도움에 의한 것이었지 스스로 이룩한 게 아니었다. 비단 이뿐만 아니라 도겸의 유지에다 주변의 강권으로 서주목을 겸하다가, 예주목 좌장군, 그리고 여남에서의 할거 등 그 이후의 군웅 행보에서도, 유비는 자력보다는 남의 도움에 의해 스스로의 위치를 간수하는 경우가 많았다. 그런데 이 과정에서 유비가 보인 실패는, 대개 내향적 감정형이라 할 그의 성격유형과 연관된, 자신의 감정이나 심리상태를 내부로 숨기는 단점에서 비롯된 결과였다. 독우 폭행 사건은 이러한 실패 가운데 그 첫 시작이었던 것이다. 이로 말미암아 유비는 자신의 감정, 심리상태 등을 외부로 표출하여 문제를 해결하지 않았기 때문에, 결과적으로 똑같은 자리를 다시 맴도는 소모전을 벌인 셈이었다.

유비의 이러한 성격유형의 단점이 되는 성향은, 그가 서주목의 일을 관장하게 되고 나서도 발현되어 서주를 잃게 만드는 결정적 원인으로 작용한다. 이는 바로 객장 여포를 군사를 거느리고 소패에 머무르고 있게 한 데에서 약한 고리로 작용하게 된다.

유비는 장비를 뒤에 머물게 하여 하비를 지키게 하고, (자신은) 병력을 이끌고 원술과 회음 석정에서 전투하니 이기고 지고를 되풀이했다. 도겸의 옛 장수 조표가 하비에 있었는데, 장비가 그를 죽이고자 하였다. 조표와 그 무리는 스스로 진영을 견고히 하고 지키면서 사람을 보내 여포를 불렀다. 여포가 하비를 취하니 장비가 패하여 달아났다. 유비가 그 소식을 듣고 병력을 이끌고 되돌아왔는데, 하비에 이르자 병사들의 대오가 무너졌다. (유비가) 흩어진 군졸을 거두어 동쪽으로 가서 광릉을 취하여 원술과 전투하였는데 또 패하였다. 《본전/배송지 주, 영웅기》

당초 유비는 공손찬의 그늘에서 벗어나 노환으로 죽음을 맞게 된 도겸이 별가인 미축을 통해 유비에게 서주의 주인이 될 것을 유언으로 남긴다. 이를 진등, 공융 등이 나서서 유비가 서주목의 일을 관장하도록 추대하게 된 것이다. 허나 유비가 서주목을 맡게 된 것은 주변 군웅들에게 충분히 자극이 될 만한 일이었다. 이렇게 손쉽게 유비가 중원의 요충지를 차지하고 자리 잡게 되었으니, 도겸에게 원한을 품고 서주를 병탄하려던 조조, 유비를 업신여기던 원술로서는 이를 좌시할 수만은 없었다.

그런 상황에서 여포가 조조와 연주에서 치열한 쟁탈전을 벌이다 패해 도망하여 유비에게 의탁하러 오게 된다. 그런데 유비는 이 여포를 소패에 주둔하라고 선뜻 수락한 것이다. 사서에는 이에 대해 자세히 기록되어 있지 않지만, 아마도 당시 유비 진영 내부에서는 논란이 많았던 것으로 여겨진다. 《삼국지연의》에서 미축을 비롯한 부하들의 반대도 보이지만, 특히 장비의 격렬한 반대에서 이러한 상황이 생생히 묘사되고 있다.

부하들의 우려에도 불구하고 유비는 어려운 사람을 외면할 수 없다는 논리로, 부하들의 반대를 일축하고 결국 여포를 영접하게 된다. 이는 겉으로 드러난 명분과 다르게 유비의 내심은 또 다른 이유가 있었음을 짐작하게 한다. 조조를 곤궁에 빠뜨리게까지 한 뛰어난 무예의 여포를 스스로에게 있게 한다면, 그를 이용해 조조의 동진을 막아낼 수 있으리라고 생각했을 것이다. 또한 스스로의 국량으로 여포를 자기 사람으로 만들 수 있다는 자신감에도 차 있었을 것이다. 더욱이 세상 사람들이 다 거부하는 여포를 이 유비는 받아줬다는 사실만으로도, 스스로의 포용력이 어떠한지를 대내외에 분명히 보여줄 수 있으리라고 판단했을 것이다. 겉으로 드러난 표현과는 달리 유비의 내심은 이를 깊이 염두에 두지 않았을 리가 만무하다.

그렇지만 유비는 이에 대한 스스로의 내심을 부하들에게 충분한 설명을 하지 못한 채 여포를 수용하였다. 이로 인해 여포가 합류된 유비 세력은 내부적으로 점차 갈등과 불화의 기운이 감돌기 시작했다. 심지어 유비는 조조의 계략임이 뻔히 보이는데도 조정의 명을 받들어야 한다는 명분을 고집하고 원술 토벌을 감행하다 도리어 여포에게 서주를 빼앗기고 말았다. 이에 원술이 여포에게 군량과 재물을 약속하며 유비를 공격하도록 부추긴 결과였다. 그러나 이러한 사태가 벌어지는 근본

원인은 유비 자신에게 있었다. 그가 자신의 의중을 드러내지 않은 채 독단적으로 일을 진행시키다 보니, 그 대가를 톡톡히 치르고 만 것이다.

유비와 손권의 지지부진한 형주 소유권 분쟁은, 유비의 성격유형과 관련한 단점이 간헐적으로 작용하여 두드러지게 나타난 결과물이라고 할 수 있다. 유비는 조조에게 공멸당할 위기에 처했으나 노숙의 등장으로 극적인 손권과의 동맹을 이루어내어, 건안 13년 208년 적벽에서 조조를 패퇴시켰다. 조조가 형주에 일부 무장과 군사들을 잔류시켜 놓고 허도로 귀환하자 형주는 그야말로 무주공산 격이 되어 버렸다. 이때 형주를 적극적으로 장악하겠다는 의지를 보인 이는 단연 손권이었다. 손권은 형주를 석권하여 부친 손견이 형주목 유표 수하 황조와 싸우다 전사한 손씨가孫氏家의 구원을 푸는 것은 물론, 다시금 벌어질지 모를 조조의 남하를 대비할 전진기지로 삼고자 하였다. 손권은 주유를 형주 전선에 투입하여 제일 먼저 조조와 접경을 이루고 있는 형주 북부지역, 특히 남군 일대를 장악하기 위해 조인과 1년여 공방전을 벌였다.

손권군의 주유와 조조군의 조인이 이 일대에서 치열한 접전을 벌이고 있을 때, 유비는 형주남부 영릉, 무릉, 장사, 계양 일대를 경략하였다. 그 후 건안 14년 209년 주유는 장강의 남쪽기슭의 땅을 할양하여 유비의 군사들이 주둔하게 해 주었다. 유비는 유강구에 군영을 설치하며 공안으로 지명을 바꾸었는데, 과거 유표를 따르던 관민이 조조에게 편입되었다가 도망쳐 유비에 투항하는 자들이 많아 이 일대로는 자리잡기에 협소하였다.

이로부터 유비는 더욱 촉蜀으로의 진출을 꾀하게 되었는데, 그때 동시에 주유의 같은 건의를 받은 바 있는 손권이 동상이몽 격으로 유비에게 사자를 보내 함께 촉을 공략하자고 제의해 오기를,

손권이 유비와 더불어 촉을 취하고자 사자를 보내 유비에게 "미

적[49] 장로가 파巴와 한漢땅에 웅거하며 왕 노릇을 하며 조조의 눈과 귀가 되어 익주를 넘보고 있습니다. 유장은 무용에 밝지 못하여 능히 스스로를 지킬 수 없습니다. 만약 조조가 촉을 얻는다면 형주가 위태롭습니다. 지금 먼저 유장을 공략하고 진공하여 장로를 토벌하려고 하는데, 머리와 꼬리가 서로 이어지게 하여 오吳와 초楚를 통일한다면, 비록 10명의 조조가 있다 해도 근심이 되지 않을 것입니다."라고 했다. 《본전/배송지 주, 헌제춘추》

이에 대해 유비 진영에서는, 어떤 자는 이를 손권에게 수락하여도 오군吳軍이 형주를 지나 촉을 차지할 수 없기에 촉 땅은 우리 차지가 될 것이라고 말했다. 이에 대하여 형주의 주부인 은관이 "만약 오吳를 위하여 우리가 선봉을 설 경우에도 진격하여 촉을 차지할 수 없고, 물러설 경우 오에게 우리 빈틈을 보여주어 결국 불리할 것입니다. 지금 다만 촉의 정벌에는 찬성하면서, 여러 군을 평정하느라 함께 작전할 수 없다고 설득하면 오 역시 우리 땅을 지나 홀로 촉을 정벌하지는 못할 것입니다. 이렇게 하면, 우리는 오와 촉 양쪽에서 이득을 취할 수 있을 것입니다."(본전)라고 하였다.

유비가 자력으로 촉을 도모하고자 했으므로 이를 거절하면서 말했다. 익주의 백성들은 부강하고 토지가 험조하니, 비록 유장이

---

49) 이전에 파군사람 장수張脩가 요사한 술법으로 병 치료를 하며 병이 난 집에 쌀 다섯 말을 내게 하여 '오두미사五斗米師'라고 불리다가, 끝내 반란을 일으켜 사람들은 이들을 '미적米賊'이라 불렀다. 여기서는 후한 말에 '천사도天師道, 즉 오두미도五斗米道'를 패국 풍현 사람 장로張魯가 그의 조부와 부친을 계승하여 도道를 전파하면서 한중漢中을 점거하고 각지에 '의사義舍'를 설치한 다음, 그곳에다 '의미義米'나 '의육義肉' 등을 두어 지나가는 사람들이 이용하게 했다. 또한 형법을 너그럽게 하여 한중漢中을 가장 안정된 지역으로 만드는 정교政教일치의 소왕국을 도모하고 있어 이런 장로세력의 위협을 비하하여 미적이라 부른 것이다.

약하다고 하나 능히 스스로를 지킬 수 있습니다. 장로는 사실이 없음을 있는 것 같이 하는 거짓을 일삼아 필시 조조에 충성을 다하고 있지 않을 것입니다. 지금 촉蜀과 한漢 땅에 무리하게 군병을 들인다면 만리萬里로 병량을 이동시켜야 하니, 전투해서 이기고 공격해서 점령하고자 하면 비록 이익을 잃지는 않는다 하더라도, 오기[50]라 해도 정하지 않을 계책이고 손무[51]라 해도 그 일을 잘 해낼 수 없을 것입니다. 조조가 비록 군주를 업신여기는 마음을 품고 있으나 군주를 받든다는 명분을 지니고 있소, 의논하는 자들이 조조가 적벽에서 이익을 잃어 힘이 꺾였으므로 다시 멀리 올 뜻이 없다고 합니다. 지금 조조가 천하를 삼분하여 이미 그 둘을 차지하고, 장차 창해滄海에서 말에게 물을 먹이고 오회吳會(오吳를 가리킴)의 땅에서 군대의 위력을 과시하려 하니 (그런데) 어찌 그가 가만히 앉아 지키며 그저 늙어지기만을 기다리겠소? 지금 동맹 사이에 아무런 이유 없이 서로 공격하여 토벌한다면, 조조에게 대세의 관건을 넘겨주는 것으로 적들이 그 틈을 타도록 하는 것이니 이것은 장구한 계책이 아닙니다. 손권이 이를 듣지 않고 손유를 보내 수군을 거느리고 하구에 주둔하게 하였다. 유비는 손유군이 통과하는 것을 허락하지 않고 손유에게 말했다. "너희가 촉을 취하려고 한다면, 나는 응당 머리를 풀어 헤치고 산에 들어가 천하에 대한 신의를 잃지 않으려 하오." (그리고) 관우로 하여금 강릉에 주둔케 하고, 장비를 자귀에 주둔케 하며 제갈량을 남군에 웅거하게 하고

50) 오기吳起는 기원전 5세기경 전국시대 위衛나라의 병법가로 초나라 도왕悼王의 신하가 되어 남월, 진晋을 정벌하여 초나라의 위력을 떨치었다. 그의 병법서로 《오자》는 《손자》와 더불어 대표되고 있다.

51) 기원전 6세기경 춘추시대 제齊나라의 병법가인 손무孫武의 존칭으로 오왕 합려闔閭 밑에서 절도와 규율 있는 군사를 양성하였으며, 그의 병법서인 《손자》는 인의仁義를 전쟁이념으로 하여 전술의 비의秘義를 저술한 병법의 비조로 불린다.

유비 자신은 잔릉에 주둔하였다. 손권이 유비의 의지를 알고 손유를 불러 돌아오게 하였다. 《본전/배송지주, 헌제춘추》

이로 손권은 획책했던 촉의 정벌계획을 전면 철회하였고 급기야 손유를 불러들이게 된다. 이렇게 서로 다른 꿈을 꾸게 되면서 서서히 손·유 동맹에는 금이 가기 시작하고 있었던 것이다.

그러나 이 사건이 있은 후 오래지 않아 정작 유비는 익주목 유장의 부하인 장송과 법정 등의 도움에 힘입어 입촉의 계기를 마련하였고, 또한 익주를 병탄하는 데 성공하게 된다. 손권은 이때 형주를 돌려줄 것을 요구했지만, 그러나 유비는 손권의 요구를 뒤로 미루면서 사실상 이를 거절한다. 이에 크게 분개한 손권은 무력도발을 일으켜 여몽이 군사를 이끌고 형주의 장사, 영릉, 계양을 공략하게 했다. 유비 역시 이를 저지하고자 군사 5만으로 공안까지 내려갔으나 조조의 한중 공략에 갑자기 허를 찔려 조조와의 결전을 대비해야 하는 국면으로 접어들게 되었다. 유비는 어쩔 수 없이 상수湘水를 경계로 그 동쪽인 강하, 계양, 장사 삼군은 손권에게 남군, 무릉, 영릉 삼군은 자신이 관할하는 선에서 타결하여, 손권과의 갈등을 일시적으로 누그러뜨려 혹시 모를 동맹 파기를 방지하였다.

그러나 동상이몽 하게 된 유비와 손권의 대립은, 결국 손권이 유비와의 동맹을 파기하고 조조와 담합하여 형주 전선에서 관우를 협공함으로써, 끝내 형주가 함몰되고 마는 사태로 치닫게 된다. 관우가 손권에게 참살되자 유비는 통분을 제어하지 못하고 동오 정벌을 준비하다 장비를 잃고, 이어 이릉대전에서 패하고 말아 수많은 장수와 인마가 화공을 당해 한 줌 재로 화해버렸다. 유비의 생애 후반에 벌어진 이러한 일련의 사태는 그의 성격유형과 연관되어 드러난 자신의 심리상태를 외부로 표출하지 않고 안으로 숨기는 일면인 단점에서 비롯된 결정적인 실패라 할 수 있겠다.

천하삼분지계를 큰 틀의 전략으로 삼아왔다고 할 유비의 입장에서는, 형주는 북진을 위한 동시병진同時竝進의 전략적 요충지였기에 양보할 수 없는 거점이었다. 그렇지만 처음부터 외교적 관계를 현안을 표출하여 풀어나가 서서히 상수 이동 지역의 세 개 군郡을 손권에게 양도하여 손권과의 갈등이 첨예화하지 않았더라면, 손권의 동맹파기까지 사태가 심각하게 치닫진 않았을지 모른다. 특히 형주의 일의 관장은 관우에게 일임했다는 변명으로, 유비는 형주를 돌려줄 마음이 없는 속내를 드러내지 않고 그저 스스로의 의중과는 상관이 없는 듯이 행동했다. 그러기에 강강하고 자부심 강한 관우가 '손권과 연합하여 조조를 치는' 기본노선을 잃어 이로 인해 돌이킬 수 없는 우해를 입고 함몰하고 만 것이라고 볼 수 있다.

총체적으로 평가하건대, 유비는 어려서부터 남다른 큰 포부를 갖고 내내 한조부흥이란 명분에 충실하려 했지만, 사실상 그는 미약한 세력을 보존하면서 어찌 보면 임협집단으로 세월을 보낸 군웅이었다. 용병에 크게 능하지 못하여 전투에서도 거듭 패배하고, 이에 쫓기다 보면 때로는 처자까지 내팽개치는 도주를 거듭하게 되는 용렬한 위인으로 비치기도 했다. 허나 이는 그가 자신이 꿈꾸는 한실재흥이라는 대의를 실현하기 위해 후일을 기약하고자, 알량한 자존심을 굽히며 스스로는 목숨을 쉽게 저버릴 수 없고 살아남아야 한다는 능굴능신의 처세를 보인 일면이라 할 수 있다. 그렇지만 이러한 그의 각오와 처세만으로, 유비라는 인물의 진가가 제대로 충분히 발현된 제 모습을 보여주고 있다고 할 수는 없었을 것이다.

유비가 그토록 여러 세력을 떠돌며 객장 신세를 지면서도 오히려 그들로부터 환영을 받았고, 또한 그의 부하들 관우, 장비, 조운, 손건, 간옹, 미축 등이 어려운 간난고초를 겪는 상황 속에서도 처음부터 끝까지 배신하지 않고 계속 그를 따를 수 있었던 것은, 과연 무엇 때문일까. 이는 아무래도 유비의 성격유형에 부합되는 특징인 관용과 양보, 성정으로 사람을 품는 인간적인 매력이 잘 발현되었기에 가능한 일이었다. 한편 강한 포용력과 원만한 대인관계, 갈등 조정 능력과 같은 그의 리더십은, 열악한 상황이 연속되었고 그의 휘하에 명사 인재의 수혈도 제대로 이루어지지 않았기에, 확고한 근거지를 얻기 전까지는 그만의 장점으로 잘 드러나지 못했던 것이다. 그러다가 비로소 제갈량을 영입하고 형주를 장악하면서 이 유비의 장기는 그 진가를 나타내기 시작했다. 그야말로 그의 성격유형과 부합되는 장점이 제대로 발현되었던 것이며, 오늘날까지도 주군 유비라는 인물됨을 보여줄 수 있는 인의의 상징처럼 표상화된 것이다. 나아가서 그는 제갈량을 중심으로 한 명사 인재들의 장점을 잘 활용하였기에 형주를 넘어 익주까지 겸병할 수 있었고, 비로소 지난날의 객장 신세를 면치 못하던 군웅에서 탈피하여 한나라의 유지를 이어받은 촉한의 황제로 등극할 수 있었던 것이다.

그러나 그의 인생 족적을 살펴보면, 출사 초기부터 생애를 마감하기 직전까지 몇 번에 걸친 패착이 그의 발목을 잡는 족쇄가 되었다. 물론 그에 대해 굴곡이 적지 않은 생애라 단순하게 평가하긴 어렵겠으나 그는 자신이 갖고 있는 감정이나 심리상태를 숨기고 내부적으로만 쌓아놓을 뿐, 고비마다 외부로 표출하여 정면으로 해결하려고 하지 않고는 했다. 바로 그의 이러한 성격의 일면이 그가 원치 않는 혹은 예상치 못하는 방향으로 사태를 흘러가게 만들었다. 이는 결과적으로 그의 목표실현이 늦어지게 만들거나 혹은 세력을 약화시키는 실패 요인으로 작용하고는 한 것이다. 특히나 그의 인생 후반부 마지막에 형주 문제를 놓고 손권과의 사이에서 벌어진 외교적 갈등에 있어서의 유비의 대처가 그러하다. 이는 그의 성격유형과 연관 지어진 단점이 확연하게 드러나게 되는 데서 오는 패착의 단적인 경우가 아니었나 여겨지는 것이다. 유비와 손권 양자 간에 형주문제를 두고 야기된 대립을, 유비가 지닌 그의 성격유형과 연관된 그 특징이라 할 양보와 관용이나 그 장점이라 할 갈등조정이나 융화능력의 발현으로 그 해결 방안을 적극적으로 모색했더라면 어찌 되었을까. 아마도 후세인들이 두고두고 유비에게 갖게 되는 많은 안타까움을 그처럼 남겨두지는 않았을지 모른다.

주군 유비의 남은 논의

04

《삼국지》의 찬자인 진수는 유비에 대하여 다음과 같이 평하여 말하였다.

유비는 도량이 넓고 의지가 강하고 마음이 너그러웠으며, 인물을 알아보고 선비를 예우할 줄 알았다. 그는 한고조(유방劉邦)의 풍모를 갖고 있었으니 실로 영웅의 그릇이었다. 그가 나라를 받들고 태자를 보좌하는 일을 제갈량에게 부탁하되 마음에 의심이 없었다. 이는 확실히 임금과 신하의 지극한 공심이자 고금을 통해 가장 훌륭한 본보기였다. 유비는 임기응변의 재간과 책략이 조조에 미치지 못했기 때문에 국토 또한 협소했다. 그러나 좌절해도 굴복하지 않았으며 끝까지 조조의 신하가 되지 않았다. 아마도 조조의 도량으로는 틀림없이 자신을 받아들이지 못하리라 예측하여 그와 이익을 다투지 않았으니, 그리하여 해를 피할 수 있었으리라.

한편 《화양국지》를 지은 상거常璩는 유비를 이렇게 평했다.

한나라 말기에 세상이 혼란하자 영웅들이 한꺼번에 일어났다. 동탁, 여포, 이원二袁(원소와 원술), 한수, 마초, 장양, 유표 등은 주와 군을 차지했고 군사가 수만 명이나 되었다. 그들은 모두 자신이 한조漢祖(한고조 유방)를 계승하고 제나라 환공이나 진晉나라 문공을 넘어설 수 있다고 큰소리쳤으나, 조조는 귀신같은 무예와 뛰어난 지략으로 그들을 모조리 평정했다. 당시 유비는 명성이 낮고 따르는 자도 많지 않았으나 용이나 봉황처럼 일어나 예주목과 서주목을 지내고, 형주에서 날개를 빌리더니 양주와 익주 땅으로 날아가 한나라를 계승하여 오나라, 위나라와 나란히 설 수 있었다. 영웅다운 재주로 세상에 이름을 떨치지 않고서야 누가 그렇게 할 수 있었겠는가.

진수와 상거의 위와 같은 유비에 대한 평가에서 보면, 그는 한 시대에 부끄럽지 않은 재주를 지닌 인물이었다. 비록 다른 군웅들에 비해 명성도 그리 높지 않았고 그 세력도 약했으나, 온갖 좌절을 이겨내고 마침내 천하의 한 축을 정립해 냈다고 보았다.

하지만 '정통의 촉나라, 찬탈의 위나라'라는 논리가 생기고 유비를 칭송하고 조조를 비난하는 기풍이 성행하면서부터 조조는 평판이 추락해 전형적 '간웅'이 된 반면, 유비를 칭송하는 목소리는 갈수록 커져 유비는 '충성과 의리'의 상징으로서 후세 사람들에게 널리 동정과 추앙을 받았다. 그리하여 조조는 간교한 이미지를, 유비는 너그러운 이미지를 갖게 되었다. 일반 백성들도 유비는 좋은 사람이고 조조는 나쁜 사람이라고 생각했다.

그렇다면 유비를 그렇게 단순화해서 평가하는 것이 과연 적실성이 있는 것인가. 이를 구체적으로 유비의 삶의 모습을 통해서 몇 가지 측면에서 그의 실체에 접근해 보기로 한다.

앞서 진수가 "유비는 온갖 좌절을 이겨냈다."라고 한 것은, 유비의 성격과 그가 딛고 선 역정을 생생하게 담은 말이다. 그는 스물네 살에 황건군을 진압하는 싸움에 종군하여 공을 세워 안희현위가 되었으나, 얼마 후에 독우에게 매질을 하고 벼슬을 버리고 달아났다. 그 후 서른네 살이 되던 해는 유비의 인생에서 중요한 전환점이었다. 조조가 도겸을 정벌할 때, 유비는 전해와 함께 도겸을 도왔다. 도겸의 추천으로 예주자사가 되었고, 서주목을 맡아 순식간에 지방장관의 맨 윗자리에 오른 것이다.

그러나 원술과 여포에게 습격을 받아 서주를 잃게 되자, 부득이 천자를 끼고 제후에 명하는 조조에게 의탁했다. 유비는 동승이 의대조衣帶詔 밀명을 받고 조조를 제거하려 꾸민 음모에 가담했다. 유비는 조조로부터 탈신하여 원소와 반조 기치를 든 것이 건안 4년 199년의 일로, 당시 유비는 서른아홉 살이었으며 이로부터 유비는 조조와 대척점에 서서 조조와 적이 되었다.

유비가 마흔여덟 살이 되던 건안 13년 208년, 조조가 남정하여 유비는 당양 장판에서 크게 패했으나 손권과 연합하여 오림 적벽에서 조조 대군을 격파하게 된다. 건안 14년 209년 유비는 스스로 형주목이 되어 대업을 이루기 위해 속도를 붙여, 건안 16년 211년에는 촉땅으로 들어간다. 건안 19년 214년에는 익주를 공격하여 취하고, 동쪽으로는 손권에 맞서고 북쪽으로는 조조와 맞서, 마침내 건안 24년 219년 유비는 한중왕을 일컬었다. 그의 나이 예순한 살이 된 장무 원년 221년, 성도에서 그는 드디어 제위에 오른 것이다. 유비의 인생 역정은 시종 역경과 위기였으나, 좌절하면 다시 일어서고 또 좌절하면 다시 세력을 키워 한 지역에 발을 붙였다. 숱한 좌절에도 꺾이지 않고 사람을 품어가며 능굴능신能屈能伸의 능력으로 난세를 헤쳐나간 불굴의 한 인간의 영웅적 정신적 높이를 비춰준 것이다.

진수는 '숱한 좌절에도 꺾이지 않은' 유비의 정신을 일러, '아마도 조조의 도량으로 자신을 받아들이지 못하리라 여겨 그와 이익을 다루지 않았기 때문에 해를 피할 수 있었을 것이다'라고 평가했다. 그러나 전체적으로 보면, 이렇게 불굴의 의지로 삶을 살았던 그 정신에는 대업을 이루려는 깊은 염원이 그 기저에 맥맥히 흐르고 있었다고 봐야 할 것이다.

사서에서는 유비가 의리를 중시하고 백성을 사랑했다고 긍정적으로 평가하고 있다. 관우가 손권에게 죽임을 당하자, 분개한 유비는 오나라를 정벌할 여건이 갖추어지지 못했다는 것을 알면서도 신하들의 만류를 뿌리치고 서둘러 오나라를 쳤다가 참담하게 패했다. 《삼국지 유엽전》을 보면, 위문제 조비가 신하들에게 "관우가 죽은 것을 복수하려고 유비가 오나라를 칠지 말지를 예측해 보라고 했다." 모두들 한결같이 "촉나라는 작은 나라로 관우가 죽고 군대는 무너졌는데 다시 군대를 출동할 이유가 없을 것이라." 하였다. 유독 시중 유엽만이 "관우와 유비는 군신관계라기보다 부자관계와 같은 정분이어서 오나라를 칠 것이다."라고 하였다. 유비가 '협의 의리'에 매달려 관우의 복수를 위해 스스로를 던지리라고 꿰뚫어 보고 있었던 것이다.

유비는 지위가 낮은 선비도 예를 갖추어 겸손하게 대했고 빈객을 대우했다. 유비가 평원상으로 있을 때, '지위가 낮은 선비와도 반드시 같은 자리에 앉았고 같은 식기로 음식을 먹었으며, 업신여기거나 가리지 않았으니' 고루 지지를 받았고 의지해 오는 사람이 많았다. 때문에 지방의 고위관리들의 눈에 든 유비는, 도겸에게 유지를 받아 드디어 서주목의 일을 관장하게 되었다. 유비가 부하들을 잘 대우했기에 병사들은 그를 믿고 따랐다. 군사작전에 뛰어나지 않아 패하기 일쑤였지만, 얼마 지나지 않아 부대를 재정비하고는 했다.

연주에서 조조에 패해 유비를 찾아온 여포를 소패에 주둔케 했다. 그러다 원술의 공격을 받아 밀고 밀리고 하는 동안, 건안 원년 196년에 여포에게 서주를 탈취당한다. 허나 유비는 강화를 청하고 소패에 주둔하며 금세 '1만 명이 넘는 군사를 다시 모았다.'(본전) 하지만 건안 2년 197년 여포에게 또 패하여, 건안 3년 198년은 조조가 여포를 사로잡자 조조를 따라 1년이 넘어서야 조조 곁을 탈신하여 서주의 소패로 돌아갔다. 이때 '여러 군 · 현들이 조조에 등 돌리고 유비를 따라'(본전) 유비는 수만 명이나 되는 군사를 모았다. 그러나 건안 5년 200년에는 조조에게 패하고 단신으로 원소에게 의탁하였는데 '달포쯤 지나자 흩어졌던 병사들이 차츰 모여들었다.'(본전) 이러한 사실들은 유비가 부하들을 대하는 요체를 알고 있었음을 보여주는 것이며, 그가 베푸는 은혜에 감동한 병사들은 기꺼이 유비를 위해 나서려고 했음을 드러내주는 것이라 할 것이다.

유비가 가장 칭송받는 점은 불리한 줄 뻔히 알면서 백성들을 버리지 않는 행동이다. 건안 13년 208년 조조가 형주로 남정하자 유종은 투항했고, 번성에 있던 유비가 후퇴하여 당양(지금 호북성 당양현)에 이르렀을 때, 따르는 백성들이 이미 10여 만에 이르렀고 치중(말이나 수레에 실은 짐)은 수천 량이 되었다. 이에 행군 속도가 몹시 더뎌 하루에 겨우 10리밖에 나아가지 못하는데, 조조의 정예기병이 빠르게 추격해와 몹시 위태로운 상황이었다. 누군가 유비에게 말하기를, "마땅히 빨리 가서 강릉을 지켜야 합니다. 비록 사람이 매우 많지만 무장한 이는 적습니다. 만일 조조 군대가 다다르면 그들을 어떻게 막겠습니까?"(본전)라고 하였다. 그러나 유비는 말하기를 "무릇 큰일을 이루는 데는 반드시 백성을 근본으로 해야 하오. 지금 백성은 나에게 따라오는데, 내가 어떻게 차마 그들을 버리고 가겠소!"(본전)라고 말하였다. 짧은 이 한 마디에서 유비가 백성들을 생각하는 모습을 엿볼 수 있고, 또 백성을 근본으로 삼는 사상 가치성향이 그가 대사를 도모하는 것과 깊이 연관되어 있다는 것을 알 수 있게 된다. 당양 장판에서 패배한 유비는 제갈량, 장비, 조운 등과 함께 기병 수십 명을 거느리고 강릉으로 가지 못한 채 한진으로 간신히 빠져나갔으니, 전략전술로 보면 사려 깊은 행동은 못 된다. 그러나 백성들을 버리지 않겠다는 그의 태도는 크게 감동을 주었고 이는 훗날 유비가 세력을 키우는 데 바탕으로 기여했음을 역사에서는 방증하고 있다.

대업을 성취하려 한 역사적 인물들을 보면, 믿음과 의리를 목적으로 내세워 끝까지 이를 지켜낸 사람은 드물다. 그들이 믿음과 의리를 내세운 것은 늘상 민심을 얻기 위함이었고, 나아가 정치적 목적을 이루려는 수단이었을 뿐이었다. 유비도 크게 다르지 않았다. 유비는 믿음과 의리를 매우 중요하게 간직하고 실천하려 했지만, 그에 갇히지는 않았다. 이를 다른 관점에서 비춰보면, 유비 또한, 신의만을 굳건하게 지키는 것만은 아닌 교활함이 드러나게 되는 대업을 꿈꾸는 인물들의 범주에서, 예외적인 존재는 아니라 할 것이다.

그 예를 들면, 유비가 유장에게 행한 태도는 결련으로 맺은 우의를 배신으로 병탄한 격이었다. 유장은 장송에게 속아 법정을 보내서 유비를 맞아들이게 했는데, 그 틈에 법정은 익주를 손에 넣을 계책을 유비에게 내놓았다. 망설이는 유비에게 방통이 익주를 차지하기를 권유하니, 유비는 "지금 작은 일 때문에 천하의 신의를 잃은 것은 내가 취할 바가 아닙니다."라고 하였다. 이에 방통이 "무리한 수단으로 빼앗아도 바른 방법으로 유지하고, 도의로써 그들에게 보답하며, 일이 안정된 후에 대국으로 봉한다면 어찌 신의를 저버리는 것이겠습니까?"《삼국지 촉서 방통전/배주 구주춘추》라고 말해, 유비를 곤란한 처지에서 벗어나게 했다. 곧 유비는 공안과 의도에서 군사를 이끌고 수백 리 떨어진 익주로 들어갔다. 유비가 부성에 도착하자 유장은 성도에서 마중 나와 100일간 결련 우의를 다졌다. 그 두 사람의 결련은 1년 만에 파탄 나고, 속은 것을 깨닫게 된 유장은 장송을 처단하고 "관문을 지키는 장수들에게 유비를 통과시키지 말라"는 명령문을 보냈다. 이에 크게 노한 유비는 군사를 돌려 부성, 낙현을 함락시키고 성도를 포위했다. 유장이 항복하자 '남군의 공안으로 보내 진위장군'을 달게 하여 살아남을 한 가닥 여지는 남겨 주었으니 방통의 말처럼 '신의를 갚은' 셈이었나.

대사를 이룩한 인물들을 보면, 사소한 의리에 매여 큰 계획을 버리지는 않았다. 한 고조 유방, 당 태종 이세민이 그러했고, 조조는 물론 이거니와 유비도 예외는 아니었다. 청대 조익趙翼은《이십이사차기》에서 삼국시대 주군들에게서 볼 수 있는 인재기용의 특징을 이렇게 개괄했다. "조조는 권술權術로써 거느렸고 유비는 성정性情으로 관계를 맺었으며, 손씨 형제는 의기意氣로써 서로 투합하였다. 따라서 후세 사람들은 그들이 어떤 마음을 가졌는지를 미루어 헤아릴 수 있다."

중평 원년 184년 유비가 향리에서 거병할 때 무리를 모으니, "관우와 장비는 유비의 어모禦侮(외부로부터 당하는 모욕을 막아냄)가 되었다. (…) 유비가 여러 사람과 함께 있는 자리에서는 종일토록 시립하였고, 그를 따라 온 힘을 다하여 고난과 위험을 피하지 않았다."《삼국지 촉서 관우전》 공손찬이 유비에게 청주자사 전해를 도와 원소를 막도록 할 때, 이때 조운을 유비에게 보내 시종 기장騎將이 되게 하였다. 그 후 관우, 장비와 같이 조운은 유비와 잠잘 때도 같은 침상을 썼다. 이렇게 유비는 사람을 쓰면서 마음으로 통하는 의리를 중시했다. 늘상 상대를 성정으로 대했기 때문에 '마음이 서로 통하는' 결과를 얻었다.

유비는 형주의 유표에게 의탁하여 신야에 주둔할 때, 비로소 시무時務(당세의 급한 일)를 아는 명사를 찾기 시작한다. "명사들이 이미 위, 오 두 나라에 다 거두어졌기 때문에 얻은 사람은 비교적 적었지만, 그러나 제갈량은 일류의 명사로서 두 나라 모두 얻을 수 없었는데 유비 혼자 그를 얻을 수 있었으니, 역시 성정으로 사람을 대하는 것의 효력을 볼 수 있게 된 것이다."《이십시사차기》

유비가 창업하는 과정에서 특히 입촉入蜀하던 무렵에 어질고 능력 있는 사람은 문관이든 무장이든 따지지 않고 정성껏 대우했으며, 실력을 헤아려 걸맞은 자리를 주었다. 마초는 귀부하자 평서장군에 기용하고 좌장군 표기장군으로 자리를 옮겨 주었으며, 서열이 관우, 장비와 같았다. 황충은 유비를 '마음으로 따르고' 늘 앞장서서 적진을 함락하여 용감하기가 삼군 가운데 으뜸이었다. 그는 토로장군이 되었고 이어 정서장군, 후장군으로 옮겨 역시 서열이 관우, 장비와 같았다.

법정은 유비가 입촉하는 견인차 역할을 수행한 공로로 촉군태수 및 양무장군이 되어 '외부에서는 도성 주변을 모두 맡아보았고 안으로는 책사가 되었으며' 이어서 상서령, 호군장군에 올랐다. 유비가 병탄한 뒤에는 귀부한 유장의 옛 부하 가운데 훌륭하고 능력 있는 인물은 모두 다시 기용되었다. 어찌 보면 조조가 한 헌제를 겁박하여 끝내 조비가 제위를 찬탈했다는 중대한 역사상으로 폄하되고 있는 이외에도, 유비가 음모와 의심을 감추고 성정으로 사람을 대하는 모습과 조조의 간교한 구석과 더불어 공공연히 공신을 죽인 모습이 서로 뚜렷하게 대비되었던 것이다.

그러나 한편으로 보면, 유비는 부하들의 마음이나 각자의 장단점을 제대로 꿰뚫어 보지 못한 경우가 적지 않았다. 청대 왕부王夫之는 "관우는 쓸만한 재목인데, 그 쓸 만한 재능을 잃고 졸지에 패망했다. 유비는 관우를 교만하게 만들고 사사롭게 대했으니 관우가 좋은 일에 힘쓰도록 북돋는 방법은 아니었다."《독통감론 권9》 조운은 전쟁에서 여러 번 공훈을 세웠는데 입촉하고 나서 유비와 계책이 자꾸 어긋나자 유비는 조운을 더는 신임하지 않았고 관우, 장비, 황충, 마초는 명호장군名號將軍이 되었지만 조운을 끝내 잡호장군雜號將軍에 머물렀다.

제갈량은 숙부를 따라 낭야를 떠나 흥평 원년 194년, 14세에 형주에 이주, 건안 12년 207년 27세에 융중을 나왔으니 13년간의 청소년기를 형주에서 살아왔다. 그러기에 유비가 입촉할 때 제갈량을 군사중랑장으로 장비, 조운과 강릉을 지키게 한 것이 아니었던가? 그러나 익주를 병탄하면서 형주 방면의 실정에 어두운 관우를 동독형주사의 중임을 주어 강릉을 지키게 하고, 제갈량을 어찌 장비, 조운과 익주로 소환했을까? 유비로서는 아직 방통이 낙명하기 전인데도 제갈량을 소환한 것은 왕부지王夫之가 말한 '제갈량을 관우만큼 전폭적으로 신뢰하지 않지 않았던 것'《독통감론 권10》이라는 긴 여운이 일게 된다. 역사에 가정법은 성립하지 않는다지만, 익주병탄에는 관우의 무략이 더욱 적실성이 있을 수 있고, 형주라는 병가는 필히 쟁투하는 지역에는 이 형주 방면에 밝고 심모 원려가 있는 제갈량이 있었더라면, 형주 동부의 오나라, 형주 북부의 위나라와 밀고 당기는 정치력을 한껏 발휘할 수 있지 않았을까. 유비가 삼고의 예로 제갈량을 찾았을 때 펼친 융중대의 양 날개 형주와 익주가 그리되면 제대로 작동하였을 터이고, 그로 중원회복을 통한 한실 재흥도 꿈만이 아닐 수 있었지 않나 하는 역사의 상상력이 긴 잔영으로 남게 된다.

제3장

세상 다스리는 이치를 터득한
출장입상의 명전략가 제갈량

인물 제갈량의 삶의 궤적

01

1. 형주에서 자리 잡고 은거하며 시기를 기다리다

제갈량諸葛亮은 자가 공명孔明이고 서주 낭야군 양도현(지금 산동성 기남현) 사람이다. 전한 원제 시기 사례교위 제갈풍의 후예인 부친 제갈규는 후한 말에 태산군승을 지냈는데, 제갈량은 일찍이 아버지를 여의었고 숙부 제갈현이 보살폈다. 초평 4년 193년 조조가 부친 피살에 대한 보복으로 서주목 도겸을 토벌하여 10여 개 현성을 공격해 서주는 황폐하게 되었다. 이에 제갈량 일가는 고향을 떠나 숙부를 따라 남쪽 지방에 이르렀다.

흥평 원년 194년, 숙부 제갈현은 예장(지금 강서성 남창시)을 거쳐 친분이 있는 형주목 유표에게 의탁하게 된다. 제갈량은 숙부를 따라 형주(지금 호북성과 호남성 대부분 및 귀주성, 광동성, 광서자치구 등의 일부)에 유거하였고, 이때 제갈량의 나이는 14세였다. 제갈량의 형 제갈근은 일찍이 숙부 제갈현이 형주로 갈 때 관례를 치를 나이가 되어 낭야 양도의 집을 지켰으며, 건안 5년 200년 강을 건너 남하하여 손권에 의지하게 되어 동오의 대신이 되었다. 동생 제갈균은 제갈량을 따라왔고, 큰누이는 형주의 명문세족으로 뒤에 방릉태수가 된 괴기에게, 작은누이는 방덕공의 아들 방산민에게 출가하였다. (본전)의 기술과는 달라 정확하게 비정하기는 어려우나, 배주에 인용된 《헌제춘추》에는 건안 2

년 197년 정월 제갈량이 형주에 온 뒤 2년 남짓 지나 숙부인 제갈현이 사망하여 제갈량은 17세 때 가족들의 생활에 대한 중임을 지게 된다.

그러나 그는 유표가 무능하고 세상을 건질 만한 명세지주가 아님을 알고 양양성 서쪽에 있는 융중산에 초려를 짓고 직접 밭에서 농사를 지었다. 「양보음」[1)]을 즐겨 읊으며 건안 12년 207년까지 10여 년간 은거하는 이 시기, 그는 전란을 피해 형주에 머무르러 온 뜻있는 명사들과 교류하면서 천하대사를 논하였다. 밤낮으로 열심히 학문을 닦으며 병법을 반복하여 연구하고 탐색하면서, 자신의 재주를 더욱 발전시켰다고 여겨진다.

유비가 사마휘[2)]에게 세상일을 물으니, "유생인 세속의 선비가 어찌 시대에 해야 할 일을 알겠습니까마는, 이 시대에 해야 할 일을 아는 자는 준걸들 속에 있겠지요. 이 근처에 와룡과 봉추가 있습니다."《삼국지 촉서 제갈량전(이하 본전)/배주 양양기》라고 했다. 유비가 누가 그러한 자인지 또다시 묻자, "제갈공명과 방사원입니다."《본전/배주 양양기》라고 대답했다.

제갈량은 산에 은거하면서 시기를 기다렸는데 후에 이에 대해, "신은 본래 포의(벼슬이 없는 사람)로 몸소 남양(지금 하남성 남양시)에서 밭을 갈며 진실로 난세 속에서 생명을 온전히 부지하려는 것이었기에 제후들에게 알려지기를 구하지 아니하였습니다."(본전)라고 말하고 있다. 제갈량이 제후들에게 알려지기를 좇지 않는 내공이 있었기에 소위

---

1) 양보음梁父吟은 악부樂府의 초조楚調 이름으로 지금도 옛 노랫말이 전해진다. 《삼국지 촉서 제갈량전》에는, 제갈량이 젊었을 때 이런 종류의 곡조를 읊기를 즐겨 하였다는 기록이 나온다. 사람들은 이를 제갈량이 지은 것이라고도 하나 노필盧弼의 《삼국지집해》에서는 "양보음은 본래 옛 가요로 제갈량이 자신의 마음을 담아낸 것일 따름이다."라고 하고 있다.

2) 사마휘司馬徽의 자는 덕조이며 영천 양척(지금 하남성 우주) 사람으로 사람을 알아보는 재주가 있어 수경선생이란 칭호를 얻었다. 후한 말 천하가 어지러워지자 형주로 피하여 지내며 방덕공龐德公 등과 친교를 맺고 지냈다.

'선비는 자신을 알아주는 사람을 위해서 죽는' 고상한 정신을 가지고 있었다. 그리하여 위험을 마다하지 않고 뜻을 같이하는 주군을 만난 은혜와 천하를 바로잡으려는 포부를 합쳐, 어떤 면에서는 새롭게 모색하는 천하구도라고도 할 수 있는 그의 융중노선을 가다듬고 있었던 것이다.

2. 융중에서 천하형세에 대한 방책에 답하고 이에 강동에 가다

그때 유비는 유표에 의탁하여 형주의 신야(지금 하남성 신야현)에 주둔하고 있었고 서서가 유비를 만났다. 유비는 서서를 큰 그릇으로 여겼는데 서서가 유비에게 말했다. "제갈공명은 와룡입니다. 장군께서는 혹시 그를 만나 보지 않으시겠습니까?"(본전)라 하니, 유비가 말하기를 "당신이 그를 데리고 함께 오십시오."(본전)하였다. 이에 서서가 "그 사람은 가서 볼 수는 있어도 굽혀서 데려올 수 없으니, 장군께서 의당 굽히고 가셔서 그를 돌아봐야만 합니다."(본전)라고 대답했다.

건안 12년 207년 이리하여 유비가 마침내 제갈량을 초려로 찾아갔는데 세 번 만에 비로소 만나게 되자, 유비는 옆에 있는 사람들을 물리고 다음과 같이 말했다. "한나라 왕실은 기울고 무너졌으며 (…) 저는 덕행과 역량을 헤아리지 못하고 천하에 대의를 펼치려고 했지만, 지혜와 모략이 부족하므로 오늘에 이르도록 이룬 것이 없습니다. 그렇지만 뜻만은 아직 버리지 않았으니 그대께서는 어떻게 하면 좋을지 말씀해 주십시오."(본전)

제갈량이 대답하기를, 이른바 융중대隆中對에서

"조조가 원소보다 명성이 희미하고 병력이 적지만 원소를 무찌르고 약자에서 강자가 될 수 있었던 까닭은, 단지 천시 때문만이 아니라 인간의 지모에 의지했기 때문입니다. 지금 조조는 이미 백만

병력을 가졌고 천자를 끼고 제후들에게 호령하고 있으니, 이는 진실로 그와 맞서 칼날을 겨룰 수는 없습니다. 손권은 강동에 웅거한 지 이미 삼세3)를 거쳤고, 나라가 험준한 곳에 있고 백성이 귀부하며 어질고 능력 있는 자가 그를 위하여 쓰이고 있으니, 그와 손잡을 수는 있으나 도모해서는 안 됩니다. 형주는 북쪽에 한수와 면수에 의지해 있고 남해까지 다하며, 동쪽으로는 오吳와 회계에 잇닿아 있으며, 서쪽으로는 파군과 촉군으로 통하니, 이는 전쟁하기에 적당한 나라인지라 그 주인(형주목 유표)은 지킬 수 없습니다. (…) 익주는 험준한 요새로 막혀있지만 비옥한 들판이 천 리나 되므로 천부의 토지이며, 고조4)께서는 여기를 바탕으로 하여 제업을 이루셨습니다. 유장은 어리석고 약하며, 장로가 북쪽에서 위협하고 있는데, 인구가 많고 나라는 부유하지만 백성을 보살피는 데 마음을 둘 줄 모르므로, 지혜롭고 재능이 있는 선비는 현명한 주군의 출현을 기다리고 있습니다. (…) 만약 형주와 익주를 차지하고 그 험한 지형으로 지키고 서쪽으로는 각 융족과 조화를 이루고, 남쪽으로는 이월을 위무하며 밖으로 손권과 우호관계를 맺고, 안으로는 정치로 닦으면서 천하가 변화하는 것을 바라보아 상장 한 명에게 명하여 형주의 군대를 완현과 낙양으로 진격시키고, 장군께서는 익주의 병력을 이끌고 진천5)으로 출격한다면 (…) 패업이 이루어지고 한나라 왕실을 부흥시킬 수 있을 것입니다." (본전)

---

3) 손견, 손책, 손권의 3대를 말한다.

4) 고조는 전한의 초대 황제인 유방劉邦으로 자는 계季이며, 진시황이 죽은 다음 해 군사를 일으켜 항우 등과 합세하여 함양을 점령하고 한왕이 되었다. 기원전 202년에 항우를 해하에서 쳐부수고 천하를 통일하여 제위에 올랐으며 장안에 도읍하여 한조를 창업하였다.

5) 고대 진秦나라의 땅으로 사방이 모두 산으로 막혀 요새처럼 견고했고, 위수가 그 중앙을 관통해 토지가 비옥했기 때문에 진천秦川이라 불렀다. 지금 섬서성 위수평원을 가리킨다.

이러한 길로 가야 중원을 회복할 수 있다는 제갈량의 명확한 분석은, 유비에게 깊은 깨달음을 주게 된다. 유비는 매우 기뻐하며 제갈량에게 산에서 나와 자신을 도와줄 것을 진심으로 부탁하였고, 제갈량이 이를 받아들였다. 이때가 제갈량 나이 27세 때였다. 제갈량은 형주 신야의 유비 진영에 오자마자 바로 군사를 확대하고 편성하는 데 힘을 기울였다. 그는 먼저 호구를 일일이 조사하는 방법을 통해 불과 몇천 명에 불과하던 부대가 몇만 명으로 늘어나, 이는 향후 촉한을 세우는 기본역량이 되었다.

건안 13년 208년 9월 조조는 대군을 거느리고 남하하여 형주를 정벌하려 하였다. 유표는 이에 앞서 병사하였고, 뒤를 이은 차자 유종은 이에 놀라 사자를 보내 곧바로 조조에게 주를 들어 항복하였다.

번성에 주둔하고 있던 유비는 이 소식을 듣고 강릉을 향해 부대를 이끌고 피난했으며, 제갈량과 서서가 함께 따랐다. 그러나 조조의 5천 명 정예기병이 급히 추격하여 당양 장판(지금 호북성 당양현 일부)에서 유비는 처자를 버리고 제갈량, 장비, 조운 등 수십 명의 기병과 함께 도주하였다. 서서는 유비를 떠나 모친이 조조에게 포로로 잡혀 있는 곳으로 가게 된다. 유비는 관우의 선단과 만나서 면수(한수 하류)를 건널 수 있었으며, 유기의 무리 1만여 명과 만나 함께 하구(지금 호북성 무한시 한구)에 도착하였다.

남정해 온 조조는 형주를 점한 뒤, 강동 손권에게 편지를 보내 "깃발이 남쪽을 가리키니 유종이 손을 모았소. 지금 수군 80만 명의 무리를 다스려서 장군과 함께 오吳에서 만나 사냥하려고 하오."《삼국지 오서 오주전/배주 강표전》라며, 군사를 거느리고 동쪽으로 진군할 뜻을 내비친다.

손권은 즉시 노숙을 형주에 보냈는데 그가 남군(지금 호북성 강릉현)에 이르렀을 때 유종이 이미 항복하여, 노숙은 당양(지금 호북성 당양시)

의 장파에서 유비를 만나게 되었다. 이에 제갈량은 유비에게 사태가 긴급하니 명을 받아 손권에게 구원을 요청하겠다고 하였고, 마침내 제갈량은 노숙과 함께 강동에 특사로 가게 되었다.

이런 위급한 시기에 제갈량이 강동에 가서 동맹을 맺고 함께 조조에 대항하자는 것은, 실제로는 강동의 군사를 이용하여 조조를 물리치고 유비가 형주를 얻고자 함이었다. 그러나 만일 손권이 조조에게 항복한다면 제갈량은 인질로 잡혀 조조의 포로가 될 수도 있었기 때문에, 제갈량이 강동에 가는 것은 매우 어려운 임무였다. 뿐만 아니라 지혜와 용기가 필요한 일이었으니, 이는 제갈량의 비범한 외교능력을 보여주는 일례라 할 것이다.

제갈량이 손권을 만나 보니 그가 관망하고 쉽사리 결정을 내리지 못하고 있는지라, 제갈량은 손권에게 설득하여 말하기를, "천하가 혼란스러워 장군께서는 병사를 일으켜 강동을 차지하고 계시며 유예주(유비) 역시 한수 남쪽에서 군사를 모아 조조와 천하를 다투고 있습니다. 지금 조조는 큰 혼란을 끊어 거의 평정을 끝내고 형주를 격파하고 사해(전국)에 그 위세를 떨치고 있습니다. (…) 만약 오와 월의 병력으로 중국[6]과 맞설 수 있다면 곧바로 국교를 끊어버리는 것만 못합니다. 그러나 맞설 수 없다면 무엇 때문에 군사를 통제하여 갑옷을 묶어놓고 북쪽을 바라보고 섬기지 않으십니까! 지금 장군께서는 겉으로는 복종이라는 명분에 의탁하고 있지만 안으로는 미적미적하는 계책을 여전히 간직하고 있는데, 만약 사태가 위급해져도 결단을 내리지 않는다면 재앙은 매우 빨리 닥칠 것입니다."(본전)라고 하였다.

이에 손권은 "진실로 그대의 말과 같다면 유예주(유비)는 왜 끝내 그를 섬기지 않는가?"(본전)라 하였고, 이에 제갈량은 "(…) 하물며 유예

---

6) 중국中國이란 중원지역에 있는 나라를 말하는 것인데 여기서는 조조를 가리킨다.

주(유비)는 왕실의 후예로서 걸출한 재능이 세상을 뒤덮고 많은 선비가 우러러 흠모함이 마치 물이 바다로 돌아가는 것 같습니다. 만약 일이 해결되지 못한다면, 이것은 곧 하늘의 뜻일 뿐 어찌 다시 그의 아랫사람이 될 수 있겠습니까?"(본전)라고 하였다. 제갈량의 이 말에 손권은 발끈 화를 내며 말하기를, "나는 오 지역의 모든 땅과 10만 명의 무리를 전부 들어 주면서 다른 사람의 통제를 받을 수 없다. 나의 계책은 결정되었다! 유예주(유비)가 아니면 조조를 감당할 수 있는 자는 없다고 말하지만, 그는 막 패한 뒤이니 어찌 이 재난을 막을 수 있는가?" (본전)

제갈량은 마지막에 적군과 유비와 손권의 병력을 분석하고, 유비 · 손권이 함께 연맹하여 조조에 승리하는 앞날을 다음과 같이 예측하였다.

"유예주(유비)의 군대가 비록 장판에서는 패하였지만, 지금 전사戰士 가운데 귀환한 자와 관우가 거느린 수군은 정예의 갑병 1만 명이 있습니다. 유기가 강하에서 합친 전사도 역시 만 명보다 적지는 않을 것입니다. 조조의 군대는 먼 길을 왔으므로 고달프고 피폐해 있는데, 듣건대 유예주를 뒤쫓아온 경무장한 기병은 하룻밤 하루 낮 동안 300여 리를 달려왔다고 합니다. 이것은 이른바 '강한 쇠뇌의 마지막 기세는 노나라의 명주조차 뚫을 수 없다'[7]라는 상태라고 할 것입니다. (…) 게다가 북방 사람들은 수전水戰에 익숙하지 못하며, 형주 백성 가운데 조조에게 붙은 자는, 압박하는 군사의 위세 때문일 뿐이지 마음으로 복종하는 것은 아닙니다. 지금 장군께서 진실로 용맹한 장수에게 명령하여 군사 수만 명을

7) 《전한서》의 「한안국전」에 의하면, '세찬 바람이 쇠약해지면 깃털도 일으키지 못하며, 강한 노弩의 마지막은 그 힘의 노나라의 호縞도 뚫을 수 없다.'고 하였다. 옛날의 곡부 지역에서는 이 호를 잘 만들었는데, 이 호는 가볍고 가늘었으므로 노국魯國의 명주로 비유한 것이다.

통솔하도록 하여 유예주와 함께 협정해 규칙을 만들고 힘을 합친다면, 틀림없이 조조 군을 격파할 수 있습니다. 조조 군이 부서지면 반드시 북쪽으로 돌아갈 테고, 이와 같이 되면 형, 오 지역의 세력이 강대해져 정족의 형태[8]를 이루게 될 것입니다. 성패의 관건이 오늘에 달렸습니다." (본전)

3. 손·유연합으로 적벽에서 이겨 익주로 나아가 삼분정립하다

건안 13년 208년 손권은 크게 기뻐하며 드디어 주유와 정보를 좌·우독으로 삼아서 군사를 거느리고, 노숙은 제갈량을 따라가 유비와 함께 힘을 합쳐서 진군하여 조조와 맞서 싸우게 했다. 이른바 적벽(지금 호북성 포기현 서북 장강의 남안)대전이 발발한 것이다.

이때 조조는 군사를 이끌고 차례로 장강 북쪽으로 갔다. 주유 등은 남쪽 강 언덕에 있었는데, 장수 황개가 조조에게 거짓 항복하여 주가(일종의 쾌속정)를 앞세워 북쪽 조조군의 함선으로 돌격하였다. 이때 마침 동남풍이 불어와 화공을 펼쳐 함선을 불태우니, 적벽에서 크게 패배한 조조가 군대를 이끌고 화용(지금 호북성 성리현 동부)으로부터 도보로 퇴각하였다. 유비와 주유가 강과 육로로 함께 전진하여 뒤쫓아서 남군(지금 호북성 강릉현)에 도착하였는데, 이때 조조의 군대는 굶주림과 전염병이 겹쳐서 죽은 자가 태반이었다.

유비는 표문을 올려 유기를 형주자사로 삼고 군사를 이끌고 남쪽으로 가서 네 군을 순시하자, 무릉태수 금선, 장사태수 한현, 계양태수 조범, 영릉태수 유탁이 모두 항복한다. 유비는 제갈량을 군사중랑장[9]

---

8) 솥에 세 발이 있는 것처럼 천하가 삼분된 형태를 말한다. 형주는 유비, 오吳 지역은 손권, 그리고 중원의 조조 이렇게 삼자가 정족의 형세鼎足之勢의 상태를 이루는 것이다.

9) 여기에서 유비는 제갈량을 군사중랑장으로 삼았는데 이는 일시적인 관명이었고, 건안 19년 214년 성도가 평정되자 제갈량은 군사장군으로 승진한다.

으로 삼았고, 그로 하여금 영릉, 계양, 장사의 세 군을 감독하고 그 지역의 부세를 걷어서 군비를 충당하도록 하였다.

건안 16년 211년, 별가 장송이 익주목 유장에게 유비와 결탁하라고 권유하자, 유장은 법정을 사자로 보내 유비를 영입하고 장로를 치게 했다. 마침내 제갈량은 관우 등과 남아서 형주를 지키고 있었고, 유비는 방통을 군사중랑장으로 황충, 위연 등과 보병 수만 명을 거느리고 익주를 들어갔다.

건안 19년 214년 유비가 가맹(지금 사천성 광원시)에서 돌아와 유장을 치니, 제갈량은 관우를 남겨서 형주를 지키도록 하고 장비, 조운과 함께 군대를 거느리고 강을 거슬러 올라가 파동(지금 사천성 봉절현)에서 승리한다. 이어 강양(지금 사천성 노주시), 건위(지금 사천성 팽산현), 파서(지금 사천성 낭중시), 덕양(지금 사천성 강유시 동북) 등을 평정하였다. 유비가 장임이 지키는 낙성(지금 사천성 광한시)을 포위한 지 1년이 되었을 때 흐르는 화살流矢에 맞아 방통이 죽게 된다. 그러나 유비는 끝내 낙성을 함락시키고 진군하여 드디어 성도(지금 사천성 성도시)를 포위하였으며, 제갈량은 장비, 조운 등과 군대를 이끌고 이에 합류하였다.

장로에 의탁하던 마초까지 귀부하였고, 유비가 성을 포위한 지 수십 일 만에 마침내 유장이 성문을 열고 나와 항복하였다. 성도가 평정되자 제갈량은 군사장군이 되었고 좌장군부사를 총괄하였다. 유비가 출정할 때면, 제갈량은 성도에 남아 지키면서 군량을 충분하게 공급하였다.

건안 23년 218년 유비가 한중의 양평관(지금 섬서성 면현 서쪽)에 주둔하였는데 광석이란 곳에 주둔한 장합을 이기지 못하였다. 이에 급히 제갈량에게 편지를 보내어 익주(지금 사천성과 운남성)의 군사를 징발하도록 했다. 때마침 촉군태수 법정이 유비를 좇아 북쪽으로 가자, 제갈량은 이에 표문을 올려서 종사인 양홍이 촉군태수의 업무를 관장하게 하였고, 여러 일들을 모두 잘 처리하자 바로 촉군태수로 삼았다. 양홍은 문하서좌 하지를 재주와 책략이 있어 천거하였지만, 양홍이 오히려 촉군에 있게 되었고 하지는 이미 광한태수가 되었다. 이리하여서 서토(서쪽 지역 즉 익주) 사람들은 모두 제갈량이 당시 사람들 중에서 훌륭한 그릇을 전부 기용한다고 감복하였다.

4. 선제의 탁고托孤를 받아 후주를 보필하고 남방을 평정하다

건안 24년 219년 조조가 야곡(지금 섬서성 미현 서남)에서 군사를 진격하였다. 그러나 유비가 험준한 지세에 기대어 대치하니 조조는 끝내 장안으로 물러나게 되고, 유비는 한중을 차지한다. 이로 인해 유비의 세력이 강성해지기 시작하였다.

같은 해 7월 유비가 스스로 한중왕이라 칭한다. 면양(지금 섬서성 면현)에 단장을 설치하여 군대를 진열시키고 문무 관리들을 배석한 가운데 주장奏章 읽기를 끝마치자, 마침내 유비에게 왕관을 씌웠다. 문무 관리 120인 연명으로 올린 상주문에서

"엎드려 생각건대 폐하께서는 훌륭한 자질과 성덕으로 만방을 통리하시지만 이겨내기 어려운 난처한 상황에 처하셨습니다. (…) 지금 사직의 위난은 농隴·촉蜀(두웅·양통 등이 있던 지역)의 상태보다 위급합니다. 조조는 밖으로 천하를 병탄하려는 욕심을 내고, 안으로는 여러 신료에게 위해를 가하니 조정은 안팎에서 위기에 처하였지만, 이런 위기를 극복할 세력이 형성되지 않았으니 정말 한심할 뿐입니다. 이에 유비를 한중왕으로 봉하고 대사마의 직분을 제수하여 육군六軍을 통솔케 하고 동맹세력을 규합하여 흉악한 역도를 쓸어내어야 할 것입니다." (본전)

라 하였다. 육백 자가 넘는 이 상주문은 기세가 드높고 논의가 날카로

웠는데, 이 한 편의 문장에서 후인들은 제갈량의 문장과 유사함을 발견하고 그가 붓을 댄 것이 아닌가[10] 여기기도 한다.

건안 26년 221년 촉 지역에 한나라의 황제가 해를 입었다는 말이 전해졌다. 이에 한중왕은 국상을 발표하고 상복을 입었다. 그때 여러 신하들이 다투듯 상서로운 징조를 말하면서 한중왕이 제위에 올라야 한다고 권유하였는데, 유비가 이를 수락하지 않자 제갈량이 설득하였다.

> "예전 오한과 경감 등이 세조(광무제)에게 제위에 오르기를 권하였지만, 광무제가 사양하기를 앞뒤로 네 번쯤 하였습니다. 경순(광무제의 신하)이 진언하기를 '천하의 영웅들이 우러러 귀부한 것은 바라는 바가 있기 때문입니다. 만약 여러 사람의 의견을 따르지 않는다면 각자 돌아가 주인을 찾을 터이니, 공(광무제)을 따르는 이가 없게 될 것입니다'라고 했습니다. 광무제는 경순의 말이 깊이가 있음을 깨닫고 곧 수락하였습니다. 지금 조씨가 한漢을 찬탈한 후 천하에 주인이 없는데, 대왕께서는 유씨의 후예이며 그 대통을 이어 일어났으므로, 이번에 제위에 오르셔야 마땅합니다. 사대부들이 대왕을 따라 오래 부지런하게 수고를 다한 것도, 경순의 말과 같이 조그만 공훈이라도 세우기를 바라는 것일 뿐입니다."
> (본전)

그리하여 유비는 무담(성도의 서북쪽에 있는 산)의 남쪽에서 제위에 올랐으며, 대사면령을 내리고 연호를 장무章武라고 하였다. 제갈량은 승상으로 녹상서사를 겸하였고 가절을 받았다.

장무 원년 221년 7월 유비는 손권이 관우를 습격하여 죽게 한 일에

---

10) 余明俠 지음, 신원봉 옮김, 《제갈량 평전》, 지훈출판사, 2007, 210쪽 참조.

크게 분노하여, 조운 등의 간언을 듣지 않고 군사를 일으켜 오나라를 공격하였다. 무현(지금 사천성 무산현)을 점령하고 자귀(지금 호북성 자귀현)까지 진격했다. 장무 2년 222년 유비가 여러 장수들과 수만 군사를 거느리고 공격하니 오의 대도독 육손은 후퇴를 거듭하였고, 촉군이 이릉(지금 호북성 의창시)의 동남쪽 효정에 이르자 전선은 교착상태에 빠지게 된다. 때는 같은 해 6월 여름, 육손은 오군에 명하여 각기 잘 마른 풀단을 가지고서 400리에 걸친 숲속의 40개 촉군 군영에 일제히 화공火攻으로 반격하게 한다. 이로 촉군은 수만 명이 거의 전멸하여, 유비는 효정에서 자귀현으로 돌아와 흩어진 군사를 모은 뒤 선박을 포기하고 도보로 하여 백제성으로 겨우 피신했다.

이릉대전의 패배로 유비가 마음과 몸의 병을 얻게 되어 더욱 침중해지자, 장무 3년 223년 봄 2월 승상 제갈량 등을 영안(지금 사천성 봉절현)으로 오게 한다. 영안궁에서 제갈량에게 태자를 부탁하고 상서령 이엄에게 보좌하도록 하였다. 유비는 제갈량에게 태자를 부탁하며 말하기를 "그대의 재주는 조비의 열 배는 되니, 반드시 나라를 안정시키고 끝내는 큰일을 이룰 것이오. 만약에 사자가 보필받을 만하다면 그를 보필해 주시오. 만약에 그러한 재목이 안 되면 그대 스스로 자리를 차지하여도 되오."(본전)라고 하였다. 이에 제갈량이 부복하여 눈물을 흘리며 "신은 감히 고굉의 힘과 충성과 정절을 다 받치겠사오며 죽을 때까지 이어 가겠습니다."[11](본전)라고 하였다.

같은 해 4월 유비는 영안궁에서 세상을 떠났는데, 이때 나이가 예순셋이었다. 한편 같은 해 5월에 태자 유선이 즉위하였는데, 이때 나이는 17세였다. 황후를 높여서 황태후라고 하고 대사면령을 내리며 연호를

11) 호삼성은 유비의 이 유언에 대하여 평가하기를, "옛날부터 어린 아들을 부탁하는 주군 가운데 소열제인 유비만큼 분명하게 통달한 사람은 없었다."《자치통감, 권 70》고 하였다.

고쳐서 건흥이라고 하였다. 승상 제갈량을 책봉하여 무향후라 하였고, 익주목을 관장하게 하였으니 정사는 대소사에 관계없이 모두 제갈량에게서 결정되었다.

바로 이 시기에 위나라에서는, 유조에 따라 촉의 군정대권을 다스리는 제갈량을 설득할 수만 있다면 촉나라를 손쉽게 얻을 수 있다고 생각했다. 그래서 사도 화흠, 사공 왕랑, 상서령 진군, 태사령 허지, 알자복야 제갈장이 각자 제갈량에게 서한을 보내 천명과 추세를 설명하고, 나라를 들어 번국藩國(제후국)이 되기를 요구해 왔다. 이에 제갈량은 이의 터무니없는 요구에 일일이 회답하지 않고, '촉한을 도와 한실을 부흥하고 옛 도읍으로 돌아가는 것'을 정의라고 여겼기에 '정의正議'라는 글을 써서 공개적으로 이들을 질책했다.

애초 익주군(지금 운남성 의량현)의 호족 수령인 옹개가, 익주태수 정앙을 죽이고 오나라 소속인 교지(지금 베트남 하노이시)태수 사섭을 통하여 귀부하기를 청하였다. 다시 태수인 성도사람 장예를 오나라에 넘겨주자, 오나라에서는 옹개를 영창(지금 운남성 보산현)의 태수로 삼았다. 군의 부승 왕항과 공조 여개가 관리들과 사병을 인솔하여 저항하면서 이를 지키니 옹개가 나아갈 수 없게 되었다.[12] 이에 옹개는 그 군의 사람인 맹획으로 하여금 여러 이인夷人들을 유인 선동하여 이인들이 모두 그를 따르게 하였다. 또한 장가(지금 귀주성 평월현)태수 주포와, 월수(지금 사천성 서창현)의 이인들의 수령 고정이 반란을 일으키고 옹개에 호응하였다.

이렇게 남중(지금 운남성)의 여러 군郡이 반란을 일으켰으나, 제갈량은 방금 국상을 당한지라 곧바로 군사를 동원하여 남정하지 않았다.

12) 옹개雍闓를 영창태수로 임명하였으나, 영창에 있지 않았으므로 영창으로 부임하여야 했다. 그러나 촉에 소속된 영창군의 사람들이 동오로부터 임명된 옹개가 오는 것을 거부한 것이다.

유비가 죽은 지 반년이 지난 같은 해 10월에, 제갈량은 등지의 건의로 그를 중랑장의 자격으로 동오에 파견, 오왕 손권을 만나 동오는 위나라와 단교하고 촉나라와만 연합하게 하였다. 건흥 2년 224년 오왕 손권은 보의중랑장 장온을 촉나라에 사자로 보내 육손과 제갈량이 서로 긴밀하게 소통을 이어가게 한다. 제갈량은 상서 등지를 재차 사자로 오나라에 보냈고 오왕 손권이 접견하니, 이리하여 촉·오동맹이 회복되었다. 또한 제갈량은 내정에 치중하여 백성들이 농사에 힘쓰며 곡식을 심게 하면서, 관문을 닫고 백성들을 휴식하게 하였으며 편안하고 먹을 것을 충분하게 하여 자원 동원역량을 강화하였다.

이렇게 하여, 건흥 3년 225년 2월 제갈량은 대군을 거느리고 남중으로 옹개를 토벌하러 출정하게 된다. 출발 전 참군 마속이 전송하러 수십 리를 나왔는데, 제갈량은 그에게 남방 평정의 계책을 물으니 마속이 말하였다.

> "남중의 이인夷人들은 그곳이 험하고 멀다는 것을 믿고 있기에 복종하려 하지 않은 지 오래되었습니다. 비록 오늘 그들을 격파한다 하더라도 내일이면 다시 배반할 뿐입니다. 지금 공께서 바야흐로 나라의 온 힘을 기울여서 북쪽을 정벌하려고 강한 도적들에 관한 일을 처리하면, 저들은 정부세력의 내부가 텅 빈 줄 알고 그 배반도 또한 빠를 것입니다. (…) 무릇 용병하는 도리는 마음을 공격하는 것이 상책이고, 병사를 가지고 싸우는 것은 하책입니다. 마음을 빼앗으려고 다투는 것이 먼저이고 병사를 가지고 싸우는 것은 다음입니다. 바라건대 공께서는 그들의 마음을 복종시켜야만 합니다."《자치통감, 권70》

라고 하였으며 제갈량은 이를 받아들였다.

촉의 제갈량이 남중에 이르러 가는 곳마다 연전연승하였다. 촉나라 군사가 세 갈래로 나뉘어 제갈량이 거느린 주력은 월수군(지금 사천성 서창현)의 반란군을 공격하여 고정의 목을 베었다. 문하독[13]인 마충은 장가군(지금 귀주성 평월현)의 주포 반란군을 공격하였으며, 여러 현을 격파하고 다시 제갈량 주력군과 합세했다. 내항독인 이회는 반란의 중심이었던 익주군을 공격하여 반군의 주력 옹개 등을 먼저 회유하고 동서로 협공하였다. 촉군의 강한 공세 하에 반군은 모두 패하여 철퇴하게 된다.

같은 해 제갈량은 힘든 행군 끝에 '오월에 노수를 지나 불모지에 들어가' 익주군에 이르렀다. 이때 옹개는 이미 고정의 부곡에게 죽임을 당해 평소 이인夷人과 한인漢人들이 복종하던 맹획이 반군의 수장이 되었다. 맹획은 옹개의 남은 무리들을 거두어서 대항하니, 제갈량은 맹획에 대해 마음으로 복종하도록 하는 전술을 취하기로 결정하여 전투에서 맹획을 생포하도록 하였다. 제갈량은 그를 놓아주고 다시 싸우게 하여 '일곱 번 놓아 주었다가 일곱 번 사로잡게 되었다.' 제갈량이 맹획을 또다시 놓아주려 하자 오히려 맹획이 머물고 가지 않으면서 마음으로 복종하게 되었다. 제갈량이 드디어 전지(지금 운남성 진령의 동쪽에 있는 현)로 나아갔으며 남중의 익주, 영창, 장가, 월수의 네 군이 모두 평정되니, 즉시 그들을 거의 그대로 다시 채용하였다.

제갈량은 반란의 중심지였던 익주군을 건녕군으로 개칭하고, 남중 4군을 월수, 건녕, 영창, 운남, 장가, 흥고 등 6군으로 개편하였다. 또한 그들 가운데 뛰어난 인물인 맹획 같은 자들은 모두 거두어서 관속으로 삼았다. 여기에서 나오는 금, 은, 단丹, 칠漆, 밭 가는 소, 전투에 쓰이는 말을 내어서 군국의 용도를 공급하였으며, 특히 군마 등을 촉중으로

---

13) 장군의 요속들은 군사를 관장하거나 그러지 않더라도 대부분 독督이라는 직함을 주었다.

상납하도록 하였다.

5. 출사표를 올리고 거듭 북벌하여 중원회복에 국궁진췌하다

남중을 평정하고 돌아와 북벌을 준비해온 승상 제갈량은 여러 부대를 인솔하고 북쪽으로 가서 한중에 주둔하게 된다. 장사 장예와 참군 장완에게는 머물러 있으면서 승상부의 일을 통할하도록 하였다. 건흥 5년 227년 3월 제갈량이 병사를 통솔하여 한중을 출발하려고 할 즈음에, 후주에게 상소[14]를 올렸다. 제갈량은 표문에서

"다만 선제께서는 신을 낮고 천하다고 생각하지 아니하시고, 외람되게도 스스로를 낮추시어 저의 초려로 세 차례나 돌아보아 주시어, 신에게 당세의 일을 물으셨습니다. 이로 말미암아 감격하여 드디어 선제께 힘을 다하여 노력할 것을 약속드렸습니다. 뒤에 상황이 기울어지고 전복되려는 위기를 만나서 패전한 때에 임무를 맡았으며, 위험하고 어려운 가운데 명령을 받들어 온 지 21년이 되었습니다. (…) 명령을 받은 이래로 밤낮으로 걱정하고 탄식하면서 부탁하신 일을 이루지 못하여 선제의 밝으심을 상하게 할까 두려웠습니다. (…) 신이 은혜받은 감격을 이기지 못하는지라, 이제 멀리 떠나게 됨에 표문을 마주하니 눈물이 나서 말할 바를 알지 못하겠습니다." (본전)

라 하였다. 마침내 제갈량은 군사를 진발하여 면현(지금 섬서성 면현) 양평의 석마에 주둔하게 된다.

지난날 관우가 조인이 지키는 번성을 공격하였는데, 서황의 원군에

14) 이는 이른바 제갈량의 '출사표出師表'의 일부이다.

패해 상용에 주둔하고 있는 유봉, 맹달에 구원을 요청했으나 응하지 않았다. 특히 맹달은 냉담했는데, 관우가 서황의 원군에 패한 후 양양이 막혀 가지 못하고 여몽에게 남군까지 잃고 죽게 된다. 이에 맹달은 유비의 문책이 두렵고 유봉과도 불화가 더해, 건안 25년 220년 부곡 4천여 집을 인솔하고 위나라에 투항하였다. 위 문제 조비는 맹달의 외모가 단정하고 재주가 있어 보였으므로 매우 총애하였다. 산기상시 겸 건무장군으로 삼고 평양정후에 봉했으며 방릉, 상용, 서성 세 군을 합친 신성(치소는 호북성 방현) 태수의 업무를 관장하게 하였다.

그러나 건흥 4년 226년 조비가 죽고 친하게 잘 지내던 환계 하후상도 죽자, 맹달은 스스로 입지에 불안을 느끼고 있었다. 이 소식을 접한 제갈량이 그를 유인하여 외부 원조로 삼고자 했으며, 맹달이 자주 편지를 교환하였고 맹달은 속으로 촉나라에 귀순하기로 허락하였다. 그런데 맹달과 틈이 생긴 위흥태수 신의가 이 사실을 표문으로 고하자 맹달은 황급히 병사를 일으키려 했다. 그러다 사마의가 편지를 보내 안무하니 미적미적하면서 거사를 미루고 결정하지 못하고 있었다.

애초 맹달은 제갈량에게 편지를 보내

> "**완현**(지금 하남성 남양시)**은 낙양과는** 800**리 떨어져 있고, 나와는** 1천 200**리 떨어져 있습니다. 내가 거사했다는 소식 들으면 마땅히 천자에게 표문을 올릴 것이고, 이처럼 반복되면** 1**개월은 걸릴 것이므로 나의 성**城**은 이미 견고해졌을 터이니, 여러 군대들이라도 충분히 처리할 수 있습니다. 나는 깊고 험한 곳에 있고 사마공**(사마의)**은 반드시 스스로 오지 않을 것이고 여러 장수들이 온다 해도 나는 걱정하지 않습니다.**"《자치통감 권70》

라고 했다. 그러나 그의 예상보다 사마의는 배나 빨랐으니, 8일 만에 달려가서 건흥 6년 228년 정월 신성을 공격해 16일 만에 토벌하여 맹달을 참수했다. 이로 제갈량의 북벌을 향한 적의 허를 찌를 중요한 단초가 무산된 것이라 하겠다.

하후연의 아들이며 조조의 딸 청하공주가 아내인 하후무를, 조비가 즉위하자 안서장군으로 삼아 관중지역을 총감독하게 하였다. 관중지역의 장안(지금 섬서성 서안시)에 진주하여 지키면서, 하후연의 기반을 이어받도록 한 것이다. 이때 제갈량이 북벌하려고 여러 아랫사람들과 계책을 논의하였는데, 승상사마 위연이 말하여 "(…) 저에게 정예병 5천 명과 치중대 5천 명을 빌려주시면, 바로 포중(지금 섬서성 포성현)에서 나가 진령을 돌아 동쪽으로 가서 자오곡[15]에 당도하여 다시 북쪽으로 가면, 불과 열흘이면 장안에 도착할 수 있습니다. 하후무는 저 위연이 갑자기 도착한 것을 들으면, 반드시 성을 버리고 도주할 것입니다."《자치통감 권71》라 하였다.

그러나 제갈량은 기병奇兵(기묘한 전술로 적을 기습하는 군대)을 쓰기보다는 멀리 서쪽을 우회하여 탄탄대로로 가서 농우隴右(농산의 서쪽으로 지금 감숙성 동부지역)를 평정하려 한다. 이로 만전을 기하여 반드시 이겨 걱정거리를 만들지 않는 것만 못하다고 여겼다. 이에 위연의 계책을 받아들이지 않았다.

같은 해 건흥 6년 228년 봄 제1차 북벌은, 제갈량이 포야도를 지나 미현(지금 섬서성 미현) 쪽으로 나간다는 명을 내려 (그곳을) 빼앗으려는 것처럼 한다. 진동장군 조운과 무양장군 등지에게 병사가 있는 것처럼 의심하게 만들어서 기곡(지금 섬서성 포성현 북쪽 기산의 골짜기)을 점거하여 주둔시킨다. 이때 위나라는 조비가 죽고 조예가 즉위한 지 아직 2년이 되지 않았는데, 대장군 조진을 파견하여 관우(함곡관의 서쪽)지역

15) 자오곡子午谷은 북방으로 나 있는 출구는 '자구'이며 남방으로 난 출수는 '오구'라고 하는데 이는 절벽과 잔도 교량이 많은 요새지역이며 그 길이는 약 330km이다.

여러 부대를 총감독하여 미현에 진을 치게 하였다.

제갈량 자신은 대군을 이끌고 기산(지금 감숙성 화현 서북쪽)을 공격하는데, 군사의 진지가 잘 정비되어 있었고 호령도 엄숙하였다. 위나라는 오랫동안 촉나라와 전쟁이 없었기 때문에, 제갈량의 갑작스러운 북벌에 조야가 갑자기 긴장감에 휩싸였다. 이에 기산 근처의 천수(지금 감숙성 감곡현)와 남안(지금 감숙성 농서현), 안정(지금 감숙성 진원현)에서 모두 반란을 일으켜 제갈량의 촉군에 호응하니, 관중일대가 진동하였다.

같은 해 2월 조예가 장안까지 나아갔으며, 이에 병마와 보병과 기병 5만 명을 내고 우장군 장합을 파견, 이를 감독하게 하고 선봉으로 삼아 요충지인 가정(지금 감숙성 장랑현)을 공격하려 하였다. 이에 제갈량은 기산으로 군대를 출동시키게 되자 숙장이라 할 위연, 오의 등을 쓰지 않고, 참군 마속을 선봉장으로 삼아 가정(지금 감숙성 장랑현)에서 싸우도록 하였다.

그러나 마속은 제갈량이 내린 "산자락의 가도를 따라 포진하여 적병이 한 사람도 지나지 못하게 하라"는 명령을 거역하였다. 또한 비장군 왕평의 조언을 무시하고 산 위에 진을 쳤으며, 물가를 버리고 산으로 올라갔다가 내려와서는 성을 점거하려고 하지 않았다. 결국 장합이 물 긷는 통로를 끊어버리고 공격하여, 마속은 대패하고 가정을 빼앗기게 되고 만다.

이에 제갈량은 눈물을 흘리며 군령에 따라 마속을 참하였다. 그의 제사에 참석하고, 그가 남긴 아이들에게 전과 같은 은혜를 베풀면서 길러주었다.[16] 제갈량은 "손무가 천하에서 능히 적을 제압하여 승리할 수 있는 것은, 법을 분명하게 시행하는 것이라고 하였소. (…) 지금 사해가 분열되어 전쟁이 시작되는데, 만약 법을 폐지하면 무엇을 가지고

16) 호삼성은 제갈량이 마속을 참한 것은 왕법이고 그의 유족에게 은혜를 베푼 것은 인정을 잊지 못하였기 때문이라고 하였다. 《자치통감 권71》

서 도적을 토벌한다는 말이오"《자치통감 권71》라 하였다. 《삼국지연의》에서는 제갈량이 마속을 참한 뒤 흐느껴 우니, 사람들이 그 이유를 묻자, "선주(유비)가 백제성에서 탁고할 때 마속에 대한 언급이 과연 틀리지 않았다."라고 말하고 있다.

결국 제1차 북벌이 실패로 돌아가자, 제갈량은 성도로 돌아가 후주에게 상소를 올려 패전 책임으로 자신의 벼슬을 세 단계 낮춰줄 것을 주청하여 우장군으로 행승상사가 되었다. 그러나 제갈량이 기산을 진출할 때 천수(지금 감숙성 감곡현)의 참군 강유가 제갈량에게 와서 항복하였다. 제갈량은 그의 담력과 지모를 높게 보고 벽소하여 창조연으로 삼아 군사에 관한 일을 관장하게 하였다.

제2차 북벌은 같은 해 12월에 감행하게 되어 후주에게 표문을 올렸다.[17)]

> **"왕업을 돌아볼 때, 촉도**蜀都(지금 사천성 성도시)**라는 구석에 안거하여서는 안 된다고 여겨, 위태로움과 어려움을 무릅쓰고 선제께서 남기신 뜻을 받들고자 한 것입니다.** (…) **이제 도적은 마침 서쪽에서 피로하여졌으며, 또 동쪽에서도 힘을 다 쓴 끝입니다.**[18)] **병법에 이르기를 피로한 틈을 타서 공격하라 했으니, 지금이야말로 크게 밀고 나아갈 때입니다."** 《자치통감 권71》

이에 제갈량은 수만 명 군사를 거느리고 산관을 나가서 진창(지금 섬서성 보계시 동쪽)을 포위 공격하였다. 위나라의 수장 학소의 방비에 곤혹을 치러 밤낮으로 서로 공격하고 방어하기를 20여 일이나 하였으나,

17) 이는 이른바 제갈량의 '후출사표後出師表' 일부이다.

18) 조예가 제갈량의 공격으로 같은 해 2월 17일에 장안에 갔었으므로 거의 50일 만에 낙양에 돌아온 것과, 같은 해 8월 조휴가 석정石亭 전투에서 육손에게 패한 것을 말한다.

성을 함락시키지 못하고 군량이 떨어져 철군하게 된다. 그러나 성과라면 퇴각 시에 추격해 온 위나라 장수 왕쌍을 공격하여 목을 벤 것이었다. 이 시기의 북벌은 앞서 그해 8월, 오나라의 육손이 석정(환성, 지금 안휘성 잠산현의 동북쪽) 전투에서 위나라 조휴의 군대에게 대승한 데에 호응하기 위해 급히 출진한 것으로, 즉 '촉 · 오동맹'의 산물이었다. 허나 그 실패는 동맹이 별로 원활하지 않았고 오나라와 촉나라가 동시에 출정하지 않았던 데도 그 원인이 크다 하겠다.

제3차 북벌은 건흥 7년 229년 봄, 제갈량이 부하장수 진식을 파견하여 무도군(지금 감숙성 성현), 음평군(지금 감숙성 문현)을 공격하게 한 것이다. 이 두 군은 위나라의 영토였지만 촉나라 관할에 깊숙이 들어와 있었기에, 이를 친 것이다. 위나라는 옹주자사인 곽회를 구원군으로 출정시켰지만, 제갈량은 스스로 나아가 건위(지금 함숙성 무도현)에 도착하니 곽회가 패퇴하였고, 결국 촉나라는 이 승전으로 무도, 음평 두 군을 차지하게 되었다. 이와 같은 북벌의 승리로, 제갈량은 후주의 책서를 받아 승상의 직을 다시 회복하였다.

촉 · 오 동맹의 새로운 전개는, 건흥 7년 229년 4월 손권의 황제 즉위와 함께 찾아온다. 이는 오나라 내부의 산월족 반란이 종식되고 위나라와의 관계도 안정된 이유도 있었지만, 아마도 지난해부터 제갈량이 북벌을 거듭 감행한 것도 큰 원인이었을 것이다. 제갈량의 북벌에는 오나라와의 동맹이 전제되어 있었다. 그러므로 손권의 칭제에도 촉 · 오동맹이 파기될 수 없어 촉나라 내부에서 천하에 황제가 둘일 수 없다는 원래의 정의正義를 내세우는 명분론을 잠재워야 했다. 이를 위해 제갈량은 "장래의 이익을 위해 임기응변을 행한다"는 주장을 펴게 된다. 위위 진진을 오나라 손권의 황제 즉위에 사자를 보내 축하하게 되었는데, 북벌 중인 제갈량에게는 실제로 그 이외의 선택지를 찾을 수 없었던 것이다. 촉나라 축하사절에 대해 손권은, 대등관계의 촉 · 오동맹으로 함께 위나라를 멸하겠다는 맹약을 제시하였던 것이다.

그러나 이번에는 촉나라에게 계속 공격을 받은 위나라가 건흥 8년 230년 정월, 합비(지금 안휘성 합비시)에 새로운 성을 쌓아 오나라에 대한 방비를 확고히 해놓고, 같은 해 7월 촉나라를 공격해 왔다. 위나라에서는 조진을 총대장으로 하여 자오곡도, 포야도, 기산－무도의 경로에서 나누어 공격하였고, 사마의가 한수를 거슬러 올라가 서성(지금 섬서성 안강현)을 공격하는 방식으로 모두 한중에서 집결하는 계획이었다. 촉나라 제갈량은 장사 장완으로 후원을 삼고 출정하여, 성고(지금 섬서성 성고현)의 적판으로 나아가 적을 기다렸다.[19] 전장군으로 후방의 업무를 담당한 이엄에게 병사 2만으로 한중으로 가게 하였고, 그 아들 이풍을 강주도독을 삼아 그 뒷 군사사무를 감독하게 하였는데, 마침 30일간 가을철 큰비가 쏟아져 잔도棧道가 무너지니 위나라 군사는 퇴각하지 않을 수 없었다.

제4차 북벌은 건흥 9년 231년 2월, 이번에는 제갈량이 여러 군대를 이끌고 재차 기산(지금 감숙성 서화현 서쪽)을 포위하였는데, 목우[20]를 만들어 운반하였다. 이에 위 명제 조예는, 대사마 조진이 병사하니 대장군 사마의를 총대장으로 하여 장합, 비요, 대릉, 곽회 등과 대응하게 하였다. 제갈량은 군사 일부는 기산을 공격하게 하고, 스스로는 사마의를 맞아 상규(지금 감숙성 천수현)에서 대치하면서 복병을 써 위군 3천 명을 몰살하는 대승을 거두었다. 하지만 중도호로서 한중유수부를 맡은 이엄의 기만으로 같은 해 6월에는 군량미가 소진되었기 때문에

---

19) 적판赤坂은 성고成固의 서북쪽에 있어, 위나라 군사가 한수를 거슬러 올라오고, 자오곡에서 나온다면 성고에서 양 군사가 만날 것이기에 이곳에 진을 친 것이다.

20) 《제갈량집》에는 '목우木牛란 배는 네모졌고, 머리는 굽게 만들었는데, 하나의 다리에 발이 네 개이고 머리 부분으로 물건을 넣는다.'라고 하였고, '1년간의 식량을 싣고 하루에 20리씩 가기 때문에 사람이 크게 피로하지 않았다.'고 하였다. 그러므로 산악지역에서 전쟁 물자를 수송하기 위해 제작한 운반도구로 보인다.

퇴각하지 않을 수 없었다. 이때 촉나라 군대를 추격한 장합이 노성(지금 감숙성 천수현과 감곡현 사이) 근처에 있는 목문에서 매복에 걸려 화살에 맞아 죽게 된다. 촉나라로서는 기어이 가정전투에서의 마속의 패배를 설욕한 것이다.

이번 북벌에서 제갈량은 비책을 사용했는데, 당시 북쪽에서 세력을 확대하고 있던 선비족의 수장 가비능에게 사자를 보내어 위나라를 협공하자고 제안했던 것이다. 가비능은 이를 받아들여 장안 북쪽의 북지군 석성까지 군대를 보냈다. 그러나 촉나라 군대가 군량미가 떨어져 이미 퇴각해버렸기 때문에 협공작전은 불발로 끝나게 되었다.

6. 오장원에서 별이 지다

제5차 북벌은 제갈량이 지난 북벌 이후 2년간 군량미와 무기 준비에 만전을 기하며 면밀하게 준비한 뒤, 건흥 12년 234년 2월에 10만 대군을 이끌고 출병하는 것으로 시작된다. 포야도에서 위수의 남쪽 기슭 오장원(지금 섬서성 미현과 기산현이 교차되는 경계)에 진을 쳤다. 목우와 유마로 식량과 무기를 운반하여 군량미를 야곡구에다 비축하고, 그곳에 있는 저각(곡식 저장 건물)을 수리하였다. 한편, 오장원 일대에서 둔전을 하여 장기전에 대비하였으며, 농사짓는 사람들을 위수의 강변에 사는 백성들 사이에 섞여 살게 하여 백성들이 안도케 하고 군사들이 사사로운 폐를 끼치지 않게 하였다. 그리고 제갈량은 오나라에 사자를 보내어 동맹관계인 만큼 오나라도 동시에 출병할 것을 요구했다.

이에 같은 해 5월 손권이 몸소 10만의 군대를 이끌고 거소호구(책강구)까지 들어가서, 합비(지금 안휘성 합비시) 신성을 향해 출정했다. 또 육손과 제갈근은 1만여 명을 거느리고 양양(지금 호북성 양번시)으로 향했고, 장수 손소, 장승이 회수로 들어가서 광릉(지금 강소성 양주시)과 회음(지금 강소성 회음현)으로 각각 공격하였다. 말 그대로 촉나라와 오나라의 총공격이었으니, 이른바 촉·오동맹이 넘어서야 하는 분수령을 이룩할지 어떨지가 달린 전투였다고 할 것이다.

오나라와 촉나라에게 총공격을 받은 위나라의 조예도 총력전을 폈다. 이때 동쪽의 오나라 전선의 총대장인 위나라 정동장군 만총은, 같은 해 6월 합비 신성의 수비군을 뽑아서 수춘(지금 안휘성 수춘시)에서 적을 맞아 싸울 것을 진언했지만, 조예는 이를 받아들이지 않고 몸소 수춘으로 출정한다. 그러는 한편 정촉호군 진랑에게 2만 병사를 독려하여 서쪽의 촉나라 전선을 맡은 사마의를 도와 제갈량을 방어하고, 사마의에게 전투를 벌이지 말 것을 명령했다.

이때 손권의 오나라 군대 진영에서는 역병이 돌고 있었다. 게다가 조예가 몸소 친정하리라고는 생각지도 못한 일이었다. 손권은 예상이 빗나갔다며 군대를 되돌렸으니, 이 소식을 접한 동서 양 방면의 오나라 군대도 퇴각하고 만다. 그런 가운데 제갈량이 사마의와 위남(지금 섬서성 위남시)에서 서로 군사 대치한 지 100여 일이 지나게 된다. 제갈량이 군량과 무기에 만반을 갖춘 이 마지막 북벌을 이룩하고자 자주 도전하였으나, 사마의는 끝내 전쟁의 장場(싸움터)에 나아가지 아니하였다. 마지막에는 건괵과 부인복장을 보내어 사마의에게 굴욕까지 주었는데, 이에 사마의는 격노하여 전투를 벌이려 하지만, 조예로부터 파견된 위위 신비가 부절을 가지고 제지해 전투를 벌이는 것을 막았다.

같은 해 8월, 제갈량은 오랫동안 누적된 피로로 병석에 눕게 된다. 그 병세가 위중하게 되자, 후주(유선)는 상서복야 이복을 보내 살펴보게 하였다. 이때를 틈타 이복이 "만약 공(제갈량)의 백 년 뒤 누가 국가의 큰일을 맡을 수 있을까" 물으니, "공염(장완)이 마땅할 것이오."(본전)라 하였다. "그 뒤에는 누가 이 일을 맡을 수 있을까" 물으니, "문위(비의)가 그를 이을 수 있을 것이오."라 하였다. 또 그다음 사람을 물으니 제갈량은 대답을 하지 아니하였다.21)

같은 달 제갈량은 끝내 병으로 군영에서 죽었는데, 그때 나이 오십사세였다. 촉한의 군사는 퇴각했고, 사마의는 제갈량의 군영과 보루 등을 살펴보고서는 "천하의 기재奇才(세상에서 뛰어난 재주를 지닌 사람)이다!"라고 감탄하며 말했다. 제갈량은 유언한 대로 한중 정군산에 묻혔으며, 시호를 충무후라 하였다. 제갈량의 동생 제갈균은 장수교위를 역임했고, 제갈량의 아들 제갈첨이 작위를 이었으며 열일곱 살 때 (후주의) 공주를 아내로 맞이하고 기도위에 임명되었다. 이어 우림중랑중이 되었으며, 여러 번 승진하여 야성교위, 시중, 상서복야가 되었고 군사장군을 더했다.

21) 이에 대하여 호삼성은 예전에 고제高帝가 "이 이후에는 또한 네가 알 바가 아니라."고 한 뜻과는 다르고, 촉 지역의 인사 가운데 비의를 충분히 이을 만한 사람이 없었을 것이라고 해석하였다. 《자치통감 권73》

한조부흥에 헌신한 충의지사이자 고금의 명재상

02

제갈량은 유비를 보좌하여 미미한 세력을 일으켜 삼국정립 시기에 당당한 주역으로 발돋움하게 한 명재상이다. 또한 반조반위反曹反魏로 한조부흥을 내세워, 자신이 죽는 그 순간까지도 이를 실현하기 위해 끝까지 노력을 다한 충의지사였다. 이러한 제갈량의 일생은 후세의 유학자들에게 높은 평가를 받았는데, 특히 남송의 대유인 주희朱熹도 그를 극찬했을 정도였다. 충의의 신하로서 나랏일을 위하여는 어떠한 죽음이라도 두려워하지 않는, 즉 간뇌도지肝腦塗地하는 그의 모습은, 유가儒家에서 보여줄 수 있는 신하의 전범이었던 것이다. 여기에 그치지 않고 많은 백성들 역시 그를 사랑하였으니, 《삼국지연의》를 읽다가 그의 죽음에 관한 대목에서는 눈물을 흘리지 않을 수가 없었다는 말을 할 정도로, 제갈량은 전통적 유교사회에서 존경받는 인물 중 한 사람으로 손꼽혔다.

그렇지만 흠잡을 데 없는 그의 훌륭한 품격은, 오히려 그가 받게 되는 비판을 파생시키는 발단이 되었다. 즉, 그동안 그가 받은 호의적인 도덕적 평가 일변도에서 점차 비판적인 역사적 평가가 파생되기에 이른 것이다. 바로 제갈량이 추구하던 중원회복 한조부흥의 대업을 완수하지 못하고 사망하는 그의 족적을 두고, '임기응변의 지략이 장점이 아닌 인물'에서 '정공법만 고수하는 인물', '군략에 뛰어나지 못한 인물' 등으로 거론되면서, 어느덧 제갈량은 정치에는 뛰어나도 용병에는 그렇지 못한 인물이라는 논란에 휘말리게 되었다.[22)]

혹자는 제갈량을 '쉽게 할 수 있는 일은 하지 않고, 남들이 할 수 없는 일을 한 위대한 바보'로 묘사하기까지 한다. 이는 제갈량이 비록 군사 전략가적인 재능이 앞서지 않아 비록 필생의 대업을 완수하지 못했으나, 정치가로서 보인 진정성만으로도 그는 위대한 인물이라고 본 것이다. 진정성을 정치가의 가장 중요한 덕목 중 하나로 여기는 면을 엿볼 수 있긴 하지만, 분명한 것은 이 말 가운데에도 제갈량은 현실에서 실패한 정치가라는 전제가 깔려 있다. 스스로 두 차례의 출사표를 올리며 강대한 위나라를 상대로 수차례의 북벌을 감행했지만, 생진에 그는 뚜렷한 영토의 확장이나 위나라에 대한 결정적인 승리를 얻는 데 실패했다.

따라서 진정성을 갖춘 바보는 바보 이상의 가치를 가질 수 없다는 것인데, 그렇다면 과연 제갈량은 진정성을 갖춘 정치가이기만 했을까? 진수를 비롯한 이후 사가史家들에 의해 제갈량이 군략에는 그리 능한 것은 아니라고 본 것이, 그를 평하는 데 있어 가장 큰 쟁점이라 할 수 있다. 왜 그는 사람들에게 소위 불가능에 가깝게 비춰질 '북벌北伐'이란 무리수를 감행하였을까? 이를 제대로 파악하기 위해서는, 먼저 그의 유년시절로 거슬러 올라가 심층적으로 그의 사상 가치성향의 형성 과정을 이해할 필요가 있다.

---

22) 이러한 시비 논란은 특히 남북조시대의 북위의 재상이었던 최호崔浩가 불을 지폈다고 볼 수 있다. 남북조 시대를 비롯하여 당송시대의 제갈량에 대한 활발한 포폄褒貶·훼예毁譽가 상당히 제갈량에 대한 최호의 신랄한 혹평을 겨냥해서 나온 측면이 강하다. 그의 평가는 북위의 역사서인 《위서魏書 모수지전》에서 자세하게 드러나는데 그 요지는 진수가 고의로 제갈량을 폄하한 것이 아니라 오히려 과장되게 미화시켰고, 제갈량이 관중, 악의에 필적한다는 것은 말도 안 되며 그저 조타趙他 같은 인물이라는 내용으로 압축할 수 있다.

한漢 사례교위 제갈풍[23]의 후예다. 부친 제갈규는 자가 군공이고 한 말엽에 태산군승을 지냈다. 제갈량은 어려서 고아가 되었는데 종부從父인 제갈현이 원술에 의해 예장태수로 임명되자 제갈량과 그의 동생 제갈균을 데리고 부임했다. (본전)

제갈량의 (본전)을 보면, 그의 가문배경은 전한 시대의 인물이었던 제갈풍에서부터 비롯된다. 그런데 그 이후 제갈량의 부친 제갈규에 이르기까지 별다른 인물이 언급되지 않고 있는 것을 보면, 제갈풍이 서인으로 강등된 후 그의 후손들은 관계에 인연이 없었던 것으로 보인다. 그러다가 제갈규 대에 이르러 지방군의 부군수 격인 군승에 오르고, 제갈현이 당대의 명문세족인 원술, 유표 등과 인간관계를 맺게 되었으니, 후한 말엽 시기에야 제갈량의 가문은 점차 위세를 쌓아 나가게 되었던 것 같다. 그렇지만 아직 제갈량의 가문은 순욱, 진군, 사마의 등은 물론이고 다른 사대부들과도 비견될 수 없을 만큼 한미하기 짝이 없었다.

또한 제갈량의 부친 제갈규는 어린 나이이던 제갈량을 남겨두고 일찍이 사망하였다. 설상가상으로 제갈량과 그 형제자매들을 거두었던 숙부 제갈현 역시, 당시 양주의 원술에 의해 예장 태수를 맡게 되었지만 조정으로부터 임명받은 주호에게 태수자리가 넘어가, 제갈량은 친교가 있는 형주목 유표에 의지하게 된다. 그런데 제갈량이 어려서 모친을 여의고 8세 때는 부친을 잃었는데, 보살펴주던 이 숙부마저 17세

23) 제갈풍諸葛豐이 사례교위에 재임한 시기는 전한 원제元帝 때이다. 그는 강직하기로 이름나 있어 설령 황제의 귀척貴戚들이라도 봐주지 않고 처벌할 정도였으며 이러한 일이 잦아지자 고관들 대부분이 그를 비방하였다. 그러다 봄과 여름 시기에는 만물이 생장하는 시기라 하여 형옥에 관한 업무를 매우 느슨하게 하는 터인데도 유독 제갈풍이 옥사獄事를 더욱 다뤘다는 이유로 성문교위로 좌천되었다. 그런데 제갈풍이 평소 칭찬하였던 광록훈 주감과 광록대부 장맹의 죄를 고발하자 원제는 제갈풍을 올바른 사람이라 보지 않아 제갈풍을 면직시켜 서인庶人으로 만들었다.

때 사망하게 되었으니 그 충격이 적지 않았을 것이다. 상황이 이렇게 되다 보니, 청소년 가장 격인 제갈량으로서는 자신뿐만 아니라 형제자매들까지 책임져야 했다. 이에 제갈량에게 이 시기는 그의 일생에 있어서 한 전환점이 되었을 것으로 여겨진다.

따라서 제갈량이 당시 사회 제도권에 진입하여 가문을 일으켜 세우기 위해서는, 자신의 존재 가치를 세상에 드러내야 했고 스스로 노력하여 이를 일궈내야 했다.[24] 그가 융중에서 은거하며 지낸 까닭도 단지 그의 성품의 영향으로만 볼 수 없는 것이다. 아마도 자신이 생각하는 기회를 얻기 위해 때를 기다렸다고 보아야 할 것이다.

이런 맥락에서 제갈량이 사마휘 문하에서 수학하면서 보여준 문하생들 간의 친우관계와 그의 학습방법은, 제갈량의 사상 가치성향을 이해하는 데 실마리를 제공해 준다. 비교적 상세하게 기술된 그의 청소년 이후 생활을 보면, 제갈량은 최주평, 서서, 맹건, 석도 등 일부 인사들과만 교우 관계를 가졌으며, 정밀하게 공부하기보다 대략을 익히는 데 치중했다. (본전)에 따르면, 제갈량은 신장은 8척尺으로 자신을 관중[25]과 악의[26]에 스스로 비유하였으나 '당시 사람들은 이를 수긍하지 않았다.'고 하며, '오로지 박릉의 최주평[27]과 영천의 서서[28]만이 그의

---

24) 후한 말엽에는 국정의 문란으로 인해 인재선발의 공정성이 혼탁해져 가문의 배경이나 경제력을 갖고 있지 않은 상황에서 고위 관료로 나아가기 위한 관문으로 진입하기에는 많은 제약이 따를 수밖에 없었다. 때문에 이러한 한계를 극복하고 관계에 진출을 이룩하기 위해서 저명한 학자의 문생이 되어 그 명망을 등에 업거나 혹은 유력 가문과 혼인관계를 맺어 원조를 받는 방법 등이 대두하게 된다. 제갈량도 어찌 보면 이 시대의 흐름에 영향을 받아 이러한 접근 방법들을 잘 활용하여 외지에서 이주하여 형주에 은거하면서도 자신의 공고한 지위를 구축해 나간 인물이었다고 하겠다.

25) 관중管仲은 춘추시대 제나라의 정치가, 법가이며 포숙아의 추천으로 적대하고 있던 제나라 환공의 재상이 되어, 부국강병책을 써서 환공으로 하여금 패자覇者가 되게 하였다.

26) 악의樂毅는 전국시대 연나라의 장군으로, 제나라 70여 성을 탈취한 유능한 전략가이다.

27) 최주평崔州平은 이름은 실전失傳되었으며 주평은 그의 자이고 박릉(지금 하북성 여현

재주를 인정하였다.'고 한다.

흥미로운 점은 최주평과 서서 이 두 사람에 대한 기록이 대체로 뚜렷한 경우에 속한다는 것이다. 한 사람은 중원에서도 인정받는 명사의 자제이고, 다른 한 명은 한미한 가문 출신의 임협이다. 또한 서서는 노력하여 같은 영천군 출신의 석도[29]와 친애하게 된 인물이다. 후일 서서가 일시적이나마 석도와 같이 유비를 좇았던 점에서, 두 사람의 친애 정도와 제갈량과의 관계를 대략 짐작할 수 있게 한다. 여남 출신의 맹건[30]은 제갈량과 서로 친교를 가졌으나, 뜻이 같지 못하여 제갈량의 권고에도 옛 고향인 북으로 돌아간 경우이다.

제갈량이 또 말했다. "나는 전에 처음에는 최주평과 사귀면서 잘한 것과 잘못한 것을 여러 번 지적 받을 수 있었고 뒤에는 서원직과 사귀어 그에게 계발과 가르침을 자주 받았다."《삼국지 촉서 동화[31]전》

남쪽) 사람이다.《삼국지 촉서 제갈량전》배주에 인용된「최씨보崔氏譜」에는 최주평이 태위를 지낸 최열崔烈의 아들로 되어 있다.

28) 서서徐庶의 자는 원직으로 영천(지금 하남성 우현) 사람이다.《삼국지 촉서 제갈량전》배주에 인용된《위략》에 의하면 서서는 '본단가자本單家子'라 하였는데 여기서 단가單家란 '외롭고 한미한 신분'이라는 뜻이다. 건안 13년 208년 조조가 남정을 나서 형주를 공격하자 유비는 군사를 이끌고 남쪽으로 후퇴하였는데 이때 서서는 제갈량과 함께 유비를 따른다. 그의 모친이 조조군에 사로잡히게 되니 유비와 헤어지고 조조에게 귀순한다.

29) 배주에 인용된《위략》에 태화 연간 제갈량이 농우隴右(농서)로 출병했을 때 광원廣元(석도)은 군수, 전농교위를 역임하고 원직元直(서서)의 관직은 우중랑장, 어사중승에까지 이르렀다는 사실을 듣고 탄식하며 말했다. "위魏에는 선비가 너무 많구나! 어찌 저 두 사람이 저렇게 쓰인단 말인가?"라고 하는 기록이 있는 것으로 보아, 제갈량이 이들의 능력을 높이 인정했음을 추측할 수 있게 한다.

30) 이름은 맹건孟建이며 공위公威는 그의 자로, 여남(지금 하남성 평여 북쪽) 사람이다.《삼국지 위서 온회전》의 배주에 인용된《위략》에 의하면 그는 나중에 위나라에서 벼슬하여 양주凉州자사가 되고 정동장군까지 이른다.

31) 동화童和는 남군 지강 사람으로 자는 유재이다. 일찍이 유장 관할의 성도현령, 익주태수 등을 역임하였으며, 유비가 익주를 평정한 뒤 동화를 장군중랑장으로 삼아 군

즉, 친우관계에서 최주평과 서서만이 제갈량이 깊이 상호 인정한 경우였으며,[32] 석도와 그다음으로 친교가 깊었고 맹건과는 평이한 친교가 있었던 것으로 보인다.

한편 학습방법에 있어서는 '정숙精熟(정밀하고 숙지함)'의 학습 방법에 속한 석도, 서서, 맹건 세 사람과, 제갈량의 대략大略(큰 줄거리의 대요)을 보는 학습방법이 뚜렷하게 비교된 점 또한 그의 사상 가치성향을 이해할 수 있는 한 요소이다. 앞선 세 사람의 학습 방법에 관해 추정할 수 있는 근거는 《위략》에 나오는 서서의 학습 방식이다.

경전공부를 들어서 익히니, 뜻과 이치에 더욱 정련되고 숙지하게 되었다. 《본전/배송지 주, 위략》

한대에는 크게 훈고訓詁를 학습 방법의 하나로 본다. 훈고의 특징은 경서 연구를 중심으로 고증, 해명, 주석을 바른 해석을 통해 원래의 의미를 이해하려 한다는 데 있다. 서서의 학습 방식은 이러한 정의에 정확하게 맞아떨어지는데, 이러한 점에서 볼 때, 석도, 서서, 맹건은 당시의 관례적인 학습방법에서 크게 벗어나지 않은 학습을 한 것이다.

그에 비해 제갈량은 '홀로 대략을 살피는獨觀大略' 학습방법을 선택하였는데, 이는 이러한 훈고의 경향을 비루하게 보는 경향에 동조하였음을 보여주는 실증적 일례이다. 당시 형주 학계 일각에서 훈고 경향을 벗어나 이런 학풍의 특징을 보이기 시작한 것으로 알려져 있는데, 제갈

사장군인 제갈량과 함께 좌장군 대사마부의 업무를 담당케 하였다. 그는 일을 처리함에 타당하지 않은 것이 있으면 제갈량과 협의하기를 서슴지 않아 제갈량에게 대단한 칭찬을 받았다.

32) 이 중에 방통을 예외로 놓은 것은 그는 사마휘의 문생이라기보다는 방덕공龐德公 계열에 가깝기 때문이다. 방덕공은 사마휘보다 선배였고 은일지사로 명망이 높았으며, 제갈량도 사마휘와는 별도로 따로 방덕공에게 사사한 것으로 알려져 있다. 그런 면에서 사마휘의 제자끼리의 관계를 기술한 경우와는 별도로 이해해야 할 것이다.

량은 그 새로운 사조를 받아들여 이러한 학습방법으로 선택한 것이다.

제갈량은 한대 이후 당나라 때까지 큰 흐름을 형성했던 주류학풍 훈고로부터 벗어난 학습 방법을 선택하였기 때문에, 크게 인정받을 수 없었던 것이다. 이는 사마휘의 제자 가운데서도 그 학습 방법과 관점이 뚜렷한 차이를 지녔음을 암시적으로 보여주고 있다. 후일 사마휘가 유비에게 제갈량과 방통을 복룡, 봉추라고 부른 것은, 사마휘 역시 대체로 훈고를 멀리하는 경향에 있었다는 하나의 단서라 할 수 있다. 넓게 보면 방덕공이나 사마휘는 명사[名士]였으나 일반적 학문 경향을 벗어나 있었기 때문에, 그 제자 역시 널리 인정받기는 어려운 형편이었던 것이다.

그렇다면 형주 학계에서도 제갈량은 소수파에 속해 있었던 셈이다. 바로 이 소수파가 후일 유비의 진영에 가담해 촉한의 주요 라인을 장악했다고 볼 때, 촉나라 정권의 성격도 이런 관점에서 가늠해 볼 수 있을 것이다. 이들은 원래부터 훈고에 익숙한 주류 학계에서 인정받기 어려운 사상 가치성향을 지녔기 때문에, 중원의 위나라를 선택하지 않고 소수 정권으로 개창한 촉나라를 선택할 수 있었던 것으로 보인다. 바로 이러한 면도 촉나라가 특히 위나라와 대척점에 서게 된 원인의 하나가 아닌가 한다.

이제 여기서 우리는, 제갈량이 유비를 주군으로 선택하게 된 이유를 어렴풋이 추정할 수 있게 된다. 우리가 흔히 알고 있는 삼고초려의 내용과는 달리 배주에 인용된《위략》에서는, 제갈량이 유비를 먼저 찾아갔다는 대목이 등장하게 된 사연도, 어쩌면 이러한 상황에서 유추한 내용일지 모른다. 서서, 사마휘의 잇따른 천거를 제갈량의 계획적인 행동으로 간주하는 배경 또한 같은 맥락이다. 소위 삼고초려로 출사표에 등장하는 이 상황들이 모두, 제갈량의 선택에 의한 것이었다는 견해가 그것이다.

삼고초려三顧草廬의 실체에 관해서 논란이 많기는 하지만, 제갈량은 유비가 자신을 찾아오기 이전부터 그를 매우 주목하고 있었던 것으로 보인다. 당연히 당시 유비가 형주에 오자마자 널리 현인을 구하고 교류하려 하였다는 데에서 그 이유를 찾을 수 있다. 그런데 이보다 더 설득력을 지닌 근거는 제갈량을 삼고초려 하여 첫 대면이 이루어졌을 때, 제갈량은 유비가 던진 질문에 이미 어느 정도의 구체적인 답변을 준비해 두고 있었다는 사실이다. 유비를 제갈량이 사전에 주목하고 있지 않았다면, 그러한 대응은 불가능한 일이었기 때문이다. 이 모든 정황으로 볼 때, 제갈량이 이미 유비 쪽으로 향할 마음의 준비를 하고 있었던 것이다. 제갈량은 스스로 다수 세력정권보다 소수 세력정권 쪽을 선택함으로써, 자신의 뜻을 더 확고하게 펼칠 수 있다 판단하고 있었던 것으로 보는 것이 보다 타당하다고 할 것이다.

뒤에 공위(맹건의 자)가 향리(고향)를 그리워하며 북쪽으로 돌아가려고 하자 제갈량이 말했다. "중국(중원을 이름)에는 사대부들이 많은데 어찌 꼭 고향에서 즐겨 노닐려 하시오!"《본전/배송지 주, 위략》

이 대목은 중원으로 돌아가려는 맹건에게 제갈량이 한 말로, 이는 앞에서 언급한 대로 제갈량의 사상 가치성향에 의한 그의 세상을 보는 지평을 아주 잘 보여주고 있는 내용이다. 제갈량이 보기에, 맹건은 중원으로 가더라도 그의 뜻을 펼치기에 어려운 상황에 놓일 것이 분명했다. 학습 방법에서 어렴풋이 언급되었듯이, 맹건과 같이 전통적인 학습 방법에 천착한 사람은 그 관점이 고루하여 박식할 수 있으되 뛰어나게 보일 수 없기 때문이다. 그와 같은 류의 능력을 갖춘 인물은 조조 주변에 넘쳐나고 있다는 것이다. 심지어 후일 제갈량이 인정한 서서와 석도조차도 위나라를 향했지만, 이들이 끝내 큰 빛을 못 보지 않았던가?

배송지는, 제갈량이 석도, 서서, 맹건의 지위는 어디까지 이를 것인가를 평가하면서 자신에 대해서는 함구한 점과, 조조에게 귀부하려는 맹건을 만류한 것이 제갈량 자신을 위해 그렇게 했다면, 이는 진심이 통달하지 않은 것이라고 비판하였다. 또한 배송지는 뜻과 기개를 갖고 맘껏 재주를 펼쳤다면, 어찌 많은 선비들한테 이들이 깊이 가려져 빛을 볼 수 없었겠느냐고 반문했다. 그렇지만 서서를 포함한 세 사람의 중원으로의 진출은, 배송지의 견해와는 달리 그리 현달했다고 보긴 어려웠다. 물론 이들이 태수, 자사 등 어느 정도 높은 지위에 오른 것은 사실이지만 사대부가 바라는 최고위 관직인 공경의 반열에는 이르지 못했던 점을 상기해보면, 당초 제갈량의 예견은 대체적으로 적중한 것이나 다름없었다.

이처럼 다수의 인물이 포진하고 있는 조조의 진영에 새로운 관점이 수용되기 어려운 것은 물론, 기존의 관례적인 발상이 돋보여 보이기도 어려운 환경이었다. 제갈량은 이런 한계를 이미 꿰뚫어 보고, 새로이 개창되는 유비 진영과 주군으로서의 유비의 특성을 세밀하게 살피고 있었던 것이었으며, 서서와 사마휘가 유비를 먼저 만나게 된 것도 그 일환으로 유추해 볼 수 있다. 무엇이 사실이었든지 간에, 제갈량으로서는 유비가 스스로에게 더할 나위 없는 주군이었다.

거의 아무 토대가 없기 때문에 이를 구축하는 데 많은 시간과 공력이 들긴 하였지만, 제갈량은 그의 포부를 마음껏 펼칠 수 있었다. 그리고 무엇보다 한조부흥 중원회복을 필생의 숙원으로 삼고 있는 유비의 목표는, 바로 제갈량으로서도 추구하는 바였다. 기존의 다수 세력정권의 제도권에 들어가 주류로 성장하기에는 이미 늦을 대로 늦어버렸기에, 제갈량으로서는 자신이 소수 세력정권의 새로운 제도권을 형성하는 것이 더 빠른 길일 수 있었다. 이런 면에서 유비를 보좌하고자 한 제갈량의 선택은 그에게는 최선이었다고 볼 수 있다.

유비와 제갈량, 이 두 사람의 만남에서, 제갈량은 유비에게 이른바 천하삼분지계라는 구체적 비전을 제시한다. 천하를 삼분하여 정족지세鼎足之勢를 구축한 후, 기회를 보아 형주의 군대를 완성과 낙양으로 출군시키고 익주에서 대군을 거느리고 진천으로 진격한다면, 한조가 다시 흥기할 수 있다는 이 융중대책은, 한조부흥이라는 명분만 되새기고 있었던 유비에게 보다 명료한 청사진을 일깨워 준 것이다. 이러한 제갈량의 의지와 계책에 힘입어, 유비는 지난날의 답보 상태를 벗어나 천하통일이라는 큰 틀에서 세력의 발전을 도모하여 일약 삼분정립의 한 축으로 부상하게 되었다. 이때 제갈량은 기존의 익주 토착세력들과 함께 자신이 이끌고 온 상당수의 형주 사인士人들을 촉나라 정권에 참여시켜, 유비를 중심으로 한 강력한 중앙집권체제를 형성하게 된다.

이때 제갈량이 취한 정책은 다분히 중법重法주의적이었다. 《촉기》에 인용된 곽충5사郭冲五事는 제갈량과 법정의 엄형에 관한 시행 유보 논의를 소개하면서, 제갈량의 사상 가치성향이 법法 · 형가刑家의 사상을 중시하는 면모를 여실히 드러내 준다. 그렇지만 제갈량이 순전히 법가法家라 말할 수는 없다. 제갈량은 일면 예와 덕을 법에 앞세우는 유가적 색채 역시 강했기에 그를 법가로 보긴 어렵게 한다. 이는 그가 정책적 목적을 실현하기 위해 강력한 법을 중시했던 관점에서 이해하여야 할 것이다. 여기에서 조조를 유교를 이용한 법가인 외유내법형外儒內法型의 인물로 볼 수 있다고 한다면, 이에 대비시켜 제갈량은 법을 중시한 유가인 외법내유형外法內儒型의 인물로 볼 수 있지 않을까 한다.

한편으로 제갈량의 주된 사상 가치성향을 확인할 수 있는 최종적인 단서는, 제갈량이 주도한 북벌北伐이라 할 수 있다. 형주 대여 문제로 갈등이 많았던 촉 · 오동맹을 넘어서서 손권은 조조와 손잡고 관우를 협공하자 관우는 형주를 잃게 되었고, 유비는 이를 설욕하기 위해 이릉대전을 일으켰으나 도리어 참패를 당해 분사하고 말았다.

유비의 탁고託孤를 받은 제갈량이 실질적으로 국정을 운영하게 되면서, 제갈량은 당초 자신의 천하삼분지계를 수정해야만 했다. 본래 형주를 겸병한 촉의 입장에서 북벌에 두 갈래로의 진격을 함으로써 조조를 타도하여 한왕조를 부흥하고자 한 것이지만, 이제 그 한 갈래인 형주를 잃어 현실적으로 그대로의 실현이 어렵게 되었다. 유비 사후 제갈량은 몇 년 동안 남방정벌과 내치에 진력함으로써 국력을 회복시킨 후, 드디어 육출기산이라 불리는 북벌을 일으켰다. 제갈량의 이 정벌전은 그야말로 유비 사후 촉나라의 존재 가치를 상징하는 일대 사건이었다.

현저한 국력의 열세를 극복하기 위해 제갈량은, 이제는 사실상 쓸 수 없게 된 형주라는 전략카드를 버리고 양주涼州라는 새로운 전략카드를 택하였다. 양주는 군마軍馬의 산지이자 곡창지대였기에 기병 양성과 병참 보급의 문제를 모두 해결해 줄 수 있는 최적의 거점지대였다. 더욱이 이 지역은 한족과 이민족이 잡거하고 있어 초병을 하여 이들을 바로 군대로 편성시킬 수 있는 이점이 있었고, 위나라의 통치 중심권역에서 상당히 멀리 떨어져 있어서, 촉나라 입장에서는 대타카드로 충분히 관심이 갈 수밖에 없는 또 하나의 거점지대가 되었었다.

제1차 북벌 때 제갈량이 위연이 제시한 자오곡 기습책을 묵살하고 받아들이지 않은 일례를 두고, 논자들은 제갈량이 기실 점령의 의지가 없는 것이 아니냐는 비판을 하였다. 또한 이는 공격함으로써 수비를 한다는 이공위수以攻爲守라는 주장33)을 지지하는 논거로 활용되기도 했다. 그러나 이는 장안을 일시에 함락시키는 모험보다는 양주부터 취한 후, 관중을 장악하는 안전을 택한 것이라 파악함이 마땅하다. 때문에

33) 후술하는 주65)와 왕부지王夫之의 《독통감론》 인용문 참조.

제갈량이 진격 루트를 바꿔가며 북벌을 행한 것은, 양주를 위나라 조정에서 고립시켜 병탄하려는 의지의 일환으로 볼 수 있다.[34] 이러한 제갈량의 계획이 거의 성공할 수 있는 결정적 단계에 다다를 때쯤, 안타깝게도 제갈량이 기용한 마속이 가정 싸움에서 장합에게 패하게 되면서 제1차 북벌은 실패로 돌아가게 된다.

그렇지만 제갈량은 다른 루트를 택하여 다시금 북벌을 개시한다.

선제(유비)께서는 우리 한漢(촉한)과 적[35]이 양립할 수 없으며 왕업이란 한쪽에 치우쳐 있고서는 안거할 수 없다는 것을 깊이 염려하였으니, 그러므로 신에게 적을 토벌하라고 부탁하셨습니다. 선제께서는 명철한 판단으로 신의 재주를 헤아려 보시고, 진실로 당연히 신이 적을 토벌하려는데 재주는 미약하고 적이 강하다는 것을 아셨습니다. 그러나 적을 토벌하지 않는다면 왕업 또한 망하여지는 것이니, 오로지 앉아서 망하기를 기다리는 것과 그들을 토벌하는 것 중 어느 것을 택하겠사옵니까? 이러한 까닭에 신에게 이 일을 맡기시면서 의심하지 않으셨습니다. 신은 명을 받은 날부터 잠을 자도 자리가 편안하지 아니하였고 밥을 먹어도 달지 아니하였으며 오직 북쪽으로 정벌할 것만을 생각하였지만, 먼저 마땅히 남쪽으로 들어가야 했기에 5월에 노수(지금 금사강)를 건너 불모의 땅으로 깊이 들어가 하루 식량으로 이틀을 지냈습니다. (…)신이 무릎을 꿇고 온 힘을 다하다가 죽은 뒤라야 그칠 것이나, 성공하

---

34) 흔히 육출기산六出祁山이라 하는 총 6번의 전쟁 중 1번의 위나라 침공을 저지한 것을 제외하고는 나머지는 모두 제갈량의 북벌이었다. 이때의 진격 루트는 기산으로의 진군은 두 번이었고, 진창, 무도와 음평, 기산, 야곡 등 매번 바뀌는 양상을 띠고 있다. 특히 익주 쪽에서 양주로 갈 수 있는 길목이라 할 수 있는 무도와 음평군을 쟁탈한 것은 확실히 제갈량이 북벌을 통해 일차적으로 양주를 겸병하려는 목적이 있음을 보여주는 좋은 근거가 된다.

35) 적賊이라고 표현했으므로 도적이라는 말인데, 이는 실제로 위魏나라를 가리킨다.

느냐 실패하느냐, 이로울 것이냐 아니냐는 신이 미리 헤아릴 수 있는 바가 아닙니다."[36] 이런 뒤 산관의 전투[37]가 있었다.[38] 《본전/배송지 주, 한진춘추》

후출사표에서 제갈량이 말한 '국궁진췌 사이후이'란 표현은, 오늘날에도 한나라의 지도자가 스스로의 책임을 다짐하는 경구로 자주 인용되고 있다. 제갈량은 여기에서 북벌이라는 대임을 끝까지 그 책임을 다하겠다는 의지를 명백히 다짐하고 있다. 혹자는 이러한 제갈량을 두고 미련하고 바보스러운 충신이라 평할 만큼, 제갈량의 중원회복을 향한 북벌은 그야말로 다윗과 골리앗의 싸움 같았다. 제갈량은 한조부흥이란 숙원을 이룩하기 위해 자신의 몸을 돌아보지 않고 인생 말년을 소진하였고, 그의 삼대三代를 나라에 바쳐 충의로써 보답하고자 했다.

비록 제갈량의 북벌은 끝내 성공하지 못했지만, 이러한 제갈량의 헌신에 많은 사람들이 감동하였다. 심지어 후대의 많은 왕조들은, 그를 제왕을 보좌하는 신하의 전범으로 삼았고 제갈량과 같은 인물의 출현

---

36) 원문은 국궁진력鞠躬盡力 사이후이死而後已이다. 이는 삼가 힘을 다해 쓰러질 때까지 충성하며 죽어서야 비로소 일을 그치겠다는 의미이다. 국궁진력과 같은 의미로 국궁진췌鞠躬盡瘁라 하기도 한다.

37) 이는 건흥 6년 228년 겨울 제갈량이 산관散關에서 출동하여 진창陳倉(지금 섬서성 보계시)를 포위공격한 제2차 북벌이다.

38) 이는 후출사표의 일부이다. 배송지는 주에서 "이 표문은 《양집亮集》에는 없고 장엄張嚴의 《묵기默記》에만 기재되어 있다."고 했는데, 이 후출사표가 《삼국지》와 《제갈량집》에는 없기 때문에 진위여부에 대한 논란이 많았다. 혹자는 앞서 말한 두 책에서 언급되지 않았고, 그 내용에 나오는 이복李服이 역사상 인물이 아니며 조운趙雲의 사망 연도가 《삼국지 촉서 관장마황조전》의 기록과 상이하다는 점, 그리고 이 글이 '출사표'와는 격조가 다르다고 보아 위작이며 장엄이 지었을 것이라는 주장이다. 그러나 다른 혹자는 장엄은 동오의 대홍려를 지낸 조정 대신인데 그 내용에 '손책이 앉아서 강동 땅을 차지하게 하였다.'라는 말을 쓸 수가 없었을 것이라며 위작이 아니라는 견해를 내세우기도 한다. 그러나 이런 논란이 있다 하지만 그 뒤 북송 때 사마광이 그의 《자치통감 권71》에서 이 표문을 주로 인용한 것도 아니고, 본문에 그대로 기재한 것을 본다면 이는 '후출사표'로 어느 정도 평가가 내려진 것이 아닐까 한다.

을 간절히 원하였다. 진정성으로 무장된 제갈량과 같은 충심을 그리는 데에서 비롯된 자연스러운 귀결이었고, 이는 앞으로도 지속될 것이다.

신념과 냉철한 성격으로 공평 공개 공정의 뛰어난 정치가 03

건흥 6년 228년 봄, 제갈량이 이른바 제1차 북벌을 감행하려고 아랫사람들과 이를 모의하였다. 위연이 병사 1만 명을 요청하며, 자오곡에 이르러 북쪽으로 불과 열흘이면 장안에 도착할 수 있다고 하였다. 그러나 제갈량은 이것을 위험한 계책이라 여겨 채택하지 않고, 스스로 대군을 이끌고 멀리 서쪽을 우회하여 기산을 공격하였다.

제갈량이 기산으로 출병하자 농서 남안 2군郡이 이때에 응해 항복했다. 천수를 포위하고 기성(지금 천수군 기현)을 함락하여 강유를 사로잡고, 남녀 수천 명을 내몰고 약탈해 촉으로 돌아왔다. 사람들이 모두 제갈량에게 축하하자 제갈량이 정색한 채 근심하는 얼굴로 말했다. "널리 하늘 아래 한漢의 백성이 아닌 이가 없는데, 국가의 위력이 미치지 못해 백성들이 승냥이와 이리의 주둥이에서 고통받도록 하고 있소. 한 사람이 죽어도 모두 나의 죄인데, 이 정도 일로 서로 축하한다면 어찌 부끄러운 일이 아니겠소?" 이에 촉인들이 제갈량에게 위나라를 병탄하려는 뜻이 있으며, 단지 국경을 넓히려는 뜻이 아님을 알게 되었다. 《본전/배송지주, 곽충 4사》

배송지는 이 일화에 대해, 제갈량이 위나라를 병탄하려는 뜻을 품은 지 오래다 보니 사람들이 이때 비로소 알게 됐을 리가 없다며, 변호적 입장을 취하고 있다. 설령 그렇다고 하더라도, 제갈량은 유비에게 출사하면서 천하삼분지계를 토대로 북벌을 통해 한실 부흥을 꿈꿔왔다는 점은 변함없는 사실이다. 형주를 잃은 촉나라 입장에서 위나라를 공략하려면, 옹·양주 일대를 석권해야만 했다. 이후 제갈량은 북벌을 몇 차례나 감행하면서 이곳을 공략하기 위해 부단히 애를 썼다. 이 점을 보면, 제갈량은 북벌을 통한 한실 부흥이라는 자신의 내적지향의 명확한 판단 혹은, 행동 결정 기준을 철저히 지키려 했다. 북벌이야말로 제갈량이 얼마나 주체적인 내적지향의 인물인지를 보여주는 뚜렷한 역사적 사실이다.

유비가 제갈량을 수차 찾아가서야 만나보게 되었고, 마침내 그를 영입하게 된다. 이로써 유비는 제갈량과 함께 마음으로 좋아하며 나날이 가까워졌다. 관우와 장비가 기꺼워하지 않자 유비가 이를 풀어주며 말하였다. "고孤(유비)에게 공명은 마치 물고기가 물을 얻은 것과 같다. 바라건대 그대들은 다시는 언급하지 말기 바란다."(본전) 관우와 장비는 이에 중지하였다. 이렇게 어찌 보면 전격적으로 발탁된 신진인사 제갈량에게 가장 먼저 맞닥뜨린 현안은, 유비의 오랜 최측근이라 할 관우와 장비의 견제를 어떻게 풀어나가야 하느냐였다.

공명은 말한다. "관운장과 장비가 내 명령에 복종하지 않을까 염려됩니다. 저에게 군사를 지휘하도록 하시려거든 주공의 칼과 인印을 빌려주십시오." 유현덕은 곧 칼과 인을 공명에게 내준다. 공명은 드디어 모든 장수들을 불러들이도록 명령했다. (…) 장비는 크게 껄껄 웃는다. "우리는 다 목숨을 걸고 싸우는데, 그대는 집 안에 편안히 앉아 있겠다니 참 좋겠소." 공명은 말한다. "주공

의 칼과 인이 여기 있다. 명령을 어기는 자는 참하리라." 유현덕 은 꾸짖는다. "작전의 계책은 방안에서 하며 승부는 천 리 밖에서 결정한다는 말을 듣지도 못했느냐? 두 아우는 명령을 어기지 말라." 장비는 비웃으며 나간다.《삼국지연의 제39회》

이처럼 《삼국지연의》에서는 제갈량과 관우, 장비와의 갈등과 대립 구도를 더욱 생생하게 묘사해 긴장감을 드러내고 있다. 제갈량은 하후돈의 침공을 대비하는 과정에서 유비를 설득해, 관우와 장비를 제압할 수 있도록 그의 칼과 인장을 빌려 유비의 명령권을 대리 행사하는 선제적 조치에 나섰다. 게다가 유비 또한 제갈량의 편에서 한마디 거들면서, 관우와 장비는 제갈량의 명령을 따를 수밖에 없는 상황으로 마무리된다. 이렇게 유비를 나서게 하면서까지 관우와 장비라는 경쟁자를 굴복시킬 수 있는 상황으로의 전환을 꾀하는 제갈량은, 그 사태 판단, 해결 방안을 자신의 내적지향의 주체적인 기준에 의거하고 있음을 뚜렷이 보여준다.

이런 모습에서 제갈량은 내향형에 가까운 특성을 보이고 있다 하겠는데, 내향형에서는 객체의 인상이 주체 안에서 형성한 것에 의거해서 사물을 본다. 내향적인 의식의 태도에도 물론 외적인 조건을 인식하는 능력이 있지만, 언제나 그 판단과 행동에 결정적인 것은 주관적인 속성이라 할 수 있다.

제갈량의 경우 어린 시절의 경험을 토대로 한실의 부흥이라는 뚜렷한 목표를 지닌 채, 유표의 세력권이었던 형주에서도 유표를 따르지 않고 10여 년간을 유거하였다. 그러다 유비가 자신을 알아주고 한실을 부흥할 수 있는 명군임을 알고 지체 없이 유비를 따라 출사하여, 유비의 휘하에서 변치 않는 충심과 자신의 신념을 가지고 촉나라에 충성했던 그의 태도에서 내향형과 유사한 면모를 여실히 드러내고 있다 하겠다.

애초 형주목 유표에게는 아들이 둘 있었는데, 유기와 유종이다. 유표는 유종에게 자신의 후처 채씨의 조카딸을 아내로 맞이하게 하니, 채씨가 이에 유종을 사랑하고 유기를 미워하게 되었다. 더구나 유표의 처남 채모와 생질 장윤이 나란히 유표에게 총애를 받았으며, 매일 서로 유기를 험담하고 유종을 칭찬하였다.

유표의 장자 유기 또한 제갈량의 능력을 인정했다. 유표는 후처의 말을 받아들여 작은 아들인 유종을 사랑하고 유기를 탐탁지 않게 여겼다. 유기는 여러 번 제갈량과 더불어 스스로 안전할 수 있는 방책을 찾으려 했으나 제갈량은 번번이 이를 거절하며 더불어 상의하거나 계획하지 않았다. 이에 유기는 제갈량과 함께 후원을 산책하다 높은 누각에 올라 술을 마시는 사이 사람을 시켜 사다리를 치우게 했다. 그리고는 제갈량에게 말했다. "오늘은 위로는 하늘에 올라갈 수도 아래로는 땅으로 내려갈 수도 없으니 말이 그대 입에서 나와 제 귀로 들어갈 뿐입니다. 그래도 말씀해 주실 수 없겠습니까?" 제갈량이 말했다. "그대는 신생이 안에 있다가 위험해지고 중이가 밖에 있었기에 안전했다는 것을 보지 못하셨소?"[39] 유기는 깨닫는 바가 있어 밖으로 나갈 것을 은밀히 꾀했다. 때마침 황조가 죽자 밖으로 나가 강하태수가 되었다. (본전)

유기는 유표의 장자였으나 후사를 도모하기는커녕 유표의 후처 채씨의 정치적인 견제를 받아 생명까지 위태로운 상황이었다. 유기는 이 문제를 제갈량과 상의하려 했으나 제갈량은 번번이 거절했다. 제갈량

39) 신생申生은 진晉 헌공獻公의 태자였으나 계모인 여희驪姬의 참소로 인하여 스스로 목을 매어 죽었다. 그러나 중이重耳는 신생의 동생으로서 여희의 참소를 두려워하여 밖으로 달아났다가 헌공이 사망한 후에 들어와 문공文公의 되었으니 이가 춘추5패의 한 사람이다.

이 유기의 계책에 빠지면서야 부득이 어쩔 수 없이 춘추시대 신생과 중이의 고사를 빗대어, 장자라고 안에 있는데 집착하지 말고 한발 물러서 있어 기회를 엿보라는 대책을 내놓아 유기의 안위를 지키게 했다.

제갈량이 유기와 친분이 있었지만 유기의 일에 전혀 관여하지 않으려던 행보는, 남의 후사 문제에 공연히 말려들지 않겠다는, 목적에 맞게 사고하는 의지적 판단의 태도라 할 수 있다. 다만 상황이 여의치 않자 유기의 안위를 지켜주겠다는 방향으로 사고를 전환해 적절한 대책을 제시하는 태도 또한, 의지적인 판단 작용이요, 합리적으로 사고하는 기능의 발현이라 할 수 있다.

제갈량은 유비의 고명대신으로서 유선을 섬기며 촉나라의 국력 확장에 심혈을 기울였다. 먼저 남중 지역의 반란을 정벌해 후방을 수습한 뒤 한중에 주둔해 북벌을 개시했다. 《삼국지연의》에는 이 과정에서 강유라는 걸출한 인재를 얻고, 천수, 기수, 상규 세 성을 차지했으며, 대장 하후무를 크게 격파한다. 이 소식에 놀란 위나라 조예는 대도독 조진, 부도독 곽회와 군사 왕낭을 파견해 제갈량의 군대를 물리치도록 했다.

> 이윽고 문기의 그림자를 헤치듯 한가운데서 한 대의 사륜거가 나타나는데, 공명이 이 수레에 단정히 앉아 머리에 윤건을 쓰고 손에 깃털 부채를 들고 흰옷에 검은 띠를 두르고 표연히 나온다. 그가 위군의 진영을 바라보니, 전면에 세 개의 산개傘蓋가 늘어서 있고, 기旗에는 각기 이름을 크게 썼는데, 한가운데의 수염이 허옇게 늙은 자가 바로 군사인 사도 왕낭이었다. 공명은 마음속으로, "왕낭이 필시 언변으로 수작을 걸 모양이니, 내 형편 따라 대응하리라." 생각하고, 수레를 진영 밖으로 내세우게 하고, 호위하는 소교小校를 시켜 전갈한다. "한나라 승상께서 사도(왕낭)에게 할 말이

있거든 하랍신다." 이에 왕낭이 말을 달려 앞으로 나오거늘, 공명은 수레 위에서 두 손을 앞으로 모으고 존경을 표시한다. 왕낭이 말 위에서 몸을 굽혀 답례하고 묻는다. "내 오래전부터 귀공의 높은 이름을 익히 들었더니 이제 다행히 만났소이다. 귀공은 이미 하늘의 뜻과 시국의 나아갈 길을 알고 있을 텐데, 어째서 명분 없는 군사를 일으켰소?" 공명이 되묻는다. "나는 천자의 어명을 받들고 역적을 치러 왔거늘 어째서 명분이 없다 하시오" (…) "내 본시 너의 경력을 아노라. 너는 대대로 동해東海가에 살면서 처음에 효렴으로 천거되어 벼슬길에 들어섰으니, 반드시 임금을 바르게 지도하고 나라를 도와서 한나라를 편안케 하고 유劉씨를 크게 모셔야 마땅하거늘, 도리어 역적 놈들을 돕고 그놈들과 함께 짜고서 천자를 몰아낼 줄이야 뉘 알았으리요. 네가 저지른 죄악은 하늘도 땅도 용납하지 않을 것이다. (…) 머리털이 허연 지아비야, 수염이 센 늙은 도둑아! 네가 저승으로 돌아가서는 한나라 역대 천자이신 24제를 무슨 면목으로 뵐 테냐! 늙은 역적은 속히 물러가서, 임금을 배반한 신하들을 내보내어 나와 함께 승부를 결정짓게 하라!" 왕낭은 공명의 말을 듣자 가슴이 꽉 막혀, 크게 외마디 소리를 지르더니 말 아래로 떨어져 죽는다. 《삼국지연의 제93회》

왕낭은 대국의 위세를 빌어 제갈량에게 항복을 권하려고 설전을 걸었으나, 제갈량은 오히려 이를 기회로 이용했다. 제갈량은 '한나라의 천수가 다해 위나라로 대통이 바뀌었다'는 논리를 펼친 왕랑을 향해, 한왕조에서 벼슬을 한 사람이 역적을 도운 선비라고 호되게 꾸짖어 왕낭을 분사憤死하게 만들었다. 조진과 곽회는 왕낭의 초상을 핑계로 제갈량 진영에 대한 매복과 기습전을 펼쳤으나, 제갈량은 일찌감치 이를 예상하고 상황을 역이용하여 조진의 군대를 격퇴했다. 상황에 따라 지모를 발휘해 적의 군세에 대응하는 제갈량의 이러한 활약상은, 병력 손실을 최대한 줄이면서 상대방보다 열세를 만회하기 위한 목적을 향한 의지적 판단과 합리적 기능이 잘 연출된 결과라 할 수 있다.

이런 사례들에서 제갈량은 사고형에 가까운 특성을 보이고 있다. 사고형은 주어진 관념내용을 그 고유의 법칙에 따라 서로 연관시키는 정신 기능인데, 제갈량의 경우 앞서 언급한 내용들을 통해 볼 때 사고형에 가까운 특징을 지니고 있다. 또한 사고형은 주관적인, 궁극적으로 우리가 잘 모르는 무의식적인 원천에서 주어지는 성향과 감관을 통한 지각으로써 전달되는 객관적 사항에서 주어지는 두 가지의 성향을 지니고 있으며, 이것이 내향적 사고와 외향적 사고의 두 가지 서로 다른 사고의 근거를 이루고 있다. 제갈량의 경우 이 근거에 따르면 내향적 사고의 성향에 가까운 인물이라 여겨진다.

이상을 토대로 보았을 때, 제갈량을 성격유형으로 그 인물형을 논한다면 내향적 사고형이라 평할 수 있다. 내향적 사고형의 특징은 첫째로, 자신의 사고 판단기준이 '내가 어떻게 생각하느냐'의 이념이나 관념을 중시하고, 둘째로, 자신의 신념이나 철학을 소중하게 생각하여 개혁을 추구하는 성향이 강하며, 마지막으로 성향이 분석적이고 논리적이며 치밀하여 매사에 빈틈없이 일 처리를 한다는 점이다.

1. 내적 신념 제대로 발휘하게 할 주군 찾아·공평 공개 공정으로 개혁 추구, 이로 한조부흥의 천하삼분지계 펼쳐 그의 논리분석적인 특징이 두드러져

이 내향적 사고형의 특징을 제갈량에게 적용시켜 보면, 각 내용 모두 제갈량의 성격에 잘 부합한다 할 수 있다. 그중 첫째 내용인 자신이 생각하는 바를 중시하며 더욱이 남을 개의치 않는 면모는, 제갈량이 유비에게 출사하기 전부터 이미 두드러지게 나타나는 내용이라 할 수 있다.

후한 말엽 동탁의 집정 이래로 군웅할거 시대가 도래하면서 중원과 하북 일대는 그야말로 전란의 소용돌이 그 자체였다. 끊임없이 진행되는 피비린내 나는 살육의 쟁탈전이 계속되자, 이러한 전화戰禍를 피하고자 남방으로 이주를 택한 사대부들이 속출하였다. 이들 중 상당수는, 왕족 출신이자 그 이름이 널리 나 있던 유표가 통치하는 형주를 택하였다. 유표 스스로도 유학에 정통한 명사였기에 문사와 유생을 우대하였고, 또한 '후정後定'이라는 학관을 설립하며 학문을 부흥시키는 데 아낌없는 후원을 하였다. 이러한 형주지역의 분위기는 그야말로 사대부들에게 학업을 연마하고 출사를 준비하기 위한 장소로 안성맞춤이었다. 또한 형주는 지리적인 이점으로 인해 북방의 전란과는 상관없이 평화가 오랫동안 지속된 것은, 북방 출신 이주자들에게 언제 끝날지 모르는 전란을 걱정하지 않고 형주에 안착하는 데 큰 매력적 요소였다.

제갈량 역시 형주에 자리를 잡게 된 북방 출신 사인 중 한 사람이었다. 그는 한미한 가문 출신으로 일찍이 부모를 여의었고 그의 숙부인 제갈현을 따라 고향을 떠나 예장(지금 강서성 남창시)을 거쳐 형주에서 안착하고자 했지만, 불행히도 그 숙부마저 세 해후 사망하고 말았다. 졸지에 청소년기에 가장으로서 타향살이를 할 수밖에 없는 운명을 맞이하게 된 제갈량은, 아무 데도 의지할 것이 없는 상태에서 이 상황을 스스로 극복해야 했다.

(본전)에 따르면 제갈량은 숙부가 사망한 후 몸소 밭을 갈고 농사를 짓는 생활을 하며 양보음을 즐겨 불렀다고 한다. 이는 어찌 보면 제갈량이 나름 자기 분수를 지켜 스스로 자족하는 삶을 보낸 것처럼 여겨질 수 있을 것이다. 그렇지만 오죽하면 사대부가 직접 농사를 지어 생활전선에 뛰어들어야만 했는가를 생각해 보아야만 한다. 아마도 제갈

량으로서는 전객佃客(소작인)을 부릴만한 여유가 없었으니, 직접 자급자족을 했을 만큼 경제적 형편도 좋지 못했던 것으로 추측할 수 있다. 상황이 이렇다 보니, 가문의 배경이나 재력을 등에 업고 관계 진출을 노리는 것은 아예 기대할 수가 없었다. 그러기에 남들과 달리 안정된 환경에서 학문을 익히고 덕행을 쌓을 기회를 갖지 못한 제갈량으로서는, 기존 제도권의 방식40)으로 자신과 집안을 일으키기엔 이미 많은 제약이 따르고 있는 상태였다.

제갈량이 처한 이러한 상황이라면 자신의 재주 학식을 적극적으로 뽐내어 명성을 쌓지 않고서는, 그 어느 누구도 제갈량의 진가를 알아주기란 사실 기대하기 어려운 일이었다. 그렇지만 제갈량이 결혼 적령기에 이르러 장가를 가려고 하자, 면남(면수 이남 지역, 즉 형초를 가리킨다)의 명사이자 형주의 대성41) 중 하나였던 황씨일문의 황승언이 제갈량에게 자신의 딸이 배필감으로 어떠한지 권유한 것이다.

황승언은 의기가 높고 마음이 맑으며 탁 트인 기상의 면남沔南의 명사였다. 그는 제갈공명에게 말했다. "그대가 아내를 고르려 한다는 말을 들었네. 내게 못난 딸이 있는데 노란 머리에 얼굴은 검으나 그 재주는 서로 배필이 될 만할 것일세." 공명이 허락하니

---

40) 그런데 기존의 인사선발 제도, 특히 벽소와 찰거제 같은 경우는, 후한 말엽으로 갈수록 점차 재지호족在地豪族의 자제가 선발되는 경향이 짙어지게 되면서 특별한 경우를 제외하고는, 한미한 가문 출신의 자제의 출사 기회는 상대적으로 배제될 수밖에 없었다.

41) 형주의 대성大姓은 괴蒯, 등鄧, 마馬, 방龐, 습習, 양楊, 채蔡, 황黃씨 등을 꼽을 수 있다. 이 중 채씨와 괴씨는 2천석 이상의 관원을 누대에 걸쳐 배출하여 형주 내에서도 1~2위의 정치적 입지를 차지할 정도로 위세가 대단한 가문이었다. 그래서 채씨와 괴씨의 협력 없이 형주를 통치하기 어렵다고 할 정도였다고 하니 실제로 유표가 단신으로 형주에 부임한 후 채모, 괴월, 괴량 등을 휘하에 두어 형주를 안정되게 통치할 수 있었던 것이고, 유표 사후 이들이 어찌 보면 태도를 바꾸게 되면서 형주가 조조에게 넘어가기까지 한 것이다.

곧바로 그녀를 실어 보내주었다. 당시 사람들이 이를 웃음거리로 삼아 향리에서 세간에 떠도는 속된 말을 지어 말했다. "공명이 아내 고르듯 하지 마라. 바로 아승(황승언의 애칭)의 못난 딸과 같은 이를 얻으리라."《본전/배송지 주, 양양기》

이유는 간단했다. 비록 자신의 딸이 못생겼으나 재주가 가히 제갈량의 배필이 될 만하다는 것이었는데, 이를 놓고 보면 황승언과 같은 형주의 쟁쟁한 명사가 제갈량의 재주를 이미 인정하고 있었다는 뜻이 된다.

당시 후한 사회는 재지호족在地豪族이 상당히 강해진 시기였다. 이들은 막강한 경제력을 바탕으로 백성들을 적게는 수백에서 많게는 수천 이상을 예속시켰는데, 경우에 따라서는 이들을 무장시켜 자신의 사병집단으로 만들기까지 했다. 본래부터 명문세가는 중앙관계로 진출하는 길을 거의 보장받았지만, 후발로 급부상하게 된 재지호족들은 우선 지방관계에 진출하는 길을 거의 독식하다시피 하면서 차츰 가문의 정치력을 확보해갔다. 또한 이러한 명문세가, 호가豪家들은 비슷한 반열의 가문과 정략적 혼인을 하여 가문의 위세를 유지, 발전시켜 나갔다. 이미 후한사회 말엽의 분위기는 위진남북조 시기에 많이 보게 되는 귀족제의 전초시기에 접어들고 있던 것이다.

이런 점을 감안하면, 황승언과 같은 명가 출신의 명사가 가문의 배경도 개인의 명성도 별로 없는 소위 기댈 언덕이 없는 제갈량을 단순히 재주 하나만 보고 딸을 주어 혼인을 시킨 것인가? 이는 분명 아닐 것이다. 두 가지 이유로 짐작해 볼 수 있다. 첫째는, 황승언의 딸이 정말로 못생겨서 이미 혼기를 놓쳐 혼인 상대를 구하기 어렵게 된 것과, 둘째는, 제갈량이 황승언의 사위감 물망에 오를 만큼 형주 내에서 이미 입지를 가졌다는 것으로 볼 수 있다. 제갈량이 황승언의 권유를 승낙한 것에 대해 사람들이 제갈량이 아내 고르듯 하지 말라고 조롱하는 것을 보면, 이는 첫째 이유가 그럴싸하다는 데 무게를 실어준다. 그리고 제갈량이 혼처를 구한다는 소식에 황승언이 직접 권유를 하는 것을 보면, 제갈량의 존재에 대해 황승언이 이미 익히 알고 인정할 정도였음도 짐작게 한다.

제갈량은 원적이 형주가 아닌 서주 낭야국 출신인데다가 형주로 온 지도 몇 년 안 되었고, 여기에 직접 자급자족해야만 할 정도로 그리 경제력 여유가 있는 것도 아니었다. 또한 유표에게 출사도 하지 않은 상태에 있었다. 그런 그가 형주 내에서 자신의 입지를 구축해 나갔던 배경을 찾아보려면, 아마도 북방 영천(지금 하남성 우현) 출신의 명사였던 사마휘의 문생이 되었던 데에서부터 출발할 수 있다. 자신의 제자 제갈량을 유비에게 추천할 정도로 제갈량을 크게 인정한 사마휘는, 경학에 밝은 학자이자 인물 감식에 뛰어났기에 외지 출신임에도 형주에서 매우 저명한 명사로 자리를 잡을 수 있었다.42)

제갈량은 이런 사마휘의 문생으로 있으면서 여러 인사들과 교류를 가질 기회를 갖게 되었으니, 그중에서 방덕공을 빼놓을 수가 없다. 방통의 당숙인 방덕공은 가문의 좌장이자 형주의 손꼽히는 명사로 사마휘와 친분이 매우 깊었다. 이 인물이 바로 제갈량을 형주 내에서 입지를 구축하는 데 결정적인 계기를 마련해 준다. 제갈량은 방덕공의 품평으로 인해 개인적 명성을 얻을 수 있었다. 또한 두 누이 중 한 명이 방덕공의 아들 방산민과 혼인함으로써, 제갈량은 단번에 형주의 대성 중 두 가문 방씨 그리고, 습씨와 직, 간접적으로 인척관계를 맺게 된다. 더불어 또 다른 누이로 인해 정치적 입지가 높은 괴씨 가문과도

---

42) 사마휘의 제자들 중 제갈량만은 장구章句에 얽매이지 않는 학습 태도를 취한 데다 유가를 비롯하여 형가, 법가 등 다양한 서적을 탐독하였다. 사마휘가 이런 제갈량을 유생이나 속된 선비와 다른 부류이자 시무時務에 능한 준걸로 호평하고 있는 것을 보면 아마도 사마휘는 제왕학과 같은 일종의 실용적인 학문도 강독講讀한 것으로 짐작된다.

직접적인 인척관계를 맺게 되었다.[43] 이로써 외지의 한미한 가문 출신 인물이었던 제갈량은, 형주에서 입신양명할 수 있는 통혼권으로 그 연줄망을 상당한 정도로 구축한 셈이었다.

여기에 그치지 않고 제갈량은 자신과 가문의 입지를 형주에서 공고히 다지기 위해 자신의 혼인을 통해 그 연줄망을 더욱 공고히 했다. 그는 혼처를 구한다는 소문을 냈고, 이 소식을 들은 황승언은 직접 제갈량을 찾아와 의중을 떠볼 정도였다. 제갈량 역시 남다른 인물임을 황승언은 진작에 알아보았기에, 그는 그 배필감으로 자신의 딸의 재주를 치켜세운 것이다. 제갈량은 황승언의 권유를 받아들이자 혼인은 빨리 진행되었다. 제갈량의 혼인을 두고 형주의 여러 호사가好事家들이 제갈량을 조롱한 것을 보면, 이는 분명 제갈량이 예상 밖의 선택을 했음을 나타낸다. 즉, 제갈량이 그런 결혼을 하지 않아도 되는데 그리했음을 의미하며, 이는 제갈량이 그런 결혼을 하지 않아도 될 만큼 형주 내에서의 이미 그의 입지가 공고해졌음을 보여주기도 한다.

이로 볼 때 남에게 조롱을 받을 정도의 혼인이었음에도 제갈량은 이를 개의치 않고 흔쾌히 수락했던 것이다. 제갈량은 남이 어떻게 생각하는 것보다는 자신이 어떻게 생각하는가를 더욱 중시하는 인물임을 확실히 엿볼 수 있게 된다. 이처럼 제갈량이 택한 혼인은 그야말로 그의 성격유형이 지닌 특징을 매우 잘 보여주고 있다 하겠다.

제갈량은 황승언의 사위가 되자 일약 형주 내에서 엄청난 인적 네트워크를 구축한 인물로 자리 잡게 된다. 이 혼인은 비단 제갈량과 황씨

---

43) 《삼국지 촉서 방통전》의 배주에 인용된 《양양기》의 기록을 확인하면 와룡이란 품평의 기원과 인척 관계 등을 알 수 있다. 제갈량의 별호를 부여한 이가 방덕공이고, 제갈량이 방덕공을 자주 방문하며 사사를 청한 것을 보아 이 두 사람의 관계는 남달랐던 것으로 짐작된다. 그리고 방덕공의 아들 방산민龐山民은 제갈량의 작은 매부이며, 방통의 동생인 방림의 아내는 호족 습정習禎의 누이임을 확인할 수 있다. 그 외에도 제갈량의 큰 누이는 괴기蒯祺에게 시집갔으므로 결국 제갈량은 괴씨, 방씨, 습씨 가문과 인척관계를 맺은 것이다.

가문과의 관계만을 의미하지는 않았다. 형주 최고의 가문인 채씨와 형주의 통치자 형주목 유표와도 인척 관계를 맺게 되었다.[44] 이렇게 되니 제갈량은 마음만 먹으면 언제든지 유표 휘하에서 그 재주를 선보일 수 있는 출사의 기회가 보장된 것이나 다름없었다. 그렇지만 제갈량은 벼슬을 하지 않고 그저 재야에 머물러 있을 뿐이었다. 유비를 섬기기 전까지 출사에 관한 자신의 신념을 중시한 채 말이다.

제갈량이 고수한 내적신념은 주군을 위한 자신의 역할과 자신에게 어떠한 주군인가로 집중된다. 제갈량이 재야에 오랫동안 머물렀던 것은 방덕공이나 사마휘처럼 은일의[45] 뜻을 둔 까닭은 아니었다. 그가 후견인이 될 수도 있는 유표에게까지 따르려 하지 않고 재야에서 관망세를 유지하고 있던 것은, 자신이 어떻게 이 세상에 대처해야 할지를 곰곰이 따지고 있었기 때문이었다.

제갈량은 현재 직면하게 된 난세를 바라보며 그 안에서 자신의 역할이 있다고 믿고 있었다. 그렇기에 제갈량은 재야에 있으면서도 늘 자신을 관중과 악의에 비유하니, 이는 자신이 출장입상의 재목임을 드러낸 것이다.[46] 관중과 악의는 재주를 드러내기 위해 출사에 적극적이었던 인물임에 반해, 제갈량은 그저 재야에 기거하면서 관망만 하고 있을 뿐이었다. 그리고 당시의 주류적 학문경향인 훈고의 학습 방법을

44) 습착치의《양양기구기》중「채모蔡瑁 편」을 보면 채모의 고모는 후한 말 태위를 역임했던 명사 장온張溫의 부인이고, 큰누이는 황승언의 부인이었으며, 작은누이는 유표의 부인이었다고 기록되어 있다. 즉, 채모와 황승언, 유표는 매부와 처남지간이며 황승언과 유표는 동서지간이 된다. 이렇게 되면 제갈량은 채모에게 조카사위가 되고, 유표에게 처조카사위가 되는 것이다. 때문에 유표의 장남 유기와 남다른 친분을 가질 수 있던 것도 이러한 관계에서 출발했다고 볼 수 있다.

45) 은일隱逸은 벼슬을 하지 아니하고 도덕이 높은 숨은 선비, 즉 은사隱士의 뜻을 말한다.

46) 출장입상出將入相은 나가서는 장수요, 들어와서는 재상이라는 의미이다. 즉, 문무겸전의 인물을 이르는 말이다. 그런데 관중은 춘추시대 제나라의 재상이었지만 장수는 아니었고, 악의는 전국시대 연나라의 명장이었지만 재상은 아니었다. 역할이 다른 두 인물에다가 자신을 늘 비교했다는 것은 곧 제갈량이 이 두 가지 역할을 모두 해내려는 포부가 담겨 있다 봄이 마땅하다.

따르지 않다 보니 문사로서 비주류로 취급될 수밖에 없었다.

더욱이 형주는 그때까지는 전란의 화를 입지 않는 비교적 평화로운 지역이었다. 또한 유표는 패업을 달성할 만한 역량도 없고 인의의 주군이 못 된다고 보는 지식인들이 많았다. 그러니 제갈량이 형주에서 출사한다면 관중과 악의처럼 될 기회도 없을뿐더러, 설령 그런 기회가 온다고 해도 제갈량이 이를 해낼 만한 재주를 가진 인물이라 대부분 인정하진 않았을 것이다. 만약 그러했다면 재야에 머물고 있는 제갈량을 영입하고자 하는 주군들의 노력이 분명히 있었을 테니 말이다.

다른 사람들이 어떻게 생각하든 제갈량은 이를 개의치 않고, 스스로 뚜렷한 자긍심과 함께 자신이 지향하는 역할의 모델을 공공연히 표출하고는 했다.

제갈량이 형주에 있을 때, 건안 초에 영천의 석광원, 서원직, 여남의 맹공위 등과 함께 공부하였다. 이 세 사람은 정밀하고 숙지하게 하는 데 힘썼으나, 제갈량은 홀로 그 대략大略을 살펴보았다. 매번 새벽 밤까지 차분하고 침착하게 무릎을 끌어안고 앉아 크게 읊조리며 세 사람에게 말했다. "그대 세 사람은 출사하여 나아간다면 가히 자사나 군수에 이를 수 있을 것이네." 세 사람은 제갈량은 어디까지 이를 수 있을 것인지 물었으나, 다만 웃을 뿐 답하여 주지 않았다. 《본전/배송지 주, 위략》

제갈량은 매번 동학 교류하는 석도, 서서, 맹건에게 자신의 긍지를 관직에 빗대어 은유적으로 드러내기도 하였다. 동학들을 겨냥하여 앞으로 자사, 군수 등에 이를 것이라고 평가하였지만, 제갈량 자신은 어디에 이를 것인가에 대한 동학들의 질문에 그저 웃기만 할 뿐 대답을 하지 않았다는 것은, 그가 생각하는 바가 다른 사람의 기준과 확연히 차이가 있었음을 스스로 알고 있었던 것이다. 동학들의 능력을 지위로 책정한 것을 보면, 아마도 그는 재주에 상응하여 지위를 갖는다고 생각한 것으로 보인다. 이로 볼 때 늘 자신을 관중과 악의에 비유하고는 했던 제갈량은, 만약 출사한다면 주군을 위해 맡을 자신의 역할이 아마도 대장군이나 승상이리라 상정하고 있었음을 짐작할 수 있게 한다.

이제 제갈량이 섬기려는 주군은 과연 어떠해야 하는가에 대한 문제에 초점을 맞춰보자. 그가 동학들에게 이런 말을 꺼낼 당시가 만약 건안 5년 200년 이전이면, 중원에서는 조조가, 하북에서는 원소가 서서히 명성을 떨치고 있던 시기였을 것이고, 만약 건안 5년 200년 초반이라고 친다면 천하인의 관심이 중원을 장악한 조조와 하북을 통일한 원소에게 향하고 있었을 시기다. 이때 많은 사인士人들은 양자 중 하나가 패업을 달성할 것이라 예측하고 있는 분위기였다. 유표를 섬기지 않을 것이라면 둘 중 누군가를 섬기는 것도 염두에 둘만한데, 제갈량은 이러한 움직임마저 보이지 않았다.

훗날 맹건이 조조에게 귀부하려 하자 이를 만류한 것을 보면, 제갈량은 자신의 뜻을 펼치기에는 조조와 원소가 적합한 주군감은 아니라고 본 것 같다. 조조의 경우 본인 스스로도 능력이 뛰어나고 재주가 많은데다 이미 그의 휘하에 출중한 부하들을 많이 두고 있었다. 그러기에 제갈량이 조조 진영에 합류하더라도 그 포부를 펼치기엔 이미 늦었을 것이다. 또한 주군으로의 조조는 제갈량이 지향하던 한조중흥과는 거리가 먼 인물이었다. 원소의 경우 천하를 아우를 정도의 명성을 가진 인물이긴 했어도 그 역시 유표처럼 난세에 적합한 주군은 아니었다.

북방에서 한참 전란이 지속되자 남방으로 이주하여 안착한 사인들을 제외하고는 대부분의 북방 출신 사인들은 조조나 원소에게 출사하였다. 설령 안착했어도 기회가 온다면 적극적으로 달리 귀부하려는 경우도 있었다. 대표적으로 조조가 북방을 평정하고 남하정책을 취하자 형주에서 왕찬이, 양주揚州에서 장소, 진송 등이 이러한 움직임을 보인 것이 그러하다. 제갈량은 이러한 분위기에 동화되지 않고, 자신이 생각하는 적합한 주군을 찾기 위해 기다리며 현실 참여에 대한 행보를 신중히 하고 있었다.

유표, 조조, 원소를 제외하고 남은 주군감으로 누가 있겠는가. 근거지를 갖고 자립하는 형세를 이루고 있는 인물이라면 당연 강동의 손권을 들 수 있다.

장자포(장소)가 제갈량을 손권에게 천거하였으나 제갈량이 머물려 하지 않았다. 어떤 이가 그 까닭을 물으니 제갈량이 말했다. "손장군은 가히 인주(주군)라고 말할 수 있겠으나, 그 도량을 보건대, 나를 어질게 대할 수는 있어도 나의 기량을 다하게 할 수는 없으실 겁니다. 내가 이 때문에 머물려 하지 않는 것입니다."[47] 《본전/배송지 주, 원자》

제갈량이 유비의 신하가 된 후 조조에게 저항하고자 손권 진영에 외교 사자로 파견되었던 때에, 재미있게도 조조에게 항복을 주장하던 장소는 제갈량을 손권에게 천거했다.[48] 이런 일이 있자 제갈량은 손권을

47) 신 배송지가 보건대 원효니袁孝尼(원자를 지은 원준袁準)는 글을 짓고 변론을 세우면서 제갈량의 사람됨을 매우 중하게 평가했으나 여기에 이르러 잘못된 바가 더 커지는 것이다. 제갈량의 군신君臣이 서로 만난 것은 가히 세상에 드물도록 생사와 화복을 함께하는 관계라 할 만하니 누가 그 틈에 끼어들 수 있겠는가? 어찌 단금斷金의 신의를 저버리고 주인을 택하는 마음을 품었을 것이며, 설령 손권이 그 기량을 다하게 할 수 있다 하더라도 그 거취를 뒤집었겠는가? 제갈량이 태어나 입신하여 처세함에 어찌 그럴 수 있겠는가! 관우가 조공(조조)에게 사로잡혀 심히 후대 받았고 가히 그 쓰임을 다하게 했다 할 만하나, 오히려 의로써 그 근본을 저버리지 않았는데, 어찌 공명(제갈량)이 운장雲長만도 못하단 말인가!

48) 주화론의 우두머리였던 장소가 주전론에 서 있는 데다 유비의 휘하에 있는 제갈량을 손권에게 천거한다는 것이 아이러니겠지만 이는 충분히 현실성이 있는 일이다. 장소는 서주 팽성국 출신의 인물로 낭야국 출신인 제갈량과 같은 서주 출신이었다.

자신이 이상적으로 생각하는 주군감이 아니란 이유로 일축하면서, 다른 사람들이 주군감으로 생각하는 바와 자신이 생각하는 기준이 확실히 구별되고 있음을 뚜렷하게 드러내 주고 있다.

물론 제갈량이 유비를 섬기기로 이미 택했고 유비와 제갈량의 관계는 매우 돈독했기 때문에, 다른 사람이 이 사이를 끼어들어간다는 것은 불가능했다. 다만 흥미로운 점은, 제갈량이 주군에 대한 우선순위를 자신을 예우해주는 것보다 자신의 능력을 제대로 발휘하게 할 수 있게 하는 것을 더 중시하고 있다는 사실이다. 장소의 천거에도 불구하고 손권을 따르지 않는 제갈량의 행동에 혹자가 의아해서 제갈량에게 그러한 까닭을 물었다는 것은, 곧 이들과 제갈량이 생각하는 주군감에 대한 선택 기준의 우선순위가 다르기 때문이라 할 수 있다.

손권이 장악하고 있는 탄탄한 근거지와 풍부한 물산을 보면 한 뼘의 땅조차도 없는 유비보다 절대적으로 우세했을 것이고, 인재를 대하는 손권의 예우 등을 보아도 유비에 비해 손색이 없었다. 즉, 제갈량에게 의문을 제기한 어떤 이는 손권이 유비보다 더 섬길만한 주군으로 보고 있기도 했던 것이다. 그렇지만 제갈량은 이런 사람들과는 확실히 다른 스스로의 내적지향의 관점을 견지하며 한 치의 주저함도 없이 손권의 곁에 머무르려 하지 않았다. 남들이 어떻게 생각하든 난 내가 생각하는 내재적 기준을 따른다는 이 사고방식은, 그의 성격유형이 지닌 특징을 잘 반영하고 있는 것이다.

전란을 피해 이주를 택한 서주 출신의 사대부들은 대개 양주揚州로 넘어가 손씨 집안에 의탁한 경우가 많았기에 장소는 제갈량의 출신에 기대를 걸었을 수 있다. 또한 제갈량의 형인 제갈근도 손권을 섬기고 있는 데다 유비는 이때만 하더라도 의지할 근거지도 없어 부하들을 책임져 나갈 가능성이 취약했다. 그리고 손권이 이미 조조와의 전쟁을 결정한 이상 만약 조조가 전쟁에서 패퇴한다면 손권은 장차 형주를 점령하고자 할 것이고 이 제갈량이 갖고 있는 형주 호족에 대한 인맥은 그 당시 상당한 장악력을 발휘할 수 있는 것이다. 이런 정치적 계산을 염두에 둔다면 장소의 제갈량 천거가 꼭 신빙성이 희박한 일이라고만 보긴 어렵다.

이처럼 자기 내적 신념을 중시하는 성격에 기인하여 개혁을 추구하는 성향이 강한 것이, 내향적 사고형의 인물이 가질 수 있는 또 다른 특징이라 할 수 있다. 이러한 특징은 제갈량이 출사하기 전에 대해서는 사료가 없어 좀처럼 찾아보기 어렵겠지만, 그가 유비에게 출사한 이후부터는 이를 쉽게 확인할 수 있게 한다.

곽충이 말한 첫 번째 일, 곽충1사: 제갈량의 형법이 매우 준엄하여 백성들 각박하게 하니, 군자로부터 소인에 이르기까지 모두 원망하고 탄식하는 마음을 품었다. (이에) 법정이 간하여 말했다. "예전 고조께서 관중에 들어왔을 때 법을 3장으로 간략하게 하시어 진秦나라 백성들이 그의 덕을 일았습니다. 지금 그대는 위력을 빌려 한 주州를 걸터앉아 점거하여 처음 나라를 소유하였으나 아직 은혜를 베풀고 백성을 위무하지 않았습니다. 또한 손님과 주인의 의는 마땅히 서로를 낮추는 데 있습니다. 원컨대 형벌을 느슨하게 하시고 금령을 늦추어 그들의 바라는 바에 대해 위로하는 바가 있어야 할 것입니다." 제갈량이 답하여 말했다. "그대는 하나만 알지 둘은 모르시는구려. 진나라는 무도했던 탓으로 정치는 가혹하고 백성은 이에 원망이 쌓였는지라 필부가 큰 소리 한 번 내지르니 천하가 무너져 내릴 지경이 되었으니, 고조께서는 이로 인하여 널리 천하에 덕을 펴고 그 만민을 구제할 수 있었던 것이오. 유장은 암약하여 유언 이래로 누대에 은혜를 베풀었으나, 문서로 된 법령은 제대로 시행되지 못하고 서로 아첨하여 덕 있는 정치는 제대로 이루어지지 않고 위엄과 형벌 또한 엄정하지 못하였소. 촉땅 인사들은 권력을 전횡하고 스스로 방자하여 군신의 도리가 점차 이에 능멸당하고 손상되었소. 그러니 지위를 주어 총애를 주면 지위가 극에 달했을 때 주인을 깔보고, 은혜에 따라 따르게 하면

은혜가 고갈되면 교만해지게 되는 것이외다. 오늘날 폐단이 생기게 된 까닭이 바로 여기 있소. 이제 나는 법으로 위엄을 세우고자 함이니, 법이 행해지면 은혜로움을 알 것이오. 또한 작위로 각각 한계를 정하면 작위를 더할 때 영예로움을 알 것이오. 영예와 은혜를 번갈아 널리 펴면 위아래는 절도를 갖추게 되오. 다스림의 요체는 여기에서 드러나는 것이오."[49] 《본전/배송지 주, 촉기》

제갈량이 제시한 천하삼분지계의 구도가 펼쳐져 유비는 손권과 손을 잡고 조조에게 대항하면서 형주 일부를 차지하였다. 그러다 뜻하지 않게 익주의 별가였던 장송의 도움으로, 유비는 익주 안으로 힘들이지 않고 들어갈 수 있는 기회를 얻었다. 건안 16년 211년 조조가 종요를 보내 한중을 평정할 계획이라는 소식을 들은 유장은, 장송을 파견하여 조조를 알현케 했지만, 조조는 장송에게 관심을 두지 않았고 관직도 주질 않았다. 이에 장송은 원한을 품게 되었다.

익주로 돌아온 장송은, 유비를 입촉入蜀시켜 그로 하여금 장로를 격파케 하여 조조의 침공을 대비하자고 유장에게 헌책하였다. 이를 수락한 유장은 법정을 보내 유비에게 군사를 거느리고 촉 땅으로 들어와 줄 것을 요청하였다. 유비를 불러들이지 말라는 여러 신하들의 반대에

49) 신 배송지가 보건대, 제갈량의 남다른 훌륭함이라면 실로 듣고 싶은 바이나, 곽충郭沖의 말은 모두 의심스러우니 삼가 일화의 뒤에서 비판하려 한다. 살펴보건대 법정이 살아 있을 때 유주劉主(유비)가 죽기 전이었으니, 여기서 법정이 간언했다는 것은 유비가 살아있을 때의 일이라는 말이다. 제갈량의 직분은 임금이 가장 믿는 중신이고, 일은 원수元首(유비)에게 귀속되는 것이다. 또한 유비가 살아있을 때 제갈량은 익주를 다스리지 않았으니 포상과 형벌이 그에게서 비롯되지 않았다. 그러나 곽충이 서술한 제갈량의 답변을 보면 스스로 그 일을 임의로 할 수 있는 듯하다. 이는 신하가 의당 스스로 처해야 할 본분에 위배되는 것으로 제갈량의 겸순한 몸가짐으로 볼 때 필시 있을 수 없는 일이라 할 것이다. 또한 제갈량의 형법이 준엄하고 백성을 각박하게 했다 했는데, 선정善政을 두고 각박刻薄이라 말하는 것은 일찍이 들어 보지 못했다.

도 불구하고, 유장은 끝내 유비를 영입하여 환대하였으나 이 둘의 결탁관계는 그리 오래지 않아 깨지고 말았다.

유비는 부성을 함락하고 이윽고 낙성을 포위하였지만, 그 공방전에서 방통을 잃고 1년여를 끌었다. 이 사이 제갈량도 장비, 조운 등과 함께 형주를 떠나 유비에게 합류하여 익주의 여러 군현을 평정하였고, 유비와 함께 성도를 포위하게 된다.[50]

익주를 평정한 후 유비는 제갈량을 비롯하여 법정, 유파, 이엄, 이적 등으로 하여금 익주 통치를 위한 법률 촉과蜀科를 제정케 했다. 유장이 익주를 다스릴 당시에는 이른바 동주병[51]을 제대로 관리하지 못해 국정이 문란해졌었다. 유장을 실각시키고 새롭게 등극한 유비의 지지기반이 주로 형주 출신 인물들이었기 때문에, 이 역시 익주 인사들에게 동주병의 재현이란 불안을 자극시키기 충분했다. 때문에 유비는 원활한 익주 통치를 위해 국정쇄신을 단행하였고, 그중의 일환으로 강력한 법령 제정 및 시행을 통해 지난날 유장으로부터 비롯된 국정 문란의 적폐근원을 아주 뽑아버리고자 하였다.

---

50) 《삼국지연의 제63회》에서는 방통이 낙봉파에서 전사한 후 제갈량이 뒤늦게 유비에게 합류한 것으로 묘사되고 있어 극적 긴장감을 주고 있다. 그렇지만 실제로는 제갈량이 먼저 입촉한 이후에 방통이 전사하였다.

51) 《후한서 유언전》의 기록에 의하면 남양南陽과 삼보三輔 지역의 수만 호戶의 백성들이 익주로 유입된 적이 있었는데 유언劉焉은 이들을 거두어 군대를 편성하였으니 사람들이 이를 동주병東州兵이라 불렀다고 한다. 동주병의 횡포는 실로 심하여 익주 내의 호족을 비롯한 백성들을 침탈하였지만 유약하고 책략이 없는 유장劉璋이 이들에 대한 처벌을 제대로 하지 않아 유장과 동주병에 대한 익주 내부의 원망과 반발이 거세졌다. 익주의 고위관리 조위趙韙는 이를 이용하여 건안 5년 200년 대성 호족과 함께 모반을 일으키니 이때 촉군, 광한군, 건위군 등이 조위에 호응하였다. 조위를 중심으로 한 거센 반란에 동주병들은 주살당할 것이 두려워 결속하여 유장을 위해 죽기로 싸워 마침내 반군을 격파하고 조위를 강주江州에서 공격하여 참수하였다. 비록 난은 평정되었지만 익주 내의 상당수의 호족들은 유장과 동주병에 대한 불만이 가득했고, 동주병은 무략과 위의가 없는 유장을 따르기에 불안했다. 서로 간에 친분이 있던 익주의 호족 장송張松과 동주병 출신 맹달孟達과 법정法正이 합심하여 유비를 섬기기로 한 것은 이런 지역 분위기에서 비롯된 것이라 하겠다.

상기 사료에 기록된 법령 시행에 관한 제갈량과 법정의 입장 차이는, 결국 두 사람의 성격 차이를 명확히 보여준다. 법정이 현 상황을 개선시키기 위한 임기응변적 대처가 필요하다는 입장이라면, 제갈량은 힘들더라도 근본적 원인을 타파하여 현 상황을 개혁하자는 입장이라 할 수 있다. 제갈량은 자신이 지향하는 엄형과 중벌이야말로, 과거 어리석고 유약했던 유장의 통치에서 비롯된 폐해를 제거하고 장기적으로 익주 통치를 위한 그 기틀이 되는 방책이라 믿어 의심치 않았다. 법정이 한 고조 유방이 행했던 약법삼장[52]이라는 선례를 들며 형벌을 늦추고 금지한 바를 해제하자고 주장했지만, 제갈량은 유방 때와 지금의 법을 시행하게 된 근본 원인이 다르므로 법정의 주장에 동의치 않고, 결국 본래의 법령 시행을 유지하였다. 실제로 유방이 약법삼장을 시행한 후 오래지 않아 소하로 하여금 구장률[53]을 제정케 한 역사적 사실이 있기에, 제갈량은 법정의 약법삼장 비유에 더더욱 자신의 신념, 철학이 옳다고 확신했을 것이다. 상기 사료의 사실성 여부를 떠나서 그저 내용에만 의거하더라도, 우리는 제갈량이 내향적 사고형의 인물이 보여줄 수 있는 성격적 특징을 지니고 있었음을 알 수 있다. 즉, 제갈량은 자신의 신념이나 철학을 소중하게 생각하며, 그에 근거하여 개혁을 추구하는 성향이 매우 강함을 확인할 수 있게 된다.

여기에 그치지 않고 제갈량이 촉으로 들어온 이래 주도적으로 펼친 산업정책에도, 그의 성격적인 특징이 잘 반영되고 있다. 천부지토天府之土라 불리는 익주는, 비록 산악지형이라 농업생산력에 한계가 있긴 했

52) 한 고조 유방이 진나라를 멸한 후 함양에 입성하여 지방의 유력자들과 세 가지 법約法三章을 약속하였다. 그 법의 내용은 살인자는 사형하고, 남에게 상해를 가하거나 도둑질을 한 자는 그에 따른 죗값을 받으며, 무자비했던 진나라 법은 폐지한다는 것이다.

53) 구장률九章律, 이는 한나라 최초의 형법전으로 소하蕭何가 전국시대 초기 위나라의 재상 이회李悝가 편찬한 《법경法經》에 새로운 법률 3편을 추가하여 총 9편으로 만든 것이다.

지만 온갖 물산과 자원이 많았다. 이때 익주가 갖고 있는 잠재력을 이용하여 부국강병을 꾀하고자 제갈량은 자신에게 주어진 상황을 잘 대처하였다. 제갈량은 농업생산의 한계를 극복하고자, 성도를 중심으로 대대적인 치수공사를 벌였다. 그는 훗날 서촉의 농업발전에 결정적인 역할을 했다고 평가받는 전국시대 후기 진秦의 촉군태수인 이빙의 주도로 건설된 수리시설 도강언을 정비하고, 이를 관리할 수 있도록 인력을 상주시켜 수리관개능력을 높이는 데 애를 썼다. 또한 제갈제라는 제방을 특별히 건설하여 홍수의 피해를 막아 성도평원의 안정적인 생산성에 이바지했다.

게다가 익주의 특산품인 소금과 철, 그리고 천연가스를 이용하여 국가재원의 안정적 확보와 민생경제 발전을 도모한 점을 빼놓을 수 없다. 소금과 철은 익주의 특산품이자 중요 재원이었는데, 후한 시기에는 전한 때의 염철 전매제도를 폐지하고 그 경영권을 민간에게 부여한 적이 있었다. 그러나 그 결과 익주로 부임한 관리들이 익주의 호족, 상인 등과 결탁해 소금과 철 경영권을 독점하고 가격을 올려, 도리어 민생이 피폐해지고 국가수입도 감소하였다.

유비가 익주를 평정하게 되자, 제갈량은 이러한 재원들의 경영권을 확실히 관속화官屬化시켜 나갔다. 유비는 제갈량의 건의에 따라 사염교위와 사금중랑장이라는 관직을 설치하여, 염철 생산과 농기구와 무기제조를 관리하도록 했다. 이로 인해 기존에 익주가 안고 있던 고질적 폐단인 관리와 호족, 상인의 결탁으로 인한 사사로이 국가 재정을 독점하는 적폐를 해소한 것이다. 이는 익주 내에서 오랫동안 관행처럼 굳어지게 된 국가재원에 대한 사적소유를, 제갈량은 평소 법을 중시하는 그 신념을 강력한 중앙집권적 정책으로 구현시켜 개혁을 이루어냄으로써 국가재정을 탄탄히 확보한 것이라 하겠다.

특히 고대 중국에서는 소금의 가치는 매우 높아 금 다음으로 귀중하게 거래되었다. 익주의 경우 한나라 시기부터 소금 생산업이 발전했는데, 이곳에서 생산된 소금은 모두 염분이 녹아 있는 지하수를 퍼 올려 채취한 정염井鹽이었다. 《제갈량고사집 5권》에 따르면 촉나라에 염정이 14개가 있었다는 기록이 있다. 염정은 보통 산속에 있었는데, 당시 사람들은 도르래에 설치된 두레박을 이용하여 염수를 끌어 올린 후 이를 소금가마로 이동시켜 끓였다. 이때 수분이 모두 증발되고 남은 것이 바로 정염이었다. 제갈량은 소금의 대량 확보를 위해 화정을 이용하도록 이를 널리 보급하였다.

임공현에 화정[54]이 한 군데 있는데, 너비가 다섯 척이고 깊이는 두세 장쯤 된다. 그 우물은 임공현 남쪽 백 리 되는 곳에 있다. 옛날에는 사람들이 대나무를 우물 속에 넣어 불을 채취했는데, 일찍이 승상 제갈량도 가서 그것을 보았다. 후에는 불길이 왕성하게 되고 온도도 높아졌기에[55] 대야를 우물 위에 덮어 놓고서 물을 끓이니 집에서 물을 끓여 소금을 얻은 것보다 더 많은 소금을 얻었다. 《박물지》[56]

융중대에서 드러난 내용처럼, 제갈량은 북진을 위한 한 날개라 할 수 있는 익주를 유비의 직접적인 근거지로 삼았다. 그는 당장에 조조를 토벌할 수는 없다고 본 만큼 기회가 생길 때까지 내실을 다져야 한

---

54) 화정火井은 천연가스가 나오는 우물이다. 오늘날 사천지방의 주요자원 중 하나가 천연가스인데 전국시대 말엽 파촉巴蜀을 점령한 진秦나라 때에도 이미 화정을 이용하였다고 하니 이를 실생활에 활용한 시기는 매우 오래된 듯하다. 그런데 일설에는 화정이 석유가 나오는 우물로 보는 견해도 있는데 그 근거로 촉인들이 대나무를 이용하여 파이프를 만들었다는 것으로 특히 화정에서 나온 산물이 액체이기 때문에 연료 이동이 가능했다는 것이다.

55) 제갈량으로 인해 화정의 화력이 강하다고 인식되었는데 특히 그는 화정을 염철 생산에 적극적으로 활용하고자 화정염 기술을 매우 중시했다고 한다.

56) 장화 저, 김영식 역(1998), 《박물지》, 홍익출판사, 91쪽 내용을 수정 인용하였다.

다고 피력하였다. 이 때문에 천부지토라는 명성답게 익주의 자원을 부국강병의 요체로 매우 중요시했다. 강력한 중앙집권화를 통해 자원의 전면적인 국유화는 물론 기술의 발전 및 도입을 통해 생산의 비약적인 발전까지 이루어냈다. 제갈량이 병사한 후 그의 재산이 그리 많지 않았다는 것은, 그가 종래의 익주 호족들의 경제적 기득권을 줄이고 촉한의 국력향상을 높이는 과정에서 사심 없이 그저 공명정대한 자세로 개혁을 추진해온 결과라 말할 수 있다. 이처럼 자기의 신념을 바탕으로 개혁을 추구하는 성격적 특징이, 특히 제갈량이 성도에 재임하며 내정을 관장했을 때 비로소 두드러지게 발현된 것이다.

내향적 사고형의 특징 중 또 다른 내용인 분석적이고 논리적이며 치밀하여 매사에 빈틈없이 일처리를 하는 점 역시, 제갈량을 평론할 때 빼놓을 수 없는 특성이라 할 수 있다. 신중하고 냉철한 성격의 소유자였던 제갈량은 항상 어떠한 일을 계획할 때면, 용의주도하게 준비를 한 후에야 일을 실행에 옮겼다. 그 결과 그가 추진한 일들 중 상당수가 그의 업적으로 남을 수 있었던 것이다. 이러한 그의 성격적 특징은, 그가 유비에게 출사한 이래로 중임을 맡으면서 확실히 잘 드러날 수밖에 없었다 하겠는데, 그가 출사하기 전에 있던 상황 속에서도 그의 분석적이고 논리적인 면모를 엿볼 수가 있다.

유비가 번성에 주둔하였다. 이때 조공(조조)이 바야흐로 하북을 평정하였다. 제갈량은 형주야말로 그다음으로 적을 맞게 될 것인데 유표는 성정이 더디고 군사에 관해 밝지 못하다는 것을 알았다. 이에 제갈량은 북으로 가서 유비를 만났는데, 유비는 제갈량과 구면이 아닌데다 (제갈량의) 나이가 어려 보였기에 여러 서생 중 하나로 여기고 그를 대접하였다.[57] 모임이 끝나고 여러 빈객

57) 신 배송지가 보건대, 제갈량의 표表(출사표)에서 '선제先帝(유비)께서는 신을 낮고 천

들도 모두 갔는데, 제갈량만 홀로 남았으나 유비 또한 그가 말하고자 하는 바가 무엇인지 묻지 않았다. 유비의 성정이 군기軍旗의 치장을 좋아해 이때 소의 긴 꼬리털을 유비에게 준 사람이 있어서 직접 손수 그것을 짜고 있었다. 제갈량이 이에 진언했다. "명장군明將軍께서는 마땅히 또한 원대한 뜻이 있으시다고 하더니만 단지 군기의 치장이나 하고 계십니까!" 유비는 제갈량이 범상한 인물이 아님을 알고 기장식 짜던 것을 던져버리고 말했다. "그게 무슨 말씀이시오? 나는 다만 여기에 의지해 근심을 잊으려 했을 뿐이오." 제갈량이 말했다. "장군께서 헤아렸을 때 유진남(진남장군 유표)은 조공(조조)에게 비교하면 어떻다고 보십니까?" 유비가 말했다. "미치지 못하오." 제갈량이 또 말했다. "장군은 스스로는 어떻다고 보십니까?" 유비가 말했다. "나 또한 그와 같지 않소." 제갈량이 말했다. "지금 모두 (조조에) 미치지 못하는 데다 장군의 군세 또한 수천 인을 넘지 못합니다. 이것으로 적을 기다리는 것은 얻을 것이 없으니 이를 계책이라 할 수 있겠습니까!" 유비가 말했다. "나 또한 근심스러우니 어떻게 해야 되겠소?" 제갈량이 말했다. "지금 형주에는 인구가 적은 것이 아니고 호적에 실린 자가 적을 뿐이므로 (이를 바탕으로 하여) 평소대로 인력 물자 등을 거두기만 해서는 인심이 기뻐하지 않을 것입니다. 진남(유표)께 말하여 나라 중에 떠도는 백성들이 많으니 그들을 모두 호적에 올려 내실을 기한다면 군세를 늘릴 수 있을 것입니다." 유비가 그 계책에 따르니 그 군세가 더욱 강성해졌다. 유비는 이로 말미암아 제갈량에게 뛰어난 책략이 있음을 알고 그를 상객으로 예를 갖추었다.

하다고 생각하지 아니하시고, 외람되게도 스스로를 낮추시어 저의 초려로 세 차례나 돌아보아 주시어, 신에게 당세의 일을 물으셨습니다.'고 했으니, 즉 제갈량이 먼저 유비를 찾아간 것이 아니라는 말이 분명하다. 비록 듣고 본 것이 서로 달라 이런저런 말이 각각 생겨났다 하더라도, 그 어긋나고 위배되는 점이 이 정도에 이르니 또한 실로 괴이한 일이로다.

《본전/배송지 주, 위략》

조조는 원소와 건곤일척의 운명을 건 관도, 백마의 전쟁 끝에 승리하고 북진하면서 하북을 평정하게 되었다. 이는 사실상 조조가 천하제일의 세력이 되었음을 뜻하는 것이었다. 북방의 계속되는 전란 속에서 조조는 중원을 장악하고, 원소는 하북을 제패하였지만 양자의 사정은 달랐다. 중원은 그전까지 끊임없는 전란의 화에 직접적으로 타격을 받은 중심지였기 때문에, 과거 군국의 물산지라는 형체는 온데간데없고 현재의 피폐함만 남았을 뿐이었다. 그에 반해 하북은 일찍이 원소와 공손찬의 양립구도로 흘러갔고 전란의 화가 그리 크게 파급되지 않아, 그런대로 풍요로움을 유지할 수가 있었다.

조조와 원소의 대결에서 전초전 단계의 객관적 전력이 원소가 더 우세할 수 있던 것은, 이른바 물량에서 절대적인 우위에 있었기 때문이다. 이후 조조가 원소와의 대결 무대를 중원이 아닌 하북으로 옮겨 장기전을 치르는 동안 피폐해졌던 중원의 국력은 차차 회복되었고, 하북의 민심은 원씨에게서 이반되기 시작했다. 결국 조조가 원소를 제압하고 하북을 석권했다는 것으로, 조조는 물량의 우위를 절대적으로 확보하였음을 뚜렷이 보여주었다.

이제 조조의 다음 공략 차례는 당연 형주일 수밖에 없었다. 조조와 원소와의 쟁패가 시작될 때 유표는 캐스팅 보트의 입장이 되었지만, 그는 그저 두 길 보기만 할 뿐이었다. 이를 괘씸하게 여겼던 조조는 하북 제패 후 유표를 징벌할 마음을 품고 있었다. 이런 상황 속에서 유표는 조조의 남진을 걱정만 할 뿐 별다른 대응책을 찾으려 하질 않았다.

유표에게서 형주를 보존할 수 있다는 기대를 걸지 못한 제갈량은, 번성에 주둔하고 있는 유비에게 희망을 걸고 그를 방문하였다. 마침 다른 선비들도 유비를 방문하였는데 유비는 제갈량과 초면인데다 그가 나이가 어리기 때문에, 그저 서생으로만 볼 뿐 그에게서 특별히 자문을 구하려고 하지 않았다. 다른 선비들이 모두 자리를 떠난 후에도 제갈량은 계속 자리에 남아 가만히 유비의 행동을 지켜보았다. 평소 군기의 치장을 좋아하던 유비는 마침 선물 받았던 소 꼬리털을 꼬기 시작했다. 제갈량은 이럴 때가 아니라고 주의를 환기하자, 유비는 제갈량이 남다른 인물임을 깨닫고 그냥 하던 일을 멈추고 제갈량에게 자문을 구하였다. 이에 제갈량은 형주 주둔지의 호구 수를 높일 수 있는 방책을 제시하며, 이를 통해 병력을 충원하라고 조언하였다.

중국 고대사회의 백성들은 자신의 출신 향리에 대한 자부심이 매우 강하여 설령 타지로 이주해도 특별한 경우가 아니면, 항상 본적(혹은 원적)을 고수하려고 하였다. 설령 자손을 낳아도 이들조차 이주지인 출생지에 입적시키려고 하지 않을 정도였다.[58] 때문에 남방의 군웅들은 북방 출신 백성들에 대한 배려로 호적 관리를 이원화할 정도였다.

이러한 경향은 삼국시대를 지나 위진남북조 시기에 남조 정권에서 특히 심했다. 북방 출신 사대부들은 남방으로 피난을 와서 온갖 혜택을 누리면서도, 그들은 자신의 원적을 포기하지 않고 강남 영지에 입적하려고 하질 않았다. 이 때문에 남북조시대에 남조 정권은 북방출신 사대부들을 위해 교군僑郡 · 교현僑縣 등과 같이 북방의 군현의 이름을 딴 임시적 영토를 강남에 만들어 준 경우도 있었다. 또한 이러한 경우 강남에 원적을 둔 이들과 구별하고자 황적과 백적으로 이원화시키는 경우도 있었다.[59] 이로 형주는 혼란스러운 북방과는 달리 평화 상태가

---

58) 예를 들어 오나라 후대 인물들, 이를테면 제갈각諸葛恪, 등윤滕胤, 누현樓玄, 복양흥濮陽興 등의 열전을 보면 그들은 강남에서 출생했어도 열전에서 본적이 누락되거나 혹은 출생지가 아닌 본적지로 기재되어 있음을 확인할 수 있다.

59) 황적黃籍은 토착민들에 대한 호적 문서로 이는 누런색의 죽간에 기록하여 보존하였기에 황적이라 불린 것이다. 반면에 백적白籍은 외지인들에 대한 호적 서류로 이는 하얀색의 종이에 기록하여 보존하여 황적과 구분을 두었으니 백적이라 불린 것이다. 이렇게 실시된 호적戶籍 이원화 정책은 정권이 호구戶口를 제대로 관리하지 못하

오래 지속되어 있었기 때문에 피난처로 각광받을 수밖에 없었다.

그러나 지역 유력자들의 부곡에 속한 이들은 각종 요역(나라에서 구실 대신으로 시키는 노동)을 면제받았기 때문에 외지 출신이건 내지 출신이건 상관없이 원적을 포기하고 부곡에 들어가는 백성들도 적지 않았다. 때문에 내부적으로 평화로운 분위기를 갖고 있었다고 해도 장차 벌어질 전란의 화를 막기 위해서는, 통치자 입장에서 부득이 징발을 해야 했지만 징발의 효과성이 미미할 수밖에 없었다. 이에 제갈량은 형주에 원적을 둔 호구 수로만 징발한다면 내부적으로 백성들의 거센 반발에 부딪힐 게 자명할 것이라 보았다. 그래서 장호藏戶(호적에 없는 호구)를 찾아내어 모두 호적에 올려 징발의 명분을 삼자는 것이었다.

제갈량의 조언을 채택한 유비는 과연 큰 효과를 보게 되자, 제갈량이 출중한 지략가임을 깨닫고 그를 상빈의 예우로 대하였다. 기실 제갈량이 조언을 얻기 전까지 유비는 징발에 대한 문제에서 한계에 부딪혔던 것으로 보인다. 형주의 실태를 꿰뚫어 보고 내놓은 제갈량의 진단은, 그야말로 분석적이고, 논리적이며 치밀하다 할 수 있다. 이러한 그의 성격유형이 지닌 특징이 발현된 성과는, 촉한정권을 등장하게 하는 데에 기여한 바가 컸다.

유비가 이릉대전의 패배로 분사하면서 제갈량을 고명대신으로 삼아 어린 유선을 잘 보좌해줄 것을 유언으로 부탁한다. 유비가 죽자 촉나라의 근간을 흔들어놓을 반란이 발발하고, 촉한정권은 여러 가지 어려움에 봉착하게 된다. 반란의 중심지는 바로 조정에서 먼 거리에 있어 통치에 어려움이 있던 남중 일대였다.

는 폐단을 낳게 만들었다. 그래서 남북조시대 남조 정권에서는 여러 차례 토단土斷 정책을 발표하여 백적을 폐지하고, 숨겨진 호구를 찾아내어 이들을 황적에 입적시킴으로써 국가재정 증대와 병력 강화를 도모하려고 하였지만 실제로 그 효과성을 제대로 거두지는 못했다.

제갈량이 남중에 이르러 싸우는 곳마다 이겼다. 제갈량은 맹획孟獲이라는 자가 있어 이인夷人[60]과 한인漢人이 복종한다는 말을 듣고 산 채로 그를 잡아 오게 했다. 그를 생포한 다음, 진영 안을 살펴보게 하며 물었다. "우리 군은 어떻소?" 맹획이 답했다. "이전에는 허실을 알지 못해 패했소. 지금 허락을 내려서 진영을 살펴볼 수 있게 해줬는데, 만약 다만 이 정도라면 쉽게 이길 수 있을 것이오." 제갈량은 웃으면서 그를 석방하여 다시 싸울 수 있게 하였다. 일곱 번 풀어주고 일곱 번 사로잡히게 되었는데, 제갈량은 오히려 맹획을 돌려보내주려 하였다. 맹획은 머물며 가지 않고 말하였다. "공께서는 하늘이 내리신 위엄을 지닌 분이니 우리 남인南人들은 다시 배반치 않을 것입니다." 마침내 전지滇池에 이르러 남중을 평정하고 모든 곳에 그 현지 군장들을 임용하였다. 혹자는 제갈량에게 간하는 자가 있어 제갈량이 답했다. "만일 외인外人(외지 사람인 한족인)을 남겨둔다면 마땅히 군사를 남겨두어야 하고, 군사를 둔다면 그들이 먹을 만한 게 없소. 이것이 첫 번째 쉽지 않음이오. 이인들은 이제 막 상하고 깨어졌으며 그 부형父兄들이 죽었는데, (우리가) 외인들을 두면서 (외인에게) 군사가 없다면 필시 재앙과 우환이 일어날 것이니 이것이 두 번째 쉽지 않음이오. 또한 이인들이 여러 번 관부를 폐하고 사람을 죽이는 죄를 저질렀으며 스스로 허물이 무겁다는 것을 꺼려 하고 있소. 만약 외인을 남겨둔다면 끝내 서로 믿지 못할 것이오. 이것이 세 번째 쉽지 않음이오. 지금 내가 이곳에 군사를 남겨두려 하지 않고 군량을 운송하지 않고도 규율을 대략으로만 정하려는 것은 서로 대체로 편안케 하고자 함일 뿐이오."《본전/배송지 주, 한진춘추》

---

60) 남중 일대의 이민족들은 통칭 서남이西南夷라 불렸으며 여기에는 한족을 비롯한 여러 소수민족들이 잡거雜居하고 있었다.

남중은 당시 한족에게서 불모지의 땅으로 여겨지던 곳이었다. 백성들은 포악하고, 독충과 전갈이 많으며 역병이 창궐하는 지역으로 오인되고 있는 남중을 그대로 둘 수는 없었다. 그렇다고 이곳을 정벌한다는 것도 감히 엄두를 내기 어려웠다. 남중의 이민족들은 한족 관리들의 가혹한 수탈에 적대감을 갖게 된 지 오래였기에, 오랜 한족정권의 통치에 불만이 많았다. 때문에 설령 남중을 평정한다 하여도, 그들이 언제 또다시 반란을 일으킬지를 예측할 수 없는 상황이었다. 이민족 왕인 고정, 대성호족인 옹개, 장가태수 주포 등이 반란을 일으킬 수 있던 것도, 이러한 민심을 잘 읽어내고 이를 적절히 이용한 데서 비롯된 것이었다.61)

제갈량은 이들을 정벌하기 위한 준비에 착수하여, 건흥 3년 225년 봄, 제갈량은 기다리던 출병을 개시하였고 그해 겨울에야 남중 일대는 마침내 모두 평정되었다. 이른바 칠종칠금七縱七擒(일곱 번 사로잡았다 놓았다 하였음)이라 불릴 정도로 이민족들의 저항은 계속되었지만, 제갈량은 이에 굴하지 않고 마음으로 복종하게 하기 위해 계속 당근과 채찍을 잘 활용하여 남중의 백성들의 진심 어린 승복을 받아냈다. 또한 이를 1년이 채 안 걸린 속전속결전으로 이뤄냄으로써, 병가兵家에서 피하는 오랜 출병 기간을 소요하지 않았다. 그만큼 그의 남정은 성공리에 끝났을 뿐만 아니라, 전후 처리 과정 역시 많은 성과를 거두었다.

제갈량은 남중인들을 현지 관리로 임명하여 그들에게 남중의 통치

61) 장무 3년 223년 유비 사후 이들의 반란이 동시에 일어난 것은 아니다. 《삼국지 오서 사섭전》의 기록에는 건안 말년에 사섭士燮은 익주의 호족 옹개雍闓를 회유하여 손권에게 의지하게끔 했다고 한다. 아마도 유비와 손권의 관계가 끊어진 후 손권은 유비를 견제하기 위해 사섭을 통해 남중의 세력을 포섭한 것으로 보인다. 또한 《삼국지 촉서 이엄전》의 기록에는 건안 23년 218년에 '월수만이의 우두머리 고정高定이 군사를 보내 신도현을 포위하자 이엄李嚴이 이를 구원하니 만이들이 모두 달아났다.'는 기록이 있으며 이미 유비 생전에 고정의 반란이 일어난 것으로 볼 수 있다.

를 맡기니, 이는 강력한 중앙집권을 추구하던 제갈량의 정책과는 다소 차별화된 것이었다.[62] 어떤 이가 또 다른 반란을 우려하여 이를 간하였지만, 제갈량은 '기존 방식으로 통치를 하기 위해서는 군대를 주둔시켜야 하는데 물자가 부족하기 때문에 곤란하다. 또한 전쟁 중에 많은 사상자가 발생하면서 남중 일대의 인심이 흉흉해졌으니, 이 상황에서 한족 관리를 두되 군대를 주둔시키지 못하면 또 반란이 일어날 것이다. 남중인들은 그간 자신들의 행적을 잘 알기 때문에 한족 관리를 꺼려 하고 믿지 못할 것이니, 한족 관리를 두어 통치한다는 것은 매우 어려운 일'이라 본 것이다.

이와 같은 그의 분석적이고도 논리적인 생각과 그에 따른 빈틈없는 사후처리는, 결국 다른 이들의 우려와는 달리, 실로 유효한 결과로 작용하였다. 실제로 제갈량이 죽을 때까지 남중인들은 다시는 반란을 일으키지 않았다고 하니, 그의 성격유형이 지닌 특징이 제갈량의 의도했던 결실을 제대로 맺어준 것이다.

다음으로 내향적 사고형의 성격유형인 인물이 흔히 보여줄 수 있는 장점은, 첫째, 현실에 구애받지 않고 이성적이고 개혁적인 정책을 선택하고 강력하게 추진할 수 있는 능력이 있다는 것이고, 그다음으로 논리적이고 분석적인 성향으로 치밀하게 정책을 결정하고 조직적으로 정책을 집행할 수 있다는 면을 들 수 있다.

2. 강력한 법령시행으로 은혜로움을 알게 해 익주 국정 쇄신·작위로 한계를 정하여 영예로움을 알게 해, 호족 독점 주요 재원 국유화로 경제 발전케 한 그의 특징이 장점으로 연결되어

62) 제갈량은 남중의 대성호족을 그 후 중앙관료로 임명하여 이들을 확실히 촉한정권에 흡수시켰다. 《화양국지》에 따르면 칠종칠금의 주인공인 맹획은 관직이 어사중승, 찬습爨習은 영군, 맹염孟琰은 보한장군에 이르렀으며, 이러한 인물들 중에는 심지어 제갈량의 북벌에 참여한 이도 여럿 있었다.

이 성격유형의 장점은 그가 지니고 있는 성격유형이 지닌 특징과 대체적으로 매우 유사하다 보니, 사실상 그 연장선으로 봐도 무방하다 할 것이다. 이러한 장점을 제갈량에게 적용시켜 보면, 이미 기술한 내용들 가운데 상당수는 그의 성격유형이 지닌 특징에도 잘 부합한다.

현실에 구애받지 않고 개혁을 추구하되 이 중 선택된 정책을 강력하고도 치밀하게 추진하고 집행하는 면모는, 그야말로 제갈량의 성격적 장점이었다. 즉, 그의 성격유형이 지닌 장점이 잘 발현되었기 때문에, 익주가 평정된 후, 강력한 법령을 통해 익주에 만연하였던 국정문란을 쇄신하고 호족들이 독점하던 익주의 주요 재원인 소금, 철 등을 국유화하여 경제를 발전시켜 나갈 수 있었다. 또한 이로 남중 일대에서 벌어진 대규모 반란을 정벌할 때도 이들의 진심 어린 복종을 받아낼 수 있었던 것이다.

이외에도 비록 성공을 거두지 못했지만, 제갈량의 북벌 과정에서도 제갈량의 성격유형이 지닌 장점을 살펴볼 수 있다. 제갈량이 유비의 유조를 받아 고명대신이 되어 국정을 장악하게 되자, 그는 유비의 숙원인 한조부흥을 위해 혼신의 노력을 다하게 된다. 다만 이릉대전의 패배로 인해 피폐화된 그 후유증을 벗어나기 위해서, 제갈량은 내실을 다지는 데에 먼저 신경을 썼다. 형주와 익주를 모두 겸병하고 있을 때와 달리 익주만 통치하고 있는 상황에서 오는 국력의 열세를 만회하는 것이, 제갈량에게 있어 최대 난제였다. 제갈량은 이를 극복하기 위해 남중을 평정하여 그 지역의 온갖 재화들을 벌충하였고, 또한 비군 등과 같은 이민족들을 병력으로 충원하였다.63) 차츰차츰 국력을 어느 정

63) 《화양국지》에는 제갈량은 남중을 평정한 후 어떻게 병력과 재화를 충당했는지 기록되어 있다. 병력의 경우 청강青羌 1만여 가를 촉으로 옮겨 오부五部로 만들어 특별 관리를 하였는데 이들은 당적할 적이 없을 만큼 용맹하여 비군飛軍이라 불리었다고 한다. 또한 남중에서 금, 은, 단사丹砂, 옻, 밭갈이 소, 전마戰馬 등을 촉으로 수송해 군국의 재용財用으로 삼았다고 한다.

도 회복시킨 제갈량은 출사표를 내고 대망의 북벌을 드디어 감행하게 된다.

당시 위나라 조정에서는 유비가 죽게 되자 촉나라에 대한 걱정을 하지 않았다. 마침 제갈량 역시 내치에 신경을 쓰고 있었기 때문에, 촉나라가 뭘 어찌하겠냐며 위나라에서는 이에 추호도 의심할 여지를 두지 않았다. 그만큼 현실적으로 촉나라가 위나라를 상대로 하는 거사를 제대로 도모하기에는 무리수였던 것이 실상이었다.

그렇지만 제갈량은 현실에 구애받지 않고 자신의 이상을 강력히 추진하여 나간다. 건흥 6년 228년 제갈량은 겉으로 말하길 야곡으로 가서 미현(지금 섬서성 미현)을 빼앗겠다고 하고, 기곡에 조운과 등지를 주둔시키며 위 제 부대의 도독으로 미현에 진을 치게 된 대장군 조진을 견제케 하였다. 그리고 제갈량 자신은 본대를 거느리고 서쪽의 기산祁山으로 나아갔다.

애초 위나라는 촉蜀 중에 오직 유비만 있는 줄 알았다. 유비가 이미 죽은 뒤 수년이 지나도록 조용하여 아무런 소리도 나지 않으므로 거의 아무런 대비도 생각하고 있지 않았다. 그런데 갑자기 제갈량이 출병했다는 말을 듣고 조야朝野에서 몹시 두려워하고, 농우(농서)와 기산은 더욱 심해 이로 인해 삼군三郡이 동시에 제갈량에 호응했던 것이다. 《본전/배송지 주, 위략》

제갈량의 염원이 담긴 북벌은, 초기에 양주涼州 지방의 대대적 호응에 탄력을 받아 위나라를 매우 놀라게 만들었다. 양주를 잃게 되면 관중 일대는 큰 위기에 빠질 것이 자명했다. 이에 위나라 조예는 몸소 장안으로 나아가 장합을 보내는 즉각적인 조치를 취하여, 가정에서 마속의 촉군의 진격을 가까스로 저지하였다. 이 일로 인해 위나라는 제갈량이 있는 한, 촉나라의 침공은 계속될 것이라 예측하여 옹·양주의 방비를 한층 강화시켰다.

제1차 북벌이 실패로 돌아간 이후 제갈량은 계속 북벌을 거듭 시도하였다. 건흥 7년 229년의 제3차 북벌에는 무도, 음평군을 복속시키는 등 나름 성과를 거두기는 하였지만, 진정으로 그가 바라는 목표에 이르지 못했다. 그렇지만 제갈량은 포기를 하지 않고 그가 이룩하고자 하는 중원 회복이라는 소기의 목적을 달성하기 위해 끊임없이 준비하였다.

> **제갈량은 팔무**(여덟 힘쓸 일), **칠계**(일곱 경계할 일), **육공**(여섯 겁낼 일), **오구**(다섯 두려워할 일)**를 지었는데, 모두 조와 장으로 이루어져 있고 신자**(신하)**들을 익히게 하여 숙련시키기 위한 것이었다. 또한 연노**連弩**의 손익을 개량하여 원융**元戎**이라 부르고, 철로 화살을 만들었는데 길이가 8촌으로 노를 쏘면 10개의 화살이 동시에 발사될 수 있게 되어 있었다.**《본전/배송지 주, 위씨춘추》

'제갈량' 하면 떠올리게 되는 발명품이 있을 것이다. 대표적으로 목우, 유마 그리고 제갈노라 불리는 원융노元戎弩 말이다. 제갈량은 북벌 때 거듭 겪게 되는 고질적인 문제였던 군량보급의 어려움을 해소하기 위해, 건흥 12년 234년 제5차 북벌에는 10만 대군을 출병하면서 이 같은 운송수단 개발에 뚜렷한 성과물을 내놓았다. 상대적인 병력의 열세를 극복하고자 무기의 화력을 높이기 위한 무기 확충에도 많은 노력을 기울였다. 또한 영토와 인구의 물리량의 차이에서 오는 인재 부족을 만회하기 위해서는 기존의 인재들을 숙련시키는 방법을 활용하기도 하였다.

제갈량은 실제적으로 많은 난관에 봉착하기도 했지만, 이러한 현실에 얽매여 자괴감을 갖기보다는 오히려 이를 개선시키기 위해 부단히 노력함으로써, 자신의 이상과 개혁을 추진하려는 강력한 의지를 보였다. 그가 내향적 사고형의 인물이었기 때문에, 또 그 성격유형에서 비롯되는 장점을 잘 발현했기에 그는 북벌을 끝내 포기할 줄 모르는 인물이 될 수 있었던 것이다. 이미 거듭하여 감행한 북벌의 결과와 상관없이 북벌을 행한 그 자체만으로도, 이는 그의 성격유형이 지닌 장점을 잘 대변해주는 분명한 역사적 사건이었던 것이다.

제갈량은 훌륭한 인품에다 삼국시대의 한축을 강력하게 견인해 나간 탁월한 추동력을 보여준 인물이었다. 그러나 한편으로 제갈량이 거듭 출병한 북벌의 성과를 두고 그에 대한 평가절하가 시작되었으니, 이를 두고 순전히 그의 잘못이라고만 말하는 것은 옳지 못하다. 그렇지만 그가 주도했던 북벌의 성과가 지난날 그의 공적과는 달리, 제대로 결실을 맺을 수 없던 원인에는 분명 제갈량에게 일정 부분 책임이 있다. 이른바 성공을 거둘 뻔한 건흥 6년 228년 그의 제1차 북벌은 일정 부분 그의 인사 오판으로부터 비롯된 것이었으니, 이는 그의 성격유형이 지닌 단점과 무관치 않은 결과로 파악할 수 있을 것이다.

마지막으로 내향적 사고형의 인물이 흔히 보여줄 수 있는 단점은, 첫째로 맹목적인 헌신이나 계산이 들어맞지 않는 행동으로 편협하다는 인상을 받게 되거나, 둘째로 논리적이고 분석적이지만 객관적으로 설명하는 능력이 부족하여 자신의 의견에 대한 설득력이 부족할 수 있다는 점이다.

3. 마속의 선봉 발탁으로 맹목적인 믿음을 제어하지 못한 그의 단처가 결정적 패착을 가져와

이 성격유형의 단점을 제갈량에게 적용해 보면, 첫째 내용인 맹목적인 헌신이나 계산이 들어맞지 않은 행동으로 실패를 초래한 경우가 제갈량의 성격유형이 지닌 단점에 든다. 이를 제1차 북벌에 한정하여 본다면, 마속에 지나치게 몰두하여 기용한 일례가 그에 해당될 것이다.

> 마량의 동생 마속馬謖의 자는 유상인데 형주의 종사였다가 선주(유비)를 따라 촉군으로 들어왔고 면죽과 성도의 현령과 월수군 태수를 역임했다. (…) 마속은 재능과 기량이 남보다 뛰어났고, 군사전략에 관한 논의를 좋아하였으며, 승상 제갈량도 능력을 인정하며 특별하다고 생각했다. 그러나 유비는 임종할 무렵. 제갈량에게 말했다. "마속은 말이 실질을 넘고 있어, 크게 쓸 수 없으니 그대는 그를 잘 살펴보시오!" 그러나 제갈량은 그렇지 않다고 생각하고, 마속을 참군으로 임명하여 불러서 담론을 하면, 으레 낮부터 밤까지 이어졌다. 건흥 6년 228년에 제갈량은 기산으로 출병했는데 그때 경험이 풍부한 장수로는 위연과 오일 등이 있었다. 논의하는 자들은 모두 이들을 선봉으로 삼아야 한다고 주장하였다. 그러나 제갈량은 사람들의 의견과는 반대로 마속을 발탁하여 대부대를 거느리고 전방에 위치하도록 하였으나 (마속은) 위나라 장수 장합과 가정에서 싸워 장합에게 격파되었으며 병사들은 뿔뿔이 흩어졌다. 제갈량은 근거지를 잃었기에 전진할 수가 없었으므로 퇴군하여 한중으로 돌아왔다. 《삼국지 촉서 마량전》

제1차 북벌 당시 제갈량은 조운, 등지 등을 의병疑兵으로 삼아 기곡에 주둔시켜 위나라 군대의 시선을 돌리게 하였고, 제갈량의 본군은 기산으로 향하였다. 위나라 대장군 조진은 조운, 등지를 촉의 주력군으로 오인하여 이를 저지하기 위해 진군했다.

양주 지방의 여러 군현이 제갈량에 호응하는 상황이 야기되자, 위명제 조예는 이의 심각성을 깨닫고 자신이 직접 서쪽으로 장안으로 행차하여 대장군 조진으로 하여금 미현에 주둔하여 촉군에 맞서게 했다. 조진은 상황을 살펴보면서, 가정이 옹주로 향한 제갈량의 주력군의 보급기지라는 것을 파악하게 되었다. 가정이 만약 함락된다면 촉군은 보급을 받지 못할뿐더러 옹 · 양주 일대에서 고립되어 절멸할 수 있었다. 가정의 중요성을 깨달은 조예는 가정 공략의 임무를 5만여 병사를 장합에게 주어 파견하였다.

제갈량은 보급기지이자 전방기지의 역할을 갖고 있던 가정의 방어 임무를 마속에게 맡기게 된다. 평소 마속이 군략에 밝다고 보아 그와 함께 담론을 자주 한 적이 있어 그 재능을 믿었다. 그러나 이는 제갈량의 오판이었다. 유비도 탁고 시에 '말이 그 실질을 넘고 있다言通其實'고 하며 마속을 중용하는 것을 주의하였지만, 제갈량은 이를 그렇지 아니하다고 지나쳐 버린 것이다. 마속은 더욱이 실전 경험이 없는 인물이었다. 방어에만 충실해도 지지 않았을 전쟁이었는데, 제갈량의 예상과는 달리 마속은 장합을 이기고자 제갈량의 지시를 어기며 교전한 결과, 가정을 장합에게 내주고 말았다. 제갈량이 예상치 못한 가정전투에서의 마속의 패배로 제갈량은 진격하여도 근거할 곳이 없자, 서현(지금 감숙성 천수현 서남쪽)에 있는 1천여 민호를 이주시키고 한중으로 퇴각하였다.

용의주도하고 치밀한 제갈량이 애초 숙장 위연, 오일 중에 골라 선봉을 삼아야 한다는 중론을 무시하면서까지 마속을 기용했던 것은, 마속에 대한 제갈량의 믿음이 있었기에 가능한 일이었다. 그렇지만 그 믿음은 맹목적이었기에 오판으로 이어질 수밖에 없었다. 훗날 수많은 논자들에게 제갈량의 큰 실수 중 하나로 지목될 만큼 이 사건은, 그의 성격유형이 지닌 단점을 제어하지 못한 채 드러내 준 패착이었다.

제갈량은 같은 해 겨울 제2차 북벌을 감행, 진창으로 공격하였지만, 학소의 방비에다 군량이 떨어져 회군해야만 했다. 이후 건흥 7년 229년에 제갈량은 다시금 제3차 북벌을 감행해 무도, 음평군을 함락시키고, 건흥 9년 231년에 또 재차 기산으로 나아가 제4차 북벌하여 숙명의 라이벌인 위 대장군 사마의와 상규에서 대치하면서 적군 3천 명을 전멸케 하는 전승을 거둔다. 사마의는 패퇴하여 영채를 지켰으나 제갈량은 군량이 다 소진되어 군사를 철수하게 된다.

제갈량은 수차의 북벌의 실패가 군량부족 때문이었음을 절감하고 2년간 식량과 무기 준비를 면밀히 한 뒤 건흥 12년 234년에, 그의 마지막 제5차 북벌을 감행하였다. 10만 대군을 이끌고 출병하여 포야도에서 나가 위수의 남쪽 기슭 오장원(지금 섬서성 기산현)에 진을 쳤다.

그러나 사마의는 제갈량의 도발에 걸려 상규에서 한 차례의 전면전을 실시했다가 대패당한 적이 있는지라, 그 이후부터는 계속 방어로만 일관하였다.

> **마지막에는 부인 옷을 보내어 사마의에게 굴욕까지 주었는데, 이에 사마의는 격노하여 전투를 벌이려 하지만 조예로부터 파견된 신비가 제왕의 엄명이라고 설득해 전투를 벌이는 것을 막았다. 이리하여 두 나라 군대는 100일이 넘도록 대치하는 상황이 벌어졌고, 8월이 되자 제갈량은 오랫동안 누적된 피로로 사망하게 된다. 오십사 세의 나이였다. 제갈량은 군량이 다하고 그 형세가 궁해지자 근심과 분노로 피를 토하고, 하룻저녁에 진영을 불태우고 달아나다, 계곡에 이르자 도중에서 병이 발하여 사망하였다.**[64)]

64) 신 배송지가 보건대, 제갈량이 위빈渭濱에 있을 때 위魏의 병사와 대치하여 그 승패의 형세를 아직 예측할 수도 없었던 터에, 제갈량이 피를 토했다고 한 것은 아마도 제갈량이 자멸한 것에 의거해 《위서》에서 스스로 과장한 것으로 보인다. 무릇 공명孔明(제갈량)의 지략으로 어찌 중달仲達(사마의) 때문에 피를 토했겠는가? 진晋의 시대 유곤劉琨이 패전하여 군사들을 잃고 진의 원제에게 보낸 쪽지箋에서 '제갈량은 군이 패하자 피를 토했다.'라고 했는데 이것은 헛된 기록을 인용해 말한 것이다. 이에서 '계곡에 들어간 뒤 죽었다'고 한 것은 촉인蜀人들이 계곡에 들어간 뒤에야 발상發喪했기 때문일 것이다.

《본전/배송지 주, 위서》

앞서 한창 제갈량의 북벌과 이를 저지하려는 사마의의 대결이 벌어지고 있을 때, 제갈량은 사마의에게 사자를 보내 싸움을 촉구한 일이 있었다.

제갈량의 사자가 이르자, 제갈량의 침식과 사무가 번잡한지 간결한지를 물었을 뿐 군사에 대한 일은 묻지 않았다. 사자가 대답했다. "제갈공께서는 일찍 일어나시고 늦게 주무시며, 20대 이상의 벌은 친히 챙기시고, 먹는 것은 몇 되에 이르지 않습니다." 사마의가 말했다. "제갈량이 머지않아 죽겠구나."《본전/배송지 주, 위씨춘추》

이때 사마의가 '제갈량이 머지않아 죽겠구나.'라고 말한 것처럼, 제갈량은 지나치게 '사소한 업무에 직접 담당하여 번잡하며', '잠은 적게 자고 먹는 것은 적기 때문에' 자신의 건강을 돌아보지 못했다. 열과 성을 다하는 것은 훌륭하다 하겠지만, 사소한 데까지 세세하게 매달려 자신이 처리해야 직성이 풀리는 면모는 그의 성격에서 비롯되었다고 할 수 있다. 자신의 내적 신념과 이상을 구현하기 위해 너무나도 맹목적인 헌신을 벌인 결과가 그저 안타까운 그의 병사病死일 뿐이었다.

제갈량이 좀더 유연하고 느긋하게 자신의 건강까지도 좀 더 돌아볼 줄 알았다면, 그의 북벌은 더 오랫동안 보다 성공적으로 전개되었을지 모른다. 객관적으로 본다면, 그러했더라도 국력의 열세를 뒤집고 북벌을 성공시켰을 것이라고 자신 있게 말할 수는 없지만, 적어도 성과가 적지는 않았을 것이다. 사마의는 제갈량의 건강 악화를 예측했기에 견고한 수세로 일관할 수 있었던 것이지, 그걸 알지 못했다면 사마의도 언제까지 수세로만 일관할 수만은 없었을 터이니 말이다. 그토록 제갈량이 염원하던 북벌의 성공적 마무리를 짓지 못한 까닭은, 어찌 보면 다름 아닌 그의 성격유형이 지닌 단점과 이를 사마의에게 읽힌 데서 비롯되었다고도 할 수 있겠다.

총체적으로 평가하건대, 제갈량은 출사 전부터 관중과 악의의 출장입상出將入相의 역할을 해내겠다는 남다른 포부를 가지고, 지략을 갈고 닦으며 난세를 평정할 주군을 기다렸다. 자신이 생각하는 주군감이라 여긴 유비를 만나게 되자, 제갈량은 온갖 심혈을 다해 유비를 보좌하였다. 그때 어찌 보면 한낱 객장에 불과했던 유비를 일약 삼국정립의 한나라 황제에까지 올린 그는 불세출의 재사였다. 유비가 죽은 후, 그의 탁고를 받들어 어린 후주를 아무런 사심 없이 성심으로 보좌하며, 유비의 유지였던 한조중흥의 이상을 지키고자 자신의 몸을 돌아보지 않은 충의지사였다.

제갈량은 자신의 판단기준, 내적인 신념 등을 매우 중시하였다. 때문에, 한미한 가문 출신에 외지인이라는 핸디캡을 극복하고자 남들에게 조롱당할 정도인 혼인도 흔쾌히 받아들일 수 있었고, 이는 형주 내에서의 그의 입지를 높이는 계기가 되었다. 그는 또한 개혁을 추구하는 성격이 강했기에, 유비가 익주를 차지한 이후 강력한 중앙집권의 제도화를 이뤄냄으로써 정치적, 경제적 안정을 도모할 수 있게 뒷받침했던 것이다.

게다가 분석적이고 논리적이며 치밀하기까지 한 그의 성격은, 그의 전 생애에 걸친 활약에서 여러 큰 공적으로 드러난 바이기도 하다. 빈틈없이 일 처리를 하여 남중정벌의 성과를 거둔 경우와, 제1차 북벌로 촉의 위세를 위나라가 두려워하게끔 강하게 표출한 것이 그러하다. 특히 그가 중원회복이라는 자신의 이상, 내적 신념을 중시하였기에, 현실에 구애받지 않고 수차의 북벌을 감행할 수 있었다. 비록 그의 소기 목적을 달성하진 못했지만 엄청난 국력 열세에도 불구하고 큰 피해 없이 북벌을 계속 감행할 수 있던 그 자체가, 그의 강력한 추진력과 분석적이고 용의주도한 일 처리가 아니었으면 아마도 불가능하지 않았을까. 이러한 사례들은, 결국 그가 내향적 사고형의 인물로서 그 성격적 특징과 장점들이 대체적으로 매우 유사하게 그 연장선상에서 잘 발현한 데서 드러난 결과라고, 할 수밖에는 달리 말할 수 없는 것이다.

그렇지만 지나치게 업무에 몰두한 나머지 자신의 건강을 돌볼 줄 몰랐기에, 그가 추진하던 대업을 끝맺음할 수가 없었던 것은, 그의 맹목적인 헌신이 들어맞지 않은 한계로 노출되고 만다. 그리고 실전 경험이 미숙한 마속의 능력을 너무 믿은 나머지 타인들의 의견을 듣지 않고 그에게 중책을 맡겨 실패를 보았던 것은, 그의 계산이 들어맞지 않아 편협하다는 인상을 주기 충분했다. 그의 일생은 그야말로 명재상이라는 칭송을 받을 정도로 훌륭했지만, 그에 대한 평가절하가 나오게 된 직접적인 배경은 북벌의 실패라 하겠다. 그런데 이는 그의 무능함이라기보다 위나라에 비해 촉나라의 현저한 국력 열세가 주된 원인이겠으나, 그도 이로부터 자유로울 수 없다는 것은 다름 아닌 북벌의 과정에서 그의 성격유형이 지닌 단점이, 이와 같이 제어되지 못한 한계로 노출되어 작용했다는 이유 때문이다. 하필이면 그에게 절대절명의 결정적인 호기에 일어난 불운의 패착이었다. 또한 그로 야기된 결과를 만회할 수 있는 계기가 좀처럼 거듭 도래하지 않았기에, 두고두고 후인後人들에게 짙은 아쉬움을 던져주고 있는 것이다.

모신 제갈량의 남은 논의

04

삼국시대 인물 가운데 오랜 시간에 걸쳐 제갈량처럼 숭앙된 사람은 거의 없다. 진수는 제갈량을 평하여 말한다.

"제갈량은 승상이 되어 백성을 어루만지고 예의와 법도를 보여 주었으며, 관직을 간략하게 하고 때에 알맞은 제도를 정성스러운 마음을 열고 공평한 길을 폈다. 충의를 다하고 시대에 이로움을 준 사람에게는 비록 원수라도 반드시 상을 주고, 법을 어기고 직무에 태만한 자에게는 비록 가까운 사람이라도 반드시 벌을 주었다. 죄를 인정하고 반성하는 마음을 가진 이에게는 무거운 죄를 지었다 하더라도 반드시 풀어주었으며, 진실을 말하지 않고 말을 교묘하게 꾸미는 자에게는 비록 가벼운 죄를 지었다 하더라도 반드시 중벌에 처했다. 선을 행하면 작은 일이라도 상을 주지 않은 적이 없었고, 사악한 행동을 하면 사소한 것이라도 처벌하지 않은 적이 없었다. 여러 사무에 정통하고 사물의 근원을 깨달았으며, 명분을 따르고 실질을 구하며 거짓과 허위라면 함께하지 않았다. 그 결과 촉나라 안의 사람들은 모두 그를 어려워하면서도 경애하였으며, 형법과 정치가 비록 준엄해도 원망하는 이가 없었다. 이는 마음을 공평하게 쓰고 상주고 벌주는 일을 분명히 했기 때문이

다. 제갈량은 세상을 다스리는 이치를 터득한 훌륭한 재주로서 관중이나 소하에 버금할 만하다."(본전)

이를 보면 진수가 촉나라 출신임을 감안하더라도, 제갈량에 대해 매우 높이 평가하였음을 알 수 있다. 그러나 진수는 마지막 구절에 다음과 같이 제갈량을 평가하였다.

"그러나 그는 해마다 군대를 움직이고도 성공하지 못한 것은 아마 임기응변의 군략이 그의 장기가 아니었기 때문인 듯하다."(본전)

진수의 평가에 따르자면, 제갈량은 군사보다는 정치가에 가까운 면모를 보이고 있음을 알 수 있다. 특히 '해마다 군대를 움직이고도 성공하지 못했다'라는 부분에서는 그의 군사적인 면이 뛰어나지 못했음을 은연중에 내포하고 있기도 하다.

이를 두고 후대인들은 크게 당혹해했다. 이에 사마씨의 진晉나라에 출사한 진수가 《삼국지》를 저술하면서 의도적으로 촉한을 폄하했다는 억측까지 나오게 되었다. 청대의 조익趙翼이 《이십이사차기》에서 진수를 혹평한 게 대표적인 실례이다.

"진수의 아비는 마속의 참군이다. 마속이 제갈량에게 주살을 당할 때 그 또한 곤형髡刑(머리 깎이는 형벌)에 처해졌다. 그래서 진수는 제갈량이 장략將略에 뛰어나지 못하다고 쓴 것이다. 참으로 무식한 논의가 아닐 수 없다."

《삼국지》의 전 내용을 검토해 볼 때, 진수는 결코 제갈량을 폄하하고 있지 않으며 오히려 진수는 제갈량에게 상당한 경의를 표했다. 진수는 비록 제갈량에 대해 군략에 다소 부족한 점이 있다고 지적하기는 했으나, 그를 뛰어난 정치가로 평가하는 데에는 인색함이 없었다. 제갈량의 군사 부문 능력에 관한 진수의 비평이 비교적 역사적 사실에 가깝다. 조익의 진수에 대한 비평은 지나쳤다. 이에 대한 논쟁이 역사적으로 끊임없이 있어왔지만, 진수의 평가 또한 어느 정도 공정했다 할 수 있다.

먼저 진수가 평가하여 기술한 세상을 다스리는 이치를 터득한 제갈량과 연결하여 논의하여 보자. 제갈량은 내외정을 도모하면서 많은 이들의 의견을 받아들이려고 노력했다. 한 사람의 식견은 한계가 있을 수밖에 없어, 여러 사람의 계책을 널리 수용하여야 나라를 제대로 다스릴 수 있다고 판단한 것이다. 그는 겉으로만 다른 사람들의 의견을 들은 것이 아니라, 일응 타당하다고 판단되면 반드시 이를 실행에 옮겼다. 유비가 한중을 차지하려고 다툴 때 긴급문서를 보내 병사를 파병하라고 요구했다. 당시 군사장군이었던 제갈량이 이 문제를 양홍에게 묻자, 양홍이 말했다. “한중은 익주의 목구멍과 같아서 이 싸움에 존망이 달렸으니, 만약 한중이 없으면 촉蜀도 없으며, 이는 가문에 닥친 재앙이 됩니다. 지금의 이 상항에서 남자는 마땅히 싸워야 하고 여자는 나르는 일을 맡아야 하거늘 병사를 보냄에 무엇을 의심하십니까?”《삼국지 촉서 양홍전》 이에 곧바로 양홍의 의견을 받아들여 급히 지원병을 파견했다. 그 후 유선이 보위에 올랐을 때, 승상 제갈량은 손권이 유비의 죽음을 알게 되면 아마도 다른 마음을 갖게 될 것이라고 매우 걱정하면서 어떻게 해야 할지 몰라 하였다. 이때 등지가 “지금 주상은 어리고 약하며 막 즉위하였으니 마땅히 중요한 사신을 보내, 오나라와 우호관계를 두텁게 해야 합니다.”《삼국지 촉서 등지전》 하니, 그 건의를 좇아 바로 등지를 사신으로 보내 오나라와 우호관계를 회복하였다. 제갈량이 남방평정에 나섰을 때는 “무릇 용병하는 요체는 마음을 공격하는 것이 상책이고, 병사를 가지고 싸우는 것은 하책"《자치통감, 권70》이라는 마속의 심리전을 채택해 승리를 이끌어 냈다. 그는 자신과 상반되는 부하의 주장을 과감히 받아들일 줄 알았다. "동유재(동화)는 직무를 맡은 7년 동안 일에 불충분한 점이 있으면 열 번이라도 되풀이하여 상담하고 지적해 내었다."《삼국지 촉서 동화전》라며, 동화를 칭송하여 모두 그를 본받도록 한 게 그 증거이다. 그가 추진한 일이 대부분 성공을 거둔 것은 바로 이 때문이다.

그러나 제갈량은 촉한의 기반을 튼튼히 다지는 과정에서 말을 달려 싸움터에서 힘을 다하여 싸운 수고를 아끼지 않았으면서도, 결코 이를 이유로 과분한 명리名利를 추구하지 않았다.

"이엄은 제갈량에게 보낸 편지에서 구석을 받고 작위를 높여 왕으로 칭하기를 권유했다. 이때 제갈량은 다음과 같이 답장했다. "나와 족하足下가 알고 지낸 지 오래되었는데도 서로 이해하지 못하는 부분이 있을 수 있겠습니까! 족하가 지금 나라를 빛내려 하는 것을 나타내며 도에 얽매이지 않으려는 것을 경계합니다. 이 때문에 묵묵히 있지 못하는 것입니다. 나는 본래 동방의 하급선비 신분이었는데 선제께 잘못 쓰임을 받아 지위가 최고 신하에 오르고 백억이나 되는 봉록을 하사받았습니다. 지금 적을 토벌하여도 효과가 없고 지기知己에게 대답도 하지 못하면서 제齊, 진晉에 필적할 만한 은총을 받고 스스로 고귀한 신분이 되려고 하는 것은 도의에 어긋나는 행위입니다. 만약 위를 멸망시키고 조예의 목을 베고 천자가 옛 거처로 돌아가고 제군들과 더불어 출세하게 된다면 매우 특별한 대우를 받을 수 있을 것입니다."《제갈량집》

이처럼 그는 개인의 명리를 멀리한 채 오로지 위나라 토벌과 한실

부흥에만 뜻을 두었다. 마음만 먹으면 능히 보위를 빼앗을 수 있었는데도, 그는 군정대권軍政大權을 한 몸에 지니고도 죽을 때까지 충성을 다하였다. 그래서 뜬구름처럼 사라진 군웅들과 달리, 그의 명성이 수천 년이 지나도록 지워지지 않는 것이라 하겠다.

다음으로 진수가 평가하여 기술한 임기응변과 지략이 장기가 아니라고 본 제갈량과 연결하여 논의하여 보자. 제갈량의 임기응변과 지략을 확인할 수 있는 최종적인 단서는 북벌이다. 흔히 육출기산으로 불리는 이 대전은 유비 사후 촉蜀의 존재 가치를 상징하는 일대 사건이다. 대체로 오늘날 많은 논자들은 왕부지王夫之의 《독통감론》에 의거, 북벌을 지키기 위한 싸움으로 규정한다.

"제갈 공은 천하대세의 흐름을 흉중에서 파악하고 있었다. 그래서 위魏나라는 하루아침에 무너뜨릴 수 없고 촉한의 한구석에 있는 후주 유선의 힘으로는 천하를 광복할 수 없다는 것도 알고 있었다. 그가 군사를 일으켜 북벌에 나선 것은 공격을 통해 수비를 하려고 했던 것이다. '이공위수以攻爲守'는 다른 사람에게 보일 수 없었기 때문에 위연의 계책을 받아들이지 않았던 것이다."[65] **《독통감론》**

오늘날 논점의 저본이 된 《독통감론》은 간결하게 그 이유를 설명해주고 있다. 그것은 (1) 제갈량도 이미 광복의 불가능을 알고 있었다.

65) 공격함으로써 수비를 한다는 뜻이다. 이는 《손빈병법》의 〈위왕문편〉에서 "필공불수必攻不守, 즉 반드시 지키지 않는 곳을 공격한다"는 내용과 맥락이 같다고 볼 수 있다. 중국 역사지리학자인 사념해史念海는 자신의 논문인 《하산집河山集》의 〈제갈량의 공수 책략을 논함〉 편에서 제갈량의 북벌에 대해 국가 방위적 견지에서 이뤄진 우회 작전이었다고 밝혀 왕부지의 견해를 지지했으며 그 이후 왕부지의 이공위수론이 후대 사가와 논자들의 주요 논거로 발전하는 계기가 되었다.

(2) 공격을 통한 수비는 최선책이었다. (3) 이 전략은 다른 사람이 알면 안 되는 것이었다는 3가지의 이유로 정리될 수 있기 때문이다. 그런데 이 3가지 이유 사이에는 상당히 많은 말들이 생략되어 있다. 제갈량이 광복의 불가능함을 이미 알고 있었음에도 공격을 방어의 최선책으로 삼아야 한 이유와 왜 타인에게 이를 밝힐 수 없었는가에 관한 것들이 그것이다. 단순하게 접근해본다면, 공격이 과연 최선의 방어책일 수 있는가, 그리고 타인이 알면 어떤 점에서 심각한 문제가 발생하는가에 관해 저자인 왕부지가 언급을 전혀 해주고 있지 않은 점이 문제다.

우선 (1)의 경우를 생각해보자. 제갈량이 이미 광복의 불가능함을 인지했다면 촉蜀의 미래에 관해 고민해야 할 것이다. 이 무렵 제갈량은 화흠과 왕랑 등 위나라 측 대신들로부터 일종의 투항 권고문을 받은 상태였다. 이들은 국력의 격차와 정통성 등을 들어 번국藩國으로 신하로 칭할 것을 권한 것이었다. 이에 제갈량은 답신을 따로 보내지 않고 '정의正議를 논함'66)을 통해 그 부당함을 강력하게 언급하였다. 비록 이것이 국내에서 발표한 것이었다고 하나, 당시 제갈량의 격렬한 어조로 미루어 보건대 사실상 거절의 의미가 강한 성격의 글이었던 것이다. 만일 불가능함을 알고 있음에도 이와 같이 말한다면, 최소한 위나라와의 타협은 완전히 배제한 것으로 볼 수 있다. 그렇다면 오나라와 견고한 동맹 관계를 전폭적으로 신뢰해야 가능한 것인데 과연 제갈량이 그러했을까? 이는 《한진춘추》에 인용된 '맹호 단절에 관해 논함絕盟好議'을 보면 그렇지 않다는 것을 분명하게 확인할 수 있다.

또한 (2)와 같이 '이공위수'가 가능하지 않다고 제갈량이 스스로 부정한 부분도 있다. '맹호 단절에 관해 논함'에서 제갈량은 손권의 칭제

66) 《諸葛亮傳》에 裵松之가 주석으로 인용한 〈諸葛亮集〉에 있다.

에 관해 다음과 같이 말하고 있다.

"지금 사람들은 손권이 삼국정립을 유지함이 자신에게 유리하다고 여겨 우리와 협력하지 않고, 또 이미 만족하여 장강을 건너 위나라를 공략할 생각을 하지 않는다고 하오나, 이는 옳은 말인 듯하지만 분석해 보면 옳지 않습니다. 왜냐하면 손권은 지금 지모와 역량이 부족하여 강남에서 자신을 보전하는 것으로서 (…) 여력이 있는데도 그 이익을 취하지 않는 것은 아닙니다."[67]

촉나라에 비해 형주를 탈취해 충분한 여력을 갖추었다고 볼 법한데도, 제갈량은 오히려 지금의 오나라도 스스로 보전하는 데 그치고 있을 뿐이라고 생각하고 있었다. 이 말은 오나라 정도의 국력으로도 선제공격할 여력이 없다고 본 것이다. 그런데 촉이 공격을 최선의 방어책으로 선택할 수 있다는 말인가? 이렇게 보면 당시 익주 내부의 여론대로 지키고 있는 것만이 능사가 되는 게 맞는 일이지 않은가? 왜 국력이 오에 비해 더욱 미약한 촉이 공격을 선택한 것인가에 관해 이 부분의 발언은 분명한 한 가지 답을 보여주고 있다. 즉, 손권 정도의 국력으로도 여력이 안 된다면, 촉의 일부 여론처럼 그냥 지키고만 있다면 더 위험하다는 것이다. 최소한 오 정도의 국력이 되어야 관망하는 일도 가능하기 때문이다.

(3)의 이유는 이미 상기의 과정을 통해 볼 때 받아들여지기 어렵다. (3)에 근거하여 본다면, 제갈량은 북벌로 관민들은 기망한 것에 불과할 뿐이다. 제갈량이 다른 사람 모르게 이런 목적을 드러내지 않은 채 촉의 인력과 물자를 소모했다면 매우 간교하고 음험한 통치자라고 봐

67) 오수형(1998), 《제갈량 문집 – 난세를 건너는 법》, 문학과 지성사, 105쪽 참조.

야 한다. 왕부지의 주장은 이런 점에서 제갈량을 오히려 극도로 폄하하는 글밖에 되지 않는다. 이미 불가능한 일을 국가적으로 벌이면서, 관민까지 속이는 정치가를 누가 과연 인정할 수 있겠는가?

> **"나는 군사를 이끌고 전쟁에 임함에 있어 신용을 근본으로 삼았노라."**

《촉기》에 있는 이 제갈량의 말은 (3)과 같은 주장에 충분한 답변이 될 수 있을 것이다. 병사의 교대에 관한 문제까지 신용을 다하려 했던 제갈량이 어찌 북벌의 중요한 목표를 굳이 숨기려 했겠는가? 그렇게 숨긴 결과, 강유가 어리석게도 북벌을 계승하려고 해 끝내 촉이 망한 것인가? 왕부지의 주장에는 이런 세심한 고민이 부족하다 하겠다.

바로 이런 여러 정황으로 볼 때 이 싸움을 '점령하기 위한 싸움'이었다고 본다. 제갈량은 농상隴上(섬서성 농현에 있는 농산의 서쪽지역)의 밀과 보리 등을 확보한다면 촉의 고질적인 군량 문제를 상당 부분 해결할 수 있을 것으로 기대했다. 그 근거는 강유 역시 답중에서 둔전을 한 점에서도 확인할 수 있다. 음평군 일원인 이곳은 과거 제갈량이 친히 나아가 무도군과 같이 정벌한 뒤 촉의 영토로 취했던 곳이다. 즉, 촉의 일반적인 경계 밖의 지역이었던 것이다. 이 점만 봐도 농상이 군량을 얻는 데 매우 요긴한 곳이었음을 알 수 있다. 또한 제갈량도 기산에 본영을 두고 인근 지역으로 자주 밀과 보리를 확보하러 나간 전례가 있다. 가령 장합을 잡았던 건흥 9년 231년 당시에도 노성(감숙성 천수현과 감극현 사이)으로 나아가 군량을 거두어 온 기록이 있는 점을 보면 알 수 있다. 이렇게 군량을 확보하는 데 힘을 기울였다는 점은 〈후출사표〉와 그 맥락이 대체로 일치하는 바, '점령하려는 의도'를 갖지 않고서는 이런 행보를 설명할 다른 방법을 찾기 어렵다.

제갈량이 이처럼 북벌에 심혈을 기울인 것은, 반드시 사망하기 전까지라도 장안을 공략할 힘을 확보하려는 데 있었다. 옹雍·양凉주를 얻을 수 있는지의 여부는 여러 가지 면에서 촉의 명분에 중요한 의미를 가지고 있었다. 전한의 황도였던 장안을 포함한 관중은 그 자체로도 험요한 관문을 보유한 요새였으며, 이민족이 다수 한족과 섞여 있어 인력 확보도 용이했다. 또한 남쪽으로 무관武關을 통해 오나라와 통교하면서 형주 북부에 남은 위나라 영지를 위협할 수 있었고, 기회에 따라서 효산肴山을 넘어 낙양과 하동을 침공할 수 있는 이점도 갖추고 있었다. 이렇게 되면 위나라의 2대 거점인 낙양과 업현을 동시에 위협할 수 있었기 때문이다. 또한 낙양 인근에 있는 허창도 전황에 따라서 정조준할 수 있는 거리에 있었다. 이런 점에서 관중의 확보는 촉의 입지를 한층 강화해 이후 동정東征에서 유리한 고지를 확보할 수 있었다.

제갈량은 인적, 물적 근거지 확보 → 장안 공략 → 관중 확보라는 3단계의 구상을 가지고 적극적으로 적에 대응하였다. 가장 먼저 이루어진 첫 번째 북벌은 그 염원을 거의 실현할 수 있었던 절호의 기회였다. 이 첫 번째 북벌의 양상이 바로 제갈량의 원래 구도를 가장 완벽하게 구현한 것으로 이해할 수 있는 관건으로 여겨진다. 삼군三郡의 호족과 관리들을 항복시켜 단숨에 인적, 물적 근거지를 확보한 제갈량은, 기곡의 조운 등에게 계속 중앙군을 붙잡아 두도록 하면서 장안을 압박할 방책을 고려하고 있었을 것이다. 장합이 가정에 서둘러 파견된 것도 이러한 제갈량의 의도와 무관하지 않다. 만일 마속이 제갈량의 의도대로 장합을 잘 방비했다면 장안 공략을 더 유리하게 이끌 수 있었을 것이다. 제갈량으로서는 아직 삼군의 민심을 충분히 확보하지 못한 상황에서 위 조예마저 와 있어, 곧바로 장안을 취하는 건 상당히 부담스러웠기 때문이었다. 그래서 가정이 무너져 주력군이 끝내 관중을 공략하려던 제1차 북벌이 실패하게 되었으니, 이는 두고두고 제갈량에게 큰 안타까움으로 남게 된 것이었다.

제4장

익주공략을 추동하다 꺾이고 만 비운의 지략가 방통

인물 방통의 삶의 궤적

01

1. 저평가되었던 젊은 시절에 내공을 깊게 다지다

방통龐統은 자가 사원士元이고 양양군 사람으로 어릴 때에는 소박하고 굼떠서 그를 높이 평가하는 이가 별로 없었다. 오직 평소 두터운 명망을 갖고 있었던 방덕공과, 청아하고 사람을 알아보는 안목이 있었던 사마휘만이 그를 중하게 여겼다. 방통이 약관의 나이일 때 사마휘를 찾아가 만났는데, 사마휘는 뽕나무 위에 올라 뽕잎을 따고 방통은 그 나무 밑에 앉아 낮부터 밤까지 함께 이야기를 나누었다. 사마휘는 방통을 매우 특이한 인물로 여기고, 그를 남주(형주)의 인사들 가운데서 으뜸이 될 만하다고 칭찬했다. 이로부터 방통의 명성은 점점 빛나게 되었고 후에 남군에서 공조[1]로 임명되었다.

젊은 시절의 방통이 사람들에게 그리 높이 평가되지 않았다는 기술을 보면, 당시의 지식인 사회에서 그의 발돋움을 어렵게 했던 것 같다. 후한 말의 관리 등용제도에서는 유명인사에 의한 인물품평이 매우 중요하게 작용했기 때문이었다. 후일 방통이 점차 성망을 얻게 된 것도, 평소 조카 방통의 품평을 걱정하던 그 고을에서 두터운 명망을 가진 방덕공으로부터 비롯된다. 방덕공은 방통으로 하여금 평소 스스로를

1) 공조功曹는 주, 군, 현 장관의 속리로, 공로功勞의 기록을 조사하고 상벌과 임명과 면직에 참여하는 직무를 맡았다.

형으로 섬기는, 사람을 알아보는 안목이 있는 사마휘를 만나러 가게 하였고 사마휘를 통해 방통이 '이 시대에 해야 할 일을 아는 자'로 품평을 얻게 됨으로써 가능했던 것이다.

유비가 형주에 있었는데 양양사람 사마휘에게 가서 방사訪士, 즉 재사를 구하니, '이 시대에 해야 할 일을 아는 준걸이라 할 엎드린 용과 봉황의 새끼가 이 근처에 있다'고 하였다. 이에 유비가 '누구를 말하는 것인가?'고 묻자, 사마휘가 '제갈공명과 방사원'이라고 답했다.《자치통감 권65》 사마휘가 제갈량을 복룡, 방통을 봉추라 했던 바도, 이로 인해 명명되었던 별호라 할 것이다.

2. 유비의 휘하에서 제갈량과 동등한 위치에 오르게 되다

오吳의 장수 주유가 유비와 도와 적벽대전에서 이기고 형주를 차지하여 남군태수를 겸하고 있다가, 건안 15년 210년 주유가 죽게 되자 방통이 그의 유해를 운구하여 오로 갔다. 당시 그곳 사람들은 방통의 명성을 알고 있었기에, 방통이 이제 서쪽으로 돌아가려 할 때 그를 전송하기 위해 많은 사람이 창문(서문)이란 곳에 모였다.

육적, 고소, 전종 등도 있었는데, 이때 방통은 그들을 평하여 말하였는데, 전종에 대해서는 "당신은 베풀기를 좋아하고 명성을 흠모하므로 여남의 번자소[2]와 비슷한 점이 있습니다. 비록 지혜의 힘은 많지 않지만 역시 한 시대의 빼어난 인물입니다."《삼국지 촉서 방통전(이하 본전)》라 하였다. 이에 육적과 고소가 방통에게, "천하가 태평해지면 마

2) 허자장許子將(허소)은 인물품평이 불공평하여 번자소樊子昭를 높이 평가하고 허문휴許文休(허정)를 부당하게 낮추었다고 했다. 이에 유엽劉曄은 "번자소는 상인신분에서 발탁되어 예순 살이 되어 관직을 떠날 때까지 평정한 생활을 지켰으며, 관직에 있을 때는 타협하지 않았다."라고 말했다. 그러자 장제는 "번자소는 진실로 어려서부터 노인이 되었을 때까지 청렴결백했습니다. 그러나 그가 치아를 부딪쳐 울리게 하고 뺨의 근육을 세우며 입술에서 토해내는 것을 살펴보면 허문휴의 적수가 아닙니다."라고 답했다.《본전/배주 장제蔣濟의 「만기론」》

땅히 그대와 함께 사해(온천하)의 인사들을 평가해야 하겠습니다."(본전)라고 말하며, 그들은 방통과 서로 깊이 친교를 맺고 돌아갔다.

유비가 형주를 다스리게 되자 방통에게 종사의 신분으로 뇌양현(지금 호남성 뇌양현)령의 직책을 맡도록 했다. 방통이 현에 재임하여 있으면서 잘 다스리려 하지 않자 관직을 면직시켰다. 이에 오나라 모신 노숙이 유비에게 서신을 보내 말하기를, "방사원은 백 리(현을 가리킴)를 다스릴 정도의 재주가 아니니, 치중이나 별가[3]의 자리에 두어서 애당초 마땅히 그의 기족[4]을 펼치게 했어야 했습니다."(본전)라고 하였다. 제갈량 또한 유비에게 그런 말을 하자, 유비는 방통을 만나 그와 더불어 깊은 이야기를 나누어 보고는 그를 큰 그릇으로 여겨 치중으로 삼게 된다. 점차 방통에 대한 유비의 신임은 제갈량에 버금가는 대우를 하게 했으며, 마침내 방통을 제갈량과 나란히 군사중랑장으로 삼기에 이른다. 이는 지난날 사마휘가 유비에게 말했던 복룡과 봉추에 어울리는 모습이라 할 수 있겠다.

3. 유비가 또 한쪽의 날개를 펴도록 촉으로 들어가다

건안 13년 208년 익주목 유장이, 조조가 형주를 평정했다는 소식을 듣고 별가 장송을 파견하여 조조에게 경하를 드렸다. 그러나 조조는 장송을 마음에 두지 않았고 등용하지 않았다. 이에 장송은 원망하는 마음을 품었다.

건안 16년 211년 유장은, 조조가 종요 등을 보내 한중으로 가서 장로를 토벌할 것이라는 소문을 듣고 두려움에 떨고 있었다. 마침 별가

3) 치중은 주의 자사 곧 지방장관의 부관에 해당하는 직책이고, 별가는 자사가 주를 순행할 때 수행하는 관직이다.

4) 기족驥足이란 걸음을 썩 빨리 잘 걷는 준마駿馬의 발이라는 뜻으로 뛰어난 재능을 뜻한다.

종사인 장송이 유장에게 말하기를, "유예주는 사군[5]의 종실이며 조조의 깊은 원수입니다. 그는 용병에도 뛰어나니 그를 시켜 장로를 토벌하게 한다면 장로는 반드시 격파될 것입니다. 장로가 격파되면 익주는 강력해질 테고, 비록 조조가 공격해 오더라도 할 수 있는 일이 없을 것입니다. 지금 이 주의 장수 방희와 이이 등은 모두 공적을 믿고서 교만하고 드세며 밖에다 뜻을 두고 있습니다.[6] 유비를 얻지 못하면 적은 밖에서 공격하고 백성들은 안에서 공격할 것이니, 반드시 패배하는 길입니다."《삼국지 촉서 유이목전》라 하였다.

장송이 유장에게 거듭 유비와 결탁하라고 권유하니, 유장이 이를 옳다고 여겨 사자로 법정을 파견하여서 4천 군사를 거느리고 유비를 맞이하게 하였다. 이에 유비는 형주에 제갈량, 관우, 장비, 조운을 남겨 지키게 하고 군사로는 방통을, 무장으로는 황충, 위연과 같은 발탁된 지 얼마 되지 않은 장수들과 보병 수만 명을 이끌고 익주로 들어갔다.

유비가 강주(지금 사천성 중경시)에서 북쪽 점강수를 경유하여 부성(지금 사천성 면죽현)에 이르렀다. 유장은 보병과 기병 3만여 명을 인솔하고 유비를 마중 나왔고, 그곳에서 서로 거느리고 있는 이사吏士들도 번갈아 오가면서 100여 일간 주연을 서로 즐겁게 어울렸다.

또한 장송은 법정을 시켜 방통이 유비를 설득하여 이 모임에서 유장을 제거할 것을 제안하나, 그러나 방통의 진언을 받아들이지 않았다. 방통의 이 진언은 일견 야박한 듯 여겨지지만 어찌 보면 가장 빠르고, 합리적인 계책으로 볼 수 있었다. 사실상 익주를 통치하고 있던 유장

5) 유예주劉豫州란 예주목 유비를 말하며, 사군使君이란 주의 장관을 높여 부르는 것으로 익주목 유장을 이른다.

6) 《삼국지 촉서 유이목전》 배주에 인용된 《영웅기》에 의하면 "방희龐羲는 유장의 여러 아들들을 곤란함에서 벗어나게 하였고, 이이李異는 조위趙韙를 죽였으므로 그 공로를 믿는다는 말이고, 다른 한편으로는 외부에 있는 강력한 세력을 따르고자 한다는 것이다."

을 유비가 제거할 경우, 익주는 그대로 유비의 장중에 들어갈 것은 불 보듯 뻔한 상황이었기 때문이다.

4. 익주 공략을 목전에 두고 낙성의 공격에서 지다

유장이 성도로 돌아간 뒤, 유비는 군사 3만여 명을 아우르고 유장을 위해 북으로 한중 원정을 향하여 가맹(지금 사천성 광원현)에 이르렀다. 곧바로 한중의 장로를 토벌하지 않고, 유비는 1년쯤 머물러 은혜와 덕을 두둑이 쌓아서 많은 사람의 마음을 거두었다.

건안 17년 212년, 방통은 언제까지고 한 곳에 머뭇거릴 수 없다며 유비에게 세 가지의 계책을 건의하였다.

"지금 은밀하게 정예 병사를 뽑아 밤낮으로 배의 속도로 가게 하여서 지름길로 성도(지금 사천성 성도시)를 습격하면, 유장은 본래 군사에 서툴며 또 평소 미리 방비하지 않으니, 대군이 갑작스럽게 이르러 한 번에 바로 평정할 수 있습니다. 이것이 가장 좋은 계책입니다.

양회와 고패는 유장의 명장으로서, 각각 굳센 병사를 가지고 관두(지금 사천성 소화현)를 지키고 있습니다. 듣자 하니 이들은 유장에게 여러 차례 편지를 보내 간언하여, 장군[7]을 형주로 돌아가게 하라고 하였다고 들었습니다. 장군께서는 사람을 보내 서로들 듣고 보고하게 하고서 형주에 위급한 일이 생겼으므로 돌아가 구원해야 한다고 말하고, 아울러 군대가 행장을 꾸려 겉보기에 돌아가는 듯한 모양새를 취한다면, 이 두 사람은 장군의 빼어난 명성에 감복하고 있으며 또 장군이 돌아가는 것을 좋아하니, 헤아려 보건대, 반

---

7) 이는 유비를 지칭한다.

드시 경무장한 기병을 데리고 와서 장군을 뵈려고 할 것입니다. 장군께서는 이 기회에 그들을 붙잡아 놓고 나아가 그들의 병사를 빼앗아 성도로 향한다면, 이는 중간 정도의 계책입니다.

물러나 백제성(지금 사천성 봉절현)으로 돌아가서, 형주의 군대를 끌어들여 천천히 돌아와 이곳을 도모한다면, 이것이 가장 낮은 계책입니다. 만약 깊이 생각만 하다가 가지 못한다면, 앞으로 큰 어려움에 빠져 오래 지탱할 수 없을 것입니다." (본전)

유비는 방통이 제시한 세 가지 계책 가운데 중간 정도의 계책을 그럴듯하다고 여겨 받아들였다.

한편 조조가 손권을 공격하자 손권이 유비에게 급히 구원을 요청하게 된다. 유비가 유장에게 1만 명의 군사와 그에 따른 물자, 식량을 지원해 달라 하니, 유장은 단지 4천 명만을 허락하고 그 나머지는 절반씩만을 지급하였다. 이에 유비는 크게 분노하여 유장을 공격하고 백수군독 양회와 고패를 유인하여 그들의 목을 베었다. 군사를 성도로 돌렸고 지름길로 관두에 이르러, 그들이 거느리던 군사들을 병합하고 나아가 부성(지금 사천성 면죽현)을 점거하였다.

유비가 계속 진군하여 낙성(지금 사천성 광한시)을 포위한 지 1년이 되었을 때, 방통은 병력을 거느리고 성을 공격하다가 떠도는 화살流矢에 맞아 건안 19년 214년 서른여섯 살을 일기로 낙명하였다. 유비는 매우 애통해하며 방통에 대해 말할 때마다 눈물을 흘렸다. 방통의 부친을 의랑으로 임명하였다가 간의대부로 승진하게 했다. 또한 방통에게 관내후 작위를 추증하고 시호를 정후라 했다. 방통의 아들 방굉은 강직하면서도 선악이 분명했으며 부릉태수로 재직 중에 죽었다.

과단성과 융통성을 함께 지닌 도가적 기품의 재사

02

사상 가치성향을 통해 인물 방통을 살펴보면, 그는 출사하기 이전부터 형주와 양주 일대에서 상당한 명망을 드러내던 재사였다. 청아한 품행이 돋보이는 선비였던 방통은, 은사隱士로 지내면서 마치 물 흐르듯 유연한 사고방식과 자유분방한 삶의 태도를 보인 인물이었다. 여기에서 우리는 방통에게서 도가道家적 기품을 엿볼 수 있게 된다. 그렇다고 그가 인위적인 것을 배척하고 세속과 철저히 단절하는 그런 전형적인 은사는 아니었다. 이는, 방통이 훗날 유비에게 출사하여 익주 정벌을 위한 과감한 권변[8]을 강력히 권유한 패도적인 면모에서 쉽게 알 수 있다.

방통은 제갈량 이후 유비에게 발탁된 형주 출신 인물들 중 가장 두각을 드러내는 인물이었지만, 아쉽게도 그는 그 재주를 마음껏 펼치지 못하고 일찍 전사했다. 미완성 교향곡과 같은 인물로 비유되는 방통이 이처럼 짧은 활약 기간에도 많은 호사가들 사이에서 끊임없는 평론을 제공할 수 있는 이유는, 그만큼 봉추라는 별호가 주는 시무時務에 뛰어난 재사로의 기대감과 너무 이른 그의 죽음이 남긴 아쉬움이 컸기 때

8) 권변權變이란 시기를 따르고 사변에 응하는 수단을 이른다.

문일 것이다.

일찍이 사마휘는 유비에게 제갈량과 방통을 일컬어, 이 시대에 해야 할 일을 아는, 즉 시무에 뛰어난 준걸이라 평가한 바 있었다. 그 당시 제갈량과 방통은 와룡과 봉추라는 별호를 갖고 출사를 대비하고 있었던 셈이다. 누운 용과 새끼 봉황이란 뜻이 말해주듯이, 이 별호는 아직은 미약하지만 나중에는 큰 역할을 해낼 것이라는 대기만성大器晩成의 큰 희망주로 투영되었던 것이다.

그런데 이러한 별호와 달리, '어려서 박둔(성정이 순박하고 둔함)하여 (그를) 알아주는 이가 없었다.'(본전)라는 기록에서 알 수 있듯이, 실제의 방통은 어려서부터 선재仙才로 주목을 받지는 못했다. 한미한 가문 출신의 외지인이었던 제갈량과 달리, 방통은 학문으로 저명한 형주 토착 호족 출신이란 배경을 갖고 있었다. 그의 숙부인 방덕공은 형주 명사名士의 거두 중 하나였고, 사촌 형제인 방산민[9]도 형주의 저명한 명사였다. 하지만 정작 방통은 어려서부터 날카롭고 번뜩이지가 않다는 이유로 무명 시절을 보냈다. 이러한 연유는 아마 방통이 일찍부터 방덕공처럼 유유자적하게 은일隱逸의 삶을 살았기 때문으로 보인다.[10]

별호의 의미, 방덕공과 사마휘 등과 친밀한 관계, 출사하기 전까지 상당 시간을 재야에서 보냈던 점 등으로 볼 때, 후인들은 제갈량과 방통 이 두 사람을 비슷한 사상 가치성향을 지닌 유형의 인물로 여길지 모른다. 하지만 이는 환경적인 측면에서 볼 때 피상적으로 그러할 뿐,

---

9) 《삼국지연의》에서는 방덕공의 자를 산민山民이라고 했는데, 《삼국지 촉서 방통전》의 배주에 인용된 《양양기》에 의하면 방산민龐山民은 방덕공의 아들로 제갈량의 매형이 된다.

10) 《후한서 일민逸民열전》에서 방덕공에 관한 기록을 보면 그는 양양현 동쪽에 위치한 현산 남쪽에 살면서 한 번도 성내에 들어가질 않고, 유표의 숱한 초빙도 거절하며 철저히 은사의 삶을 살았다. 이런 방덕공이 조카 방통을 애지중지 여기며 18세가 된 방통에게 사마휘를 만나게 해 품평을 받게 하고 친분을 쌓게 하였으니 아마도 방통 역시 방덕공과 함께 은둔의 생활을 했으리라 능히 짐작된다.

내용적인 측면에서 볼 때는 실제적으로 현저히 달랐다.

제갈량은 자신의 입지를 공고히 구축하기 위해 문생과 혼인 등의 인맥을 쌓는데 상당히 적극적이었다. 반면에 방통은 명망 있는 가문의 배경을 갖고 있음에도 남들에게 주목을 못 받다가, 사마휘의 품평에 의해 비로소 빛을 보게 된다.11) 이러한 점은 방통이 제갈량에 비해 다소 소극적이고 수동적인 인물로 보이게 했을지 모른다. 출사의 경우만 하더라도 마찬가지다. 제갈량은 자신의 존재를 알리기 위해 부단히 애를 쓰고, 사마휘, 서서 등의 추천 효과를 톡톡히 보며 유비에게 출사했다. 그러나 방통은 자신의 명성이 서서히 드러나고서야, 비로소 출사했을 정도로 유유자적했다.12)

그리고 품행의 경우에도 상이한 점이 있었다. 두 사람 모두 훌륭한 품행을 갖춘 인물로 평가받고 있는 점에는 공통점이 있으나, 제갈량이 정석을 고집하는 성향이라면 방통은 완급 조절에 능한 성향이라는 점에서 그 이미지의 차이도 상당하다.13) 이러한 점들에서 방통의 세계관은 매우 자유분방한 현학玄學적이었으리라고 짐작할 수 있다.

방통에게 나타나는 이런 면모는 이미 후한 말엽 쇠락했던 도가가 다

11) 이때 사마휘가 방통을 일컬어 '남주南州(형주) 선비들 중 관면冠冕'이라고 품평하였다. 누대에 걸쳐 고관을 배출하는 가문을 관개冠蓋라 불렀고, 공경公卿에 이를 정도의 인물을 관면이라 표현하였다. 따라서 이 품평은 방통이 형주 사대부들 중 가장 대성할 인물이라는 의미를 반영하고 있다.

12) 배주에 인용된 《강표전》의 기록에 의하면 유비가 방통에게 '그대가 주유의 공조로 있을 때'라고 운운하는 대목을 보아 방통은 아마도 적벽대전 이후 주유가 남군을 차지했을 때 임용된 것으로 추측된다. 이를 놓고 본다면 방통은 제갈량보다도 3살이 많았지만 출사는 1년 정도 뒤늦었다고 할 수 있다.

13) 물론 제갈량과 방통 모두 공통적으로 패권주의 성향을 보인 선비는 맞지만 제갈량이 법가적 성향이 강했던 반면에 방통은 도가적 성향이 다분했다. 이러한 차이로 말미암아 제갈량이 신상필벌을 통해 호오好惡와 시비是非를 엄격히 구분하는 인물의 이미지를, 방통은 실리와 성과에 관한 주견이 있으되 일률적으로 적용하는 명확한 구분보다는 상황과 시기에 따라 적절히 대처하는 유연한 인물의 이미지를 보여주고 있다.

시 흥기하면서 크게 일어나고 있었고, 특히 형주의 방덕공과 사마휘의 학맥에서 깊이 자리를 잡으며 형성되고 있었다. 은일지사인 방덕공과 사마휘의 눈에 방통이 더 각별한 대우를 받은 점은, 비교적 한대의 유학적 기풍이 남아 있던 제갈량에 비해 방통이 더 도가적이었기 때문일 것이다.

이러한 차이점은 대표적으로 유비의 입촉을 촉구하는 방통의 진언에서, 제갈량과 대비되는 방통 특유의 진면목이 잘 드러난다.

방통이 유비를 설득하여 말했다. "형주는 황폐해져 인물은 거의 고갈되었으며, (여기에) 동쪽에 오나라 손씨가 있고 북쪽에는 조씨가 있으니 삼국정립의 계획이 그 뜻한 바를 이루기 어려운 형국입니다. 지금 익주는 나라가 부유하고 백성 또한 강성하며, 호구수가 100만이고 네 부대의 병마가 출동할 바를 모두 갖추고 있으니, 재보를 다른 데서 구하는 일이 없습니다. 지금 이것에 기대어 대사를 정할 만합니다." 유비가 말했다. "지금 나와 물과 불같은 사이[14]인 자는 조조요. 조조가 엄격하다면 나는 관대하게 하고, 조조가 폭력에 의지하면 나는 인덕에 의지합니다. 조조가 거짓으로 속이면 나는 충량하게 하였으니 매번 조조와 반대로 하여 일을 가히 이룰 수 있었소. 지금 소소한 일로 인하여 천하에 신의를 잃는 것은 내가 취할 바는 아닌 것 같소." 방통이 말했다. "변화를 꾀하는 시대에는 한 가지 길만으로 결정할 수 없는 것이옵니다. 약한 자를 아우르고 우매한 자를 치는 것은 오백五伯(춘추오패)의 일이었습니다. 무리한 수단으로 (익주를) 취한 뒤 바른 방법으로 도의로써 그들에게 보답[15]하여 일이 정해진 이후 대국으로 봉해주면 어

14) 상극관계를 말하는데 수극화水克火로 물은 불을 끄므로 물과 불은 서로 상극이라는 것이다.

찌 신의에 어긋나는 일이겠습니까? 지금 취하지 못하면 끝내 남을 이롭게 할 뿐입니다." 유비가 마침내 이를 행하였다. 《본전/배송지 주, 구주춘추》

일찍이 제갈량은 융중대를 통해, 익주의 지혜롭고 재주가 있는 선비들은 현명한 군주를 얻기를 고대하고 있다고 밝힌 바 있다. 전략을 내놓은 제갈량으로서도, 익주를 얻을 방법에 대해 아마도 환영을 받으면서 진입할 책략을 고민하고 있었던 것으로 보인다. 그 무렵 장송이 조조를 만났다가 크게 망신만 당하고 돌아간다는 말을 듣고 제갈량이 호의로 환대하며 장송의 마음을 얻으려 했던 것은, 그의 그런 의중을 담은 행동이었다.

당시 익주의 별가[16]이었던 장송은 유장의 각별한 신임을 받는 유력한 호족 가문 출신 인사였다.[17] 또한 법정, 맹달과 같은 패도적인 성향의 동주 출신 인물들과도 친분이 깊었다. 이런 장송의 협력은 장차 유비의 순조로운 익주 정벌을 이룩하는 데 부성(지금 사천성 면양시)에서의 내응세력이 되었다. 이것은, 유비가 환영을 받으며 서촉에 진입하는 방식이라는 제갈량의 주장과도 크게 부합하는 것이었다.

하지만 방통은 이것을 견지하려는 유비에게 반론을 제기하며 상당히 과감하고 임기응변적인 방안을 제시한다. 그는 '역취순수[18]'라는 사

---

15) 약한 것을 병합하고 어리석은 자를 공격한다는 것은 《상서》「중훼仲虺」에 나오는 말이고, 거꾸로 빼앗고서 순리적으로 지킨다는 것은 《한서》「육가편」에 나오는 말이다.

16) 정식명칭은 별가종사로 이는 주자사州刺史의 휘하의 속관들 중 가장 우두머리 격인 핵심 보좌역이다. 주자사가 관할 군현을 시찰할 때 수레를 타고 순행했는데 이때 별가종사는 별도의 수레를 타고 주자사를 수행했기 때문에 별가別駕라 불리었다고 한다.

17) 장송의 형 장숙은 당시 광한태수로 재임 중이었는데 그 역시 별가종사를 역임하였다. 이처럼 한 가문에서 형제가 연이어 별가를 역임했다는 것은 상당한 가문 배경이 아니고서는 쉽사리 볼 수 없는 일이다.

18) 출전은 《사기 육가전陸賈傳》이다. 원문은 "탕왕湯王과 무왕武王은 무력으로 천하를 차

마천[19]의 역사관에 빗대어 신의를 잃지 않고 익주를 접수하는 방식의 한계를 지적하고, 무력을 써서라도 오패의 대업과 같은 길을 걷도록 촉구한 것이다. 특히 '한 가지 도만으로 대계를 정할 수 없다.'는 그의 말에 유의할 필요가 있다.

천하의 신의를 얻어 대업을 이룬다는 것은, 비단 유비의 뜻만은 아니라 제갈량의 입장이기도 했다. 그 점에서 이 둘은 익주를 평화롭게 취할 방법을 찾고 있었을 것이다. 스스로도 조조와 상극이라 여긴 유비는 제갈량의 의중이 어떠했는가를 읽을 수 있었던 것이다. 그렇기에 이에 신의에만 구애되지 않는 발상을 한 것으로 보이는 방통은 '역취逆取'라는 어찌 보면 조조가 쓰는 방법을 제안한 것이다. 여기에다 '순수順守'라는 유비의 취향에 맞을 만한 방식을 곁들인 셈이다. 여기에 유비가 절대 거절할 수 없도록 '종국에 남의 이익이 될 뿐'이라는 말을 잊지 않는다. 여기서 '남'이 누구인지는 불을 보듯 당연한 상황인데 말이다.

실제로 손권이 익주를 치려고 기도한 것을 경험한 유비에게는 방통의 이 말은 충격 요법으로 그만이었다. 그래서 유비는 결국 방통이 제시한 익주 정벌을 최종안으로 승인했다. 이처럼 방통은 역취라는 패자의 방법을 제안하기 위해 순수를 도모한 제갈량의 방법을 이용하였다. 이미 장송 일파는 내응을 약속했지만, 이들에게 '순취順取'의 방법으로는 그 결과를 얻기까지 요원한 일일 수밖에 없었다. 더욱이 제갈량의 방법이 통하려면 조조의 대대적인 정벌이 필요하지, 장로의 도발 정도로는 명분이 서지 않는다는 것이다.

지했으나 민심에 순응해 나라를 지켰으니, 이렇게 문무를 겸용하는 것이 오랫동안 나라를 보존하는 기술이다且湯武逆取 而以順守之, 文武竝用, 長久之術也." 중국 고대 전통관념에서는 무력으로 천하를 탈취하는 것을 역취逆取라 하고 문화와 교육으로 천하를 통치하는 것을 순수順守라 보았다.

19) 사마천司馬遷은 중국 전한 무제 때의 역사가로 자는 자장이며 하양사람으로 황제黃帝로부터 한 나라 무제까지의 역대 왕조의 사적을 기전체로 쓴 사서《사기》본기 12권, 세가 30권, 열전 70권, 연표 10권, 서 8권을 찬술하였다.

그러나 방통의 관점은 달랐다. 장로의 도발이야말로 유비가 익주로 진입할 수 있는 최적의 명분이며, 보호를 빌미로 들어가 유장을 병합하더라도 순취의 목표를 근사하게 도달할 수 있다는 것이다. 그렇기에 방통은 제갈량의 순취의 방법을 반대하며 자신의 역취의 견해를 관철시키고자 했다. 이는 방통이 유비에게 제갈량과는 다른 방법으로, 자신의 진가를 입증하려는 의중의 표출이기도 했다.

하지만 여기서 방통은 뜻하지 않는 좌절을 맛보고 만다. 유비가 방통의 진언을 수락하는 듯했으나, 얼마 못 가 유비는 다시금 본래에 자신이 견지하던 방법을 고수하고자 했다. 이처럼 유장만을 노린 방통의 기습 진언이 도통 채택되질 않으니, 쉽게 끝날 수 있는 상황이 멀리 돌아갈 수밖에 없게 되는 게 당연했다. 게다가 설상가상으로 장송이 내응을 약속했던 것이 유장에게 발각되어 장송은 죽게 되고 만다. 이로 유비와 유장의 관계는 더 이상 돌이킬 수 없을 정도로 험악해지면서 유비는 꼼짝없이 익주 영내에서 고립될 위기에 놓이게 되었다.

결국 유비는 방통이 제시한 세 가지 책략 중 중간 정도의 계책으로 먼저 부관을 장악한 후, 성도로 진격하는 방법을 채택하였다. 유장의 대응 역시 철저한 항전 위주로 신속히 진행되었으니 전황이 장기전의 국면으로 접어들게 된다. 이에 방통은 좌초의 위기에 놓인 익주 정벌의 흐름을 바꾸고자 요충지인 낙성을 함락시키려고 직접 전선의 독려에 선다. 그러나 어이없게도 적의 떠도는 화살에 의해 예기치 못한 스스로의 죽음을 맞이했다. 많은 이들은 그에게서 날개를 편 봉황의 비상을 기대했건만, 그는 이렇게 많은 아쉬움만 남긴 채 떠나고 만 것이다.

타인의 잠재력을 발현시킨 창조적 성격의 현사

03

적벽대전이 끝난 후, 유비는 주유와 조인이 남군 공방전을 벌이는 사이를 틈타 어부지리로 형주를 차지했다. 이 과정에서 분통이 터진 주유는 제갈량의 삼기주유[20] 계책으로 인해 분사하고 말았다. 노숙은 주유를 대신할 인물로 방통을 손권에게 추천했지만, 손권은 방통을 면담해 보고 그의 풍모와 인상이 마음에 영 내키지 않아 받아들이지 않았다.

방통은 손권의 도량에 실망해 유비에게 향했는데, 유비마저도 방통이 기대했던 바의 예우를 보이지 않았다. 지난날 제갈량을 영입하기 위해 삼고초려의 예를 다한 것과는 너무나 대조적인 모습이었다.

문지기가 들어가서 유현덕에게 고한다. "강남의 명사 방통이 특히 주공을 섬기려고 왔다 합니다." 유현덕은 방통의 명성을 오래 전부터 들었기 때문에, 즉시 모시고 들어오도록 분부했다. 방통은

---

20) 삼기주유三氣周瑜란 《삼국지연의》에 나오는 대목으로 적벽대전이 끝난 후에 손권과 유비는 형주를 놓고 서로 쟁탈전을 벌인다. 이 과정에서 주유와 제갈량도 지략 다툼을 벌이는데, 제갈량의 지략이 한 수 높아 세 차례나 주유의 화를 돋우어 쓰러지게 만들었다는 내용이다.

들어와서 유현덕에게 허리를 굽혀 길이 읍揖할 뿐 절하지 않는다. 유현덕은 방통의 용모가 추한 것을 보고 역시 불쾌해서 묻는다. "귀공은 먼 길을 오느라 고생이 많았겠소." 방통은 노숙의 추천장도, 지난날 공명이 주고 간 서신도 내놓지 않는다. "황숙께서 어진 선비를 좋아한다기에 그래서 왔소이다." "우리 형주일대도 점점 안정이 되어서 별로 적당한 자리가 없소. 여기서 동북쪽으로 130리를 가면 고을이 하나 있으니, 이름을 뇌양현이라 하오. 그곳 현감 자리가 하나 비었으니, 당분간 그곳이나 다스려주시오. 뒤에 적당한 자리가 나면 중한 지위에 등용하리다." 방통은 생각한다. '유현덕이 어찌 이렇듯 나를 박대하는가. 나의 재주와 학문을 한 번 보여주고 싶으나, 마침 공명도 없고 하니 그만두자.' 방통은 굳이 참고 하직한 뒤에 뇌양현으로 갔다. 《삼국지연의 제57회》

공교롭게도 손권이나 유비 모두 방통의 겉보기에 편견을 가져, 그의 재능을 확인시켜줄 기회가 없었다. 그나마 손권과 달리 유비는 뇌양현을 맡기고 나중에 중용하겠다고 말했기 때문에, 방통은 손권을 곧바로 떠난 것과 달리 참고 기회를 보기로 했다. 처음부터 제갈량과 노숙의 추천서를 보여줬다면 곧바로 중용될 수 있었다. 그러하지 않았던 것을 보면, 방통은 자신의 겉보기에 구애받지 않고 오로지 자신의 실력을 보여서 상대방으로부터 인정을 받겠다는, 자신의 판단과 행동기준을 맘껏 드러내는 주체적인 태도를 보여준 셈이다. 이런 점에서 그는 내적 지향적 성향이 뚜렷한 인물로 여겨지게 된다.

이런 모습에서 방통은 내향형의 특성을 지니고 있다 하겠는데, 그의 경우 자신이 어려서부터 가져왔던 태도를 바탕으로 하여 주위의 평가나 외모로 인한 박대에도 굴하지 않고 꿋꿋하게 자신의 길을 걸어왔다는 점을 보아도 내향형의 범주에 든다는 것이다. 내향형에서는 객체의 인상이 주체 안에서 형성한 것에 의거해서 사물을 본다. 내향적인 의식의 태도에도 물론 외적인 조건을 인식하는 능력이 있지만, 언제나 그 판단과 행동에 결정적인 것은 주관적인 속성이라 할 수 있다.

유장을 대체해서 유비를 익주의 새로운 주인으로 영입하기 위한 장송과 법정 이 두 사람의 모의로, 유비는 군대를 이끌고 서촉에 들어올 수 있었다. 이때 유비와 유장이 회동을 통해 연회를 갖자, 방통은 이 자리에서 유장을 붙잡아야 한다고 진언한다. 이런 계책 진언에서도 이러한 내향형 특징이 드러난다.

익주목 유장이 유비와 부성(지금 사천성 면양시)에서 만났다. 방통이 계책을 올렸다. "지금 이 모임을 틈타 유장을 붙잡는다면 장군께서는 용병의 수고로움 없이 앉아서 한 주를 평정할 수 있습니다." 유비가 말했다. "이제 막 다른 나라로 들어와 은혜와 신의를 아직 드러내지 못했는데 그리할 수는 없소" 유장이 성도로 돌아간 뒤 유비가 유장을 위해 북쪽으로 한중을 정벌하려 했다. 방통이 다시 설득했다. (본전)

마치 한漢의 유방과 초楚의 항우의 고사인 '홍문의 연회'21)와 비슷한 상황이었다. 방통은 익주의 우두머리인 유장을 제압하면 손쉽게 익주를 차지할 수 있다는 것을 무의식적으로 깨닫고, 이러한 현재 상황을 지각해 적극적으로 대처하려는 모습을 보인다. 이를 통해 그는 직관기능이 삶에서 주도적인 역할을 하는 인간으로, 감각의 매개 없이 직접 사물의 본질을 통찰할 수 있는 내향형 성향을 보이는 일례라 할 수 있다.

---

21) 서기 전 206년 한왕 유방과 초왕 항우가 홍문연鴻門宴에서 만나, 항우는 범증范增의 권에 따라 유방을 죽이려 하였으나, 유방은 장량張良의 꾀로 번쾌樊噲를 데리고 도망친 사건을 이른다.

유비가 본격적인 익주 공략에 나설 즈음에, 제갈량이 형주에서 별자리 운세를 보고 유비에게 편지를 통해 조심하라고 진언하자, 유비는 신중하게 군세를 운용하려 했다. 이에 방통은 제갈량 때문에 자신의 재주가 인정받지 못하는 것 같아, 유비에게 호언장담하며 적극적으로 진격할 것을 주장했다. 유비는 이를 만류했다가도 방통의 의견을 채택하였으나 출병에 앞서 방통이 낙마하는 사고가 발생했다. 유비는 방통의 말이 좋지 못하다고 생각하여 자신의 말을 방통에게 내주었지만, 이는 오히려 방통에게 큰 화근이 되었다.

한편, 방통은 좁은 산길을 따라 나아가다가 머리를 들어 둘러보니, 양쪽으로 높이 솟은 산이 바짝 다가들어서 몹시 좁고, 나무는 빽빽이 들어찼는데, 때마침 여름도 끝나가는 첫가을이라, 나뭇가지와 잎들이 무성하였다. 방통은 갑자기 의심이 나서 말을 세우고 묻는다. "이곳 지명을 뭐라 하느냐?" 군사들 중에 새로 항복해온 서천 군사가 있어 그 일대를 가리키며 대답한다. "이곳을 낙봉파라고 합니다." 방통이 깜짝 놀라며, "나의 도호가 봉추인데 이곳 지명이 봉새가 떨어지는 절벽인 낙봉파落鳳坡라고 하니 나에게 이롭지 못하구나!"하고 즉시 호령한다. "빨리 후퇴하라!" 그때 산 절벽 근처에서 포 소리가 탕 하고 한 방 터지더니 수많은 화살이 흰말을 탄 방통에게로만 빗발치듯 집중한다. 아아 아깝구나! 방통은 마침내 무수한 화살을 맞고 죽으니, 이때 그의 나이 겨우 36세였다. 《삼국지연의 제63회》

낙봉파로 진군한 방통은 이곳의 지명을 알게 되자, 자신의 별호인 봉추와 상극이기에 위기의식을 느꼈다. 곧바로 후퇴를 명령했으나 낙봉파 인근에 매복해 있던 적장 장임의 병사들이 흰 말을 탄 방통이 유비인 줄 알고, 방통을 향해 집중적으로 화살을 쏘아 대었고 방통은 전사하게 됐다. 비록 결과적으로는 방통이 죽음을 피하진 못했지만, 그 직전까지만 하더라도 자신이 진군하고 있던 지형과 지명을 통해 본인이 처지가 상당히 위태롭다는 것을 무의식적으로 깨달았다는 점에 주목할 필요가 있다. 방통은 이러한 현재 상황을 지각하고 이를 재빨리 대처했다는 점에서, 그에게서 직관형의 긍정적인 모습을 엿볼 수 있다.

이런 사례들에서 방통은 직관형에 가까운 태도를 보이고 있다 하겠는데, 직관형이란 무의식적 방법으로 인식을 유도하는 심리기능을 말하며 직관이란 그 파악하는 내용이 무엇이든 하나의 본능적 파악이라 할 수 있다. 직관형은 외향적 직관과 내향적 직관으로 다시 나뉘는데, 외향적 직관은 객관적으로 주어진 것 가운데의 가능성을 발견하는 데서 그 기능을 발휘하며, 내향적 직관은 이에 비해 내적인 객체, 즉 무의식의 요소에 그 시선이 향한다. 방통의 경우, 앞서 말한 내용대로 자신의 내적 관념, 직관 등을 중시하며 한편으로는 괴이하다고 여길 만큼의 행동도 서슴지 않았던 태도에서, 내향적 직관에 가깝다고 할 수 있다.

이상을 토대로 보았을 때, 방통을 성격유형으로 그 인물형을 논한다면 내향적 직관형이라 평할 수 있다. 내향적 직관형의 특징은, 첫째로 직관기능이 주로 내부로 향하는 특성, 즉 주관적 직관에 의존하는 바가 크고, 둘째로 개성이 강하고 창조적인 능력이 뛰어나다 할 수 있다.

1. 익주병탄 먼저 취하고 뒤에 백성들의 민심 다잡자는 역취순수, 주관적 직관의 그의 창조적인 능력 강한 개성 구사 특징 두드러져

이 내향적 직관형의 특징을 방통에게 적용시켜 보면, 첫째 내용은 인물 품평과 관련한 그의 일화에서 주관적 직관과의 상관성을 찾아낼 수 있다. 둘째 내용은 그가 뇌양현령의 직책을 맡고 있을 때, 현의 일을 제대로 잘 다스리지 않아 면관된 사실에서 개성이 강한 점을 유추할 수 있다.

방통은 그 천성이 인물 평하기를 좋아하고, 인재를 육성하는 데 힘썼다. 매번 다른 사람에 대하여 그 실제 재능 이상으로 칭찬을 했기에 당시 사람들이 이를 괴이하게 여겨 물으니 방통은 이렇게 대답했다. "지금 천하가 큰 혼란을 겪게 되었으니 정도正道가 쇠퇴하여 착한 사람이 적어지고 악한 사람이 많아졌습니다. 바야흐로 풍속을 일으키고, 도덕적 행위를 드날리게 하려면 이야기를 좋게 하지 않으면 사람들이 흠모할 가치가 부족할 것이고, 흠모하는 가치가 부족하면 선량한 일을 하는 사람이 적어질 것입니다. 지금 열명을 발탁해서 그 가운데 다섯 명을 실패한다고 해도 이는 오히려 그 절반을 얻어 세상의 교화를 높이는 데 힘쓸 수 있고, 뜻있는 이로 하여금 스스로 노력케 하니 또한 옳지 않겠습니까? (본전)

후한 말엽, 외척과 환관 등이 발호 득세하면서 조정의 선거제가 상당히 부패해지자 사대부들은 조정 중심의 관료 질서를 불신하게 된다. 이를 부정하고자 대항할 새로운 선거제 질서를 찾게 되었고, 이 과정에서 인물 품평이 급속도로 전개되었다. 즉, 인물 품평은 대상자의 명名(겉에 나타난 명성)과 실實(속에 있는 실재)을 모두 파악하고 관료 선발에 적합한지 그 여부를 논하는, 일종의 선거의 투명성과 합리성을 보장할 수 있는 수단으로 활용되었다. 물론 대상자의 가문 배경을 고려하는 측면도 다분했지만, 대상자의 인상, 체모, 골격 등을 종합적으로 고려하여 성격과 재주를 가늠하는 기준으로 삼기도 했다.

이러한 방식은 오늘날로 따지면, 마치 관상을 보는 것과 유사하다 할 수 있다. 그런데 인물 품평의 결과에 대해서는 당시 대다수의 사대부들이 이를 수긍하였지만, 정작 그러한 평가가 나올 수 있는 기준에 대해서는 모두가 공감할 수 있는 객관적 기준이 존재하지 않았다. 품평을 행하는 평가자의 주관적 기준이 대세였으니, 이는 상당히 평가자의 직관에 의존하는 경향이 강했다고 볼 수밖에 없다.22)

인물을 평가하기를 좋아했던 방통은, 이러한 세태에 한술 더 떠 항상 품평 대상자에 대해 그 실제를 넘는 평가를 내리니 사람들은 이를 두고 괴이하게 여기게 될 정도였다. 방통의 이와 같은 행위는, 풍속이 어그러진 당시 난세를 안타까워한 나머지 세상을 교화하기 위해 명성이 있는 선비들을 길러내고자 하는 의도적인 목적에서 비롯된 것이었다. 명성을 흠모하고 바라는 세태는 곧 치세의 분위기를 의미하는 것이니, 방통은 이러한 경향을 추구하는 사람들이 많아지면 치세의 도래가 빨리 이뤄질 것이라 믿었던 것 같다. 방통은 소기목적의 성과를 내고자 자기 나름대로의 주관적 기준으로 인물 평가에 대한 진단을 내렸으니, 이는 주관적 직관에 의존하는 그의 성격유형이 지닌 특징과 연관되어 진다고 귀결지을 수 있다.

주관적 직관에 의존하는 성향이 강한 방통은, 개성이 강하고 창조적인 성격유형이 지닌 특징을 두드러지게 보여주는 인물이기도 했다. 앞서 배주에 인용된 《구주춘추》에서 방통이 제시했던 역취순수는, 비록 제갈량을 겨냥한 측면이 강하지만 명분에 너무 집착하는 유비에게 실행력을 부여할 수 있는 독창적인 전략이기도 했다. 이러한 일면에서

22) 우리가 흔히 알고 있는 '왕좌지재', '명세지재', '치세의 능신 · 난세의 간웅' 등과 같은 품평의 표현은 많이 접했기 때문에 그나마 받아들이기 용이할 것이다. 그렇지만 대개 인물 품평의 경우는 실제와 대비하여 볼 때 이해하는데 실로 막연한 감이 있었다. 이를테면 '언변이 죽은 고목에서 싹을 피우게 한다.'거나 '타고난 재능이 탁월하고 마음이 밝고 뛰어남이 무리 가운데 단연 으뜸이다.'와 같은 품평은 구체적으로 어떠한 능력이 있는지를 파악하게 하는 데 무리가 있다. 또한 대상자는 동일하지만 품평이 엇갈리는 경우도 있었다. 때문에 여남汝南의 월단평月旦評으로 매우 유명했던 허소許劭와 허정許靖이 서로 종형제 간인데도 불화로 동일한 대상자에 대해 상반된 품평을 내렸던 여러 일화가 나올 수 있었던 것이다.

볼 때, 역취순수라는 방통의 전략은 그의 성격유형이 지닌 특징을 잘 반영하고 있다고 할 수 있을 것이다.

유비가 형주 남부 4군을 평정한 후 방통이 유비의 진영에 합류하자, 유비는 방통을 종사로 삼고 계양군의 속현인 뇌양현령의 직책을 맡도록 하였다. 그런데 어찌된 일인지 방통은 부임 후 현청 일을 돌보지 않았기에, 유비는 방통을 면관, 즉 직위해제의 처분을 내렸다. 〈본전〉에서는 이 사실에 대해 짤막하게 다루고 있기 때문에 그 정황에 대한 자세한 가늠을 할 수 없다. 그러나 《삼국지연의》에서는 방통이 왜 현청 일을 제대로 돌보지 않았는가에 대한 이유를 방통의 심리와 잘 맞물려 생생하게 묘사해 주고 있다.

이에 장비는 동헌으로 들어가서 정청 윗자리에 좌정하고, 현감을 불러들이라 명령한다. 방통이 나오는데, 의관도 제대로 갖추지 못하고 부축을 받고도 취해서 비틀거린다. 장비가 노하여 꾸짖는다. "우리 형님께서 너 같은 자를 인물이라 하여 현감을 시켰거늘, 네 어찌 감히 고을 일을 전폐하고 이 꼴이냐?" 방통이 빙그레 웃는다. "장군은 나더러 무슨 일을 돌보지 않았다 하시오?" "네가 여기 부임해온 지 백여 일이 지났건만, 날마다 종일 취해 있으니 어찌 고을 일을 전폐하지 않았다고 하느냐." "이까짓 백 리 남짓한 조그만 고을의 사소한 일을 결정하는 데 무슨 어려울 것이 있겠소. 장군은 잠시 앉아서 내가 결제하는 거나 구경하시오." 방통은 아전을 불러 분부한다. "백여 일 동안 밀린 공무를 다 아뢰어라." 아전들은 분분히 문서와 안건을 가득히 안고 청廳 위에 올라와서 송사를 구하고, 피고인들을 뜰 아래에 겹겹으로 꿇어 앉혔다. 방통은 붓을 들어 문서 하나하나에 비판하는 글을 쓰며, 입으로는 판결을 내리는 한편, 귀로는 송사를 들으면서 시비곡직을 밝히는 데 추호도 착오가 없으니, 백성들은 머리를 조아리고 복종할 뿐 불만이 없었다. 겨우 반나절도 못 되어 백여 일 동안 밀린 일을 다 판결하고 결재까지 마치자, 방통은 붓을 던지며 장비에게 되묻는다. "내가 고을 일을 돌보지 않은 것이 무엇이오? 나는 조조, 손권도 대단치 않게 생각하거늘, 이까짓 조그만 고을 일에 무슨 신경을 쓰겠소?" 크게 놀란 장비는 높은 자리에서 내려와 사과한다. "선생의 큰 재주를 몰라보고 제가 무례했습니다. 돌아가서 형님께 말씀드리고 극력 천거하리다."《삼국지연의 제57회》

《삼국지연의》에서 방통은 노숙의 추천으로 손권을 알현하였지만, 언제나 준수한 모습의 주유만을 익히 보아왔던 때문인가, 손권으로서는 눈썹은 탁하고 들창코인데다, 얼굴은 검고 수염이 짧은 방통의 외모에 매우 실망을 하였다. 이러한 손권의 속내를 파악한 방통은 손권이 못마땅해할 발언을 거듭하며 물러났고, 손권은 방통을 미친 선비로 간주하며 그를 기용치 않으려 한다.

노숙은 할 수 없이 방통에게 추천서를 써주며 유비에게 갈 것을 권유하였다. 마침 제갈량이 추천하는 편지까지 갖고 있다 보니, 방통은 주저 없이 유비에게 향했다. 봉추라 불리는 형주의 명사가 왔다는 소식에 유비는 매우 기뻐하며 방통을 맞아들였지만, 너무나 볼품없는 방통의 풍모에 유비 역시 실망감을 감추지 못하고 만다. 손권과 같은 실수가 되풀이되어 하마터면 유비까지도 방통을 놓쳤을 뻔했다. 그렇지만 유비는 이른바 사람을 품는 능굴능신의 달인답게 손권처럼 방통의 재주를 써보기도 전에 지나쳐 버리고 마는 실수를 범하지는 않았다.

방통의 명성을 일찍부터 들은 유비는, 우선 뇌양현령의 직책을 주어 방통의 재주를 써보고자 하였는데, 방통은 이러한 유비의 처우에 자존심이 매우 상하였다. 때문에 방통은 태업하는 것처럼 일을 꾸며 자신의 재주를 보라는 듯이 알려주고자 하였다. 뇌양현령에 부임한 이래로 백여 일이 지나도록 방통은 일은 하지 않고 그저 술에 취한 생활만 되풀이할 뿐이었다. 백성들의 탄원이 빗발치듯 유비에게 쏟아지자, 유비는 매우 분노하여 방통을 징치하고자 장비를 뇌양현에 파견하였다. 장비는 곧바로 뇌양현으로 가 이런 방통을 꾸짖었지만, 방통은 반나절 만에 백여 일 동안 밀린 공무를 다 끝내는 능력을 보여 장비를 매우 놀라게 만든다. 일 안 한다고 방통을 처벌하러 온 장비는 도리어 방통의 큰 재주만 확인하게 된 셈이었다.

이러한 《삼국지연의》의 장면은, 방통이 자신의 기량과 관장하는 업무 사이에 스스로가 적합한지 아닌지 그 여부를 따지는 호오好惡의 감정이 확실하다는 점을 보여주고 있다. (본전)에서도 방통이 면관되자 노숙이 그를 일컬어 백리지재[23]가 아니기에 치중이나 별가에 기용해야 할 것을 추천하였다. 게다가 제갈량 역시 방통을 추천하자 유비는 방통을 불러들여 다시 대면하니, 그제야 방통이 뛰어난 인걸임을 안 유비는 방통을 치중에 임명하게 된다.

분명 시무時務와 치국에 관한 재주가 있는 방통이었지만, 자신에게 맡겨진 일이 스스로의 기량에 차지 않는다 하여 아예 그 업무에서 손을 놓아버린 나머지 직위해제까지 가게 하는 상황으로 치닫게 만들었다. 어찌 보면 방통의 행위는, 유비를 직접 보좌하여 중용될 수 있는 기회를 만들기 위한 의도에서 비롯된 것이라 볼 수 있다. 방통이 도모한 이런 의도적인 태업이 만약 실패로 돌아갔다면, 방통은 끝내 유비의 측근이 되기 어려웠을지 모른다. 이러한 위험성에도 불구하고 방통이 담략膽略을 발휘하여 기실 모험적인 일을 진행시킨 것이다. 방통이 만약 평범한 인물이었다면, 그저 위에서 시키는 대로 일을 수행하면서

23) 백리지재百里之才란 백 리쯤 되는 땅을 다스릴 만한 정도의 재주를 뜻한다. 이는 인걸의 국량局量이 보통은 넘어도 뛰어날 정도는 아니라는 의미로 쓰이기도 한다.

성과를 내어 차근차근 능력을 인정받는 길을 택했을 것이다.

그렇지만 방통은 그런 평범한 사람들과는 자못 달랐다. 그는 자신의 진가를 보이기 위해 상당히 돌출적이라 할 수 있는 방법을 구사하였었고 이는 유효하게 먹혀 들어갔다. 그가 개성이 강한 인물이 아니었다면, 어찌 이러한 파격성을 발휘할 수 있었을까? 이로 볼 때, 그의 성격유형이 지닌 특징이라 할 주관적 직관과, 이와 상관된 강한 개성의 구사가 방통의 명성을 쌓게 만들었고, 또한 유비에게 그의 진가를 제대로 인정받게 만드는 추동으로 작용하게 발현되었다고 할 수 있겠다.

다음으로 내향적 직관형의 성격이 흔히 보여줄 수 있는 장점은, 사람들의 능력이나 재능을 잘 파악할 줄 알아서 적재적소에 유능한 인물을 등용시키는 인사 정책을 펼칠 수 있다는 점을 들 수 있겠다.

2. 사람들의 능력과 재능을 제대로 잘 파악하여 발탁해 적재적소에 배치, 이를 잘 발현케 하는 그의 장점 제대로 펼칠 수 있는 기회 없었으니

이 성격유형의 장점을 방통에게 적용시켜 보면, 방통이 주유의 공조로 있었다는 사실과 방통이 좋아하던 인물 품평이야말로, 방통의 성격유형이 지닌 장점을 드러내 주는 좋은 근거가 된다. 왜냐하면 그가 처음 맡았던 공조라는 직위의 업무 내용과 인물 품평은, 모두 사람의 능력을 파악하고 그에 합당한 자리에 배치하는 인사와 관련된 것이기 때문이다. 우선 그가 주유의 공조로 출사하게 된 배경을 살펴보자.

유종의 투항으로 형주를 거의 장악한 조조와 이에 대항하는 유비·손권 연합군 간의 각축전이라 할 적벽대전 이후, 이 지역의 형세는 어찌 되었는가. 조조는 패전으로 남양을 중심으로 한 형주 북부 일부만을 지켰고, 손권은 남군을 중심으로 한 형주 북부의 장강 중류지역까지 진출하였으며, 유비는 형주 남부의 4군을 차지하였다. 이러한 형국으로 인해 형주는 세 갈래로 나누어지게 되었고, 특히 강동에서 형주 장악에 오랜 염원을 품고 있던 손권으로서는 이런 상황이야말로 천금과 같은 기회였다. 병가兵家(군사를 거느린 사람)들이 반드시 쟁패하게 되는 숙명을 피할 수 없게 된 형주, 특히 형주 북부는 남양군과 남군이라는 두 지역이 중심축이었다고 할 수 있다. 사실상 형주 북부에서 전선기지로 접경하게 된 조조와 손권 입장에서는, 결국 세 진영으로 분할된 형주지만 이를 온전히 통치하려면 형주 토착민 출신 인사들의 정권 참여가 절실히 요구되었다.

적벽대전에서 대승을 거둔 주유는 강릉을 공략, 남군일대에 상륙하여 장차 형주를 장악하기 위한 작업에 착수하였다. 이때 손권의 파견으로 남군태수를 겸임하게 된 편장군 주유는 방통을 남군의 공조로 발탁한 것이다. 공조는 군현에 설치하는 속관 중 하나로 이 직책은 주로 인사 업무를 담당하였지만 그 외에도 예악, 제사, 장례, 교육, 표소[24] 등을 관장하였다. 이 때문에 공조는 군현의 재상으로 간주될 정도로 지방의 연속掾屬 중에서는 상당한 실권직에 속하였다. 사실상 방통의 첫 출사라 할 수 있는 주유의 이 벽소는, 방통의 재능과 영향력에 충분한 고려가 이뤄진 조치였다. 더욱이 방통이 인물 품평을 즐겨하는 인물이라는 사실은, 남군 내 인사들에게 주유가 공조로 발탁한 방통의 인사선발 결과는 바로 그가 형주의 우수한 인재임을 보증한 것이라고 할 수 있다. 또한 방통의 가문 배경이 주유의 남군 통치에 정당성을 부여해 준다고도 할 수 있을 것이니, 앞서 언급한 것처럼 방통의 양양 방씨 가문은 학행으로 명성 있는 형주의 토착 호족이었다.

당초 유표가 형주를 통치하기 전까지 채씨와 괴씨의 호족 도움 없이는 형주를 통치하기 어렵다고 할 정도로 소문이 나 있었다. 이 때문에

---

24) 표소表疏란 표문과 상소문을 통칭한 표현이다.

유표는 채모, 괴월, 괴량 등의 도움에 힘입어 형주를 서서히 장악해 나갈 수 있었던 셈이다. 그렇지만 이때 학행으로 이름이 나 있는 남양 황씨와 양양 방씨 가문은, 채씨와 괴씨와 달리 유표 정권에 적극적으로 참여하지를 않았다. 유표의 벽소에도 불구하고 방덕공이 몇 차례나 응답하지 않자, 유표가 직접 방덕공을 방문해 중용하려 했으나 결국 그만두었다. 이는 학행으로 유명했던 형주 명사들이 유표에게 적극적인 협력을 하지 않았음을 단적으로 보여준다.25)

그러다 형주에 별다른 연고가 없는 손오 정권이 이제 형주를 통치하게 된 상황에서, 방씨가 손오 정권에 참여했다는 사실은 매우 의미가 크다고 할 수 있다. 채씨와 괴씨를 비롯한 여타 형주 호족들 대부분은 조조에게 협력했기 때문에, 조조와 손권의 형주 북부에서의 대치 상황은 손권에게 불리할 수밖에 없었다. 또한 적벽대전 이후 형주의 상당수 인사들이 오히려 유비에게 귀부하는 사태가 발생했었기에, 손오 정권 입장에서 보자면 형주의 인재들을 포섭하는 것이 매우 시급했다. 마침 전대의 형주 통치자였던 유표에게 협력하지 않던 방씨 가문에서, 그것도 인물 품평을 즐기는 신진 명사 방통이 손오 정권에 인사관리자로서 참여하게 된 것이다. 방통이란 인물 자체가 줄 수 있는 영향력은 형주 내 인사들, 특히 학행을 중시하는 인물들에게 상당한 파급효과를 주기에 충분했다. 주유가 죽은 후 방통은 오吳 지역까지 주유의 상여를 운구해 가자 오의 인사들이 방통의 명성을 듣고 그를 보고자 하였다는 사실은, 가히 방통이 지닌 인적 가치를 잘 보여주는 것이다.

---

25) 유의경劉義慶 찬, 유효표劉孝標 주, 김장환金長煥 역주, 《세설신어》 상권 「언어 제2」 살림, 1996. 111쪽. 《사마휘별전》의 기록을 보면, 사마휘는 유표가 음험한 인물이라 여겨 그를 섬기지 않고자 했다. 또한 제갈량의 장인인 황승언은 유표와 동서지간이었지만 유표 휘하에서 벼슬을 하지 않았고, 심지어 제갈량을 유표에게 출사시키려는 개입 흔적도 없는 것으로 보아 황승언 역시 유표에게 정치적으로 협력하지 않았음을 방증한다.

이때 방통이 오의 명사들에 대해 언급한 인물 품평은, 그의 성격유형이 지닌 장점이라 할 사람들의 능력이나 재능을 잘 파악할 줄 아는 능력을 보여주는 사건이라 할 수 있다.

어떤 이가 방통에게 물었다. "그대가 보기에 육자(육적)가 낫습니까?" 방통이 말했다. "노둔한 말은 비록 빼어나다 한들 한 사람만 실어 나를 뿐이오. 노둔한 소가 하루에 300리를 가는데 싣는 것이 어찌 한 사람의 무게뿐이겠습니까!"라고 했다. 고소가 방통의 숙소로 가서 대화하다가 물었다. "그대는 사람을 알아보는 것으로 명성을 얻었다 하는데 나와 그대 중 누가 더 낫습니까?"26) 방통이 말했다. "세속을 교화시키고 인물의 우열을 판단하는 데는 내가 그대에게 미치지 못합니다. (그러나) 제왕의 비책을 논하고 인간의 돌고 도는 운명의 요체를 파악하는 면에서는 내 쪽에 아마도 하루 정도 느슨함이 있는 듯 싶습니다." 고소가 그 말에 만족해하며 그와 친하게 지냈다. 《본전/배송지 주, 오록》

주유의 시신을 운구한 뒤 방통이 형주로 돌아가려고 하자, 강동의 오군과 회계군 출신의 명사名士들인 육적, 고소, 전종 등이 방통을 찾아보았다. 외숙질 관계였던 육적과 고소는 당시 강동에서 나란히 명성을 얻고 있었다. 이 두 사람의 우열을 가리는 질문에 방통은, 육적을 노둔한 말에 고소를 노둔한 소에 비유하며 사실상 고소가 더 우위에 있음을 답해 주었다. 실제로 육적은 박학다식하고 천문역법이나 산수 등에

26) 《삼국지 오서 고옹전》의 기록에 의하면 승상 고옹顧雍의 장남인 고소顧劭는 자가 효칙이고 경전을 폭넓게 읽었으며 어렸을 때 외숙 육적陸績과 함께 나란히 이름이 있었다고 한다. 또한 '세상에서 사람들이 그를 인물을 알아보는 능력이 있다고 생각했다'는 대목으로 보아 고소는 동오 지방에서 인물품평의 대가였음을 짐작할 수 있게 한다.

뛰어난 인물이긴 했지만, 정치 행정이나 군사적인 일에는 능한 인물이 아니었다. 반면에 고소는 인물을 알아보는 능력이 있어, 상대가 신분은 낮지만 자질이 뛰어나다면 그를 학문을 하도록 시켰고, 학업이 우수한 자를 중요한 직책에 배속하였다. 또한 선행을 들어 가르치고 세속을 교화를 시키는 데 능한 인물이었다. 혹자는 외숙인 육적의 능력이 생질인 고소보다 우월하다 여기기도 했지만 이는 개인적인 학문적 자질을 이른 것이고, 국가적 차원에서 본다면 실로 고소가 육적보다 폭넓은 역량을 발휘했다고 할 수 있다. 바로 이 점 때문에, 방통은 고소를 소에 비유하며 소의 중함을 어찌 말에 비유할 수 있냐며 이를 강조하여 품평한 것이다.

개인적 차원의 우수함과 국가적 차원의 우수함을 구분하여 품평하는 이러한 방통의 식견으로 볼 때, 과연 그는 사람들의 능력을 제대로 파악할 줄 아는 인물이었다. 비록 그가 유비를 섬긴 이후 인사정책을 펼치는 역할을 수행할 기회가 없었지만 주유의 속관으로 있을 때는 인사업무를 관장하는 공조를 역임했다. 이러한 이력은 그야말로, 그가 사람을 발탁하여 적재적소에 배치할 수 있는 능력을 펼칠 수 있는 인물이었음을 보여주고 있는 실증사례라 할 것이다.

마지막으로, 내향적 직관형에 관련한 단점에 대하여 살펴보자면, 첫째는 현실감각이 극도로 결여되어 있어 현실성 있는 정책을 추진하지 못할 가능성이 높으며, 둘째는 개성이 강하고 조직적인 활동을 잘 이해하지 못한다는 것을 들 수 있다.

3. 뇌양현령 태업의 경우처럼, 강하게 두드러지는 그의 창조적인 개성이 때로 조직적인 활동에서 단점으로 드러나

이 성격유형의 단점을 방통에게 적용시켜 보면 그 성격유형이 지닌 단점 중 둘째 내용이야말로 방통에게 잘 부합하는데, 이는 방통의 강한 개성에서 기인한 것이라 할 수 있다. 앞서 언급한 성격유형이 지닌 특징 일례 중, 방통이 뇌양현령의 직책을 맡고 있을 당시에 면관을 당한 사건은 방통의 개성이 강한 연유에서 비롯된 일종의 일화라 지적한 바 있다. 이 사건을 야기한 의도는 자신의 재능을 확실히 드러내주기 위해 방통이 일부러 꾸민 일이라고도 볼 수 있다.

그러나 이를 달리 본다면, 방통은 그 시기 중앙집권화가 이뤄지고 있는 조직 속에서 그 틀을 깨는 인물이었음을 여실히 보여준다. 이처럼 그가 개성이 강하게 발현될 수밖에 없는 이유는, 방통이 겪은 환경 영향이 크다 할 것이다. 그가 출사하기 전까지 주로 함께 더불어 교류했던 이들은 방덕공, 사마휘 등과 같은 은일지사였다. 이들은 명사이긴 했지만 유가적이라기보다는 상당히 도가적인 풍도를 지닌 인사들이었다. 물론 방통이 경학을 좋아했다는 진수의 평가가 있긴 하지만, 방통에게서 주로 유가의 풍도보다는 현학의 풍도가 더욱 짙게 느껴지는 것도 부인할 수 없는 사실이다.

유비는 입촉 후 방통이 진언한 세 가지 계책 중 중간 정도의 계책을 택하여 즉시 양회와 고패를 유인하여 참수하고, 군사를 성도로 돌려서 진격하는 과정에서 연승을 하여 기세가 등등하였다. 승전하고 부성에서 전승잔치를 연 유비는, 그 자리에서 뜻하지 않게 방통과 논란을 벌였다.

유비는 부성에서 큰 잔치를 벌이고 즐기며 방통에게 말했다. "오늘 연회는 가히 즐겁구려." 이에 방통은 "남의 나라를 치고 즐거워하는 것은 어진 사람의 군대가 아닙니다." 유비는 술에 취해 있었는데 (이를 듣고) 노여워하여 말했다. "무왕이 주紂를 치며 그 앞뒤로 노래 부르고 춤췄는데 그도 어진 사람이 아니었단 말이오? 그대 말이 맞지 않소. 빨리 일어나 나가시오." 그래서 방통은 머뭇거리다 물러 나왔다. 유비는 곧바로 후회하고 돌아오기를 청했

다. 방통은 원래 자리로 돌아왔지만 사과하지도 않고 태연히 음식만 먹었다. 유비가 말했다. 조금 전의 논의에서 누가 잘못한 것이오?"방통이 대답했다. "군신이 함께 잘못했습니다." 유비가 크게 웃으며 처음처럼 술자리를 즐겼다.[27] (본전)

방통은 전승잔치에서 무심코 즐거워하는 유비의 말을 지적하며 비판했고, 이에 유비는 화가 나서 주周나라 무왕의 고사를 들어 공박한 것이다. 이 고사는 파촉의 어족 등을 앞세워 '노래하고 춤추며 다가간 歌舞以陵' 일을 두고 말한 것이다. 이와 같은 군사의 이동 방식은 적군을 위압하고 아군의 사기를 돋우기 위한 것으로, 유비 역시 전승 잔치가 그러한 의도에서 열렸음을 말하며 자신을 변호한 것이었다. 방통은 유비의 평소답지 않은 전승잔치에서의 언행을 비판한 것인데, 유비 입장에서는 스스로의 속내가 밝혀져 다소 마음이 찔려서 그런 것일 수도 있다. 이렇게 대화를 주고받고 하는 사이에 유비는 화를 내며 방통을 연회 장소에서 쫓아냈지만, 이후 자신의 태도에 후회를 한 유비는 방통을 자리에 불러들였다. 방통은 쫓겨났다 돌아온 이후에도 태연자약하여, 유비의 부끄러움을 덮어주고 이로 자신의 간언을 받아들이게끔 하였다.

이런 방통의 처세는, 마치 유비와 동향 사람으로 젊을 때부터 왕래하여 평생을 따라다닌 간옹의 모습과 흡사하다고 할 수 있다. 간옹은 유비 면전에서도 책상다리를 하고 좌석에 기대거나, 제갈량 이하 신하

---

27) 신 배송지가 보건대 유장을 습격하려던 계획, 그 책략은 방통이 제기한 것인데 도의에 어긋나게 공업을 이루었으므로 나쁜 방법이다. 그러나 유비는 이것을 기뻐하며 즐거워할 만하다고 했다. 또한 술자리의 흥이 한창 무르익었을 때는 마땅함을 잃어 마치 재앙을 즐기는 것과 같은 모습이었으며, 더욱이 자신을 무왕에게 비하며 조금도 부끄러워하지 않았다. 이는 유비의 잘못이지 방통에게 허물이 있었던 것이 아니다. 그런데 방통이 "군신이 함께 잘못했습니다."라고 한 말은 유비에게 모두 돌아갈 비난을 나누어 받고자 한 것이다.

들 앞에서는 긴 의자를 혼자 차지해 팔베개를 하며 누워서 말하는 등, 위엄이나 엄숙함이 없는 인물이었다. 그렇지만 유비의 강한 의지가 담긴 음주를 금하고 술을 거르는 자를 처벌하라는 금령禁令을 재고시킬 정도로 유연한 처세를 발휘했기에, 유비는 그의 무람없이 하는 정도의 행동을 용인해 줄 수 있었다.

간옹이 번뜩이는 해학과 기지가 넘쳤던 인물인 것처럼, 방통 역시 해학과 지략이 탁월한 인물이었다. 그렇지만 방통은 개성이 강하다 보니 그가 과연 조직사회에서 얼마나 그 뛰어난 기량을 제대로 조화시켜 발현해 나갈 수 있었을지, 가늠해 본다는 것은 쉬운 일이 아니다. 흔히 조직사회가 강하게 작동하게 되면, 그 조직에서는 창의적이고 개성이 강한 구성원이 제대로 그 기량을 발휘할 수가 없다고 한다.

방통은 명분에 집착하는 유비를 설득하여 수단과 방법에 너무 구애되지 말 것을 주문하였고, 유비도 이에 어느 정도 움직인 적이 있었다. 그렇지만 방통의 주문대로 이어 움직이지 않은 유비에게, 방통이 정곡을 찌르는 지적을 하니, 이는 어찌 보면 유비로부터의 신뢰가 하루아침에 무너질 수도 있는 위험한 힐난의 언사가 되었다. 물론 방통의 유연한 대처로 인해, 그리고 도량이 큰 유비의 포용력이 있었기에 방통은 화도 불러올 수 있음을 면할 수 있었다. 그렇지만 조직을 이끄는 주군에게 역린逆鱗한 자 중에 살아남은 자와 살아남지 못한 자 중 누가 더 많았다고 할 수 있겠는가? 이 물음을 생각해 본다면, 방통은 개성이 강하다 보니 조직적인 활동의 적응에 다소 우려가 있었고 이는 그의 성격유형이 지닌 단점과 직결된다고 할 수 있겠다.

총체적으로 평가하건대, 방통은 어렸을 적에는 순박하고 노둔하여 명성을 얻지 못한 인물이었으나, 그의 당숙이자 은일지사였던 방덕공의 배려로 사마휘의 인물 품평을 받아 서서히 명사의 반열에 오를 수 있었다. 그는 인물 품평을 매우 좋아하고 즐겼는데, 이는 그가 주관적인 직관 기능에 의존하는 바가 컸기 때문이라 할 수 있다. 더욱이 그는 개성이 강한 인물이었기 때문에 자신이 마음 내키는 자연스러움 그대로 행동하는 면모가 있었다. 이를테면, 자신에게 맡겨진 임무가 마음에 들지 않아 일부러 업무를 도외시하며 주군으로 하여금 자신의 진가를 알아보게 일을 꾸밀 수 있는 점이 그러하다. 그는 다른 인물들과 상당히 차이가 있는 유독 개성이 강한 성격유형의 인물이었기 때문에, 그 특징도 독특했던 것이다.

그는 인물 품평 실력이 뛰어나 그의 출신지인 형주뿐만 아니라 동오 지역에까지 명성을 떨칠 수 있었다. 인재를 발탁하고 적재적소에 배치할 수 있는 능력이야말로 내향적 직관형의 인물이 흔히 보여줄 수 있는 장점에 해당되니, 이는 인재를 판별하는 안목이 실로 탁월했던 방통에게 잘 부합한다고 할 수 있겠다.

이러한 성격유형의 특징과 장점을 갖춘 방통이었지만, 이를 발현하여 그의 웅략으로 익주를 병탄해 나가는 결정적 단계에 애석하게도 그는 후인들에게 많은 아쉬움만 남기고 요절하고만 비운의 지략가였다. 촉한 정권 내에서 상당히 개성이 강하면서도 창의성이 두드러진 사대부였기에, 그가 계속 살아 기량을 발휘했더라면 하는 생각 역시 클 수밖에 없는 것은 당연할 것이다. 그렇지만 유비를 중심으로 제갈량이 주도한 강력한 중앙집권적 방식의 조직화 속에서, 개성이 강한 방통이 이에 잘 적응할 수 있었을까는 미지수라 여겨지기도 한다. 그의 단명으로 인해 판단을 유보할 수밖에 없지만, 자신이 맡은 역할이 마음에 들지 않으면 도통 일을 돌보지 않다가 이로 인해 면관이 되어도 개의치 않을 정도의 강한 개성의 소유자였다. 또한 천하를 큰 틀에서 보아 형주의 한계를 지적하면서 익주를 개척해 나가는 창의성을 펼쳐나가는 그의 모습에서, 후세인들을 그의 미완성 교향곡을 듣게 되는 짙은 아쉬움을 갖게 되는지 모른다.

모신 방통의 남은 논의

04

진수는 방통에 대하여 평하여 말하였다.

방통은 인물 품평하기를 좋아하고 경학과 책모에 뛰어났으므로 그 당시 형·초 사람들은 그를 고아한 준걸이라고 했다. 이를 위나라 신하와 비교하면 방통은 순욱과 형제벌이 될 만했다. (본전)

라고 말하였다.

진수가 방통을 위나라의 순욱에 비유한 것은, 그를 높이 평가한 결과로 볼 수 있다. 순욱은 지략도 뛰어났지만 대의와 고아한 태도를 중시하는 청류 사대부의 풍도를 지닌 인물이다. 또한 순욱이 조조 휘하에서 수많은 인재를 천거한 데는 그가 단번에 사람을 알아보는 뛰어난 직관능력이 지녔기에 가능한 것이었다. 이는 방통과 닮았다고 보겠는데, 다만 방통은 인재천거보다 인물평으로 발현된 것이 조금 다르다 하겠다. 당시의 인물평은 요즘과 달리 일종의 직관적인 느낌을 중시했던 품평이었다.

진수는 《삼국지 촉서》에서, 방통을 유비의 모주謀主 노릇을 했던 법정과 나란히 입전시키며 이 두 사람을 비슷한 인물 부류로 보고 있다. 그러면서도 방통을 순욱과 견주어 평가한 것은, 기본적으로 방통의 인품과 책모策謀가 상당히 뛰어났음을 전제로 한 것이다.

후대의 사가들은 물론, 논자들 역시 방통의 지략이 탁월하다는 데에 이견이 별로 없다. 방통과 동시대 인물이었던 제갈량 역시 그를 높게 평가한 것처럼,[28] 방통은 지모 수준이 상당히 높은 인물이었다고 말할 수 있다. 다만 그가 난전 중에 전사를 했기 때문에, 그의 모략에 의지한 많은 활약을 쉽사리 볼 수 없게 된 것이 그 안타까움이라 할 것이다.

후한 말에 익주를 지배했던 익주목 유언은 동주병을 군사적 기반으로 삼았다. 동주병은, 황건의 난에 이어 마상의 난[29]에 참여했던 자들을 군대에 편성시킨 부대로, 조조의 청주병과 매우 유사하였다. 그때까지 유언은 세력이 약해서 마상의 난도 기실 익주 호족들이 평정했던 것이다.

그런데 동주병을 편성한 유언은 권력을 확립할 속셈으로 익주 호족들을 부당하게 탄압했다. 또 교주 장로의 모친과의 관계를 이용하여 한중의 오두미도五斗米道에도 영향력을 행사함으로써 익주를 안정적으로 지배하였다. 그런데 자질이 부족한 그 아들 유장이 뒤를 잇게 되자, 동주병과 익주 호족들이 대립하게 되는 등, 익주 정권의 모순이 폭발하게 된다. 여기에 동주병이 익주 호족들을 억압하는 것을 유장이 묵인했기 때문에, 조위를 중심으로 익주 호족들이 반란을 일으키게 된다.[30]

---

28) 《삼국지 촉서 요립廖立전》의 기록에서 이와 같은 제갈량의 평을 확인할 수 있다. 유비가 입촉하고 제갈량이 형주를 진수하고 있을 때 손권이 사자를 보내어 제갈량에게 우호의 뜻을 전하며 치국을 보좌할 선비가 누구냐 묻자 제갈량은 '방통과 요립은 초楚나라의 우수한 인재로 후세에 전해질 제왕의 대업을 보좌하여 홍성시킬 수 있는 사람'이라고 평하여 말했다.

29) 익주 출신 도적인 마상馬相과 조지趙祗 등이 면죽(지금 사천성 면죽현)에서 군사를 일으키고서 스스로 황건黃巾이라 부르며 파군(지금 사천성 중경시)과 건위(지금 사천성 의빈시)를 공격하여 세 군을 깨뜨리고 수만 명을 거느리고 스스로 천자로 불렀다. 주의 종사 가룡賈龍이 관민을 이끌고 마상 등을 공격하여 무찔러 주의 경계지역을 평정하고 마침내 유언을 맞이하였다.

30) 조위趙韙는 원래 태창령이었는데 이 관직을 버리고 유언을 좇아서 익주에 온 것은 중평 5년 188년의 일이고 그 후에 계속하여 유장을 옹립하는 태도를 유지하였다.

동주병이 가까스로 이 반란을 평정하기는 했지만, 그 이후에도 익주는 동주병과 그 지역 호족들의 대립으로 계속 일촉즉발의 상황이 지속되었다. 더욱이 유언을 따르던 장로도 유장이 뒤를 잇게 되자 등을 돌리고 익주로 쳐들어올 낌새를 보이고 있었다. 유장이 지배하는 익주는 붕괴 직전에 놓이게 되었는데, 다만 유비와 방통이 예상했던 것보다 동주병은 훨씬 강력하였다.

《삼국지》 배주에 인용된 《화양국지》를 보면, 낙성(지금 사천성 광원시)을 지키던 곽준으로부터 낭중(지금 사천성 낭중현)을 출발한 유장의 군사에게 포위당했다는 보도를 받은 기록이 나온다. 이때 유비는 조속히 익주를 점거하기 위해, 형주의 제갈량에게 편지를 보내 속히 군사를 이끌고 서쪽으로 오도록 했다. 제갈량이 군사를 이끌고 유비와 함께 성도를 포위한 시기는, 방통이 죽고 유비가 낙성을 함락한 다음이다.

사서에 따르면, 제갈량이 익주로 들어온 것은 건안 19년 214년 윤 5월이다. 그때 낙성은 아직 함락되지 않았고 방통도 살아있었다. 낙성 공방전은 유비의 익주 장악을 가능하게 한 최후의 일전이다. 당시 유비는 낙성에서 강력한 저지를 당해 더 이상 나아갈 수가 없었다. 낙성은 유비가 공격을 개시한 다음 해 여름이 되어서야 겨우 함락되었다. 안타깝게도 방통은 낙성 함락 직전인 건안 19년 214년 윤 6월, 떠도는 화살을 맞고 죽게 된다. 낙성을 포위한 지 1년이 되는 날이었고, 그때 그의 나이 서른여섯이었다.

여기에서 익주공략이라는 역사적 사건의 파노라마를 잠시 되돌려 살펴보고, 이를 가늠해 보자. 건안 17년 12월 유비와 유장의 결탁이 파탄이 나니, 유비는 백수군독 양회와 고패를 불러서 죽이고 관두(지금

조위는 촉지역으로 들어와 장차 부귀하려고 꾀하다가 끝내 죽었다. 호삼성은 험한 일을 하면서 요행을 바라는 것은 편히 살면서 천명을 기다리는 것만 못하다고 평론하였다. 《자치통감 권64》

사천성 면죽현)를 점거했다. 이에 건안 18년 213년 유장은 유괴와 냉포, 장임, 등현, 오의 등을 파견하여 면죽(지금 사천성 면죽현 동쪽)에서 유비를 막게 하였다. 연이은 유비의 진격에 유괴와 장임은 유장의 아들 유순과 낙성(지금 사천성 광한현)을 굳게 지켰다. 유비가 낙성을 포위한 지 1년 되었을 때, 건안 19년 214년 군사중랑장 방통이 성을 공격하다 적군의 화살에 맞아 전사하게 된다.

한편 이때 군사중랑장 제갈량은 관우를 남겨서 형주(지금 호북성과 호남성)를 지키도록 하고, 장비 조운과 함께 군대를 거느리고 강을 거슬러 올라가서 파동(지금 사천성 봉절현 동쪽), 파군(지금 중경직할시), 파서(지금 사천성 민중시)와 덕양(지금 사천성 강유시 동북 마각진)을 평정해 온다. 유비는 낙성이 함락되자 진격하여 성도(지금 사천성 성도시)를 포위하였는데, 이때 제갈량이 장비, 조운과 군대를 이끌고 와 합류하게 된다. 바로 이 지점에서 꼭 짚고 넘어가야 할 익주공략의 전략적 판단에 대한 의문이 뭉게구름처럼 일어난다.

앞서 유비와 방통이 익주공략을 펼침에 있어 예상했던 것보다 동주병은 훨씬 강력하였다고 한 바 있다. 그러기에 유비가 방통과 가맹(지금 사천성 광원시)에서 남쪽으로 진격하여 낙성공방전을 벌인 이 시기에, 제갈량이 장비, 조운과 군대를 거느리고 병가兵家들이 반드시 쟁투하는 땅이라는 형주를 떠나, 장강을 거슬러 올라가며 여러 군현을 평정하고 성도에서 합류했던 것이 아니었겠는가. 그런데 제갈량과 장비, 조운 등이 형주로부터 군사를 출정하여 익주로 진격하는 시기가 건안 19년 214년으로, 유비와 방통 등이 낙성공방전을 벌인지 꼭 1년 다 되어가는 그 시점이다. 이는 아무래도 유비의 소환으로 제갈량이 장비, 조운과 군대를 이끌고 진격해 온 시기는 너무 지체된 것으로 기실 전략적 판단 착오가 아닐까 여겨지기도 한다.

당시까지는 이른바 손·유연합이 아직 흔들리지 않고 작동하였으니, 형주에서 군대를 출정하여 늦어도 낙성공방전이 펼쳐지기 이전까지 군사를 진격시켜 군사협공이 감행되어 익주공략이 이루어질 수 있었어야 했기에 말이다. 그리되었더라면 아마도 '방통의 낙명도 없었을 것이고 제갈량의 융중대 구상대로 익주와 형주의 양 날개가 중원 공략의 역사를 추동할 수도 있었을 터인데…' 하는 역사의 가정법이 머릿속에서 떨쳐지지 않는다.

제5장

일의 성패 예견능력 지녀 익주 병탄 한중전쟁에 공헌한 책사 법정

인물 법정의 삶의 궤적 01

1. 촉에서 유거하면서 현명한 주군 만나기를 바라다

법정法正은 자가 효직孝直이고 부풍군 미현(지금 섬서성 흥평현) 사람이다. 법정의 조부인 법진은 청렴한 절개로 명성이 높았으며, 명문세족 출신으로 태어난 법정은 세상의 흥패를 예견할 수 있는 지혜를 지니고 있었다. 건안 초기 중원지역은 전쟁으로 크게 시끄러웠고 사람들은 그 소용돌이 속에서 천하에 흉년이 들자 굶주림에 어려움을 겪고 있었다. 당시 법정은 같은 군의 맹달과 함께 촉蜀으로 들어가 재난을 피하며 익주목 유장에게 의탁하였다.

법정은 재능이 있었으나 오랜 시간이 지나서야 겨우 신도현령으로 임직되었다. 그러나 자신의 능력에 비해 관직의 위치가 낮아 자신의 재능을 발휘할 수 없었다. 뒤에 유장이 그를 군의교위로 임명하여 군사에 관한 논의를 주관하는 직책에 있었는데도, 법정의 책모를 유장은 채택하지 않았다.[1] 또한 법정이 군의교위로 임명되기 전까지는, 그 주로 이주해온 사람들로부터 품행이 바르지 못한다는 비방을 받아 뜻을 펼 수가 없었다.

단지 익주(지금 사천성과 운남성)의 별가인 장송만이 법정과 서로 마

1) 유장은 익주목이었고, 군의교위는 군사에 관한 논의를 주관하는 직책인데 책사에 가깝다. 그런데도 법정의 책모를 채택하지 않았다는 것이다.

음을 알아주는 좋은 사이로 지냈다. 두 사람은 뜻이 맞아 자주 익주의 흥망을 이야기하며 자신들의 뜻을 토로하고는 하였는데, 이들은 재주를 갖고 있다고 스스로 자부하였다.

건안 13년 208년 별가 장송은, 익주목 유장의 특사로 형주를 평정한 조조에게 파견되어 경하를 드렸다. 조조는 이때 이미 형주를 평정하고 유비를 패주시키니, 다시는 장송을 마음에 두지 않았다. 주부 양수가 조조에게 장송을 벽소할 것을 건의하였으나, 조조는 이를 받아들이지 않았다.[2] 장송은 이 일로 조조를 원망하여 유장에게, 조조와의 관계를 단절하고 유비와 서로 결탁할 것을 간하였으며 유장이 이를 따랐다. 건안 16년 211년 유장은 "누가 사자의 임무를 할 수 있겠는가?"라고 하였고 이에 장송은 법정을 추천하였다.《삼국지 촉서 법정전(이하 본전)》 유장이 법정에게 사자로 가게 하니, 법정은 오랫동안 유비의 이름을 들어온지라 일찍부터 그와 만나기를 바랐다. 허나 지혜로 자신의 마음을 나타내지 않고, 사자를 맡는 것을 일부러 여러 번 사양하다 마지못해 하는 척하며 가게 되었다.

유비는 사자로 온 법정을 후대하였으며 만나자마자 서로 친해졌고 뜻이 맞았다. 법정은 돌아와서는 장송에게 유비가 웅대한 재략을 가지고 있다고 말하고는, 몰래 장송과 함께 유비를 받들고 추대하여 익주의 주인으로 삼으려고 꾀하였으나 적절한 기회가 없었다.

2. 어둠을 버리고 밝음을 찾아 유비를 영입함에 기여하다

마침 유장은 조조가 종요를 파견하여 한중으로 장로를 토벌하러 남

2) 습착치[習鑿齒]가 평론하였다. "옛날에 제나라의 환공이 한 번 공적을 자랑하자 배반한 자는 아홉 개 나라였으며, 조조가 잠시 스스로 교만하고 자랑하자 천하가 삼분되었다. 모두 수십 년 동안 힘썼으나 올려다보고 내려다보는 찰나에 이를 버렸으니 어찌 애석하지 아니한가!" 《자치통감 권65》

하한다는 소식을 듣고 두려워했으며, 법정과 장송은 시기가 이른 것을 보고 이를 이용하여 즉시 움직이기 시작하였다. 장송은 유장에게 "만약 유비에게 장로를 토벌하게 한다면 장로는 반드시 격파될 것입니다. 장로가 격파되면 우리 익주는 강해지게 되어서 조조가 온다 하여도 할 수 있는 일이 없을 것입니다."《삼국지 촉서 선주전》라 진언한다. 유비를 맞아들여 그로 하여금 장로를 토벌해 한중을 취하게 하여 북방의 위험한 국면을 안정시키기를 권한 것이다. 이에 유장은 법정을 사자로 재차 형주 유비에게 보내게 된다.

법정은 명을 받고 떠나 다시 유비와 만나게 되었으며 법정은 유장의 뜻을 전한 다음, 은밀히 유비에게 '유장과 결탁하고서 익주로 진출하면 장송이 내응하여 이를 차지할 수 있다'(본전)는 계책을 바쳤던 것이다. 유비는 법정의 계책을 그럴듯하게 여겨 이에 장강을 따라 거슬러 서쪽으로 올라가 익주에 갔고, 유장은 친히 부성(지금 사천성 면죽현)에 도착하여 유비를 맞이하게 되었다.

장송은 자신의 계획을 조속히 성사시키기 위해 암암리에 법정을 시켜 방통을 통해 유비에게, '유장을 부성에서 만나 이 기회에 유장을 잡아버린다면 장군은 병사 한 명도 다치지 않고 익주를 평정할 수 있다'《삼국지 촉서 선주전》는 계책을 전하게 하였다. 그러나 유비는 "이 일은 갑작스럽게 할 수 없다."고 말하였으며, 유장이 다스리는 익주에 들어온 지 얼마 되지 않아 자신에게 민심이 아직 따르지 않았음을 잘 알고 있었다. 이에 유비는 북쪽 가맹(지금 사천성 광원시 북쪽)에 이르러 곧바로 장로를 토벌하지 않고 두터운 은덕을 쌓아서 많은 사람의 마음을 거두었다.

이듬해 건안 17년 212년 조조는 손권을 공격하였고, 손권이 유비에게 구원을 요청하자 유비는 이를 구실로 가맹에 주둔하는 군사를 철수하려 한다. 이에 장송은 황망히 유비와 법정에게 편지를 보내, "지금 손만 뻗으면 대사가 이루어질 참인데 왜 이렇게 좋은 기회를 버리고 갑니까?"라고 만류하였다. 이 일로 장송이 유장에게 죽임을 당하게 되자 유비는 내응세력을 잃고 크게 분노하였고, 법정은 친구를 잃어버려 안타까워했다. 이후부터 법정은 유비를 위하여는 어떠한 어려움도 두려워하지 아니하였고, 유비에게 뛰어나고 기묘한 책략들을 많이 진언하게 된다.

한편 유비와 유장 간의 전면전이 불가피해진 상황에서, 유비는 가맹에서 남정하여 유장의 백수(지금 사천성 소화현)군독 양회와 고패의 목을 베고, 군사를 거느리고 관두(지금 사천성 소화현)를 거쳐 부성을 점거하였다. 이때 익주의 종사인 광한 사람 정도는, 유비가 군사를 일으켰다는 소식을 듣고 유장에게 이렇게 건의하였다.

"좌장군(유비)의 현군[3]이 우리를 습격하는데 그 병력은 만 명이 채 못 되며, 군민軍民들은 복종하지 않고 들녘에 있는 곡식에 의지한 채 군대에는 군량이 없습니다. 계략을 짠다면 파서(지금 사천성 낭중현)와 재동(지금 사천성 재동현) 백성을 모조리 쫓아 부수의 서쪽으로 이주시키고 그곳 창고 속의 식량과 들녘의 곡식을 다 불태운 뒤에, 높은 보루와 깊은 해자를 만들어 조용히 그들을 기다리는 것입니다. 저들이 이르러 싸움을 걸어 와도 대응하지 않으면 오래도록 식량 얻을 곳이 없으니 백 일도 안 되어 반드시 스스로 물러갈 것입니다. 그들이 달아날 때 추격한다면 틀림없이 사로잡을 것입니다." (본전)

---

3) 현군懸軍이란 본부에서 멀리 떨어져서 보급로가 마치 거미줄처럼 가늘고 길게 이어져 있어서 불안정한 상태로 적의 지역에 들어가 있는 군대를 이른다.

3. 익주공략의 묘계를 내놓고 일을 도모하는 모주가 되다

유비는 이 소식을 듣고 매우 걱정스러워하며 법정에게 어찌하면 좋을지를 물었다. 이에 법정은 "유장은 정도의 계책을 끝내 쓰지 않을 것이니 걱정하지 마십시오."(본전)라고 유비에게 대답하였다. 과연 유장은 법정의 예상대로 했으며 자기 부하들에게 "나는 적을 막아 백성을 편안케 한다는 말은 들었어도 백성을 이주시켜 적을 피한다는 말은 들어 보지 못했소."(본전)라고 하고서는, 정도를 파면하며 그 건의를 받아들이지 않았다.

유비의 군사는 면죽(지금 사천성 면죽현)을 함락하고 연승을 거두며 낙성(지금 사천성 광한시)을 포위하기에 이르렀다. 이때 법정은 유장에게 서신을 보내 형세를 분석하여 이해관계를 알리고, "책사들은 요행수나 바라고 장수들은 각자 제 살길을 찾아 일족이나 구제하려 하고 있으니, (…) 장군(유장)께서 변화를 따르실 수 있다면 존문(유장의 가문)을 보존하실 것입니다."(본전)라며 유장에게 시기를 깨닫고 투항할 것을 권하였다. 유장이 이에 대답하지 않았으나, 장임이 군대를 거느리고 나와 패하고 죽자 낙성이 함락되었다. 유비가 진격하여 성도(지금 사천성 성도시)를 포위하였으며 제갈량, 장비, 조운이 군대를 이끌고 이 대열에 합류하였다.

건안 19년 214년 유비가 성도를 차지한 뒤 법정은, 여남(지금 하남성 평여현 서북의 사교향)의 월단평으로 알려진 허정을 '허명만 나고 실상이 없는 사람'이라도 쓰라고 권하였다. 이에 유비는 허정을 후하게 대우하여 좌장군부의 장사에 임명하였고 유비가 한중왕이 되었을 때 태부에 후에 사도로 관직이 3공에 이르게 후하게 대접하여 촉나라 사람들의 존경을 받았다. 법정은 촉군태수에 양무장군으로 삼아 밖으로는 도성(도읍인 성도)과 기내[4]를 다스리게 하고, 안으로는 조정의 일을 주장하여 꾀하는 모주謀主(일을 주장하여 계획하는 사람)가 되도록 했다.

4. 한중을 점하는 데 공을 세웠고 당대에 지혜가 뛰어났다

한중은 천연의 방어지로 익주의 인후에 해당하여, 역대로 병가들이 서로 쟁탈하던 땅이었다. 건안 22년 217년 법정은 당시의 형세를 정확하게 판단하고 유비에게 설득하여 간하기를, "(…) 지금 하후연과 장합의 재능과 책략을 생각해 보면 우리 장수들보다 낫지 못하니, 우리가 병사들을 출동시켜 가서 토벌하게 하면 반드시 이길 수 있습니다. 우리가 적을 물리친 다음에 농업을 발전시키고 식량을 쌓아 두며 빈틈이나 기회를 보아, 상책의 경우에는 강적들을 소멸시켜 왕실을 높이 받들 수 있고, 중책으로는 옹주와 양주를 잠식하여 영토를 넓힐 수 있으며, 하책이라도 요충지를 굳게 지켜 지구전을 꾀할 수 있습니다. 이는 아마도 하늘이 우리에게 내려 준 것이니 기회를 놓칠 수 없습니다. (…)"(본전)라고 말하였다. 유비는 이 책략이 훌륭하다고 생각하여 여러 장수들을 거느리고 병사들을 한중으로 나아가게 하였다.

건안 23년 218년, 유비는 양평관(지금 섬서성 면현 서쪽)에 주둔하였는데 하후연과 장합 등이 대치하였다. 유비가 공격하였으나 이기지 못하자 급히 편지를 보내어 익주(지금 사천성과 운남성)의 군사를 징발하도록 하였고, 때마침 촉군태수 법정이 유비를 좇아 북쪽으로 갔다.

건안 24년 219년, 유비가 남쪽으로 면수(한수 하류)를 건너 산길을 따라 조금씩 앞으로 나아가 정군산(지금 섬서성 면현 남쪽)에 진영을 만들었으며, 하후연은 병사들을 이끌고 나와 그 땅을 두고 쟁패했다. 법정이 계책을 세워 말하기를 "공격해도 좋습니다."(본전) 하니, 유비는 토로장군 황충[5]에게 명하여 높은 곳에 올라 북을 울리며 시끄럽게 하며

4) 기내畿內는 나라의 도읍을 중심으로 하여 사방으로 뻗어나간 가까운 행정구역을 포함한 경기지역을 이른다.

공격하도록 하여 하후연의 병력을 크게 무찌르고 하후연 등의 목을 베었다. 조조는 군사를 거느리고 서쪽으로 원정하였는데 법정이 올린 계책을 전해 듣고서 "나는 본래 현덕이 이러한 책모를 낼 수 없음을 안다. 틀림없이 누군가가 일러주었으리라 생각했다."라고 하였다.[6](본전)

건안 24년 219년, 유비는 한중왕이 되자 법정을 상서령, 호군장군으로 삼았다. 유비만 법정을 총애한 것이 아니라, 제갈량도 늘 법정의 지모와 책략이 뛰어나다고 보았다. 그런데 그 이듬해인 건안 25년 220년, 법정은 병고하였으니 그때 나이가 마흔다섯이었다. 유비는 여러 날 그를 애도하며 눈물을 흘렸으며 시호를 익후라고 하였다. 아들 법막은 관내후가 되었고 봉거도위와 한양태수를 역임하였다. 제갈량과 법정은 비록 취향이 같지 않았지만 공의公義(공평하고 의로움)로 함께 협력하였으며, 제갈량도 법정의 지모 책략이 뛰어나다고 보았던 것이다.

---

5) 황충黃忠은 자는 한승漢升인데 처음에는 유표의 수하 중랑장으로 장사를 지켰다. 적벽대전 후 유비가 남쪽 여러 군을 평정하자 그에게 귀부했다. 건안 16년 211년 유비를 따라 유장을 공격할 때 선봉에 서서 함락시켰으며 토로장군이 되었다. 한중 정군산에서 황충은 한번 싸움으로 하후연의 목을 베니 그 군대를 격파하여 정서장군으로 승진하였다. 그 후 건안 24년 219년 한중왕 유비가 황충을 후장군에 임명하였는데 그해에 죽었다.

6) 신 배송지가 보건대 촉蜀과 한중漢中은 입술과 이빨 같은 사이이다. 유비의 지혜로움이 어찌 여기에 미치지 못하겠는가? 계략을 펴기 전에 법정이 먼저 말했을 뿐이다. 무릇 책략을 듣고 받아들여 공업을 이루는 것은 패자나 왕이 된 군주 누구나 다 그렇게 하지 않았던가? 조조가 만약 유비가 사람들에게 가르침을 받는다고 여겼다면 이는 어리석은 생각이다! 《본전/배주》

패업 추구에 진취적인 면모를 보인 꾀주머니 02

사상 가치성향을 통해 인물 법정을 살펴보면, 그는 청절한 명사의 손자였음에도 품행에 그리 크게 구애받지 않았다. 자신의 패권지향적인 이상을 추구하는 데 적합한 인물이라면, 기꺼이 주인까지 갈아타는 진취적 행보를 보인 지략가였다. 《조조의 면경》의 저자 사마열인은 지략 있는 자의 주인을 가려서 섬길 줄 아는 '양금택목良禽擇木'에 관해 3가지로 분류한 바 있다.[7] 그의 주장에 따르면, 제갈량, 노숙, 정욱은 진중하게 현명한 주인을 기다렸고, 순욱, 곽가, 법정은 움직이면서 고르고 분석하여 불가피하게 주인을 중도에 바꾸며,[8] 이유, 진궁, 가후는 잘못된 군주를 골라 시일을 덧없이 보낸 경우로 보고 있다.

사마열인의 평가처럼, 난세에는 재주 있는 자가 자신을 알아주는 주인을 찾아 떠나는 행위가 응당 현명하다고 할 수 있다. 또한 시대적 특수성 때문에 이러한 행위가 충의에 관한 논죄에 있어서 다소 면죄부를 받을 여지가 충분히 있었다. 이는 어디까지나 이전 주인을 적극적으로 배신하지 않는 경우에 한해서라 할 수 있는데, 법정의 행보는 그렇지가 않았다. 그는 다른 인물들에 비해 이전 주인을 해하는 데 적극

7) 사마열인 저, 홍윤기 역, 《조조의 면경》, 넥서스 2004, 607쪽.

8) 사마열인은 순욱, 곽가가 원소를 섬겼던 것으로 보고 있지만 실제로 이 둘은 원소의 빈객으로 잠시 머무르며 원소의 그릇을 파악한 후 떠난 것이지 결코 자신을 의탁할 정도로 귀부한 것은 아니었다. 때문에 주인을 갈아탔다고 보기엔 무리가 있다.

적으로 나서는 태도를 보여, 이는 유가적 소양을 갖춘 사대부로서는 가히 비난과 지탄을 받기 충분했다. 그나마 법정이 적극적인 배신을 행했던 다른 인물들에 비해 욕을 덜 먹을 수 있던 이유는, 아무래도 촉한정통론에 따른 혜택을 누렸기 때문이라고 보아야 할 것이다.

(중하게) **임용되지 못한 데다 또 함께 타향살이하는 같은 고을사람들에게 품행이 없다 하여 비방을 받으니** (법정은) **뜻을 펼치지 못했다. (본전)**

사실 법정의 품행에 관한 문제는, 그가 유비를 섬긴 직후 유장을 위해하는 패도적인 헌책을 행한 것에 한하여 거론된 것은 아니었다. 그 이전으로 거슬러 올라가면 이미 법정은 품행 때문에, 익주에서 함께 타향살이를 했던 동향 출신인 삼보사람들에게 조차 비방을 받을 정도였다.[9] 게다가 그가 입촉한 지 오랜 후에 신도현령, 군의교위 등에 임명되긴 했어도 끝내 유장에게 중용되지 못한 것은, 아마도 품행 때문에 비롯된 일이라 볼 수 있다.

법정이 고향을 떠나 익주에 들어설 때인 건안 초기야말로 본격적인 난세에 들어선 시기이긴 해도, 아직까지는 당시 후한 사회의 예교적 분위기가 강하게 남아 있었다. 이러한 사회 분위기 속에서 예도禮度(예의와 법도)에 구애받지 않는 무도한 행동거지를 보인다면, 제아무리 재주가 있어도 중용을 받기는커녕 오히려 세간의 비난에 시달려야만 했

9) 삼보三輔란 전한 시대에 수도와 그 주변 경기지역을 지칭하는 것으로 경조, (좌)풍익, (우)부풍 세 군이 이에 해당되었다. 당시 동향同鄕에 대한 인식은 군현郡縣을 넘어 주州까지 확대해서 보는 것이 일반적이었다. 때문에 (본전)의 원문에서도 같은 고을을 주읍州邑이라 표현한 것이다. 그렇다면 이 경우 법정의 동향을 사례주로 보는 것이 마땅하나 당시 익주의 대규모 이주민 집단인 동주병東州兵이 주로 삼보와 남양인으로 구성된 점을 감안하면 법정을 비난했던 동향인들은 사례주가 아니라 삼보 출신으로 한정 지어 보아야 할 것이다.

다. 때문에 품행으로 인해 여러모로 불이익을 받고 있던 법정이었다. 그렇지만 정작 그의 가문 배경을 보면, 오히려 예교 사회의 가치기준에 얽매이지 않는 그의 행위가 실로 의아하다 할 수 있다.

> 법진[10]은 자는 고경이며 젊어서 오경에 밝고 또한 참위에 통달했는데 배움에 일정한 스승이 없었고 빼어난 재주로 명성이 있었다. (…) 전후로 벼슬자리에 부름을 받았으나 나아가지 않았으니, 벗인 곽정 등이 이를 훌륭하다 여겨 현덕선생이라 불렀다. 나이 89세로 중평 5년 188년에 사망하였다. 법정의 부친은 법연으로 자를 계모라 하며, 사도연과 정위좌감[11]을 지냈다. 《본전/배송지주, 삼보결록주》

그의 증조부 법웅은 이천석의 관직을 역임했고, 조부 법진은 비록 관계에 진출하지 않았지만 학행으로 관중 일대에서 크게 명성을 날리던 대유학자였다. 또한 부친 법연은 공부公府(임금이나 삼공이 정사를 보는 곳)에 벽소될 정도로 명성을 갖고 있는 인물이었다. 이러한 배경을 볼 때, 법정의 가문은 이미 사회 제도권에 어느 정도 주류층으로 자리를 잡았고 가문의 기풍이 상당히 유가적이었음을 짐작할 수 있게 한다.

이러한 보수적 집안 환경에서 자랐음에도 불구하고 법정은, 기존 사상과 가치기준에 얽매이기보다는 상당히 자유분방한 사고방식을 지녔던 것으로 보인다. 설령 무도할 정도로 욕을 먹는데도 행동을 고치지 않고 계속 자기 마음 내키는 대로 일관하며 산 것이다. 이렇게 어떤

10) 법진法眞은 《후한서 일민열전》에 입전되어 있는 인물이다. 그는 남군태수를 역임한 법웅法雄의 아들로 특정하여 스승을 두진 않았지만 학문을 좋아해서 박학다식하고 다양한 경전에 통달하였으니 훗날 관서의 대유大儒가 되었다고 한다.

11) 정위좌감은 구경 중 하나인 정위의 속관으로 평결評決과 조옥詔獄을 관장하였다.

틀에 사로잡히지 않는 그의 면모는 그가 사귄 인물을 통해서도 엿볼 수 있게 한다.

> **건안 초에 천하가 기황을 맞으니[12] 법정은 같은 군의 맹달과 함께 촉에 들어가 유장에게 의탁했다. (…) 익주의 별가 장송과 법정은 서로 친하였는데 (둘은) 유장과 큰일을 함께 할 인물이 못 된다고 헤아리고는 늘 남몰래 탄식하였다. (본전)**

흔히 법정이 익주에서 마음의 깊은 속이 서로 통하는 관계를 맺은 인물로 장송과 맹달 이 두 사람을 들 수 있다. 그런데 재미있게도 이 둘은 법정과 사귀기에는 당시 사회적, 정치적으로 상반된 입장에 속하는 인물들이었다. 맹달의 경우 탁류 출신의 인물이었기 때문에 명가 출신의 법정과 안 어울리는 상태였고,[13] 장송은 익주 호족을 대변하는 인물이었기에 엄연히 법정과 대립각을 세울 수 있는 입장에 서 있었다.[14] 그렇지만 법정은 출신과 입장 등을 따지지 않고 이들과 각별한

12) 《후한서 효헌제기》에 보면 건안 2년 197년 5월에 메뚜기로 인한 재해, 9월에 한수가 범람했으며 이 해에 기황饑荒이 들어 강회江淮 지역 사람들이 서로 잡아먹을 지경이었다고 기록되어 있다. 아마도 법정은 이때 입촉한 것으로 여겨진다.

13) 맹달孟達의 부친 맹타는 본래 재산이 많아 이를 뿌려 많은 사람들을 사귀었는데, 이 중에 십상시의 우두머리였던 장양의 집사도 있었다. 맹타는 집사의 도움으로 장양에게 배알한 후 뇌물을 바쳐 양주凉州자사가 되었다. 북송의 문인 소동파蘇東坡가 이를 두고 "맹타가 1곡斛으로 양주를 얻었다."고 조롱하였는데 이때 맹타가 장양에게 바친 물품은 《도서집성》, 《예문유취》 등의 기록에 따르면 포도주였다고 한다. 현실적으로 보면 맹타의 행위는 나름 뛰어난 처세였지만 청류의 입장에서 그는 부정한 청탁으로 관계에 진출한 탁류일 수밖에 없었다.

14) 이는 익주의 토착인과 동주병의 대립을 겨냥한 말이다. 동주병은 익주에서 동쪽 지역 출신으로 이루어진 군단이라 하여 불린 이름이다. 중원에 기근이 들자 주로 삼보와 남양 출신 유민 수만 호가 익주에 유입하였고 유언은 이들을 병력으로 재편하여 익주 평정을 위한 무력 기반으로 삼았다. 유언과 유장의 비호를 받은 동주병은 특히 유장 통치시기에 마구 활개를 치며 익주 토착인들에게 심각한 피해를 입히자 이에 대한 불만이 폭발하여 익주 토착인들은 반란을 대대적으로 일으킨 바 있었다. 유장이 동주병과 합심하여 반란을 진압하긴 했지만 내부적으로 익주 토착

사이가 되었는데, 이는 아무래도 법정에게 자유분방한 가치기준이 있었기에 가능한 일이었을 것이다. 이때 출신과 입장 등을 초월한 친분을 갖고 있던 이들이, 기실 어떠한 공감대를 형성하고 있다는 점에 주목할 필요가 있다. 이들은 지금 섬기고 있는 주군 유장은 유약하기 때문에 함께 대업을 도모할 수가 없다고 느끼고 있었고, 서로 새로운 주인을 찾으려고 하고 있었다.

> **법정이 대답한다. "유장이 무능한 것을 알기 때문에 나도 전부터 유황숙을 생각한 지 오래로다. 그대와 내가 한마음인 바에야 다시 무엇을 의심할 것 있으리요." 《삼국지연의 제60회》**

법정과 장송, 맹달 이들이 대업을 도모할 주인으로 선택한 이는, 이제 막 날개를 펼쳐 비상하려는 유비였다. 《삼국지연의》에서는 법정이 유비를 만나기 전부터 유비를 마음에 둔 것처럼 표현하고 있지만, 실제로는 법정이 장송의 추천으로 사자 임무를 맡은 후부터 유비를 섬기게 된다. 일면 곽가와 정욱과 유사한 행동양식을 보였던 법정, 그라면 응당 조조를 선택했을 법한데 왜 유비를 택했을까? 물론 '친구 따라 강남 간다.'는 격으로 조조에게 뜻을 얻지 못하자 그 대안으로 유비를 선택한 장송을 좇았다고 해석할 수도 있다.

그러나 분명 법정은 처음 유비에게 가는 사절로 선택되었을 때 짐짓 이를 사양한 바도 있어, 그 해석은 적절치 않아 보인다. 법정은 장송처럼 처음부터 유비에 대한 확신이 있었던 것이 아니라는 말이다. 법정이 유비를 지지하게 된 것은 사절단 임무를 마친 이후이다. 막상 부딪혀 본 유비에게서 법정은 '유장에게 없고 조조보다 나은 것'을 발견하

인과 동주병의 갈등이 제대로 해소된 것은 아니었다.

게 된다. 또한 유비 진영 내에서 함께 일을 할 수 있는 동지인 방통을 만난다.

> 법정은 유장의 뜻을 전하고 남몰래 유비에게 헌책하였다. "밝으신 장군의 영명한 재주로 유목(유장)의 유약함을 이용하신다면 장송은 주의 팔다리 같은 신하이므로 안에서 호응할 것입니다. 그런 후 익주의 풍부한 자원을 기반 삼아 하늘이 내린 험조함에 기댄다면 대업을 달성하는 것은 마치 손바닥 뒤집는 일처럼 쉬울 것입니다." (본전)

유비에게 권한 법정의 진언에서 알 수 있듯이 그는 방통의 '역취순수逆取順守'라는 사마천의 역사관에 공감하는 입장이었으며, 촉의 미래를 위해 유약한 유장보다 영명한 유비를 선택한 것이라고 추정할 수 있다.

천하의 신의를 얻어 대업을 이룬다는 '순취順取'를 지향한 제갈량과 달리, 방통과 법정 등은 어찌 보면 '역취逆取'라는 패자의 방법을 선호하여 모두 현실적으로 '위망威望(위세와 명망)에 의한 천하 쟁패'를 불가피한 것으로 본다. 특히 이들은 덕위德威(은덕과 위광)를 고루 갖춘 인물을 영웅으로 보고 있으며, 결단력이 없는 덕은 유약한 것으로 간주하고 있다. 유장은 바로 이 유약한 인물에 속하였지만 그나마 천하의 신의에 의해야 한다는 '순수順守'에 속한 인물이었다. 그러나 손위 형들의 죽음으로 물려받은 익주인데다 어떻게 지켜야 할지 모르는 자였다. 조조가 익주를 덮쳐 올 기세를 보이자, 병력과 물자를 대어주어 일찌감치 패도의 길마저 포기한 자였기 때문이다. 옥야천리의 거대하고 풍요한 땅을 쥐고도 지키는 데 급급한 유장의 태도는, 법정이 볼 때 '무능력한 자'의 전형이었다.

유장에 비해 유비는 너무나 대비될 정도로 자신의 정치적 견해와 결단력을 갖추고 있었기에 법정에게 꽤 매력적인 존재였다. 비록 유비는 조조에게 거듭 패하는 형세에 있었으나, 다시금 일어나는 불굴의 의지를 보여주었다. 어찌 보면 취약하게 여겨지는 모습이었겠지만, 약자로서 미래를 생각해야 하는 법정에게 이 점은 더 매력적인 요소였는지 모른다. 이러한 유비의 무한도전의 정신은 '역취'의 주체로서 부족함이 없었다. 법정이 보기에 위기를 극복하기보다는 자신의 안위만 걱정하는 유장과 달리, 위기를 기회로 만드는 유비야말로 진정 익주의 미래를 걸머질만한 인물이었던 것이다.

반면 유비에 비해 조조는 위공으로 봉작하여 후한 이래 최초의 이성제후異姓諸侯에 올라 독자기반을 구축하면서 덕망을 잃었고, 오로지 권신權臣으로 위세만 남게 된 인물로 여겨졌다. 이런 관점에서 보면 분명 법정은 정욱, 곽가와 유사한 패도 지향자이기는 했으나, '순수'를 지향하는 점에서 그 중도적인 입장을 견지한 것이다. 한漢의 혼란은 불가피하고 이를 바로 잡기 위해 무력을 지향할 수밖에 없었지만, 법정은 이 혼란이 수습된 이후도 여전히 한漢으로의 복귀여야 한다고 본 것이다. 만일 이를 배제한 조조의 창업과 같은 다른 방향으로 결착될 가능성이 엿보인다면, 그는 이를 단호하게 배제하려 했었을 것이다.15)

그런 점에서 비록 패도주의자였던 법정에게 있어 유비는 가장 이상적인 주군이었다. 이미 헌제 중심의 황실은 덕위를 모두 상실하였으므

---

15) 조조의 국공봉작과 유비의 왕위 등극은 정치적으로 엄연히 다른 의미를 갖고 있다. 조조는 한조정권에는 없는 공의 작위를 만들어 취임하면서 이성제후로는 처음으로 국호國號를 사용했기 때문에 이는 한왕조의 질서를 깨면서까지 자기만의 독립 정부를 구축한 혁신적인 사건이었다. 반면에 유비는 이전 왕족들처럼 자신의 영지에다 왕호를 병칭하는 방식으로 취임했기 때문에 이는 기존 한왕조의 질서 안에서 이뤄진 일일 뿐이었다. 피상적으로 본다면 단번에 왕위에 오른 유비가 더 참람하다고 볼 수 있겠지만 유비는 동성同姓의 명분이 있는 데다 헌제에게 보고를 올려 승인을 받으려고 행동을 취한 점에서 기존 질서를 인정하려는 수준에서 현실적인 선택을 했다고 할 수 있다.

로, 법정은 아마도 촉을 기반으로 '새로운 한왕조'의 중흥을 꿈꾸었을 것으로 보인다. 특히 이러한 사상과 가치기준은 조조가 한중을 통해 서촉을 침범하려는 야망을 보일 때, 법정이 '유장의 유약함을 틈타 익주를 취하라.'고 유비에게 진언한 단초에 제시된 계책의 내용이, 암묵적으로 그를 잘 대변해주는 것처럼 말이다.

기민한 성격으로 뛰어난 상황 판단력을 보인 모사

03

법정은 삼보지역의 이름난 유학자 법진의 손자로 뛰어난 재주를 갖고 있었음에도, 품행이 방정하지 못해 다른 사람에게 비판을 받을 정도였다. 이 때문에 유장은 법정을 중용하지 않았다. 이에 법정은 유장이 큰일을 해내지 못할 사람이라고 늘 한탄하며 장송, 맹달과 함께 서촉의 인사 중 가장 먼저 유비에게 귀부할 정도로 적극적이었다. 이후 유비와 유장의 전쟁이 벌어지자 유장에게 서신을 보내 항복하라고 설득했다.

유비의 군사가 낙성을 포위하게 되자 법정이 유장에게 서신을 보냈다. "(…) 저 법정이 비록 불충하다는 비방을 받았으나 내심 스스로는 성스러운 은덕을 저버렸다 생각지 않으며 명분과 그간의 정의를 돌이켜 생각하며 실로 마음 아파하고 있습니다. 좌장군(유비)께서는 처음 촉에 들어올 때처럼 옛 마음이 여전하며 실로 박대하려는 뜻이 없습니다. 어리석은 제가 생각건대 변화를 꾀한다면 존문尊門(상대방을 높인 가문)을 보존할 수 있습니다." (본전)

서신의 내용에 드러난 문구를 보면 법정 스스로 불충하다는 비방을 받아도 이를 개의치 않는다고 말하고 있는데, 이런 점은 법정이 자신의 판단이나 행동의 결정 기준을 강하게 실현하는 주체적인 인물임을 보여준다.

법정은 생전에 유비의 우려를 해소하고, 의지를 진정시킬 수 있는 재주가 탁월한 인물이었다. 관우가 손권에 의해 참살당하자 이에 분노한 유비는 촉나라의 전력을 이끌어 오나라를 침공하려고 했다. 조운을 비롯해 여러 중신들이 이를 만류했지만, 유비의 집념을 꺾을 수 없었다.

> **유비가 제위에 오른 뒤 장차 동쪽으로 손권을 정벌해 관우의 원수를 갚으려 하니 여러 신하들이 간언했으나 하나같이 받아들이지 않았다. 장무 2년 222년 대군이 크게 패하고 백제白帝(백제성)로 돌아와 주둔했다. 제갈량이 탄식하며 말했다. "만약 법효직(법정)이 살아 있었다면 주상이 동쪽으로 가지 못하도록 말렸을 것이고 설령 동쪽으로 갔다 하더라도 필시 기울어지고 위태로워지게 하지는 않았을 텐데."16) (본전)**

제갈량은 유비의 패배에 대해 법정의 부재를 무척 아쉬워했다. 법정이 있었다면 동오 침공이 발생하지 않았을 것이고, 설령 전쟁이 나더라도 지지는 않았을 것이라는 제갈량의 발언은, 법정이 자신의 판단 혹은 결정 기준으로 유비를 강하게 설득하거나 잘 보필했을 것이라는 강한 성격의 내향성 인물임을 평가한 것이다.

---

16) 유비와 조조가 다툴 때, 형세가 불리하므로 마땅히 물러나야 하지만 유비는 크게 화를 내며 물러나려 하지 않으니 이에 감히 간언하는 자가 없었다. 화살이 비 오듯 쏟아지는데 법정이 유비 앞으로 나아가려 하자 유비가 말했다. "효직(법정)은 화살을 피하시오." 법정이 말했다. "명공께서 친히 화살과 돌 가운데에 계시는데 하물며 소인이 어찌 피하겠습니까?" 이에 유비가 "효직, 나는 그대와 함께 가겠소."라고 말하며 그제서야 물러났다. 《본전/배송지 주》

이런 모습에서 법정은 내향형의 특성을 지니고 있다고 하겠는데, 내향형에서는 객체의 인상이 주체 안에서 형성한 것에 의거해서 사물을 본다. 내향적인 의식의 태도에도 물론 외적인 조건을 인식하는 능력이 있지만, 언제나 그 판단과 행동에 결정적인 것은 주관적인 속성이라 할 수 있다.

법정의 경우 건안 초의 어지러움을 벗어나며 동시에 패도를 지향하기 위해 익주로 이동하여 유장의 밑으로 들어가게 된다. 그러나 유장의 인물 됨됨이가 그러하지 못함을 알고, 서촉으로 들어오게 되는 유비의 휘하에서 그의 익주 병탄을 위한 계책을 제시하는 태도에서 내향형에 가까운 특징을 보이고 있다.

목황후 오씨는 촉의 중신 오일의 동생으로 원래 유언의 삼남이자 유장의 형인 유모의 미망인이었다. 당시 익주를 평정한 유비는 부인이 없는 상황이었는데 유비의 신하들은 유비의 아내로 목황후 오씨를 적극 추천했다.

유비의 목황후는 진류군 사람이다. 오라버니 오일은 어려서 부친을 여의게 되었는데, 오일의 부친이 유언과 옛날부터 알고 지낸 사이였기 때문에 가족 모두를 데리고 유언을 따라 촉으로 들어갔다. (…) 유비가 익주를 평정한 후 손부인은 동오로 돌아갔으므로, 신하들은 유비에게 목황후를 맞이하도록 권유했다. 유비는 유모와 동족이라서 마음에 걸렸으므로 결정을 내리지 못하였는데, 법정이 진언하여 말했다. "만일 관계의 친함과 소원함을 논한다면, 어찌 춘추시대 진 문공이 자어를 맞이한 것보다 더 하겠습니까?" 이에 목황후를 맞이하여 부인으로 삼았다.[17] 《삼국지 촉서 목황후전》

17) 습착지가 말하였다. "무릇 혼인은 인륜의 시작이고 왕화王化의 기본이다. 필부라도 예절이 없을 수 없거늘 군주야 어떠하겠는가? 진 문공은 예禮를 무시하고 권세를

유비는 목황후 오씨가 동족의 부인이었다 보니, 그녀와의 혼인을 꺼려 결정을 못 내렸다. 이때 법정은 숙질 사이로서 조카의 부인을 아내로 취한 춘추시대 진 문공과 진 회공 자어의 고사를 들며 친소 관계로 따지면 이와 비교할 수 있겠냐고 반문했다. 즉 과거의 일례와 비교한다면, 현재 상황은 별일이 아니라는 완곡한 설득이었다. 이는 유비의 마음을 제대로 움직였고, 유비는 목황후 오씨를 아내로 맞아들였다. 대개 감각형의 인물은 객체와 외부자극에 민감하게 반응하는데 외향적 감각과 달리 내향적 감각은 이러한 객체의 작용에 주체적으로 지각하고 행동한다. 예법의 논란이 있을까 걱정한 유비를 쉽게 안심시키는 일화에서, 법정은 감각형의 기능을 탁월하게 발휘하는 인물임을 알 수 있게 한다.

양희가 저술한 《계한보신찬》에는 촉의 주요 신료들에 대한 평가가 기술돼 있다. 양희는 법정에 대해 재능 중심으로 호평하고 있는데, 여기서 주목할 대목은 '잠깐 생각하고도 바른 평가를 내리며, 사태를 보고 변화의 징조를 알았다'는 것이다.

> **"익후翼侯는 훌륭한 책략을 사용하고, 세상의 흥함과 쇠함을 예측했다. 주군(유비)에게 몸을 던져 의탁하고, 간하여 논의하고 자문했다. 잠깐 생각하고도 바른 평가를 내리며, 사태를 보고 변화의 징조를 알았다."《삼국지 촉서 양희전 계한보신찬》**

휘둘러 그 패업을 이루었다. 그래서 자범子犯은 '사람에게 요구하는 것이 있으면 반드시 먼저 그 사람의 요구에 따라야 합니다. 앞으로 그 나라(자어子圉의 지배하는 진晉)를 빼앗고 어찌 아내를 있게 하겠습니까?'라고 했다. 진 문공이 까닭 없이 예교를 어긴 것이 아니다. 지금 유비가 핍박하는 상황이 아닌데도 전대의 잘못을 이끌어 예로 삼는 것은 주군을 요堯·순舜의 덕정으로 인도하는 것이 아니다. 유비가 이를 좇은 것은 그의 허물이다." 《삼국지 촉서 이주비자전 목황후/배주》

이런 사례들에서 법정은 감각형에 가까운 특성을 보이고 있다고 하겠는데, 감각형이란 물리적 자극이 인식을 매개하는 심리기능으로 지각知覺과 같은 뜻으로 사용되며, 감각은 구체적 감각과 추상적 감각으로 나누어 생각할 수 있다. 감각형 역시 외향적 감각과 내향적 감각이 있는데, 외향적 감각은 현시적이고 뚜렷이 나타나는 사물의 존재를 파악하는 반면 내향적 감각은 객체를 주관적 체험을 통해 걸러서 인지하게 된다.

법정의 경우 앞서 언급한 내용을 통해서 보았을 때, 자신의 주관적인 감각을 통해 객체를 인지하는 모습에서 객관적 자극이 주관적 반응으로 즉시 대치되는 내향적 감각에 가까운 특성을 보이고 있다.

이상을 토대로 보았을 때, 법정을 성격유형으로 그 인물형을 논한다면 내향적 감각형이라 평할 수 있다. 내향적 감각형의 특징은, 첫째로 자신의 행동이 외부의 자극이나 객체의 현실에 의지하지 않고 자신의 주관적인 반응을 중시하는 성향이며, 둘째로 정치적 감각이 뛰어나서 자신에 유익한 상황을 잘 선택하게 되는 점을 들 수 있다.

1. 유약한 익주목 유장 대신 유비 영입 결탁케 하고 익주 겸병하는 데 크게 기여, 현실에 의지 않고 뛰어난 정치적 감각 그의 특징 빛을 발휘해

이 내향적 감각형의 특징을 법정에게 적용시켜 보면, 첫째 내용은 시대의 특수성에 기인한 패권 지향적 행보를 취했다는 점에서 그의 성격유형이 지닌 특징을 엿볼 수 있게 한다. 둘째 내용은 자신의 이상적인 주인인 유비를 만나게 되자 유비를 추대하기 위해 유장을 갈아치우려는 행보에서 여실히 드러난다. 시대의 특수성에 기인한 패권지향적 행보는 곧 법정이 당시 사회의 명분이나 가치기준에 얽매이지 않고 정작 자신이 볼 때 필요한 실리를 추구했다는 점을 의미하는데, 이는 입촉入蜀과 관련하여 자신의 뜻을 이루기 위한 교류관계, 품행에서 그 단서를 찾을 수 있다.

법정의 입촉이 이뤄진 시기로 보이는 건안 원년 196년 이후는 아직 중원의 혼란이 한창 계속 중일 때였지만, 조조가 천자를 옹립하여 허도를 세우고 패업을 도모할 의지를 선보이던 때였다. 패권지향적인 그로서는 조조를 섬겼을 수도 있는데, 왜 고향인 미郿현을 버리고 굳이 촉중蜀中으로 들어왔을까? 이는 바로 《유언전》과 《순유전》에서 그 연유를 찾아볼 수 있다.

> **시중인 광한사람 동부가 은밀하게 유언에게 말했다. "경사(수도 낙양)는 장차 혼란스러워질 것이고, 익주 쪽[18]에는 천자가 나올 기운이 있습니다."《삼국지 촉서 유언전》**

> **촉의 지세가 험준하고 굳세며 백성들도 풍부하고 많았으므로, 순유는 촉군의 태수가 되기를 원해 임명되었으나 길이 막혀 부임하지 못하고 형주에 머물렀다.《삼국지 위서 순유전》**

법정에 앞서 입촉을 위한 행보를 펼쳤던 인물은 대표적으로 유언과 순유를 들 수 있다. 유언은 익주 출신 동부라는 사람의 은밀하게 한 말을 믿고 중평 5년 188년 익주목을 자청하였고, 결국 익주 통치를 성공시켜 자신의 아들 유장에게까지 세습하게 만들었다. 10년 정도 시간

18) 이는 고대 점성술에서 땅의 주군州郡에 대비시켜 하늘의 구역을 의미하고자 사용된 용어이다. 고대인들은 하늘이 사방四方과 28개의 별자리로 이뤄져 있고 방위에 따라 사방신인 청룡, 백호, 주작, 현무 각각 7개의 별자리를 주관한다고 믿었다. 전국시대 때부터 이러한 개념을 중국 영토에 적용시킨 점성술이 존재했으며, 점성가들은 하늘의 구역에서 나타나는 별자리 현상을 관찰하면 그 구역에 해당되는 땅에서 장차 벌어질 일을 예견할 수 있다고 생각했다.

이 흐른 후, 순유도 촉중에 들어서 촉군의 태수가 되길 원했으나 길이 끊어진 관계로 입촉을 하지 못하다, 조조가 상서로 징소[19]하게 되면서 자신의 계획을 포기하고 조조를 섬겼다. 동부의 주장처럼 천자의 기운에 관한 길흉화복의 조짐이나 그 예언의 참위(앞일의 길흉화복 조짐이나 술수)는 그 이후에도 한동안 계속 유행했던 것으로 보인다.

건안 원년 196년에 입촉행을 계획한 순유도, 단지 익주의 지세와 호구수만 보고 그러한 결정을 택하진 않았을 것이다. 예기치 않게 길이 끊어져 입촉을 하지 못하자 형주에 남아 계속 촉으로 들어갈 기회를 엿보았다는 사실은, 그만큼 입촉을 간절히 원했음을 보여주는 증거이다. 이런 점에서, 법정 역시 참위에 밝아 이를 굳게 믿은 것으로 보이는데, 표면상의 이유로는 심한 기근 때문이지만 패권지향적인 그에게 익주는 일종의 성지聖地(거룩한 땅)였던 것이다.

법정과 순유 이 두 사람은 비슷한 시기에 입촉을 계획했으나, 순유의 경우 조조의 존재를 알고 나면서 원래 계획을 포기했지만 법정은 그러질 않았다. 남들이 조조를 주목하고 있을 때 법정은 소신대로 입촉 계획을 추진하였다. 결국 이 선택으로 인해 법정은 유비를 만나기 전까지 익주에서 우울한 나날을 보내게 되었지만, 분명한 것은 그는 외부의 자극이나 상황에 의지하기보다는 자신의 주관적인 반응을 더 중시했다는 점이다. 그만큼 그의 성격유형이 지닌 이러한 특징은, 그에게 입촉행 막차를 타게 만든 결정적 요인으로 작용했다.

나름 포부를 갖고 익주에 들어왔지만, 당초 생각했던 만큼 상황은 법정에게 좋게 풀리진 않았다. 익주목 유장은 그 부친 유언과 달리 큰 일을 도모할 인물이 아니어서 우선 한중의 장로를 잘 견제하지 못했

---

19) 징소徵召란 황제가 인재를 발탁하기 위하여 불러 채용하는 것을 말하나 여기서는 기실 조조가 형식적으로 황제가 관장하는 중앙정부에서 부른 것이므로 징소라고 기술한 것이다.

다. 절친한 부하였던 방희와 사이가 틀어졌으며, 유언의 무력기반인 동주병의 난행을 억누르지 못하여 위망이 상당히 떨어져 있었다. 여기에 유장은 법정을 중용하지 않았기 때문에, 법정은 유장을 멀리하고 스스로 기회를 엿볼 수밖에 없는 입장이 되었다.

이때 법정이 흉금을 털어놓고 어떤 일을 도모하려던 상대는 익주의 호족 장송과 같이 입촉했던 탁류 출신 맹달이었다. 그런데 장송은 익주 토착인을 대표하는 인사로 동주병과 정치적 대립각을 세우고 있는 인물이었고, 맹달은 비록 법정과 고향이 같았지만 그 출신이 탁류였기에 사대부들의 기피 대상이었다. 즉, 법정과 장송, 맹달 이렇게는 서로 어울리기 힘든 관계였으나 법정은 자신이 생각하는 바를 위해 이들과 함께 힘써 교류하면서 뜻을 나누었다. 만약 법정이 그 사회의 주류적 가치기준을 따르는 인물이었다면, 이들과 일을 도모하고자 하지는 않았을 것이다. 그야말로 그는 자신의 주관적인 사고를 믿고 그 반응대로 움직였기 때문에, 장송, 맹달과 같이 자신과 입장이 다른 인물들과 동지가 될 수 있었던 것이다.

또한 품행 때문에 동향인들에게 비방을 받고 있었음에도 그는 왜 이를 고치지 않았는가를 생각해 보면, 이 역시 그의 성격유형이 지닌 특징과 잘 연관된다. 익주는 패권지향적인 인물들에게 패업을 도모하기 최적의 조건을 갖춘 성지였다. 그러기에 법정 역시 기대를 안고 익주로 들어왔지만 정작 현실은 법정의 기대에 못 미쳤다. 익주를 통치하던 유장은 한왕조의 왕족 출신으로 기존 질서에 순응하는 인물이었다. 이렇게 기존 사회 질서를 고수하는 입장이라면, 그에게 인재등용의 중요 덕목은 아무래도 품행일 것임은 당연히 예상할 수 있다. 막상 품행에 호평을 받지 못해도 재주만 있다면 크게 쓰임 받을 수 있다고 법정은 믿었기 때문에 타인의 비방을 신경 쓰지 않았지만, 정작 유장은 그의 예상과 달리 법정을 우대하지 않았다.

이러한 유장의 태도에 법정은 의욕을 잃어 한동안 신세한탄을 하며 지냈던 것이다. 그가 외부적 조건에 민감하게 반응하였다면 유장의 눈에 들기 위해 행동방식을 고치기 위해 많은 노력을 기울였을 것이다. 그렇지만 자신의 생각에 기인한 행동에 더 민감하게 반응하다 보니, 그는 당연히 유장에게 선호될 수 없었다. 기껏해야 신도현령, 군의교위 등에 머무르며, 더 이상 꿈의 나래를 펼칠 기회는 사실상 없던 것이나 다름 아니었다. 그저 한탄으로 세월을 보내는 사이 조조가 중원에 이어 하북까지 통일하고 심지어 형주까지 무혈입성을 하는 쾌거를 이루면서, 천하는 조조를 중심으로 크게 일변하고 있었다.

이로 장송이 형주로 간 것은 바로 적벽대전 직전 유장이 조조에게 일시로 굴종했었기 때문이었다. 이 일 직전에 유장은 소수의 병력과 물자를 남정에 나선 조조에게 제공했던 것이다. 그러다 적벽대전에서 조조가 대패하자 지난날 조조가 자신을 우대하지 않았던 데에 원한이 있던 장송은, 조조에 대해 험담을 늘어놓으며 조조와 단교하고 유비와 결탁할 것을 진언했다. 유장은 장송의 건의를 받아들였고, 장송은 법정을 사자로 추천하여 유비를 만나는 기회를 제공하여 주었다.

법정은 사자의 임무를 마치고 돌아온 뒤, 유비에게 웅략이 있다고 판단, 오랫동안 기다려왔던 주군을 만났다고 확신하게 된다.

법정이 말한다. "익주는 하늘이 주신 땅이기 때문에 난세를 극복할 만한 분이 아니면 다스릴 수가 없습니다. 그런데 유장은 능히 어진 사람을 쓸 줄 모르니, 머지않아 그 땅은 반드시 남의 손에 들어갈 것입니다. 그래서 기왕이면 장군에게 촉 땅을 바치려는 것이니, 기회를 놓치지 마십시오. 먼저 좇아가야 토끼를 잡는다는 옛말도 있지 않습니까. 장군께서 차지할 생각만 있으시다면, 제가 죽음을 각오하고 힘을 다하겠습니다."《삼국지연의 제60회》

법정은 사자의 임무를 마친 후 돌아와 장송과 함께 유비를 받들려고 계획하였지만, 기회는 그리 쉽게 오질 않아 부득이 때를 기다릴 수밖에 없었다. 그러다 마침 조조가 종요를 파견하여 장로를 정벌하려 한다는 소식이 전해지면서, 이는 유비를 익주로 받아들일 절호의 기회가 되었다. 유비를 익주로 불러들여 그로 하여금 장로를 정벌하자는 장송의 권유에, 유장은 그리 방침을 정하고 다시금 법정을 유비에게 파견한다.

이렇게 유비와 재회하게 된 법정은 입촉을 준비하는 유비에게 비책을 진언한다. 유비의 영명함으로 유장의 유약함을 틈타라는 (본전)의 진언보다는, 《삼국지연의》의 진언 내용은 그야말로 유비에게 흠뻑 빠진 법정을 잘 묘사해주고 있다. 그동안 그의 성격유형이 지닌 특징 중 둘째 내용, 정치적 감각이 뛰어나 유익한 상황을 선택하는 일면이 유장의 밑에 있을 때는 드러나질 않다가, 비로소 유비를 만난 이 시점부터 제대로 발현될 수 있게 된 것이다. 유비도 이미 방통의 형주에 익주라는 양 날개를 펴게 입촉하자는 진언에 그 뜻을 굳힌 상태였으므로, 법정의 구체적 헌책에 유비도 지체 없이 병마를 인솔해 익주로 들어가게 된다.

유장은 유비를 영접하며 부현에서 1백여 일을 서로 왕래하면서 우의를 다졌다. 장송은 법정과 방통이 유비를 설득하여 이때의 기회를 이용해 유장을 제거할 것을 권했지만, 유비가 '은덕과 신의를 베풀지도 않았다'며 거절하였다.

법정이 계속 고한다. "이는 귀공의 잘못된 생각이십니다. 그렇게 하지 않으시면 우리 촉에게 그 어미를 살해당한 장로가 원수를 갚으려고 반드시 쳐들어올 것입니다. 귀공이 머나먼 산천을 넘고 건너 군사를 몰고 이미 여기까지 오셨으니, 나아가면 이익이 있으

나 물러서면 아무 이익도 없습니다. 그러하거늘 의심하고 고집하여 시일만 늦추다 보면, 이 큰 계책은 수포로 돌아갈 것이며, 뿐만 아니라 이 비밀이 누설되기라도 하는 날에는 도리어 큰 불행을 당하기 십상입니다. 그러니 하늘이 주시는 때에 남이 생각하지 못하는 일을 해서, 속히 기반을 세우는 것이 상책입니다." 《삼국지연의 제60회》

유비의 유장 제거 거절 이후, 막료들의 별다른 재촉이 없는 (본전)의 기록과는 달리, 《삼국지연의》에서는 유비에게 유장을 습격하는 계획을 계속 촉구하는 책사가 법정으로 그려지고 있다. 나관중은 붓의 힘을 빌려 법정으로 하여금 이전의 주인을 제거하는데 적극적인 역할을 하게끔 만들려고 한 것이다. 이러한 소설 《삼국지연의》 속의 장치는, 법정이 기회를 포착하고 무엇이 유리한 상황인지 선택할 수 있는 능력을 확실히 갖추고 있음을 잘 대변해주고 있다. 아마도 나관중 역시 애석하게 일찍 전사한 방통과 달리, 촉한정권 수립 때까지 그 주축이 되어 혁혁한 공로를 쌓은 법정에게서 뛰어난 정치적 감각을 파악했기 때문에 이런 묘사를 한 것은 아닐지?

유장과의 100여 일 동안의 부현 회담이 끝난 후 가맹관으로 간 유비는, 한편으로는 제갈량의 방책에 따라 민심을 거두면서, 다른 한편으로는 장로를 공격하기보다는 방어로 일관하며 시일을 끌기 시작한다. 이미 삼대 세습에 걸쳐 종교로써 한중의 민심을 탄탄히 장중掌中(움켜쥔 손아귀 안)에 넣은 장로를 상대로 급하게 서두르지 않기로 한 것이다.

이 점은 분명 유장 측의 본의와는 다른 유비의 태도였을 것이다. 유장은 자신에게 없는 영명함이나 강인함을 갖춘 유비로 하여금 장로를 토벌하게 하려고 기대했을 것이다. 왜냐하면 그는 이전에 광한태수 방희 등을 파견하여 장로의 토벌을 기도한 적이 있었기 때문이다. 유장은 그때 성과도 없이 방희와 사이만 틀어져 장로를 제대로 도모도 해보지 못했던 까닭에, 이에 유비에게 더 많이 기대하고 있었던 것이다.

그러나 그 사이 익주 내부에서 유비의 이런 방어만 하는 태도를 두고 격렬한 논쟁이 있었다. 대부분의 유장 막료들은 유비의 음험함을 예상하여 도로 돌아가게 해야 한다고 하였다. 이들은 처음부터 장송이 주도한 유비의 주둔을 달갑지 않게 여겼으니 당연한 일이었다. 마침 조조가 다시 남쪽으로 공세를 취하여 오면서 손권으로부터 유비에게 구원 요청이 들어왔다. 유비는 이를 막기 위해 손권을 돕는다며 1만 명의 병력과 그에 따른 물자, 식량을 요구하게 된다. 물론 이것은 하나의 지연전술이었을 가능성이 높지만 상황은 이상한 데서 꼬이고 말았다. 유장이 겨우 4천 군사와 요청한 물자 절반만 내주니 유비가 매우 분노하여 털고 동진하려 한 것이다.

유비의 이러한 행동에 놀란 장송은 유비와 법정에게 기회를 잃지 말라며 만류 서신을 보냈다. 그러나 이것이 장송의 형이자 광한태수였던 장숙의 손에 들어가니, 재앙이 자기에게 미칠까 두려워 이를 고발하고 만다. 이 일을 알게 된 유장은 장송을 처벌하여 죽였고 드디어 유비를 적으로 간주하였다. 이렇게 유비를 도울 익주 내의 최고 협력자가, 유비의 예기치 못한 움직임으로 유장에 의해 제거되고 만 것이다.

당초 법정의 진언처럼 부현에서의 회담에서 유장을 기습하여 참살했다면 상황은 쉽게 전개되었을지 모른다. 그렇지만 유비가 '은덕과 신의'를 염두에 둔 나머지 너무 시간을 지연시킨 결과는, 어려운 장기전으로의 돌입이었다.[20] 이는 물론 익주세력과의 화학적 결합을 염두에 둔 행보이었겠지만, 어찌 보면 마치 쉽게 갈 일을 어렵게 돌아간 것이

20) 물론 유장을 기습하는 데 성공한다고 해서 단기간에 익주를 정벌할 수 있다고 보이진 않는다. 다만 기습을 하고 난 후라면 장송이 성도에서 친 유비세력을 모으면서, 유비는 부현을 거점으로 무력으로 반 유비세력을 제압하면 실제 역사에서 익주를 점령하는 데 소용된 기간보다는 훨씬 그 단축이 가능했다고 예상할 수 있다.

나 다름없었다고 치부할 수 있다.

유비는 유장의 지원이 요청한 대로 이뤄지지 않은 것을 계기로 무례하다는 이유를 들어, 이제는 눈앞에 위험요소였던 백수군독 양회와 고패부터 제거하였다. 그런 뒤 가맹관에 소속해 있던 장수와 사졸들의 처자를 인질로 삼은 뒤 요충지인 부관을 선점하였다. 기실 이러한 군사 작전은 방통의 계책에 기인한 바라 할 수 있다.

그렇지만 내부 사정을 훤히 꿰뚫는 자가 있어야만, 충분히 상대의 움직임을 예측하면서 안정적으로 요충지를 취할 수 있을 것이다. 이 점에서 방통의 계책은 법정의 지원이 있었기에 빛을 발할 수 있었으니, 방통의 각본과 법정의 제작지원으로 만들어진 드라마가 바로 가맹관과 부관 함락이었다. 두 곳 모두 광한군(지금 사천성 수녕현)의 중요한 핵심 거점이었기 때문에 군량과 물자가 많이 쌓여 있었다. 또한, 당초 양회와 고패 등은 유비를 지원하기 위해 파견되었으므로, 요새 방비 및 보급 임무를 띠고 있었을 가능성이 높다. 이들을 제거하고 군량과 물자, 병력을 확보하게 되는 것은, 유비가 이끄는 원정군에게 절대적인 난제를 해결한 것이나 다름없었다.

건안 19년 214년, (유비군은) 진격하여 성도를 포위하자 유장의 촉군태수인 허정이 성을 넘어 투항하려 했으나 일이 발각되어 실현되지 못했다. 유장은 위태로워 망함이 가까이 닥쳤으므로 허정을 죽이지 않았다. 유장이 머리를 조아리며 항복하자 유비는 이 일 때문에 허정을 박대하며 등용하지 않았다. 법정이 설득하여 말했다. "천하에 헛된 명성을 얻었으나 그 실질이 없는 자가 있으니 허정이 바로 그러합니다. 그러나 지금 주공께서 대업을 처음 시작하려고 하나 천하의 사람들에게 일일이 설명할 수도 없는데, 허정의 허명이 사해에 널리 퍼져있으니 (주공께서) 만약 그를 예우하지

않으면 천하의 사람들은 이를 가지고 주공께서 어진 이를 천대한다고 말할 것입니다. 의당 그를 존경하고 중시하여 원근의 사람들을 현혹함으로써 옛날 연왕이 곽외를 대우했던 일[21]을 뒤따르십시오." 이에 유비가 허정을 후대하였다." (본전)

성도를 향한 진격에 낙성에서 방통의 전사와 같은 액운을 당하긴 했지만 대체적으로 수년간에 걸친 유비의 익주정벌은 성공적으로 진행되어, 마침내 건안 19년 214년 성도를 유비가 포위하기에 이르렀다. 일찍이 여남의 월단평으로 명성이 자자했던 허정이 그때 촉군태수였는데, 그는 사태가 위급해지자 성을 버리고 유비에게 항복하려고 했으나 일이 발각되면서 오히려 유장에게 잡히고 말았다. 유장은 사태가 위급하다 보니, 그를 죽이진 않고 그저 구류시켰을 뿐이었다. 장로가 구원군으로 보낸 마초가 유비에게 귀부하면서, 더 이상 버티는 것을 포기한 유장은 성도의 성을 열고 결국 유비에게 항복하였다.

전후 처리 과정에서 유비는 허정을 박대하며 기용치 않았지만, 법정은 천하의 인재들을 위해서 그를 보라는 듯이 공경하고 중히 대우할 것을 주문하였다. 새롭게 창업한 신생세력이 인재를 얻기 위해선 비록 허명이 있는 선비라도 그를 잘 활용해야 한다고 본 것이다. 이른바 허

21) 이른바 선종외시先從隗始 혹은 선시어외先始於隗라 표현되는 이 고사성어는 직역하면 '먼저 곽외부터 시작하십시오.'란 뜻이며 인재를 구하려면 가까이 있는 사람부터 우대하라는 의미를 담고 있다. 출전은 《전국책》「연책 소왕」편으로 그 내용을 요약하자면 다음과 같다. 연燕나라 소왕昭王이 등극했을 때 내외적으로 나라의 어려움이 있자 이를 만회하기 위한 방책을 곽외郭隗란 이에게 하문하였다. 곽외는 천리마를 구하려는 임금이 천리마를 구하지 못하다 겨우 죽은 천리마를 발견하고 이를 오백금에 사들이자 1년 뒤 3필의 살아 있는 천리마를 구했다는 이야기를 하면서 인재를 얻기 위해서는 먼저 자신 곽외부터 중용한다면 차후 인재들이 몰려들 것이라 답하였다. 곽외의 의견을 채택한 연 소왕은 곽외를 극진히 대접하며 그를 위한 궁전까지 만들어 거기서 머물도록 했다. 이 소식을 듣자 위나라에서 악의, 제나라에서 추연, 조나라에서 극신과 같은 인재들이 앞을 다투며 연나라에 몰려들었다.

정을 유비세력의 얼굴마담으로 두자는 셈이었다. 그도 그럴 것이 유비의 주요 구성원들 중에서는 중원 출신의 명사는 거의 없었기 때문에, 사대부들의 마음을 사로잡는 데 한계가 있었다. 법정은 이 점을 염려하여 허정을 이용하자고 한 것이었다. 실리를 추구하는 패권주의자인 그가 헛된 명성이라도 적절히 활용하자고 주장하는 것은, 자신에게 유익한 상황을 잘 선택하려는 뛰어난 정치적 감각을 엿볼 수 있게 해준다. 이는 그야말로 그의 성격유형이 지닌 특징인 정치 감각의 촉수와 상황의 선택을 잘 드러나게 해주는 사건이라 할 수 있다.

다음으로 내향적 감각형의 성격이 보여줄 수 있는 장점은, 뛰어난 감각으로 유리한 상황을 잘 파악하고 이를 잘 활용할 줄 아는 능력이 있는 것으로 실로, 이는 그 성격유형이 지닌 특징과 직접적인 연계가 된다고 할 수 있다.

2. 정군산전투 하후연 베고 끝내 유비가 한중전쟁에서 조조를 물리치는데, 뛰어난 감각 상황파악과 선택 그의 장점 크게 발휘돼

이 성격유형의 장점을 법정에게 적용시켜 보면 한중전쟁에서 그가 보여준 활약이야말로, 그의 성격유형이 지닌 장점을 가장 보여주는 대표적인 일례일 것이다.

건안 22년 217년, 법정이 선주(유비)를 설득하며 말했다. "조조가 일거에 장로를 항복시켜 한중을 평정하고도 그 형세를 이용하여 파巴**와 촉**蜀**을 원정하지 않고 하후연, 장합을 남겨 지키게 하고 자신은 급거 북쪽으로 돌아갔습니다. 이는 그의 지모가 미치지 못하거나 군사력이 부족해서가 아니라 필시 내부에 급박한 우환이 닥쳤기 때문일 것입니다. (…) 이는 하늘이 우리에게 준 기회이니 때를 놓쳐서는 안 됩니다." 유비가 그 계책을 훌륭하다고 여기고**

이에 여러 장수들을 이끌고 한중으로 진격하니 법정 역시 수행하였다. (본전)

유비가 익주를 평정하였지만 완전한 익주를 소유한 것은 아니었다. 조조가 익주의 목구멍이자 익주 내에서도 매우 광활한 영지였던 한중을 제패하면서 익주에서의 유비와 조조 간의 대결이 예고된 상황이었다. 유비로서는 조조의 침공을 예상하여 긴장하지 않을 수 없었다. 총력을 기울여 방어를 해도 익주를 제대로 지켜내기엔 많은 어려움이 있을 것이기 때문이다. 그런데 조조는 하후연과 장합 등을 한중에 남겨두고 북쪽으로 귀환하였다. 법정은, 앞서 조조가 한중을 정벌한 이상 파촉까지 진격하였다면 익주를 겸병할 수 있었을 것인데, 조조가 이러한 좋은 기회를 놓친 것은 그의 군사력이 부족해서가 아니라 허도에 급한 일이 있어서라고 꿰뚫어 보며 이 기회를 놓치지 말자고 한 것이다. 법정은 이때 허도의 모반이 일어나 조조가 퇴군한 것을 거의 정확하게 짚어내고 있다.

이 시기에 허도는 조조의 위왕 등극을 계기로 천자를 끼고 위국魏國에 반기를 드는 세력의 움직임이 잇따르고 있었다. 그들은 남쪽 형주에 위치한 관우에 기대를 걸고 각처에서 준동하며, 형주와 예주 접경까지 광범위하게 포진하여 있었다. 허도를 수비하던 왕필의 암살을 기도하거나 완현(지금 하남성 남양시)으로부터 예주 일원에 이르기까지, 관우의 북벌에 맞춰 호응한 점이 바로 그 증거이다. 조조는 장기적으로 외진에 나와 오래 정벌을 할 입장에 있지 못했던 것이다. 그만큼 위공과 위왕을 연이어 등극한 것은, 당시 한나라 내부에 잠재한 반조反曹의 깃발을 더욱 공고히 하게 만드는 촉매제였다.

법정은 조조가 한중에 없는 기회를 틈타서 재빨리 한중을 도모하자고 진언하였고, 유비는 법정의 말이 매우 옳다고 여겨 이를 곧바로 실행에 옮겼다. 이처럼 유리한 상황을 파악하고 이를 활용할 줄 아는 법정, 그의 성격유형이 지닌 장점은 여기서 그치지 않는다. 한중전쟁에서 손꼽히는 공로를 들자면 아무래도 하후연을 참살한 사건을 꼽을 수 있다. 조조의 일족이자 위나라의 정서장군이었던 하후연은 황충에 의해 참살을 당하였는데, 이러한 작전은 법정의 지모로 인한 성공 작품이었다.

> 법정이 손을 들어 가리킨다. "저기 정군산 서쪽에 또 하나 높은 산이 있어 사방이 다 험악한 길이고, 그 산 위에 올라가면 족히 정군산의 허실을 굽어볼 수 있습니다. 장군께서 저 산만 차지하면, 정군산은 우리 손아귀 안에 들어온 것이나 다름없습니다." (…) 법정이 말한다. "장군은 산 중턱을 지키시오. 나는 산꼭대기에 있다가 하후연의 군사가 오면 흰 기를 들어 신호할 테니, 장군은 군사를 거느리고 싸울 태세만 취할 뿐 움직이지 마시오. 적군이 기다리다가 지치고 방비가 소홀해지면 나는 붉은 기를 들어 신호할 테니, 장군은 즉시 산 밑으로 달려 내려가 적을 무찌르시오. 우리가 편안히 있으면서 적군이 피곤하기를 기다리면 반드시 싸워 이기리다." (…) 법정이 보니 오후부터 하후연의 군사들은 지쳐서 날카로운 기상이 시들어, 거개가 말에서 내려 땅에 앉아 쉬고 있었다. 이에 법정은 붉은 기를 들어 한 번 휘저으니, 고각 소리가 일제히 일어나고 함성이 크게 진동하여 황충이 누구보다도 앞서 말을 달려 쏜살같이 산을 내려간다. 이야말로 하늘을 무너뜨리고 땅을 뒤덮을 듯한 형세다. 하후연은 미처 손쓸 사이도 없었다. 어느새 황충이 하늘에서 내려오듯 앞에 이르러 크게 한 소리 꾸짖으니, 마치 우렛소리 같다. 하후연이 몸자세를 바로잡기도 전이다. 황충의 보검이 이미 서릿발을 일으키며 떨어지자 순간 하후연은

머리서부터 어깨까지 두 동강이 나버렸다.《삼국지연의 제71회》

이른바《삼국지연의》에서 반객위주지법反客爲主之法이라 불리는 이 계책은, 공격자가 조금씩 방어자를 압박하면서 방어자로 하여금 오히려 공격자로 전환시켜 그 상황에서 유리함을 취하는 방법이 그 요체였다. 법정은 하후연의 불같은 성미를 이용하여 그를 자극하였고, 하후연은 이에 넘어가니 계책은 제대로 먹혀들었다. 이 패배로 말미암아 조조가 직접 한중전쟁에 나서게 되었고, 유비는 이에 지구전을 펼쳐 조조를 퇴각시킴으로써 마침내 한중까지 석권하게 되었다. 하후연을 참살하여 한중을 얻을 계기를 확보할 수 있던 것은, 법정이 유리한 상황을 파악하여 이를 잘 활용한 결과라 할 수 있나. 이러한 그의 싱격유형이 지닌 장점이, 유비의 보익輔翼(잘 보필하는 중신)이 되는 데 결정적인 기여를 한 것이다.

마지막으로 내향적 감각형의 단점에 대하여 살펴보면, 첫째로 소극적이며 상황 순응적이기 때문에 장기적이며 개혁적인 정책을 추진하지 못하는 것이고, 둘째로 구체적인 현실에 지나치게 매이는 특성이 있기 때문에 좀 더 멀리 내다보는 원시안적 안목이 요구된다는 것이라 할 수 있다.

3. 사소한 은원까지 일일이 앙갚음하여 원성을 사는, 그의 구체적인 일에 매이는 단점 노출돼

이 성격유형의 단점을 법정에게 적용시켜 보면 사서에서 그에 관한 성격유형이 지닌 단점은 확실히 드러나지 않지만, 그러나 이를 찬찬히 살펴보면, 법정은 그 단점의 둘째 내용인 구체적인 현실에 지나치게 매이는 특성이 스스로 잘 제어되지 못하였다. 이로 말미암아 법정이 바르지 못한 행동거지로 비방을 당하고, '평소에 밥 한 끼 대접받은 은혜와 눈 한 번 흘긴 원한'까지 일일이 잊지 않고 앙갚음하여[22] 주위사람들이 이를 지나치다고 평가할 정도였다. 이런 행동방식이 문제가 되었던 일면과 결부되어, 사람들에게 큰 반감을 사게 되는 흠결로 작용했던 사실을 지나칠 수 없겠다.

총체적으로 평가하건대, 패권지향적인 법정은 명사의 자손이었기 때문에 충분히 중원의 조조에게 귀부하여 큰 재주를 뽐낼 수도 있었겠다. 그러나 당시 길흉화복의 조짐이나 그 예언의 참위에 밝은 일부 선비들의 선택처럼, 그도 익주를 자신의 활약무대로 삼았다. 그렇지만 자신의 예상과는 달리, 유언의 뒤를 이은 익주의 통치자 유장이 유약한 데다 자신을 중용하지 않기 때문에, 법정의 재주를 선보일 기회는 별로 없게 되고 말았다. 주인을 잘못 만난 자신의 신세를 한탄한 그는 외부의 자극, 현실 등에 의지하기보다는 자신의 주관적인 반응을 더 중시하였기 때문에, 어찌 보면 자신과 어울리지 않는 인물인 맹달, 장송 등과 마음을 터놓으며 장래를 대비하려 했다. 더 이상 유장에게 기대를 걸지 않았기 때문에 그에게 중용되고 싶지 않아 유장에게는 계속 엇박자라고 할 행동거지를 보여 오게 된다. 그러다 우연찮은 계기로 자신이 꿈꾸던 주인감으로 제대로의 기량을 갖춘 유비를 만나게 되면서 진심으로 그에게 의탁하게 되었고, 이제는 유장을 제거하는 데 적극적으로 앞장을 서게 되었다.

이 과정에서 그는, 뛰어난 감각을 발휘하여 유익한 상황을 잘 파악하고 선택하며 이를 활용할 줄 아는 성격유형이 지닌 특징과 장점을 잘 발현하게 된다. 이것이 긍정적으로 작용하여 유비가 익주를 평정하고 한중까지 석권할 수 있게 되는 데 큰 기여를 한다. 비록 법정이 입촉한 이래로 유장을 떠나지 않고 익주에 계속 머물렀던 것은, 한때나

22) 이는 본디 《사기 범저·채택열전》에서 범저의 처신을 두고 한 말이다.

마 지나치게 현실에 매여 소극적이고 상황 순응적인 그의 성격유형이 지닌 단점이라 할 수 있겠지만, 그러나 그의 대부분 행적들은 이를 넘어서서 많은 공헌을 세웠으니, 이는 가히 그의 성격적인 특징과 장점이 긍정적인 기능으로 제대로 작용한 성과라 평할 수 있겠다.

모신 법정의 남은 논의

04

유장이 익주를 다스릴 무렵 익주의 인후라 할 한중은 오두미도五斗米道의 교주 장로가 3대째 정교일치로 차지하고 있었다. 당시 관도대전에서 승리 하북을 평정한 조조가 적벽에서 의외의 패배로 남진을 단념하고 익주를 넘보고 있었다. 남송대의 진량陳亮은 《위조조론魏曹操論》에서, "촉한은 천하의 오른팔이고 강동은 천하의 왼팔이다. 누가 와서 오른팔을 자르면 왼팔인들 온전할 수 있겠는가"라고 논한 바 있다. 조조는 적벽대전에서 남쪽으로 형주, 서쪽으로 촉을 잃은 데 반해, 유비와 손권은 천하삼분의 정족지세를 펼치게 되었다. 조조는 지난 패전을 되풀이하지 않으려고 우회적인 방법을 택한 셈이다.

건안 6년 211년 조조가 장로를 토벌하게 되자, 이는 유비에게 절호의 기회로 작용했다. 유장이 조조의 장로토벌 소식에 놀란 나머지 유비를 끌어들여 결탁하게 되고, 이때 결정적인 공헌을 한 인물이 법정이다. 당시 장송은 형주에서 조조와 면담하고 돌아와 장차 익주를 유비에게 넘길 속셈으로, 유장으로부터 홀대를 받고 있는 법정을 사절로 천거했다. 법정이 유비를 만나 익주탈취의 구체적인 복안을 밝히니 반신반의하던 유비에게, 이를 방통이 극력 권유하자 유비는 입촉을 결정하게 된다.

법정이 돌아와 장송과 함께 은밀히 유비를 익주의 주인으로 모시기 위한 계책을 모의했다. 장송이 꾸민 계책대로 곧바로 성도로 진격할 수도 있었을 것이나 유비는 천하의 비난을 받을까 염려해 장로의 방어에 그치고 백성들의 인심을 얻는 일을 하면서 군사를 움직이려 하지 않았다

이때 공교롭게도 조조가 손권을 공격해 다급해진 손권이 유비에게 구원을 청하였다. 이에 유비가 유장에게 병력 증강과 군량을 요구해 오니, 유장은 그 요구한 양의 반만 보내 주었다. 유비는 이를 구실로 군사들을 이끌고 돌아가겠다고 하다가 원래 유비를 영입하자고 한 장송이 유장에게 척살되자, 갑자기 군사를 돌려 유장을 친 것이다.

원래 유비는 유장의 요청을 받고 한중을 지키러 온 일종의 용병傭兵에 지나지 않았다. 그런데 이를 구실로 말머리를 돌려 유장을 치게 된 셈이니, 이는 어찌 보면 적반하장격인 유비의 처사라 하겠다 그럼에도 진수는 《삼국지 유이목전》에서 "유장은 재능이 영웅에 미치지 못하면서 넓은 땅을 차지하고 세상을 어지럽히고 있다. 분수에 걸맞지 않은 높은 자리에 앉아 영지를 노리는 사람들이 생겨나게 한 것은, 필연적인 일이다. 그러니 그가 영지와 관직을 빼앗긴 것은 불행이라고 할 수는 없다."라 하였다. 진수의 이러한 유장에 대한 평이 타당하다면, 법정은 못난 주군보다는 훌륭한 주군을 찾기 위해 스스로 난세를 열어나간 모신으로 평가받을 수 있을 것이다.

과연 유장은 법정이 배반해도 좋을 정도로 우매한 주군이었을까? 설령 모시는 주군이 우매하다고 해도, 법정이 전에 모시던 주군을 궁지로 몰아넣어도 좋은 것일까? 《삼국지 유이목전》 배송지 주에 인용된 「장번張璠」은 진수의 평을 비판하고 있다. "유장은 어리석고 연약한 인물이었지만 명분은 지켰다. 그를 두고 무도한 주군이라고까지 할 수는 없었다. 법정은 신하로서 양쪽을 기웃거리며 두 마음을 품었으니, 그의 계

책이라는 것도 충의의 마음에서 우러나온 것이 아니었다."라 하였다. 물론 유장이 암군이라는 혹평을 들어도 좋을 정도로 어리석었지만, 이런 이유로 주군을 배신한 사실로부터 법정은 자유로울 수는 없다.

그러나 지략 있는 자의, 주인을 가려서 섬길 줄 아는 '양금택목'을 지향하여 암군으로부터 현군을 택해가는 특히 법가의 패도적인 관점에서 법정의 행보는 일면, 대의大義를 위해 소의小義를 버린 것으로 평가할 수도 있다. 유비가 그의 계책을 받아들여 익주와 한중을 모두 장악함으로써, 이로 중원을 도모해 볼 수 있는 기반을 마련하였기 때문이다.

진수는 법정에 대해 평하여 말하기를, "법정은 일의 성공과 실패를 정확히 예견하며 기이한 계획과 책술을 가진 사람이었지만, 평소 덕성으로는 칭찬받지 못했다. 법정을 위나라 신하들과 비교한다면 아마도 정욱이나 곽가와 유사하다고 할 수 있을 것이다."(본전)라 하였다. 진수는《삼국지 촉서, 방통 법정전》으로 합전하여 법정을 정욱과 곽가에 비교하고 있는 것이다. 법정의 익주병탄이나 한중전쟁의 촉나라에의 공헌은, 정욱의 연주보위나 곽가의 하북평정으로 위나라에 기여한 바와 비교하여 그 우열을 가리기 어렵다. 법정은 주관 뚜렷한 정욱과 곽가 같은 지략과 담략을 지녔다고 보아, 이런 측면에서 그의 평가는 나름 적절성이 있다고 하겠다.

제6장

홀로 말에 올라 천 리 길을 간 충의와 무략의 관우

인물 관우의 삶의 궤적

01

1. 필마단기(혼자 한 필의 말을 타고 나감)로 천 리 길을 달려가다

관우關羽는 처음 자는 장생이다가 이어 운장雲長이라 하였고, 하동군 해현(지금 산서성 운성시) 사람이다. 관우는 젊은 시절 탁군(지금 하북성 탁현)으로 달아나 숨어 살다가, 중평 원년 184년 유비가 향리인 이곳에서 병사들을 모을 때, 관우는 역시 탁군 사람인 장비와 함께 서로 깊이 사귀었으며 유비를 호위하게 된다. 유비가 평원상이 된 뒤, 관우와 장비를 별부사마[1]로 삼아 군대를 나누어 통솔하도록 했다.

유비는 도겸에 귀부하였는데, 흥평 원년 194년 도겸이 죽어 서주를 관장하게 되었다. 허나 원술의 공격으로 건안 원년 196년, 유비는 관우 등과 군대를 거느리고 우이(지금 강소성 우이현)와 회음(지금 강소성 회음시)에서 한 달이 넘게 이기고 지기를 번갈아 하였다. 그러는 동안 유비는 조조에게 패해서 온 여포를 소패(지금 강소성 패현)에 머물게 하다 하비(지금 강소성 회령현)를 탈취당하고, 조조에게 의탁하게 된다.

건안 4년 199년 원술이 원소에게 의탁하러 서주를 거쳐 북쪽으로 가려 할 때, 조조는 유비를 보내 주령과 군사를 지휘하여 도중에 원술을 맞아 요격하게 하였다. 유비는 서주에 이르러 서주자사 차주를 습격하

1) 별부사마는 후한 삼국시대의 삼공 상임장군 수하에 설치된 속관으로 병졸이나 관리를 통솔하였다.

여 죽이고, 관우에게 하비(서주의 치소, 지금 강소성 수영현 북쪽 고비진)를 지키게 했으며 태수직무를 대행하도록 했다. 그리고 유비 등은 소패(예주의 치소, 지금 강소성 패현)로 가서 조조에 반하는 기치를 들었다.

건안 5년 200년, 조조는 동쪽으로 원정하여 유비를 격파하자 조조는 유비의 군사를 흡수하였다. 유비의 처자를 포로로 삼았으며, 하비를 지키고 있던 관우도 사로잡히게 된다. 한편 조조는 특히 관우의 용맹을 아끼어 편장군으로 삼고 매우 후하게 예우하였다.

같은 해 2월, 원소는 10만 대군을 거느리고 남하하여 그의 장군 안량에게 동군태수 유연을 백마(지금 하남성 활현)에서 공격하게 하였다. 이 해 4월, 조조는 관도(지금 하남성 중모현 동북)에서 장료와 관우를 선봉에 세워 북쪽으로 유연을 구하게 했다. 관우는 안량의 깃발과 수레덮개가 보이자, 말에 채찍질을 하여 수많은 군사들 가운데에서 안량을 찌르고 그 목을 베어 돌아왔다. 원소의 장수 그 누구도 감히 맞서려는 자가 없었으므로, 이에 백마의 포위를 풀었고 그곳의 백성들을 이주시켰는데 황하를 따라 서쪽으로 가게 했다. 조조는 곧바로 표문을 올려 이 전투의 공훈으로 관우를 한수정후2)에 봉하였다.

애초에 조조는 관우의 사람됨이 장하다고 생각하여 관우의 마음을 살피게 된다. 그가 오래 머무를 뜻이 없음을 느끼고, 관우와 절친한 장료에게 "그대가 그의 뜻을 한번 물어보라"고 하였다. 곧 장료가 관우에게 그의 의중을 묻자, 관우는 탄식하며 말했다. "나는 조공(조조)이 나를 후하게 대우해 주는 것을 잘 알지만, 그러나 나는 유장군(유비)의 두터운 은혜를 입었고 같이 죽기로 맹서하였으니, 그 약조를 저버릴 수 없습니다. 나는 끝내 머무를 수 없으니, 응당 공을 세워 조공에게 보답하면 이내 떠날 것입니다."《삼국지 촉서 관우전(이하 본전)》라고

---

2) 한수정후는 한漢의 수정후壽亭侯가 아니라, 한수정漢壽亭의 토지를 봉지로 받은 열후라는 뜻이다.

말하였다.

장료가 관우의 심중을 조조에게 보고하자, 조조는 그가 의로운 사람이라고 생각하였다. 관우가 안량을 베는 등 큰 공을 세우자, 조조는 그가 반드시 떠나갈 것으로 알고 상을 중하게 내렸다. 그러나 관우는 상으로 내려준 것을 모두 창고에 넣어 봉함해 놓고 편지를 써 조조에게 이별을 고하고, 먼 길을 달려 원소 군영에 있는 유비에게로 갔다.[3] 훌륭한 주인의 본보기를 세우기 위해 조조는 관우가 떠나가는 것을 허락하였고, 조조의 주위에서 그를 쫓으려고 하자 조조가 말하기를, "사람은 각자 자기 주인이 있으니 뒤쫓지 말라."(본전)고 말하였다.

이때 원소가 유비를 파견하자, 유비는 본래의 병사[4]를 거느리고 다시 여남(지금 하남성 평여현 서북 사교향)에 이르러 공도 등과 더불어 합치니, 무리가 수천 명이었다.

2. 병가필쟁 요충지역인 형주의 군사를 총감독하고 관리하다

건안 6년 201년 조조는 남쪽으로 직접 여남에서 유비를 공격하였다. 이에 유비는 형주의 유표에게 의탁하게 되었는데, 유표는 유비에게 군사를 늘려주고 신야(지금 하남성 신야현)에 주둔하게 하였다. 이리하여 유비를 따르는 관우, 장비와 손건, 미축, 간옹 등은 형주에 머무르게 된다.

건안 13년 208년 유표가 죽은 뒤 후사 유종이 항복하니, 조조는 형주를 평정하려 하였다. 유비는 번성(지금 호북성 양번시 한수 북쪽)으로부

3) 관우가 허창을 떠나 유비가 있는 원소 군영의 하북까지 혼자 한 필의 말을 타고 찾아가는 바를 천리독주 또는 단기천리라 이른다. 그러나 이와 관련하여 《삼국지연의 제27회》에 묘사된, 관우가 유비에게 돌아올 때 다섯 관문을 통과하며 이를 지키던 여섯 명의 장수를 참한 '오관참육장五關斬六將'이라는 디테일은 허구이다.

4) 유비의 옛 부部에 속해 있던 병사로, 관우가 여기서 합류한 것인지 여남에서 만난 것인지 분명하지 않다.

터 남쪽으로 후퇴하여 당양(지금 호북성 당양현)에 도착할 즈음에, 따르는 무리가 10여만 명에 치중 수천 량이어서 하루에 겨우 10여 리 정도를 행군할 수 있었다. 이에 따로 관우를 파견하여 배 수백 척을 이끌고 강릉[5]에서 만나기로 하였다. 그러나 조조가 정예의 기병 5천 명으로 급히 추격하여 당양의 장판(지금 호북성 당양현 북부)까지 이르자, 유비는 처자를 버리고 가까운 길을 지나 한진(한수를 건너는 나루터)으로 도주하였다. 마침내 관우의 선단船團과 만나서 면수(한수 하류)를 건널 수 있었고, 유표의 장자 강하태수 유기의 무리 1만여 명과 만나 함께 하구(지금 호북성 무한시 한구)에 도착하게 된다.

한편 손권은 주유와 정보 등 수군 수만 명을 보내 유비와 연합하여, 조조와 적벽에서 싸워 대파하고 그 군선을 불태웠다. 이렇게 조조가 패퇴하자 유비는 장강 남쪽 형주의 네 개 군을 차지하고, 공을 세운 부하들에게 관위를 봉하였는데 관우를 양양태수와 탕구장군에 임명하고 장강 북쪽 일대에 주둔하도록 했다.

그 후 익주를 취하려 하면서 건안 19년 214년 제갈량이 장비, 조운 등과 강을 거슬러 올라가며, 관우에게 형주(지금 호북성과 호남성)의 군사를 총감독하고 관리하게 하는 동독형주사[6]를 중임케 하여 관우를 강릉(지금 호북성 강릉현)에 주둔하여 지키게 하였다.

관우는 마초[7]가 유비에게 투항해 왔다는 소식을 듣고 마초와 전부

---

5) 강릉江陵은 당시 형주 관할 남군南郡의 치소였으며, 지금 호북성 중남부 강한평원江漢平原에 위치한 형주시 관할 강릉현이다.

6) 동독형주사董督荊州事는 정식관직이 아니지만 형주의 모든 군사軍事를 총감독하고 관리하는 역할을 수행하게 하는 권한이다. 이는 방면군 사령관인 도독과 유사한 형태이므로 형주의 군사도독과 같은 업무라고 하겠다.

7) 마초馬超는 자가 맹기孟起로 우부풍 무릉 사람이고 마등馬騰의 아들이다. 마등이 경사로 들어간 후 그 부하들을 거느리고 건안 16년 211년 한수韓遂 등과 군사를 일으켜 조조에 반기를 들어 동관潼關에서 격전을 벌이다 패한다. 건안 18년 213년 다시 농상隴上의 군현을 공격하여 기성을 점거하지만 끝내 패하여, 한중으로 들어가 장로에 의탁한다. 건안 19년 214년 유비가 성도를 포위 공격할 때 귀부하였고 유비가 한중

터 아는 사람이 아니다 보니, 관우는 제갈량에게 서신을 보내 마초의 인물과 재능이 누구와 필적할 만한지를 물었다. 제갈량은 관우가 호승심이 강함을 알았으므로[8] 이에 다음과 같이 답하였다. "맹기(마초)는 문무를 겸비하고 웅렬(굳세고 맹렬함)이 남보다 뛰어난 한 시대의 영걸로 경포나 팽월[9]과 같은 무리이니, 응당 익덕(장비)과 선두를 다툴 만하나 미염공美髥公(관우)의 절륜함과 출중함에는 미치지 못합니다."(본전) 관우는 수염이 매우 아름다웠으니 이에 제갈량이 관우를 염髥이라 일컬은 것이다. 관우는 서신을 읽고 크게 기뻐하며, 그것을 빈객들에게 보여주었다.

건안 20년 215년, 유비가 익주(지금 사천성 운남성 귀주성 대부분과 섬서성, 감숙성, 호북성 일부)를 얻자, 손권은 유비에게 형주의 여러 군을 돌려달라는 요구를 하였다. 유비는 이를 받아들이지 않았다. 이에 손권이 크게 노하여, 장사(지금 호남성 장사시), 영릉(지금 호남성 영주시), 계양(지금 호남성 침주시) 세 군에 장리[10]를 임명하여 보냈다.

이에 반발하여 관우가 그들을 모두 쫓아 버렸다. 그러자, 손권이 또한 여몽을 파견하고 군사 2만 명을 감독하여 세 군을 빼앗도록 한다.

왕이 되자 좌장군이 되었으며, 장무 원년 221년 촉한의 표기장군으로 양주목을 겸임하였는데 장무 2년 222년 47세에 죽었다.

8) 원문에는 호전護前이라 표기되어 있는데 이는 과거의 잘못을 인정치 못하는 성격, 태도 등을 의미한다. 이러한 면모가 상대방과 견주려는 상황에 직면한다면 아무래도 꼭 이기기를 남달리 즐기는 호승지벽好勝之癖으로 비춰질 소지가 다분하다.

9) 경포黥布(미상~B.C. 195년)는 전한 육안 육현 사람으로 본명이 영포英布지만 법을 어겨 경형黥刑을 당해 경포로 불렸다. 팽월彭越(미상~B.C. 196년)은 전한 초기 산양 창읍 사람으로 거야의 연못에서 고기를 잡으며 살았다. 경포와 팽월은 진秦나라 말 천하가 혼란스러워지자 자신의 재역에서 봉기를 일으킨 군웅들이었다. 이후 항우에게 의탁해 그 휘하에서 숱한 전공을 쌓았다. 초한楚漢 전쟁이 한창 벌어질 때 유방에게 귀순해 항우를 격파하고, 한나라를 세우는 데 기여했다. 둘 다 개국공신으로서 제후국의 왕에 봉해졌으나 오래지 않아 경포는 반란을 일으켰다가 팽월은 모반을 꾀했다가 유방에게 모두 주살을 당했다.

10) 장급長級 관리를 말한다. 즉, 주의 자사, 군의 태수, 현의 현령이 장리長吏이다. 여기서는 군이므로 태수를 이른다.

유비가 그 소식을 듣고 서촉에서부터 친히 군사를 거느리고 공안(지금 호북성 공안현)에 도착해서, 관우를 파견하여 세 군을 놓고 서로 쟁패토록 하였다. 손권도 나아가서 육구(지금 호북성 가어현 서남)에 주둔하면서 여러 군대들을 독려하였다. 또한 노숙에게 1만 명을 거느리고 익양(지금 호남성 익양시)에 주둔하여 관우를 막도록 하면서, 여몽을 불러 영릉을 버리고 급히 돌아가서 노숙을 돕도록 하였다.

이때 난국을 타개하기 위해 관우는 노숙의 청을 받아들여 서로 만나게 되었다. 각각 백 보의 거리에 병사와 병마를 주둔시키고, 다만 제장들은 짧은 칼 한 자루만 차기로 하고 두 사람이 회동한 이른바, 단도부회單刀赴會가 성사된다. 그러나 막상 이 자리에서 관우와 노숙은 서로의 주장만 개진한 채 회담이 별 성과 없이 결렬되고 만다.

때마침 조조가 장차 한중을 공격하려 한다는 소식을 듣고, 유비는 익주를 잃을까 두려워 손권에게 화평을 요청하였다. 이에 손권이 제갈근에게 회보하도록 하여, 곧바로 마침내 형주를 분할하여 상수湘水를 경계로 삼기로 하고 다시 우호관계를 맺게 되었다.

3. 양번전쟁의 승세로 그 위맹이 화하(중원)를 떨치다

건안 24년 219년, 유비는 조조와의 한중전쟁에서 승리하여 한중을 취했고 한중왕에 오르게 된다. 관우는 전장군으로 임명되는데, 이때 관우가 황충과의 대등한 처우를 꺼려 하자, 전부사마 비시가 말하기를, "무릇 왕업을 세우는 데에는 쓰이는 것이 한결같지가 않은 법이오. (…) 지금 한중왕이 한때의 공로를 가지고서 한승을 높이고 있소.[11] 그러나 속으로 가볍고 무겁게 생각하는 것은 어찌 그대 군후[12]와 같겠

11) 한승漢升은 황충黃忠의 자이며 이 내용은 황충이 하후연夏侯淵의 목을 벤 사건을 가리킨다.

12) 조조가 일찍이 표문을 올려 관우를 한수정후漢壽亭侯로 삼았었는데, 그러므로 관우를

소? 또한 왕과 군후는 비유하자면 오히려 한 몸이니, 함께 휴식하고 같이 슬퍼하고 화와 복을 함께 하는 것이오, 어리석은 저는 군후께서 의당 관호의 높고 낮음이나, 작록의 많고 적음을 마음속에 두어서는 안 된다고 생각합니다. (…) 군후께서 절하며 받지 않는다면 이대로 곧 돌아갈 것이며, 단지 서로 이러한 행동을 애석하게 여기며 후회함이 있을까만 두려울 뿐입니다."《자치통감 권68》라고 하니, 관우는 크게 느끼고 깨달아 즉시 황급히 전장군의 인수를 받고 절하였다.

같은 해에 관우가 남군(지금 호북성 공안현)태수 미망에게 강릉(지금 호북성 강릉현)을 지키도록 하고, 장군 부사인에게 공안을 지키도록 한다. 관우 스스로는 대군을 이끌고 북쪽으로 토벌하여, 조인이 지키는 번성(지금 호북성 양번시 한수 북쪽)을 공격하였다. 그해 8월 큰 장맛비가 폭우로 쏟아져 한수가 크게 넘쳐, 조조가 급히 구원군으로 번성에 파견한 우금이 통솔하는 칠군[13]이 모두 물에 갇혔다. 우금은 여러 장수들과 높은 곳으로 올라가 물을 피했지만, 관우가 큰 배를 타고 가서 그들을 공격하자 끝내는 항복하였다. 방덕은 온 힘을 다해 싸우다 포로로 잡혔으나, 관우에 끝까지 굴복하지 않아 참수되었다.

관우의 대군은 수공의 힘을 빌려 번성을 포위하였고, 관우는 배를 타고 성으로 다가가서 즉각 여러 겹으로 포위망을 설치하고 바깥과 안의 교통을 단절시켰다. 성안에 있는 사람과 말은 겨우 수천이었으며, 성 중에서 물에 잠기지 않은 것이 몇 판[14] 정도였다. 또 별장을 파견하여 장군 여상이 거하는 양양(지금 호북성 양번시)을 포위토록 하였다. 형주자사 호수와 남향(지금 하남성 석천현 서남)태수 부방이 관우에게 항

'군후君侯'라고 칭한 것이다.

13) 고대의 병제에 의하면, 5사師를 1군軍이라 하는데, 1사는 2,500명이므로 1군은 1만 2,500명이다. 여기서는 7군七軍이라 했으므로 8만 7,500명에 이른다.

14) 성 높이 2척尺을 1판板이라고 한다.

복하였다. 동시에 육혼(지금 하남성 숭현 동북)의 백성인 손랑 등이 반란을 일으켜서 현의 주부를 죽이고, 남쪽으로 가서 관우에게 귀부하니 관우가 손랑에게 인장을 주고 병사를 주었으며 돌아가서 합세하게 되었다.

조조는 이 소식을 듣고 크게 두려워하여, 허도에서 낙양으로 도읍을 옮겨 관우의 예봉을 피하고자 논의한다. 승상부의 사마의와 장제가 말하기를, "관우가 뜻을 펴게 되는 것을 손권으로서는 반드시 원하지 않을 테니, 사람을 보내서 손권에게 그의 후방을 공격하게 하고 강남을 할양하여 손권에게 봉하겠다는 것을 약속한다면, 번성의 포위는 저절로 풀릴 것입니다."《자치통감 권68》라고 하자, 조조는 그들의 의견을 좇았다.

4. 조조·손권 밀약으로 끝내 맥성으로 패퇴하고 최후를 맞다

손권은 수시로 관우를 경계하면서도 겉으로는 일찍이 관우에게 회유책을 썼는데, 자신의 아들을 위하여 관우의 딸과 혼인관계를 맺자고 요청해 왔다. 이에 관우는 손권의 사자에게 대놓고 욕하며 혼사를 허락하지 않았다.15) 이로 말미암아 손권은 크게 노하였다.

관우가 조인이 지키는 번성 공격을 서두르자, 손권은 건안 22년 217년 노숙이 죽은 이후, 여몽이 한창태수를 겸하게 하여 그를 대신하도록 했다. 건안 24년 219년 이제 여몽을 대독으로 삼으니, 여몽이 상소

---

15) 형주에 당도한 제갈근은 성안으로 들어가서 관운장과 인사를 나누었다. 관운장이 묻는다. "귀공이 온 뜻은 무엇이오?" 제갈근이 대답한다. "특히 양가의 우호를 맺고자 왔소. 우리 주공 오후吳侯(손권)의 아들이 매우 총명한데, 장군에게 딸이 있다는 말을 듣고 혼인을 청하러 왔소. 우리가 서로 우호를 맺고 힘을 합쳐 조조를 치면, 진실로 아름다운 일이 아니겠소? 청컨대 장군은 깊이 생각하시오." 관운장이 발연대로하여 "범의 딸을 어찌 개에게 시집보낼 수 있으리오, 네 동생(제갈량)의 안면을 생각하지 않는다면 당장 참할 것이니 여러 말 말라." 하고 좌우 사람을 시켜 제갈근을 몰아냈다는 내용으로《삼국지연의 제73회》에는 묘사되어 있다.

를 올려 "저 여몽에게는 늘 병이 있으니 군사의 무리를 나누어 건업(지금 강소성 남경시)으로 돌아가겠다고 요청하면서 질병 치료를 명목으로 삼으면, 관우가 이 소식을 듣고서 반드시 수비병을 철수시켜 모두 양양으로 가게 될 것입니다."《자치통감 권68》라고 하였다. 손권이 이를 누구나 볼 수 있는 격문으로 소문을 내고, 마침내 여몽이 천거한 육손을 편장군 겸 우부독으로 하여 여몽을 대신하게 했다. 이에 관우는 마음속으로 크게 편안하게 생각하여 다시는 의심하지 않고, 병사를 조금씩 철수시켜 번성으로 보내게 된다.

한편 조조가 서황에게 완현(지금 하남성 남양시)에 주둔하면서 조인을 돕도록 하였는데, 관우는 군사를 파견하여 언성(지금 호북성 양번시 북쪽)에 주둔하려 하였다. 서황이 언성에 이미 도착하여 궤도[16]에다 참호를 만들어 그 후방을 차단하는 것으로 보이자, 관우의 군사들은 주둔했던 군영을 불 지르고 도주하였다. 서황은 언성을 얻고 군영을 연결하여 진군하였으나, 나머지 구원병이 도착하지 않아 그가 통솔하는 군사로는 관우군의 포위를 풀기에 역부족이었다.

이번에 조조는 서황에 칙령을 내려서, 손권이 '관우를 토벌하여 보답하게 해달라'고 요청해 온 자신에게 온 편지를 화살에 매달아, 포위된 성안과 관우의 진영으로 쏘아 보내게 한다. 포위된 번성 안의 사람들이 이 소식을 듣고 의지와 기운이 백배 솟아올랐는데, 관우는 오히려 여기서 오히려 미적거리며 떠날 수가 없었다.[17]

---

16) 궤도詭道는 속임수를 쓰는 길을 말하는데, 이 궤도는 언성의 후방에서 나와서 통하도록 긴 참호를 만들었던 것이다.

17) 호삼성은 이를 평가하였다. "관우는 비록 손권의 편지를 보았으나 스스로 강릉과 공안의 수비가 굳건하여 손권이 단시일 내에 함락시킬 수 없다고 믿었다. 또한 물의 기세를 통하여 번성에 다가갔는데 이제 이를 풀어놓게 되면 반드시 앞서 세운 공로를 해치게 되어 있었다. 이것이 그가 미적거리는 이유이다."《자치통감 권68》

조조는 스스로 조인을 구하고자 마침내 마피(지금 하북성 겹현 동쪽)에 주둔한다. 앞뒤로 은서와 주개 등 무려 12개 군영을 파견하여 서황에게 가도록 하였다. 관우가 위두[18]에 둔영을 설치하고 또 별도로 4개의 언덕에 주둔하자, 서황은 겉으로는 함성을 지르며 위두에 있는 둔영을 향하여 공격하는 것 같이 하면서, 은밀히 4개의 언덕에 있는 관우 둔영을 공격하였다. 관우가 4개의 언덕을 보니 궤멸될 것 같아 스스로 보병과 기병 5천 명을 거느리고 나아가서 싸웠지만, 서황이 이를 공격하여 관우군은 후퇴하며 물러났다. 관우가 참호를 녹각[19] 열 겹으로 에워싸자 서황이 관우를 추격하여 함께 포위망 속으로 들어와 깨뜨리니, 부방과 호수는 모두 죽고 관우는 끝내 포위망을 철거하고 물러났다. 그러나 배들이 오히려 면수(한수 하류)를 점거하고 있었으므로, 관우가 가려는 양양으로 가는 길은 막히고 단절되어 통하지 않았다.

한편 여몽은 심양(지금 호북성 무혈시 동북)에 이르러, 정예의 병사들을 상인의 복장으로 위장하여 밤낮으로 계속 강을 거슬러 가게 하였다. 이 군사들이 관우가 강변에 두었던 둔후[20]들을 모두 붙잡아서 묶었으니, 이런 까닭에 관우는 여몽의 군사가 공격해 오는 이 움직임을 알 수가 없었다.

관우가 출병하면서 미방과 부사인에게 군수물자를 공급토록 하였으나, 이들이 서로 제때에 미치지 못하자, 관우가 말하기를, "돌아와서 마땅히 이들을 다스릴 것이다."(본전)라고 하였다. 이에 미방과 부사인은 속으로 두렵고 불안해하고 있었다. 이때 여몽이 공안에 이르러, 전에 기도위였던 우번의 유세하는 편지를 보여주니 부사인은 즉시 항복

18) 위두圍頭는 포위하고 있는 포위망의 본부가 있는 곳을 이른다.

19) 녹각鹿角은 반 정도 땅속에 묻어 놓은 사슴뿔 모양의 뾰족한 말뚝을 말한다.

20) 둔후屯候란 주둔지역에서 척후斥候의 임무를 맡은 사람들을 말한다. 호삼성胡三省은 "둔후들이 비록 잡혔다고 하더라도 미방, 부사인이 배반하려는 마음을 갖지 않았다면 관우는 이 소식을 알았을 것이다."《자치통감 권68》라고 하였다.

하였다. 마침내 부사인을 데리고 남군(지금 호북성 강릉현)에 도착하니 미방이 성을 지키고 있었는데, 여몽이 그에게 항복한 부사인을 보이자 그도 성문을 열고 나와서 항복하였다.

또한 관우는 번성과 양양에서 포위되기에 이르니, 상용(지금 호북성 죽산현)을 공략하여 점령하고 있는 유봉과 맹달에게 사람을 보내 군사를 내어 구원해 줄 것을 요청한다. 그러나 유봉과 맹달은 산간지역의 군郡이라서 군사를 이동할 수 없다며, 관우의 요청에 따르지 않았고 전혀 도움도 주지 않았다. 관우는 스스로 외롭고 궁색하게 되었음을 알고 서쪽으로 가서 맥성(지금 호북성 당양시 동남)을 지켰다.

건안 24년 219년 12월 관우와 아들 관평이 저 서쪽 멀리 성도로 탈출하기 위해 10여 명 남은 기병만으로 마지막에 포위를 뚫다가, 장향(지금 호북성 당양시 동북)에서 손권의 장수 반장의 사마 마충에게 사로잡히고 만다. 손권이 관우를 살려 주어 유비와 조조의 적수에 되게 하려고 하였다. 좌우의 측근들이 말하여, "이리의 새끼는 기를 수 없으니, 훗날 반드시 해를 끼치게 될 것입니다. 조조가 곧바로 그를 제거하지 못하였으므로 큰 화를 취하였으니, 허도를 옮기고자 의논하기에 이르렀던 것입니다. 지금 어찌 그를 살릴 수 있겠습니까!"《본전/배주, 촉기》[21]라 하였다. 이에 임저에서 관우 등이 참수되었다.

촉에서는 관우가 죽은 후에 추증하여 그의 시호를 장무후라고 했다. 아들 관흥이 작위를 이었으며 관흥은 자가 안국이고, 어릴 때부터 명성이 있었으므로 승상 제갈량은 그를 매우 높이 평가했다. 약관의 나

21) 신 배송지가 《오서》를 살펴보건대, 손권이 장수 반장을 보내 관우의 도주하는 퇴로를 끊어 붙잡아 관우가 당도하자 이내 참수했다. 게다가 임저에서 강릉까지 200~300리 정도인데 어찌 관우를 때에 맞춰 죽이지 않고 생과 사에 관해 모여 의논할 여유가 있었겠는가? 또한 이르기를 "손권이 관우를 살려 유비와 조조에게 대적하고자 하였다"고 하는데 이런 터무니없는 말은 지혜로운 자의 말문을 막히게 할 만하다. 《오력》에 의하면, 손권은 관우의 수급을 조조에게 보냈는데, 조조는 제후의 예로 그 시해를 장사지낸 것으로 되어 있다.

이에 시중, 중감군이 되었지만 몇 년 뒤에 세상을 떠났다. 그의 아들 관통이 작위를 이었고 후주의 공주를 아내로 맞이했으며 관직은 호분 중랑장이 되었다. 관통이 죽은 뒤에는 아들이 없었으므로 관흥의 서자 관이가 뒤를 이어 열후에 봉해졌다.

02 충의와 용맹의 기상을 드높인 만고의 의절

먼저 사상 가치성향을 통하여 인물 관우를 살펴보면, 그는 유비에게 끝없는 충의를 다하며 호신으로 활약하여 살아서는 적에게 가장 큰 위협적인 존재였다. 또한 죽어서는 후대인들에게 두고두고 각인되며 신으로까지 추앙받을 정도인, 의용의 사나이였다. 삼국시대에 배출된 많은 영웅호걸들 중 상당수가 오늘날까지 그 모습이 널리 회자되고 있지만, 그 가운데 신이 되어서까지 사람들의 마음을 사로잡고 있는 인물이라면, 유독 관우를 들지 않을 수 없을 것이다.

역사 속에서 삼국시대 촉한의 일개무장에 지나지 않았던 관우는, 약 800년이 지난 북송 대관 3년 1108년에 무안왕에 봉해진다. 당 시대는 북송 말기로 북방 이민족 금金의 침입과, 한편으로 반란이 빈발하여, 관우를 충의의 화신으로 하는 신격화가 전제 왕조의 통치 차원에서 진행되었던 것이다. 이것이 민간 차원에 영향을 미쳐 본격적으로 관우를 숭배하기 시작하면서, 송대에 이미 관왕묘가 여러 곳에 생기게 된다. 그 후 명대에 이르러 통치 차원의 관우에 대한 추존은 더욱 높아져, 만력 42년 1614년에는 관성제군으로 봉해지며, 관제묘가 아주 넓게 분포되기에 이른다.

관우 추존의 신격화는 청조시기에 절정에 이르는데, 순치 9년 1652년 관성대제로 떠받들며 전국 방방곡곡에 관제묘를 세워 이른바 무신으로 그를 기리며 제사를 지내게 된다. 오늘날은 중국의 도시뿐만 아니라 향촌까지 관묘가 있는 것은 물론이고, 해외에 화교가 있는 동남아시아[22] 나아가서 세계 각국에까지 퍼져 있는 정도이다.

중국 역대의 통치자와 백성들이 오랜 기간에 걸쳐 관우를 숭앙의 대상으로 삼은 것은, 바로 그의 의義였다. 역대 조정이 그를 추앙하여 백성들에게 충성의 전범으로 부각시키고자 한 것은, 군신, 부자, 형제라는 종적인 관계를 중시한 유교적 충의였다.[23] 일례로 당唐의 현신인 위징魏徵이 온언박溫彦博에게 내린 태종의 명에 관해 간쟁할 때의 상황에서, 이러한 유교적 충의는 잘 드러난다. 그는 "군신은 그 뜻이 일치하여 관계가 일심동체다(군신협계君臣叶契 의동일체義同一體[24])."라고 하였는데, 이는 이상적인 군신 관계에 관한 유가적 세계관을 가장 함축적으로 표현한 말이다. '협계'는 화합한다는 의미로, 《춘추좌전》에서 안영[25]이 말했던 '여러 재료가 서로 어우러진 모양'을 뜻하고, '의동'은

---

22) 우리나라에 관우 사당이 처음 세워진 것은 선조 31년 1598년으로 남관왕묘이며 같은 해 경북 성주와 안동, 전남 강진에도 건립되었고, 이듬해에는 전북 남원에도 관왕묘가 세워졌다. 선조 35년 1602년에는 관묘關廟 가운데 규모나 내용 면에서 으뜸이라 할 수 있는 동관왕묘가 세워졌다. 이는 모두 명대明代 사람에 의해서 건립되었는데, 이는 임진왜란 때 한반도에 들어온 명군이 왜적과 싸울 때마다 관우의 신령이 나타나 도와주었다고 선전했으며, 실제로 이러한 믿음이 본격적인 관왕묘의 모습으로 나타나게 된 것이다. 이후 고종 때부터 다시 관묘 건립이 활발해지는데 개성 관왕묘를 제외하면 모두 우리 손으로 지은 관우의 사당이다. 현재까지 남아있는 관묘는 서울의 동묘, 남묘, 성제묘, 관성묘와 안동 관왕묘, 남원 관왕묘, 영동 당곡리 십이장신당, 전주 관성묘 등이 있다.

23) 관우의 신격화는 엄밀히 말하자면 통치적 의도의 일환으로 역대 왕조의 조정에서 추진된 일이었다. 이는 백성들의 신앙대상인 관우를 숭앙함으로써 통치적 차원에서 왕조와 백성과의 일체감을 강조하는 한편, 주군 유비에 대한 신하 관우의 충성심과 의리를 백성들에게 요구하고자 했던 것이다.

24) 오경吳兢 지음, 편집부 편역(1993), 《당태종: 정관정요》, 자유문고, 186~187쪽.

25) 춘추시대 제齊나라는 두 명의 걸출한 재상을 배출했다. 초기 제나라를 춘추오패 중 하나로 발돋움시킨 사람이 관중이라면, 중후반 흔들리는 제나라를 바로 세운 또 한 사람은 안영晏嬰으로 사마천이 그를 위해서라면 마부라도 되겠다고까지 했던 안자晏子라 추앙받는 인물이다.

그 관계를 단순한 사회적 신분이나 계약 관계가 아닌 '동류의식'에 두고 있음을 의미한다.

이러한 정의에 기준했을 때, 가장 이상적인 군신관계의 사례가 바로 주군 유비와 신하 관우이다. 이들은 피로 맺어진 혈연관계에 의하지 않고 오로지 협俠으로 뭉쳤고, 마치 각 재료가 어우러진 국물처럼 서로를 신뢰하며 거병 초기부터 온갖 간난고초를 겪으면서 거의 생애를 함께 하였다. 여기서 《삼국지연의》에서 묘사되는 관우의 오관참장 천리독주라는 전설적인 일화가 탄생하였다. 또한 관우의 형주 함몰에서 시작하여 유비의 백제 탁고로 끝나는 최후의 비극도, 이들 사이의 전형적인 일심동체의 모습을 그대로 누천년 중국역사에 길이 남겨 주었던 것이다.

유비는 어린 시절 집 앞 동남쪽에 수레의 작은 덮개처럼 드리워진 뽕나무를 보고, '나는 틀림없이 저런 깃털로 장식한 덮개가 있는 천자의 수레를 탈 거야'라고 혼잣말을 할 정도로, 일찍이 큰 포부를 지닌 인물이었다. 난세를 맞이한 그는 단순히 그 당시 사회제도권의 기득권층에 진입하는 데에 그치지 않고, 보다 더 큰 꿈을 그리며 이를 세상에 펼쳐 나아가려고 했다.

바로 이러한 유비의 꿈에 가장 먼저 뜻을 함께했던 인물이 바로 관우와 장비였다. 그렇지만 거듭되는 패배로 이리저리 전전하게 되는 유비의 인생 역정으로 인해, 그의 사람들은 온갖 간난고초를 겪게 되었고 관우 역시 그 고난을 선두에서 맞대면하고 있었다. 급기야 건안 5년 200년, 조조의 동쪽 정벌에 유비가 패하여 원소에게로 도망가고, 조조가 다시 하비를 공격하여 관우를 사로잡아 허도로 회군하게 된다.

여기에서 관우가 조조진영에 있었던 기간은 불과 7개월 정도의 짧은 기간이었지만[26], 조조는 관우의 사람됨이 장하다고 여겨 관우의 마음을 살펴 극진하게 중한 대우를 하였다. 그러나 "관우는 조조가 내린

상을 모두 봉하고 고별의 편지를 써 놓고, 원소 군대 속의 유비에게로 달려갔다."(본전)[27] 이와 같은 사서의 기록을 보면, 관우가 조조를 떠나 유비에게 돌아갔음은 분명한 사실이다. 이 역사적 사실의 긴 노정은, 조조의 본거지인 허창에서 유비가 있는 원소의 군영일 것으로 여겨지지만, 실제 관우가 돌아가는 그 구체적인 과정에 대해서는 어떤 기록도 없다. 그러다 보니 상상력이 개입할 여지가 생길 수 있다. 여기에서 '천리독주' 나아가 '오관참장' 이야기가 나올 수 있게 된 것이 아닐까 한다.

이와 같은 장정長程으로 강렬한 인상을 남기기 충분했던 관우의 뛰어난 용맹과 남다른 의기의 부각은, 앞서 위징이 말했던 '군신은 그 뜻이 일치하여 그 관계가 일심동체다'라고, 주군 유비와 신하 관우의 관계를 표현해도 지나친 말이 아니었던 것이다. 이처럼 유비와 관우의 독특한 관계가 가능했던 것은, 어찌 보면 그들의 출신 배경이라고 할 이른바 협俠 문화가 바탕이었다.

이러한 협 문화에 대해서는, 사마천의 《사기 유협열전》에 그 면모가 잘 드러나 있다.

"진秦나라 이전의 평민 협객들의 기록은 매몰되어 사람들이 알 길이 없으니 심히 유감스럽다. 내가 들은 바로는 한나라 건립 이후, 주가[28], 전중, 왕공, 극맹, 곽해[29] 등의 협객이 있었다. 이들

---

26) 남덕현(2014), 《관우: 영웅을 넘어 신이 된 사람》, 현자의 마을, 19쪽.

27) 陳壽撰 裴松之注, "羽盡其所賜, 拜書告辭, 而奔先主於袁軍"《三國志》「蜀書」中華書局, 2009, 940쪽.

28) 주가朱家는 노魯나라 출신의 한고조 유방과 같은 시대 사람으로 모두 유학을 공부할 때 오히려 협객으로 이름을 날렸다. 그가 숨겨 주어 생명을 건진 호걸들이 100여명이나 되었으며, 그 외 보통 사람들은 더욱 셀 수 없이 많았다. 그는 남의 어려움을 도울 때 빈천한 사람부터 시작하였으며 남의 위급한 일을 달려가서 도왔는데, 이를 자신의 덕행으로 내세운 적이 없어 함곡관 동쪽 지역에서 그와 사귀고자 애타 하

은 비록 때때로 당시 법망에 저촉되기는 하였지만, 개인적으로 의리가 있고 청렴하고 겸손함을 나타내어 족히 칭찬할 만하였다. 그들의 명성은 헛되이 세워진 것이 아니며 사람들도 까닭 없이 그들을 추종하였을 리도 없다. 유협들은 패거리를 짓고 세력을 결성하여 축제를 하고 가난한 사람들을 부리며 폭력으로 약한 자를 억누르거나 마음대로 쾌락을 즐기는 것을 가장 부끄러운 일이라고 여겼다. 나는 세상 사람들이 그들의 본의를 살피지 않고 주가와 곽해 등을 세력이 강한 종족이나 포악한 무리들과 같은 부류로 보고 비웃는 것을 서글프게 생각한다."《사기 유협열전》

위의 대목에서《사기》에 나오는 바로 한초漢初의 유협에 대한 그들의 사상 가치성향을 살펴볼 수 있다. 사마천이 기술하기를, "유협의 경우 그 행위가 비록 정의에 부합되지 않아도 그들의 말에는 믿음이 있었고 행동은 과감하였으며, 한번 승낙한 일은 반드시 성의를 다해 실천하였다. 또한 자기 몸을 아끼지 않으며, 남의 고난에 뛰어들 때에는 생사와 존망을 돌아보지 않았다. 그러면서도 자신의 능력을 뽐내지 않았고, 그 공덕을 자랑하는 것을 수치로 여기는 자였다."라 하였다.

이러한 유협의 면모는 유자儒者들이 이상적으로 생각하는 성인이나 현인의 모습과 다소 차이를 드러내 주는 부분으로, 이는 묵가墨家에서 유래한 것이 아닌가 여겨지는 특징을 보여주고 있다.[30] 묵적[31]이 말

는 사람이 많았다고 한다.

29) 곽해郭解는 한 무제 때 지軹 땅 사람으로 그의 부친은 협객이라는 이유로 문제 때 처형되었다. 곽해는 체구는 작았지만 매우 용맹하였으며 목숨을 걸고 친구를 위하여 복수하였고 망명한 사람들을 감추어 주었으며, 간악한 짓과 강도 행위도 그치지 않았다. 그는 나이가 들자 이전의 생활을 바꾸어 원한이 있어도 덕으로써 보답하고 후하게 베풀면서 그 대가를 바라지 않았다. 의협적인 행동은 오히려 더 적극적이었으며, 남의 목숨을 구해주고도 그 공을 자랑하는 법이 없었다.

30) 역대 왕조의 통치자뿐만 아니라 백성들 역시도 오랜 기간에 걸쳐 관우의 의義를 신

한 '내 정강이를 다 닳게 하더라도 천하를 위해서라면 기꺼이 하겠다'는, 이와 같은 부류의 의식세계를 보여주고 있기 때문이다.

> **유비는 관우 장비와는 잠잘 때도 같은 침상을 썼고, 은의恩義가 형제와 같았다. 그리고** (유비가) **여러 사람과 함께 있는 자리에서는 종일토록 시립하였고, 유비를 따라 온 힘을 다하여 고난과 위험을 피하지 않았다.** (본전)

출신 배경으로 보면, 유비, 관우, 장비와 이어 조운이 더불어 한 침상에서 기거하는 파격적인 모습을 보인다는 점에서도, 이들은 유협에 가까운 모습을 보여주고 있는 게 사실이다. 일찍이 이런 모습은, 같은 시대의 동오의 손씨나 조조, 원소 등 다른 여러 군웅들뿐만 아니라 후대의 군신 관계에서도 찾아보기 어렵다.

이러한 삶의 태도를 드러낸 관우는, 평생 죽는 순간까지 유비를 위하여 살고 죽는 이상적인 일심동체의 모습으로, 위징이 말한 아름다운

앙의 대상으로 삼았다. 그리고 역대조정이 그를 추앙하여 백성에게 모범으로 제시하고자 한 것은 '군신, 부자, 형제'라는 종적인 관계를 중시한 유교적인 '의'였다. 그러나 도탄에 빠진 세상에서 힘없는 사람들끼리 하나의 목적 아래 결속하여 살아가기 위한 신뢰관계를 '의'라는 행위의 준거로 유추해낸 백성들이었다. 그러기에 의인 관우야말로 기대를 저버리지 않을 신으로 섬기기 충분한 존재로 여겨 백성들이 관우를 신으로서 신앙하게 되었던 것이다. 때문에 이러한 백성이 원하던 의는 통치자들의 '맹자孟子의 의'에 대항하는 '묵자墨子의 의'라고도 할 수 있을 것이다. (진순신陳舜臣 · 오자키 호츠키尾崎秀樹 편, 윤소영 역(2000), 《영웅의 역사 6: 대륙의 명장》, 솔출판사, 137쪽.)

31) 묵적墨翟에 대해서는 대체로 전국시대 초기에 활약했던 것으로 추정되지만, 출신도 《사기》에는 송나라 사람으로 《여씨춘추》에는 노나라 사람으로 되어 있고 생애도 B.C. 480~390 또는 B.C. 478~392 등으로 확실하지 않다. 이에 따라 묵가墨家의 사상은 묵가집단의 사상으로 파악하려는 주장이 제기되고 있는데, 그 묵가집단의 성격에 대해서는, 묵형을 받은 사람들이라는 천민집단, 기술자 집단, 농경민이나 귀족 중에 몰락한 자들을 대변하는 집단이라고 보는 설 등이 있으나, 대체로 사회적으로 억압받거나 격리된 하층민 피지배층으로 파악되고 있다.

군신의 의를 보여주고 있다 할 것이다. 이 점은 유가에서 말하는 충의에도 근접하여 있다 하겠지만, 이후 《삼국지연의》에 의해서도 충의로 일괄되게 묘사되었기 때문에 이런 협의 면모가 특별히 차별화되어 주목받지 못했던 일면이 있다.

그렇지만 관우가 보여준 충의의 근저는, 역시 강한 유협의 기질에서 유래한 것이었다. 이렇게 해석해야 유비가 단순한 군신관계를 넘어선 의협관계인 관우의 죽음에 격노하여 그 원수를 갚으려고 무모하다고 평가되기까지 하는, 이릉대전을 일으킨 선택이 이해될 수 있는 것이다. 이로 볼 때 관우는 협으로서 출신 기질과 충절을 지킨 무부라는 가치를 함께 지니고 있기에, 관우의 삶은 유가의 충의와 묵가의 유협 사이에 놓이는 오묘한 모습을 보여주는 것이다.

그러나 이후 관우에 대한 사상 가치성향은, '협'이라는 출신 기질보다 '충절'이라는 가치 쪽에 더 무게가 실린다. 건안 24년 219년 관우가 죽은 뒤 촉한의 건국과 유비의 죽음 등의 혼란이 이어졌기 때문인지, 그에게 '장목후'라는 시호가 추시된 것은, 그가 죽은 지 40년이 지난 후주 유선 때인 경요 3년 260년의 일이었다. 시호는 고인의 행적과 공적에 대한 평가를 포함하고 있었으므로, '장壯'은 반란에 맞서 싸워 망설이지 않았다는 뜻이고, '목繆'은 의리를 지키고 덕을 널리 폈다는 뜻[32]이라고 하겠다. 그러나 이와 같이 시호가 내려지는 일은 일반적으로 행해진 관습이기 때문에, 관우의 신격화와는 직접적인 관련이 없다.

현세적인 위계로 생전의 한수정후와 같은 후작의 작위에 봉해진 지 8백 년이 지난 북송 말기 선화 5년 1123년에는, 시호가 '의용무안왕'으로 추서된다. 당 시기는 북방 이민족 금金의 침입과 가렴주구에 시달리던 백성들의 봉기가 빈발하여, 국가가 존망의 위기에 처해 있었다. 이

---

32) 진순신陳舜臣 · 오자키 호츠키尾崎秀樹 편, 윤소영 역(2000), 전게서, 131쪽.

에 조정에서는 백성들의 숭앙 대상인 관우를 내세워, 관우의 유비에 대한 충성심과 의리를 백성들에게 요구하기에 이른 것이다.

조정에 의한 관우의 신격화는 이로부터 비롯되어, 명조 말기 만력 18년 1590년, 관우가 왕위에서 제위로 격상되어 '협천호국충의제'로 시호가 추시된다. 특히 여기서 '장목후', '의용무안왕', '협천호국충의제' 등의 시호는 모두, 유가적 가치에 빗대어져 붙여진 표장이다. 후대의 여러 왕조는 관우의 일생을 '죽음까지 함께 한 충성'으로 높이 평가한 것이다. 이러한 점에서 상대적으로 관우의 출신이었던 '협俠'의 측면은 상당 부분 가려졌다. 더욱이 관우의 경우, 무신武神일 뿐만 아니라 민간에서 재신財神으로 승격되어 신비화되면서, 그런 경향이 더욱 심해졌다.

이러한 면에 치우쳐 어찌 보면 관우에 대한 평가가 제대로 이루어지지 못했던 것이다. 물론 관우가 유비를 주군으로 섬기며 충성해온 점은 사실이지만, 그의 충성이 가능했던 또 다른 배경은 역시 분명 협의 연원이었다. 임협은 쌍무적 주종관계와 인간적인 의리에 기반하고 있는 특수한 관계였다. 유비는 관우를 끝까지 신뢰하여, 심지어 황제로 등극하였음에도 무모한 전쟁을 일으켜 그 원수를 갚아주려고 스스로를 던졌다. 관우 역시 유비를 구하기 위해 물불을 가리지 않았고, 끝내 조조를 떠나 유비를 다시 찾아 원소 군영까지 달려가 하나가 되었던 것도, 다 이러한 임협 관계에서 비롯된 것이다. 임협이라는 점을 염두에 두고 접근하지 못한다면, 특이한 이들 관계를 올바르게 이해하기 어렵다. 이러한 관점에서 볼 때, 관우의 논의는 '충'과 함께 이 '협'이라는 측면도 함께 고려되어야 함이 필수적이다.

협俠과 충忠이라는 어떻게 보면 상반되는 것으로 여겨지는 두 도덕적 가치가 서로 함께 융합할 수 있었던 것은, 한대漢代 유학儒學의 발전 과정에서 기인한 것이다. 묵가墨家는 전한 중엽 이후 쇠락하여 자취를 감추었는데, 그 묵가의 가치는 어찌 보면 유가와 서로 유사한 일면이 있었기 때문에 유가에 흡수된 것으로 보인다. 재이(재앙이 되는 괴이한 일)나 도참(미래의 길흉화복의 조짐이나 그에 대한 예언), 선양(천자와 혈통상 관계없이 천명을 잘 받들 수 있는 새로운 천자에게 물려주는 행위) 등의 관념이, 바로 그 흔적들로 이해할 수 있다. 음양가陰陽家, 묵가, 법가 등과 함께 유가의 관념들이 뒤섞여, 선진先秦 시대와는 다른 양상으로 나타나게 된 것이다. 특히 묵가의 관념은 유협으로 흘러 들어가 그 안에 잔존하게 되었을 것으로 보이는데, 이로 임협 집단이 바로 무력을 갖추었던 묵도墨徒에서 유래했을 가능성이 있다고 여겨지게 된다. 이 모두는 유가를 사회적 이데올로기로 확정한 한대漢代에서 오랜 기간 충분히 숙성되고 온존될 수 있었던 것이다. 그리하여 '협'은 유협, 또는 임협 안에서 내재된 채 혼란한 시기를 기다려 발현될 수 있었던 셈이다. 유비와 관우의 관계는 이러한 사상 가치성향의 맥락에서 바라볼 때, 본래의 그 모습을 찾을 수 있을 것으로 생각된다.

강한 신념의 성격이 경외와 패착을 불러온 일세의 무신

03

관우는 유비 진영 최고의 무장으로, '일만 명을 상대할 만한 장수'라 불렸던 뛰어난 무공과, 굳은 심지로 상징되는 '충의'의 화신으로 회자되고 있는 삼국지 인물이다. 관우는 처음 유비와 뜻을 함께하게 된 뒤, 주군이라 할 유비 나이가 50이 다 되어 가는데도 변변한 기반조차 마련되지 않아 간난고초를 겪게 된다. 통상적으로 자신의 주군이 다른 군웅들을 전전하며 의탁하게 되는 모습을 지켜보는 복심들의 어려움은 가히 대단했을 것이다. 그러나 관우는 이 모든 고난을 견디어 내고, 주군 유비를 굳건하게 세워 거의 한 평생을 함께했다.

관우가 번성을 포위하고 조인을 맹렬히 공격하였을 때, 조조는 조인을 돕기 위해 우금과 방덕 등을 구원군으로 파견했다. 관우가 이들을 격파하면서 그는 널리 위맹을 떨쳤다.

우금은 관우에게 항복했고, 관우는 또 장군 방덕을 참수했다. 양(예주 양국), 겹(영천군 겹현) 육혼(홍농군 육혼현)의 군도群盜들이 혹 멀리서 관우의 인호(관인과 봉호)를 받아 그의 일당이 되었고, 관우의 위세가 화하(중원)를 진동했다. (본전)

관우는 이들에게 관인과 봉호를 주려면 유비에게 상주하여 허락을 받아야 했는데, 이렇게 하기에는 상당한 시간이 소요될 수밖에 없었다. 관우가 이 과정을 생략하면서까지 곳곳의 군도들에게 자신의 관인과 봉호를 수여한 것은, 서둘러 아군 세력을 포섭하여 전세를 유리하게 이끌기 위한 임시방편이었다고 볼 수 있다. 이러한 일례들은 관우가 북진을 통한 '중원 공략'이라는 자신의 판단 혹은 행동의 결정 기준을 지키려는 성향이 매우 강했음을 보여준다.

관우의 이러한 성향을 이루는 가장 단적인 바탕은 바로 '자긍심'이라 할 수 있을 것이다. 관우는 자신이 유비를 따라 천하각지를 유랑하였음에도 불구하고, 자신의 무예 솜씨와 자신이 따르는 주군에 대한 자긍심이 매우 강했다. 이는 일면 오랜 세월의 동가식서가숙東家食西家宿의 의탁 생활을 버티어 낸 정신적 추동력이었다고도 볼 수 있다.

그러나 중원을 향한 끊임없는 북진의 열망과, 어떤 상황에서도 꺾일 줄 모르는 그의 자긍심은, 결국 조조·손권의 밀약과 여몽의 휼계에 휘말려 형주를 잃고 그 자신도 죽음을 맞이하는 비극적 요인으로 작용하게 된다. 그 마지막까지 관우는 손권에 잡혀 회유를 추상같이 뿌리치며 자긍심을 굽히지 않는 모습을 《삼국지연의》에서는, 관운장이 소리를 높여 꾸짖는다. "눈이 푸른 어린아이에다 수염이 붉은 쥐 같은 자야. 나는 유황숙 어른과 도원에서 의를 맺고 한나라 황실을 붙들어 일으키기로 맹세했는데, 어찌 나라를 반역한 너 같은 역적과 손을 잡으리요. 내 이번에 너희들의 간특한 계책에 잘못 빠져들었으니 죽을 따름이라. 무슨 여러 말 할 것 있으리요."《삼국지연의 제77회》와 같이 묘사하고 있다.

이런 모습에서 관우는 내향형의 특성을 지니고 있다 하겠는데, 내향형에서는 객체의 인상이 주체 안에서 형성한 것에 의거해서 사물을 본다. 내향적인 의식의 태도에도 물론 외적인 조건을 인식하는 능력이 있지만, 언제나 그 판단과 행동에 결정적인 것은 주관적인 속성이라 할 수 있다. 관우의 경우 유비와 뜻을 같이한 후 그가 최후를 맞을 때까지, 한실 부흥과 유비에게 충성이라는 신념을 저버리지 않았으며, 이를 자긍심으로 지녀 뜻을 굽히지 않는 태도 등에서, 내향형의 특성을 보여주고 있다.

관우는 유비의 초기 거병 시절, 즉 서서나 제갈량 등의 모신謀臣이 있기 전, 유비의 휘하에서 군사軍師의 역할도 수행하였다. 이는 관우가 무용만 뛰어난 것이 아니라 지략도 지닌 인물이었음을 알 수 있게 해주는 대목이다. 특히 관우는 유비가 서촉으로 향한 뒤, 요충지역인 형주의 군사를 총감독하고 관리하는 중임을 수행하였었다. 이는 유비와 손권 간의 동맹을 염두에 두더라도, 끊임없는 군사적인 쟁투가 벌어졌던 당시 형주지역의 형국에서 쉽지 않은 역할이었다. 결국 그의 강한 자긍심으로 말미암은 호승심은, 일을 그르쳐 형주를 잃게 되는 여러 요인 가운데 그 하나의 이유가 되었다. 그러나 그전까지 약 만 6년간 관우가 형주를 굳건하게 지켜냈던 것은, 역사에서 확인되는 부인할 수 없는 사실이다.

관우가 북진하여 번성을 지키던 조인과 치열한 전투를 벌일 당시에, 손권은 여몽을 시켜 관우의 후방을 공격할 준비를 차근차근 진행하고 있었다. 나중에 관우의 후방이 급격히 무너지게 된 데에는, 주요 거점을 지키고 있던 남군태수 미방과 장군 부사인의 배반이 결정적으로 작용했다.

또 남군태수 미방이 강릉에 있고, 장군 부사인이 공안에 주둔했는데 그들 모두는 관우가 자신들을 업신여기는 것에 평소 원한을 품었었다. 관우가 출군한 이래 미방, 부사인은 군수물자를 공급했으나 그를 돕는데 전력을 다하지 않자 관우가 "돌아가면 응당 죄

를 다스릴 것이라"하니, 미방과 부사인은 모두 두려움을 품고 불안해했다. 이에 손권이 은밀히 미방과 부사인을 꾀자 미방과 부사인은 사람을 시켜 손권을 영접했다. (본전)

이러한 일련의 과정이 연출될 수 있었던 것은, 미방과 부사인에 대한 관우의 감정적 대응에서 비롯된 것이라 하겠으며 이는 그야말로 감정에 종속된 '감정적' 사고의 부정적 예라 볼 수 있다.

관우는, 적벽대전 직후 퇴각하던 조조를 화용도에서 놓아준 일로 제갈량으로부터 처벌을 받을 뻔했다. 관우는 이를 만회하기 위해 절치부심했고, 형주 남부 제패의 마지막 목표였던 장사성 공략을 자청했다.

관운장이 대답한다. "군사는 왜 적장의 용기만 칭찬하고, 우리의 위엄은 과소평가하시오. 그런 늙은이쯤은 문제 삼을 것이 못 됩니다. 나는 군사 3천 명도 필요 없고, 평소 수하에 데리고 다니는 군사 5백 명만 거느리고 가서 반드시 황충과 한현의 머리를 베어 바치리다." 유현덕이 타일렀으나, 관운장은 듣지 않고 군사 5백 명만 거느리고 떠났다. 《삼국지연의 제53회》

첫 싸움에서 관우가 의기義氣로써 황충을 풀어주자, 이에 감동한 황충은 두 번째 싸움에서 뛰어난 활솜씨를 보여주되 관우를 쏘아 죽게 하지 않았다. 이에 한현은 황충이 관우와 내통했다고 의심하고 황충을 처형하려고 했다. 이때 한현에게 의탁했던 위연이 반기를 들게 되고 관우에게 성을 들어 바치면서, 관우는 장사성을 함락시킬 수 있었다. 결과적으로는 성공은 했지만, 만약에 관우로서는 생각지도 못한 위연의 반기와 같은 일이 없었다면, 통솔 병력이 적었던 관우의 장사성 함락은 제갈량의 우려처럼 결코 쉬운 일이 아니었다. 이러한 면모는 관우의 사고 판단이, 감정에 기인한 '감정적' 사고의 일례라고 볼 수 있다.

이런 사례들에서 관우는 사고형에 가까운 태도를 드러내 보이고 있다 하겠다. 사고형은 주어진 관념내용을 그 고유의 법칙에 따라 서로 연관시키는 정신 기능이며, 관우의 경우 앞서 언급한 내용을 통해 볼 때 사고형에 가까운 특징을 지니고 있다는 것이다. 또한 사고형은 주관적인, 궁극적으로 우리가 잘 모르는 무의식적인 원천에서 주어지는 성향과, 감관을 통한 지각으로써 전달되는 객관적 사항에서 주어지는 두 가지 성향을 지니고 있다. 그리고 이것이 내향적 사고와 외향적 사고의 두 가지 서로 다른 사고의 근거를 이루고 있다. 이에 따르면 앞서 주관적인 무의식적인 원천의 성향을 보인 관우의 경우, 그 성격은 내향적 사고에 가깝다고 볼 수 있다.

이상을 토대로 보았을 때, 관우를 성격유형으로 그 인물형을 논한다면 내향적 사고형이라 평할 수 있다. 내향적 사고형의 특징은, 첫째로 자신의 사고 판단기준이 '내가 어떻게 생각하느냐'의 이념이나 관념을 중시하고, 둘째로 자신의 신념이나 철학을 소중하게 생각하여 개혁을 추구하는 성향이 강하며, 마지막으로 성향이 분석적이고 논리적이며 치밀하여 매사에 빈틈없이 일처리를 한다는 점이다.

1. 중원 회복 위한 번성 공략으로 화하를 진동시킨 자신의 사고판단 기준을 일관되게 견지하는 그의 특징으로, 조조·손권 밀약에도 후퇴를 미적거려 논리 분석적인 일면 가려져

이 내향적 사고형의 특징을 관우에게 적용시켜 보면, 그는 흔들림 없는 요지부동의 인물이었다고 볼 수 있는데, 이는 바로 그가 자신만의 신념을 중시하고 이를 일관되게 견지했기 때문이다. 다만 자신만의 생각을 너무 중시하다 보니, 개혁적인 성향이나 논리적이고 분석적인 태도와는 동떨어진 측면이 있었다. 그렇기 때문에 다른 특징들과 달리, 첫째 내용이야말로 관우를 가장 잘 대변하는 성격유형이 지니는 특징이라 할 수 있다.

그가 장비와 함께 유비를 좇아 거의 한평생을 천하 각지를 유랑하였던 족적을 보면, 유비의 큰 뜻을 실현하는 데 동참하고자 했다는 점에서 장비와 동류로 외향형의 인물로 볼 여지도 있을 것이다. 그러나 그는 장비와는 뚜렷하게 차별화되는 요인으로 스스로를 견지하는 기준이 있었고, 이는 확실히 장비와 성향이 달랐음을 보여주는 지표라고 할 수 있다.

그렇다면 과연 관우는 어떠한 자신만의 판단기준을 가지고 스스로를 견지하였을까? 우선 첫 번째로 특정 신분을 대하는 그의 태도를 통해서 그의 사고방식을 유추해 볼 수가 있다.

관우는 병졸들에게는 잘 대해주었으나 사대부에게는 교만했고, 장비는 군자를 친애하고 공경했으나 소인은 아껴 살피지 않았다. 《삼국지 촉서 장비전》

관우의 정확한 출신 성분을 가늠하기 어렵지만, 원소, 조조, 동탁 등이 관계에 진출하기 전에 잠깐의 임협의 문화를 거친 경우와는 달라 보인다. 관우는 어떠한 사정으로 인해 타향으로 망명을 했고 또한 유비를 섬기면서 끝까지 임협의 도리를 행하는 것을 보면, 아마도 사족士族 출신은 아니었던 것 같다. 이 점은 장비 역시 마찬가지라 할 수 있는데, 다만 장비는 군자, 즉 품행이 바른 사대부를 존중하였다는 점에서 사회제도권에서 바라는 기준의 인재를 좇는 경향이 강했기 때문에 확실히 외향적 성향으로 추정할 수 있을 것이다.

그러나 관우는 일반적인 사회제도권의 주류층인 사대부에 대해 《춘추좌전》에 박통하다고 알려진 대로 그만한 학식이 있었다. 그러했기에 어설픈 사인士人을 무시하는 일종의 반발 혹은 대항의식이 내면에 추동하고 있기 때문에, 다분히 내향적 성향임을 엿볼 수 있게 한다. 그가 사족 출신 인물이었다면 구태여 사대부들에게 교만함을 보일 필요가 없었을 것이다. 그러기에 이와 상반된 태도로 병사에게는 잘 대해 주었다는 사실은 그가 문치를 숭상하기보다는 무용을 높이 보는 가치기준이 강한 인물이었음을 짐작게 한다.

멀리는 전국시대의 오기, 가까이는 당시대의 강유와 같은 사족 출신 인물들도 관우처럼 병사들을 잘 대우해 주었다. 여기에 그치지 않고 이들은 전쟁을 통해 자신의 입신양명을 추구하려는 기질이 다분히 강했으며, 또한 군사에 관한 재주에 자부심을 갖고 있었던 인물들이다. 관우 역시 마찬가지로 자신의 재주, 특히 용무用武에 강한 자긍심을 갖고 있었던 점을 상기해보면, 그 역시 충분히 오기, 강유와 같은 무략武略 지향적인 인물로 볼 수 있다.

이러한 관우의 태도와 그 지향성은 협俠이라는 문화에 젖어 자연스레 추구하게 된 것인지 아니면 시대적 특성에 따른 개인적 성향이 드러나게 된 것인지는 알기 어렵다. 그러나 사대부에 대한 그의 교만한 태도는 일종의 '지금과 같은 난세에는 그대들과 같은 부류들은 추동력 없는 존재이다.'라는 강한 시국관을 보여준다고 할 수 있다.

그렇다면 그는 난세를 타개하는 데에 가장 필요한 바는 풍속을 교화시키고 사람을 깨우치게 만드는 학행보다는, 백성들의 삶을 도탄으로 빠뜨리고 세상을 혼란케 하는 적을 굴복시킬 수 있는 것은 무력이라 여길 수밖에 없었을 것이다. 이러한 시기에 가장 요구되는 인걸은, 고상하고 우아한 품행에 경학에도 밝은 선비보다는 위용과 담략을 갖춘 무인이라 보았음이 어쩌면 당연하다 하겠다. 이러한 가치기준을 잘 대변한다는 듯이 마침 《삼국지연의》에서도, 관우가 이러한 면모가 두드러지는 무장을 높이 여기는 성향은 잘 드러나고 있다.

이튿날, 장료는 군사를 거느리고 서쪽 성문을 공격한다. 관운장은 성 위에서 굽어보며 묻는다. "귀공은 거동과 풍채가 비범하거늘, 어째서 도둑놈에게 몸을 맡기고 있소?" 장료는 고개를 숙이며 대답을 못한다. 관운장은 마음속으로 '저 사람에게는 충의의 기상이 있구나.' 짐작하고 더 이상 꾸짖지도, 나가서 싸우지도 않았다. (…) 장비가 적군을 뒤쫓아 가는 것을 관운장은 급히 성안으로 불러들였다. 장비는 돌아와서 투덜댄다. "적군이 겁을 먹고 내빼는데, 왜 뒤쫓지 말라는 거요?" 관운장이 타이른다. "장료의 무예는 너와 나만 못하지 않으나, 내가 바른말을 했더니 느낀 바가 있는지 후회하는 기색이더라. 그래서 장료가 우리와 싸우려 하지 않는 것이지, 겁이 나서 내빼는 건 아니다." 《삼국지연의 제18회》

관우가 유비를 따라 여포와 교전을 벌이던 상황에서 그는 장료와 처음 마주치게 되었다. 장료의 거동과 풍채에 비범함을 느낀 그는, 은근한 말투로 여포와 같은 의롭지 못한 자를 어찌하여 섬기는지를 질타하였다. 이에 장료가 고개를 푹 숙이며 아무 말도 못 하자, 관우는 장료를 충의의 기상이 있다고 평가하고 장료와 싸우려던 행동을 그만두었다. 뿐만 아니라 후퇴하는 장료를 추격하려는 장비를 말리면서 장료의 무예가 출중하다고 치켜세우기까지 한다.

자긍심이라면 가히 첫 손가락으로 꼽힐만한 관우에게 그러한 인정을 받은 자체만으로도, 장료로서는 이미 무인으로서 최고의 찬사를 받은 것이나 다름없었다. 훗날 여포가 패망하면서 장료는 조조의 포로가 되었고 형장의 이슬로 사라질 운명에 처해지자, 관우는 장료를 구명하고자 조조에게 스스로를 숙여 몸소 사면을 청하는 장면을 연출한다. 관우의 이러한 청원에 조조는 생각을 바꿔 장료를 기용하게 되었고, 과연 장료는 관우의 천거에 의해 그 기대에 한 치의 어긋남이 없이 조조의 위나라 명장으로 활약하게 된다.

이와 같은 태도는, 남에게 쉽게 고개를 숙이지 않을 정도로 자긍심이 강한 관우한테서 실로 기대하기 어려운 모습이라 할 수 있다. 그만큼 관우의 입장에서 장료는 누구보다도 바로 자신이 인정한 인걸이었기에, 그에 맞는 예우를 직접 보였던 것이다.

그러나 유비가 제갈량을 영입하고자 삼고초려를 하는 장면에서 관우가 보인 행동은 어떠했는가?

관운장이 말린다. "형님이 두 번이나 그를 찾아갔으니, 그만하면 지나친 예의를 베푼 것입니다. 생각건대 제갈량은 공연히 이름만 높고 실은 배운 것이 없어서 일부러 우리를 만나주지 않는 것입니다. 그런데 형님은 어쩌려고 그런 자에게 혹하셨습니까?"《삼국지연의 제38회》

예로부터 두드러지게 빼어난 현인賢人을 얻고자 할 때는, 주군의 자리에 있으면서도 몇 번씩 찾아가는 예를 기울이고는 하였다. 이는 그만큼 인재를 후대한다는 지도자의 이미지를 남기는 좋은 연출의 일환이라 할 수 있다. 유비 역시 사마휘, 서서 등의 추천으로, 비로소 그 명성을 알게 된 제갈량을 얻고자 삼고의 예를 다하였다. 이 과정에서 관우는, 유비의 첫 번째 방문은 그냥 넘어갔지만 두 번째 방문에는 내심 언짢아했고, 세 번째 방문에 나서려고 할 때 관우는 두 번의 방문이면 지나친 예의를 베푼 것이니 그만하면 족하다고 유비에게 은근히 불만을 터뜨린다. 아울러 출타하여 부재중이라 거듭 서로가 만나지 못한 앞서의 상황을 일컬어 제갈량이 헛된 명성만 있는 선비일 뿐, 실제로는 별로 배운 것이 없어 일부러 번번이 피하고 만나주지 않는 듯하다고 생각한다. 이는 확실히 장료의 구명을 위해 조조에게 몸소 머리를 굽히는 때와는 상반된 태도라고 할 수 있다.

이후에도 유비가 제갈량을 영입한 뒤 '공명을 얻은 것이 곧 고기가 물을 얻은 격'이라 하니 이에 불쾌해하는 태도라던가, 하후돈이 대군을 이끌고 신야를 향해 진격해 올 때 이를 저지하기 위해 제갈량이 작전을 총지휘하게 되자 관우가 이를 냉소적으로 반응하며 장비가 분노하게끔 은근히 부채질하는 태도 등은, 그가 평소 사대부에게 갖고 있는 인식이 어떠한가를 선명하게 보여준다고 할 수 있다.

이로 볼 때, 관우는 책상물림의 유약한 문사가 난세에서, 그리고 전쟁에서 기여할 수 있는 것은 별달리 없다고 생각했을 가능성이 농후하다. 이러한 신념의 바탕에는 상무尙武라는 사고의 판단기준이 저변에 깔려있었을 것이기에 '전쟁터에서는 우리와 같은 사람들이 제격'이라는 장비의 말에 동조했을 것이다. 이처럼 관우는 누구의 생각보다 내가 어떻게 생각하는가를 더 중시했던 인물이었다. 바로 《삼국지연의》에서는 이 점을 놓치지 않고 그의 언행을 빌어 내향적 사고형의 특징을 잘 표출해 낸 것이다.

이 성격유형의 특징 둘째 내용인 자신의 신념이나 철학을 소중하게 생각하여 개혁을 추구하는 성향도, 의리에 대한 그의 행동양식에서부터 그의 성격유형과 연관되는 것을 볼 수 있다.

관우는 《좌씨전》을 좋아하여 이를 읽고 읊으면 거의 모든 구절이 다 입에서 술술 흘러나왔다. 《본전/배송지 주, 강표전》

《삼국지연의》의 영향으로 말미암아 관우의 가치기준은 주로 《춘추》의 대의大義에서 비롯되었다는 인식이 대중들에게 강하게 드리워져 있다. 그러기에 관우의 모습을 형상화한 동상을 보면 한 손에는 그의 무기인 청룡언월도가, 다른 한 손에는 《춘추》가 들려져 있을 정도이다.

《삼국지연의》에서는 술을 팔고 돼지 잡아 지내는 장비와는 달리 관우를 망명자로 등장시켜, 그의 고향에 토호 하나가 권세를 믿고 남을 하도 업신여겨서 죽여 버리고 오륙 년 동안 피해 다니다가 이곳 탁현에서 의병을 초모한다기에 찾아오게 되었다고 하는, 의기가 넘치는 관우의 면모를 한층 부각시켜 주고 있다.

비록 《삼국지연의》에서 묘사된 정도까지는 아니었으나 실제의 관우도 《춘추》와 많은 연관성이 있었다. 그는 《춘추삼전》[33] 중 《좌씨전》에 관하여 대략적으로 기억하는 부분을 항상 암송하고 다니면서 입에서 구절을 술술 읊을 정도였으니, 그가 얼마나 이를 좋아했는지를 실감케 한다. 그런 점에서 배주에 인용된 《강표전》의 기록은, 관우가 여느 사대부와 같은 깊은 유가적 소양이 있는지는 확인시켜주진 못하지만, 적어도 그가 대의명분에 관한 역사적인 의식이 분명 있었음을 방증케 한다.

이런 그가 춘추의 대의를 어떻게 실현하는가를 살펴보자.

"첫째는 내가 유황숙과 맹세할 때 한나라를 바로잡기로 했으니, 나는 한나라 황제께 항복하는 것이지 조조에게 항복하는 것이 아니며, 둘째는 두 형수께 유황숙의 녹을 주어 생활하는 데 조금도 군색함이 없게 하되 상하를 막론하고 아무도 그 문 앞에 들어오지 말게 할 것이며, 셋째는 유황숙이 계시는 곳만 알면 천 리건 만 리건 간에 곧 떠나가도록 해줘야 한다는 조건이오. 이 세 가지 조건 중에서 한 가지라도 들어주지 않는다면 결코 항복하지 않으리니, 그대는 가서 알아보고 속히 회답하시오." 《삼국지연의 제25회》

---

33) 《춘추삼전》은 《공양전公羊傳》, 《곡량전穀梁傳》, 《좌씨전左氏傳》을 통칭하는 말로 이는 공자가 선악을 논하고 명분과 대의를 밝혀, 천하 후세에 존왕尊王의 길을 가르치고자 집필한 역사서인 《춘추》에 대한 주석서들이다. 《공양전》, 《곡량전》은 경서의 해석과 이해에 주력한 반면에 《좌씨전》은 기사記事에 주력하니 편년체 역사서로서의 의미가 컸다.

《삼국지연의》에서 제일 먼저 관우의 의義에 대한 관점을 보여줄 수 있는 출발점은, 조조에게 투항하는 상황이라 할 수 있다. 조조는 원소와의 결전을 앞두고 먼저 배후의 위협이 될 수 있는 서주를 먼저 공격하였고, 유비는 패주하여 원소에게 의탁하게 된다. 유비의 처자도 머물고 있던 하비에서 관우는 홀로 이를 지키며 조조에게 저항하였다. 그러나 거듭되는 조조군의 공격과 유인에 관우가 성을 나와 대응하다가 급기야는 하비성을 잃게 되고, 이에 휘말려 순식간에 토산에서 조조군에 포위되고 만다.

충의를 내걸고 죽음을 각오한 항전에 임하고 있을 때에 관우를 보러 온 이가 있었으니, 그는 바로 지난날 관우 자신이 구명해 준 장료였다. 장료는 관우에게 이렇게 싸우다 죽는다면 천하가 비웃는다며, 이는 첫째로 유비와 함께 죽겠다는 맹서의 약조를 저버리는 것이요, 둘째로 유비의 처자 부탁을 저버리는 것이요, 셋째로 한실을 붙들어 일으키려고 하질 않고 필부의 용기만 보이려 하니, 이것이 바로 죄에 해당한다고 설파하였다. 이 말에 일리가 있다는 것을 깨달은 관우는 성난 기색도 내지 못하고 오히려 장료에게 대책을 청하니, 장료는 조조에게 항복을 하라 권유한다. 이에 관우는 위의 《삼국지연의 제25회》에서 기술하고 있는 세 가지 조건을 내걸며 조조의 약조를 받은 연후에 투항을 한다.

훗날 관우의 이와 같은 불가피한 투항의 속사정을 알 리가 없었던 장비는, 관우의 투항을 도저히 믿을 수 없어 했다. 장비는 그 이후 관우와 다시 회동하게 되자, 불같이 화를 내며 그와 사생결단하여 결투까지 벌이려 한다. 그만큼 남들이 보기에는 배신이요, 이러저러한 조건을 댄 것은 변명이라는 논리로 비춰질 수 있는 소지가 다분했다. 그럼에도 그는 자신의 생각에 대해 상대방에게 인정을 촉구하며 한시적 투항을 함으로써, 나름대로 추구하는 의리에 관한 품위를 훼손시키지 않고자 하였다. 유가에서 말하는 충의는 자신의 죽음을 각오하고라도 적에게 굴복하지 말 것을 주문하는 바인데, 이러한 관점에서 본다면 관우의 행동은 돌파구 없는 패전상황을 우회하기 위함이라 하더라도, 일단 절개를 굽힌 굴절屈節이라 아니할 수 없다.

그러나 후대의 유자들은 관우를 충의의 남아로 평가하는 데에 인색함이 없었다. 이러한 배경은 촉한정통론의 덕을 톡톡히 본 이유도 있겠지만, 관우가 생각하는 의리가 기존의 유가적 사고보다 더 광의적이고 보다 유연성을 띠다 보니, 그의 그 당시 행동이 현실 상황에 더 절실했음을 인정했던 것은 아닐까?

장료가 조조에게 고하고자 하였으나 조조가 관우를 죽일까 염려스러웠고, 고하지 않자니 주군을 섬기는 도리가 아닌지라 탄식하며 말했다. "공(조조)은 군부(임금)이고, 관우는 형제일 뿐이다." 마침내 조조에게 고하였다. 조조가 말했다. "주인을 섬김에 그 근본을 잃지 않았으니 천하에서 가장 의로운 선비요. 언제 그가 떠나갈 것으로 보이오?" 장료가 말했다. "관우는 공의 은혜를 입었으니 필시 공로를 세워 보답하게 된 뒤에라야 떠나갈 것입니다." 《본전/배송지 주, 부자》

관우가 조조에게 투항한 후, 기존에 유비, 장비와 더불어 왔던 관우가 새롭게 장료, 조조와의 관계가 설정되는 것을 엿볼 수 있다. 먼저 관우와 장료의 경우에는 형제와 같은 우의관계가 성립하게 된 것이라 할 것이다. 이는 무협소설의 주요 배경인 강호江湖 무대에서 협객들이 흔히 말하는 사해형제四海兄弟라는 개념과 같다고 할 수 있는데[34], 배주

34) 이 용어는 무협물 매체의 영향으로 친숙할 수 있으나 원래는 《논어》의 「안연顏淵편」에서 유래하였다. 그 의미는 천하 사람들은 모두 형제처럼 친하게 지내야 한다는

에 인용된 《촉기》에서 장료가 관우를 분명히 형제라 운운하고 있다. 이는 《삼국지연의》의 묘사를 기준으로 관우가 장료를 대장부로 인정하여 장료의 구명을 위해 애쓴 이후, 유비가 조조에게 의탁하던 시절에 아마도 새롭게 형제의 의를 맺은 것으로 짐작된다.[35]

한편 조조와 관우의 경우에는, 조조가 목숨을 살려줬기 때문에 은의恩義관계가 성립한다. 그러나 관우는 조조에게 계속 머물 생각이 없었고, 조조 역시 이를 알고 장료에게 속마음을 떠보라고 지시를 내렸다. 과연 조조의 짐작이 틀리지 않았고, 장료의 말처럼 관우는 반드시 은혜를 갚아 의리를 보인 연후에, 조조 곁을 떠나려고 했던 것이다. 실제로 그가 전쟁터에서 안량을 참살하는 공로를 세운 것으로, 관우는 조조에게 이미 보답을 다했다고 생각하고 더 이상 미련 없이 조조를 떠날 수 있었던 것이다.[36]

그러나 더 이상 아무 관계가 없다고 생각했을 법한 관우의 의는 몇 해가 지난 후에도 여전히 유효한 측면이 있었으니, 상황은 적벽대전 직후 조조가 패주할 때에 비로소 드러난다.

"옛날에 내가 승상으로부터 많은 은혜를 입었으나 이미 그 당시에 안량과 문추를 참하여 백마 땅에서의 위기를 풀어드렸으니, 그

것인데 흔히 소설 《수호지》에서 호걸들이 생면부지의 인물과 창칼을 겨누며 으르렁거렸다가도 통성명을 통해 아는 바가 있을 때에는 언제 그랬냐는 듯이 금방 친해지는 상황이 이러한 가치기준에서 비롯된 것이다.

35) 이는 형제와 같은 정의적情誼的인 관계를 의미하는 것이지 정말로 임협들이 추구하는 분주지우奔走之友처럼 고난을 함께할 정도의 의리관계를 의미하는 것은 아니다.

36) 신 배송지가 보건대, '조조는 관우가 머물지 않을 것을 알고도 마음으로 그 뜻을 가상히 여겨, 떠나는 관우를 추격하지 않아 그의 의義가 이루어지게 했다. 스스로 왕패의 도량王霸之道을 품지 않고 어찌 이런 일을 할 수 있겠는가? 이는 실로 조조의 훌륭한 행동이다.' 하였다. 비록 (본전)에서는 관우의 투항에 관한 과정이 상세히 기술되어 있지 않지만 조조가 귀부할 마음이 없는 관우를 살려주어 은의를 베풀고, 또 유비에게 가게 해준 점을 보면 실제로도 《삼국지연의》에서 묘사된 상황과 유사한 상황이 존재했던 것으로 짐작된다.

것으로도 은혜는 갚은 셈입니다. 오늘은 사정으로 공사를 폐할 수 없습니다." (…) 관운장은 원래 의리를 태산보다도 무겁게 생각하는 장수였다. 옛날에 조조에게서 많은 은혜를 입은 일과, 그 뒤에 조조를 뿌리치고 떠나오면서 다섯 관소를 지날 때마다 길을 막는 조조의 장수들을 참했던 일이 생각나니, 어찌 마음이 동요하지 않을 수 있으리요. 더구나 조조의 군사들을 보니 모두가 겁을 먹고 울상이 되어 있었다. 관운장은 한 가닥 측은한 마음을 금할 수 없어서 말을 돌려세우더니, 자기가 거느리고 온 수하 군사들에게 말한다. "너희들은 사방으로 흩어져라." 그 말은 조조를 살려 보내겠다는 뜻이 분명했다. 순간, 조조는 모든 장수들과 함께 일제히 말을 달려 달아난다. (…) 관운장은 장료를 보자 옛날에 서로 친하게 지냈던 가지가지 일이 또 생각나서, 길게 탄식하고 외친다. "속히 내 앞에서 없어지거라!" 이리하여 조조의 군사들은 다 관운장 앞을 무사히 지나서 달아났다. 《삼국지연의 제50회》

이른바 빼어난 의리의 표상인 의절義絕로 일컬어지게 되는 화용도 일화는, 관우가 조조의 퇴각로를 미리 차단하고 있던 상황에서 일어났다. 적벽에서 대패한 조조는 여러 번 복병을 만나 거듭 패하여 군세를 잃고 겨우 3백여 명의 군사만을 거느리고 간신이 도주하고 있었다. 그러다 화용도에서 복병으로 둔을 치고 있던 관우가 5백 명의 교도수를 이끌고 앞길을 가로막으니, 지칠 대로 지친 나머지 어찌할 방법이 없었던 조조는 직접 앞으로 나아가 옛정을 상기시키며 살길을 찾도록 놓아 달라고 청하였다.

출전하기 전에는 조조를 놓아줄까 염려하는 제갈량에게 군령장까지 쓰면서, 지난날 이미 조조에 대한 은의를 갚았으니 꺼릴 것이 없다고 다짐했던 관우였다. 그러나 지난날의 은의를 끝내 떨치지 못하여 조조를 비롯한 장료, 그리고 여타 장병들까지 모두 놓아주고 말았다. 결국 자신이 중시하는 의리관계로 인해 군령을 위반한 것이었다. 후대의 논자들은 이를 두고 공과 사 혹은 충과 의의 충돌이라 표현하였는데, 이런 가치기준의 비교를 다룬 그 논란은 여기서는 접어두더라도, 본질적으로 볼 때, 그는 군법이라는 객체를 제쳐두면서까지 자신의 의를 실현했다. 그만큼 그는 자신이 생각하는 바에 대한 관념을 매우 중시하였고, 이를 확고하게 지키려는 성향이 강했던 것이다.

이러한 경우만 보더라도 관우는 자신의 가치기준을 매우 중시하고, 이를 전적으로 자신의 사고 판단기준으로 삼고 있음을 알 수 있게 한다. 관우가 내향적 사고형의 특징 중 첫째 내용이라 할 자신의 판단기준과 둘째 내용인 신념이나 철학을 소중하게 여김이 유별나게 강했기에, 그가 이러한 행동양식을 드러낼 수 있었던 것이다. 그렇다 보니 관우의 성격유형에 관련되는 다른 특징의 내용들, 이를테면 논리적이고 분석적인 면으로 치밀하고 매사에 빈틈없이 일처리를 하는 등의 모습이, 상당히 가려질 수밖에 없었던 것 같다.

다음으로 내향적 사고형의 성격유형이 흔히 보여줄 수 있는 장점은, 첫째로 현실에 구애받지 않고 이성적이고 개혁적인 정책을 선택하고 강력하게 추진할 수 있는 능력이다. 그다음으로 논리적이고 분석적인 성향으로 치밀하게 정책을 결정하고 조직적으로 정책을 집행할 수 있다는 면을 들 수 있겠다. 이러한 장점은 성격유형과 연관된 특징과 대체적으로 매우 유사하다. 따라서 사실상 그 연장선으로 보아도 무방하다.

2. 현실 구애받기보다 유비와의 은의, 한날한시 죽겠다는 맹서 지켜 조조 떠나 그 먼 길 유비에게 가는, 스스로 하려는 바를 행하려는 그의 장점 두드러져

이 성격유형의 장점을 관우에게 적용시켜 보면, 그가 유비를 따라 오랫동안 이리저리 의탁하는 세월을 보냈고 그가 하는 일들이 정책을 추진할 수 있는 역할과도 거리가 있다 보니, 관우의 성격과 관련짓는 데에는 상당한 제약이 있을 수밖에 없다고 봐야 할 것이다. 게다가 앞서 성격유형과 연관된 특징을 다룰 때, 그 내용으로 제시한 자신의 사고판단 기준이 일관되게 견지되고 자신의 신념이나 철학을 소중하게 생각하는 특성이 강하게 발현되고 보니, 개혁적인 성향이나 분석적이고 논리적인 태도의 일면이 가려지게 되어, 과연 이런 점이 관우에게 부합될 만하다고 볼 수 있는가도 문제이다.

이러한 한계 속에서도 그런대로 그의 성격유형과 관련된 장점을 가장 잘 보여줄 수 있는 대목을 꼽는다면, 아무래도 조조가 자신의 위세를 과시했던 허전許田 사냥터 사건에서 관우가 취하려던 행보만한 것이 없다.

> **당초 유비가 허도에 있을 때 조조와 더불어 사냥을 나갔다. 사냥 중에 무리가 흩어지자 관우가 유비에게 조조를 죽이라고 권했으나 유비가 따르지 않았다. 이후 하구에 이르러 장강의 강가를 전전하는 신세가 되자, 관우가 화를 내서 말했다. "예전 사냥 중에 만일 제 말을 따랐더라면 가히 오늘의 어려움은 없었을 것입니다." 유비가 말했다. "그때는 또한 나라를 위해 그를 아꼈을 뿐이오. (그러나) 만약 천도天道가 바른 것을 돕는다면 이것이 복이 되지 않을 줄 어찌 알겠소!"[37] 《본전/배송지 주, 촉기》**

---

37) 신 배송지가 보건대, 유비는 나중에 동승董承 등과 더불어 조조를 죽일 모의를 꾸몄지만, 일이 누설되어 이루지 못했다. 만일 나라를 위해 조조를 아꼈다면 그의 이와 같은 행동은 어떻게 설명하겠는가? 관우가 이같이 권했을 때 유비가 따르지 않은 까닭은 조조에게 심복이나 일족 등 실로 따르는 자가 많으므로 앞서 계획하지 않고는 행동할 수 없었기 때문이다. 조조가 비록 살해되었다 하더라도 자기 몸 또한 화를 면하지 못했을 것이다. 그래서 유비는 이러한 면을 고려하여 멈추었을 뿐 어찌 조조를 아끼는 마음이 있었겠는가! 이미 지나간 일이기 때문에 그저 고아한 말

여포 패망 후 건안 4년 199년, 조조는 천자(헌제)와 백관들을 대동하여 허도 교외의 허전에서 몰이사냥을 하였다. 가시덤불 속에서 사슴 한 마리가 뛰어나와 달아나자, 천자는 연달아 세 번이나 사슴을 향해 활을 쏘았지만 모두 빗나가 버렸다. 천자는 조조에게 순서를 넘겼는데, 조조는 천자의 보조궁과 금비전을 빌려 달아나던 사슴을 쏘아 그대로 명중시켰다. 이러한 전후의 상황을 미처 보지 못한 문무 백관들은, 사슴의 등에 꽂힌 금비전을 보고 천자가 명중시킨 줄 알고 천자를 향해 일제히 만세를 불렀다.

그런데 어느 틈엔가 조조가 말을 내달아 천자 앞을 가리고 서서, 문무 백관의 치하에 답례하고 있는 것이 아닌가. 《삼국지연의》에서는 이 장면과 연관 지어 유비와 관우의 상반된 행동양식을 생생히 묘사하고 있다. 유비는 낯 두꺼운 처세술의 달인답게 '조조에게 따를 자가 없는 신궁神弓이라' 넌지시 칭찬하며 아무렇지 않은 척했지만, 관우는 크게 노해서 누에 같은 눈썹을 곧추세우고 봉의 눈을 부릅뜨며 말을 제쳐 단칼로 조조를 내칠 기세였다. 이때 유비의 황급한 만류로 관우의 거동은 제지되긴 했으나, 관우는 볼멘소리를 하며 간신히 자신의 분노를 누그러뜨린다.

이러한 사건 전말은 사서 기술에도 실제 존재하긴 하지만, 기실 그 자세한 내막은 좀 다르다. 바로 《삼국지연의》처럼 관우가 문무 백관이 다 보는 상황에서 공개적으로 조조를 죽이려던 것이 아니라, 조조와 일부 소수 측근만 있는 상황을 노렸다. 관우가 분노를 참지 못해 일을 벌이려고 했던 것이라기보다는, 오히려 관우가 유비에게 조조를 죽일 것을 권했던 상황으로 나와 있다. 《삼국지연의》와 배주에 인용된 《촉기》의 모든 기록에, 유비는 조조 살해로 돌출될 수 있는 상황을 우려

을 빌려 나타냈을 뿐이다.

했기 때문에 결행을 하지 못하였고 그저 후일을 기약하는 것으로 되어 있다.

이런 사실들에서, 관우는 현실에 구애받기보다는 자신이 원하는 바를 행하려는 강한 추진력을 갖고 있다고 볼 수 있다. 이러한 관우의 행동양식은 어찌 보면 무모하다고 할 수 있는 것도 사실이지만, 이것이 만약 긍정적인 기능으로 작용한다면 그게 바로 개혁이 될 수 있는 것이다. 훗날 양번전쟁에서 관우가 맹렬한 기세로 북진을 도모했던 것도, 관우의 이러한 성격이 반영된 결과라 할 수 있다. 이러한 점들이 비록 일부의 사례를 들고 있긴 하나, 바로 그의 성격유형과 연관된 장점의 발로인 것이다.

마지막으로 내향적 사고형에 관련한 단점에 대해 살펴보면, 이 성격유형의 인물이 흔히 보여줄 수 있는 행동은, 첫째로 맹목적인 헌신이나 계산이 들어맞지 않는 행동을 보여 타인으로 하여금 편협하다는 인상을 받게 하거나, 둘째로 논리적이고 분석적이지만 객관적으로 설명하는 능력이 부족하여 자신의 의견에 대한 설득력이 부족할 수 있다는 점이다.

3. 중원회복이라는 맹목적인 헌신으로 편협성에 빠져, 조조·손권 밀약이라는 상황변화에 융통성을 발휘 못하는 그의 단점 드러내

이 성격유형의 단점을 관우에게 적용해보면, 첫째 내용인 맹목적인 헌신이나 계산이 들어맞지 않은 행동으로 실패를 초래한 경우가 그에게 잘 부합한다고 할 수 있다. 그의 맹목적인 헌신으로 인해 실패가 초래된 대표적인 경우는, 아무래도 동맹세력의 우두머리인 손권을 격하게 욕하여 첨예한 갈등 상황을 야기함으로써 형주를 잃은 한 단초가 되었던 사건일 것이다. 이를 조명해 보기에 앞서, 관우가 그에 대한 통념에 잘 어울리지 않는 거동을 보여 기존의 재미있는 이야깃거리를 남긴 사건이 있었는데, 우선 이를 먼저 들어 보기로 하자.

조조가 유비와 함께 하비에서 여포를 포위했을 때, 관우가 조조에게 여쭈었다. "여포가 진의록[38]을 시켜 구원을 청하였습니다. 저는 그(진의록)의 처를 아내로 맞이하고 싶습니다." 하니 조조는 이를 허락하였다. 여포가 패했을 때, (관우는) 다시 수차례 조조에게 여쭈었다. 조조는 이에 진의록의 처가 미색일 거라고 생각하고 먼저 사자를 보내서 맞아들여 보고는 바로 그녀를 자신의 곁에 두었으므로 관우의 마음이 편치 않았다. 이는 《위씨춘추》의 이야기와 같다. 《본전/배송지 주, 촉기》

《삼국지연의》에서 관우가 조조에게 잠시 투항했을 때에, 조조가 관우의 마음을 얻고 싶은 욕심에 유비와 관우 사이를 갈라놓기 위한 모종의 계략을 취한 적이 있음을 떠올릴 수 있을 것이다. 그때 조조는 포로로 잡혀 있던 유비의 처자들과 관우를 한 방에 두게 하였었다. 여색을 탐하였던 조조로서는 관우가 건장한 데다 한참 활력이 넘치는 젊은이였기에 유비의 처자들과 무슨 일이 날 것이라 기대했을지 모른다. 그렇지만 조조와 달리 관우는 의기의 남아였기 때문에, 조조의 예상은 빗나갈 수밖에 없었다. 또 한편 관우는 춘추의 대의에 투철한 대장부라는 이미지가 매우 강하여, 흔히들 관우는 여색을 가까이하지 않을 것이라 여겼을 것이다. 그러기에 이러한 배주에 인용된 《촉기》의 기록은 매우 황당하다고 할 수 있을 내용이다.

---

38) 진의록秦宜祿(?~199년) 그는 원래 여포의 수하의 장수였다가 여포가 조조에 죽게 되자 조조에게 항복했고 질장銍長에 임명되었다. 나중에 장비가 "그대의 처를 빼앗아 간 사람이 주인이 되다니 매우 수치스러운 일이오! 나와 함께 (유비에게) 가지 않겠소?"라고 권유하니 진의록은 이에 동의하고 장비를 따라 수백 리를 갔는데, 이를 곧바로 후회한 그는 다시 되돌아가려고 하자 장비가 진의록을 죽였다.

여기서 문제의 본질은, 관우가 여색을 탐하느냐의 시시비비에 있는 것이 전혀 아니다. 당시 전쟁에서 이겨 적의 여자를 처첩으로 삼거나 혹은 노예로 삼는 것은, 전리품의 일환이었기 때문에 책잡힐 일이 전혀 아니었다. 실제로 조조가 관우와 약속한 내용을 파기하면서까지 진의록의 처 두씨[39]를 취한 것을 보면, 그녀가 대단히 미인이었던 것으로 보인다. 영웅호색이란 말도 있거니와 사나이가 미인을 얻고 싶은 마음은 자연스러운 욕망일 것이며, 이는 또 의로움과는 별개의 사안이다. 혹자는 이를 가지고 관우에 대해 실망하며 호색하다고 평하기도 하나, 이는 나가도 너무 나간 이야기다.

여기서 유의해 볼 부분은, 바로 관우가 원하는 바를 얻기 위해 취한 행동이다. 그는 두씨를 얻는 것에 대해 조조에게 사전에 허락을 받았음에도, 앞서 받았던 허락을 또다시 구하는 행동을 취하였다. 의심이 많은 조조로서는 이러한 관우의 행동이 이상하다 느꼈다. 과연 시커먼 속마음의 호색의 달인답게, 조조는 두씨가 분명 남다르게 미색이 출중할 것이라는 생각을 불러일으키게 된 것이다. 이에 조조 자신이 먼저 두씨를 보고자 선수를 쓰면서 관우가 두씨를 취할 수 없도록 그의 발을 묶어버렸다.

두씨를 실제로 보게 된 조조는 마음이 바뀌어 약속을 파기하였고, 이에 관우는 마음이 편치 못했을 수밖에 없었다. 이 경우는 호색하는

---

39) 여기서 말하는 진의록의 처 두씨杜氏는 사실은 진의록의 전처였다. 위의 (본전)의 배주에 인용된 《촉기》와 동일한 내용은 《삼국지 위서 명제기》의 배주에 인용된 《헌제전》에 보다 자세히 기술되어 있다. 당시 진의록은 여포의 사자 임무를 띠고 원술에게 구원을 요청하러 갔을 때 한 왕조 종실의 여식을 취하여 처로 삼았다. 이때 두씨는 졸지에 전처가 되어 하비에 남고만 것이다. 전리품의 일환이라는 상황도 있지만 이 역시 관우가 두씨를 처로 삼는 데는 문제될 것이 없는 것이었다. 그러나 여포 토벌로 하비를 함락한 후 두씨가 미인임을 알게 된 조조는, 관우와의 약속을 어기고 그녀를 자신의 첩으로 들였다. 한편 진의록의 아들인 진랑秦朗은 그의 모친을 조조가 첩으로 들이자 승상부에서 살게 되었으며 조조의 사랑을 받기도 하였다. 위 명제 조예 때에는 효기장군이 되었다.

조조를 상대로 계산에 들어맞지 않은 행동을 관우가 취하면서 벌어진 일로, 관우의 자업자득이 되고 만 것이었다. 그 후에도 이와 매우 유사하게, 관우가 형주의 군사를 총감독하고 관리하고 있을 때, 북진을 개시하면서 자신과 불화가 있는 미방과 부사인에게 후방을 맡겼다. 그런데, 이게 바로 관우 자신에게 참극으로 되돌아오게 만든 셈이 되어 버린다. 이 역시 중요한 일을 앞두고 일종에 계산에 들어맞지 않은 행동을 취한 결과라 할 것이니, 그의 성격유형과 연관된 단점이 결정적인 패착요인으로 작용한 데서 유발된 사건이라 할 것이다.

당초 관우는 많은 위험성을 수반한 채 북진으로 양번전쟁을 개시하였다. 물론 북진 직전에 남양의 호족 후음이 관우에게 귀부하려고 정변을 일으킨 바도 있었다. 또한 주변에도 관우에게 투항하려는 움직임이 존재하여, 조조가 천도를 생각할 정도로 위기의식을 느끼게 할 만큼 좋은 징조도 보였다. 그러나 형주를 노리는 동맹세력 손권과의 첨예한 갈등과, 앞서 언급한 후방 방비를 맡긴 미방, 부사인에 대한 인선의 실패 등 좋지 못한 문제점도 계속 내재되어 있는 상태였다. 게다가 그 스스로도 북진을 임하는 자세에 있어 성격상의 결정적인 단점을 노출하였는데, 이는 맹목적인 헌신으로 인해 편협성에 빠져 도무지 융통성을 부릴 줄 모르는 바로 관우의 성격 특성이었다.

관우가 처음 군사를 출병하여 번성을 포위했을 때 돼지가 (그의) **발을 무는 꿈을 꾸고는 이를 아들 관평에게 말했다. "내가 올해 쇠약해졌나 보다. 다시 돌아가지 못하겠구나!" 《본전/배송지 주, 촉기》**

충용무쌍한 관우는, 양번전쟁이 벌어지고 있는 와중에서 꿈 때문에 심약해지는 모습을 보이고 만다. 관우가 이와 같이 심신이 약해져 보이는 배경에는, 아마도 관우를 토벌하여 보답하게 해달라고 손권이 요청하며 조조에게 보내온 밀서 내용을, 조조가 포위된 번성 안과 관우의 군영에 동시에 화살에 매달아 쏘아 보낸 이후일 것으로 보인다. 손권의 밀서 내용을 폭로해 버린 조조의 그 계책이 펼쳐진 이후, 관우는 거취를 어떻게 할지 정하지 못하고 오히려 미적거리면서 즉각 떠나지 못한 것을 보면, 조조가 의도했던 것이 제대로 먹혀들어 간 것이었다. 비록 동맹이었긴 하나 자신과 갈등의 골이 깊은데다 형주를 항상 되찾으려 하던 손권이었던 만큼, 그가 조조에게 보낸 밀서의 내용을 보고 관우는 강릉과 공안의 수비에 대해 믿지 못할 수도, 그렇다고 믿을 수도 없는 딜레마에 빠진 상황이었다. 그때 불운함을 암시하는 꿈을 꾸게 되자 자신의 노쇠함을 탓하는 것을 보면, 관우는 당시 많이 지쳤던 것으로 보인다.

분명 조조에게 보내온 손권의 밀서 내용이 마음에 걸렸다면 이에 대한 유연성 있는 대책을 수립하는 것이 시급한데도 그저 앞서 이룩한 공로의 승기를 놓치고 싶지 않아 돌아가지 않고 미적거리며 계속 공격에만 치중한 것이다. 이는, 유비의 대업을 실현하는 데는 자신이 앞장서야 한다는 사명감에만 너무 집착하다가 정작 후방 형주에 닥칠 수도 있는 혹시 모를 위험이 등한시되고 있었음을 드러내 주고 있는 것이라 하겠다. 즉, 그가 생사를 불사하는 결연한 각오였을지라도 시계를 늦추어 이를, 훗날 제갈량이 여러 차례 북벌에 임할 때 상황에 따라서 후퇴를 하며 재기를 노렸던 것에 비추어 비교해 보자. 이 시기 상황에서 관우는 지나치게 맹목적일 뿐 전혀 융통성을 발휘하지 못한 채 처음 그대로의 노선을 고집하고 있었던 것이 뚜렷한 사실이다. 따라서 끝내 관우가 겪게 되는 형주 함몰과 그의 죽음은, 이미 상황변화에 유연하게 대처하지 못하는 자신의 성격유형과 연관된 단점에서부터 비롯되어진 결과였던 것이다.

총체적으로 평가하건대, 관우의 삶은 유비에 뜻을 좇아 일어선 이후 많은 부침의 연속이었다 하겠다. 탁군에서 거병하여 이른바 천하를 삼분정립을 하는 데 유비의 복심으로 앞장을 섰던 관우는, 그의 전 생애를 충의와 무용으로 헌신했다고 할 수 있다.

얼핏 보면 그의 삶의 방향이 자신보다는 외부나 객체, 즉 한조부흥이나 유비의 패업이란 측면에 있다 보니 과연 내향성 인물로 볼 수 있는지 의아심도 들 수 있다. 그러나 자신이 생각하는 의義로움이 있어 이를 일평생 견지하였고 세상에 대처하는 방식을 자신의 무용에서 찾으려 했던 점을 보면, 그의 사고 판단기준은 결코 외부가 아니라 자신의 내면에 있었다고 보아야 한다. 또한 자신에 대한 자긍심이 유별날 정도로 강한 일면을 보면 그는 자신이 생각하는 바를 매우 중시했던 것이라 할 수 있으니, 주조적인 성향으로 그를 내향적 사고형의 인물로 여기게 될 수 있는 것이다.

비록 이처럼 관우를 내향적 사고형으로 분류를 하긴 해도, 그의 삶은 일의 형세가 그러하여 어디에 안착하기보다는 늘 이동으로 점철되었었다. 그러했기에 자신의 성격유형과 연관된 특징이나 장점을 제대로 실현할 기회를 만날 수 있는 경우가 당시 현실에서는 적을 수밖에 없었다.

관우가 자신의 성격유형이 지닌 특징인 자신의 관념, 신념 등을 중시하는 데에 투철했던 면은, 빼어난 충의의 의절로 포괄되어 기려지게 될 수 있어 이는 긍정적인 면모라 할 것이다. 허나 이 점이 너무 부각되다 보니 아쉬운 것은 그의 성격유형에 연관되는 다른 특징이나 장점, 이를테면 논리적이고 분석적인 성향과 관련 있는 요소들이 가려지게 되었다는 점이다. 또한 성격유형의 단점이라 여겨지는 측면, 객관적으로 설명하고 자신의 의견에 대한 설득력이 부족할 수 있는 그 일면이 그대로 드러나게 되어 버렸는데, 이는 그에게 상당히 취약한 부분이라 할 것이다. 이러한 점은 그가 스스로 뜻을 펼치는 데에 걸림돌이 되는 요인으로 작용했다고 볼 수 있는 여지가 적지 않기 때문이다.

정작 그의 실패를 부추기는 촉매제 역할을 한 결정적인 요인은, 그가 스스로의 성격적 단점이라 할 맹목적인 헌신을 한다거나 계산에 들어맞지 않은 행동을 취했던 데 기인된 것으로 보아야 한다. 이는 특히 그가 형주 진수의 대임을 맡고 난 이후, 양번전쟁을 북진으로 가열차게 개시하면서 더욱 뚜렷하게 드러나게 된다. 과유불급過猶不及이란 말이 있듯이 뭐든지 지나치면 해가 된다고, 그의 행동은 한마디로 스스로의 성격적 단점이 제어되지 못한 채 너무 뚜렷하게 노출되어 버린다. 이게 바로 당시의 전황에 연계, 확산되어 작용하였기에, 북진의 장정長程을 달리고 있던 그를 헤어날 수 없는 패망의 나락으로 인도하게 되었던 것이다.

무장 관우의 남은 논의

04

《삼국지연의》에서 가장 미화된 인물을 든다면 제갈량으로, 그는 '만고의 지절智絕'로 묘사되어 있다. 그러나 이에 못지않게 공을 들여 미화시킨 인물은 아마도 관우가 아닐까 한다. 관우가 '만고의 의절義絕'로, 후대에 숭배 대상으로 부각된 바도 이러한 서책의 미화와 무관하지 않을 것이다. 특히 《삼국지연의》에서 '인물의 수사법'이 가장 두드러지게 나타나 있는 것은 관우를 묘사한 대목이라고, 이점을 루쉰魯迅도 이미 지적하여, "《삼국지연의》는 인물묘사에도 상당한 결점이 있다. 유비의 온후함과 독실함을 강조하려다가 오히려 위선자처럼 되어버리거나 지혜가 많은 제갈량이 요괴처럼 묘사되기도 한다. 다만 관우에 대해서 유난히 멋진 표현이 많아서 의리 있고 용맹하며 훌륭한 품격이 생생하게 보이는 듯하다."《중국소설사략》라고 하고 있다.

《삼국지》의 찬자인 진수는 관우에 대하여 다음과 같이 평하여 말하였다.

> 관우는 1만 명을 상대할 만한 장수로서 당대에 용맹한 신하였다. 관우는 조조에게 은혜를 갚았고 그는 국사國士의 풍모를 지닌 인물이었다. 그러나 관우는 너무 강하고 자긍심 강한 그 단점 때문에 실패하게 되었으니, 이는 사리로 보면 당연하였다. (본전)

여기에서 우리는 관우에 대한 인물평을 《삼국지연의》와 《삼국지》의 내용을 실마리로 삼아 역시 관우에 대해 논함에 가장 쟁점이라 할 수 있는 그의 충의와 무략武略에 대해 살펴보고자 한다.

《삼국지연의》에 나오는 관우는 시종 의리의 표상으로 묘사되어 있다. 특히 적벽대전 당시 두터운 대우에 대한 고마운 은덕을 베푼 조조를 살려주게 되는 대목이 그 실례이다. 그러나 《삼국지 위서 무제기》의 배주에 인용된 《산양공재기》에는 이 내용이 다음과 같이 기록되어 있다.

> 공(조조)의 선함이 유비의 군대에 의해 불태워버리자 조조는 군을 이끌고 화용도로부터 걸어서 귀환했다. 가는 길에 진창을 만나 길이 통하지 않았고 날씨 또한 궂어서 큰 바람이 불었다. 지친 군사들까지 모두 풀을 짊어지고 진창을 메우게 하여 말이 지나갈 수 있었다. 지친 군사들 중에 말과 사람에게 밟히고 진창에 빠져 죽은 수가 매우 많았다. 군사들이 이곳을 가까스로 빠져나온 뒤 조조는 크게 기뻐했다. 제장들이 묻자 조조가 말했다. "유비는 나의 맞수이나 다만 계책을 쓰는 것이 부족하고 늦구나. 만약 그가 일찍이 불을 놓았더라면 우리는 필시 전멸했을 것이다." 잠시 후 유비가 불을 놓았으나 이에 미치지 못했다. 《삼국지 위서 무제기/배주 산양공재기》

이에는 조조가 적벽에서 화공을 당해 화용도로 패주할 때, 비록 완패를 당한 입장에 있기는 했으나 그렇다고 어떤 복병을 만나 곤욕을 당한 적이 없었음을 말해 주고 있다. 이른바 관우가 의리를 좇아 조조를 풀어주는 모습으로 묘사된 《삼국지연의》의 '의석조조義釋曹操' 대목이 허구임을 뒷받침한다.

그러나 원대에 나온 《삼국지평화》에서는, 적벽대전에서 패주해 갈 때 거듭 세 번씩이나 공격을 당하는 조조의 모습을 그려놓고 있다. 다음은 그 가운데 세 번째 공격을 당한 장면이다.

> **조공**(조조)**은 화용로를 택하여 길을 재촉했다.** 20**리쯤 가다가** 500**명의 교도수**校刀手**를 만났다. 관장군**(관우)**이 앞길을 막고 있었던 것이다. 조승상**(조조)**은 좋은 말로 부탁했다. "운장**(관우)**께서는 이 조조를 좀 보아주시오. 정후**(관우)**께서는 은혜를 좀 베풀어 주십시오." 관공**(관우)**이 말했다. "군사의 명령이 엄중하여 그럴 수가 없습니다." 조공**(조조)**이 관공**(관우)**의 진영을 뚫고 나가려고 했다. 한편 말을 하는 사이, 얼굴에 근심하는 빛이 역력하던 관공은 조공을 슬그머니 보내 주었다. 몇 리가량 뒤쫓다가 다시 돌아온 관공**(관우)**은 동쪽을** 15**리를 가다가 현덕**(유비)**을 만났다. 《삼국지평화, 중권》**

이 대목을 보면, 조조는 관우가 갑자기 얼굴에 근심하는 마음을 내비치자 이 틈새를 타고 간신히 진영을 뚫고 도망간 모양이 된다. 이른바 '충忠'과 '의義' 양단의 선택을 놓고 깊이 고심하는 관우의 모습이 어느 정도 묘사되고는 있으나, 어딘지 모르게 그 구성이 밀도가 약하다는 느낌을 갖게 한다. 그 후 《삼국지연의》에 와서야 이러한 관우의 '의석조조'의 모습이 구체적이고 실감 나게 묘사되고 있음을 본다.

그런데 여기에 나오는 관우의 '의석조조'에 대해서는 상이한 관점의 해석이 존재한다. '공'과 '사' 또는 '충'과 '의'의 대립구도로 파악하는 관점들이 그것이다. 《삼국지연의》의 관우의 모습에 한정하여 본다면, 일견 '충'과 '의'의 충돌로 파악할 수 있다. 조조야말로 찬역을 도모하는 '한적漢賊'인 까닭에, 자신은 공적인 차원에서 제갈량에게 군령장을 써놓고 나온 처지였다. 그러므로 아무리 조조로부터 과거에 후은을 입었다 할지라도 공적인 의식을 폐할 수는 없는 것이다. 관우는 공과 사를 분명히 나누어 조조를 포로로 사로잡으면 되었다. 조조를 놓아준 행위를 두고, 공적인 의무를 망각한 채 개인적인 명예와 은혜만 중시했다는 비평적 평가는 이런 입장에 서 있다고 하겠다.

그러나 사적 차원에서 보면 관우는 조조에게, 유비나 장비처럼 '그 뜻이 일치하여 관계가 일심동체'인 경우를 논외로 하면, 거의 지우지은 知遇之恩(자기를 잘 알아주고 후하게 대우해 준 고마운 은덕)을 입은 거나 다름없었다. 의리의 화신으로 그려진 관우가 자신의 손으로 조조를 사로잡는 것으로 설정될 수는 없는 일이다. 이와 같이 관우 옹호론자들은, 《삼국지연의》에 관통하고 있는 관우 인물상을 볼 때, 관우의 '의석조조'는 당연한 일로 보아야 한다고 주장한다. 그가 조조를 사로잡게 되면, 그동안 애써 쌓아온 명분과 의리에 도리어 손상을 입게 된다고 보는 것이다.

결국 '의석조조'를 '공'과 '사'나 '충'과 '의'의 대립구도로 파악하는 것 자체를 넘어서서, 관우가 조조를 풀어준 것은 후은을 입은 조조 개인에 대한 사적 상황 의리에서 나온 행위라 하겠다. 그러나 유비와는 큰 틀에서 대의를 함께하는 충의에서 나오는 행위를 보여주는 것이라 규정할 수 있을 것이다.

한편, 지금까지 형주 함몰은 기본적으로 관우의 패착에서 비롯되었다고 보는 견해가 주류를 이뤄왔다. 관우에 대해 비판적인 주장들은 대략 관우는 자의대로 군사를 움직였고, 대국적인 견지에 입각하지 않고 손·유동맹을 망쳤으며 매우 교만한 나머지 중망(뭇 사람의 앙망)을 모으지 못했다는 점 등을 든다.

물론, 이와 관련하여 형주가 함몰된 일차적 책임은 관우에게 있다 하겠지만, 그 잘못을 모두 관우에게만 돌리는 것은 공평하지 못하다는 견해가 제기되어 관심을 모으고 있다. 우선 관우가 번성으로 출병한 것을 군사적 모험으로 평가하는 것은 일면적인 해석에 불과하다는 지적이다. 당시 관우의 출병은 기본적으로 '융중대'의 계책을 실행에 옮긴 것일 뿐, 멋대로 군사를 움직인 것이 아니라는 것이다. 그때 관우는 강릉에 적지 않은 수비 병력을 남겨두었으므로, 그의 출병을 군사모험으로 치부하는 것은 잘못이라고 지적하고 있다.

이밖에도 손·유동맹의 파탄을 전적으로 관우의 책임으로 몰아붙여서는 안 된다는 주장도 있다. 애초에 여몽이 노숙의 사후 병권을 맡게 되자 형주 탈환을 최우선 목표로 삼고 있었다. 또 형주는 허도에서 가까운 요충지역이었기 때문에 관우의 형주 웅거는 조조에게도 큰 위협이었다는 것이다. 따라서 여몽의 형주 탈취는 조조와 손권의 밀약 하에서 이루어진 것으로 보아야 하니, 손·유동맹의 파탄을 전적으로 관우의 책임으로 돌리는 것은 옳지 않다는 주장이다.

그렇다면 과연 어느 견해가 보다 타당한 것일까. 역사적으로 볼 때, 관우가 양번전쟁을 개시할 당시, 유비와 제갈량은 관우에게 직접적으로 전혀 군사적인 지원을 해주지 못했다. 설사 그때 동오군이 형주의 허리를 습격하여 취하지 않았다고 하더라도, 관우의 군사로는 형주 북부에 깊이 들어가 중원을 도모하기에는 무리였다. 후속 지원군의 뒷심이 받쳐주지 못했기 때문에 적에게 결정타를 주는 전승은 더욱 거둘 수가 없었던 것이다. 그러다가 관우가 패주하여 맥성으로 들어갈 때도 유비와 제갈량이 때맞추어 구원군을 보낼 수 없었기에 관우가 고립무원에서 빠져나오기 어려웠고 끝내 형주는 함몰되어 관우는 최후를 맞게 된다.

그런데 큰 틀에서 보면, 분열된 시기에 이를 둘러싸고 반드시 쟁탈전을 벌이게 되는 땅이라 할 형주가 적벽대전 후 삼국정립의 전초기지가 되는 데서 그 원인은 배태된다. 제갈량이 '융중대'에서 형주를 취하는 것이, 천하 대업을 달성하는 데 매우 중요하다는 사실을 유비에게 역설한 바 있다. 이는 조조와 손권의 경우에도 마찬가지였다. 위, 촉, 오 모두 형주의 중요성을 명확히 알고 있었고, 반드시 서로 싸워서 빼앗아야만 할 지역으로 간주했던 것이다. 손권은 조조의 위협에 공동 대처하기 위해 유비에게 형주를 빌려주었었다. 그러나 손권은 형주를 오랫동안 빌려줄 생각은 아니었는데, 이와 달리 유비는 내심 쉽사리 이를 반환할 생각이 없었다. 이로 인해, 손·유 양자 간의 갈등이 점차 첨예화되다가 마침내 형주 함몰로 비화했다는 것이다.

유비가 서촉을 취할 때 적잖은 어려움을 겪게 되자 곧 제갈량으로 하여금 군사를 이끌고 서쪽으로 들어오게 한다. 결국 관우에게 형주 군사를 총감독하고 관리하게 한 것은 일응 다른 선택지를 찾기 쉽지 않은 현실적인 조치였다고 할 수 있다. 그런데 관우는 위, 촉, 오 세 세력이 격돌하는 요충지 형주를 지켜 양번전쟁의 승기를 중원 공략으로 이끌려 하다가 이룩하지 못하고 형주 진수 6년 만에 끝내 함몰하고 만다. 관우의 무략에 좀 더 용의주도하고 융통성이 발현되지 못한 그 한계에도 분명 큰 책임이 있으나, 이는 넘어서기 쉽지 않은 여러 세력들의 구조적인 원인이 복합적으로 작용한 결과로 보아야만 한다.

어느 일면만을 보고 실패의 그 모든 책임이 그에게 있다는 식으로 재단하여 관우를 일개 '용부勇夫'라 폄하할 수는 없는 것이다. 삼국시대에 등장한 여러 무장들 가운데 주유는 일찍이 관우를 '곰과 호랑이 같은 장수', 정욱은 '능히 만 명의 적군을 대항할 만한 장수'라 했거늘, 그는 분명히 '한나라를 짊어질 기량'을 지닌 영걸이었다 하겠다. 그러함에도 형주 함몰과 함께 스스로의 최후를 맞게 되었으니, 궁극적으로 무거운 패착의 책임에서 그가 자유로울 수 없다는 논란은 여전히 지속될 것이다.

제7장

당양 장판파의 대갈일성으로 적의 대군을 물리친 용략의 장비

인물 장비의 삶의 궤적 01

1. 유비를 섬겨 일어나 난폭으로 하비를 잃기도 하다

장비張飛는 자가 익덕益德이며 탁군(지금 하북성 탁주시) 사람이다. 초평 2년 191년, 장비는 젊어서 관우와 함께 유비를 섬겼는데 관우가 몇 살 더 연장이므로 장비는 그를 형처럼 대했다.

흥평 원년 194년, 서주목 도겸이 병사하니 유비가 그 뒤를 이어 서주목이 된다. 원술은 이를 매우 불만스러워했고, 건안 원년 196년 원술이 군사를 발동해 유비를 공격하여 서주(지금 강소성 북부)를 두고 다투었다. 이에 유비는 군사를 거느리고 관우와 방어하러 나갔고 사마[1] 장비를 남겨 하비(지금 강소성 회령현)를 지키게 하였다.

유비는 스스로 병력을 이끌고 가 우이, 회음[2]에서 원술과 싸웠는데 좀처럼 승부가 나지 않았다. 원술은 여포에게 편지를 보내 하비를 습격하라고 하며, 그러면 군량을 원조하겠다고 약속했다. 도겸의 옛 장수 조표가 하비에 있었는데 장비와 서로 실수한 것이 있어서 장비는

---

1) 사마司馬는 후한 삼국시대 삼공 및 상임장군 수하에 설치된 속관으로 병졸이나 관원들을 통솔했다.

2) '원술이 유비를 공격하여 서주(지금 강소성 북부)를 두고 다투니, 유비가 사마 장비에게 하비下邳(지금 강소성 회령현 북쪽 고비진)를 지키도록 하고, 스스로 군대를 거느리고 우이盱眙(지금 강소성 우이현)와 회음淮陰(지금 강소성 회음시)에서 원술을 방어하며 서로 버티길 한 달이 넘었는데, 이기고 지기를 번갈아 하였다.'《자치통감 권62》라고 기술되어 있다.

그를 죽이고자 하였다. 조표의 무리는 둔영을 굳게 지키는 한편 사람을 보내 여포를 불러들였다. 여포는 크게 기뻐하며 하비 서쪽의 군사를 이끌고 수로와 육로를 이용하여 동쪽으로 내려와 하비를 습격하니, 장비는 패하여 달아났다.

유비는 그 소식을 듣고 군사들을 이끌고 되돌아왔는데, 하비에 이르자 군사들이 궤멸되어 있었다. 유비가 흩어진 군졸들을 거두어 동쪽으로 가 광릉(지금 강소성 양주시)을 취하여 원술과 싸웠지만, 또 패하였다. 유비는 원술에게 패하여 갈 곳이 없어 여포에게 화친을 요청하게 된다. 여포 역시 원술이 앞서 약속했던 군량을 주지 않자 포로로 잡고 있던 유비의 처자와 장수, 관리들의 가족을 돌려주고 유비를 소패(지금 강소성 패현)에 주둔하게 하였다. 그러나 이어 유비가 1만여 명의 군사를 얻게 되고, 또 여포가 구입해 오던 말을 장비가 빼앗는 일이 발생한다. 이에 여포가 군사를 내어 유비를 공격하니 유비는 패하여 조조를 찾아 의탁하게 된다.

2. 대갈일성에 다리를 끊어 조조군을 물러가게 하다

건안 3년 198년 조조는 유비를 예주목으로 삼았다. 유비가 패[3]땅으로 가서 병사들을 모집하려 하니, 조조는 그에게 군량미와 병사를 늘려주어 동쪽으로 여포를 치게 했다. 뒤이어 조조는 직접 동쪽으로 서주의 정벌에 나서 하비에서 여포를 포위해서 사로잡아 죽이고, 허창(지금 하남성 허창시)으로 돌아가 표를 올려 유비를 좌장군에, 장비를 중랑장에 임명하였다.

그러나 유비는 다음에서 보듯이, 장비 등과 함께 조조를 떠난다.

---

3) 패沛·양梁은 동한 시기 제후왕의 봉국封國으로 예주에 속했다. 지금 하남성, 산동성, 강소성, 안휘성의 일부 경계지역에 해당한다.

유비는 이때 대문을 닫아걸고 사람들을 데리고 무청(순무)을 심고 있었는데 조조가 사람을 보내 문 안을 엿보게 하였다. 그가 떠난 후 유비는 장비와 관우에게 "내가 어째서 채소나 기를 사람이겠는가? 조조가 틀림없이 의심하고 있으니 더 이상 머물 수 없겠다."라고 말한다. 그날 밤 뒷문 울타리를 열고 장비 등과 함께 가볍게 갖춘 말을 타고 떠나면서 하사받거나 선물 받은 의복을 모두 봉하여 남겨두었다. 이에 소패로 가서 병사들을 거두어 모았다. 《삼국지 촉서 선주전/배주 오력》

건안 4년 199년, 유비는 이렇게 조조에게서 탈신하여 서주로 가 서주자사 차주를 죽이고 조조에 대항하는 기치를 내걸었다. 관우를 하비(지금 강소성 수영현)에 남겨 지키게 하고, 유비는 소패(지금 강소성 패현, 예주의 치소)에 갔으며 장비는 그를 따랐다. 이에 여러 군·현들이 호응하여 유비의 군사가 수만 명이 되었다.

조조는 즉시 유대와 왕평을 파견하여 유비를 공격하였으나 승리하지 못하자, 건안 5년 200년 조조가 직접 군대를 이끌고 동쪽으로 나가 공격하였다. 유비는 패하여 원소에게 의탁하였고, 하비가 함몰되어 관우가 유비의 처자와 더불어 사로잡혔고 장비는 망탕산에 숨어들었다.

이후 원소와 조조가 관도(지금 하남성 중모현)에서 대치하고 있을 때, 원소에 의탁한 유비가 파견되어 여남(지금 하남성 평여현 서북)에서 유벽 등과 합세하자 여러 군·현이 호응하였다. 유비가 원소를 떠날 속셈으로 원소에게 유표와 연합하게 권하고는, 옛 병사를 거느리고 다시 여남으로 나와 공도 등과 합치자 무리가 수천 명이 되었다. 관우도 조조에게서 떠났으며 도중에 장비를 만나게 되어, 이들은 다시금 유비와 여기에서 모이게 된다. 그러나 건안 6년 201년, 조조가 여남을 공격하자 공도 등이 흩어지니 유비는 형주로 달아나 유표에게 의탁하게 된다. 관우, 장비도 그를 따라 신야(지금 하남성 신야현)에 주둔하게 되었다.

건안 13년 208년 유표가 죽고 조조가 남정해 왔다. 후사 유종이 바로 항복하여 조조는 쉽사리 형주를 차지하게 된다. 이때 유비는 번성(지금 호북성 번성현)에 주둔하고 있었는데, 강릉을 향해 남쪽으로 후퇴한다. 당양(지금 호북성 당양현)에 이르렀을 즈음에 따르는 무리가 10여만 명이었고 치중은 수천 량輛(수레)인데, 병사 3천여 명으로 호위하여 겨우 하루에 10여 리를 후퇴하고 있었다. 이미 완현(지금 하남성 남양시)에 있었던 조조는, 정예기병 5천 명을 거느리고 급히 유비를 뒤쫓아 하루 낮과 하룻밤으로 3백 리를 지나 당양의 장판(지금 호북성 당양현 북부)까지 이르렀다.

유비는 조조가 곧 다다를 것이라는 소식을 듣고 처자를 버린 채 가까운 길을 지나 한진[4]으로 달아났다. 이때 장비가 기병 스무 명을 거느리고 뒤에서 조조를 막았다. 장비는 강을 등지고 교량을 끊고, 눈을 부릅뜨고 창을 비껴 잡으며 말하였다. "나는 장익덕이다. 누구든 와서 함께 죽음을 결정지으며 싸울 수 있겠는가!"《삼국지 촉서 장비전(이하 본전)》 하니, 이에 조조의 군사 중에서 감히 가까이 다가가는 자가 없었다. 이로써 유비는 위기를 벗어나게 되었다.

건안 13년 208년 적벽대전 후, 장비는 유비가 강남을 평정하는 데 전공을 세운다. 유비가 파견하여 장비는 1천여 병사를 이끌고 주유의 진영에 합류하게 되고, 강릉성의 조인을 공격 이를 함락하는 데 기여하였다. 유비가 강남을 평정한 뒤, 건안 15년 210년 장비는 의도(지금 호북성 지성시)[5]태수, 징로장군, 신정후에 봉했졌다. 나중에 남군(지금

4) 한진漢津은 나루터 명칭으로 지금 호북성 형문荊門 현성 동북쪽 한수漢水를 건너는 곳에 있다.

5) 유비는 건안 15년 210년에 임강군을 의도군으로 개칭하고 장비를 태수에 임명했다. 오장 육손陸遜은 건안 24년 219년에 의도군을 점령하여 촉한에 저항하며 육성陸城이라고 했다. 나중에 의도군은 오나라 형주에 속하여 자귀, 서릉, 이도, 항현을 관

호북성 강릉현)으로 옮겨 주둔하게 된다.

3. 의기로 엄안을 풀어주고 지략으로 장합을 크게 이기다

유비는 익주로 들어온 뒤 군사를 돌려 유장을 치려고 했으므로, 이와 관련지어 제갈량은 관우로 하여금 형주(지금 호북성과 호남성, 이때 주의 치소는 강릉)를 지키도록 형주 관할권을 넘기게 된다. 이어 제갈량은 장비, 조운과 함께 건안 19년 214년, 장강을 거슬러 올라가며 서로 나누어 각 군과 현을 평정하였다. 도중 강주(지금 사천성 중경시)를 지날 때, 장비는 병사들을 거느리고 파군(치소는 강주현)태수 엄안을 격파하고 생포하여 귀순시키는 큰 공을 세운다. 그리고 장비는 계속 진군하여 파서(지금 사천성 낭중시)와 덕양(지금 사천성 강유시 동북 마각진)을 평정하였다.

거듭된 승전 속에 성도(지금 사천성 성도시)를 포위한 유비와 합류하여 성을 포위한 지 수십 일 만에 마침내 익주목 유장이 성문을 열고 나와 항복하게 된다. 유비는 익주를 평정한 뒤 제갈량, 법정, 장비, 관우에게 각각 금 500근, 은 1,000근, 동전 5,000만 개, 비단 1,000필을 내리고 그 밖의 사람들에게는 각각 차이를 두어 하사했다.

파서군은 파군(지금 사천성 중경시), 파동(지금 사천성 봉절현 동쪽)과 더불어 삼파의 하나이다. 북쪽의 한중군과 인접해 있는 지역으로 익주 방위의 최전선이기도 한데, 장비는 이곳 파서태수를 겸임하게 된다. 건안 20년 215년, 장비는 한천에 머물러 지키던 장합을 유인하여 탕거에서 격파한다. 장비는 파서 지역의 평정을 되찾게 하였다.

건안 24년 219년 가을 7월, 유비가 한중전쟁에서 조조를 끝내 물리치고 면양(지금 섬서성 면현)에서 한중왕에 오르게 되었고, 유비는 돌아

할하게 된다.

와 성도를 치소로 정하고 장비를 우장군으로 임명하였으며 가절[6]을 주었다.

4. 일세의 용장은 끝내 비명에 가다

장무 원년 221년 여름 4월, 한중왕 유비는 성도(지금 사천성 성도시)에서 황제에 올라 유선을 황태자로 세웠으며 장비의 딸을 황태자비로 삼았다. 장비는 거기장군으로 승진하게 되고 사례교위를 겸하였으며, 작위가 올라가 서향후에 봉해졌다. 이에 책서에서 다음과 같이 말하고 있다.

> 짐은 제위를 잇고 선제의 대업을 받들어 흉포한 무리를 없애고 화란을 평정해야 하나, 천하는 아직 질서를 회복하지 못했다. 지금 역적과 강도는 해악을 만들고, 백성은 쓰라린 고통을 받고 있으며, 한조의 부흥을 생각하는 선비들은 학처럼 목을 빼고 이를 바라고 있다. 짐은 이를 측은하게 여겨 자리에 앉아 있어도 불안하고 음식을 그 맛을 몰랐으며, 군대를 정돈하고 맹서하며 하늘의 뜻에 따라 적도를 토벌하기를 빌었도다.
>
> 그대의 충성과 굳센 의기로 소호[7]만큼이나 그 명성이 널리 알려졌으니, 특별히 책서를 내려 관직과 작위를 높이고 경사京師의 업무를 겸하도록 하노라. 경은 하늘의 위엄을 떨치고, 덕행으로 부드럽게 거느리며, 형벌로써 반역하는 자를 징벌하여 짐의 뜻에

---

6) 일정한 범위에서 황제의 권한을 수행할 수 있는 부절符節의 하나이다. 여기에는 가절假節, 지절持節, 사지절使持節의 등급이 있다.

7) 소호召虎는 주周의 소목공召穆公, 당시 주 여왕厲王이 포악하고 학정을 펴자 소목공은 태자를 자기 집에 숨겨 놓고 자신의 아들을 대신 죽게 한 뒤에, 태자를 외국으로 피신시켰다. 주 여왕이 죽은 뒤 태자가 주 선왕宣王으로 즉위했고, 소목공은 정공定公과 함께 주 선왕을 보필했다.

따르라. 〈시詩〉에서도8) '어려움과 위기를 다 수습하여 나라가 평안하도다. 군사 일을 잘 성공시켜 천복을 받게 하라.'고 하였으니 힘쓰지 않을 수 있겠는가! (본전)

이 해에 유비는 촉한을 건립한 뒤, 관우가 죽은 것을 수치로 생각하여 장차 동쪽으로 손권의 오나라를 정벌하려 하였다. 이에 장비에게 군사 1만 명을 거느리고 낭중(지금 사천성 낭중현)에서 출병하여 강주(지금 사천성 중경시)에서 합세하기로 되었었다. 그러나 출병 직전 장비 막하의 부장인 장달과 범강이 장비를 죽이고, 그 머리를 가지고 장강을 따라 손권에게로 도망하였다. 장비 군영의 도독이 표문을 올렸다는 보고를 받고, 유비가 "아! 장비가 죽었구나."(본전)9)라고 하였다.

유비는 장비의 시호를 환후로 추증하였으며 맏아들 장포는 일찍 죽었으므로 둘째 아들 장소가 대를 이었는데, 그 관직이 시중 상서복야까지 이르렀다. 장포의 아들 장준은 상서가 되어 제갈첨을 따라 면죽(지금 사천성 덕양현)에서 등애와 싸우다가 죽었다.

장비의 맏딸은 장무 원년 221년에 유선의 황태자비로 들어왔다가 건흥 원년 223년에 황후로 세워졌는데, 건흥 15년 237년에 죽었다. 또 장비의 작은 딸 역시 경애황후가 죽은 후, 건흥 15년 237년 입궁하여 귀인으로 있다가 연희 원년 238년 황후에 세워졌다. 후에 이 장황후는 함희 원년 264년 유선을 따라 낙양으로 옮겼다.

---

8) 주 선왕이 소목공에 명하여 회수淮水 남쪽의 만이蠻夷를 정벌 평정케 하였다. 《시경詩經 대아大雅 강한江漢》 이는 주 선왕의 공로와 소호의 공적을 칭송한 노래이다.

9) 표문에 의당 장비가 올라야 하는데 그 아래 있는 도독이 장비를 뛰어넘어 표문을 올린 것이니 장비가 유고라는 것을 의미한다. 그러므로 유비는 표문의 내용을 보지 않고도 장비가 죽은 것을 알았다.

충용의 기상이 넘치는 호탕한 풍도의 임협

02

사상 가치성향을 통해 인물 장비를 살펴보면, 그는 주군 유비에게 끝없는 의리를 다한 호신虎臣이자 임협이었다. 그러면서도 사대부의 풍도風度를 지향했던 독특한 인물이었다. 오랫동안 미미한 세력을 이끌던 유비가 패망하지 않고 끝내 독자적인 세략을 일으켜 세울 수 있었던 것은, 관우와 장비라는 뛰어난 용맹을 지닌 이 두 사람이 항상 유비를 위해 몸을 바쳐 떠받들었기 때문에 가능한 일이었다.

《삼국지》의 여러 기록에 의하면, 조조 휘하의 곽가, 정욱, 동소라든지 손권 휘하의 주유 등이 이를 평가하고 있다. 유비가 영웅의 기개를 펼쳐나갈 수 있는 근간에는, 마치 교룡의 삼일우로 일컬을 수 있듯이,[10] 바로 그의 무력을 지탱해 줄 수 있는 관우, 장비라는 복심이 있었기 때문이라는 것이다.

훗날 관우가 손권에게 죽임을 당하자, 위나라 진영에서는 유비가 과연 관우의 복수전을 감행할 것인가에 대해 논의가 일었다. 유비가 그렇게 하지 않을 것이라는 게 중론이었다. 이때, 유엽만은 생각이 달랐다. 유엽은, 유비가 죽은 관우를 위해 반드시 복수할 만큼, 그들 사이

---

10) 교룡蛟龍은 뱀과 비슷한 몸에 비늘과 사지가 있고 머리에 흰 혹이 있는 동물로, 아직 용이 되지 못한 전설상의 동물이다. 교룡은 평상시에는 물속에 살고 있다가 삼일 동안 내리는 비를 만나면 그때가 되어서야 하늘로 승천하여 용이 된다고 한다. 흔히 때를 못 만나 뜻을 이루지 못하는 영웅호걸을 비유한 말이다.

의 정의는 매우 두텁다고 본 것이다. 과연 유엽의 예측대로, 유비는 자국의 대다수 신료들의 반대를 무릅쓰고 동오 정벌을 감행한다.

> **"관우와 유비는 대의상으로는 군신의 관계이지만 입은 은혜로는 마치 부자의 관계입니다. 관우가 죽었는데 군사를 일으켜 적에게 복수하지 않는다면 두 사람 사이의 같이 살고 같이 죽자는 나눈 정리가 부족하다는 것입니다."《삼국지 위서 유엽전》**

비록 사서의 이 대목에서는 유비와 관우 사이의 같이 살고 같이 죽자는 정분만이 새삼 강조되고 있는 듯하다. 그러나 장비 역시 관우의 죽음에 대한 복수전을 준비하다가 암살당하고 만다. 이 소식을 접한 유비가 더욱 절치부심하며 동오정벌을 감행했던 상황을 돌이켜 들여다보면, 유비, 관우, 장비 이 세 사람의 관계는 유엽의 말처럼 정녕코 단순한 군신관계가 아니었다 할 것이다.

앞서 관우에 대하여 논하면서 그의 사상 가치성향 측면에 관하여, '군신은 그 뜻이 일치하여 관계가 일심동체다君臣叶契, 義同一體'라는 당태종 때의 현신 위징의 말을 인용한 바 있다. 즉 유비와 관우, 장비의 관계는 피로 맺어진 혈연관계에 의하지 않고, 오로지 협俠으로서 뭉쳤다고 보아야 한다. 이들은 부자, 형제와 같은 지친을 뛰어넘을 정도로, 피보다 진한 의리로 맺어진 관계였다고 해도 지나치지 않다는 것이다.

> **그때**(중평 원년, 184년) **유비가 향리에서 무리를 모으니 관우는 장비와 함께** (유비의) **어모[11]가 되었다.** (…) **유비는 두 사람과 잠**

11) 어모禦侮의 일반적인 의미는 외부로부터 당하는 모욕을 막아낸다는 것이다. 이를 (본전)의 역사적 상황과 비추어 본다면 그들은 황건의 난 이래로 유비의 창칼과 방패 노릇을 수행했다는 것으로 이해함이 마땅할 것이다.

잘 때도 같은 침상을 썼고, 은의가 형제와 같았다.《삼국지 촉서 관우전》

(본전)과《관우전》을 보면, 유비와 관우, 장비는 젊어서 의기투합한 후 협의俠義의 정분을 쌓고 있었음을 짐작할 수 있게 된다.[12] 관우와 장비는 유비를 섬긴 그 순간부터 서로는 동료가 된 것이지만, 이들은 단순히 이러한 관계를 넘어 형제의 정분을 맺으며 생사를 같이하는 돈독한 동지애를 지니게 된다. 때문에 유비가 황건의 난이 발발하여 거병을 도모하자, 관우, 장비는 기꺼이 자신의 몸을 던져 유비의 무략을 펼치는 데 앞장선다. 관우, 장비는 유비와 형제 같은 정의로, 유비의 복심으로서 역할을 톡톡히 해나갈 수 있었던 기저에는, 마치 묵가墨家에서 말하는 '내 정강이를 다 닳게 하더라도 천하를 위해서라면 기꺼이 한다.'는 사상 가치성향이 추동하고 있는 것으로 볼 수 있다. 즉 유비를 필두로 한 그들의 관계에서 큰형님인 유비는, 주인이자 곧 천하인 것이다.

그런데 임협으로서 동류의식을 보여주는 두 사람 관우와 장비는, 또 다른 한편으로는 상당히 차별적인 이미지를 지니고 있다. 유가의 충의와 묵가의 협의 사이에 서 있는 오묘한 모습을 보여주는 관우는, 만고의 의절義絕(의리의 으뜸)로 평가받는다. 그것은 그가 보여준 남다른 의리에서 비롯된다 할 것이다. 장비는 이 점에 있어서 다소 그 이미지가 약해 보인다는 것이다. 물론 이는 어쩔 수 없어 조조에게 잠시 투항했다가 탈신하는 관우의 단기천리單騎千里 역정이 투사되는 관우의 이미지

12) 장비의 이러한 태도는 관우가 보였던 태도와도 흡사하다. 관우가 조조에게 의탁하던 시기 장료와 형제의 의를 쌓고 있었던 것《삼국지 촉서 관우전/배주 부자》이나 양번전쟁 당시 서황에게 족하足下(동료에 대한 존칭)보다는 대형大兄이란 호칭을 썼던 것《삼국지 촉서 관우전/배주 촉기》을 볼 때, 임협들은 자신들의 동류의식을 표명하는 그들만의 임협문화가 있었던 것으로 보인다.

영향으로 말미암은 것이라 하겠고, 실제로 의리에 대한 장비의 강고함이 관우만 못하다고 볼 수만은 없다. 비록 장비에게서 의절의 면모로 그 진중함이 느껴지는 면이 덜하더라도, 유비를 위한 그의 각별한 의리는 투박하되 한껏 강렬한 면모로 《삼국지연의》에서 충분히 묘사되고 있는 것이다.

장비는 관우와 함께 임협으로서, 자신의 인생 대부분을 유비와 조그만 부조화나 균열도 없이 혼연일체가 되어 삶의 궤적을 함께 해 왔다. 그러기에 관우와 장비의 생애는 대체적으로 비슷하게 보이는 면모가 적지 않다. 또한 장비의 사상 가치성향의 측면 역시 의협의 기준에다 견줄 때, 특히 관우와 상당부분 겹쳐진다고 할 수 있다.

그렇지만 아무리 서로가 지향하는 가치기준과 처한 상황의 궤적 등이 비슷하다고 해도, 사람마다 확연히 구별될 수 있는 각자 나름의 특징이 있을 것이다. 장비 역시 어느 누가 따라 할 수 없는 독특한 행동양식을 보인 인물이었기에, 이러한 그의 개성은 관우와도 상당히 차별화되는 면모가 아니었나 여겨진다. 이러한 점은 당시대 사회제도권의 주류층인 사인士人신분에 대한 이 두 인물의 태도의 차이에서 잘 드러난다.

관우는 병졸들에게는 잘 대해주었으나 사대부에게는 교만했고, 장비는 군자를 친애하고 공경했으나 병졸을 어엿비 여기지 않았다. (본전)

자신의 위엄과 용맹을 중시하던 관우는, 난세에 대처하는 방식에 있어 상당한 자부심을 갖고 있는 인물이었다. 게다가 당시대를 주도적으로 이끌어나갔던 엘리트 신분인 사대부들에게는 교만하게 보이는 태도를 보이면서, 난세에서의 이들의 역할을 은근히 평가절하 했다. 반면에 병사들에게는 자애로운 태도를 취한다. 이러한 그의 태도에서 난세에 있어 무인에 대한 평가를 드높이고 무력을 중시하려는 그의 의도를 짐작게 한다.

장비의 경우 관우와는 사뭇 다른 면모를 보인다. 그는 군자, 즉 유가에서 말하는 이상적인 인재에 대해 상당히 친우호적인 자세를 취한다는 사실이다. 장비는 군자에게 친애하고 공경하는 자세를 취하면서 오히려 소인들을 홀대하였다. 임협으로서, 전형적인 무인이라는 장비의 이력을 놓고 볼 때, 이러한 그의 행태는 상당히 독특한 면모라고 할 수 있다. 이 때문에 여러 논자들은 장비를 사대부의 풍도를 지닌 인물이라 평가하고 있고, 심지어 장비가 《삼국지연의》의 이미지와는 자못 달리 실제로는 시문과 서화에 매우 능한 문인이었다는 주장까지 나오고 있다. 이를 증명이라도 하듯 각종 민담과 설화, 심지어 현판의 기록물 등까지도 제시되고는 한다.

그러나 이는 장비의 친親사대부적인 (본전)을 바탕으로 한 후대인들의 의도적인 윤색潤色으로 볼 수밖에 없다. 왜냐하면 장비처럼 군자들을 경애한 위나라의 하후돈, 장합, 이전과 같은 무인들도 있으나, 그들은 출신이 사족士族인13) 반면에 장비는 이들처럼 사족 출신으로 볼 수는 없다. 이러한 점을 고려하면, 후대인들이 장비에 관한 미화를 기획했을 가능성은 상당히 농후하다 할 것이다.14)

한편 이런 점들을 감안해 보면, 장비는 유가에서 말하는 이상적인

---

13) 하후돈夏侯惇은 말할 것도 없고 이전李典의 경우 산양山陽군의 호족 가문 출신인 점에서 확실히 사인신분에 속했던 인물임을 알 수 있다. 다만 장합張郃의 경우는 확정할 수는 없지만 황건의 난 때 모병에 응모해 녹질이 비比 일천석인 군사마軍司馬가 되는 것을 보면, 사족 출신이 아니고서는 이렇게 상당한 수준의 관직으로 발탁되기란 어렵다는 정황으로 볼 때, 그 역시 사인신분이라 볼 수 있다.

14) 유파劉巴는 장비를 '병자兵子'라 표현한 바 있는데 이는 평민과 천민의 중간에 놓인 특수한 신분에 있는 계층인 용병이나 부곡의 사병들을 일컫는 호칭이다. 유파의 이러한 장비에 대한 폄하는 장비가 사인신분이 아님을 방증케 한다.

세계를 추구하려 한 인물이었음이 은연중에 드러나게 된다. 흔히 《삼국지연의》에서 묘사되는 장비의 인물상, 즉 불의를 보면 참지 못하는 강직함은 무인의 전형적인 캐릭터라고 단순히 인식될 수 있으나, 동시에 이는 또 한편으로 유가에서 지향하는 인간상의 가치 덕목이기도 하다. 그런데도 왜 장비가 이러한 가치기준을 유별나게 대변하는 인물로 묘사되었는가를 반추하여 따져보자. 이는 아무래도 그가 비록 강한 임협 출신의 기개를 지닌 무인이지만, 동시에 다분히 친유가적인 성향이 강했기에 때문일 것이다. 그러기에 사가나 문인들은 그를 관우에 이어 충의의 표상으로 그려내는 데, 안성맞춤의 대상으로 여겼던 것이라 볼 수 있지 않을까?

독선적인 성격으로 비운을 불러온 당대의 용장

03

장비는 '만인을 상대할 만한 장수'로 불릴 만큼, 뛰어난 무공을 자랑하는 인물이었다. 관우와 더불어 유비의 초창기 시절부터 생사고락을 함께하였지만, 관우가 유비에 대한 '의'를 끝까지 지켰던 것과는 다소 다른 모습으로, 장비는 유비의 곁을 끝까지 지키는 고굉(팔과 다리)이었다. 《삼국지연의》의 설정인 '결의형제'라는 관점, 즉 임협이라는 배경에 충실한 자세로 유비를 보좌하였다.

현덕이 자기소개 겸 말한다. "나는 본시 한 황실의 종친으로 성은 유며 이름은 비라 하오. 요즘 황건적이 반란했다는 방문을 이제사 보았소. 도둑을 쳐부수어 백성을 구제하고 싶으나 힘이 없어 한이라. 그래서 길이 탄식하였소." 장비가 제의한다. "내게 재산이 있으니, 이 고을 사람들을 모집하여 우리 함께 의병을 일으키면 어떻겠소?" 현덕은 매우 기뻐하고, 마침내 장비와 함께 마을 주막으로 들어가서 술을 마신다. (…) 장비가 의견을 말한다. "우리 집 뒤에 복숭아나무가 울창한 동산이 있는데 지금 꽃이 한창이오. 내일 거기서 하늘과 땅에 제사를 드려 뜻을 고하고, 우리 세 사람이 형제의 의를 맺읍시다. 우리가 한마음 한뜻으로 뭉쳐야만 비로소

대사를 도모할 수 있소." 현덕과 운장은 일제히 응낙한다. "그 말이 참 좋소."《삼국지연의 제1회》

《삼국지연의》의 묘사에는 황건의 난이 발발했을 당시에, 장비는 당시 도성 각처에 걸렸던 의용병 모집 벽보 방을 보다가 유비를 만나 의기투합하게 된다. 주막에서 외지에서 온 관우를 만나며 셋이 함께 도원결의를 맺는다. 장비가 이러한 일련의 과정을 주도적으로 이끌어갔지만, 기실 그 중심은 장비가 아니라 유비였다. 장비가 유비라는 객체에 맞추고 이에 부합하는 방향으로 판단하고 행동하는 점에서, 우리는 그가 지닌 외향적인 성향의 특성을 간파해 볼 수 있다.

초기의 장비는 용력만을 믿고 거칠게 행동하여 유비 진영에 본의 아니게 피해를 입힌 경우도 있었다. 장비의 이런 모습은 유비가 안희현의 현위로 있을 때, 유비를 핍박하는 독우를 마구 매질하는 장면[15]에서 가장 먼저 드러난다. "독우는 대답도 하기 전에 벌써 장비의 손에 상투를 잡혀 관역 바깥으로 끌려 나갔다. 장비는 독우를 질질 끌고 고을 관가 앞까지 가서, 말 매는 기둥에 달아매고는 버들가지를 꺾어 두 다리를 한 번 치니, 버들가지 10여 개가 일시에 부러져 날린다."《삼국지연의 제2회》와 같은 사건 묘사에서 볼 수 있다.

그러나 이런 장비도 시간이 흐름에 따라 자신을 스스로 성숙시켜 나아가 계략을 능히 구사할 줄 아는 이른바, '용략을 겸비한' 무장이 되어간다. 이런 장비의 변화 면모가 가장 극명하게 드러나는 것은, 서촉으로 진격할 때, 그 첫 관문인 강주에서 엄안을 사로잡는 장거라 할 것이다.

15) 사서 《삼국지》에서는 유비가 독우를 직접 매질한 것으로 나타나 있으나 여기에서는 《삼국지연의》의 묘사 내용을 인용하고자 한다.

장비는 제갈량과 함께 장강을 거슬러 올라가 군사를 나눠 각 군현을 평정하였다. 강주에 이르러 유장의 장수인 파군 태수 엄안을 격파하고 (그를) 생포하였다. (…) 장비가 노하여 (엄안을) 끌고 가서 참수하라고 좌우에 명했지만 엄안은 안색이 변하지 않으며 말했다. "머리를 자르면 자르는 것이지 어찌 화를 내는가!" 장비가 이를 장하게 여겨 풀어주고 그를 빈객(점잖은 벗으로의 손)으로 삼았다. (본전)

이전의 장비였다면, 자신의 계책으로 엄안을 생포한 후에도 거듭 기개를 굽히지 않는 그를 당장 목을 베었을지 모른다. 그러나 장비는 서천으로의 진출에서 엄안이 지닌 효용성을 파악하고, 그를 항복시키는 절차에서 크게 성장한 모습을 보인다.

또한 건안 22년 한중전쟁[16]이 본격적으로 일어나기에 앞서, 건안 20년 215년 10월에 있었던 장합과의 삼파三巴 전투에서도 장비는 수준 높은 계책을 편다. "암만 생각해도 별도리가 없어서 50여 일 동안을 장합과 서로 노려만 보던 장비는 마침내 바로 산 밑으로 바짝 옮겨가서 크게 영채를 세우고, 네가 그럴 바에야 나도 못할 것 있느냐는 듯이 매일 술을 마시고 크게 취하여서는 산 앞에 주저앉아 갖은 욕설을 퍼부었다."《삼국지연의 제70회》와 같이, 장비가 거짓으로 대취한 것처럼 보이게 한 것이다. 장합은 이를 장비가 자신을 얕잡아 보는 것으로 생각하고 그만 분통을 터트렸다. 그날 밤 장합이 장비의 영채를 급습했으나, 영채는 텅 비어 있어 장합은 대패하고 만다. 이처럼 장비는 스스로 외형적으로 능히 상징 조작을 할 줄 아는 계책을 구사하기도 하였다. 장비의 장합 격파는 이후 한중전쟁의 교두보를 만들어낸 것이라

16) 건안 22년 217년 10월부터 건안 24년 219년 5월에 걸쳐 국지전이 일어나다 본격적으로 쟁탈전으로 귀결된 한중전쟁이었다.

할 것이다.

이런 모습에서 장비는 외향형에 가까운 특성을 드러내고 있다 하겠는데, 외향형에서는 늘 객체에 맞추고 객체에 부합되는 방향으로 행동하고 판단해 가는 경향이 강한 것이 특징이다. 또한 외향형은 주위의 기대가 있는 한 변혁을 과감하게 실천하지만, 그것이 주위의 기대에 어긋나는 것이면 변혁을 피한다는 속성을 지니고 있다.

장비의 경우 처음 유비의 복심으로 용력은 강했으나 상대적으로 지략이 부족한 일면을 보여, 유비 진영에서 적잖이 말썽을 일으켰다. 그러나 장비는 시간이 흐름에 따라 장판파에서 기개로 조조의 대군을 물리친 실례나, 앞서 언급한 엄안을 강주에서 사로잡아 의기로 풀어주어 항복을 받은 때와 삼파전투에서 외형적인 상징 조작으로 장합을 유인하여 격파해 버리는 지략의 방식으로 전공을 세운다. 이러한 전투들에서 점차 계책을 능히 쓸 줄 아는 장수로서의 용략을 구사하기에 이른다는 점에서, 장비는 외향형과 유사한 성격의 면모를 드러내고 있다 하겠다.

유비와 관우, 장비가 서주에서 조조에게 패한 후 뿔뿔이 흩어져 있을 때, 장비는 고성에서 유비와 관우의 소식을 꾸준히 알아보고 있었다. 관우가 부득이 조조에게 의탁하게 되었던 그 소식을 전해 들은 장비는 관우가 유비를 배신하고 조조에게 투항한 것이라 단정하였다. 후에 관우가 감부인, 미부인 등을 모시고 유비와 다시 결합하려고 천 리 독행하는 길에 장비를 찾아오게 된다.

이날 손건은 관운장의 분부를 받아 성안으로 들어가서 장비에게 인사하고, 유현덕이 원소를 떠나 여남 땅으로 갔다는 소식을 알린 뒤에, "관운장이 허도를 떠난 이래로 두 부인을 모시고 지금 이곳에 왔으니, 장군은 속히 나가서 영접하시오."하고 일렀다. 장

비는 대답도 없이 즉시 갑옷을 입고 장팔사모를 들더니, 말에 뛰어올라 부하 천여 명을 거느리고 북문 바깥으로 달려 나온다. (…) 장비는 벼락같이 꾸짖는다. "의리 없는 자가 무슨 면목으로 나를 보러 왔느냐!" "나에게 왜 의리가 없다 하느냐?" "잔말 말라. 너는 형님을 배반하고 조조에게 들러붙어 높은 벼슬을 하더니, 이제는 나까지 유인하러 왔구나. 나는 오늘 너와 함께 사생결단을 내리라." "네가 몰라서 그런 소릴 하는 것이다. 변명할 수도 없는 일이니, 여기 두 형수씨에게 아우는 직접 여쭈어 보라."《삼국지연의 제28회》

이처럼 장비의 초기 행동들은, 자신에게 주어진 상황에 따라 판단하고 행동하는 논리적 원칙에만 따르지는 않는 오히려 감정에 종속되는 감정적 사고의 일면을 보여준다. 이에 준할 때, 장비는 어떠한 내용을 수용하느냐 배척하느냐를 쾌 불쾌의 감정 부여가 좌우하는 감정형의 속성을 지녔다고도 볼 수 있다.

그러나 장비의 그런 모습들은 일부 경우에 불과하다고 말할 수 있을 것 같다. 앞서 본 초기의 몇몇 일례들에 한정할 때, 장비는 초기에는 무용만을 뽐내는 감정형에 상당히 가까웠다고도 할 수 있다. 그런데 그의 행동 면모가 여기서 나아가 점차 지략이 수반되는 성숙미를 지녀가는 실례들을 볼 때, 그는 감정형보다는 감정적 사고, 더 나아가 이제는 오히려 사고형에 더 근접하는 태도를 주조적으로 지닌다고 할 수 있다. 사고형은 주어진 관념 내용을 그 고유의 법칙에 따라 서로 연관시키는 정신 기능인데, 장비는 여러 경우들에서 사고형에 가까운 행동 특징을 보여준다.

사고형은 주관적이고 궁극적으로 우리가 잘 모르는 무의식적인 원천에서 주어지는 성향과, 감관을 통한 지각으로써 전달되는 객관적 사항에서 주어지는 두 가지 성향으로 구분된다. 그리고 이것이 내향적 사고와 외향적 사고의 두 가지 서로 다른 사고의 근거를 이루고 있다. 장비의 경우 앞서 외향형의 모습을 보이고 있다 하였는데, 그가 무의식적인 원천을 통해 행동했다기보다는 그때그때의 전투 현장에서 주어진 상황에 처하여 판단하고 행동했다는 점에서, 외향적 사고에 더 가깝다고 볼 수 있을 것이다.

이상을 토대로 보았을 때, 장비를 성격유형으로 그 인물형을 논한다면 외향적 사고형이라 평할 수 있다. 외향적 사고형의 특징은, 첫째로 현실 상황에 대한 판단능력이 뛰어나고 논리적이며, 둘째로 설득력이 뛰어나고 호전적인 기질이 있어 강인하고 냉정하며, 원리원칙을 중요하게 생각한다.

1. 장판파에서 "누가 나와 함께 죽음을 결정지으며 싸워보자!"는 장비 일갈에 기세 눌려 조조의 대군 퇴각, 이로 유비군 시간 벌게 되어 위기 모면, 상황 판단 능력과 호전적 기질로 문제 해결하는 그의 특징 두드러져

이 외향적 사고형의 특징을 장비에게 적용시켜 보면, 외향적 사고형 장점의 첫째 내용인 현실 상황에 대한 판단능력과, 둘째 내용인 호전적인 기질로 인한 강인함 등이 장비에게 잘 부합하는 요소라 할 수 있다. 장비는 처음 주로 호전적인 기질을 바탕으로 하는 용력으로 주어지는 상황을 해결하려던 무장이었다. 그 후 점차 연륜이 쌓여감에 따라 현실 상황에 대한 뛰어난 판단능력이 원숙해지면서 어느덧 지략을 부릴 줄 아는 인물로 변모하는 사실을 보면, 이 장점들은 다분히 후천적인 노력으로 인한 특성으로도 볼 수 있다.

그러나 이러한 능력은 타고난 두뇌가 있지 않다면, 제아무리 경험에 의한 탁마가 많았다고 해도 상당한 수준에 이르는 데에는 한계가 있다. 따라서 놀라울 정도로 용략을 겸전하게 된 장비의 경우, 그는 판단 능력에 관한 한 천부적인 바탕이 있었다고 보아도 좋을 것이다.

또한 호전적인 기질로 인한 강인함은, 그가 젊은 시절부터 임협의 세계에 몸을 담은 것도 그렇거니와《삼국지연의》의 초반부터 후반까지 장비에 관해 숱하게 드러나는 장면을 통해서 볼 때, 이 또한 확실히 그의 태생적인 특성이라 할 수 있다. 특히 당시대 최고의 무장이라 할 수 있는 여포를 상대로 조금도 밀리지 않고 맞짱을 뜨는 장비의 모습은, 그의 호전적인 기질과 강인함을 잘 보여주는 예라 할 것이다.

지난날 호뢰관[17]에서 반동탁 연합군이 엄청난 위세와 절륜한 무용을 자랑하는 여포에게 밀려 곤란한 지경에 이르렀을 때, 여포의 기세에 밀리지 않고 과감하게 도전을 한 장수는 장비였다. 여포는 장비를 가볍게 보고 거센 공격을 퍼부었지만, 장비는 여포를 상대로 50여 합을 겨룰 정도로 강인함을 자랑하였다. 이내 장비를 돕고자 나선 관우와 유비의 지원 공격에, 여포는 더는 견디지 못하고 한 모퉁이를 터 적토마를 놓아 간신히 달아난다.

이후 왕윤의 꾀에 넘어간 여포는 동탁을 척살한 후, 정권의 핵심으로 등장하는가 싶더니만, 동탁의 잔당 이각·곽사의 정변에 실각하고 말았다. 그 후 객장(손님대우를 받는 장수)으로 떠돌던 여포는, 연주에서 조조와 쟁탈전을 벌이다 패퇴한 후 서주의 유비에게 의탁을 하게 되었다. 장비는 유비가 신의 없는 여포를 받아들이는 것을 매우 탐탁지 않게 여겼고, 특히 여포가 유비를 아우라고 부르는 데에 장비는 크게 노하여, "여포는 앞으로 나서라! 내 너와 3백합을 겨루겠다!"라며 끝내 싸움을 걸게 된다.

---

17) 호뢰관虎牢關은 지금 하남성 형양현 사수진 부근에 있던 군사상의 관문이다. 이는 남쪽으로는 숭악, 북쪽으로는 황하에 접해 있으며 서남쪽으로만 낙양 서쪽으로 나가는 계곡이 있어 중원에서 서쪽으로 나가는 첫째 요새 관문이 되었다.

순간, 장비가 눈을 딱 부릅뜨더니 호령한다. "네 이놈! 우리 형님은 한 황실의 금지옥엽이시다. 네까짓 것이 뭔데 감히 우리 형님을 동생이라 부르느냐. 밖으로 좀 나가자. 내 네 놈과 함께 3백 합을 싸우리라." 유현덕은 장비를 꾸짖는데, 관운장이 달래서 바깥으로 내보냈다. 장비는 창을 비껴들고 말을 달려오며 큰소리로 외친다. "여포야, 썩 나서라. 너와 함께 3백 합을 싸우리라!" 《삼국지연의 제13회》

유비가 관우에게 장비를 떼어 말리게 하여 당장의 칼부림은 모면했지만, 장비는 밖에서 기다리고 있다가 다시금 여포에게 싸움을 걸었다. 이처럼 천하의 맹장 여포에게 거리낌 없이 도전할 수 있는 상대는 장비 하나로 족하다고 느껴지게 할 정도로, 그의 성격유형이 지닌 특징은 여포와 관련하여 극명하게 드러나고 있다.

이러한 호전적이고 강인한 기질에다 현실 상황에 대한 판단능력이 복합적이고도 극적으로 결합되어, 장비의 성격유형이 지닌 특징이 긍정적인 기능을 매우 효과적으로 발현하는 인상적인 대목이 있다. 이는 단연코 소수의 기병만을 배후에 두고, 장판교에서 장비가 단기필마(혼자 한 필의 말을 타고 나감)로 홀로 나서서 조조의 대군을 상대하는 장면이라 할 것이다.

유표가 죽은 뒤 조조가 형주를 원정하여 들어오자 유비는 강남으로 달아났다. 조조가 (유비를) 추격하여 하루와 일야一夜가 지나서야 당양의 장판까지 이르렀다. 유비는 조조가 갑작스럽게 다다르자 유비는 처자를 버리고 달아나면서, 장비로 하여금 20여 기를 이끌고 뒤를 차단하게 하였다. 장비는 물가를 점거하고 다리를 끊고는 눈을 부릅뜨고 창을 비껴 잡으며 말했다. "내가 바로 장익덕

이다. 누가 나와 함께 목숨을 걸고 싸우겠느냐!" 그러나 적군들 모두 (장비에게) 감히 접근하는 자가 없었고, 이로써 (유비는) 위기를 벗어나게 되었다. (본전)

형주에 무혈입성한 조조가 한껏 날카로운 기세를 갖춘 대군을 이끌고 쾌속진격에 돌입하여 당양현 장판에 이르게 된 상황에서, 유비는 이에 가히 속수무책이랄 수밖에 없었다. 스스로는 살아남아야만 했기에 처자를 버리고 달아나면서, 장비에게 기껏해야 20여 명의 기병을 이끌고 후방에서 조조의 추격대를 막으라고 명을 내리는 것이 고작이었다. 이는 마치 섶 짐을 지고 불에 뛰어들라는 격으로, 사실상 장비에게 거의 죽을 곳에 뛰어들라고 하는 것이나 마찬가지였다. 무인은 항상 죽음을 각오하고 전쟁에 임하는 것이 본연의 자세이기는 할 것이다. 그렇지만 보지 않아도 뻔히 결과가 예상되는 유비의 명령을 장비는 묵묵히 따랐고, 그 자신의 기지와 용맹을 한껏 발휘하여 적군의 진격을 저지해 내었다.

장비는 우선 유비군과 조조군의 위치가 냇물을 경계로 나뉘어 있고, 그 경계를 넘어서기 위해서는 오직 다리를 통과해야만 하는 상황을 잘 활용하였다. 장비는 조조군을 맞닥뜨리기에 앞서 물가를 점거하여 다리를 끊어버려, 사실상 조조군이 장비 자신을 제치지 않고서는 유비군을 추격할 수 없는 상황으로 내몰았다. 이내 죽음을 각오하며 조조군을 향해 "누가 나와 함께 죽음을 결정지으며 싸워보자!"라고 일갈했다. 이러한 용맹무쌍한 장비의 위세에 조조군은 감히 그에게 덤벼들질 못했기에, 유비는 시간을 벌게 되어 무사히 퇴각할 수 있었다.

상당히 전설적인 색채를 띠고 있는 이 역사적인 사건은, 후대인들에게 무한한 상상력을 제공하기에 충분했다. 《삼국지연의》에서는 장비의 이 같은 대갈일성에 적장 하후걸이 낙마하여 죽게 되면서, 조조가 혼비백산하여 퇴각을 명령하게 되는 장면으로 희화화하여 그려지고 있다. 장비의 용맹함을 더욱 극대화하는 방향으로 묘사되고 있는 것인데, 이때 장비가 20여 명의 기병을 통해 조조의 판단을 흐리게 만드는 장면에 특히 주목할 필요가 있다.

장비는 홀로 장판교 다리 위에서 조조의 대군을 상대하는 퍼포먼스를 취하기에 앞서, 기병들로 하여금 말꼬리에 나뭇가지를 붙들어 맨 다음 다리 건너편 숲속에 대기한 채 이리저리 달리게 하여 흙먼지를 일으키게 한다. 이렇게 마치 복병이 있는 것처럼 의병계疑兵計를 펼쳤다는 것이다. 이는 장비가 자신의 움직임이 순전히 용맹만을 믿고 혼자서 터무니없이 설치는 것이 아니라는 의혹을, 상대 적군에 불러일으키고자 한 의도였다. 지략의 달인인 조조는 이러한 장비의 꾀에 확실히 넘어가, 감히 장비를 공격하라고 명령을 내릴 생각을 하질 못했다.

(본전)에는, 《삼국지연의》에 나오는 것처럼 꾸민 장비의 의병계는 나오질 않는다. 그러나 상식적으로 생각해 보면, 많은 군사가 단순히 장비 혼자만의 용맹을 두려워하여 감히 진격을 못했다는 것은 쉽사리 납득하긴 어려운 일이다. 절대절명의 위기 상황에서 장비가 조조군의 추격대를 저지하기 위한 임무에 착수하면서 냇물을 사이에 두고 다리를 끊었다는 것은, 적군의 시선을 자기 부대에 쏠리게 하려는 의도가 유효하게 먹혀 들어갔음을 의미한다. 이 정도의 상황판단 능력이 그에게 있었기에, 혼자만의 결사항전의 의지만으로는 부족하다는 것은 본인 역시 잘 알았을 것이다.

이러한 연유로 적군의 눈을 흐리게 할 모종의 계책을 구사했으리라고 당연히 유추해 볼 수 있다. 그 계책은 당양 장판교의 일화로 장비의 호전성, 강인함과 더불어 현실 상황에 대한 뛰어난 판단능력 등 그의 성격유형과 관련한 특징들이 잘 농축되어 단 한 번에 드러난 극적인 사건이었다. 평소에 산발적으로 드러날 수 있을 법한 이러한 특징들을, 장비는 이런 가장 위험한 순간에 효과적으로 집중시켜 발휘하였기에 결국 유비의 기사회생을 도울 수 있었던 것이다.

다음으로 외향적 사고형의 성격이 흔히 보여줄 수 있는 장점은, 첫째로, 정책 결정과정에서 현실적으로 바람직한 대안을 합리적으로 선택하며, 일단 결정된 정책은 일관되고 확고한 태도로 추진할 수 있다는 것이다. 둘째로, 위기 상황에서 뛰어난 관리능력을 발휘할 수 있다는 것을 꼽을 수 있다.

2. 파군태수 엄안을 사로잡은 지략은 그의 용맹보다 뛰어났고 엄안을 풀어주어 빈객으로 만든 지혜는 더욱 훌륭했으니, 현실적인 대안 선택이나 위기관리 능력의 발현이 그 장점으로 돋보여

이 성격유형의 장점을 장비에게 적용시켜 보면, 첫째 내용은, 장비가 서촉에 들어갈 때 파군에서 엄안을 사로잡고 의기로 풀어주어 항복을 받은 이른바 의석엄안을, 둘째 내용은, 장비가 위나라의 숙장 장합을 격파함으로써 삼파 일대[18]를 안정시켜 익주의 병풍으로 확실히 자리매김하게 만든 공적을 대표적으로 꼽을 수 있다.

사서의 기록을 보면, 장비는 군자를 존중하였고 소인을 가벼이 여긴 인물이었다. 때문에 평소 유비도 그의 이러한 태도를 매우 걱정하였을 정도였다. 유비가 낙성을 향해 공격하다 낙봉파에서 방통을 잃고 서촉군이 승세를 타서 압박해 오니, 부관으로 밀려나 진퇴양난에 빠져 큰 곤란을 겪게 되었다. 이에 제갈량은 장비, 조운과 함께 유비를 구원하고자

18) 서촉 일대를 흔히 파촉巴蜀이라고 부르는 것처럼 파군巴郡은 후한 말엽까지 익주에서 상당한 비중을 차지할 정도로 광활한 속군屬郡이었다. 후한 말엽인 초평 원년 190년에 유장이 파군을 갈라 영녕군永寧郡을 새로 만들었고, 건안 6년 201년에 영녕군을 파동군巴東郡으로 개칭하고, 기존의 파군을 또 나누어 파서군巴西郡을 새로 만들면서 파군, 파동군, 파서군이 생기게 되었다. 이러한 군국의 변화 과정은 초주의 《파기》에 드러나며, 《진서지리지》 또한 이와 같은 맥락으로 설명하고 있다.

세 갈래 길로 진격을 하게 되면서, 장비에게 특히 신신당부를 한다.

공명이 떠나는 장비에게 부탁한다. "서천에는 호걸들이 많으니 경솔히 상대해서는 안 되오. 가는 도중에 삼군에게 굳게 명령하여 백성들의 물건을 노략질하지 말고, 추호도 민심을 잃지 말며, 가는 곳마다 그곳 백성들을 위로하고 아끼라 하시오. 그리고 함부로 군사들을 매질하지 마시오. 바라건대 장군은 우리가 속히 낙성에서 함께 만나도록 하고 중간에서 실수 없도록 하시오." 《삼국지연의 제63회》

제갈량 역시 유비와 마찬가지로 장비의 행동방식 어느 일면에 대해 매우 걱정하였음을 보여주고 있다.

군사들을 매질하지 말라는 그의 당부는 특히 눈여겨 볼만하다. 이는 평소 소인에 대한 장비의 태도에 주의를 요한 것이었다. 여기에서 소인이란 흔히 사람들이 생각하는 간사한 인물과 같은 그런 성품을 의미하는 것이 아니라, 평범한 사람의 부류로 봄이 마땅하다. 때문에 장비의 입장에서 보면 그런 부류는 사대부가 아닌 신분, 아마도 군사일 수밖에 없다. 장비가 장정들을 채찍질하고 나서 다시 자신의 좌우에 두는 부하 관리에 대해, 훗날 유비가 이는 화를 자초하는 일이라며 그러지 말 것을 일깨워 주기도 했다. 그러한 상황을 보면, 장비에게 있어 소인은 곧 하급 군관이나 병사들이었음을 짐작할 수 있게 한다.

평소 장비의 태도를 염려한 제갈량의 이와 같은 당부에, 장비는 흔쾌히 자신의 행동을 조신하며 진격하였다. 장비가 처음 맞닥뜨리게 된 적은, 파군태수를 맡고 있었던 백전노장 엄안이었다. 장비는 엄안의 견고한 방어를 뚫지 못하자 부아가 매우 치밀었으나 이를 억누른 채 갖은 방법으로 공격을 시도하였다. 그러나 엄안의 방어는 요지부동이었다. 결국 지름길을 찾아내어 파군을 지나치고 진군한다는 거짓 정보를 엄안의 세작細作(간첩)에게 흘린다. 그리하여 그로 하여금 군사를 이끌고 성을 나오게 만들었고, 그의 기습을 예상한 장비는 후발대에서 반격의 기회를 노렸다. 철저하게 장비의 계책에 속아 넘어간 엄안은 제대로 손 한번 써보지도 못한 채 생포되고 만다. 이로써 장비는 파군을 접수할 수 있었다.

(본전)에는 장비의 엄안 생포 과정이 아예 기록되어 있지 않다. 그러나 엄안 생포 후 그를 아군으로 만드는 내용은, 《삼국지연의》와 대체로 동일한 맥락에서 다뤄지고 있다.

군사들이 엄안을 끌고 들어온다. 장비가 대청 위에 높이 앉아 굽어보는데, 엄안은 끝내 무릎을 꿇지 않는다. 장비가 눈을 부릅뜨고 이를 갈며 크게 꾸짖는다. "소위 대장이란 자가 그 꼴을 하고도 항복하지 않으니 웬일이냐?" 엄안은 추호도 두려워하는 기색이 없이 장비를 꾸짖는다. "너희들이 의리를 저버리고 우리 주와 군을 침범했으니, 우리 서천 땅 장수들은 목이 달아날지언정 항복할 사람은 없다." 장비가 격분하여 좌우 군사들에게 "저 늙은 놈을 당장에 참하라." 하고 호령하자, 엄안이 또한 장비에게 호령한다. "이 도둑놈아. 내 목을 베려거든 즉시 벨 일이지 왜 화는 내느냐?" 장비는 엄안의 음성이 우렁차고 얼굴빛이 변하지 않는 것을 보고는 즉시 노한 얼굴을 기쁜 표정으로 바꾼다. 장비는 댓돌 밑으로 내려가 좌우 군사들을 꾸짖어 물리치며, 친히 엄안의 결박을 풀어주고 옷을 갈아입혀 대청 위 한가운데 높은 자리로 올려 모신 뒤에 너부시 절한다. "지금까지 장군을 모독한 말을 용서하시오. 나는 장군이 서천의 호걸이라는 것을 평소에 잘 알고 있었소이다." 그제야 엄안은 장비의 은혜와 의리에 감복하고 항복했다. 《삼국지연의 제63회》

단두斷頭장군은 있어도 항장降將은 없다는 엄안의 결연한 일갈에 장비는 화를 못 참고 그를 참수하려고 했던 것을 보면, 엄안 역시 장비에게 소인이었던 모양이다. 그렇지만 장비는 안색하나 변하지 않은 엄안의 태도에 장한 기상을 느끼고, 의기로써 그를 풀어주고 진심으로 예우를 다하여 도움을 구했다. 이러한 장비의 태도에 감복한 그는 주군에 대한 맹목적인 충성보다 자신을 진정 알아주어 석방해 준 의리를 택했다. 이로써 장비는 입촉의 길로 진군해 가는 요충지역에서 가장 먼저 익주의 중요 인물을 든든한 아군의 버팀목으로 삼게 되었다.

모종강은 엄안을 사로잡은 장비의 지략을, 그의 자랑거리인 용맹보다 더 뛰어나다고 평가하였다. 더 나아가 의기로써 엄안을 풀어주어 아군으로 만든 지혜를, 엄안을 사로잡은 지략보다 더 높게 쳐 사실상 이를 장비의 가장 통쾌한 공적으로 칭찬하고 있다.

"익덕의 평생에는 몇 가지 통쾌한 일이 있다. 먼저 들 수 있는 것은 독우를 매질하고, 여포를 꾸짖으며, 장판파에서 일갈하고, 아두를 도로 탈취한 일 등이다. 그러나 이러한 여러 용맹은 그 어느 것도 '금擒엄안'의 지략을 따를 수 없다. 그리고 '금엄안'의 지혜는 '석釋엄안'의 뛰어난 지혜를 따라갈 수 없다."《삼국지연의 제63회 모종강의 총평》

이처럼 낙성에서 유비와 합세하기에 앞서, 장비는 제갈량, 조운과 함께 군사를 거느리고 장강을 거슬러 올라가며 파동에서 승리한다. 심지어 강주에 도착하여 유비와 제갈량을 놀라게 할 정도의 지략과 의기로써 파군태수 엄안을 끌어들여, 유장을 지탱하게 하던 익주의 큰 버팀목을 유비를 위한 버팀목으로 바꿔놓는다.

장비가 의기로 엄안을 풀어주고 지략으로 장합을 이긴 그의 공적들을 통해 보면, 천하삼분지계에 따른 익주병탄의 초석을 가장 먼저 구축한 것은 장비였다고 해도 지나침이 없을 정도이다. 장비가 유비를 위한 조직목표와 정책을 일관되게 추진하면서 현실적으로 바람직하고 합리적인 대안을 잘 모색했다는 점에서, 의석엄안의 일화는 장비의 성격유형에 연관된 장점 중, 첫째 내용을 가장 잘 보여주는 하나의 사건이라고 할 수 있다.

조조는 장합에게 여러 군대를 감독하도록 하고, 삼파[19]지역을 순행하며 그곳의 백성을 한중으로 옮기려고 군대를 탕거로 내보냈다. 이에 유비는 파서태수 장비를 시켜 장합과 서로 대치하도록 하였다. 장비는 끝내 장합을 공격하여 대파한다. 이렇게 장비가 삼파지역의 백성들을 이주시켜 가려는 큰 혼란을 잠재우고, 특히 파서를 안정시키는 현안을 해결하였다. 이는 다분히 그의 성격유형이 지닌 장점 중, 둘째 내용이라 할 위기상황에서 뛰어난 관리능력을 발휘한 일례라 할 것이다.

> **조조가 장로를 격파한 뒤에, 하후연과 장합을 남겨 한천[20]에 머물러 지키도록 했다. 장합은 별도로 제군諸軍을 지휘하여 파서군을 함락시켜 그곳 백성들을 한중으로 이주시키려 했고, 탕거[21], 몽두, 탕석으로 진군하여 장비와 서로 대치하기가 50여 일이나 되었다. 장비는 정예 병력 1만여 명을 이끌고 다른 샛길로 이동하여 장합의 군대를 맞아 싸웠는데 (장합의 병졸들은) 산길이 좁은데다 앞뒤가 서로 구원할 수 없다 보니 장비가 마침내 장합을 격파하였**

19) 파동(지금 사천성 봉절현 동쪽), 파서(지금 사천성 낭중시), 파군(지금 사천성 중경시)을 가리킨다.

20) 여기에서 한천漢川은 한중(지금 섬서성 한중시)을 말한다.

21) 탕거宕渠는 익주 파서군의 속현으로 지금 사천성 거현 동북 삼화진에 있으며, 몽두蒙頭는 탕거현의 팔봉산의 한 봉우리 지역이고, 탕석盪石은 팔봉산 가운데에 있는 지역이다.

다. 장합은 말을 버리고 단지 병졸 10여 명을 거느리고 산을 따라 샛길을 찾아 도주했다가 군사를 철수하여 남정[22] 돌아갔고 파서 지역은 평정을 되찾았다. (본전)

《삼국지연의》에서 묘사된 장비와 장합의 교전은 장비의 절묘한 꾀가 돋보인다. 이미 몇 차례 연패를 당해 오로지 수세로만 일관하던 장합이, 장비가 자기를 너무 얕잡아 본다고 생각한 나머지 분통을 터트리게 만들어, 기습을 시도하게끔 장비는 유도한다. 장비는 여기다 더해 매복 작전을 펼쳐 장합군을 유인, 격파하여 와구관瓦口關을 탈취해 버린다. 이러한 장비의 지략은 지난날 '금擒(사로잡은) 엄안'에서 보여준 지략과 상당히 유사한 맥락인 것이다.

그렇지만 실제로 장비와 장합의 싸움은, 《삼국지연의》에서처럼 필부의 용맹을 뽐내는 장비를 장합이 혼내주겠다고 출전하여 만용을 부리다 장합 자신이 망신을 당하는 단순한 전투로서의 일화가 아니다. 이른바 '삼파 전투'에서 장비의 승리 여부는, 유비가 아직 익주에서 기반을 확고히 다지지 못하고 있는 상황에서, 익주 통치를 안정화시킬 수 있는 최전방 기지를 확보하느냐 못하느냐의 중대한 분수령이었다.

조조가 한중을 평정한 이래 장로가 파서로 도망을 쳤고, 파巴(지금 사천성 동부와 동북부)와 종賨(지금 사천성 동북부)에 거주하는 이민족의 추장이었던 박호, 두호[23], 임약이 각각 무리를 이끌고 조조에게 귀부하였다. 이에 파군을 나누어서 박호를 파동태수, 두호를 파서태수로 삼고 임약을 파군태수로 임명하게 된다. 기실 유비가 끌어안으려던 장로도 끝내 파중巴中, 즉 탕거 일대에서 무리를 모아 조조에게 투항하면서,

---

22) 남정南鄭은 당시 한중군의 치소이며 지금 섬서성 한중시 남정구이다.

23) 두호杜濩는 지금의 사천성 중경지역에 살던 파족巴族의 일파인 종족賨族의 읍후邑侯이고, 박호朴胡는 파족巴族 칠성七姓인 나羅·박朴·독督·악鄂·도度·석夕·공龔의 왕이다.

삼파 일대가 유비와 조조에게 나뉘어 귀속되는 상황이 펼쳐지게 된다. 이때 하후연과 더불어 한중을 진수하고 있던 장합이, 파서를 함락시키고 백성들을 한중으로 이주시키는 이른바 사민정책徙民政策을 실시하고자 했던 것도, 삼파 일대를 확실히 장악하기 위한 그 일환에서 비롯된 것이다.

당시 조조와 유비 어느 누구도 삼파 일대를 완전히 장악하지 못한 상태였기에, 삼파 일대는 이후에 벌어지는 한중전쟁의 전초기지로서의 전역(전투하는 구역)이나 다름없었다. 유비에게 있어서는 익주를 장악한지 얼마 안 된 상황에서 대내외적으로 발생할 수 있는 분쟁과 소요를 시급히 해결해야만 했다. 특히 삼파 일대가 완전 장악되지 않는 한 조조가 버젓이 한중을 장악하고 호시탐탐 익주를 노리고 있었기에, 적에게 집 앞의 대문을 내주고 전전긍긍해 하는 격이었다.

마침 조조가 장합에게 삼파를 점령해서 백성들을 한중으로 이주시키기 위해 진군케 하였고, 이에 유비가 급파한 장비가 기습작전을 펼쳐 50여 일 만에 장합을 대파하고 파중을 탈환한 것이다. 용병에도 능한 장합을 상대로 장비가 승리를 거둘 수 있었던 것은, 장비만이 아는 다른 샛길을 이용한 군사이동으로 기선을 제압한 데 있었다. 장합은 산간 소로가 좁아 자신의 전, 후방 군사가 서로 도울 수 없었다. 즉, 지리 정보의 비교우위에 의한 것이었다. 장비와 장합 두 장수 다 익주와는 연고가 없었던 무장이었음에도 장비 쪽은 그곳의 지리를 알았고, 장합 쪽은 이를 모르는 지리정보의 격차가 발생할 수밖에 없었던 것은 무엇 때문이었을까. 이는 현지인들에 대한 포섭에 아무래도 장비가 보다 앞서 다가갔던 성과에 기인한 것으로 보아야 한다.

이는 《삼국지연의》에서 산길을 타는 행인들에게 직접 지리정보를 얻어내는 장비의 모습이 묘사되고 있는 내용들이, 단순히 나관중의 공연한 상상력으로만 부각된 것만은 아니라는 의미이기도 하다. 장비가 장합을 격파한 이후 장합이 한중의 치소였던 남중에서 계속 머물러 주둔하고 있었던 것이라든지, 삼파 일대의 지명들이 전장(싸움터)으로 사서에 등장하지 않는 면들을 보면, 기실 유비가 삼파 일대를 어느 정도 지배하고 있었던 것이 아닌가 하는 생각이 들게 한다.

성도의 병풍 역할을 하고 있었던 삼파 일대는, 당시 그야말로 혼란의 연속이었다. 장비는 이러한 위기상황을 지리정보의 선점을 통해 이 지역 방면전에서 비교우위를 보임으로써, 상대방의 공격에 효과적으로 대응할 수 있었다. 이로 인해 유비의 익주 전선 최전방이 온전히 확보될 수 있었다. 용병과 기략에 능한 숙장 장합을 이렇게 장비가 격파할 수 있었던 데는, 바로 장비의 뛰어난 위기상황 관리 능력이라는 그의 성격유형과 관련되는 장점의 속성이 발현되었던 것으로 보아야 한다.

마지막으로 외향적 사고형을 그 단점의 관점에서 살펴보자면, 첫째는 사실이나 합리성에 치우치고 지나치게 일에만 몰두하는 경향을 들 수 있고, 둘째로 권력 지향적인 성향이 강하여 권위적이고 독선적인 리더십을 행사할 수 있다는 점이다. 마지막으로 융통성이 없고 비합리적인 경향을 보인다는 점이다.

3. 소인(병졸)들을 어엿비 여기지 않아 장사들을 매질하고도 그들을 좌우에 두었으니 이는 화를 자초하고 말아, 권위적이고 독선적인 행동을 저지르는 그의 단점을 끝내 제어하지 못해

이 성격유형의 단점을 장비에게 적용시켜 보면, 둘째 내용인 권력 지향적인 성향과 권위적이고 독선적인 리더십의 행사야말로 장비와 가장 잘 부합하는 일면이라 할 수 있겠다. 어찌 보면 이는 또한 끝내 장비가 스스로의 죽음을 앞당기게 자초하고만 최대의 실패 요인이었다고 할 수 있을 것이다.

앞서 장비의 사상 가치성향을 다루면서 그는 사회제도권의 주류층에 대한 우호적 태도, 친사대부적인 자세를 보인 인물이라 기술한 바 있다. 즉, 사인신분 출신이 아닌 그는, 그렇다고 관우처럼 유별난 자긍심을 갖고 있지도 않았고, 탁류 출신인 조조처럼 혁신적이지도 않은 다분히 보수적 성향의 인물이었다. 군자를 존중하였지만 병졸을 어여삐 여기지 않았던 평소 그의 태도로 보건대, 장비는 당시대의 권력층에게 스스로를 낮추었던 것인데, 이는 그에 따른 사회제도권의 주류층으로 성장하기 위한 노력의 일환으로 보아야 할 것이다. 그러나 여기에 속하지 못한 여타 다른 계층에게 포악하게 행동하되 은혜를 베풀지 않고 마는 것은, 위엄으로만 억압하는 그의 품성으로 이해할 수밖에 없게 한다.

장비는 일찍이 유파가 머물고 있는 곳으로 찾아갔으나, 유파는 그와 말을 나누려 하지 않으니 장비는 매우 분노했다. 제갈량은 이를 두고 유파에게 "장비가 비록 무인이기는 하나 그대를 경모하고 있습니다. 주군께서는 이제 바야흐로 문무를 받아들여, 대사를 정하고자 하십니다. 그대는 비록 고상한 천성을 지니고 있지만 굽히려는 뜻이 적습니다."라고 말하자, 유파가 말했다. "대장부가 이 세상에 살아가면서 마땅히 사해의 영웅과 사귀어야지, 어찌 병자兵子(무사)의 부류와 함께 말을 섞을 수 있겠소?" 《삼국지 촉서 유파전/배송지 주, 영릉선현전》

유비를 섬기는 것을 꺼려 하여 형주에서 교지(지금 베트남 하노이시 동북의 북녕부)로 그리고 교지에서 다시 익주로 도망쳤다가, 결국 유비에게 귀부하게 된 유파는 지나치게 고상한 선비였다. 그러기에 유비조차도 이를 서운하게 여겼지만, 또 한편으로 유비는 성도 함락 후 자신의 부하들이 유파를 죽일 것을 염려하여 유파를 해하는 자는 삼족을 멸하겠다고 엄명을 내리기까지 했다. 유파가 사죄한 후 유비는 그를 얻은 것을 매우 기뻐하였고, 장비는 이를 축하하고자 유파를 찾아가 그와 교제하고자 했다. 무인이었던 장비가 특별히 이러한 처신을 한 것은 바로 유파가 형·초荊·楚(지금 호북성) 지역의 명사였기 때문이었고, 군자를 경애하는 장비 입장에서 그는 충분히 교제할 만한 권위적 대상이었기 때문이다.

그러나 유파는 장비와의 교제를 거부하였다. 이 소식을 들은 제갈량은 유파에게 문무신료들의 화합을 위해 장비와 교제할 것을 권유하였다. 그런데도 유파는, 유비 진영의 손꼽히는 실력자이자 조조와 손권 휘하의 당대의 모사들까지도 용맹무쌍한 호신虎臣이라고 높이 평가했던 장비를, 오히려 병자兵子(무사)라 폄하하며 자신의 뜻을 굽히지 않았다.

비록 교제가 결렬되어 장비가 화를 내긴 했지만, 먼저 유파를 몸소 찾아갈 정도로 예의를 다하는 장비의 행동은 다분히 권력 지향적인 일면이다. 이는 단순히 유비 세력의 조직 내에서의 실권 획득을 위한 그의 행보를 의미하는 것이 아니라, 당시대의 가치 기준을 주도하는 사회적 주류층에 대한 처신을 의미하는 것이다. 난세에 자신의 무용을 매우 중시하며 사대부들을 우습게 본 관우와는 매우 상반된 태도였다는 점에서 더더욱 그러하다.

그렇지만 이렇게 군자들에게 스스로를 숙일 줄 아는 장비였건만, 정작 자신의 부하들에게 대하는 태도는 매우 딴 판이었다. 장비가 형벌로 사람들을 죽이는 것이 지나치고 매일 장정들을 채찍질하면서도, 그 자들을 자신의 좌우에 두고 부렸다. 이러한 장비의 평소 행동 방식을 유비는 매우 걱정하며 이는 화를 초래하는 길이라며 이에 주의를 주었다.

유비는 늘상 이를 경계하며 말했다. "경卿(장비를 이름)은 형벌이 너무 지나친 데다 또 장사들을 매질하고는 그들을 좌우에 두니 이

는 화를 부르는 길이오." 그런데도 장비는 이를 고치지 못했다. (본전)

《삼국지연의》에서도 이러한 장비의 성격유형과 관련한 단점은, 그가 원술의 공격을 막으러 간 유비를 대신하여 하비의 방비를 맡았을 때의 상황에서도 생생히 묘사되고 있다. 그는 도겸의 옛 장수 조표에게 술을 마실 것을 거듭 권하였고, 조표가 두 번 세 번 술을 못하겠다고 사양한다. 이미 술에 취한 장비가 벌컥 화를 내며 곤장을 치라 하고, 그가 말대꾸를 하니 무서운 기세로 매질을 하였다. 이에 조표는 장비에게 받은 치욕을 앙갚음하고자 하비의 성문을 열고 소패에 있는 여포를 불러들였다. 이 때문에 장비는 여포에게 서주를 탈취당하고 자신은 부랴부랴 성 밖으로 빠져나가는 실패를 당하고 만다.

용력에다 부족한 지략을 갈고닦아 용략을 겸비해 나가는 장비였건만, 애석하게도 이러한 천성만큼은 그 후에도 끝내 그 역시도 고치지 못하였다. 결국 유비의 우려대로 그는 관우를 위한 복수전을 앞두고, 그의 부장 범강과 장달에게 허망하게 암살을 당하는 안타까운 죽음을 맞이하고 말았다. 당시기에 군자君子(사대부)를 존경하는 권력 지향과 소인小人(병졸)을 어엿비 여기지 않는 권위적 리더십의 극명한 접합은, 한편으로는 그의 개인적 함량의 향상을 도모하는 장점이 되었으면서도, 자신의 죽음을 앞당기는 것은 물론 역사적으로 혹평을 받게 하는 단점으로 작용케 만들고 말았다.

총체적으로 평가하건대, 장비는 유비를 따라 큰 뜻을 실현하는 데에 일생 자신을 바쳐 헌신했던 복심이었다. 그는 천성적인 자신의 호전적 기질과 강인함을 바탕으로 유비의 용맹한 신하로 활약하였다. 또한 현실 상황에 대한 판단능력도 뛰어나 절대 절명의 위기에 있던 유비를 구해낸 바 있으니, 바로 당양 장판교에서 장비가 보여주었던 전기적인 일화가 그것이다. 이는 그야말로 그의 성격유형에 관련된 특징이 가장 잘 어우러진 상태에서 드러낸 일대 사건이었다고 할 수 있다.

유비가 제갈량의 천하삼분지계를 바탕으로 천하의 주역으로 등장하려는 목표와 정책이 결정되자, 장비는 이를 확고한 태도로 강력하게 뒷받침하여 추진하고자 노력하게 된다. 이 결과 장비는 의석엄안과 같은 일화를 자신의 성격유형에 연관되는 그의 장점으로 발현해 나갈 수 있었다. 또한 장합을 격파하고 삼파 일대의 패권을 장악하여 유비의 익주 통치를 안정화시킬 수 있던 것도 기실, 일단 결정되면 장비는 일관되고 확고한 태도로 추진하였고 위기 상황에 대한 관리능력을 잘 발휘한 결과라 할 수 있다. 이런 점에서 그는 호전성의 강인함과 현실 상황에 대한 뛰어난 판단능력을 지닌 성격유형과 관련된 장점 역시, 중요한 순간에 잘 보여준 인물이었다고 할 수 있다.

다분히 권력 지향적이면서 권위적이고 독선적인 리더십을 행사하는 평소 장비의 삶의 태도는 유비에게도 큰 걱정을 끼칠 정도였다. 유비는 이 점이 큰 저항을 불러올 것이라고 장비에게 경계하였으나, 그는 자신을 깨우쳐 고치려고 하질 않았다. 장비는 이와 같이 자신의 성격유형이 지니는 그 특징과 장점을 잘 발현하여 유비의 대업에 큰 기여를 하지만, 정작 장비 본인은 자신의 성격유형과 연관된 단점이 족쇄가 되어 파멸에 이르고 만다. 이는 유비와 '군신은 그 뜻이 일치하여 관계가 일심동체다'라고 여겨지는 적극적인 활약을 했던 장비의 삶과는 달리, 그가 스스로의 성격유형이 지닌 단처를 넘어서려는 데에는 상당히 소극적이었다. 이 때문에 그는 번연히 예상되는 목전의 위험을 피할 수 없었던 것이다.

무장 장비의 남은 논의
04

장비는 《삼국지연의》에서 관우와 더불어 '만부부당지용'(능히 만명의 적군을 대항할 만한 용맹의 장수)의 기개를 자랑하는 효장驍將(사납고 날랜 장수)으로 그려져 있다. 당양 장판파에서 조조의 군사를 제압하는 장비의 용맹스러운 모습은, 사서 《삼국지 촉서 장비전》의 기록과 거의 일치한다. 장비는 주군인 유비가 조조의 정예기병 5천의 급박한 추격에 제대로 대응하지 못하고 처자까지 버리고 창망히 도주하는 절망적인 상황에서, 영용무쌍한 기세로 적군을 물리쳤다는 것이다. 이 기록은 그 내용 구성 자체가 이상한 것이나, 진기한 것은 전하여 적은 전기적傳奇的인 색채를 발하고 있어 두고두고 후대인의 상상력을 크게 자극한다. 이로 인해 1천여 년의 세월을 거치면서 여러 이야기가 덧붙여졌다. 장비가 인구에 회자되는 영용하기 짝이 없는 무장으로 일컬어지게 된 것도, 기실 이 같은 실화와 무관치 않을 것이다.

나관중은 《삼국지연의》에서 장비의 모습을 "키가 8척인데 표범 같은 머리와 번쩍이는 눈, 제비턱과 호랑이수염의 형상으로 목소리는 우레와 같고 그 기세는 달리는 말과 같았다."고 기술하고 있다. 그러나 나관중이 그린 장비의 형상은 사서에 나오는 장비의 원래 모습과는 상당히 달라 보인다. 《탁현현지》에는 장비의 고향이 "탁현 남서의 도장挑莊에 있다."고 기록하고 있다. '도장'은 한나라 때의 마을 이름이다. 전문가들은 장비의 가문이 단순히 돼지나 잡는 낮은 신분이 아니라, 대대로 탁군에서 잘 살았던 일정한 지위를 갖는 상인신분이었을 것으로 추정하고 있다. 나아가 장비는 시문에 능할 뿐 아니라 서화에도 일가견이 있었고, 소인을 멀리하며 군자를 가까이하는 사대부의 풍도를 지닌 것으로 보고 있다. 후일 건흥 원년 223년 장비의 큰딸이 후주 유선의 경애황후가 되었고, 그가 죽자 이듬해 연희 원년 장비의 차녀가 장황후로 뒤를 잇는다. 이런 사실에 비추어 보아도 전문가들의 추정은 전혀 비약만은 아니라고 보아야 한다.

《삼국지연의》에 나오는 장비 형상과 전혀 다른 그의 모습에 대한 가능성은 장비가 조위曹魏와 인척관계에 있다는 사실을 통해 확인할 수 있게 한다. 《삼국지 위서 제하후조전》의 배주에 인용된 《위략》에는 다음과 같은 기록이 나온다.

> 촉蜀에서 그 소식을 듣고 사람을 시켜 하후패를 영접하였다. 당초 건안 5년(200년)에 하후패의 사촌누이가 당시 13~14세였는데 본군本郡에 있어 땔나무를 구하려 나왔다가 장비에게 사로잡힌 바 되었다. 장비는 그녀가 양가의 규수인 줄 알아채고 마침내 아내로 삼아 딸을 낳았는데, 그 딸이 유선의 황후가 되었다. 그래서 하후연이 처음 사망하게 되니 장비의 아내가 청하여 그를 장례 지냈다. 하후패가 촉에 들어오자 유선을 서로 배견할 수 있었는데, 오해를 풀려고 애써 말하기를 '경의 아비(하후연)가 군중에서 스스로 우연히 해를 입었을 뿐 내 선친(유비)의 칼날에 당한 것이 아니었소'라고 하였다. 자신의 아이들을 가리켜 보여주면서 이르기를 '이 애들이 하후씨의 외손들이라오'라 하였다. 유선은 (하후패에게) 관작을 두텁게 내리고 성총을 내렸다. 《삼국지 위서 하후연전/배주 위략》

《삼국지연의》에서는 이런 사실이 다루어지지 않고 있다. 애초에 조조를 따라 한중을 평정한 뒤 정서장군이 되어 이곳을 진수했던 하후연의 아들인 하후패가 우장군을 맡아 농서(지금 감숙성 민현)를 지켰다. 위 정시 10년 249년 사마의가 조상을 죽이자, 하후패는 촉한에 투항하여 거기장군에 임명된다. 위와 같은 장비의 처와의 혈연에 대하여 한 줄도 언급치 않고 있는 것이다. 이는 아마도 《삼국지연의》에 이같은 내용을 삽입시킬 경우, 이른바 '촉한정통론에 의한 옹유반조擁劉反曹의 주된 기조를 흔들리게 하지 않을까' 하는 우려에서 그리 기술되었을 개연성이 있다. 그러나 이로 인해 인물 장비의 면모를 넓힐 좋은 소재가 《삼국지연의》에서 배제되고 마는 결과를 가져왔던 것은 아닌가 여겨지기도 한다.

진수는 장비에 대하여 다음과 같이 평하여 말하였다.

> **장비는 1만 명을 상대할 만한 장수로서 당대에 용맹한 신하였다. 장비는 대의로써 엄안을 풀어주었고 그는 국사國士의 풍모를 지닌 사람이었다. 그러나 장비는 사납고 은덕을 베풀지 않는 그 단점 때문에 실패하게 되었으니 사리로 보면 당연하였다.**

그러나 유비가 서촉을 차지하여 삼국정립의 기틀을 세우게 된 데에는, 기실 장비의 공로가 컸다고 보아야 한다. 특히 '장비가 엄안을 장하게 생각하며 풀어주고 빈객으로 예를 갖춰 대우한' 이른바 '의석엄안義釋嚴顔'에 따른 파급효과는 지대했기 때문이다. 장비는 가는 곳마다 싸워 이기면서 이에 군민의 호응을 받아 가며 성도에 가까이 진격하여 유비와 재회하기에 이른다. 또한 당시 촉중蜀中의 군민軍民들은 모두 이 일화를 듣고는 더 나아가 유비를 매우 도량이 넓은 인물로 인식하게끔 된 것이다. 유비가 익주를 접수할 때 촉중의 백성들로부터 호응을 받게 된 데에는, 이러한 사실이 크게 작용하게 되었을 것으로 여겨진다. 당초 거기장군 장비는 웅장하고 위엄이 있으며 용맹스럽기가 관우에 버금갔기에, 위나라의 모신 정욱, 곽가 등은 모두 "관우와 장비에게는 1만 명을 대적할 만한 힘이 있다."고 말했었다.

그러나 장비에게도 결정적인 취약점이 있었다. 《삼국지 촉서 장비전》에서 진수가 평한 대로, "장비는 군자를 경애하였지만 소인(병졸)은 어엿비 여기지 않았다."는 지적은, 장비는 "폭이무은暴而無恩(사납고 은덕을 베풀지 않음)하다"는 일면과 맥을 같이 하는 말이다. 사람은 누구나 당연히 모든 노기怒氣를 억제할 수는 없다. 노기는 '혈기의 노기'와 '의리의 노기'로 나눌 수 있는데, 《주자어류》에 "혈기의 노기는 쉽게 내서는 안 되지만, 의리의 노기는 내지 않을 수 없다."라고 충고하고 있다. 장비가 가까이 있는 병사들에게 쉽게 매질하며 제어하지 않고 품어낸 노기는 혈기의 노기이다. 그러나 장판전투에서 20여 기병을 거느리고 쳐들어오는 조조대군에게 "나는 장익덕이다. 누구든 와서 죽음을 결정지으며 싸울 수 있겠는가!"라는 대갈일성에 적군을 물리친 그 노기는 바로 의리의 노기라 할 것이다.

여기에서 장비는 이른바, 혈기의 노기와 의리의 노기를 능히 조절할 줄 아는 요체를 터득하지 못한 것이다. 그러했기에 한 나라를 짊어질 국사國士의 풍모를 지닌 그가 수하 부장에게 갑자기 살해되는 비극적 최후를 당하게 되고 만 것인데, 이는 내내 후대인들에게 허망함의 상념에 젖어 들게 하고는 한다.

제8장

아두 품고 적 대군을 돌파한 위기 관리의 장수 조운

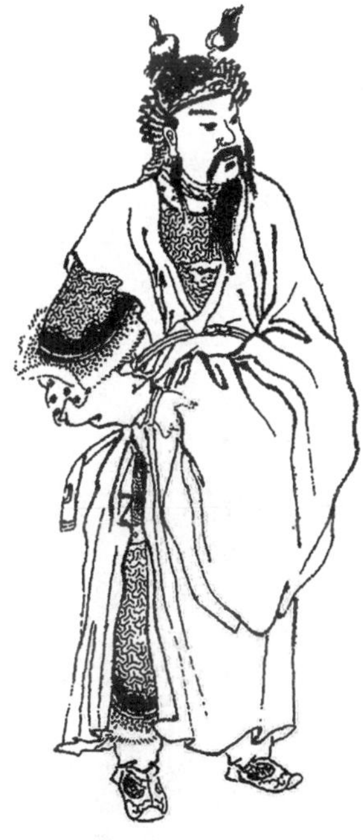

인물 조운의 삶의 궤적

01

1. 자신을 알아주는 사람에 충심하고 혼자서 아두(유선)를 구하다

조운趙雲은 자가 자룡子龍이고 상산군 진정현(지금 하북성 원씨현) 사람이다. 그는 신장이 여덟 자이며 자태와 안색이 웅장하고 위엄이 있었으며, 일찍이 젊어서부터 이름이 나 있었다.

관동제후들이 동탁을 토벌하려 할 때 초평 2년 191년, 자신의 향리인 본군에서 일어나 관속과 병사들을 거느린 조운은, 주에서 기주목이라 일컫고 있는 원소를 따르지 않았다. 잦은 전란의 와중에 '어진 정치 펴는 곳'을 찾아 북으로 중랑장 공손찬에게로 가서 뜻을 세워 나라에 보답하려고 하였다. 그러나 그 또한 한 군웅에 지나지 않았고, 가슴에 큰 뜻도 없었으며 원견도 있지 않았다. 군사를 이끌고 전쟁을 일삼으며 영토와 세력을 넓히기만 하고 국가의 대체와는 거리가 멀기에, 조운은 적잖이 실망하고 있었다.

관동 제장들의 반동탁연합이 와해된 뒤, "공손찬이 유비에게 청주자사 전해를 도와 원소를 막도록 했다. 이때 조운을 유비에게 보내게 되어 유비의 시종 기장騎將이 되었다."《삼국지 촉서 조운전(이하 본전)》 그 뒤 조운이 형의 장례를 기화로 공손찬에게 말하여 고향으로 돌아가고자 했을 때, 유비는 그가 돌아오지 않을 줄을 알기에 손을 잡고 이별을 아쉬워하니 조운은 헤어지면서 '다시 만날 것'을 다짐하였다.

건안 5년 200년 조조가 동쪽으로 원정하니, 소패(예주의 치소, 지금 강소성 패현)에 거하던 유비는 패전, 처자를 버려둔 채 도주하여 원소에 의탁하고 있었다. 조운은 이 소식을 듣고 업현(지금 하북성 임장현)으로 달려와 유비를 배현하게 되었다. 이때 조운은 스스로 은밀하게 유민 수백 명을 모집하여 무장하고 군대로 편성하여 유비의 옛 병사라 하였다. 이로 인하여 원소가 유비를 업신여기지 못하게 하였고, 유비는 조운과 같은 침상에서 자고 유비는 그를 자신의 가장 믿는 고굉(팔과 다리)으로 여기게 된다.

건안 13년 208년, 조조가 형주로 남정해 오자 번성의 백성 10여만 명이 피난길에 나섰으며, 수천 량의 치중이 있어 유비의 3천 군사는 이와 함께 겨우 하루에 10여 리를 갔다. 조조는 강릉(지금 호북성 강릉현)을 유비가 점거할까 두려워, 정예의 기병 5천 명으로 급히 추격하여 하루 낮과 하룻밤으로 3백여 리를 가서, 당양의 장판(지금 호북성 당양현 북부)에서 유비를 따라잡아 습격하였다.

유비는 크게 패하여 처자를 버리고 제갈량, 조운, 장비 등 수십 명의 기병과 함께 남쪽으로 달아났다. 이때 어떤 자가 유비에게 "조운이 이미 북으로 달아났습니다." 하니, 유비가 수극手戟을 던지며 말하였다. "자룡은 나를 버리고 달아나지 않는다."《자치통감 권65》 얼마 후에 조운은 직접 유비의 아들 아두阿斗(유선)를 품에 안고 감부인을 보호하여 모두 난을 모면하게 했으며, 이어 조운은 아문장군[1]이 되었다.

손권·유비연합으로 조조의 대군은 적벽(지금 호북성 포기현 서북쪽)에서 크게 격파당하게 된다. 유비는 군사를 이끌어 형주 남부로 가서, 무릉태수 금선, 장사태수 한현, 계양태수 조범, 영릉태수 유탁 등 4개 군의 항복을 받았다. 이에 조운은 계양을 취하여 편장군[2]이 되었고, 계

---

1) 성문城門 가운데 하나인, 아문의 책임자로 아문장牙門將 또는 아문장군이라고도 하며 삼국시대 처음으로 설치한 장군의 명칭이다.

양(지금 호남성 침주시) 태수의 직무를 관장케 된다.[3)]

2. 용맹하고 지혜가 있으며 몸 전체가 담膽 덩어리다

건안 16년 211년 유비가 방통 등과 서촉으로 들어갈 때, 제갈량, 관우 등을 남게 하여 형주를 지키게 하고 조운은 군영에 남아 유영사마의 일을 관장하게 하였다.

건안 19년 214년, 유비가 가맹(지금 사천성 광원시)에서 방향을 돌려 익주목 유장을 공격하면서 제갈량을 불러오게 하였다. 관우를 남겨 형주를 지키게 하고, 제갈량은 조운, 장비 등과 함께 장강을 거슬러 서쪽으로 올라가면서 파동(지금 사천성 봉절현)에서 승리하고 여러 군현을 평정하였다. 강주(지금 사천성 중경시)에 이르자 군대를 나누어 파견하였는데, 조운은 별도로 파견되어 장강의 지류를 거슬러 올라가 외수(지금 사천성 민강)로부터 강양(지금 사천성 노주시)과 건위(지금 사천성 팽산현)를 평정하고, 성도에서 제갈량과 합류하게 된다. 낙성(지금 사천성 광한시)을 함락시키고 진격한 유비가 성도(지금 사천성 성도시)를 포위하는 데 합류하였으며, 성도가 평정된 다음 조운은 익군장군이 되었다.

건안 19년 214년 유비가 성도를 취한 뒤, 당시에 의논하는 자들이 성도의 비옥한 논과 밭과 장원이 있는 저택을 여러 장수들에게 나누어 주자고 하였다. 조운은 이를 반대하고, 전란을 겪은 익주 백성들에게 전토와 집을 먼저 돌려주어 생업을 회복시켜야 한다고 진언하였다. 유비는 이를 따랐으며, 익주의 민심을 안정시키는 데 주력하게 된다.

---

2) 편장군은 후한 삼국시대에 설치된 잡호장군雜號將軍의 명칭으로 정벌전쟁을 주관하며 제5품이었다.

3) 관직명은 영계양태수領桂陽太守로, 이는 당지에 직접 가지 않고 멀리 있으면서 그곳의 업무를 관장하게 하는 관직이다.

건안 24년 219년, 유비가 양평(지금 섬서성 면현 서쪽)에서 남쪽으로 면수(한수 하류)를 건너 산을 따라 전진하여 정군산(지금 섬서성 면현 남쪽)에 군영을 두었다. 토로장군 황충이 조조군의 정서장군 하후연과 싸워, 그를 죽이고 크게 이겼다. 그 얼마 지나지 않아 조조가 장안으로부터 야곡(지금 섬서성 미현 서남쪽)을 나와서 군사로 요해지역을 차단하고 대군을 거느리어 공격해 와, 쌍방은 한중전쟁을 펼치게 된다. 조조군이 군량미를 북산 아래쪽으로 운반하자, 황충은 군사를 이끌고 가 이를 탈취하고자 하였으나 기한이 지나도록 돌아오지 않았다.

조운은 수십 기를 이끌고 군영에서 나와 황충을 구원하러 가다 대규모로 출동하는 조조의 군사와 맞닥뜨리게 된다. 조조군의 포위 속에서도 조운은 전혀 두려워하지 않고, 그의 군영으로 돌진해 오는 조조군을 상대로 싸우기도 하고 또한 물러나기도 하였다. 조조군으로 하여금 조운이 복병을 숨겨 놓은 것으로 의심케 하여, 조조의 군사가 스스로 물러나게 하는 공성계空城計를 펼친 것이다. 이때 갑자기 조운이 병사들에게 북을 울리게 하며, 경노(굳세고 강한 활)로만 뒤에서 조조군에 비오듯이 쏘아대게 하니, 조조군은 놀라 저희들끼리 서로 짓밟혀서 한수漢水에 떨어져 죽은 자가 아주 많았다.

조조가 유비와 군사를 한 달가량을 대치하니 위나라의 군사들이 대부분 도망쳐, 같은 해 5월에 조조가 한중에 있던 모든 군사를 이끌고 나가서 장안으로 돌아갔다. 이에 유비는 드디어 한중을 차지하게 되었다.

3. 전반을 돌아보고서 큰 뜻을 깊이 알다

장무 원년 221년, 유비는 손권이 관우를 습격하여 그가 죽은 것에 크게 분노하여 동쪽으로 정벌에 나서려고 하였다. 손권이 편지를 보내 화해를 청했지만, 유비는 이를 받아들이지 않고 같은 해 7월에 마침내 군사를 이끌고 동오를 치게 된다. 조운은 전반적인 국면을 볼 것을 간하여, "먼저 위나라를 멸망시킨다면 오나라는 스스로 굴복할 것이며, 오나라와 싸우게 된다면 갑자기 풀어내지 못할 것입니다."《본전/배주, 조운별전》라고 말하였다. 그러나 유비는 듣지 않고 조운을 남겨두어 강주(파군의 치소 지금 사천성 중경시)를 관장하게 했으며, 많은 신하들의 간언을 듣지 않고 동쪽으로 출정하였다. 이때 광한(지금 사천성 수녕현)의 처사 진복이, 천시로 보아 반드시 아무런 이득이 없을 것이라고 말한 죄로 하옥되어 유폐되었다가 뒤에 용서를 받고 풀려나기도 한다.

건흥 원년 223년 5월, 후주 유선이 17세에 즉위하였는데, 승상 제갈량이 정사의 대소사를 모두 결정하였다. 이 시기 남중(지금 운남성)의 여러 군이 한꺼번에 반란을 일으켰지만 방금 국상을 당한지라 곧바로 출병하지 못하였으며, 오나라에 사자를 보내 화친을 맺어 동맹관계를 회복하였다. 조운은 중호군[4], 정남장군이 되었다가 영창정후에 봉해졌고, 승진하여 진동장군이 되었다.

4. 노장이 기곡의 패전에 몸소 뒤를 끊어 크게 잃지 않게 하다

건흥 5년 227년, 승상 제갈량이 여러 부대를 인솔하고 북쪽으로 가서 한중에 주둔하고, 출정하려고 할 즈음에 출사표를 올렸다. 이어 건흥 6년 228년 군사를 출동시켜 제갈량은 겉으로 말하길, 야곡(지금 섬서성 미현 서남)으로 가서 미현(지금 섬서성 미현)을 빼앗겠다고 하고, 진동장군 조운과 무양장군 등지에게 병사가 있는 것처럼 의심하게 만들어서 기곡[5]을 점거하도록 하였다. 위 조예는 대장군 조진에게 여러 부대를 총감독하여 미현에 주둔하게 하였고, 제갈량은 자신이 대군을 이

4) 호군護軍은 무관의 직명으로 중호군中護軍, 중령군, 중도호 등으로도 불렸는데 금군禁軍(궁정 숙위군 및 중군) 관련 업무, 무관의 선발과 여러 무장의 인사를 담당했는데, 나라마다 그 임무는 직급에 따라 조금씩 달랐다.

5) 기곡箕谷은 지금 섬서성 포성현의 북쪽으로 8km 지점에 있는 기산箕山(지금 감숙성 화현의 서북쪽)에 있는 골짜기인데 포야곡褒斜谷의 남쪽 입구이다.

끌고 기산(지금 감숙성 화현 서북)을 공격하였는데 군사의 진지가 잘 정비되어 있었고 호령도 엄숙하였다.

건흥 6년 228년 조예가 장안까지 나아갔으며, 보병과 기병 5만 명을 내고 우장군 장합을 파견 선봉으로 삼아 요충지인 가정(지금 감숙성 장랑현)을 공격하게 하였다. 제갈량은 참군 마속에게 여러 부대를 감독하여 선봉에 서도록 하여 대항케 하였다. 마속은 산 위에 진을 쳤는데 장합이 그들의 물 긷는 통로를 끊어버리고 공격하니, 마속은 대패하였으며 군사들은 와해되었다. 이로 인해 제갈량은 진격하여도 근거할 곳이 없자, 서현(지금 감숙성 천수현 서남)에 있는 1천여 집을 뽑아버리고 퇴각하여 한중으로 돌아오고 말았다.

이때 조운과 등지는 조진과 대적케 되었으나, 병력이 적었고 적은 강성하여 역시 기곡에서 패하였다. 조운이 병사를 모아 굳게 지켰으므로 패전하였지만 참패에 이르지는 않았다. 군사를 철수하게 되자 조운이 몸소 뒤를 끊어서 많은 손실을 입지 않았는데도, 조운은 직급이 강등되어 진군장군으로 되었다.

건흥 7년 229년 조운이 죽게 되자 후주는 조서에서, "조운은 선제를 따르며 공적이 이미 현저하게 드러났다. 짐이 나이가 어려 간난艱難을 겪을 때, (조운의) 충순忠順에 힘입어 그 위험한 곳으로부터 벗어날 수 있었다. 무릇 시호는 그 으뜸 되는 공을 제대로 드러내야 하는 법이니, 세간世間에서 조운에게 마땅한 시호를 논의하도록 하라." 하였다. 대장군 강유 등이 논의하여 말하기를, "(…) 삼가 시법諡法을 살펴보건대, 유순·현명·자애·은혜로운 것을 일컬어 '순順'이라 하고, 일을 함에 질서가 있는 것을 일컬어 '평平'이라 하며 재화, 동란을 평정할 수 있는 것을 일컬어 '평平'이라고 하니 마땅히 조운의 시호를 순평후라 할 것입니다."《본전/배주 조운별전》라 하였다.

조운의 아들 조통이 대를 이었으며 관직은 호분중랑장, 독행령군까지 이르렀다. 작은아들 조광은 아문장이 되어 강유를 따라 답중(지금 감숙성 임담현 서남)으로 출정했다가 싸움터에서 죽었다.

문무겸전과 선공후사의 유장 02

사상 가치성향을 통하여 인물 조운을 살펴보면, 그는 유비의 남다른 신뢰를 받았던 충직하고 용맹한 무인이자 유가적인 소양을 바탕으로 선공후사의 품행을 견지하였던 유장(선비인 장수)이라 할 수 있다. 동아시아권 문화, 특히 한국과 일본 등에서 발군의 인기를 끄는 삼국지의 무장을 꼽는다면, 많은 사람들은 단연 촉한의 조운을 거론할 것이다.[6)]

《삼국지연의》에서 묘사된 그의 활약상, 특히 장판파에서 죽음을 무릅쓰고 백만 대군으로 진격해 오는 적진을 뚫으며 신기에 가까운 무용으로써 강보(포대기)에 싸인 아두(유선)를 구해 오는 명장면은 실로 전설적이었기에, 독자들에게 남긴 그의 이미지는 매우 강렬했다. 아직까지도 우리 사회에 남아있는 그와 관련된 표현인 '조자룡 헌 칼 쓰듯 한다', '동서남북 조자룡'과 같은 일컬음이나 판소리 적벽가에 나오는 '조자룡 활 쏘는 대목' 등이 인구에 회자되고 있다. 이는 이른바 당양 장판파에서의 활약에 매료된 과거 이야기로 전해 이어져 온 민담설화의 산

6) 동아시아 문화권에서 조운에 대한 인기는 중국보다 한국 특히 일본이 더욱 유별나다고 할 수 있다. 한국의 경우 조운의 담백하고 사려 깊은 성격, 즉 유가에서 이상적인 무인의 면모와 적합한 점을 인기의 주원인으로 꼽을 수 있다면 일본의 경우 조운이 사무라이 모델로서 매우 적합하다고 인식하는 그들의 사회문화를 주원인으로 꼽을 수 있다. 물론 이로써 그의 남다른 인기의 배경을 모두 설명할 수는 없지만 조운을 바라보는 한국과 일본 사회의 시각은 이처럼 상이하다고 해도 조운에 대한 애정이 각별하다는 점에서 유사하다고 할 수 있다.

물이라고 해도 과언이 아니다.

이러한 뛰어난 용맹에 그치지 않고, 한편으로 침착하고도 조신하는 그의 성품에서 비롯된 행동 하나하나를 살펴보아도, 그가 거친 용장이라기보다 오히려 사려가 깊은 지장이라는 느낌을 받게 된다. 때문에 조운을 두고 문무를 두루 갖춘 무장이라 여겨도 손색이 없을 정도로, 그는 후대인에게도 계속 각별한 사랑을 받기에 충분한 인물이라 하겠다.

그러나 점차 현대사회에 접어들어 종래의 《삼국지연의》의 영향에 따른 촉한정통론을 비판하는 사상과 견해가 대두되면서, 조운 역시 비판의 대상에서 자유로울 수가 없게 되었다. 현재 많은 논자들은 역사적으로 조운이 일궈낸 공적과 관위에 주목하여, 실제 그의 입지는 《삼국지연의》에서만큼 뛰어나지 못했기에, 이른바 촉한정통론의 덕을 본 과장된 인물로 평가되기까지 하는 추세이다. 심지어 혹자는 조운을 단순히 유비의 경호대장에 불과했던 인물이라 일컫기까지 한다.[7)]

이렇게 조운은 후대의 논자들로 인해 지위와 역할 문제로 상당한 논란에 휩싸여 진통을 겪고 있지만, 분명한 사실은 조운의 출신성분과 확고한 신념은 그의 사상 가치성향을 잘 대변해줄 수 있는 중요한 증거라 할 수 있다. 이로 미루어 그가 유비 휘하의 여타 장수들과는 남다른 가치와 특색이 있는 인물로 볼 소지가 충분히 있다는 것이다.

조운은 신장이 8척으로 용모가 웅장하고 위엄이 있었다. 본군[8)]

7) 조운을 호위장수로 보는 견해는 중국에서 강한 편인데 이는 심백준沈伯俊이 조운의 첫 활약이었던 '주기主騎'를 호위대장으로 해석한 것이 발단이라 할 수 있다. 그는 조운에 대해 마초, 황충은 물론 심지어 위연보다도 지위가 낮은 장수였고, 야전을 담당하는 것이 아니라 주로 호위 역할만 수행했다고 평가했다. 이러한 심백준의 의견을 지지한 여러 논자들로 인해 점차 조운의 이미지는 호위장수로 국한되는 평가가 팽배해지기 시작했다. 이러한 추세에 동조한 이중텐易中天 역시 조운은 유비에게 높은 평가를 받지 못했기 때문에 중임을 맡을 수가 없었고, 그래서 그저 유비의 신변을 호위하는 기동타격을 주로 담당했을 뿐이라 주장했다.

에서 천거되었는데 관민의 의용병들을 거느리고 공손찬이 있는 곳으로 나아갔다.[9] **《본전/배송지 주, 조운별전》**

조운에 대한 평가에 높이는 포상과 낮추는 폄하의 포폄의 과정 속에서, 어떤 이는 조운의 지위와 역할이 어느 정도 상승과 확대를 이루어 내지 못하고 특정 수준에서만 계속 머무르는 이유에 주목한다. 특히 조운의 출신이 평민이었다는 점에서 그 이유를 찾으려 하는데, 이는 지나친 조운 폄하에 의한 해석에 불과하다. 사인신분 출신이 아니라면 관우, 장비 역시 이 점에서 불합리한 처우를 받아야 하는데 전혀 그러질 않았고, 《조운별전》의 그 첫 대목을 살펴보아도, 그는 관우, 장비와 달리 분명히 사인신분 출신의 인물이 아닌가 확인할 수 있게 한다.

그가 공손찬에게 귀부하기 직전의 상황에 대해 견해가 둘로 나뉠 수 있지만, 어느 쪽을 택하여도 그의 출신을 따지는 데 큰 어려움은 없다. 자신의 출신지에서 거병을 했다는 견해에 따르면, 이는 조운이 이미 명망 혹은 경제력을 갖췄음을 분명히 해 준다. 그리고 찰거가 되었다는 견해를 따르면, 이로 그의 집안이 대대로 상산국에서 태수의 연속을 주로 배출한 호족이었음이 자명하게 된다.[10] 게다가 단독으로 관민

8) 《조운별전》에서는 본군本郡이라 함은 조운의 향리가 속해 있는 군을 말하므로 상산군常山郡을 가리킨다. 치소는 원씨현(지금 하북성 석가장시 관할 원씨현)이다. 전한 때는 진정국에 병입되었고 후한 때 명제 영평 15년 이후는 원씨현을 치소로 상산국이 있었다.

9) 이 문장의 원문인 "위본군소거爲本郡所擧 장의종리병將義從吏兵"에 대한 해석에 있어, 먼저 거擧라는 표현을 본군, 즉 상산국에서 거병擧兵을 한 것으로 봐야하는지 아니면 향거리선의 의미로서 찰거察擧가 된 것으로 봐야 하는지가 논란이 된다. 그리고 리병吏兵 역시 통상 관병官兵 의미로 볼 것인지 기보騎步의 편제로 이뤄진 군단으로 볼 것인지도 논란이 된다.

10) 《송서 은행전》 서문에서 한나라 사회상황을 일컬어 '군현郡縣의 연사掾史는 모두 호가豪家에서 나온다.'고 표현한 것처럼 이 당시 지방의 명가, 즉 관족의 자제들은 대개 태수의 벽소로 인해 해당 지방의 연속掾屬에 기용되는 경우가 많았던 것으로 보인다.

의 의용병을 이끌었다는 이야기는, 그가 적어도 병력을 지휘 감독할 수 있는 지위에 있거나[11] 사적으로 부곡을 소유했다는 것이다. 그런데 도적집단이 아닌 이상 부곡을 소유한 자는 대개 토착호족이거나 재력을 갖춘 사인이 대부분이었다. 이 점을 감안하면 앞서의 경우의 어느 견해를 따르더라도, 조운은 호족이라 단순하게 말할 수는 없어도 최소한 사인신분의 인물이었음은 공통적으로 도출된다. 여기서 우리는 유비의 최측근 무장들 가운데 조운은, 사대부에게 교만한 관우, 군자에게 친애적인 태도를 취하는 장비와는 애초부터 그 위치의 출발점과 행보의 방향이 달랐음을 엿볼 수 있게 된다.

> **당시 원소가 기주목을 일컫고 있었고 공손찬도 그 주 사람들이 원소를 좇는 것에 심히 우려하고 있었다.** (그래서) **조운이 자신에게 귀부해 온 것을 기뻐하면서도 조운에게 비아냥거리듯이 말했다. "**(내가) **듣건대 귀주[12] 사람들은 모두 원씨를 따르고 싶어 한다고 하던데 그대는 어찌 홀로 마음을 돌리고 미혹되어 이에 반反하는 것이오?" 조운이 답하여 말했다. "천하가 흉흉하니 아직 누가 옳은지를 알지 못하지만, 백성들은 거꾸로 매달린 것 같은 재앙에 처해 있는데, 비주[13]에서는 논의하기를 어진 정치가 있는 곳에 따르자고 하였을 뿐, 원공**(원소)**을 소홀히 하고 명장군明將軍을 사사로이 따르자는 것이 아닙니다." 그리하여 공손찬과 더불어 정**

---

11) 대개 지방의 현령이나 현장으로 임명되어 지방의 장관이 되면 치안권한 때문에 일정 수준의 병력을 관장할 수 있으므로 이와 같이 병력을 지휘 감독할 수 있는 지위라 말한 것이다. 다만 《조운별전》에서 그가 공손찬에게 귀부하기 전의 관직 이력이 나오질 않으므로 그가 거느렸던 병력은 관官·민民으로 된 의용병義勇兵으로 봄이 합당할 것이다.

12) 귀주貴州란 귀하가 사는 주라는 뜻으로 상대방을 높이는 말이며 구체적으로 상산군을 말한다.

13) 비주鄙州란 자기가 살고 있는 주를 호칭한 것이며, 귀주와는 반대되는 말이다.

벌에 나서게 되었다.《본전/배송지 주, 조운별전》

임협이라 여겨지는 관우, 장비와 달리, 조운은 사인신분 출신으로 여겨질 만큼 유가적 소양을 지닌 인물이었다. 이러한 면모는《조운별전》에 기록된 그의 언행에서도 잘 드러나고 있다. 그는 기주의 백성들이 당시 원소를 따르는 대세를 거스르고 자신의 향리에서 무리를 이끌고 공손찬에게 귀부하였다. 공손찬으로서도 기주 출신인 조운의 귀부에 놀라 기쁨을 금치 못했으나, 한편으로서는 매우 의아하여 조운에게 은근히 비아냥거리기까지 했다. 이러한 공손찬의 태도에 조운은, 어지러운 천하에서 어진 정치를 베풀고 있는 곳이라면 따를 수 있을 뿐 사사로이 그 누구를 가려 따르고 말고를 결정하진 않는다고 당당히 답변했다. 이처럼 공의公義(인간이 사회생활 하는 데 필요한 도의)에 입각하여 행동을 결정하려는 그의 주관은, 단순히 그의 유별난 개인적 특성에서 비롯된 바가 아니라 여겨진다.

오히려 유가적 영향을 많이 받게 되는 당시대의 상황 배경에서 비롯된 것이라 볼 수 있을 것 같으나, 그를 출신만 놓고 본다면 유가적 인물로 규정짓기는 쉽지 않다. 그런데도 다른 무장들과 달리 상당히 유가적인 지향성을 지니고 있는 일면을 간과할 수 없게 하는 것은, 그의 언행이라 하겠다. 조운의 이러한 행보는 공손찬과의 대담 이후에도 여러 차례 드러나고 있다. 이를테면, 유비를 만나 진심으로 그를 주인으로 섬긴 이후 평생을 유비와 동고동락하게 되는데, 그의 곁을 보좌하며 그때그때 위기를 타개해 가는 과정에서 이런 일면을 볼 수 있다. 특히 사심보다는 주군과 나라를 먼저 생각하는 선공후사先公後私의 그의 행동 양식은, 조운이 충분히 유장으로 여겨질 수 있게 한다. 물론 유가적인 자세를 견지하는 유장이란, 여기서는 문무겸전 혹은 지용을 두루 갖춘 장수라는 의미를 단정적으로 부여하는 것은 아니다. 이는 유비에 대한 충의와 공리公利(개인이 아닌 일반 공중의 이익)적인 품행의 기준점이 유가에서 비롯되었음을 뜻할 뿐이지, 철저히 유가를 지향하면서도 난세라는 특성 때문에 부득이 무인의 길을 걷게 된 숭문주의자를 뜻하는 것은 아니기 때문이다.

훗날 서촉으로의 진출을 계획하고 있던 유비가, 교만하고 제멋대로인 손부인을 제어할 수 있는 인물로 유독 조운을 꼽은 까닭도 이와 무관치 않을 것이다. 위엄은 있어도 섬세함이 부족한 무장의 느낌이 강한 관우와 장비, 신중함은 있어도 아직까지 위엄이 부족한 문사의 느낌이 강한 제갈량, 이들과 달리 조운은 숭문의 사고방식과 상무의 행동방식을 겸전하여 취하는 인물이었다. 때문에, 유비는 그에게서 엄중함을 기대할 수 있었기에 스스로의 집안일을 맡겼던 것이다. 훗날 논자들에게 유비의 경호실장이라는 평가를 들을 정도로 조운은 유비의 신변에 머무르면서, 관우, 장비와 달리 크게 야전을 담당하는 기회가 많이 없었던 것은, 결코 조운의 장재將材(장수가 될 만한 훌륭한 인재)가 부족해서가 아니었다. 기실 조운의 출신 배경과 이로부터 기인한 특성, 즉 그가 지니고 있는 사상 가치성향의 특성을 깊이 고려한 유비의 선택으로 볼 수 있는 일면이 크게 작용하였던 것이다.

원리 원칙의 성격이면서도 기동타격에 능한 숙장

03

유비와 손권은 함께 연합해 적벽에서 조조를 물리쳤으나, 유비가 조조의 영향력에서 벗어나게 된 형주를 점령하면서 유비와 손권의 관계는 미묘해지기 시작했다. 이때 손권의 군 내부에서 반유비파 인사였던 주유는, 유비가 형주를 손권이 관장하게 할 생각이 없다고 판단했다. 주유는 손권에게 그의 여동생을 유비와 결혼시키자고 건의했다. 명목상으로는 혼인동맹이었지만, 실상은 유비가 혼례를 위해 손권의 영지로 왔을 때 그를 겁박하여 형주를 완전히 장악하자는 속셈이었다. 손권은 이를 기꺼이 수락하고 즉각 여범을 유비에게 보내 중매를 서도록 했다. 유비는 손권과 주유의 이런 속셈을 의심하며, 이 혼인이 자신에게 결코 좋은 일이 되지 못하리라 생각하여 한사코 사양했다. 하지만 제갈량은 이 혼인을 적극 찬성하며, 이를 성사시킬 수 있다고 유비를 설득하여 안심시켰다. 제갈량은 은밀한 계책을 세워뒀으며 이를 실행할 수 있는 이는 오직 조운이라고 말했다.

공명은 손건을 불러 강남에 가서 혼사를 추진하도록 분부했다. 손건은 분부를 받고 여범과 함께 강남으로 가서 손권을 뵈었다. 손권이 말한다. "나는 유현덕을 내 여동생과 짝지어주자는 것뿐이며, 다른 뜻은 없노라." 이에 손건은 하직 인사를 하고 형주로 돌아와서 유현덕에게 고했다. "오후 손권은 주공께서 장가들러 오시기만 바라고 있습니다." 그래도 유현덕은 의심이 나서 떠나려 하지 않는다. 공명은 "내가 이미 세 가지 계책을 세웠으니, 이는 조자룡이 아니면 실행하지 못할 것입니다." 하고 조자룡을 불러 비밀리에 지시했다. 《삼국지연의 제54회》

이후 유비를 따라 동오로 가게 된 조운은, 제갈량으로부터 미리 받았던 계책을 충실히 차근차근 수행하여 유비의 혼인과 그 무사 귀환을 성공시키게 된다. 이는 조운이 유비를 위해 당초의 소기 목적 달성에 부합하는 객관적 상황의 방향을 잡아 이를 긍정적으로 판단하고 합리적으로 행동을 취한 결과였다고 하겠는데, 조운이 외향형으로 그 긍정적 기능을 발현한 일례라 볼 수 있다.

중요한 결정이나 행동의 대부분이 주체의 의견보다는 객관적인 상황에 좌우될 때 이를 외향적 태도라 칭하는데, 조운은 다음 경우에서도 그러한 태도를 보이고 있다. 익주 평정 후 여러 장수들에게 주어질 포상을 조운은 반대하고, 오히려 전란을 겪은 익주 백성들에게 생업에 복귀하도록 논밭과 집들을 되돌려 주자고 제안하고 있다.

익주가 평정된 뒤 당시 사람들이 의논하여 성도 내의 옥사(가옥)와 성城 밖의 원지(동산 땅), 상전(뽕나무 밭)을 제장들에게 나누어주고자 했다. 조운이 이를 반대하며 말했다. "곽거병(전한 무제 때 흉노를 쳐서 전공을 세운 명장)은 흉노를 아직 멸하지 못했으니 집이 쓸모없다고 하였는데, 또한 나라의 적이 비단 흉노만이 아니니 아직 안락을 구해서는 안 됩니다. 천하가 모두 평정될 때를 기다려 각자 고향으로 되돌아가 본래 땅에서 농사짓는 것이 마땅할 뿐입니다. 익주의 백성들은 처음 전란을 겪었으니 논밭과 집들을 모두

되돌려주고 이제 이에 안거安居하며 생업에 복귀하게 한 뒤에 부역과 징세를 행한다면, 그들의 환심을 얻을 것입니다." 이에 유비가 이를 따랐다.《본전/배송지 주, 조운별전》

여기에는 유비의 통치가 익주에서 향후 순조롭게 이루어질 수 있도록 먼저 민심을 수습하자는 포석이 깔려 있었다. 이러한 조운의 의견을 통해, 그가 유비 혹은 익주 백성이라는 객체에 부합되는 방향으로 판단하고 행동하고 있음을 엿볼 수 있다.

이런 모습에서 조운은 외향형에 가까운 특성을 보이고 있는데, 외향형에서는 늘 객체에 맞추고 객체에 부합되는 방향으로 행동하고 판단해 가는 경향이 강한 것이 그 특징이다. 또한 외향형은 주위의 기대가 있는 한 변혁을 과감하게 실천하지만, 그것이 주위의 기대에 어긋나는 것이면 변혁을 피한다는 특징을 지닌다.

유표가 죽자 그 후사를 이은 유종은, 조조의 대군이 형주로 남정해 오니 참모들의 의견에 따라 조조에게 항복했다. 번성에 머물러 있던 유비는 이 소식을 듣자 서둘러 강릉으로 피난을 결정하고, 관우를 강하에 있는 유기에게 보내 수백 척의 배를 모아 강릉에서 만나기로 하였다. 10여 만의 피난민에 수천 량의 치중이 있어 3천여 군사를 이끌고 갔던 유비군의 행군은 하루에 겨우 10리를 이동했기에, 유비를 추격하던 조조의 대군에게 얼마 안 가서 당양의 장판에서 따라 잡히고 말았다.

조조군의 거침없는 공격에, 유비는 그 처자와 백성들을 버려두고 몇몇 장수들과 기병 수십 명이 함께 도주하였고, 병사들과 피난민들은 혼비백산하여 뿔뿔이 흩어지게 됐다. 한편 이때 조운은 미부인, 감부인과 아두(유선)를 찾기 위해 다시 조조의 대군의 적진 한복판으로 들어섰는데, 이를 본 미방은 유비에게 조운이 조조에게 투항했다고 말했다. 유비는 이를 크게 꾸짖으며 전혀 믿지 않았지만, 성급한 장비는 미방의 말을 의심하여 적지 않게 분노했다. 허나 장비가 20여 명의 기병을 이끌고 장판교에서 주둔하고 있자 하니, 조운이 먼저 간옹을 구해서 보내고, 그다음으로 감부인과 미축을 구해오는 모습을 보게 된다. 그런데도 장비는 조운에 대한 의심을 완전히 거두지 않았기에 나름 경계 섞인 말투로 조운을 떠본다.

조자룡은 즉시 미축을 구출하고 말 두 필을 빼앗아 감부인과 미축을 각기 태운 다음에 적을 마구 공격하면서 탈출로를 열어 장판교로 간다. 장비가 창을 비껴든 채, 장판교 위에 말을 세우고 있다가, 다가오는 조자룡을 보자 크게 외친다. "자룡아! 네가 어째서 우리 형님을 배반했느냐?" 조자룡은 어리둥절해한다. "내, 부인과 어린 주인을 찾다가 만나지 못해서 뒤에 처졌는데 어째서 반역이라고 하느냐!" "조금 전에 간옹이 먼저 와서 그 사실을 알려주지만 않았더라도 내 지금 당장에 너를 죽일 것이다." "지금은 그런 걸 이야기할 때가 아니다. 주공은 어디 계시느냐?" "여기서 과히 멀지 않은 곳에 계시노라."《삼국지연의 제41회》

조운이 이를 차분하게 대응하자 장비도 섣불리 경거망동하지 않았다. 장비는 한때 관우가 하비전투 패배 후 유비 처자를 지키고 있다 어쩔 수 없이 조조에게 항복했던 일에 크게 분노했다. 그 뒤 재회 시 관우에게 그리되었던 이유 여하를 따져 묻지 않고 사생결단하려 했던 행동을 돌이켜 견주어 보면, 실로 대조적인 모습이었다.

제1차 북벌 직후 조운 부대의 군수물자 중 비단이 여유가 있자, 제갈량은 이를 조운 부대의 장병들에게 포상하고자 했다. 하지만 조운은 비단을 부고에 넣어 두었다가 겨울에 하사품으로 쓰자고 완곡히 거절했다.

조운의 군자軍資에 여유분의 비단이 있어 제갈량이 장사(장졸)들에게 나누어 주도록 하니 조운이 말했다. "군사에 이로움이 없었는데 어찌 하사품이 있을 수 있습니까? 청컨대 그 물건들은 모두 적안赤岸의 부고府庫에 넣어두었다 10월이 되길 기다려 겨울 하사품으로 삼으십시오." 제갈량이 이를 매우 옳게 여겼다. 《본전/배송지 주, 조운별전》

조운은 전쟁에서 승리하지 못한 상황에서 장병들이 당장 포상을 받는 건 명분상 맞지 않는다고 본 것이다. 또한 비단은 당시 손꼽히는 귀중품이자 특히 겨울에, 의복감으로 활용 가치가 높은 매우 긴요한 물품이었던 모양이다. 조운은 장병들의 사기 진작 차원에서, 그들이 비단을 필요한 시기인 겨울에 이를 하사하자는 것이었다. 제갈량은 조운의 의견을 옳다고 여겨 이를 따랐다. 이 경우는 조운이 능동적 자세로 의지적 판단작용을, 합리적 기능으로 발현하고 있음을 보여준다.

이런 사례들에서 조운은 사고형에 가까운 태도를 보이고 있다 하겠는데, 사고형은 주어진 관념내용을 그 고유의 법칙에 따라 서로 연관시키는 정신 기능이다. 조운의 경우, 앞서 언급한 두 경우의 내용을 통해 볼 때, 사고형에 가까운 특징을 지니고 있다고 하겠다.

또한 사고형은 주관적인, 궁극적으로 우리가 잘 모르는 무의식적인 원천에서 주어지는 성향과, 감관을 통한 지각으로써 전달되는 객관적 사항에서 주어지는 성향이라는 두 가지 측면을 지니고 있으며, 이것이 내향적 사고와 외향적 사고라는 서로 다른 사고의 근거를 이루고 있다. 조운의 경우, 앞서의 태도들에서 외향형의 모습을 보이고 있었고, 그가 무의식적인 원천을 통해 행동했다기보다는 여러 정황들 속에서 자신의 주관적 판단을 통해 행동했다는 점에서, 외향적 사고의 모습을 드러낸다고 할 수 있다.

이상을 토대로 보았을 때, 조운을 성격유형으로 그 인물형을 논한다면 외향적 사고형이라 평할 수 있다. 외향적 사고형의 특징은 첫째로 현실 상황에 대한 판단능력이 뛰어나고 논리적이며, 둘째로 설득력이 뛰어나고 호전적인 기질이 있어 강인하고 냉정하며, 원리원칙을 중요하게 생각한다.

1. 적벽대전 후 계양 전임자에 휘둘리지 않고 경략 현실 상황판단 능력이 뛰어나·유영사마로 엄숙히 손부인으로부터 아두 구출, 사리판단의 대의명분을 중시하는 그의 특징 두드러진 바 있어

이 외향적 사고형의 특징을 조운에게 적용시켜 보면, 강인한 것은 인정되지만 호전적인 기질이 있다고 보기는 어렵고 이를 제외하면, 모든 내용들이 조운에게 잘 부합한다고 할 수 있다.

이미 앞에서 촉한의 인물들을 거론하면서 외향적 사고형의 인물로 장비를 들어 살펴본 바 있다. 그러나 우선 외형적으로 볼지라도 조운과 장비의 면모는 상당히 상이하게 여겨진다. 때문에 실제 이 두 인물은 동일한 성격유형의 범주에 속한다고 당장 평가를 내리는 데에 대해 실로 의아해할 수 있을 것이다. 이들은 큰 틀에서 보면 같은 성격유형으로 여겨질 수 있다 하겠으나, 세부적으로는 차이가 있음이 분명하다.

장비의 경우, 경륜이 쌓여갈수록 현실 상황에 대한 판단능력이 점차 원숙해 갔던 일면, 또 호전적인 기질로 강인함을 보이는 성격유형이 지닌 특징을 주로 드러냈다고 하겠다. 반면에 조운의 경우는 애초부터 차분하고 신중한 성격을 바탕으로 하여 논리적으로 심사숙고하며 현실 상황에 대한 판단능력을 주로 보인 것이다. 또한 그는 명분에 입각하여 자신의 주장을 펼칠 줄 아는 인물이었기 때문에 설득력이 있으면서도, 냉정하고 원리원칙을 중시하는 점에서 장비와는 뚜렷한 차이가 있었다. 이 조운과 장비 두 인물은 동일한 성격유형의 궤적을 그려갔음에도 구체적으로는 분명히 차별화되는 다른 면모를 뚜렷이 보여 주고 있었던 것이다.

조운의 성격유형에 관한 특징으로 다시 돌아가 보면, 그 첫째 내용에 대해 판단할 수 있는 근거는 왜 그가 공손찬에게 귀부했는가에서 먼저 그 실마리를 찾아볼 수 있다. 조운이 공손찬에 귀부한 시점은 공손찬이 기주를 놓고 원소와 심하게 다투고 있을 무렵, 즉 대략 초평 2년 191년에서 초평 4년 193년 사이에 해당할 것이다. 조운의 이러한 귀부는 예상 밖이었으므로 공손찬 스스로도 의아해할 정도였다. 조운은 공손찬이 던진 의문에 어진 정치를 베풀 수 있는 곳을 따르고자 할 뿐이라며, 사사로운 감정이 아닌 마치 그에 해당하는 대상이기에 공손찬에게 온 것처럼 대답할 뿐이었다. 《삼국지연의》에서는 조운이 원소 진영의 맹장 문추에게 쫓겨 죽을 위기에 놓여있던 공손찬을 구해준 것을 계기로, 공손찬 휘하에 들어가는 것으로 묘사되고 있다.

이와 달리 사서에서의 실제는, 조운의 공손찬에게 가는 행보에 다분히 의아스러운 면이 있었다. 과연 조운이 진심으로 공손찬을 원소보다 더 어진 정치를 베풀 수 있는 인물이라 보았던 것일까? 혹자는 조운이 원소 밑에 있다가 공손찬을 섬기는 등 제대로 된 주인을 찾는 데 실패한 연후에야, 비로소 유비를 만났다고 주장하기도 한다.

그러나 (본전)과 《조운별전》의 기록, 어느 쪽을 살펴보더라도 조운이 원소 밑에 있던 적은 없었다. 또한 공손찬 밑에 들어간 조운의 경우도, 다분히 처음부터 유비를 염두에 둔 의도적 행보였으리라는 느낌을 지울 수 없게 한다. (본전)은 너무 간단하게 조운이 공손찬의 명령으로 유비를 수종한 것으로만 되어 있으나, 《조운별전》은 조운이 당시 유비가 공손찬에게 가 있다는 사실을 알았고, 조운 스스로도 유비에게 후일에 끝내 그를 따를 것을 결심하게 된다고 기술하고 있다.

당시 유비 또한 공손찬에게 의탁하고 있었는데 매번 조운을 만나 볼 때마다 마음속으로 깊이 받아들이고 싶어 하였다. 조운도 내심으로 유비와 마음을 결합하여 그를 추종하려고 하였다. 조운이 형의 상을 당해 공손찬에게 말하여 잠시 고향으로 돌아가고자 하였을 때 유비는 그가 돌아오지 않을 것임을 알고 손을 맞잡고 애틋하게 작별하였다. 조운은 말했다. "끝내 (…) 덕을 저버리지 않을 것입니다." 유비가 원소에게로 가자 조운이 업현에서 유비를 만나게 되었다.[14] 유비는 조운과 함께 같은 침상에서 잠을 잤으며, 은밀히 조운을 파견하여 무리를 모집하게 해 수백 인을 얻은 뒤 이들이 모두 좌장군 유비의 부곡이라 일컬었으니, 원소가 그것을 알지 못하였다. 마침내 유비를 좇아 형주에 이르렀다. 《본전/배송지 주, 조운별전》

이러한 정황으로 볼 때, 조운이 진심으로 공손찬에게 그대로 귀부했다고 하는 이 내용을 가감이 없이 그대로 받아들이기는 어려운 일이다. 만약 그랬다면 그다음에 바로 실질적인 그의 주인을 바꾸게 되는 것으로 볼 때 '즉시 변심'한 셈이 되어 조운의 이 갑작스러운 변신을 합리적으로 설명할 방법이 없게 된다. 더욱이 유가적 식견을 보여 왔던 그가, 이상적 주인을 애초부터 공손찬이라 판단했다고 보기도 쉽지 않다. 왜냐하면 이상적인 주인을 만나려 한다는 측면에서는, 공손찬보다 원소가 더 나았으면 나았지 결코 못하지 않았으리라 여겨지기 때문이다.

---

14) 盧弼 集解. 錢劍夫 整理(2009), 三國志集解, 上海古籍出版社, 제6권, 2530쪽. 이에 대해 노필[盧弼]의 《삼국지집해》의 조운에 관한 기술에 인용된 하작[何焯]은 "(본전)에서는 선주(유비)가 평원상일 때 조운은 이미 그를 수종하며 기병을 이끌었다 했는데 《조운별전》에서는 선주(유비)가 원소에게로 나아갔을 때 조운이 그를 업[鄴]에서 만났다 하니, 즉 건안 5년(200년) 뒤의 일이 된다. 이는 (본전)과 어긋나므로 믿을 수 없다."라고 말하고 있다.

여기에서 유비가 탁현 지역에서 거병하여 황건적의 난을 토벌하는 데에 크고 작은 군공을 세워, 중산국 안희현의 현위와 북해국 하밀현의 현승, 평원군 고당현의 현위, 현승을 지내기도 했다는 사실에 주목해볼 필요가 있다. 유비의 거병 이후 초기 주 활동 무대인 이들 지역은 조운의 향리가 있는 상산군이 속한 기주와 상대적으로 그리 멀지 않았으므로, 조운도 이러한 유비의 존재를 전혀 몰랐다고 말할 수 있을까?

고당현에서 황건적에게 패한 유비는 중랑장 공손찬에게 의탁하게 되며 청주자사 전해와 기주목 원소를 막아내게 되었는데, 그때 공손찬은 부장 조운을 유비에게 보내 이를 돕게 했다. 더욱이 유비가 조운을 만나보고 그를 마음에 들어 하며 여러 번 예를 갖춰 후대하자, 조운도 처음 공손찬의 접견 때 응답했던 태도와는 달리 곧 유비에게는 마음을 주어 따랐고 그의 시종 기장이 된다. 따라서 조운이 처음부터 '유비를 마음에 두고 공손찬에게 귀부했을 개연성'을 생각해 보게 되는 이유도, 바로 여기에 있다. 공손찬의 평소 성품으로 보건대, 조운이 염두에 두고 말한 '어진 정치仁政'를 펼 수 있으리라고 기대되는 대상은 아무래도 공손찬 그보다는 오히려 유비로 여겼을 가능성이 크다고 보이기 때문이다.

그러기에 조운이 형의 부음을 기화로 향리로 가려고 공손찬 곁을 떠나려 했을 때, 유비에게 찾아와 '끝내 덕을 저버리지는 않을 것'이라고 말할 수 있었을 것이다. 이때 조운은 고향에서 이끌고 온 무리들을 일시로 해산했다가, 한참 뒤 원소가 관도대전을 벌이기 직전, 유비가 그에게 의탁하고 있다는 소식을 듣고 업현으로 오면서 이들을 다시 규합했을 수 있다. 그 무리를 '유비의 부곡'이라며 원소도 속이고 일부러 유비 휘하에 두어, 자연스럽게 자신도 원하는 주인을 섬길 수 있게 된 것이다. 이렇게 보면, 공손찬에게 처음 나타난 그때부터 조운은 숨은 의도를 지니고 움직였던 셈이다. 오로지 유비 그 한 사람만을 위해 이처럼 주도면밀하게 움직였다고 볼 수 있는 것이다.

이와 같이 정밀하게 맞추어지는 조운의 행보에 대해 달리 생각해 보면, 그는 현실 상황에 대한 판단을 자신이 의도한 바대로 잘 결정지어 나갔고, 그러기에 이는 바로 그만큼 그의 이러한 능력이 뛰어났음을 방증하는 것이라고 하겠다. 비단 이러한 성격유형이 지닌 특징은 여기서만 그치지 않고, 이후 그가 계양태수를 겸임할 때에도 잘 드러난다.

강남을 평정하는 데 종군하여 편장군이 되었고, 계양태수를 겸하여 조범을 대신하였다. 조범의 혼자가 된 형수를 번씨라 불렀는데, 빼어난 미모여서 조범이 조운에게 배필로 들여주고자 하였다. 조운이 사양하며 말했다. "우리가 서로 동성同姓이니 그대의 형은 곧 내 형이나 다름없소." 그러면서 강하게 사양하고 허락하지 않았다. 이때 어떤 사람이 조운에게 이를 맞아들이라고 권하였으나 조운이 말했다. "조범은 급박해져서 항복한 것뿐이오. 그 마음을 아직 헤아릴 수 없으며 천하에 여자는 적지 않소." 그리고는 (번씨를) 취하지 않았다. 조범이 과연 도주하였으나 조운에게는 조그만치의 허물도 없었다. 《본전/배송지 주, 조운별전》

적벽대전 이후 유비는, 장강 남안南岸에 있는 유강구(지금 호북성 공안현)에 군영을 세우고 이름을 공안으로 고쳐 짓고 치소로 삼은 후, 형주 남부 일대를 경략하였다. 조운은 이 중 계양군을 점하였으며 이를 관장하도록 명을 받고 태수직을 겸임하게 된다. 전임태수였던 조범은 조운과 동성인 것을 기화로 사사로움을 드러내며, 자신의 형수이자 혼자가 된 번씨를 조운과 짝지어주려고 했다. 주변에서는 조범의 제안을 받아들이라고 권유했으나, 조운은 이를 정중히 거절하였다. 당초 조운은 조범이 형세가 급하여 일시적으로 항복했을 뿐, 과연 본심이 어떠했는지를 몰랐기에 그로서는 행동거지에 신중을 기하였던 것이다. 과연 조운의 예상대로 조범은 도망을 쳤으나, 다행히도 조운은 그의 다른 의도에 넘어가지 않았기에 무탈할 수 있었다.

그런데 동일한 성격유형의 범주에 속한다고 하는 장비와 달리 그가 이와 같이 자신의 성격상의 특징을 제대로 잘 발현할 수 있었던 것은, 급한 성정의 장비 같지 않고 조운이 천성적으로 침착하고 삼갔기 때문일 것이다.

> **"첫째는 조범과 의형제를 맺은 처지에 그 형수를 얻는다면 남들이 욕할 것이며, 둘째는 그 형수가 개가하면 절개를 잃는 것이며, 셋째는 조범이 항복은 했으나 그 속뜻을 알 수 없었소이다. 주공께서 장강과 한강 일대를 아직 정하지 못하사 밤에도 잠을 이루지 못하는데 내가 어찌 부인을 얻는 일로 큰일을 소홀히 할 수 있으리오."《삼국지연의 제52회》**

조운의 성격유형이 지닌 특징 가운데 그를 가장 잘 대표할 수 있는 세부적인 내용은, 원리원칙을 매우 중시하는 성향이라 할 수 있다. 이 점은 앞서 같이 열거한 장비와 대비시켜 볼 때, 확연히 다른 일면이라고 할 수 있다. 아무래도 그는 사인신분 출신이라 여겨지는 본래부터 유가적 소양을 갖추고 있는 데에다, 이러한 가치기준에서 비롯된 대의명분을 평소 매우 중시하는 데서 형성된 행동양식의 두드러진 차이로 보인다.

이러한 성격유형이 지닌 특징을 발현하는 데 있어 화룡점정畵龍點睛(가장 긴요한 부분을 끝내어 완성시킴)이라 할 장면은, 아무래도 계양을 취한 직후의 장면을 묘사한《삼국지연의》의 내용일 것이다. 미모의 혼자가 된 자기 형수 번씨를 부인으로 취하라는 태수 조범의 제안에, 조운은 화를 내며 그를 꾸짖었다. 이에 앙심을 품은 조범은 부하들과 함께 밀모하여 조운을 죽이려 했는데, 오히려 조운이 계책을 써서 이들을 제압하였다. 조운은 계양을 차지한 승리의 기쁨을 만끽하며 거드름을 피우기보다는, 상황을 냉정하게 판단하고 대처하였으므로 상대방의 함정에 빠지지 않았던 것이다.

이후 제갈량이 조범의 형수 번씨를 어찌 취하지 않았는지를 물었다. 이에 조운은 "형제의 의를 맺은 자의 형수를 취하는 것은 필시 남의 욕을 살 일이고, 과수(과부)가 개가하면 절개를 잃게 되는데 조범의 본심을 알 수 없었으며, 주군을 위해 자신을 돌아볼 겨를이 없다."고 답하였고 주위 사람들을 감탄하게 하였다. 이러한 충직하고 의로운 모습은, 지난날 당양 장판파에서 보여준 그가 뛰어난 무용을 펼쳤던 이미지가 거기에 더해져 후대에도 큰 인기를 모을 수 있는 대장부로 거듭나기에 충분했다.

유비가 익주로 들어가자 조운을 유영사마留營司馬의 일을 관장하게15) 했다. 이때 유비의 손부인은 손권의 여동생으로 교만하고 횡포하여 오나라의 관속과 병사들을 여럿 거느리고 거리낌 없이 법을 어겼다. 유비는 조운이 엄중하니 반드시 이를 정제할 수 있을 것으로 여겨 특별히 내부의 일을 관장하게 하였다. 손권은 유비가 서쪽의 정벌 길에 올랐다는 말을 듣고 배들을 대거 보내 여

15) 후한 시기에는 삼공 상임장군, 그 후에 삼국시대에는 주군州郡의 장관인 자사 태수 등 관부官府를 둘 수 있는 부주府主의 수하에 설치한 속관으로 장사長史와 사마司馬를 두었다. 장사는 부서의 사무를 총괄하며 부주를 보좌했으며, 사마는 병졸이나 관원들을 통솔하는 업무를 수행했다. 당시 조운의 관직명은 영유영사마領留營司馬인데, 이는 좌장군 유비가 서촉으로 들어가면서 관부에 조운을 임명하여 실제는 군영에 남아서 군대의 일을 관장하게 한 직책이다. 여기에다 특별히 유비의 가내의 일까지 관장토록 명받았다는 것은 그만큼 유비가 조운을 매우 신뢰했다는 방증이다.

동생을 영접하게 하려 하였고, 손부인은 내밀하게 유선을 데리고 오나라로 돌아가려 하였다. 조운이 장비와 더불어 병사를 거느리고 가서 강을 차단하고는 마침내 유선을 구해 돌아왔다.《본전/배송지 주, 조운별전》

손권의 여동생으로 귀하게 자란 손부인은, 유비조차도 감당하기 벅찰 만큼 매우 교오(무례하고 오만함)한 여인이었다. 유비는 서촉으로 들어가려는 상황에서 조운에게 특별히 자신의 가내의 일까지 관장케 했던 것은, 엄중한 그가 손부인을 제어하기 적격이라고 여긴 데 있었던 것이다. 이는 조운이 설령 주모主母(주군의 부인)라도 그녀의 안하무인격인 태도에 굴하지 않고 곧이곧대로 일을 집행할 수 있는 인물이라는 방증이다.

이러한 그의 태도는《삼국지연의》에서 조운이 유선을 데리고 동오로 가려던 손부인을 상대로 유선을 구출하려는 장면에서 보다 생생하게 드러난다.

"주모는 어디로 가시나이까? 어찌하여 군사께 알리지도 않고 떠나시나이까?" "모친께서 병환이 위독하다 하니, 알릴 여가가 없었소." "주모께서 문병을 가시는데 어째서 아기까지 데리고 가시나이까?" "아두는 나의 아들이오. 형주에 남겨두면 돌봐줄 사람이 없기 때문이오." "그건 잘못 생각하셨습니다. 우리 주공께서는 평생에 한 점 혈육이라고는 아두 한 분뿐이십니다. 제가 지난날 당양 장판 싸움에서 백만 적군 속을 헤치고 구출해온 아기입니다. 그러하거늘 부인께서 무단히 데리고 가시다니, 이 무슨 도리십니까?"《삼국지연의 제61회》

《삼국지연의》에서 묘사된 손부인은 무예를 좋아하고, 자신의 시녀들에게 병장기를 소지하게 하며, 동오의 무장들에게도 막무가내일 정도로 기가 드센 여장부였다. 평소 동오의 무장들이 손부인에게는 감히 쉽게 대응하지 못할 정도로 그녀는 두려움의 대상이었는데, 그러나 조운은 달랐다. 유선을 내놓지 않으려고 크게 격앙되어 방어하는 손부인에게서, 조운은 호랑이 곶감 빼가듯 유선을 낚아챌 정도로 꿋꿋하게 작은 주군을 지키겠다는 판단의 근거대로만 행동했다. 이처럼 유비가 자신의 부재중에 혹시 모를 이런 가내의 사태에 대비토록 조운에게 이 일을 맡긴 것이다. 과연 조운이 그 임무를 잘 수행했던 것은, 그야말로 조운의 성격유형이 지닌 특징을 유비가 십분 잘 활용한 결과였던 것이다.

다음으로, 외향적 사고형의 성격유형인 인물이 흔히 보여줄 수 있는 장점은 첫째로, 정책 결정과정에서 현실적으로 바람직한 대안을 합리적으로 선택하며 일단 결정된 정책은 일관되고 확고한 태도로 추진할 수 있는 것이다. 둘째로, 위기 상황에서 뛰어난 관리능력을 발휘할 수 있다는 점을 꼽을 수 있다.

2. 한중전쟁 때 조조대군 상대해 군영으로 돌아와 공성계 펼쳐 물리친, 그의 차분하고 담력 있는 위기관리 능력 장점으로 매우 돋보여

이 성격유형의 장점을 조운에게 적용시켜 보면, 둘째 내용인 위기 상황에서의 뛰어난 관리능력이 대체로 조운과 부합되고 있다. 이에는 먼저 건안 24년 219년, 병력의 열세에도 불구하고, 대규모로 출동한 조조의 군사를 상대로 승리를 거머쥔 한중전쟁에서, 조운이 크게 용략을 떨친 공적을 예로 들 수 있다. 다음으로 끝내 실패로 돌아가게 되었지만, 건흥 6년 228년 제1차 북벌 상황에서 조운은 등지와 더불어 적군에게 아군 병사가 크게 있는 것처럼 의심하게 만들어 기곡[16)]을 점거하게 된다. 그러나 마속의 어이없는 대패로 승기를 놓치게 되었는데도 온전히 군사 철수를 이끌어 피해를 최소화하였다. 조운의 용의주도한 이때의 활약을 통해서도, 그의 성격유형이 지닌 장점을 거듭 확인할 수 있게 된다.

> **조조의 군대가 추격하여 위(보루)[17]에 이르렀다. 이때 면양 현장 장익이 조운의 위 안에 있다가 문을 닫고 막아내어 지키려 하였으나, 조운은 군영에 들어온 뒤 다시 문을 활짝 열어놓고 깃발을 뉘어놓고 북소리를 내지 않았다. 조조의 군대는 조운이 복병을 숨겨 놓은 줄로 의심하여 군사를 이끌고 물러갔다. 조운이 우뢰 같이 북을 쳐 하늘을 진동시킬 듯 북을 울리며 오로지 융노戎弩로만 뒤에서 조조의 군사들에게 쏘아댔다. 조조 군이 놀라 서로 짓밟았고 한수로 떨어져 죽은 자가 아주 많았다. 유비가 다음 날 아침에 조운의 영위營圍(군영과 위)로 스스로 친히 와서 전날 싸운 곳을 둘러보고 말하였다. "자룡은 온몸이 모두 담덩어리로다!" 음악을 곁들인 술자리를 열어 저녁까지 이어졌고 조운을 군중軍中에서 일컬어 호위虎威장군[18]이라 했다. 《본전/배송지 주, 조운별전》**

이와 같이 조운은, 한중전쟁 상황에서 복병의 가능성을 강하게 암시함으로써 적의 판단을 흐려지게 하는 언기식고[19]라는 공성계를 대담

---

16) 당시 조운은 기곡箕谷의 적안 둔간구에 있었고, 등지는 기곡의 적안구에서 주둔하며 지키고 있었으므로 두 진영이 아주 가깝게 있었지만 산길이 아주 험난하여 다만 겨우겨우 호응할 수 있었으며 적안에 양곡창고를 두어 대군에게 군량을 공급하였다.

17) 원문에는 위圍라고 되어 있는데 이는 오塢 같이 적을 방어하기 위해 구축된 보루라 할 수 있는 군사시설물이다. 보루堡壘는 적이 가까이 들어오는 것을 막기도 하고 혹은 내치기도 하기 위하여 돌과 흙으로 견고하게 쌓아 놓은 진지陣地이다.

18) 혹자는 이를 잡호장군으로 보거나 심지어 호위護衛장군으로 혼돈하는 경우가 있는데, 이는 '범 같은 위왕을 갖춘 장군'이라 불러 그 용맹을 우러러보게 칭송하는 칭호로 봐야 할 뿐 정식 관명으로 보기는 어렵다.

19) '언기식고偃旗息鼓'는 깃발을 눕히고 북소리를 내지 않는다는 뜻이다. 이는 적에게 성

하게 펼쳤던 것이다. 이는 뛰어난 용병술로 조련된 조조 군사마저도 판단착오를 불러일으키게 만들었을 정도로, 조운의 용맹과 지략의 잘 어우러진 멋진 한판이었다.

하후연이 전사한 후, 유비와 조조의 한중전쟁이 첨예하게 진행되자, 장기전을 염두에 둔 조조는 수천만 포대에 달하는 군량미를 그의 본영이 있는 북산 아래쪽으로 운송하였다. 황충은 이를 탈취할 수 있을 것으로 여겨 군사를 이끌고 출격했으며 조운 역시 황충을 뒤따라 접응하게 된다. 먼저 공격에 나선 황충이 기한이 지나도록 돌아오질 않자, 익군장군 조운은 수십 기병만 이끌고 군영에서 나와 황충을 마중하면서 아울러 적정을 주시하였다. 그때 조조가 군사를 들어내서 대규모로 출동하였던 상황이었다. 조조의 군대와 갑자기 맞닥뜨리게 된 조운은 형세가 위급해지자 적의 진영 앞으로 돌진하였고, 또한 싸우기도 하고 또한 물러나기도 하면서 서둘러 자신의 군영으로 귀환하였다. 잠시 후 조조의 군사들이 흩어졌다가 다시 합쳐서 조운을 추격하였고, 이 과정에서 조운은, 황충을 따라 조조군의 군량과 말먹이 풀을 불태우려다 포위되어 위기에 빠진 장저를 구해내는 활약을 펼쳤다.

그렇지만 조조의 군사들이 조운의 군영에까지 이르자, 조운의 보루를 지키고 있던 장익은 결사항전을 꾀하려고 했다. 조운은 이를 만류하고 목숨을 건 도박을 펼친다. 조운이 군영에 들어가 다시 문을 활짝 열고 깃발을 눕어놓고 북소리를 내지 않았다. 이렇게 조운은 용병의 달인 조조에 조련된 그의 군사를 상대로 대담하게도 공성계를 펼쳤고, 이러한 조운의 움직임을 본 조조군은 이에 반드시 복병이 있을 것이라

이 비어있는 것처럼 보여 마치 복병의 존재를 암시하는 의심을 갖게 함으로써 판단을 흐리게 만드는 목적을 갖는 전술이다. 이러한 전술은 대체적으로 적군보다 열세일 때 시행되는 경우가 많다 보니 적 지휘관을 기만하기란 아무래도 쉽지가 않기 때문에 이를 시행하는 데에는 상당히 신중해야 하면서도 대담성이 요구된다고 할 수 있다.

의심하고 철군하게 된다. 기회를 놓치지 않은 조운은 마치 추격을 개시한 것처럼 북을 우레 같이 울리고 하늘을 진동시키듯 허장성세를 부리며, 오로지 경노로만 조조의 군사들에게 쏘아대는 원거리 공격으로써 조조군을 교란시켰다. 이 과정에서 조조의 군사들은 놀라 저희들끼리 서로 짓밟혀서 강물에 떠밀려 떨어져 죽은 자가 부지기수였다.

이 소식을 들은 유비는 조운이 전날 싸웠던 군영과 보루를 친히 와서 보고는, 조운의 담대함에 놀라 그를 호랑이 위세를 지닌 장수라 부르게 되었을 정도였다. 용병술의 달인 조조의 군사를 상대로 위기상황을 오히려 유리한 상황으로 바꾼 조운의 이와 같은 맹활약은, 실로 그의 성격유형이 지닌 장점에서 비롯된 그 발현이었던 것이다.

조운, 등지의 군사는 약하고 적은 강성하여 기곡에서 (싸움에) 패하였으나, 군사들을 모아 굳게 지켰으므로 대패에 이르진 않았다. (본전)

제갈량이 말했다. "가정에서 우리 군대가 패퇴하였을 때 병사와 장수들을 다시 서로서로 수습하지 못하였는데, 기곡에서 군대가 패퇴하였을 때에는 병사와 장수들이 처음처럼 서로서로를 잃지 아니하였으니 어찌 그런 것이오?" 등지가 대답하였다. "조운이 몸소 스스로 뒤를 끊어서 군사물자는 대략 버린 것이 없었으니, 병사와 장수가 서로 잃어버릴 까닭이 없었습니다."《본전/배송지주, 조운별전》

제갈량은 마속에게 부대를 이끌고 선봉에 서게 하여 장합과 가정에서 싸우게 했다. 마속은 물가를 버리고 산으로 올라가 진을 치자, 장합은 그들의 물 긷는 통로를 끊어버리고 공격하니 이에 대패하였다. 제갈량은 진격하여도 근거할 곳이 없게 되자 서현[20]에 있는 1천여 집을 뽑아버리고 철군할 수밖에 없었다. 당초 야곡으로 가서 미현을 빼앗겠다고 하면서 조운과 등지에게 많은 병사가 있는 것처럼 의심을 불러일으키게 만들어서 기곡을 점거했다. 이리되자 관우(함곡관의 서쪽)의 여러 부대를 총감독하여 미현에 진을 치고 있던 조진이 공격해와 기곡에서도 역시 패하고 만다.

제갈량도 제1차 북벌 패배에 상소를 올려 스스로 3등급을 내리게 하여 우장군 · 행승상사가 되었으며, 선봉을 맡았던 마속이나 장군 이성은 참형에 처해졌고 장군 황습은 병사가 박탈되는 등, 그 패배의 여파는 컸다. 조운 역시 진동장군에서 진군장군으로 강등을 당하긴 했지만 그나미 그의 군대는 대패에 이르지 않았는데, 이는 조운이 직접 되각하는 군대의 뒤를 맡아 군기의 유지를 독려하면서 추격군을 끊었기 때문이었다. 그만큼 제갈량도 대단하게 여길 정도로, 조운은 적의 대군이 추격해 오는 상황 속에서도 자신의 군대가 우왕좌왕하지 않도록 무사히 군사를 철수시켜 군세를 잘 보존하였던 것이다. 비록 앞서 한중전쟁에서의 활약만큼 극적이진 않지만, 이 역시 그의 성격유형이 지닌 장점이 발현된 경우라 하겠고 그의 위기상황에 대한 관리능력이 잘 드러났던 실례라 할 수 있다.

마지막으로 외향적 사고형이 지닌 단점에 대하여 살펴보자면, 이는 첫째로 사실이나 합리성에 치우치고 지나치게 일에만 몰두하는 경향이 있는 점과, 둘째로 권력 지향적인 성향이 강하여 권위적이고 독선적인 리더십을 행사할 수 있으며, 마지막으로 융통성이 없고 비합리적인 경향을 보인다는 점을 들 수가 있다.

---

20) 서현西縣은 지금 감숙성 천수현의 서남쪽으로 60km 지점에 있다.

3. 사리 근본을 따지다 때로는 고지식하고 융통성 적은 일면이, 자주 직언하여 스스로의 운신을 좁힌 그의 단처 드러내기도 해

이 성격유형의 단점을 조운에게 적용시켜 보면, 마지막 내용인 융통성이 없는 점, 어찌 보면 고지식하게도 여겨지는 일면이 유독 조운과 부합한다고 할 수 있겠다. 이는 따지고 보면 동일한 성격유형의 범주에 속한다고 보는 장비가 그 범주의 성격유형이 지닌 일반적인 단점의 그 둘째 내용인, 권위적이고 독선적인 리더십을 행사했던 것과는 상당히 이질적으로 보이는 다른 면모라 할 수 있다.

> **"내 비록 늙었으나 오히려 염파**(전국시대 조趙나라의 뛰어난 장수)**의 용맹과 마원**(후한 광무제 때 큰 공을 세운 무장 · 정치가)**의 기상이 있도다. 옛 두 장수도 늙어서 크게 싸웠거늘 어째서 나를 쓰지 않는가!"《삼국지연의 제91회》**

그의 성격유형이 지닌 단점은, 구체적으로 사서의 기록에서 드러나질 않기 때문에 사실적으로 파악하기엔 어려움이 있다. 그러나 그가 사리 근본을 매우 중시하는 성격유형이 지닌 특징을 지니고 있음을 상기해 본다면, 이러한 유형의 인물은 자칫하다간 고지식하고 융통성이 없을 수 있으리라고 어렵지 않게 예단해 볼 수 있다.

재미있게도 《삼국지연의》에서 조운의 이러한 융통성 없는 면모가 드러나는 장면들을 볼 수 있다. 조운이 젊은 시절과는 달리 일흔의 노장이 되어서는 마치 전에 노장 황충처럼, 출전에 대한 고집을 부리다 정욱 아들인 정무[21]가 짜놓은 복병계에 걸려들어 그만 위기에 처해지

21) 羅貫中撰·毛宗崗 枇·饒彬 校注(2008), 《三國演義 下》, 第九十二回, 三民書局, p.769.

게 되는 상황에서 이를 엿볼 수 있다. 그는 노장도 전쟁에서 큰 몫을 담당할 수 있다는 곧아서 변통을 부리지 않는 자신의 판단에 지나치게 집착한 나머지, 지난날의 신중함보다는 당장의 성급함으로 인해 부정적인 결과를 초래하기도 한 것이다.

총체적으로 평가하건대, 조운은 공손찬 휘하에서 유비를 주인으로 섬기기로 결심한 이래로 공손찬의 곁을 떠나, 유비를 따를 채비를 치밀하게 계획하였다. 그 후 원소 진영에서 다시금 그가 유비를 재회하게 되면서, 은밀히 병력을 모아 유비의 옛 병사로 두어 보좌하게 된다. 유비를 위해서 그는 절대적인 충성을 다하면서도 뛰어난 상황 판단능력을 보여 자신이 곤란한 상황에 빠지는 것을 미연에 방지하였다. 또한 냉정하면서도 원리원칙을 중시하여 유비의 큰 신뢰를 받을 수 있었으니, 이러한 조운의 성격유형이 지닌 특징은 그가 계양태수를 겸임할 때의 상황에서 잘 드러나고 있다고 하겠다. 게다가 외향적 사고형의 인물답게 그는 강인한 기질이 있어, 한중전쟁이나 제1차 북벌과 같은 상황에서 병력의 열세로 위기를 맞게 된 때에도, 적군을 패퇴시키거나 군세를 거의 보존하며 무사히 퇴각하는 등 뛰어난 관리능력을 보였던 것인데, 이는 바로 그의 성격유형이 지닌 장점이 제대로 발현된 경우라 하겠다.

사서의 기록이 소략하고 많지 않아 그의 성격유형이 지닌 단점이 잘 도출되지 않지만, 그가 평소에 원리원칙을 중시하는 성격유형이 지닌 특징이 매우 뚜렷했음을 감안해 본다면, 아마도 그는 융통성이 없어 보이는 면모를 드러내곤 하는 일면이 있었다고 충분히 유추할 수 있게 된다. 그런 점에서 《삼국지연의》의 후반부에 들어와 '칠순의 조자룡은 필마단창으로 적진을 휩쓸며 무인지경 드나들 듯했으니'라고 묘사된 그의 의연한 노년기 활약상은 후세 사람들을 찬탄케 하면서도, 한편으로는 어찌 보면 고지식함의 완벽주의에서 오는 이러한 한계를 끝내 드러내는 것은 아닐까 하는 공연한 군걱정을 던져 주기도 한다고 할 수 있겠다.

무장 조운의 남은 논의
04

연희 4년 241년 양희는, “정남장군 조운은 성정이 후덕하고 당시 선발된 병사를 지휘하여 맹장으로서 공훈을 세웠다.”《삼국지 촉서 계한보신찬》라고 하였다.

진수는 《삼국지 촉서》를 찬술하면서, 촉한의 무장 가운데 관우와 장비, 마초, 황충, 조운 등 다섯 인물을 합쳐 〈관장마황조전〉을 편제한 뒤 이를 〈제갈량전〉 바로 뒤에 두었다. 이들 모두 촉한의 나라를 지키는 방패와 성城과 같은 무장이라는 데서 이같이 입전한 것이다.

진수는 조운에 대하여 평하여 말하기를, “조운은 강하고 용맹하여 유비의 조아(발톱과 어금니 같은 주군 보필의 측근)가 된 것은, 마치 한고조 때의 하후영과 같지 않겠는가”(본전)라 하였다. 이렇게 조운을 하후영에 비유하고 있는데, 사마천의 《사기 번역등관열전》에 따르면 하후영은 한고조 유방의 측근으로 활약한 인물이다. 유방과 같은 고향 패현 사람인 그는 원래 수레 담당 관원으로 있다가 현리가 된 뒤, 정장으로 있던 유방과 매우 사이좋게 지냈다.

이후 하후영은 유방이 위기에 빠져 어지러운 행보를 보일 때마다, 거듭 직언을 하여 이를 저지하기도 한다. 대표적인 경우로, 항우에게 패한 유방이 경황없이 하후영이 모는 수레에 올라타 도주하면서, 뒷날 그의 후사로 보위에 오른 혜제(유영)와 노원공주를 수레 밖으로 내던질 때의 정황을 들 수 있다. 당시 유방은 말이 지쳐 있는 데다 적이 뒤에서 추격해 오자, 다급한 김에 두 자식을 발로 차 수레 밖으로 내몰았다. 하후영은 그때마다 수레에서 내려 아이들을 다시 태웠으며, 그는 아이들을 껴안은 채 수레를 몰았는데, 《사기》에는 당시 유방이 크게 노하였으나 그 후 십여 차례나 그를 배려했다고 기록해 놓고 있다.

유비도 유방처럼 여러 번 처자식을 사지에 그대로 놓아둔 채 혼자 몸을 빼내 도주한 적이 있다. 그 대표적인 일례를 《삼국지 촉서 조운전》에는 그 정황을 "유비가 조조에게 당양의 장판까지 추격당하자 처와 자식을 버리고 남쪽으로 달아났다. 조운은 몸에 어린아이를 안았으니 후주(유선)이며, 감부인을 지켰으니 바로 후주의 모친이었다. 그가 모두를 재난에서 구해냈다."라고 기록하고 있다. 진수가 조운을 하후영에 비유한 것은, 바로 이런 유사점을 지적한 것으로 볼 수 있다.

조운의 생애에는 이런 모습이 깊이 투영되어 있어 멋진 삶의 궤적을 보여주었다고 말하지 않을 수 없다. 다만 《삼국지연의》뿐만 아니라, 《삼국지》와 배주에 인용된 《조운별전》 두 사서 속에서도 조운을 묘사하는 방식은 명확히 다르다. 진수의 《삼국지》에 주注를 붙인 배송지는 '별전別傳'이라는 제목이 붙은 문헌을 많이 인용하고 있다. 《조운별전》은 그 가운데 하나다.

'별전'은 삼국시대부터 동진東晉에 걸쳐 많이 쓰인 인물전으로, 그 기록의 신빙성에 논란이 없지 않다. 후한까지의 사서는 국가가 편찬하는 관찬官撰이었는데, 이도 물론 관찬에서 오는 편향성은 있었다. 그러나 삼국시대 이후 명사나 귀족의 명성을 높이기 위해, 그리고 귀족이 부임하는 경우가 많았던 저작랑(위나라 명제 때부터 문서의 초안을 맡았던 관직)의 과제로 쓰인 '별전'은, 국가편찬물에 비해 터무니없는 내용이 들어 있는 것도 적지 않았다. 배송지가 《삼국지》에 주注를 붙이는 동시에 인용한 문헌을 사료비판하여 역사적 사실을 확장해 나간 것인데, 불확실한 내용이 들어 있는 '별전' 같은 사서가 더불어 늘어나게 되었다는 한계도 지니고 있다. 여기에서 '사료비판'이라는 독자적인 학문의 방법을 갖춘 사학史學이 성립되었다고 생각할 수 있다.

조운은 진수가 찬술한 《삼국지》보다 배송지 주에 인용된 《조운별전》에 훨씬 훌륭한 인물로 묘사되어 있다. 《삼국지》에서는 당양 장판파에서 아두阿斗(유선)를 전란의 와중에서 안고 보호해서 온 일은 기록되어 있지만, 그 뒤로는 제갈량의 제1차 북벌에 기곡에서 위군의 조진에게 패해 후퇴한 뒤 죽었으며 그 뒤 순평후로 추서되었다는 것만 기록하고 있다. 특히 조운을 평하여 한고조 유방이 패현에서 봉기할 때부터 늘 태복(9경의 하나로 황제의 수레와 마필을 총관리하고 이끄는 관직)으로 고조가 죽을 때까지 수행했던 하후영에 견준 것에서 엿보이듯, 진수가 그리는 조운은 유비와 그 가족의 호위대장이었다.

이에 비해 배송지주에 인용된 《조운별전》에서는, 유비는 조운과 같은 침상에서 기거했다고 했고 당양 장판파에서의 조운의 용략은 쇠나 돌을 관통할 만한 절의節義라 칭송하고 있다. 또한 손부인이 유선을 데리고 오나라로 돌아가려는 것을 강을 가로막아 구해왔다. 그 후 익주를 탈취했을 때는 성도의 여러 주택과 과수원 등을 장수들에게 나누어 주려 하니, 조운은 민심을 얻는 것이 더욱 중요한 일이라며 이를 거절한 바 있다.

조조와의 한중전쟁의 와중에서는 위기에 빠진 황충을 구해내고 있다. 그리하여 유비로부터 '자룡은 몸 전체가 담덩어리로다'라는 칭송을 받는다.

손권이 형주를 습격하자 유비가 대노하여 손권을 토벌하고자 하였다. 조운이 이에 간언하며 말했다. "나라의 도적은 조조이지 손권이 아닙니다. 만약 먼저 위나라를 멸하면 오나라는 스스로 복종해

올 것입니다. 이제 조조 자신은 비록 죽었지만 그의 아들 조비가 황제의 자리를 찬탈하여 도적질하였습니다. 마땅히 많은 사람들의 마음에 의거하여 일찍 관중(지금 섬서성 중부지역)을 도모하여야 합니다. 황하와 위수 상류에 웅거하여 흉악한 역적을 토벌한다면, 관동의 의로운 선비들은 반드시 양식을 싸가지고 말을 채찍질하여 왕도를 지키는 우리 군사들을 맞이할 것입니다. 의당 위나라를 내버려 두고 먼저 오나라와 싸워서는 아니 됩니다. 군사적인 형세라는 것은 일단 한번 교전을 시작하면 갑자기 해결될 수 없는 것입니다."[22] 유비가 이를 들어주지 않고 마침내 동쪽을 정벌하며 조운을 남겨 강주를 감독하게 했다. 《본전/배송지 주, 조운별전》

이렇게 관우가 죽고 형주가 함몰된 원수를 갚기 위해 오나라를 친히 정벌하려는 유비에게, 사리 판단과 대의명분으로 조운은 선공후사先公後私를 내세우면서 당당히 이를 반대하고 있는 것이다.

《조운별전》에서의 조운은, 관우, 장비와 어깨를 나란히 하는 고굉지신(임금이 가장 믿고 중하게 여기는 신하)이고, 주군에게 직간直諫을 서슴지 않는 지용智勇을 겸비한 장수로 기술하고 있다. 그런데 《삼국지연의》에서는 아무런 망설임도 없이 《조운별전》의 이런 기록을 따르고 있는데, 그 대중적인 파급력은 매우 컸다고 하겠다. 그에 따라 조운은 문무 겸전된 스스로를 절제하는 '겸손과 절의'의 무장으로 형상화되어, 후대인에게 길이 회자되기에 이른 것이라 하겠다.

22) 호삼성은 조운의 이런 말에 대하여 일에 있어서 그는 앞에 할 것과 뒤에 할 것을 안다고 평가하였다. 《자치통감 권69》

제9장

양의와 후계 다투다가 반기를 든 것이 된 숙장 위연

인물 위연의 삶의 궤적 01

1. 한중을 지켜 유비의 중임을 저버리지 않다

위연魏延은 자가 문장文長이고 의양군(지금 하남성 동백현 동쪽)[1] 사람이다. 유비가 형주에 머무르며 현사들을 받아들일 때, 위연은 그의 휘하에 일개 부곡(사병私兵)[2] 신분으로 들어갈 것을 결심하고 따르게 되었다.

건안 16년 211년 적벽대전 후, 유비는 제갈량, 관우, 장비, 조운 등은 형주에 남겨 지키게 하고 자신은 방통, 황충 등을 거느리고 촉으로 들어가게 된다. 이때 위연은 부곡으로 유비를 따라 촉으로 들어가 여러 차례 전공을 세워 아문장군으로 승진했다.

건안 24년 219년 유비가 한중왕이 되어 성도로 치소를 옮겼는데, 장수를 하나 택하여 한천(한수의 좌우의 지역)을 지킬 중요한 임무를 맡겨야 했다. 촉의 북쪽 경계인 '한중'은 '익주의 목구멍(인후)'《삼국지 촉서 양홍전》이라고 불리는 지역으로, 이를 지키는 책임은 형주를 지키는

---

1) 의양군義陽郡이 설치된 것은 위 문제(조비) 때인 황초 4년 223년, 남양군을 나누어 의양군을 세웠고 치소는 안창현에 두었다. 그 당시 남양군을 나누어 의양군을 세운 것은 모두 위연이 촉으로 들어간 뒤의 일이므로, 위연이 촉으로 갈 때에는 의양이라는 지명이 없었으며 역사가가 추후에 이를 고쳐서 쓴 것으로 보인다.

2) 부곡部曲은 본래 군대의 편제 단위를 가리켰으나, 왕망의 신新나라 말엽에 일어난 백성 봉기 때를 기점으로 점차 종족, 전객, 문생, 고리 등이 결합되어 운영된 사병조직 형태로 변모하였다.

것만큼이나 중요한 임무였다. 사람들은 형주를 관우가 지키고 있듯이 한중은 장비가 맡아 지킬 것이라고 생각하였고, 장비도 마음속으로 자신일 것으로 생각하고 있었다. 그런데 유비가 뜻밖에 위연을 발탁하여 독한중[3] · 진원장군으로 삼고, 한중태수의 직책을 관장하도록 하였다. 이에 일군一軍의 군사들은 다 놀랐고, 한편으로 위연에 대해 다른 시각으로 높이 보는 평가가 자리 잡게 된다.

위연은 유비가 중임을 맡긴 기대를 저버리지 않고 결연히 북방을 방어하여 한천에서 진수하게 되었다. 한중 일선의 지세에 따라 흙담을 둘러친 곳을 군영으로 하여 각 군영에는 군량을 저장하고, 병사가 주둔하면서 적이 왔을 시 각 군영에서 군사가 나와 서로 지원케 하여 십 사리 외군이 침범하지 못하게 하였다. 한중 접전지에 흙담으로 군영을 세워 군대를 주둔하게 하면서 북방을 방어한 것은, 위연의 비범한 군사적인 재주를 보여준 것이었다. 장무 원년 221년, 유비가 황제에 즉위한 뒤 위연은 진북장군으로 승진하게 된다.

2. 승부수를 던지는 계책을 진언하였지만 제갈량은 이를 받아들이지 않았다

건흥 원년 223년 유선이 계위하였을 때 위연은 도정후에 봉해졌고, 제갈량이 유비의 탁고로 유선을 보정輔政하면서 위연도 유비에게 중용된 장수로 역시 존중을 받았다. 건흥 5년 227년, 제갈량은 한중에 주둔하면서 위연을 독전부(전부 감독)로 임명하였고 승상사마와 양주자사를 겸임하게 했다.

위연은 매번 제갈량을 따라 출정하였는데, 이른바 북벌전의 전략회의에서 위연은 포중을 뚫고 진령산을 따라 자오곡으로 나가 북쪽으로

3) 독한중督漢中은 한중지역의 군사에 관한 일을 관장하는 직책이다.

직접 장안을 진격할 것을 진언하였다. 아울러 그는 제갈량이 동시에 친히 대군을 거느리고 야곡에서 관중으로 공격해 합류하면, 20일이 지나지 않아 함양의 서쪽을 평정할 수 있다고 한 것이다.

당시 한중과 관중 사이에는 진령산맥이 있어, 포야도, 낙곡도, 자오곡도 등 곡물을 나르는 도로로 서로 통해 있었다. 그 가운데 자오곡은 한중에서 장안으로 가는 가장 짧은 코스로, 여기에는 절벽과 잔도 교량이 무척 많지만 요새지역이어서 적에게 쉽사리 노출되지 않고 장안성 아래에 도착할 수 있기도 했다. 위연은 한중을 감독하는 진원장군으로 한중태수를 수년간 겸하면서, 이 점을 잘 알고 있었다. 여기에다 당시 장안성을 지키던 적이 취약하여 대비가 없음을 간파하고, 이렇게 담력이 있는 승부수의 전략을 내놓았을 것으로 보인다.

빈틈을 보고 병사를 교묘히 사용하는 것은 고대병가들이 자주 사용해서 승리한 방법이다. 위연이 군사를 이끌고 자오곡에서 나와 장안을 갑자기 습격하고 동관(지금 섬서성 동관현)을 빼앗아 서쪽으로 농우(지금 섬서성 농현에 있는 농산 서쪽 지역)를 취하면, 단 한 번의 출병으로 진천[4](지금 섬서성과 감숙성의 동부지역)을 취할 수 있었으며 이는 불가능한 것이 아니었다. 그러나 평생 신중함을 잃지 않았던 제갈량은, 위연의 건의를 위험한 계책으로 생각하고 이를 채택하지 않았던 것이다.

건흥 6년 228년, 제갈량 자신은 드디어 첫 북벌에 나서 대군을 이끌고 기산(지금 감숙성 화현의 서북)을 공격하였다. 이에 위나라 관중지역이 동요하니, 조예는 우장군 장합에게 군사 5만을 이끌고 막게 하였으며 같은 해 2월 스스로 장안까지 나아갔다. 촉나라 군사가 기산으로 출격하면서 제갈량은 숙장인 위연과 오의 등을 선봉장으로 쓰지 않고,

---

4) 진천秦川은 '팔백리 진천' 곧 관중평원으로 관중은 지금 섬서성 중부에 동서 약 300km 해발 평균 400m의 평탄지형이며 섬서성 북부 황토고원의 남쪽에 위치한다. 본래 서편에 산관, 동편에 함곡관, 남편에 무관, 북편에 소관이 지켜주는 지역으로 되어 있다.

참군 마속에게 여러 부대를 거느리고 선봉에 서도록 하여 한중의 인후라 불리는 가정(지금 감숙성 장랑현)에서 장합과 싸우게 된다. 마속은 제갈량이 내린 지침대로, "산자락의 가도를 따라 포진하자."《자치통감 권71》는 비장군 왕평의 옳게 간하는 말을 듣지 않고, 산 위에 진을 치니 장합이 물 긷는 통로를 끊어버리고 공격하여 대패하게 된다.

3. 거듭 전공을 세우면서도 일면 장수 관리들은 그를 피하다

위연은 제갈량 아래에서 맘껏 자기 재주를 펼칠 수 없음을 탓하였으나, 제갈량은 그의 용맹함을 높이 여겨 여러 전쟁에 거듭 기용하였다. 건흥 8년 230년 제갈량은 위연을 서쪽 강중으로 진격하게 했는데, 위연은 양계에서 위나라 후장군 비요와 옹주자사 곽회 등을 크게 무찔러 전군사 정서대장군으로 승진하고 가절假節을 받았으며 남정후에 봉해졌다.

위연은 유비의 휘하에 들어온 이래 수많은 전쟁에 참여하여 전쟁에 능한 장수로, 사병들을 잘 양성하고 전쟁터에서는 용맹무쌍하였다. 이런 재주가 유비와 제갈량의 중용을 받게 된 것이었으나, 또한 위연은 자긍심이 대단하였고 오만하고 우쭐대는 성격이 두드러져만 갔다. 위연은 무예가 뛰어났으나 안중에 누구도 없어 많은 장수들과 관리들은 모두 그를 피하였다.

그러나 장사 양의만은 자신의 재주를 믿고 그 역시 다른 사람을 깔보아 위연에게 조금도 양보하지 않았다. 위연은 매우 분개하였고 두 사람의 사이는 마치 물과 불같이 서로 상극이었다. 제갈량은 위연의 용감함에 의지하고 양의의 재간을 매우 아꼈으므로, 두 사람이 사이좋게 지내지 못함을 안타까워하였으나, 그들 중 한쪽으로 치우쳐 한쪽을 버리는 것을 차마 하지 못했다.

건흥 9년 231년, 제갈량이 다시 북벌에 나서 여러 군대를 인솔하고 공격하여 기산(지금 감숙성 서화현 서쪽)을 포위하였다. 이때 위나라 대사마 조진이 병이 나게 되자, 대장군 사마의가 서쪽으로 출정하여 장안(지금 섬서성 서안시)에 주둔 대적하였다. 같은 해 5월 사마의는 마침내 장합에게 노성(지금 감숙성 천수현과 감곡현 사이)에 이르러 하평[5]을 공격하게 하였고 제갈량이 위연과 고상, 오반에게 맞아 싸우게 하니, 위의 군사는 대패하여 위군 갑병의 수급이 3천에 이르렀고 사마의는 후퇴하여 영채를 지켰다.

건흥 12년 234년, 제갈량이 북곡구(야곡의 북쪽 입구)로 출병하는데 위연이 선봉에 섰다. 제갈량의 본영으로부터 십 리 떨어진 곳까지 더 나아가 군영을 설치한 위연은, 밤에 머리에 뿔角이 돋는 꿈을 꾸게 되었다. 이를 꿈을 풀이하는 조직에게 물었는데 조직은 위연을 속여 말했다. "기린은 뿔이 있지만 쓸모가 없으니, 이것은 싸우지 않고 적군이 스스로 물러나려는 형상입니다."《삼국지 촉서 위연전(이하 본전)》 그리고 조직은 물러 나와 다른 사람들에게는, "각角이라는 글자는 칼刀 아래에 쓰이는 용用자입니다. 머리 위에 칼을 쓰고 있으므로 매우 불길합니다."(본전)라고 말하였다.

같은 해 8월, 제갈량은 자신의 병이 침중해지자 비밀리에 장사 양의, 사마 비의, 호군 강유 등에게 자신이 죽은 뒤 군사를 철수시키는 절차와 방도에 대한 지침을 주었다. 위연은 맨 뒤에 남아 적이 뒤쫓아 오는 것을 차단하라고 하고, 강유가 거느린 군사가 그 부대의 앞에 서서 철수하게 했다. 만약 이때 위연이 명령을 따르지 않을 경우에는 군대를 그대로 출발하라고 지시하였다.

---

5) 《삼국지 촉서 왕평전》에 의하면, 왕평은 본래 외가에서 자라 외가 성을 따라 이름을 하평何平이라 하였으나 후에 다시 본성인 왕씨를 따라 이름을 왕평王平이라 고쳐 썼다. 《삼국지 촉서 위연전》에는 제갈량 사후 그가 양의를 따라 위연을 공격했다고 하며 '하평'이라 표기하고 있는데, 《삼국지연의》에서는 이를 분별하지 못하고 '왕평'과 '하평'을 각기 다른 인물로 보고 기술하고 있다.

제갈량이 죽게 된 뒤, 양의는 이 사실을 비밀에 부치고 상사를 발표하지 아니한 채, 비의에게 가서 그에게 위연의 속셈을 살펴보라고 한다.

4. 제갈량 사후 양의와 후계를 다투다 반역으로 몰려 죽게 되다

이에 위연은 승상의 영구를 승상부의 관리를 시켜 운구하여 장례를 치르게 하고, 우리는 모든 군사를 거느리고 적도(지금 감숙성 임조현)를 공격하자고 한다. 그러면서 위연은 사마 비의에게 스스로 비의와 함께 공격할 부대와 잔류할 부대를 나누어 놓고, 비의에게 손으로 그 내용을 쓰고 자기와 더불어 연이어 서명하게 하여 여러 장수들에게 알리도록 내려보냈다.

비의는 일찍이 제갈량의 의도를 잘 알고 있었기에 위연의 이 같은 행동을 지지할 수 없었다. 그를 속여 말하기를 "마땅히 돌아가서 그대의 뜻을 양 장사(양의)에게 알려야 되겠는데, 그는 문관이라 군사적인 일을 잘 모를 것이니, 반드시 그대의 명을 어기지 않을 것이오."(본전)라고 하고, 위연의 군영에서 떠났다. 위연은 비의가 군영의 문을 나와 말을 달려서 가버린 뒤에야, 비의를 보낸 것을 후회하고 뒤쫓았지만 따라잡을 수 없었다. 이때 위연은 전 군과 떨어져 있는 상황이어서 군대의 움직임을 알 수가 없었으며, 자신이 양의의 명을 듣지 않기 때문에 어떻게 움직여야 할지를 몰랐다.

그래서 위연은 사람을 파견하여 양의 등을 엿보게 하였는데, 제갈량이 만들어 놓은 지침에 의거하면서 여러 군영들이 차례로 군사를 이끌고 돌아가고 있다는 것을 알게 되었다. 이에 위연은 크게 노하여 아직 출발하지 않은 양의를 앞질러 나아가, 자신의 부대를 인솔하여 먼저 남쪽으로 돌아가게 하고 곧바로 지나온 각도(잔도)를 불태워 끊어버렸다. 위연과 양의가 각기 서로 반역하였다고 표문을 올려서 하루에도 우격(긴급 문서)이 교대로 도착하였다. 유선이 시중 동윤과 유부장사 장완에게 이에 대해 물어보자, 모두 양의를 보증하고 위연을 의심하였다.

양의 등 여러 장수는 산에 나무를 베어 길을 통하게 하였고, 밤낮으로 행군하여 또한 위연의 부대에 근접하였다. 위연이 먼저 도착하여 남곡구(야곡의 남쪽 입구)를 점거하고 병사를 파견하여 양의 등을 맞아서 공격하니, 양의 등이 장군 하평에게 앞에서 위연을 방어하게 하였다. 하평이 높은 곳에 올라 위연의 선봉대에게 꾸짖어, “승상이 돌아가셔서 그 몸의 온기가 아직 식지도 않았거늘 너희들이 어찌 감히 이럴 수가 있는가?”(본전)라 하였다. 위연의 병사들은 잘못이 위연에게 있다는 것을 알았으므로 위연의 명령에 따르는 자가 없고 군대는 모두 흩어졌다.

위연만 혼자 아들 몇 명과 함께 한중으로 달아났는데 양의는 장수 마대를 보내 뒤쫓아 가서 위연을 죽였다. 위연의 수급이 양의에게 전해지자 양의는 일어나 직접 그 머리를 밟고서, “평범하고 보잘것없는 놈아! 또다시 나쁜 일을 할 수 있겠느냐”(본전) 그러고는 위연의 삼족을 멸하였다. 이렇게 촉한의 이름난 맹장은 끝내 허망한 비극적인 종말을 맞고 말았다.

끝내 반골의 낙인을 벗어나지 못한 비운의 무인

02

사상 가치성향을 통해 인물 위연을 살펴보면, 그는 본인의 진심과는 상관없이 사람들에 의해 반골로 낙인찍히며 오랫동안 불충한 인물이라는 오명을 쓴 비운의 무인이었다. 중국 역사상 자국인들의 손에 죽임을 당한 장수는 그리 많지 않다. 당장 그런 일례에 해당하는 인물을 꼽으라면, 남송 시기 충의의 뛰어난 무장 악비 정도가 떠오른다. 그나마 악비는 내침한 이민족을 무찌르기 위해 북진을 추진하던 중 자국의 간신 진회의 참소로 옥사하게 되어 충절의 표상으로 역사에 남기라도 했으니, 아주 불운하기만 한 것은 아니었다. 그런데 이에 비해 본다면, 촉한의 위연은 자못 사정이 다르기만 하다.

위연은 처음에 유비를 부곡으로 따르며 오랜 세월 촉나라의 장수로 전장에서 싸웠지만, 제갈량 사후 가장 먼저 배제되어 정적으로 제거되는 운명을 맞이하고 만다. 게다가 《삼국지연의》에서 위연은, 그가 낸 계책을 제갈량이 받아들이지 않자 속에 차지 않아 즐거워하지 아니 함도 모자라 반심叛心을 드러낸 모습의 인간으로 그려지기도 한다. 이에서 그는, 같은 아군 장수의 손에 죽임을 당할만한 그런 인간이 되고만 것이다. 비록 사람됨이 방자하고 스스로를 내세우는 생각이 지나쳐 다른 사람들과 화합하지 못했다고 하나, 이 때문에 그를 대역의 죄인으로 치부해버리는 것은 그의 본심을 몰라주는 지나친 매도라 할 수 있다. 배주에 인용된 《위략》에서도 위연을 본래 역심逆心이 없는 인물로 기술하고 있건마는, 그가 사후에도 반역자란 애매한 낙인의 족쇄에서 벗어나지 못하게 되는 불행한 운명의 인물이었다고 할 수밖에 없다.[6)]

촉나라 출신 인물들 중 위연만큼, 촉한정통론에 의해 그려졌다 할 《삼국지연의》의 혜택에서 거리가 먼 경우도 드물 것이다. 유달리 위연의 경우만이 촉한정통론의 수혜에서 철저히 배제되었고 충의가 없는 인물로 낙인찍혔으니, 이 단초는 《삼국지연의》에서 위연이 유비 진영에 들어선 그 배경에서부터 시작된다.

> **다음에 관운장은 위연을 데리고 왔다. 그런데 공명은 위연을 보더니 도부수들에게 추상같이 명령을 내린다. "저자를 끌어내어 참하여라!" 유현덕이 깜짝 놀라 묻는다. "위연은 이번에 공을 세웠고 죄도 없는 사람인데, 군사는 왜 그를 죽이려 하시오?" "그 녹을 먹으면서 그 주인을 죽였으니 저런 자는 충성이 없으며, 그 땅에 살면서 그 땅을 남에게 바쳤으니 저런 자는 의리가 없습니다. 더구나 내가 보니 위연의 뒷머리에 반골反骨이 있어 언젠가는 반드시 배반할 상입니다. 그러니 지금 죽여 뒷날의 재앙을 미리 막으려는 것입니다." "만일 저 사람을 죽이면 이번에 항복한 사람들이 제각기 겁을 먹을 것이오. 바라건대 군사는 그를 용서해주시오." 공명**

6) 위연은 충심이 있는 장수이며 본래 반역할 마음이 추호도 없었기에 명예 회복을 해주어야 한다는 주장은 오랫동안 논란거리로 이어져 왔다. 대표적으로 담량소譚良嘯, 장대가張大可 등은 이러한 논란 속에서 위연을 강력히 지지한 최근 논자이며, 도유지陶喻之와 같은 논자는 한중 북쪽에 위치한 석마파石馬坡 유적을 고증함으로써 위연 사후 장완과 비의의 주도로 조정 차원에서 위연의 억울함을 풀어주었다고 주장하기까지 했다. 그렇지만 석마파 유적은 위연과 관련 있다는 몇몇 근거들이 사실과 다르거나 혹은 시대적으로 일치하지 않는다는 점에서 확실치 못하다는 반대 주장 역시 만만치 않다.

이 손을 들어 위연을 가리킨다. "내 특별히 너의 목숨을 살려준다. 우리 주공께 충성을 다하고 딴생각을 품지 말라. 딴생각을 품는 날이면 내가 먼저 너를 죽일 테니 그리 알아라." 위연은 연방 '예 예' 대답하고 물러갔다. 《삼국지연의 제53회》

《삼국지연의》에서 위연은 신장이 8척이요, 얼굴은 무르익은 대춧빛 같으며 눈은 밝은 별과 같다고, 비범한 용모를 지닌 인물로 그려지고는 있다. 그러는 한편, 뒷머리에 돌출된 골상을 통해 본 그 관상으로는 반역자의 기운을 타고난 존재로 다루어지고 있다. 나관중은 맨 먼저 제갈량의 말을 빌려 위연에 대한 반골의 이미지를 드러내고, 그다음에 손권의 언급을 통해 위연은 용맹하지만 마음이 바르지 않다는 그의 이미지를 상기시킨다. 그리고 제갈량 사후 위연의 행보를 반역으로 몰아, 이를 끝내 기정사실화시켜 버린 셈이다.

그러나 항복한 장수, 즉 항장 출신으로 묘사된 《삼국지연의》의 내용과는 달리 (본전)에서는 위연이 유비의 부곡, 즉 직속 사병이었음을 기술하고 있다. 다만 언제부터 유비의 부곡이었는가를 정확히 알아내기는 어렵지만 《삼국지 촉서 선주전》과 《삼국지 촉서 조운전》을 통해서 위연이 유비의 부곡으로 합류한 시기를 추측해볼 수 있는 단서를 발견하게 된다. 먼저 《삼국지 촉서 선주전》에 따르면, "형주의 호걸들 중 유비에게 귀부하는 자가 나날이 많아지자 유표는 유비의 마음을 의심하여 은밀히 그를 방비했다."는 대목은, 유비가 유표에게 의탁하여 신야에 주둔한 이래 위연이 유비를 섬기게 된 것이 아닌가 여겨지게 한다. 반면에 《조운별전》에서 "은밀히 조운에게 무리를 합하여 수백 인을 얻은 뒤 모두 좌장군 유비의 부곡이라 칭하게 했다."는 대목은, 유비가 원소에게 의탁했을 때 조운의 모병에 참여한 수백 명의 부곡 가운데 위연도 그 한 명으로 참여하게 된 것이 아닌가 여겨지기도 한다.

그러나 어느 사료에 의할지라도[7] 위연은 《삼국지연의》와는 달리, 오랫동안 유비를 섬기며 점차 그 역량을 인정받아 장군으로 승진하게 된 입지전적인 인물이었음을 알게 해준다. 이렇듯 위연은 흔히 알려진 반골상과는 전혀 연관성이 없을뿐더러, 유비와 촉나라를 위해 많은 전공을 세워 온 숙장이었다. 한중왕이 된 유비에게 중용되어 한중에 대한 군정과 민정의 중책을 위임받으면서, "대왕(유비)을 위해 적장이 10만 군사를 거느리고 쳐들어오면 모두 섬멸하겠다."(본전)는 당찬 의지를 드러내며, 유비와 모두를 뿌듯하게 한다. 그는 이러한 위풍당당한 모습으로 전형적인 무장 특유의 거친 성정을 보여주고 있다.

그런데 이것이 너무 지나친 나머지 자신의 용맹을 믿고 남을 깔보는 거만하고 우쭐대는 태도에서 비롯된 문제점이, 그의 생애를 굴곡지게 하기에 이르고 만다. 그 오만함 때문에 타인과의 불화를 겪을 수밖에 없었던 위연과 유별나게 앙숙지간인 인물은, 제갈량 휘하에서 전략과 기획에 남다른 재능을 인정받은 장사 양의였다. 더욱이 위연이 자신의 계책을 받아들이지 않은 제갈량을 공공연하게 비난하고 다녔던 점을 이와 결부시켜 보면, 위연과 문신들과의 대립과 갈등은 그가 유가라는 사상 가치성향의 굴레를 벗어날 수 없게 만드는 숙명과도 같았다. 그는 분명 꼭 반유가적인 인물이 아니었음에도, 이러한 사대부들과의 간격 속에서 반유가적인 인물로 드리워져 반골이라는 오명이 후대에도 오랫동안 왜곡되어 전해졌으니 말이다.

---

7) 위연의 출신지가 신야가 속한 의양군이고, 위연이 부곡의 신분으로 유비를 수행했다가 공로를 세워 장군으로 승진하였다. 이것을 보면 위연은 신분은 단순한 사병이라기보다는 부곡을 이끌던 부곡장 혹은 부곡독이라 볼 수 있다. 이런 점을 고려하면 정황상 위연을 단순히 부곡 사병 중 일원으로 유추할 수 있는 《본전 배주 조운별전》보다는 유비에게 귀부한 형주의 호걸로 유추할 수 있는 《삼국지 촉서 선주전》의 내용이 위연이 유비에게 합류한 시점으로 연관을 짓는 게 더 현실성이 있어 보인다.

안하무인의 성격으로 스스로를 펼치지 못한 외로운 무골

03

위연은 유비에 투항하기 전까지 자신이 속한 세력에게 해를 끼치는 일을 두 번이나 행하였다. 첫 번째는 유표 사후 유종 휘하에 있을 때, 유비 세력과 신야 백성들을 양양성에 입성시키고자 직접 성문을 연 것이다. 두 번째는 유비군을 뒤따라가지 못해 부득이 한현 휘하에 있을 때, 한현이 황충을 죽이려 하자 황충을 구하고 주변 사람들을 선동해 오히려 한현에 반기를 드는 일에 앞장선 것이다.

> 홀연, 한 장수가 칼을 휘두르며 쳐들어와 칼 든 보두수를 한칼에 베어 죽이고, 황충을 부축해 일으키며 크게 외친다. "황충은 우리 장사長沙의 성城과 같거늘, 지금 죽인다면 이는 우리 장사의 모든 백성을 죽이는 거나 마찬가지다. 한현은 천성이 잔인하고 어진 사람을 업신여기니, 다 함께 그를 죽여야 한다. 나를 따르려는 자는 즉시 가자!" 모두 그 사람을 본즉, 얼굴은 대춧빛 같고, 눈을 반짝이는 별 같으니, 바로 의양 사람 위연이었다. 위연은 양양에서부터 유현덕을 찾아 뒤쫓아 가다가 만나지 못하고 장사의 한현에게 와 있던 것이다. 그러나 한현은 위연이 오만스레 구는 걸 보자 높은 자리를 주지 않고 괄시했다. 그래서 위연은 잔뜩 불만을

품었던 참이라 이날 황충을 구출하는 김에 백성들에게 한현을 죽여야 한다고 팔을 휘두르며 외치니, 따라나서는 자가 수백 명이었다. 황충이 그들을 말렸으나 소용없었다. 《삼국지연의 제53회》

유장은, 유비의 거센 공격에 영토와 장수를 계속 잃자 원래 원수지간이었던 장로에게 손을 내밀었다. 서천의 20개 고을을 줄 테니, 유비를 공격해 달라는 것이었다. 장로는 유장의 요청을 수락하고 마초, 마대, 양백과 2만 병력을 구원군으로 보냈다. 마초군이 온다는 소식에 유비는 누구를 보낼지 크게 걱정하였는데 제갈량이 장비를 격동시켜 군령장을 쓰게 한 후, 그를 선봉장으로 보냈다. 이때 위연은 장비를 따라가길 자청하였다.

위연이 나선다. "저도 가고 싶습니다." 공명은 위연에게 군사 5백 명을 주어 먼저 가맹관으로 떠나보낸 다음, 이어 장비를 떠나보내니, 유비는 친히 후군을 거느리고 뒤따라 떠났다. 위연의 선발대는 가맹관 아래에 당도하자마자 바로 양백과 만났다. 위연이 맞닥뜨려 싸운 10합이 못 되어 양백은 달아났다. 위연은 뒤에 오는 장비보다도 결정적인 공로를 먼저 세우려고 양백을 뒤쫓아 가는데, 앞에 1대의 적군이 늘어서 있다. 그들을 거느린 장수는 마대였다. 위연이 뒤쫓아 가는데 달아나던 마대가 갑자기 몸을 돌려 화살을 쏜다. 위연은 왼팔에 화살을 맞고 급히 말 머리를 돌려 달아나는데, 마대가 가맹관 앞까지 뒤쫓아 온다. 《삼국지연의 제65회》

이렇게 위연은 한계선을 뛰어넘어 판을 바꾸려 하는가 하면, 때로는 하극상으로 비춰질 만큼 상당히 파격적인 행동을 보여주었다.

바로 앞서 인용한 두 가지 상황에서, 위연은 그 자신의 판단 혹은 행동의 결정 기준이 상당히 주관적인 내면적 지향으로 이루어지는 인물임을 알 수 있게 한다. 이런 모습에서 위연은 내향형의 특성을 보여주고 있다 하겠는데, 내향형에서는 객체의 인상이 주체 안에서 형성한 것에 의거해서 사물을 본다. 내향적인 의식의 태도에도 물론 외적인 조건을 인식하는 능력이 있지만 언제나 그 판단과 행동에 결정적인 것은 주관적인 속성이라 할 수 있다.

위연은 황충이 냉포의 진영을 공격하기 전에 서둘러 이 진영을 공격했지만, 오히려 적의 기습을 대피하고 있던 냉포와 등현의 복병을 만나 위기에 몰렸다. 황급히 도망치다 말에서 떨어진 위연은 등현의 창에 찔려 죽을 뻔했는데, 때마침 구원하러 당도한 황충이 등현에게 화살을 쏴 쓰러뜨린 덕택에 위연은 구사일생으로 살아남았다.

이때 위연은 본인이 군령을 어기면서까지 큰 죄를 저질렀다는 것을 깨닫고, 이를 만회하기 위해 자신이 이끌던 남은 병력을 수습해 매복으로 퇴각하던 냉포를 사로잡았다.

냉포는 앞뒤로 갈 길을 잃고 산속 좁은 길로 접어들어 낙성으로 돌아가려 하는데, 불과 10리도 못 갔을 때였다. 좁은 길에 숨어 있던 복병들이 갑자기 뛰어나와 냉포를 갈고리로 사로잡았다. 그들 복병은 다름 아닌 위연의 군사들이었다. 위연이 공로를 독차지하려다가 오히려 목숨이 위태로웠으나 황충의 덕으로 살아나자 자기가 저지른 막대한 죄를 조금이나마 회복해 볼까 하여 마침내 후군을 수습하고, 항복한 서천의 군사에게 길을 안내시켜 그곳에 매복하고 있었던 것이다. 《삼국지연의 제62회》

본인의 처지가 상당히 위태롭다는 것을 무의식적으로 깨달은 위연이 현재 상황을 지각하고 이를 대처하는 자세는, 직관형의 면모를 발현하는 그 긍정적인 일례라 할 수 있다.

다음은 제갈량 사후 자신이 제갈량의 뒤를 이어야 한다고 주장하며 양의와 본격적으로 권력 투쟁을 벌이게 되는 장면인데, 위연은 양의의 관직이 자신보다 매우 낮으므로 양의의 명령을 듣지 않겠다고 무시하는 태도를 보인다.

> 위연이 묻는다. "그럼 누가 승상을 대신해서 큰일을 맡았소?"
> "승상은 큰일을 일단 양의에게 맡겼고, 군사를 쓰는 비법은 강유에게 다 전하셨소. 이 병부는 바로 양의가 보낸 것이오."
> "(…) 양의는 영구를 모시고 서천으로 돌아가서 장사나 지내는 것이 마땅하오. 나는 몸소 대군을 거느리고 사마의를 공격하여, 힘써 성공하겠소. (…)"
> "승상께서 유언하신 명령이니, 잠시 후퇴할지언정 어겨서는 안 되오."
> 위연이 노한다. "승상이 일찍이 내 계책대로만 했어도 벌써 장안을 장악한 지가 오래됐을 것이오. 지금 나의 벼슬은 전장군 정서대장군 남정후인데, 어찌 장사 벼슬 따위에 있는 양의의 명령을 받고 뒤를 끊을 수 있으리오."《삼국지연의 제104회》

게다가 위연은, 일찍이 자신이 제갈량에게 제안했던 자오곡 기습 계책을 받아들이지 않아 장안을 함락시키지 못했다는 점을 거론하며 은근히 제갈량을 깎아내리면서 자신이 뛰어나다는 점을 부각시키고 있다. 여기에서 무의식적으로 자기의 지나친 자긍심을 넘어 오히려 남을 폄훼할 정도로 교만함으로 이어지는데, 이는 직관형의 태도를 드러내는 그 부정적인 일례라 할 수 있다.

이런 사례들에서 위연은 직관적인 능력으로 판단하고 행할 수 있는 능력을 지녔음을 드러내며, 이를 통해 위연은 직관형에 가까운 면모를 지니고 있다 하겠다.

직관이란 무의식적 방법으로 인식을 유도하는 심리기능을 말하며, 직관적 인식이란 그 내용이 무엇이든 하나의 본능적 파악이라 할 수 있다. 직관형은 외향적 직관과 내향적 직관으로 다시 나뉘는데, 외향적 직관은 객관적으로 주어진 것 가운데의 가능성을 발견하는 데서 그 기능을 발휘하며, 내향적 직관은 이에 비해 내적인 객체, 즉 무의식의 요소에 그 시선이 향한다. 위연의 경우 앞서 말한 내용에 나타난 대로, 자신의 내적 관념, 직관 등을 중시하며 그것이 지나쳐 오만한 자긍심으로 발현되어 사람들이 꺼리게 되고 결국 비극적인 최후를 맞고 말았다는 점에서, 내향적 직관에 가깝다고 할 수 있다.

이상을 토대로 보았을 때, 위연을 성격유형으로 그 인물형을 논한다면 내향적 직관형이라 평할 수 있다. 내향적 직관형의 특징은, 첫째로 직관 기능이 주로 내부로 향하는 성향, 즉 주관적 직관에 의존하는 바가 크고, 둘째로 개성이 강하고 창조적인 능력이 뛰어난 것이라 할 수 있다.

1. 정예병 5천 휴대식량 5천을 주면 포중 나가 진령 돌아 열흘 안에 장안 장악하겠다는 이른 바 자오곡계책, 주관적 직관이 강한 개성과 창조적 능력 그의 특징이 그 계책에 잘 발현되어

이 내향적 직관형의 특징을 위연에게 적용시켜 보면, 그가 북벌을 수행할 제갈량에게 건의했던 계책이야말로 첫째 내용과 둘째 내용을 모두 잘 드러내 주고 있다는 것이다.

위연은 제갈량을 따라 출정할 때마다 번번이 병력 1만 명을 요청해 제갈량과는 다른 길로 한신의 고사故事[8]를 따라 진격해 동

관[9]에 합류하고자 했지만, 제갈량이 이를 제지하여 허락하지 않았다. 위연은 항상 제갈량을 겁쟁이라고 말하며 자신의 재능이 충분히 발휘되지 못함을 한탄했다. (본전)

유비가 죽음에 이르러 그 탁고託孤를 받아 북벌을 총괄하게 된 제갈량은, 자신이 견지했던 평소의 국가적 전략인 천하삼분지계를 부득이 수정해야만 했다. 형주가 촉나라에 귀속되어 있지 않은 한 익주와 형주에서 동시에 북진하는 방법이란 불가능하였기 때문이다. 이에 제갈량은 위나라의 통제력이 약한 지역이라 할 양주凉州로 눈을 돌리게 된다. 《한서지리지》나 《화양국지》에 따르면 양주는 각종 짐승이 많으며, 곡창지대임을 알 수 있다. 이 때문에 촉나라로서는 양주를 병탄하는 것이 인력뿐만 아니라 군량, 전마 등 각종 군국軍國의 재용財用을 거둘 수 있는 데다, 진격의 노선이 보다 다양해지는 전략적 이점을 얻을 수 있게 된다.

여기서 위연은 별동대를 이끌고 제갈량의 본대와는 다른 방향으로 진격하여, 마지막에는 장안과 낙양 사이에 있는 관문인 동관에서 제갈

---

8) 《사기 고조본기》 및 《사기 한신노관열전》에 따르면 한왕 유방은 한신韓信의 건의에 따라 당시 관중을 통할하던 삼진三秦을 공격하여 이를 평정함으로써 천하를 다툴 수 있는 기틀을 마련하였다. 항우는 당초 진나라의 수도 함양을 먼저 점령하는 자를 관중왕에 세우겠다고 공언하였다. 그러나 유방이 먼저 함양을 점령하자 당초의 협약을 어기고 '파 · 촉 역시 관중의 땅이다.'라는 억지를 부려 유방을 한왕漢王으로 삼아 남정南鄭에 도읍하도록 했다. 그리고 항우는 관중을 삼분하여 진나라의 항장 출신들인 장함張邯을 옹왕에, 사마흔司馬欣을 새왕에, 동예董翳를 적왕에 삼아 유방을 견제케 하고는 항우 자신은 봉국으로 귀환하였다. 이후 한신의 계략을 채택한 유방은 한중에서 관중으로 통하는 고도故道를 통해 함양 이서 지역을 통치하던 옹왕 장함을 먼저 습격하여 옹국을 점령한 후, 여러 장수들을 보내 농서 및 북지 등 양주 일대를 평정케 했다. 그리고 난 후에 사마흔, 동예의 투항을 받아내면서 관중을 완전히 장악하게 된다.

9) 동관潼關은 관중으로 들어가는 정식 도로의 중요한 관문으로 그 관문의 성城이 산기슭에 버틴 채 아래로 황하를 굽어보고 있어 그 형세가 험오하기 짝이 없었다고 한다. 지금 섬서성 동남부 위남시 동관현 북쪽에 있었던 관문이다.

량의 본대와 합류하자는 의견을 제시한다. 위연의 의견은 다분히 북벌의 목적이 장안을 포함한 삼보지역뿐만 아니라, 관중 전체를 평정하는 것이었음을 전제하고 있는 것이다. 그러나 제갈량이 이를 제지하자, 어찌 보면 촉나라에서 대부분이 제갈량의 방침과 지시를 준수하려는 당시기 분위기 속에서 위연만은 자신의 계책이 옳다고 믿으며 오히려 제갈량을 신랄하게 비난하고 다닌 것이다.

제갈량을 수행하여 출정을 할 때마다 위연은 자신의 생각을 포기하지 않고 제갈량에게 문득 병사 1만 명을 요청하며 위연이 제갈량과 다른 길로 가서 동관에서 합하겠다고 하곤 했다. 이를 보면, 위연은 자신의 직관에 의존하는 바가 매우 컸다는 점에서 바로 여기에서 그의 성격유형이 지닌 특징이 잘 드러난다 할 수 있다. 또한 동관에서 서로 합류함으로써 한신의 고사를 따르자는 그의 의견을 통해서, 개성과 창조성이라는 성격유형이 지닌 특징 또한 엿볼 수 있게 된다.

한신의 고사에 대해《사기》의 여러 기록을 살펴보면, 한고조 유방과 한신이 어떠한 행보를 보였는지를 알 수 있다. 한고조 유방은 한신의 건의대로 북진을 개시한 이래로 차근차근 관중을 평정하였다. 이후에 중원 진출을 도모하기 위한 거점을 관중에서 남양군으로 통하는 무관武關으로 삼아, 여기서부터 하남 및 남양 일대에 대한 통치권 확보에 나서기 시작했다. 그리고 한신은 유방의 휘하에 직접 있기보다는, 계속 본인만의 별군을 이끌면서 적군을 대적하거나 유방을 수행하며 유방의 본군을 지원하는 등의 공조共助 체제를 취하였다.

그렇지만 위연은 동관에서 합류한 이후 한신의 고사를 따르자는 점으로 볼 때, 그는 역사적 사실을 근간으로 삼으면서도 진말한초秦末漢初 시기와는 달리, 당시 시대적 상황의 특성을 반영하여 위연 자신만의 전략 전술을 추구하는 계책을 건의한 것으로 보인다. 이로 볼 때, 위연이 제갈량에게 제시한 계책은 한신이 행했던 전략 전술 내용을 그대로 따라 하자는 것은 분명 아니었을 것이다. 그렇다면 위연이 표방한 한신의 선례처럼 하려고 한 것은, 아니 후대인들에게는 자오곡 계책으로 더 유명한 그의 구상은, 과연 어떠한 내용을 담고 있었는지 보다 자세히 살펴보도록 하자.

하후무는 안서장군으로 군사를 거느리고 장안을 지켰다. 제갈량이 남정에서 여러 아랫사람들과 더불어 작전을 논의할 때 위연이 말했다. "듣자 하니 하후무는 젊고 주인(즉, 조조)의 사위로 겁쟁이며 지모도 없다고 합니다.[10] 이제 저 위연에게 정예병사 5천 명과 휴대식량 5천 석을 빌려주시면 바로 포중(지금 섬서성 포성현)에서 나가 진령秦嶺을 돌아 동쪽으로 나아가 자오곡[11]에 당도하여 다시 북쪽으로 가면 열흘도 채 되지 않아 장안에 이를 수 있을 것입니다. 하후무는 저 위연이 갑자기 습격해왔다는 말을 들으면 반드시

---

10) 《삼국지 위서 하후돈전》에 인용된 배주 《위략》에 이르기를 "하후무夏侯楙는 자는 자림이고 하후돈의 둘째 아들이다. 문제(조비)가 젊어서부터 하후무와 친했는데, (조비가 황제로) 즉위하자 안서장군 · 지절로 임명하고 하후연을 승계하여 관중(지금 섬서성 중부지역)을 통할하도록 하였다. 하후무는 성정상 무략武略이 없고 치생治生(생활의 방도를 차림)을 좋아했다.
태화 2년 228년에 이르러 명제(조예)가 서정西征할 때 하후무를 고발하는 이가 있어 소환하여 상서로 삼았다. 하후무가 서쪽 관중에 있을 때 기첩妓妾을 여럿 두어 이로 인해 청하공주와 불화했었다. 그 후 여러 동생들이 예의 법도를 따르지 않아 하후무가 그들을 여러 차례 혹독하게 질책했는데, 동생들은 처벌될까 두려워 함께 하후무를 모함하여 비방하고 공주에게 이를 상주하게 했다. 이에 조칙을 내려 하후무를 체포하였던 것이다.
명제(조예)는 하후무를 죽이고자 하여 경조 사람인 장수교위 단묵段默에게 이에 관해 묻자 단묵이 대답했다. "이는 필시 청하공주께서 하후무와 화목하지 못해서 비롯된 모함일 테니 사실을 추궁해 보십시오. 게다가 복파장군(하후돈)은 선제(조조) 때 천하를 평정한 공적이 있으므로 더욱 심사숙고하셔야 하옵니다." 명제 조예가 그 뜻을 이해하고 말했다. "나 또한 그렇게 생각하오." 이에 조칙을 내려 공주를 위해 표문을 작성한 자를 추궁하니 과연 그 동생들인 자장子臧과 자강子江이 한 짓이었다.

11) 자오곡子午谷의 길이는 330km인데 북방으로 나 있는 출구를 '자구子口'라고 하며 남방으로 난 출구를 '오구午口'라고 한다. 여기에는 절벽과 잔도, 교량이 무척 많아서 요새 험지로 불리지만 그러나 진령을 넘어 관중으로 가는 최단의 험로였다.

배를 타고 도주할 것입니다. (그러면) 장안 안에는 오직 어사와 경조태수만이 있을 것입니다.[12] 횡문에 있는 저각과 흩어진 백성들이 남긴 곡식이면 족히 군사의 식량이 될 만합니다. 동방(즉, 위나라)이 군사들을 합쳐 모으는 데 20일쯤은 걸릴 것이므로, 승상께서는 야곡을 따라 나오시면 반드시 충분히 이르실 수 있을 것입니다. 이와 같이 한다면 한꺼번에 함양의 서쪽 지역을 가히 평정할 수 있을 것입니다." 제갈량은 이것을 위험한 계책으로 생각하고 편안하게 탄탄대로로 가서 농우[13]를 빼앗고 만전을 기하여 반드시 이겨서 걱정거리를 만들지 않는 것만 못하다고 여겨 위연의 계책을 채택하지 아니하였다. 《본전/배송지 주, 위략》

(본전)에서 제갈량이 출정할 때마다 위연이 매번 진언했던 의견은, 《위략》을 통해서야 비로소 그 내용이 확인된다. 제갈량은 정공법을 쓰되 위연 자신은 기습전을 행한다는 것이었다. 당시 촉나라의 국력은 위나라에 비해 적지 않은 열세에 처해 있어서, 제갈량이 북벌을 계속 감행할 때마다 병참 확보의 어려움으로 장기간에 걸친 작전 수행이 어려웠다. 이 점을 감안하면 위연의 이 같은 계책은, 상당히 획기적이고 놀랄 만한 것으로 보기에 충분하다.

그렇지만 제갈량은 위연의 계책을 채택하지 않았고, 제갈량의 북벌이 끝내 성공을 거두지 못하자 훗날 많은 논자들은 위연의 이 자오곡 계책을 두고 많은 논란을 벌이게 된다. 제갈량의 신중함을 옳게 보며

---

12) 당시에 독군어사督軍御使와 경조태수京兆太守를 파견하여 함께 장안을 지키게 하였다. 조비가 선양을 받은 이후 경조윤京兆尹을 고쳐서 경조태수라고 하였다.

13) 농우隴右는 농산隴山 오른쪽 지역이라는 뜻이다. 고대에서 오른쪽이라 함은 서쪽지역을 가리킨다. 천자는 북극성에 해당되기 때문에, 남쪽을 바라보고 앉은 천자의 오른쪽은 바로 서쪽이 되기 때문이다. 지금 섬서성 농현 서부지역과 감숙성 일대에 해당된다.

위연을 정세 파악에 오류를 범한 성급한 무장의 착오라 보는 이도 있다. 그러나 이와 전혀 달리, 제갈량의 지나친 신중함을 비판하며 촉나라의 열세를 만회할 기묘한 계책을 사용치 못했다고 위연을 옹호하는 이도 있다. 제갈량과 위연을 각기 지지하는 양측 논자들의 갑론을박이 첨예해지면서 시시비비를 가리려는 노력은 계속 이어졌고, 이는 아직까지 해결되지 않은 논란거리로 남게 되었다.

《장안지》[14]에 따르면, 자오곡은 총 연장 660리(약 237,600보)로[15] 대략 264km(10리=4km 기준)이고[16], 《자치통감》을 보면 이곳은 위나라 측에서도 이용하기를 꺼렸던 대표적 험로였음을 알 수 있다. 보병의 평균 행군속도가 하루 30리 정도라고 어림잡았을 때, 진령산맥을 가로지르는 자오곡 행군은 이보다 훨씬 속도를 내기가 어렵고 힘든 노정이었을 것이다. 그런데 위연은 5천 인분의 식량을 지니고 진군하면 10일도 되지 않아 장안에 이를 수 있다고 진언하였다. 이 주장과 제갈량이 대군을 거느리고 기산으로 나아간 북벌에 관한 논쟁과 맞물리면서, 그 타당성 여부가 오늘날까지 관심사로 이어지고 있는 것이다.

확실히 이 자오곡 계책에서 볼 수 있는 것처럼, 위연은 대담하고 용맹하였으며 자신감에 넘쳐 있었다. 제갈량이 그의 무모할 정도의 담대함을 염려하였겠지만, 한편으로는 이만한 재주와 용맹을 다시 찾기 어려웠기에 계속 그를 중용했던 것도 사실이다. 위연의 자오곡 계책이 과연 실현 가능성이 있는가에 대해서는 아직까지 결론을 내지 못할 정

14) 《장안지長安志》는 본래 북송北宋의 송민구宋敏求가 편찬한 고사로 장안을 포함한 그 일대 지역 전반의 지리와 지명, 성, 건축물, 능묘, 묘원 등이 기록되었다가 이후 원대, 명대, 청대를 거쳐 부본으로 장안지도 등이 추가되고, 교정이 이뤄지면서 청나라 말엽에 이르러서야 비로소 완간본이 발행되었다.

15) 강희자전康熙字典에서는 1리를 360보로 계산하였기에 이를 기준으로 삼았다.

16) 여기서는 편의상 1리를 400m로 기준을 삼았으나 실제로 1리에 대한 척도는 진한시기의 경우 498.6m이었고, 위진시기의 경우에는 433.8m이었을 정도로 그 편차가 다소 있었다.

도로 논란이 많은 만큼, 여기에서는 이쯤 해서 그 논외를 그치기로 한다. 그렇지만 적어도 북벌 당시에 이러한 제안이 이뤄졌던 배경을 생각해 보면, 이는 위연이 한중에 오랫동안 진수하면서 얻은 경험과 정보에서 비롯되었으리라고 짐작할 수 있다.

이와 관련하여 《삼국지연의》에서는, 위연이 제갈량의 명령을 비웃는 장면을 통해 그의 성격유형이 지닌 특징을 보다 선명하게 드러내 준다.

> **위연도 전번에 공명이 자기 말을 듣지 않았던 것을 생각하고 또한 웃는다. "승상이 그때 내 말만 듣고 바로 자오곡으로 나갔더라면, 지금쯤은 장안은 물론이고 낙양도 점령했을 것이다. 이번에도 꼭 기산으로 나가겠다고 고집하니, 무슨 이익이 있으리오. 이미 행군하라 하고 또 나아가지 말라 하니, 어찌 이리도 명령이 분명하지 않을까."《삼국지연의 제100회》**

제갈량이 기산으로 나아가는 것을 고집하는 데에 대해, 위연은 자신의 자오곡 계책을 들어주지 않았기 때문인지, 이는 성공을 거두지 못할뿐더러 이익도 없다고 비웃는다. 이런 그의 모습은, 마치 (본전)에서 제갈량을 겁쟁이라 말하며 자신의 재주가 쓰이지 못하는 데에 대해 한탄하는 모습과도 일맥상통한다. 그만큼 그는 자신의 직관에 대해 믿는 바가 컸고, 조직에서의 일관적인 지시에 반발하는 모습은 비록 부정적인 기능으로 작용하긴 하지만, 그 자신 특유의 개성과 창조적인 면모를 엿볼 수 있게 한다. 이런 점에서 위연의 자오곡 계책의 진언은, 그의 성격유형과 연관된 특징을 가장 잘 대변해 주는 대표적 사건이라 해도 과언이 아닌 것이다.

다음으로 내향적 직관형의 성격유형이 흔히 보여줄 수 있는 장점을 살펴보면, 사람들의 능력이나 재능을 잘 파악할 줄 알아서 적재적소에 유능한 인물을 등용하는 인사 정책을 펼칠 수 있다는 점이라 할 수 있다.

2. 부곡출신으로 사졸 잘 대우하여 양성하였고 이로 이끄는 부대 전투력 키워, 사람들의 능력 제대로 파악하는 그의 장점 두드러져

이 성격유형의 장점을 위연에게 적용시켜 보면, 기실 그 결과가 뚜렷하게 드러나질 않는다. 그 가장 큰 이유는 기록의 부재라 하겠지만, 거만하고 잘난 체하는 그의 성격으로 타인과의 불화가 잦았던 상황에서 그가 과연 그럴 리가 있겠는가 싶은 예단도 작용했을 것이다. 그런 한계 가운데에서도 이의 실마리를 찾아본다면, 위연이 한중 진수의 중임을 맡기 이전에는 피폐했던 한중이, 위나라 침입에 대처하는 핵심적인 방어기지로 제 몫을 톡톡히 해낼 수 있었던 점을 들 수 있겠다. 물론 위연이 한중 진수의 총책을 맡긴 했지만 그의 이러한 독특한 성격 때문에 여러 사람들이 그를 기피했다 하는데, 그러나 위연은 "사졸을 잘 대우하여 양성하였고 사람들을 뛰어넘는 용맹함이 있었다."(본전)는 기록으로 보아, 분명 진영의 여러 사람들 간의 합심을 일구는 인사 정책이 있지 않고서는 한중 기지화의 성과를 내긴 어려웠을 것이다. 그러기에 한중의 위상 변화라는 이러한 성과에는, 위연의 성격유형과 연관된 장점의 발현이라는 측면과 상당한 정도 연관성이 있지 않았을까 생각된다.

마지막으로 내향적 직관형이 지닌 단점을 살펴보면, 첫째로는 현실감각이 극도로 결여되어 있어 현실성 있는 정책을 추진하지 못할 가능성이 높으며, 둘째로 개성이 강하고 조직적인 활동을 잘 이해하지 못한다는 것을 들 수 있다.

3. 양의 앞질러 후퇴 각도 불태워 반심 있는 것처럼 확인해 준 꼴, 현실감각 결여 그의 단처 패망 불러와

이 성격유형의 단점을 위연에게 적용시켜 보면, 제갈량 사후 자신의 죽음을 초래하고야 만 위연의 행보야말로 첫째 내용에 잘 부합한다.

> **"승상은 비록 죽었지만 나는 이렇듯 건재하오. 승상부에서 신임을 받은 관리들은 영구를 모시고 돌아가서 장사를 지내야 할 것이고, 우리는 당연히 모든 군사들을 거느리고 적을 공격해야 할 것이오. 어찌하여 한 사람이 죽었다고 하여 천하의 큰일을 그만둘 수 있겠소! 또 나 위연이 어떤 사람인데 양의가 부리는 부하가 되어서 후미를 차단하는 장수 노릇을 하란 말이오!" (본전)**

진수는 위연의 이 발언과 관련하여, '평소 여러 장수들의 의견은 일치하지 않았으니, 당시 중론이 필시 위연 자신을 제갈량의 대신으로 인정하게 되기를 기대한 것'이라 기록하고 있다. 만일 위연이 이런 기대를 품었다면, 진수의 기록에서 두 가지 가능성이 이를 뒷받침한다고 볼 수 있다. 먼저 여러 장수들의 의견 중 주전론이 화평론과 대등하였다는 점이다. 이에는 당시 제갈량의 북벌을 이미 지지하고 있는 세력이 상당수 있었을 터이니, 그들은 제갈량 사망으로 변화될 정권의 향배에 촉각을 곤두세우고 있었을 것이다. 위연은 강한 주전론을 내세워 이들의 환심을 사면서 군부의 주도권을 장악하려고 한 것이 아닌가 여겨진다. 다음 앞서의 자오곡 계책의 제안 등에서 엿보이는 것처럼 위연은 평소 병략에 관한 일가견을 드러냈으므로, 대장으로 앞으로 군을 통솔하는 데 자신을 가졌음 직하다. 그가 자력으로 유비에게 한중 진수의 임무를 받아냈던 지난 경험도 여기에 한몫을 하였을 것이다.

그러나 여기서 변수는 '과연 제갈량 없이 위연이 북벌을 감당할 수 있는가'하는 문제이다. 제갈량이 사망했으므로 곧 위나라의 사마의가 이를 알고 촉나라를 상대로 한 대대적 공세를 펼 가능성이 높아지고 있었기 때문이다. 이에 관해 (본전)에서 찾을 수 있는 단서는 첫째, 유선이 동윤과 장완에게 위연의 동정에 관해 하문했을 때 옹호해주는 이가 없었다는 점과 둘째, 양의가 하평을 시켜 위연의 군사들에게 호령을 했을 때 위연의 무리가 흩어져 버렸다는 점이다.

제갈량이 오랜 기간 계속 북벌을 수행한 추동력은, 그가 내, 외정을 완벽히 장악한 데 있었다. 이와는 사뭇 다른 반대의 경우였던 강유를 보면 얼마나 극명한 차이가 나는지 확인할 수 있는데, 더욱이 당시 위연은 강유보다도 더욱 소외되어 있는 현저한 차이를 보였다. 그런데다 위연과 양의 두 사람이 서로 매사에 갈등을 보이고 있었는데, 주위로부터 두둔을 받은 것은 되려 양의였다. (본전)에서도 제갈량은 죽기 직전에 양의와 비의, 강유 등에게 군사를 철수시키는 지침을 주었다. 이때 설령 위연이 명을 따르지 않더라도 즉시 철군의 출발을 하라고 명령한 대목을 보면, 위연은 안팎으로 그를 지지해줄 만한 이가 없었던 것으로 보인다. 이러했기에 둘째의 경우처럼 병사들도 자신들을 평소에 양성해온 위연을 쉽게 저버릴 수 있었던 거라 하겠다. 이런 상태에서 위연은 혼자만의 착각에 빠져 스스로 북벌을 감당하고자 했으니, 그의 사고방식과 행동은 가히 현실감각이 결여되었을 뿐만 아니라 현실성 있는 정책을 추진할 동력으로 작용할 리가 없는 일면을 드러내는 것이었다.

비의를 통해 위연이 군사를 철수할 의사가 없음을 확인한 양의는, 즉시 다른 진영에 연통하여 군사를 이동하기 시작하면서 제갈량의 명을 그대로 차근차근 수행하게 된다. 뒤늦게야 이를 알아차린 위연은 크게 분노하여 남쪽으로 앞질러 진군해 가면서 잔도를 불태웠다. 이로 미루어 보면, 일단 그는 위나라에 항복할 생각을 품고 있었던 것은 전혀 아닌 것이 확실하다. 오히려 그는 우격[17]을 성도로 보내 자신의 충의를 알리고 양의가 모반했다고 주장하였다. 그는 남곡구로 신속히 이동하여 양의가 한중으로 가기 전에 발상을 하기 위해 일단 멈출 것으로 보고, 이를 미리 앞질러 그 지점에서 길을 끊은 뒤 역습을 가하려고 했던 것이다. 당황한 양의도 군사를 독촉하여 뒤따라 이동했는데, 이미 각도가 끊겨 돌아가는 경로를 우회하여 들어갔을 것으로 보인다.

그렇지만 위연이 각도를 불 질러 태워버린 것은 실로 그의 큰 실책이었다. 양의를 잡자고 각도를 불태운 것은, 그야말로 빈대 잡자고 초가삼간을 태우는 격이었다. 비록 스스로는 양의의 진군을 저지하기 위해 행한 일이었지만, 수많은 촉인들은 위연이 이로써 그 자신의 신뢰를 크게 잃게 되는 상식 밖의 행동을 하였다고 여겼을 것 같다. 제갈량이 죽기 직전 철군할 것을 결정한 이상, 본대의 귀환 소식은 조정에 미리 알렸을 것이라 예상되는 일이다. 또한 만약을 대비해 위연을 따돌릴 계획까지 세웠다면, 이는 이전에 어느 정도 미리 준비된 일이었을 것으로 짐작된다.

회군을 되돌리기에 늦었음에도 북벌에 대한 욕심에 회군을 방해하고자 각도를 불태워 길목을 끊어버렸다면, 이는 누가 봐도 위연의 행보를 의심할 수밖에 없었을 것이다. 각도를 불태워 버린 위연의 이와 같은 행동은 오히려 위연의 반심叛心을 확인시켜주는 역효과를 가져왔고, 그때 사태는 이미 돌이킬 수 없는 상황으로 확대되고 말았다. 이 일로 시중 동윤과 유부장사 장완은 위연과 양의 중 누구의 말이 옳으냐는 유선의 하문에 양의를 보증하게 만들었으니, 위연으로서는 참으

17) 우격羽檄, 이는 긴급한 상황을 전해야 하는 일이 있을 때에 날아가듯 빨리 가라는 뜻으로 전령에 닭 깃을 꽂아 보내던 데서 유래한 군사상 급하게 전달하는 격문이다. 일명 우서羽書라고도 한다.

로 큰 패착을 저지르고만 셈이었다.

그가 북벌을 계속 수행하고자 철군하라는 명령을 따르지 않았던 것은, 기실 군사를 이끌고 서로가 상극으로 용납 못하는 사이인 양의보다 먼저 남쪽으로 가서 그를 죽이고자 했기 때문이었다. 이러한 그의 행보가 위연 자신이 반역자로 몰리게 되는 상황을 초래하게 될 줄 누가 알았겠는가. 이 모든 것이 현실감각 결여에서 온 현실성 없는 정책을 추진한 데서 비롯된 것이기에, 결국 그의 성격유형과 관련한 그 단점이 끝내 그의 명을 재촉하는 결과를 가져오고 말았던 것이다.

그의 성격유형이 지닌 단점 중 둘째 내용의 경우는, 널리 알려진 자오곡 계책을 통해서 잘 드러난다. 이와 관련하여 (본전)의 기록과《삼국지연의》의 묘사에는 제갈량을 향한 그의 반발과 비방 등을 통해서, 둘째 단점인 지나치게 강한 개성과 비조직적인 면모가 여과 없이 노출되어 있다. 제갈량이 비록 그의 재주를 아껴 중용을 해왔을지라도 인간적으로는 꺼렸기 때문에, 자신의 사후를 염려해 위연을 배제할 계획까지 마련했던 것이다. 만약 위연이 둘째 내용과 같은 성격유형이 지닌 단점을 보이지 않았다면, 제갈량이 그를 그토록 우려하지 않았을 것이고 위연도 허망한 죽음을 맞이하지 않고 북벌을 위해 보다 더 가열 차게 활약을 펼칠 수 있었을지 모른다.

총체적으로 평가하건대, 위연은 용맹하고 병사를 잘 양성할 줄 아는 재주를 가진 타고난 무장이었다. 그러기에 유비를 따라 부곡에서 출발하여 장수로 올라 수많은 전쟁에서 전공을 세웠고, 유비의 신뢰와 막중한 권한을 부여받을 정도로 입지를 세운 강력한 무장이 된 것이다. 특히 한중 방비의 임무를 잘 수행했던 것을 보면, 그는 유비의 신뢰를 저버리지 않고 자신의 재주를 제대로 발현해 보였다고 할 수 있겠다.

유비 작고 후, 또한 제갈량 사후 북벌은 촉의 존립과 관련하여 가장 중대한 국책 사업이었다. 자신이 계획한 전술 방안인 자오곡 계책은 제갈량의 북벌에 대한 전반적인 전략에 비해 전술 차원에서는, 그가 일견 상당 수준 독자적인 창조성을 엿보여 주었다고 할 것이다. 그러나 북벌은, 제갈량 없이는 감당하기 어려운 거사였는데, 제갈량의 계책을 받아들이지 않고 각도를 불태우고 양의의 행보를 제어하는 등, 조직과 어긋나는 행동을 하였다. 나아가 제갈량 사후에는, 제갈량 하나 죽었을 뿐 자신은 건재하다며 과감하게 자기 주도로 북벌을 추진하려고 했다. 이 중대한 국사에 관한 대처 관점 하나만으로도, 위연은 그의 성격 특징이 지닌 현실감각의 결여가 상당히 작용하였던 것으로 보아야 할 것이다.

또한 자신을 지나치게 내세우고 교오하여 사람들이 그를 기피할 정도였으니, 그는 자신의 주관적 직관을 매우 중시하는 인물이었다 할 것이다. 또한 자신이 계획한 전술 방안인 자오곡 계책을 제갈량이 받아들이지 않고 제갈량이 견지하는 기산으로 나아가는 북벌이 진행되자, 위연은 이를 두고 공공연하게 제갈량을 비난하면서 자신의 재능을 다 발휘하지 못하는 것을 탓하였다.

그의 성격에서 비롯되는 특성이, 이렇게 지나친 언행으로 나타나고 있었기에, 제갈량의 보정체제輔政體制 안에서 그는 조직과 융합하지 못한 인물로 점차 소외된다. 이는 자연히 그의 성격유형이 지닌 단점이 되어 그의 삶에서 부정적인 일면으로 작용할 수밖에 없었다. 특히 제갈량은 자신이 죽은 뒤 사람들이 위연을 제어하지 못할 것을 염려하여 그를 제외시킬 계획까지 마련했던 것을 보면, 그가 지나친 개성 탓에 새로운 조직에서의 활동에 잘 적응하지 못했던 것은 분명해 보인다. 그의 강한 자긍심과 지나친 오만으로 인하여, 그는 주위로부터 소외되고 끝내 예기치 못한 반역자의 낙인을 받게 되었으니, 결과적으로 이 성격 특성은 그에게 불운한 최후를 재촉하는 주된 요인으로 고스란히 작용하게 된 것이라 할 수 있겠다.

무장 위연의 남은 논의

04

위연은 《삼국지 촉서 위연전》에 의하면 "부곡(병사)으로서 유비를 수종(따라다니며 시중듦)했다"라고 기술되어 있는데, 이를 보면 위연은 일개 병사로 시작하여 장수에까지 올라간 인물이다. 그러기에 위연이 제갈량이나 양의가 무슨 생각을 하는지 이해할 수 없었던 일면은 피할 수 없었으리라 여겨진다. 그러나 입장을 바꾸어 생각해 보면, 일개 병졸에서 시작하여 촉한의 유수한 장수의 하나로 올라갔으므로 무장으로서의 그의 능력이 얼마나 뛰어났는가를 짐작할 수 있다.

건흥 6년 228년 제1차 북벌로부터 건흥 12년 234년까지, 기실 촉나라와 위나라의 주력군이 제대로 접전한 것은 제4차 북벌 때뿐이었다. 촉나라의 온 힘을 기울여 제갈량이 북벌을 감행했던 것치고는 결전이 적었던 게 사실이고, 전장 속에서 내내 살아온 위연은 이에 큰 불만을 품었을 것이다.

그런데 위연은 병졸부터 밟아 올라온 무장인 만큼 사졸을 잘 양성하는 데 뛰어났고, 또한 스스로의 긍지가 대단하고 오뚝한 성격이었기 때문에 사람들은 그에게 함부로 굴 수 없었다. 다만 양의만은 위연을 대할 때 사정을 봐주는 법이 없어서, 두 사람은 늘상 상극으로서 서로를 용납하지 못하였다고 한다. 그러나 제갈량은 양의의 재간을 아끼고 위연의 용감함에 의지하였으므로, 늘 두 사람이 사이좋게 지내지 못함을 안타까워하며 그들 중 한쪽으로 치우쳐 한쪽을 버리는 것을 차마 하지 못했다. 북벌을 수행하는 데 일선 전투를 이끄는 장군 위연과, 작전을 지원하는 병참[18]의 장사 양의 사이의 이렇듯 격렬한 갈등을 비의가 중재하였기 때문에, 두 사람은 그 기량을 발휘할 수 있었다. 제갈량이 진중에서 죽을 때까지 위연과 양의가 각각 자기 능력을 발휘하게 만든 것은 비의의 노력에 힘입은 바 실로 지대했다.

그 뒤 제갈량의 병세가 악화됨에 따라 그의 후계자가 누가 될 것인지에 관심이 집중되었을 것이다. 위연은 '제갈량의 북벌은 내가 계승할 것'이라고 선언하고 있었다. 한편 후계자 자리에 가장 근접해 있다고 스스로 생각하던 이는 양의였을 것이다. 그는 북벌할 때 부대 편성과 군량 계산에서 탁월한 능력을 보이고 있었다. 그렇게 스스로의 기대수준이 높았던 데 비해, 군사적 후계자임을 자처하고 있던 양의는 거기에 이르기에는 균형 감각이 상당히 떨어졌다.

병졸로부터 밟아 무장에 오른 위연은, 특히 영향력이 있고 이름 있는 인사들과의 관계가 나빠서 도저히 북벌의 대업을 이어갈 수 없었을 것이다. 양의 또한 도량이 좁아 일찍이 상관인 유파와 뜻이 잘 맞지 않아 좌천당했고, 북벌에 대해서는 위연과 대립하여 결국 위연을 반역자로 몰아세워 그를 최후의 막다른 골목에 이르게 하고 만다.

양희가 촉나라의 신하들에 대한 평을 실은 《계한보신찬》에서는 위연에 대해

> **문장(위연)은 억세고 거칠며, 위난에 임하여 명령을 받아 외적을 막아 싸우고 국경을 지켰다. 그러나 협력하지도 않았고, 화합을 이루지도 않았으며, 절개와 의리를 잊고 반란의 의지를 언급했다.**

---

18) 병참兵站은 군대의 전투력을 유지하고 작전을 지원하기 위한 보급, 정비, 교통, 위생, 건설 등의 일체의 기능을 포함한다.

그래서 최후의 행위는 미워하였고, 최초의 공업은 아쉬워하였는데, 이는 실제로 그의 성격 때문일 것이다.《삼국지 촉서 양희전 계한보신찬》

고 평하고 있어 위연의 행동을 반란의 뜻으로 보고 있다.

그러나 위연의 군사 행동을 반란으로 보기는 어려운 면이 있다. 더욱이 제갈량이 죽은 뒤 위연이 병사를 이끌고 북으로 가서 조위에 투항한 것이 아니라 한중으로 들어갔는데, 위연의 마음을 추측해 볼 때, 북쪽으로 가지 않고 남으로 돌아온 것은 단지 양의 등을 없애려 한 것이었다. 평소에 여러 장수와 늘 의견이 달랐고, 그때 자신이 제갈량을 대신해야 한다는 여론이 일어나기를 바랐을 뿐, 위연의 본래 뜻은 촉을 배반하고자 함이 아니었을 것으로 여겨진다.《삼국지》의 찬자인 진수는

위연의 마음을 추측해볼 때, 북쪽으로 가서 위나라에 항복하려는 것이 아니라 남쪽으로 내려온 것은 양의 등을 죽이려는 계획에서였다. 평소에 여러 장수들과 늘 의견이 달랐던 위연은, 그때 여론이 틀림없이 자신이 제갈량을 대신해야 한다고 하기를 바랐을 뿐, 위연의 본뜻은 촉나라를 배반하려 한 것은 아니다. (본전)

라고 말하고 있다. 위연은 자신의 용맹과 재능으로 성공하였으며, 제갈량이 죽은 뒤 반드시 자신이 군무를 총독할 것으로 생각하였으나 오히려 앙숙인 양의의 명을 받아야 하므로, 병사를 거느리고 양의를 죽이고자 하였지 촉한을 배반하려 했던 것은 아니라는 것이다.

진수는 위연에 대하여 '평하여 말한다'에서,

위연은 용맹과 지략으로 중임을 맡았다. 그러나 그의 거동을 보고 언행이 법도에 부합되는지 아닌지를 살펴보면 재앙을 부르고 허물을 취한 원인이 자신으로부터 나오지 않은 경우가 없다. (본전)

라고 평하였다. 즉, 명을 따르지 않고 스스로 주장하여 마음대로 군사를 움직이고 잔도를 불태웠으며 촉의 대군에 역습을 도모한 것은, 이미 군율을 범함으로 자신이 스스로를 죽이는 화를 부른 것이다. 결국 위연은 촉나라의 사람들이 그렇게 믿었고 제갈량이 걱정했던 것처럼 배반을 도모한 것이 아니라, 제갈량의 후계를 놓고 양의와 다투다 후계 싸움에서 져 비극적인 죽음을 맞이하게 되었다고 볼 수 있는 것이다.

또한 위연이 뛰어난 무공을 지니고 있었으나 스스로가 지나친 자긍심과 교만으로, 어찌 보면 기피인물이 되어 결국 패망했다 할 수 있다. 특히 위연의 이런 우쭐대는 성격이 문제시되는 것은 제갈량의 북벌이라 하겠는데, 이것은 유비가 죽고 또한 1세대 장수들이 죽으면서 위연을 능히 제어하지 못한 데에 따른 결과였다고도 볼 수 있을 것이다.

처음에 위연이 양의 등을 죽이려고 한 것은 당시 사람들이 평론하여 자기가 제갈량을 대신하여 보정[輔政]할 수 있게 되기를 바란 것이고 그러므로 위에 항복하지 아니하고 남쪽으로 돌아와서 양의를 공격하였던 것이지 실제로는 반란할 의사는 없었다고 했다.[19] 《자치통감 권72》

19) 위연이 반란할 뜻이 없었다는 데에 대하여 호삼성은, 위연이 비록 반역할 뜻을 갖고 있지 않았어도 그에게 보정하게 하였다면, 촉한이 망하는 것을 재촉하였을 것이라고 하였다. 《자치통감 권73》

제10장

북벌에 일로매진
촉의 명망 잡지 못한
최후 주자 강유

인물 강유의 삶의 궤적

01

1. 제갈량의 첫 번째 기산 진출 때 촉에 귀부하다

강유姜維는 자가 백약伯約이고 천수군 기현(지금 감숙성 감곡현) 사람이다. 기현은 농우(지금 섬서성 농현에 있는 농산의 서쪽 지역)지방에 속하고, 전한부터 삼국시기까지 이 일대는 예로부터 강족, 융족 등 소수민족이 거주하고 활동했던 지역이다. 강유는 어릴 때 천수군의 공조였던 부친을 여의고 모친과 함께 살았는데, 본 군에서 강유에게 중랑 직책을 주어 군사적인 일에 참여시켰다.

촉의 승상 제갈량은 건흥 6년 228년 제1차 북벌을 감행하게 된다. 그때 천수태수 마준은 촉나라 군대가 가까이 오고 있고 이에 여러 현이 호응한다는 소식을 듣고는, 강유 등이 모두 딴마음을 품고 있으리라 의심하여 한밤중에 도망쳐 상규(지금 감숙성 천수시)로 가버렸다.

강유 등은 태수가 달아난 것을 알고 뒤늦게 뒤쫓아 갔지만, 상규의 성문에 이르렀을 때 벌써 성문이 닫혀 있으므로 들어가지 못했다. 강유 등은 다시 모여 함께 기현(지금 감숙성 감곡현)으로 돌아왔는데, 기현에서도 받아들이지 않아서 강유 등은 제갈량에게로 가서 귀부하게 되었다. 그 무렵 마속이 가정(지금 감숙성 장랑현)에서 패했고 이에 제갈량이 서현(지금 감숙성 천수현 서남)에서 1,000여 민호를 뽑아 강유 등을 이끌고 돌아오게 되어, 강유는 그의 모친母親과 끝내 헤어져야만 했다.

제갈량은 강유를 벽소하여 군사에 관한 일을 관장하게 하여 창조연에 봉의장군으로 임명하였고 당양정후로 봉했는데, 당시 그의 나이 스물일곱 살이었다. 제갈량은 유부장사 장예, 참군 장완에게 서신을 보내, '강유는 양주涼州에서 그 재주가 으뜸가는 인물이니 궁중으로 가서 주상을 알현케 해야 한다'고 말하였다. 이후 얼마 지나지 않아 강유는 중감군[1] 정서장군으로 승진하게 된다.

2. 제갈량 사후 그의 군사정책을 계승하게 되다

건흥 12년 234년 제갈량이 죽은 뒤 강유가 성도에 귀환하게 되면서 위연의 반기와 양의의 실각 등 연이은 사건으로 이어졌고, 건흥 12년 234년 강유는 우감군, 보한장군이 되어 여러 군대를 통솔하였고 이어 평양후로 봉해졌다.

연희 원년 238년 강유는 대장군 장완을 따라 한중에 주둔하였으며, 장완이 대사마로 승진한 뒤 강유는 사마가 되어 여러 차례 군대를 거느리고 서쪽지역을 쳤다. 이어 연희 6년 243년 장완이 비의 등과 의논하여, 강유가 강족과 호족(흉노족을 말함)을 위무할 적임자라 여겨 진서대장군으로 승진케 하고 양주(지금 감숙성)자사를 겸하게 하였다. 연희 10년 247년, 강유는 위장군으로 승진하고 대장군 비의와 나란히 녹상서사가 되었다. 이 해에 문산(지금 사천성 문천현 서남)의 평강(지금 사천성 송반현)의 이족이 반란을 일으키자 강유는 병사를 거느리고 가서 토벌하여 평정하였다.

다음 해 연희 11년 248년, 옹주(지금 감숙성 동부와 섬서성 중부)와 양주(지금 감숙성 중부 서부)의 강족과 호족들이 촉나라에 투항하였다. 이

---

1) 중감군은 삼국시대에 설치한 것으로 본래의 관직 위에 추가해 덧붙인 관직이다. 장군으로서 군사를 거느리고 출정하는 자는 모두 감군監軍을 배치했으며 해당 주州의 제반 군무軍務사항을 감독하는 직책이었다.

에 강유가 병사를 이끌고 농우(농산의 서쪽, 지금 감숙성 동부지역)로 나와서 이들과 호응하여 위 대장군 곽회, 하후패 등과 도서[2]에서 싸웠으며, 호족의 왕 백호문과 치무대 등이 자기들의 마을을 바치고 투항하니, 강유는 그들을 옮겨 촉에 정착시켰다.

연희 12년 249년, 강유에게 부절을 주어 또 서평(지금 청해성 서령시)으로 출정하도록 했는데 이기지 못하고 돌아왔다. 강유는 강족과 호족을 달래어 오른쪽 날개로 삼고자 하였고, 농산 서쪽을 위나라에서 끊어 차지할 수 있다고 주장하며 늘 대규모로 출병하려 했다. 그러나 대장군 비의는 '승상(제갈량)께서도 중원을 정벌하지 못하셨는데 하물며 우리가'라며, 번번이 이를 제재하여 그에게 준 병력은 1만여 명에 지나지 않았다.

3. 거듭 북벌에 매진하다 성공치 못한 채 국력을 쇠진하다

연희 16년 253년 봄 비의가 앞서 위에서 귀부한 곽순에게 갑자기 피살을 당한 이후, 강유는 군대를 조절하여 군사대권을 장악하게 된다.[3] 이해 여름 그는 수만 명의 군사를 거느리고 석영(지금 감숙성 서화현 서북)을 나와 동정(지금 감숙성 천수시 서남)을 지나 남안을 에워쌌지만, 위의 옹주자사 진태가 포위망을 뚫고 낙문(지금 감숙성 기현)까지 이르렀다. 이때 강유의 군사들은 식량이 다 떨어져 물러나 돌아왔다.

다음 해 연희 17년 254년에 강유는 독중외군사 직위를 더했으며 다시 농서로 출병하였는데, 적도(지금 감숙성 임조현)현장 이간이 성을 들어 투항했다. 강유는 나아가 양무를 둘러싸고 위 장수 서질과 싸워 목

2) 도서洮西는 도수洮水의 서쪽, 지금 감숙성 임담현 일대를 말한다.

3) 호삼성은 말하였다. '비의가 죽자 촉의 모든 신하는 모두 강유의 아래에서 나왔으므로 이를 제재할 수 없었다. 석영은 동정의 서남쪽에 있으니 강유는 무도에서 석영으로 나온 것으로 볼 수 있다. 적도현은 농서군에 속하는데, 강유를 위하여 백성들을 노역시켰으므로 촉이 멸망하게 된 원인을 제공하였다.' 《자치통감 권76》

을 베고 적을 깨트리니 위의 군대는 패하여 물러갔다. 강유는 승리의 여세를 타고 적도에서부터 나와 승승장구하여 많은 적군을 항복시키고, 하관, 적도, 임조 세 현의 백성을 이끌고 돌아왔다.

연희 18년 255년, 또 거기장군 하후패 등과 함께 적도에서 나와 도서 서쪽에서 위의 옹주자사 왕경을 크게 이겼다. 왕경의 병사 가운데 죽은 자가 수만 명이나 되었다. 왕경이 물러나 적도성을 지키자 강유는 주위의 만류를 뿌리치고 적도를 포위하였다. 위의 징서장군 진태가 병사들을 이끌고 와 공격하여 포위망을 뚫었고, 강유는 퇴각하여 종제(지금 감숙성 성현의 북율정성)에 주둔하였다.

연희 19년 256년 강유는 원정에 앞서 대장군으로 승진하고 병사와 마필을 정비하여 기산으로 나왔는데, 단곡(지금 감숙성 천수시 서남)에서 위 등애에게 격파당했다. 강유가 후주 유선에게 표를 올려 사죄하고 자신의 관직을 삭탈해 줄 것을 주청하자, 후장군으로 대장군의 일을 대리하도록 하는 행대장군사로 강등되었다.

연희 20년 257년 위의 정동대장군 제갈탄이 양주 회남(치소 수춘)에서 반란을 일으키자, 관중지역에 있는 병사들이 나뉘어 동쪽으로 파견되었다. 이런 소식을 듣고 강유는 진천(관중지역)을 공격하려고 군사 수만 명을 인솔하고 낙곡(지금 섬서성 주지현 서남)을 나와 곧장 침령(주지현의 경계)에 이르렀다. 허나 위 대장군 사마망이 지키고 있었고 안서장군 등애도 농우에서 출병하여 장성에 진을 치고 있었다. 강유는 앞으로 나아가 망수에 주둔하여 진영을 만들고, 몇 차례 싸움을 걸었지만 이들은 응전하지 아니하였다.

경요 원년 258년, 강유는 제갈탄이 패했다는 소식을 듣고 곧 성도로 회군하였고 다시 대장군이 되었다.

경요 5년 262년, 강유는 병사를 이끌고 도양(지금 감숙성 임담현)으로 출병하였다. 후화(임담현의 동쪽)에서 등애와 맞서 패하자 강유는 물러나서 답중(임담현의 서남)에 주둔했다. 이때 환관 황호 등이 조정에서 권력을 잡고 우대장군 염우와 결탁하여 속으로 강유를 폐하고 염우를 세우고자 하였다. 강유는 이로 말미암아 스스로 의심하여 위험을 느끼고 두려워하였고, 답중에서 보리를 심게 해 달라고 청하며 감히 성도로 돌아가지 못했다.

4. 위의 침공으로 망한 촉 부흥을 도모했으나 좌절하다

경요 6년 263년 강유가 후주 유선에 표를 올려, "듣건대 종회가 관중에서 병사들을 훈련하며 틈을 보아 우리를 공격하여 취하려 한다고 합니다. 마땅히 좌 · 우 거기장군인 장익과 요화를 보내 각 군대를 감독하여 양안(지금 섬서성 면현 서쪽)의 관구關口[4]와 음평(지금 감숙성 문현)의 교두[5]로 나누어 지키도록 하여 미리 막아야 합니다."(본전)라 하였다.

후주 유선은 위의 종회가 낙곡(지금 섬서성 주지현 서남)으로 향했고 등애가 답중으로 들어오려고 한 뒤에야, 비로소 우거기장군 요화를 파견하여 답중으로 강유를 지원하게 한다. 좌거기장군 장익과 보국대장군 동궐을 파견하여 양안 관구로 가서 각 진영 밖에서 지원부대가 되도록 했다.

강유는 종회의 여러 부대가 이미 한중으로 들어갔다는 소식을 듣고 군사를 이끌고 관성(양평관)으로 가려 하였다. 그러나 이미 함락되었다는 것을 알고, 백수(지금 감숙성 문현의 가릉강 지류)로 왔다가 요화와 장익, 동궐 등을 만나 군사를 합쳐 검각(지금 사천성 검각현)을 지키면서 종회를 방어했다. 강유가 진영을 배열하여 험한 곳을 지키니 종회가 이들을 공격하였으나 이길 수 없었다.

---

4) 관구란 양안陽安에 관문關門이 있고 그 관문이 양평관陽平關이며 지금 섬서성 영강현에 있었다.

5) 음평陰平의 교두橋頭란 음평의 경계지역에 있는 교두를 이른다.

한편 등애는 드디어 음평(지금 감숙성 문현) 소로로 아무 사람도 없는 700여 리를 가서, 산을 깎아 길을 만들어 촉蜀으로 진격하였다. 면죽(지금 사천성 덕양현)에서 등애와 그 아들 등충의 공격을 받아 제갈첨과 황숭이 패하여 죽고 격파되었다. 등애가 성도의 성 북쪽에 도착하니, 후주 유선이 태자와 여러 왕들, 여러 신하들 60여 명을 인솔하고 면박 여츤[6]을 하고 군문軍門을 향하여 나아가 항복하였다. 촉한이 건국된 후 43년만에 망하게 된 것이다.

강유가 처현(지금 사천성 삼대현)에 이르렀을 때, 후주 유선의 항복하라는 칙명을 받게 된다. 이에 병사들에게 무기를 다 놓게 하고 동쪽 길로 요화, 장익, 동궐 등과 더불어 종회에게 가서 항복하게 되니, 이에 장사將士들은 모두 화가 나서 칼을 뽑아 돌을 쳤다. 종회는 항복한 강유 등을 후하게 대하여 주고, 강유의 인새와 인수, 부절 거개를 돌려주었다. 종회는 강유가 나가게 되면 같은 수레를 탔고 앉을 때도 같은 자리에 앉았고, 장사 두예에게 "백약(강유)을 중원의 명사名士와 비교하면 공유(제갈탄), 태초(하후현)보다 뛰어나다."(본전)라고 말하였다.

종회가 성도에 입성하였는데, 등애 부자가 모반하고 있다고 얽어 위관이 체포하여 경사(낙양)로 압송하였다. 이에 종회가 홀로 많은 무리를 통솔하게 되어 그 위세가 서부지역을 떨치게 되자, 드디어 모반할 뜻을 결정하였으며 스스로 익주목이라 일컫고 강유와 손을 잡게 된다.

한편 종회는 호군, 군수, 아문기독[7] 이상의 관원과 옛 촉한의 관리를 다 초청하고 태후[8]의 유조를 고쳐서, 이에 종회 자신으로 하여금 병사를 일으켜 사마소를 폐출하게 하였다고 내외에 공지하였다. 초대

---

6) 면박面縛은 손을 뒤로 묶은 것이고 여츤輿櫬은 관棺을 수레에 싣고 가는 것을 말하는데 이는 항복의 표시이다.

7) 아문기독牙門騎督, 이는 모두 종회의 군대를 좇아서 성도에 와 있는 관원들이다.

8) 조당은 성도에 있는 옛 촉한의 조당을 말하며 태후란 위 명제 조예의 황후인 곽태후郭太后를 이르는데 그 전 해 경원 4년 263년 12월에 죽었다.

받아 왔던 여러 관리들을 모두 익주의 관청 건물에 가두어 놓고, 성문과 궁문을 다 걸어 잠그고 병사들이 엄하게 지키도록 하였다.

종회는 강유의 말[9]을 좇아서 제장들을 죽이려고 하였으나 미적미적하면서 결정하지 못하였다. 이러한 상황에서 하룻밤 사이에 그 기밀이 누설되어 성안으로 군사들이 밀려왔는데, 화살이 비 오듯 하였고 아문에 억류되었던 장령들은 관청 건물을 나와 그들의 군사들과 합류하여 공격해왔다. 강유는 종회의 친병들을 거느리고 싸워 그들을 대여섯 명을 죽였으나, 중과부적의 무리들이 강유를 쳐서 죽이고 다투어 달려가서 종회를 죽였다. 이때 촉한의 태자였던 유선과 강유의 처자가 모두 죽임을 당했는데, 이는 함희 원년 264년의 일이었고 그때 강유 그의 나이는 예순세 살이었다.

9) 호삼성은 그의 음주에서 '강유의 마음은 시종 한나라를 위하여 노력하였는데, 진수와 손성, 간보가 그를 깎아내린 것은 잘못된 것이라고 하였다. 진수는 긴 안목이 없고 판단력이 결핍되었다고 평하였고, 간보는 강유가 죽기를 두려워하는 사람이라고 하였으며, 손성은 강유가 충성도 없고 효성도 없으며 의리와 절개뿐만 아니라 지혜와 용기도 없었다.'고 평론하였다. 《자치통감 권78》

중원 회복을 위해 북벌을 멈추지 않은 독불장군

02

사상 가치성향을 통해 인물 강유를 살펴보면, 그는 제갈량의 유지를 이어받아 북벌을 통해 한조재흥의 소신을 펼쳐 자신이 비극적인 최후를 맞는 그 순간까지도 촉한의 광복을 포기할 줄 모르는 의열인사였다.

강유가 촉에 귀부한 것은 제갈량의 제1차 북벌이 진행되던 건흥 6년 228년이다. 당시 촉군의 주력은 한중에서 주둔하고 있다가 갑자기 출병하여, 야곡(지금 섬서성 미현 서남)과 기산 두 방향으로 진출하였다. 제갈량의 의도는 당연히 농서를 확보하는 데에 있었지만, 위는 중앙과 지방 모두 방심하여 이 돌연한 출병을 제어하지 못하고 혼란에 빠졌다. (본전) 그리고 이에 인용된 《위략》의 기록[10]에는, 당시 옹주자사

10) (본전) 배주에 인용된 《위략》에서 말했다. "천수태수 마준馬遵은 강유와 여러 관속들을 이끌고 옹주자사 곽회郭淮를 수행하여 서쪽으로부터 낙문洛門까지 순찰하였다. 그 무렵 제갈량이 이미 기산祁山에 이르렀다는 말을 들었다. 곽회는 마준을 돌아보며 '이는 좋지 않은 일을 도모하려는 것입니다!'라고 말하고 마침내 동쪽으로 달려 상규上邽로 돌아갔다. 마준은 치소治所가 있는 기현冀縣이 서쪽에 치우쳐 있음을 생각하고, 또한 관속과 백성들이 혼란을 일으킬까 두려워 자기도 곽회를 따라갔다. 이때 강유가 마준에게 '명부明府는 기현으로 돌아가야만 합니다.'라고 말했다. 마준은 강유 등에게 '그대들은 믿을 수 없소. 모두 적이오.'라고 말하고는 각각 행동했다. 강유도 마준을 어떻게 할 수 없었고 집은 기현에 있었으므로 그대로 군의 이속 상관자수上官子脩 등과 함께 기현으로 돌아왔다. 기현의 이속과 백성들은 강유 등을 보고 크게 기뻐하며 제갈량과 만나게 했다. 두 사람은 얻은 것이 없이 함께 제갈량을 만나러 갔다. 제갈량은 이들을 보고 매우 만족스러워했다. 기현 안의 사람을 맞이

곽회와 천수태수 마준은 주변 정황을 제대로 파악하지 못해 자신의 속관들조차 의심할 정도로 당혹스러워하고 있다가 모두 상규성으로 도주한 상황이 기술되어 있다. 해당 지역의 행정 및 군사를 책임지는 수령들의 행태가 이 정도였다면, 당시 천수, 남안, 안정 등 세 군의 예상치 못한 호응은 다분히 성동격서의 책략을 구사한 제갈량의 노회한 책략이 빚은 성과였다고 볼 수 있다. 적의 규모와 진행 방향을 제대로 읽지 못했다는 것을 이 행태에서 단적으로 읽을 수 있기 때문이다. 바로 이 어지러운 상황 가운데 강유가 놓여있었다.

그러나 (본전)에 인용된 「배주」에서 손성은, 바로 이때 강유의 처신에 대해 각각의 기준에 비추어 강도 높게 비판하고 있다.

> **손성孫盛이 말했다. (…) "강유는 위실(위나라)에서 임관하였으나 바깥으로 촉조(촉나라)로 달아나 임금을 저버리고 이로움을 좇았으니 충이라고 이를 수 없다. 지친을 버리고 구차하게 화를 모면하였으니 효라고 이를 수 없다. 예전 나라에 해를 입혔으니 의라고 이를 수 없다. 싸움에 패하였으면서도 국가의 위난에 처하여 죽지 않았으니 절이라고 이를 수 없다." (…) 《본전/배주》**

건흥 6년 228년의 상황에 관한 위의 「배주」 인용을 보면 손성은, '위에서 임관했던 자로서 이익을 좇아 지친을 버리고 촉에 귀순했다'는 이유로, 강유를 충과 효에 합당치 않다고 평가하였다. 이 두 가지 기준

하러 보내기 전에 마침 제갈량의 선봉대가 (위나라의) 장합, 비요費曜 등에게 격파되었기 때문에 그대로 강유 등을 이끌고 물러났다. 강유는 돌아갈 수 없게 되었으므로 마침내 촉蜀으로 들어갔다. 위나라 군대는 기현을 치고 강유의 모친과 처자를 포로로 잡았는데, 또한 본래 강유에게는 갈 뜻이 없었다고 여겨 그 가족을 죄를 물어 주살하지 않고 그냥 인질을 수용하는 곳에 구류시켜 놓게 하였다." 이 말은 (본전)과 같지 않다.

은 물론 보편적인 상식의 수준에서 내세운 것일 수도 있지만, 특별히 정현鄭玄의 학문을 좋아했다는 〈본전〉의 기록에 비추어 볼 때, '배운 바를 따르지 못한' 것으로 폄훼하려는 의도도 있는 것이다. 손성의 논리대로라면, 강유는 끝까지 위를 따라 충성을 바쳐야 했고 태수 마준을 좇았어야 한다는 말이 된다. 더욱이 《위략》의 내용을 〈본전〉과 맞춰 생각해 보면, 이후 강유가 모친의 서신을 받고도 귀환하지 않았으니 이를 불효한 것으로 간주한 셈이다. 강유의 사상 가치성향에 관해 상당히 구체적으로 근거를 제시한 이 손성의 평가의 내용에서, 그 논의의 실마리로 삼아야 할 이유가 바로 여기에 있다.

강유의 귀순 과정을 상이하게 다루고 있는 〈본전〉과 《위략》에 따르면, 당시 강유는 공조 양서, 주부 윤상, 주기 양건 등과 함께 태수 마준을 수행 중이었다. 바로 이 일이 일어나기 전에 '중랑의 관직을 주고 본군(천수)의 군사에 참여시켰다'는 사실로 보아, 강유는 무관으로서 호위를 맡아 태수의 순행을 돕고 있었던 것으로 보인다. 이 자리는 옹주자사 곽회까지 참여하여 사실상 서북부 지역 담당 관리들의 현지 시찰 성격까지 띠고 있었다.

그런데 마침 이 시기에 제갈량도 한중을 나와 촉의 주력군을 이끌고 기산으로 진군한 것이다. 곽회와 마준 모두 순행 중 적의 침입 소식을 듣게 된 것이고, 마준의 치소인 기성은 기산과 그리 멀지 않은 위치에 있었다. 만일 적이 공격을 감행한다면 당연히 천수의 치소인 기성을 노릴 것이니 위험할 수밖에 없는 것이다. 어쩔 수 없이 마준은 곽회를 좇아 이의 훨씬 남쪽에 있는 상규성으로 달아났다. 상규성은 기성에서 볼 때 동남쪽에 위치한 곳이었는데, 자사와 태수가 뜻밖의 전쟁 소식에 재빨리 몸을 뺀 것이 된다. 당시 주변의 세 군이 열렬히 촉병을 맞이하고 있어, 두 사람은 그 공포감에 모두 예민해져 있었을 것이다.

〈본전〉과 《위략》 모두 그 정황을 대체로 일치되게 진술하고 있다.

마준으로부터 극도의 불신을 받은 강유 등은 어쩔 수 없이 기성으로 철수하게 된다. 손성이 비판한 문제의 상황은 바로 이 이후와 맥락이 닿아 있다.

> 강유 등은 다시 모두 함께 기현으로 돌아왔지만, 기현에서도 역시 강유 등을 받아들이지 않았다. (본전)

> 기현의 이속吏屬과 백성들은 강유 등을 보고 크게 기뻐하였고 곧 강유에게 제갈량을 배현하도록 추천하였다. 《본전/배송지 주, 위략》

강유가 제갈량을 만난 사정에 관해 (본전)은, 치소의 관속과 백성들이 그를 거부했기 때문이라고 하여, 《위략》과 다르게 기술하고 있다. 그러나 당시의 정황으로 보면 《위략》의 기술에 더 무게가 실린다. 기성의 이속과 백성들이 강유 등을 거두지 않으려 했다면, 어떤 행태로든 강유 등은 의심을 받은 상황이었다는 말이다. 즉, 제갈량에게 그들이 투항하는 데 강유가 동참하지 않을 것으로 간주되었거나, 제갈량에 그들이 투항하지 않으려고 하는데 강유는 이미 투항한 것으로 보았을 경우라는 것이다.

그러나 이 모두 강유의 촉나라 귀순을 설명하는 데 매우 미흡하며, 특히 후자의 경우라면 마준의 도주를 뒷받침하기도 어려웠을 것이다. 이미 세 군이 제갈량에게 호응하는 상황이었으므로, 태수 없이 귀환한 강유와 이속들에게 '투항을 권유'한 정황이 맞을 것이라는 말이다. 이때 정면으로 수만의 대군을 맞이할 상황이었던 만큼, 강유도 모친과 관속, 그리고 백성들을 구하기 위해 제갈량에게 갔을지 모른다.

그런데 이런 사정으로 촉영蜀營에 간 것이 강유의 운명을 바꾸어 놓았다. 강유와 동행한 이속들을 만나 본 제갈량은 매우 기뻐하였고 그들 대부분은 중용하였다. 공조 양서와 주기 양건 형제, 윤상이 그 후 모두 촉의 구경에까지 오른 것을 보아도 이를 잘 알 수 있다. 특히 강유는 이소[11]와 마량보다 낫다는 호평 속에 제갈량 시대에 상당한 예우를 받는 입장이 되었다. 제갈량의 신뢰와 지원으로 인해 '북벌의 후계자'라는 그림자가 그에게 덧씌워지게 되기도 하였지만, 기실 이런 예우는 상당한 재주를 지닌 마준의 이속들을 인솔하고 온 강유를 우대한 데에서 비롯된다. 이 일이 있은 직후 마속이 가정에서 패전하면서 강유는 기성으로 돌아가지 못하고 제갈량의 본대를 따라 촉나라로 들어갔으며, 거기서 동료들과 함께 촉한 조정에 중용되어 주로 북벌의 임무와 관련된 중책을 맡게 된다. 특히 강유가 양주 출신이라는 것이 유리하게 작용한 것이다.

제갈량 사후에는 전쟁을 자주 일으켜 국력을 소진시키고 자신의 정치적 입지도 위태한 상황에까지 치닫게 만들 정도로, 강유는 북벌이란 촉한의 숙명적 과업에 매진하였다. 나중에 등애에 의해 성도가 포위되고 후주 유선이 항복하게 되자, 여기서 좌절하지 않고 오히려 원정군 총사령관이었던 종회를 설득하여 촉한의 광복을 도모하려다 죽게 된다. 이러한 상황 속에서 강유가 보인 행보는 그가 실로 유가적인 인물임을 드러내기 충분했고, 후대의 대부분 논자들도 그가 충의가 있다는 데 대부분 동의하게 만든 것이다. 그렇지만 이미 주지한 대로 그는 위의 천수군 관리로 있다가 촉나라에 귀순한 인물이었다. 나라와 지친을 버리며 적국에 귀순했다는 죄목이 달린 이 전력은, 그를 진정으로 충의가 있는 인물로 볼 수 있는가에 대해 논란의 기준점이 될 수밖에 없게 한다.

---

11) 이소李邵는 자는 영남永南이며 광한군 처郪현 사람으로 유비 시대에는 주서좌부종사였고, 제갈량이 승상으로 되면서 그를 서조연을 삼았으며, 남정 시기에는 치중종사로 임명하여 성도에 남겨 두었지만 그 시기에 그는 사망하였다.

다시 손성의 비판으로 되돌아 가보자. 손성은 강유를 충효절의忠孝節義의 4가지 기준에 비추어 볼 때 모두 부합하지 않는다고 비판하고 있다. 이 4가지 기준은 보통 유학에서 제시하는 인간다움의 조건들이다. 그에 비해 배송지와 간보는, 이 4가지 기준에 대해 손성이 제시한 주장들을 대부분 동조하지 않는다. 그만큼 이에 대해 논란이 분분하다는 것은 강유에 대한 평가의 어려움을 보여주고 있는 것이다. 따라서 우선 손성의 4가지 기준을 중심으로 배송지와 간보의 비판을 대비시켜 논점을 정리할 필요가 있다.

신 배송지裴松之가 보건대 (…) "본전과 위략에서 모두 강유가 본래 반심叛心은 없었으나 핍박을 급히 당해 촉에 귀부했다고 말하고 있다. 손성이 (강유를) 질책하고 폄하한 것 중에 오직 그 모친을 저버렸다는 것만은 가히 질책받을 만하나, 그 나머지는 지나치게 가혹한 것이며 또한 극정을 공격할 논거가 될 수 없을 것이다." 《본전/배주》

간보干寶가 말했다. "강유가 촉상(대장군을 의미)이 되어서 나라가 망하고 군주가 욕을 당하는 데도 죽지 않았다가 종회의 난 때에야 죽었으니 애석한 일이다! 이는 죽는 것이 어려운 게 아니라, 죽음에 올바로 처하는 것이 어려운 것이다. 이러한 까닭에 옛날 열사들은 위태로움을 보면 목숨을 바치고 절의에 몸을 던져 고향으로 돌아가는 것처럼 하며 죽는 것을 꺼리지 않았으니, 진실로 명命이 길지 않음을 알고서 그 마땅한 바를 얻지 못할까 두려워한 것이다." 《본전/배주》

배송지와 간보 사이에도 논점의 차이가 다소 있으나, 이들은 손성의 불충, 불절, 불의라는 주장에 동조하지 않는다. 배송지는 강유가 위에 반심이 없었다는 기록을 근거로 하는 반면, 간보는 강유가 유선과 촉을 위해 책략을 꾸며 광복을 도모한 점을 근거로 자신들의 지론을 펴고 있다. 반면 효에 관해서 배송지와 간보 모두 뚜렷한 입장을 제기하지 않는다. 결국 세 사람의 관점 차이가 뚜렷한 것은 충, 절, 의의 3가지 측면이다.

이 가운데 우리가 주목해야 하는 것은 간보의 입장이다. 배송지의 경우 강유가 핍박을 받아 투항했다고 하나, 모친의 서신을 받고도 돌아가지 않은 점으로 볼 때 손성의 두 번째 기준인 불효에 걸리기 때문이다. 이런 점에서 배송지의 반론은 그 근거에서 다소 박약해 보인다. 이에 비해 간보는 강유의 최후를 열사에 비유하면서 위험에 처하여 목숨을 내놓고 절의에 몸을 던져 의로움으로 돌아간 경우로 본다. 즉, 그의 주장을 그대로 옮긴다면 "죽을 자리를 제대로 얻은 죽음"인 것이다. 이는 촉의 멸망 때 안정희구론을 앞장서 내세운 초주譙周 등의 처세와 확연히 차이를 보인다. 이들은 대부분 진晉으로 옮겨가 그대로 벼슬을 하였고 이를 부끄럽게 여기지 않았다. 이런 점에서 이들은 촉이나 후주 유선이 아니라 현실에 충성한 것이다. 그에 비해 계책을 간언했던 극정이나 목숨을 걸고 광복을 도모하려고 한 강유는 전혀 다르다. 간보가 주목한 것은 바로 이러한 두 사람의 모습의 뚜렷한 차이인 것이다.

그는 촉나라에 귀순한 이후 자신의 지지자였던 제갈량, 장완이 사망하면서 여러 어려운 여건 속에 처하게 되었지만, 그는 꿋꿋하게 충성과 절의를 계속 지켜나갔다. 강유는 그가 배우고 익힌 그대로 유가적인 관점에 비추어 합당한 충절을 드러냈을 뿐만 아니라, 오히려 당시 촉인들 중 누구보다도 그 충심衷心을 간절히 발현하여 후세에 귀감이 되고 있는 것이다. 어쨌든 그가 귀순을 하게 된 이유를 살펴봐도 그는 여러 사람들을 위한 사정의 선택에서 비롯된 운명의 변화였던 것이지, 그가 애초부터 의도한 것은 아니었다. 때문에 그를 과연 손성의 평가대로 제 보신에만 급급하여 스스로의 사상 가치기준을 저버린 자라고 예단할 수 있겠는지, 아무래도 그렇게 보아서는 당시의 실상을 지나쳐 버리게 되는 것이다.

강박적 성격으로 북벌에 매진했던 촉 최후의 일인

03

강유는 비록 위나라 출신이었지만, 제갈량의 설득으로 촉에 귀순한 후는 끝까지 촉의 신하로 남아 충성을 다했다. 무엇보다 제갈량의 사명이었던 북벌에 대한 유지를 이어받아 이를 완수하고자 진력했다. 강유는 스스로 양주의 풍속에 익숙하고 능력이 있다고 생각해 번번이 북벌을 감행했으나, 결과는 계속 성과를 거두지 못하면서 많은 병사들이 죽고 패하였다.

연희 19년 256년 봄, 강유는 원정에 앞서 대장군으로 승진했다. 강유는 다시 부대와 마필을 정돈하고는 진서대중군 호제와 상규에서 만날 날을 약조하였다. 그러나 호제가 약속을 못 지켜 도착하지 않으니 이 때문에 강유는 단곡에서 위나라 대장 등애에게 격파되어 (군사들이) 뿔뿔이 흩어졌고 죽은 자들이 매우 많았다. 많은 사람들이 이로 말미암아 강유를 원망하였고, 농현의 서쪽 지역 또한 동요를 일으켜 평온치 못하였다. 강유가 잘못을 사과하고 책임을 져 자신의 관직을 깎거나 삭제해 달라고 주청하니 강유를 후장군으로 강등되어 행대장군사(대장군의 사무를 대행)로 삼았다. (본전)

이로 인해 촉의 많은 사람들이 강유를 원망하고 비방했는데도, 강유는 끝까지 북벌을 포기하지 않았다. 이와 같은 강유의 행동으로 미루어 볼 때, 북벌의 완수는 강유의 판단 혹은 행동의 중요한 내재적 결정 기준임을 알 수 있다. 강유는 이를 지키려는 성향이 매우 강했기에 상당히 주체적인 내적지향의 인물임을 짐작할 수 있게 한다.

사마소는 촉을 정벌하고자 종회와 등애 등이 이끄는 대군을 파병했다. 강유는 검각에서 종회에게 철저히 항전하며 종회의 발을 묶었으나, 별동대 역할을 하던 등애가 음평에서 경곡도를 거쳐 측면으로 침입해 면죽에서 제갈첨을 격파하고 성도로 진격해 후주 유선의 항복을 받아냈다.

촉이 멸망하자 강유는 종회에게 항복하며, 야망이 큰 종회로 하여금 반란을 일으키도록 책동했다. 강유는 종회와 신뢰를 쌓으면서 한편으로는 종회의 반란을 통해 이를 지렛대 삼아 촉의 광복을 위한 준비를 해나갔다. 강유는 후주 유선에게도 이 일을 알리며 사직을 위해 당분간 모욕을 참아줄 것을 진언했다.

강유는 종회에게 북쪽에서 온 (위나라의) **여러 장수들을 주살하게끔 하고** (이들이) **죽은 뒤에 천천히 기회를 보아 종회를 죽이고 위병**魏兵**들을 모두 파묻어 죽임으로써 촉조**蜀祚(촉의 제위)**를 원래대로 회복하고자 하였다. 강유는 은밀히 후주에게 밀서를 보내 말했다. "원컨대 폐하께서 며칠 동안만 굴욕을 참고 계시면 신이 사직이 위태로움을 다시 안전하게 하고 일월이 어두움을 뚫고 다시 밝아지도록 하겠나이다."《본전/배송지 주, 화양국지》**

이런 내용을 보면 '촉의 부흥'이 강유의 판단 혹은 행동의 중요한 결정 기준이었음을 알 수 있다. 망국의 신하라는 처지로 전락하면 평안한 삶을 바라며 지난날의 모든 것을 포기하고 새로운 삶을 살려고 노력할 법도 한데, 그는 그러지 않고 자신의 내재적 가치기준을 굳건히 지키려고 무리수까지도 감행하려고 한 점에서, 강유는 매우 스스로의 주체적인 인물이라 평가할 수 있다.

이런 모습에서 강유는 내향형의 특성을 지니고 있다 하겠는데, 내향형에서는 객체의 인상이 주체 안에서 형성한 것에 의거해서 사물을 본다. 내향적인 의식의 태도에도 물론 외적인 조건을 인식하는 능력이 있지만, 언제나 그 판단과 행동에 결정적인 것은 주관적인 속성이라 할 수 있다.

강유의 경우 제갈량의 영향을 받아 한실의 부흥이라는 목표를 가지고 외골속이다 싶을 만큼 북벌에 몰두하였으며, 위나라의 공격으로 후주가 항복을 한 상황에서도 마지막까지 촉의 광복을 위해 혼신의 노력을 다했던 면에서 내향형과 유사함을 보인다는 것이다.

강유가 촉에 귀순한 후 제갈량의 심복으로서 그의 핵심 참모 역할을 수행했다. 특히 가정전투의 패배로 참모 마속을 잃은 제갈량은 강유에게 거는 기대가 커질 수밖에 없었다. 진창을 공략하려는 제갈량에 맞서 조예는 조진의 대군을 파견해 제갈량과 대치하게 된다.

공명은 사웅과 공기 두 장수가 죽고 또 장위가 유성추에 맞아 상처 입은 것을 보자, 곧 강유를 부른다. "진창 땅 길로는 나아갈 수 없으니, 다른 계책을 생각해 보라." 강유가 대답한다. "진창의 성과 호는 견고하고, 더구나 학소가 굳게 지키며 또 왕쌍이 와서 서로 돕고 있으니 그들의 성을 함락할 수는 없습니다. 그러니 한 대장을 시켜 산을 의지한 물 곁에 영채를 세우고 굳게 지키도록 맡긴 뒤에 다시 우수한 장수를 시켜 요긴한 길목을 지킴으로써 적군이 가정 땅을 공격하지 못하도록 막고, 승상은 대군을 거느리고 가서 기산을 엄습하십시오. 제가 이러이러한 계책을 쓰면 가히 조진을 사로잡을 수 있으리다." 공명은 그 말을 좇아 왕평과 이회에게 군사를 주어 가정으로 통하는 소로를 지키도록 보내고, 위연에게 1군을 주어 진창 입구를 지키게 하였다.《삼국지연의 제97회》

전황이 여의치 않게 흘러가자 제갈량은 강유의 계책을 따라 강유가 조진에게 거짓 투항하는 사항계[詐降計]를 펼쳐 조진의 군대를 유인했다. 조진은 중호군대장 비요를 출병시켜 제갈량을 공격하게 했는데, 비요는 강유의 계책에 속아 전사했고 이로 인해 조진의 군세는 옴짝달싹할 수 없게 됐다. 이후 제갈량은 전투 중 작전 관련 모의는 강유와 자주 나눴음은 두말할 나위도 없다. 강유가 제갈량이 원하는 목적을 위한 의지적 판단과 합리적 기능을 적절히 구사하는, 이런 경우에서 그는 사고형 인물이라는 점이 드러나게 된다고 할 수 있겠다.

제갈량은 건흥 9년 234년 봄에 마지막 북벌을 일으키며 오장원으로 진출, 사마의의 군대와 위남에서 대치했다. 사마의의 굳건한 방어 태세로 전황은 장기전으로 돌입하게 되는데, 8월이 되면서 제갈량은 병을 얻게 되고 이로 인해 54세에 사망하게 된다.

양의 등이 군을 정돈하고 출발하자 백성들이 사마의에게 급히 고했고 사마의가 이를 추격했다. 강유는 양의에게 명하여 군기를 반대로 하고 북을 울리도록 하여 사마의에게로 향하는 것처럼 하자 사마의는 이내 물러나 감히 핍박하지 못했다. 이에 양의는 진영을 짠 채 물러나고 계곡으로 들어간 뒤 발상[發喪]했다. 사마의가 퇴각하니 백성들은 속어[諺]를 지어 "죽은 제갈이 살아있는 중달을 달아나게 했다"고 했다. 어떤 이가 이를 사마의에게 고하자 사마의가 말했다. "나는 산 자를 헤아릴 수는 있지만 죽은 자를 헤아려

대적할 수는 없다.”《삼국지 촉서 제갈량전/배송지 주, 한진춘추》

우두머리를 잃은 촉의 군중은 술렁이며 퇴각했고 사마의는 이 기회를 놓치지 않고 추격했다. 그러나 강유는 군세의 방향을 틀어 사마의를 요격하는 모양새를 취하자 사마의는 이를 의심해 추격을 멈추고 퇴각했다. 이 일은 세간에서는 “죽은 공명이 산 중달을 쫓았다.”라는 소문이 퍼지게 할 정도로 화젯거리가 되었던 것이다.

제갈량이 임종 직전에 자신의 사후 군사를 철수시키는 절차와 방도에 대해 장사 양의, 사마 비의, 호군 강유 등에게 그 지침을 주었던 것이다. 이로 강유는 제갈량이 없는 군대를 잘 지휘해 사마의의 추격으로부터 무사히 귀환할 수 있었다. 이는 그가 온전한 퇴각이라는 목적에 맞게 사고하는 의지적 판단과 합리적 기능을 잘 발휘한 결과이다.

이런 사례들에서 강유의 성격유형은 사고형과 뚜렷하게 연관 지어 볼 수 있게 되는 것이다. 사고형은 주어진 관념내용을 그 고유의 법칙에 따라 서로 연관시키는 정신 기능인데, 사고형은 주관적인 궁극적으로 우리가 잘 모르는 무의식적인 원천에서 주어지는 성향인 내향적 사고와, 감관을 통한 지각으로써 전달되는 객관적 사항에서 주어지는 외향적 사고의 두 가지 성향을 지니고 있으며, 이것이 두 가지 서로 다른 사고의 근거를 이룬다. 이 근거에 따르면 강유의 경우, 한실의 부흥이라는 그 인생의 당면과제를 설정하고 이를 이루기 위해 내면으로 지속되는 부단한 노력을 지향했다는 점에서 내향적 사고의 범주에 든다 하겠다.

이상을 토대로 보았을 때, 강유를 성격유형으로 그 인물형을 논한다면, 강유는 내향적 사고형이라 평할 수 있다. 내향적 사고형의 특징은 첫째로 자신의 사고 판단기준이 ‘내가 어떻게 생각하느냐’의 이념이나 관념을 중시하고, 둘째로 자신의 신념이나 철학을 소중하게 생각하여 개혁을 추구하는 성향이 강하며, 마지막으로 성향이 분석적이고 논리적이며 치밀하여 매사에 빈틈없이 일처리를 한다는 점이다.

1. 촉 귀부 전공 세워 입신양명하려는 자기신념에 북벌과업 딱 맞아떨어져, 아홉 차례나 북벌 내적 이념 펼치는 데 그의 특징 두드러져

이 내향적 사고형의 특징을 강유에게 적용시켜 보면, 다른 내용들보다 첫째 내용이야말로 주로 강유에게서 찾아지는 성격유형이 지닌 특징이라 할 수 있는데, 이는 주로 강유가 그 자신의 숙원사업으로 매진한 북벌을 통해서 확인할 수 있다. 비록 강유의 북벌이 성공적이진 못했지만, 많은 이들은 그를 제갈량의 북벌 유지를 이은 대표 인물로 손꼽는 데는 별다른 이견이 없을 것이다. 제갈량 사후 장완, 비의 등과 더불어 촉한정권을 대표하는 인물 중 하나였던 강유는, 촉에 귀순하기 전부터 제갈량이 생각하는 북벌을 수행하기에 적합한 인물이었다.

그는 귀순할 당시 촉 정계의 주류였던 형주 출신이나 익주 출신이 아니라 비주류나 다름없었던 양주 출신이었다. 촉나라에 귀순하기 직전까지 현직 위나라의 관리였던 인물이었기에, 애초부터 그는 촉한정권에서 정치적 입지를 구축하기에 많은 어려움이 있었다. 그렇지만 그가 무엇 때문에 제갈량이 추진하는 북벌에 적합하고 또 그가 왜 그토록 심혈을 기울이면서까지 북벌을 주도했는지, 그 연유에 대해 자못 의아함이 들게 된다.

제갈량은 유부장사[12] 장예와 참군 장완에게 서신을 보내 말했다.

12) 여기서 유부장사留府長史라 함은 곧 승상부의 장사를 뜻한다. 유부留府라 함은 정청政廳의 수장이 어떠한 일로 인해 임시로 자리를 비웠을 때 해당 정청을 의미한다. 이때 승상이었던 제갈량은 북벌 때문에 성도에 남아 승상부 일을 관장할 수 없었기 때

“강백약(강유)은 때에 따라 일에 충실하고 부지런하며 생각이 정밀하고 그가 가진 재능을 살펴볼 때 영남(이소), 계상(마량) 등도 그에게 미치지 못하오. 그 사람은 양주 최고의 인물이외다.” 또 말했다. “모름지기 먼저 중호보병中虎步兵 5, 6천 명을 그에게 훈련시키게 해야 하오. 강유는 군사에 매우 밝고 담력과 의기가 있으며, 병사들의 마음을 깊이 이해하오. 이 사람의 마음이 한실에 있고 재주는 보통 사람보다 뛰어나니 군사 훈련을 끝마친 후 마땅히 궁중에 보내어 주상을 알현하게 해야 합니다.” (본전)

제갈량은 결국 실패로 끝난 제1차 북벌을 마치고 회군하는 과정에서 강유를 얻은 것을 매우 기뻐하며, 이후 그가 재주를 펼칠 수 있게끔 지원을 아끼지 않았다. 이 때문에 강유는 제갈량 생전에 어느 정도 정치적 성장을 할 수 있었던 것인데, 왜 제갈량은 그를 그렇게 중용하였을까? 이는 애초부터 촉한정권 내에서 정치적으로 성장하기에는 제약이 될 수 있는 강유의 양주 출신이라는 배경 조건이, 그의 북벌추진에는 도리어 매력적인 요소였기 때문이었던 것이다.

강유는 정씨鄭氏(정현)의 학문을 좋아했다. 군의 상계연으로 출사하였고, 주에서 벽소하여 종사가 되었다. 부친 강경은 옛날에 군의 공조일 때 강족과 융족의 반란을 맞게 되자 몸소 태수를 지키다가 전장에서 사망하였기에 (조정은) 강유에게 중랑의 관직을 주었으며, 본 군의 군사업무를 담당하게 했다.13) (본전)

문에 승상부가 유부로 표현된 것이다. 비슷한 용례로 삼국시대 때 유영留營을 꼽을 수 있는데 이는 막부의 수장인 장군이 본영을 옮기지 않고 그대로 둔 채 임시로 자리를 비웠을 때의 본영을 의미한다.

13) 중랑中郎은 의랑, 시랑, 낭중과 더불어 낭관의 하나이다. 낭관은 고위관료로 진출하기 위한 첫 관문으로 이에 임명되면 중앙조정에 머무르다 일정 기한이 차면 심사

강유의 북벌참여에 관해 제갈량에게 매력을 줄 수 있었고 또한 그 후 강유로 하여금 북벌에 매진할 수 있는 원동력이 된 그 배경 조건은, 그의 출신에서부터 찾을 수 있다. (본전)에서 드러나는 강유에 대한 신상을 간단히 살펴보면, 그는 어려서부터 부친을 여의고 편모슬하에서 자라다 선친의 공로, 즉 보훈 혜택을 받아 출사한 인물이었다. 얼핏 보면 별반 특별할 것 없어 보이겠지만, 자세히 파악하고 들어가면 그는 단순히 개인적으로 능력만 있는 인물이 아니었다. 비록 세가이천석[14]은 아니었지만, 천수 강씨는 대대로 양주의 관족[15]으로서 양주에서 위세가 막강한 문벌 중 하나였다. 강유가 처음부터 상계연[16]으로

를 거쳐 주로 현의 장관인 현령 · 현장으로 부임하는 경우가 대부분이었다. 그런데 조정에서 강유를 현령 · 현장으로 부임시키기보다는 천수군에서 군사 업무에 참여케 한 것을 보면 당시 지방장관은 자신의 출신 군현으로 부임할 수 없는 규정을 고려한 조치로 보인다.

14) 세가이천석世家二千石, 이는 대대로 품질이 이천석 이상의 관위를 배출한 전국적인 명문가를 말한다.

15) 이는 대대로 주군州郡의 관직을 독점한 지방 명문호족을 의미한다. 강유의 가문이 천수군의 관족冠族임은 《삼국지 위서 왕숙전》의 배주에 인용된 《위략》을 살펴보면 알 수 있다. 《위략》에는 천수군이 예로부터 강姜, 염閻, 임任, 조趙 4개의 성씨가 항상 군郡에서 추천을 받아 벼슬을 했다고 기술되어 있고, 심지어 이들 가문이 공동으로 천수군을 통치하려고 시도할 정도였다고 하니 실제로 이들 가문의 위세가 지역 내에서 상당히 강했음을 짐작할 수 있게 한다. 이 시기에 천수군은 토지구역으로는 옹주에 속했지만 본래 후한시대 양주에 속했고 원래 군명郡名은 한양漢陽군이었다. 후한시대에는 옹주가 없고 양주만 있었는데 흥평 원년 194년에 조정에서 양주의 하서河西 일대의 군국郡國(금성 주천 돈황 장액 장액속국 장액거연속국)을 갈라 옹주雍州를 신설하였고, 건안 18년 213년에 조조는 우공禹貢의 구주九州를 다시 회복한다는 명분으로 사례주의 경조군과 양주의 군국들을 모두 옹주에 편입시켰다. 이후 위 문제 조비가 등극하자 다시 양주를 설치하여 하서 일대의 군국들을 양주에 편입시켰다. 이러한 과정을 거치면서 본래 양주에 속했던 한양군은 옹주로 계속 남게 되었고, 군명 또한 천수로 바뀐 것이다. 비록 행정개편으로 인해 상당수의 양주 군현들이 옹주에 속하게 되었지만 이곳 백성들은 자신을 계속 양주인으로 인식하는 경향이 강했다. 때문에 제갈량이 강유를 양주 최고의 인물로 대우하는 점이나 강유가 자신이 양주에 대해 잘 안다고 자부했던 점도 이와 무관치 않다.

16) 매년 연말에 지역의 호구, 전량, 부세, 송사 등의 상황을 기록하여 조정에 보고하는 것을 상계相計라 하는데 그 일을 맡은 관리가 상계리相計吏이다. 이는 중앙조정에 파견되는 임무를 띠고 있는 만큼 군郡의 중직이었다.

출사를 한 점, 그의 부친 강경이 순직할 당시의 관직이 군현의 인사권을 쥐고 있는 공조였던 점 등은, 강유의 가문이 갖고 있는 위세를 짐작케 한다. 이는 그가 태생적으로 양주에서 상당한 정치적 입지를 갖춘 인물임을 잘 보여주는 지표인 것이다. 심지어 위의 조정도 국가유공자의 자제였던 그를 낭관에 임명한 후 조정에 남게 하거나 타지에 부임시키기보다는, 고향에서 군사 업무를 할 수 있도록 배려한 것도 통상적인 관례를 벗어날 정도의 예우라 할 수 있다.

위나라 입장에서 양주는 거리가 멀고 변란이 잦아 통치에 어려움이 많았던 지역이었기에, 이곳을 온전히 통치하려면 가급적 양주 현지의 유력자들의 도움이 절실할 수밖에 없었다. 천수군의 경우, 강유의 가문이 일찍이 다른 대성大姓들과 함께 천수군을 점거하여 공동으로 다스리려고 했던 전력이 있었다. 그런데 강유의 부친 강경은 공무 중에 순직할 정도로 위의 조정에 적극적인 협력을 했던 만큼, 조정에서는 이에 대한 충분한 보상책을 강구하지 않으면 안 되었다. 장차 벌어질지 모르는 민심이반의 위험을 제거하기 위해서는, 강유와 같은 젊은 유력자를 회유해야만 했던 것이다. 한마디로 젊은 지역 유지라는 강유의 진가는 비단 이러한 배경에서만 그치질 않는다. 제갈량이 강유가 평소 지향한 행동을 염두에 두고 그에게 촉한 정예군의 훈련을 맡겼던 것처럼, 그는 제갈량이 원하는 기대가치에 제대로 부합되었던 인물이었다.

강유의 인물됨은 공업功業과 명성을 세우기 좋아했으므로 은밀히 죽음을 각오한 용사들을 양성하였으며 포의의 업을 닦지 않았다. 《본전/배송지 주, 부자》

그는 천성적으로 공업을 쌓아 명성을 얻고자 하는 마음이 강한 출세 지향적인 인물이었다. 그렇지만 그는 공업을 쌓기 위해서 학행을 부단히 연마하진 않았던 것으로 보인다. (본전)에서 그가 정현의 학문을 좋아했다는 점은 마치 그가 유가적 소양이 풍부한 인물로 보이게 할 소지는 있지만, 이는 어디까지나 개인의 학문적 기호에 불과할 뿐, 그 이상의 의미를 갖진 못한 것으로 여겨진다.

이 당시 위는 조조, 조비, 조예 3대에 걸쳐 점차 안정된 치세 국면으로 접어들고 있었고, 점차 귀족사회적 분위기가 사회 저변에 확대되고 있었다. 이런 풍조 속에서는 통상적인 출세의 방법은 가문 배경을 이용하여 학행을 통한 명성을 쌓는 것이라 할 수 있음에도, 정작 강유는 병사들의 유족을 위무(위로하여 어루만짐)하는 데서 그 방법을 찾고자 했다. 이는《오자병법》으로 유명한 전국시대의 병법가이자 연저지인[17] 이란 고사성어를 남길 정도로 병사들의 마음을 얻었던 인물 오기가 취했던 방법과 유사하다. 평화로운 중원과는 달리 전란이 끊이지 않는 지역 특성을 고려한 오기로써는, 탁월한 전공을 세우는 병가兵家적 방법이야말로 자신의 입신양명을 쌓을 최고의 기회로 본 것이다.

이상으로 볼 때 강유는, 촉에 귀순하기 전부터 자신이 어떻게 생각하느냐에 대한 관념을 매우 중시했던 성격유형이 지닌 특징을 잘 보여주고 있던 인물이었다고 말할 수 있다. 사실 이러한 강유의 관념은, 당시 시대적, 지역적 특성을 고려할 때 상당히 적절했다. 외침이든 내란

17) 연저지인吮疽之仁, 이는 장수가 부하의 종기의 고름을 빨아 낫게 한다는 말로 대개 부하에 대한 윗사람의 극진한 자애로움을 의미한다. 오기吳起는 대장의 신분에도 말을 타고 다니지 않은데다 병사들과 똑같은 의복을 입고, 식사를 하였으며, 병사들의 짐이 무거워 보이면 이를 함께 지고 간 인물로 유명하였다. 어느 날 군을 시찰하다 종기로 고생하고 있던 병사를 보고 그의 치료를 위해 고름을 빨아주었는데 이는 그 병사의 모친의 귀에까지 들리게 그 소문이 널리 퍼졌다. 많은 이들이 병사의 모친에게 축하를 해주었지만 오히려 모친은 통곡하며 울었다. 이를 이상하게 여긴 사람들이 모친에게 그 연유를 묻자 지난날에도 오기 장군이 자신의 남편의 종기를 빨아주었기 때문에 남편이 전쟁터에서 돌아오지 못하고 전사하였는데, 이번에는 아들도 분명 목숨을 걸고 오기를 위해 끝까지 싸우다 전사하고 말 것이라고 울면서 말하였다. 그만큼 오기는 자신을 위해 목숨을 내던지며 병사들이 싸우도록 그들의 마음을 얻었던 것이다.

이든 전란의 화가 끊이지 않는 상황 속에서 전공을 통해 입신양명을 바라고, 또 그러기 위해서 병사들의 마음을 얻으려는 것은 기실 자신의 판단기준이 긍정적으로 작용한 결과였던 것이다.

제갈량이 강유를 얻은 것을 매우 기뻐하며 그에 대한 지원을 아끼지 않았던 연유는, 그가 양주에서 갖고 있는 배경과 입지, 그리고 병사들의 마음을 얻으려는 장수의 자질 때문이라 할 수 있다. 강유 역시 자신을 알아준 제갈량의 마음에 감동하여, 촉의 나랏일을 위하여서는 참혹한 죽음도 두려워하지 아니하는 마음으로 북벌의 과업을 수행하려고 하게 된다. 이는 강유가 장차 계속적으로 이뤄질 북벌을 통해서 자신의 입신양명을 구현하려는 판단기준과 그대로 맞아떨어졌기 때문에 가능했던 일이라 볼 수 있다. 달리 말하면, 촉나라에서는 포의지업, 즉 학행으로 관직을 얻는 것보다는 전공을 세울 수 있는 자가 더 우대받을 수 있다는 판단하에, 제갈량을 따라 입촉하게 된 그 가능성을 배제할 수 없다 할 것이다.

애초 강유가 제갈량에게로 나아가 모친과 서로 헤어졌을 때, 다시 모친의 서신을 받아보니 그에게 마땅히 돌아와야 함을 청하는 내용이었다. 강유가 말하였다. "좋은 밭이 백경[頃]이라도 (내 밭은) 한 무[畝] 없으니, 다만 저는 원대한 뜻을 가지고 있을 뿐 마땅히 돌아가는 것은 없습니다."《본전/배송지 주, 잡기》

물론 강유는 처음부터 촉에 귀순할 생각을 갖고 있던 것은 아니었다. 마속이 가정전투에서 장합에게 격파당하면서 촉군의 퇴로가 막힐 위험에 처하게 되자, 제갈량은 어쩔 수 없이 퇴군해야 했다. 이때 제갈량의 진영에 남아있던 강유는 부득이하게도 제갈량을 따라 입촉을 하면서 자연스레 귀순하게 된 것이었다.

이 사이 위는, 제갈량에게 호응했던 여러 군현들을 모두 수복하는 와중에 강유의 모친과 처자들을 생포하였다. 위의 조정에서도 강유가 어쩔 수 없이 귀순하게 된 것이라 믿고, 그의 모친과 처자들을 몰살시키진 않았다. 가족들을 살려두긴 하되 다만 감시인을 붙여 그들을 구류하면서, 강유가 다시 돌아올 수 있게끔 여지를 만들어 두었다. 강유의 모친이 서신을 보내어 돌아오도록 설득하였지만, 이미 촉에 들어선 강유에겐 되돌리기 어려운 일이었다.

효심이 지극할 법도 한 강유가 이와 같은 행동을 취한 것은, 지난날 노모를 모셔야 하기에 마음이 흔들려 유비 진영을 떠나 조조에게 투신한 서서의 행보와는 매우 상반된 것이었다. 그로서도 어찌 가족을 버리고 고향을 떠나는 것을 아무렇지 않게 여길 수 있었겠는가마는, 당시 제갈량이 도모하려는 북벌의 당면 목표가 우선적으로 양주 공략이었기에 그는 언젠가 고향을 찾을 수 있다는 희망을 분명 지니고 있었을 것이다.

그러나 당시 강유의 행보는, 강유가 지친보다 자신이 생각하는 바를 더 중시하는 인물이었음을 의미한다. 그리고 이는 자신의 원대한 뜻 때문에 돌아갈 수 없다는 그의 답변을 통해서 여실히 드러난다. 만약 강유의 가치기준이 전술한 바와 같이 전공을 통해 입신양명하려는 것이 아니었다면, 모친의 서신을 받고 어떻게든 촉을 탈출하여 위로 돌아가고자 했을 것이다. 이때 강유는 마땅히 돌아갈 수 없다는 이유를 자신의 뜻 때문이라 힘써 분명하게 말하였다. 이처럼 강유가 많은 것을 포기하면서까지 촉의 진영에 계속 남아 북벌에 종군하고자 했던 것은, 근본적으로 강유의 자신의 이념이나 관념을 중시하는 성격유형이 지닌 특징이 강하게 발현되었기 때문이라 할 수 있는 것이다.

강유가 촉으로 귀순한 후, 그는 북벌의 일선에 서는 군사작전의 주요 견인으로 활약할 기회를 갖게 된다.

강유는 스스로 서방(양주)의 풍속에 익숙하고, 또한 자기의 재능과 무략에 자부심을 가지고 있어, 여러 강족과 호족을 유인하여 자신의 우익羽翼(새의 날개)으로 삼아 스스로 농산 서쪽의 일대를 (위나라로부터) 끊어내어 (촉나라의) 영토로 삼을 수 있다고 말했다. (본전)

강유는 스스로 북벌에 대한 자신의 사명에 대한 자부심이 상당히 강했다. 그의 고향인 천수는 행정구역으로 따졌을 때는 옹주였지만 후한 말엽에 구역 개편이 있기 전까지는 원래 양주였기에, 강유 역시 본인이 양주에 대한 풍속에 익숙하다고 생각했던 것이다. 게다가 자신의 재능과 무략에 대한 자부심까지 더해 양주 공략에 대한 호언장담을 서슴지 않았다. 지난날 마초가 강족과 호족들의 도움을 얻어 군웅으로 크게 활약할 수 있었던 것처럼, 강유 역시 이러한 이민족들을 자신에게 협조케 하여 양주를 공략하고자 했다. 그만큼 강유는 자신이 생각하는 바에 대하여 확신을 지닌 인물이었으며, 남이 어떻게 생각하든 난 내가 생각하는 것을 따른다는 점에서, 그의 성격유형이 지닌 특징이 잘 반영되고 있는 것이다.

비의가 강유에게 말했다. "우리는 승상(제갈량)만 못하거니와 역시 많이 뒤떨어지오. 승상께서도 능히 중하中夏(중원)를 평정하지 못하셨는데 하물며 우리들이겠소! 또한 나라를 보전하고 백성들을 다스리며 사직을 공경히 지키느니만 못하오, 공업을 세우는 것은 유능한 자를 기다리어야 할 것이며 요행을 바라고 일거에 성패를 결정하려 할 수 없는 일이오. (그러하다가) 만약 뜻대로 되지 못한다면 후회해도 소용이 없을 것이오." 《본전/배송지 주, 한진춘추》

이민족에게 위세를 보여 그들이 위를 배반하고 촉의 편으로 돌아서게 만들려면 대군의 위세를 보일 필요가 있었고, 이것이 강유가 원하는 바였다. 그렇지만 비의는 대규모로 출병하려는 강유를 늘 제지하며 병력을 1만 이상 출병치 못하게 했다. 이 때문에 강유가 비의 생전에 추진한 북벌 규모는, 비의 사후의 출병에 비하면 현저하게 그 군사의 수가 적었다. 이처럼 강유의 판단기준과 그 중시하는 바에 대해서 비의와는 공감대를 형성하지 못했던 것이다.

강유는 자신이 중시하는 신념을 바탕으로 개혁을 추구하는 성향 역시 매우 강하였다. 이에 강유가 북벌이란 과업을 수행하면서 본래 자신이 지향하고자 했던 일, 즉 강족과 호족을 유인하여 자신의 우익으로 삼으려는 데에 매우 적극적이었다. 비의 생전에는 출병에 제지를 받았기 때문에, 강유가 지닌 이러한 성격유형이 지닌 특징을 잘 드러내지 못했다. 그러나 비의 사후에는 더 이상 출병에 관해 제지할 실권자가 없는 데다 강유가 독중외군사[18]가 되면서, 자신이 추구하는 바를 적극적으로 실천에 옮기고자 하게 된다.

촉나라 장수 강유가 다시 농우를 침범하고 적도현을 공격하겠다고 양성했다.[19] 문제文帝(사마소)는 정서장군이 되어 장안에 주둔했다. 옹주자사 진태가 적보다 먼저 적도를 점거하겠다고 진언하니 사마소가 이에 대해 말했다. "강유는 강족을 공격하여 그 병력을 거둬들여 개편했기에 이번 군대를 일으킬 수 있었소. 이번에

18) 이는 나라 안팎의 모든 군사를 통할하는 군정장관으로 도독의 최고 직책이라 할 수 있다. 일반적으로 도독이란 지역을 기반으로 지역을 관장하는 군정장관이다. 강유가 맡은 이 독중외군사督中外軍事는 과거 이엄李嚴이 선주(유비)의 고명을 받들어 임명된 적이 있는 중도호中都護 혹은 위나라의 도독중외제군사와 같은 직책이라 보면 될 것이다.

19) 양성揚聲이란 이른바 소문을 통해 대외선전을 행하는 것을 의미하는데 이는 심리전의 일환이다.

> 강유가 또다시 농우에 오려는 이유는 다시 강족을 쳐서 그 병력을 거둬들여 재기하려고 하기 때문이외다. 진짜 적도를 공격할 요량이면 어찌 강유가 소식을 일부러 외부에 알리겠소이까? 지금 적도를 공격하겠다고 강유가 양성했지만 기실 강족을 치려 함이 틀림없소." 강유는 과연 자신의 본영을 태우고 강족이 있는 곳으로 이동했다. 이때 신평군[20]의 강족과 호족들이 배반하니 사마소는 이들을 격파하고 그 기세를 몰아 영주현 이북으로 나아가자 그 일대의 반란군들은 모두 사마소에게 투항했다.[21] 《진서晉書 문제기》

강유가 추구하려던 개혁은, 그가 국정을 주도하는 입장이 된 초기 시점에서 어느 정도 유효하였다. 강유가 연희 17년 254년에 양주 농서군으로 출병하자, 그 속현 중 하나인 적도현의 현장이 강유에게 투항을 하면서 강유의 출병은 큰 탄력을 받게 되었다. 그 전 해인 연희 16년 253년에는 남안을 포위했지만 진태의 저지로 식량만 소비한 채 귀

---

20) 《진서 지리지》에 따르면 신평新平은 옹주에 속한 군郡으로 한나라 때 설치되었고, 2개의 현을 통치하며, 호구수가 2천 7백 호戶라 기록되어 있다. 또한 《원산송서遠山松書》에 따르면 흥평 원년 194년에 안정군의 순고鶉觚현과 우부풍군의 칠漆현을 분할하여 신평군을 설치했다고 기록되어 있다.

21) 진태陳泰가 옹주자사로 재임하던 시기는 가평 초년 249년부터 정원 초년 254년까지이다. 그리고 강유가 적도와 관련된 출병 행보를 보인 연희 17년 254년과 연희 18년 255년 두 해이다. 강유가 적도를 공격하겠다고 양성을 취할 요량이면 이전에 적도를 공격한 적이 있어야 하는데 그러려면 연희 18년 255년 혹은 그 이후로 예상할 수 있는데 그렇다면 진태의 관직이 변동되기 때문에 시기상으로 맞질 않는다. 아무래도 진태가 처음에 강유의 양성계에 의해 걸려든 것을 보면 적도에서 무슨 일이 있어야 하고, 강유 역시 적도가 아닌 다른 곳에 이미 주둔하고 있다는 조건이 필요하다. (본전)에 따르면 연희 17년 254년에 강유가 농서에서 출병하자 적도현장 이간이 성을 들어 투항했는데 강유는 먼저 양무로 나아가 위나라 군대와 교전을 벌여 패퇴시킨 후 승리의 여세를 몰아 하관 및 적도, 임조 세 현의 백성들을 이끌고 귀환했다고 한다. 연희 18년 255년의 경우에는 강유가 직접 적도로 나아갔다고 하니 《진서 문제기》에서 보이는 내용처럼 강유가 양성계를 취하고 다른 곳으로 이동했다는 기록과는 맞지가 않는다. 이로 볼 때 《진서 문제기》에 나온 강유의 공격은 연희 17년 254년의 일이라 유추할 수 있다.

환할 수밖에 없었으나, 이번 출병에서는 강유는 위나라의 장수 서질을 죽이고 위나라 군대를 패퇴시켰다. 그 위세가 농서 인근 군현의 이민족들에게까지 크게 미쳤고, 이 때문에 이 지역 민심은 술렁거릴 수밖에 없었다. 심지어 강유에게 호응하여 위나라에 배반하는 이민족들까지 생겨나면서, 강유의 출병 효과는 유효하게 작용하는 듯했다. 강유는 퇴군하면서 하관, 적도, 임조 세 현의 백성들을 촉의 면죽과 번현22) 등에 이주시켜 호구를 채웠다.

그렇지만 그가 당초 기대했던 효과는 그리 오래가지 못했다. 강유의 출병 목적을 꿰뚫어 보게 된 위의 장수들은 강유가 의도한 바를 달성시키지 못하게 하고자 적극적인 저지 작전에 나서게 되었고, 강유 역시 그 후 번번이 출병하였지만 별다른 결과를 얻지 못하거나 혹은 패퇴당하기까지 했다. 강유는 자신이 중시하는 신념을 통해 개혁을 추구하려는 그의 성격유형이 지닌 특징을 마음껏 발현하긴 했지만, 아쉽게도 군사력의 약세로 그 성과는 그리 크지 않았던 것이다.

다음으로 내향적 사고형의 성격유형인 인물이 흔히 보여줄 수 있는 장점은, 첫째로 현실에 구애받지 않고 이성적이고 개혁적인 정책을 선택하고 강력하게 추진할 수 있는 능력을 지닌 것이고, 그다음으로 논리적이고 분석적인 성향으로 치밀하게 정책을 결정하고 조직적으로 정책을 집행할 수 있다는 점을 손꼽을 수 있다.

2. 현실에 구애받지 않고 개혁적인 정책 선택의 그의 장점이 거듭되는 북벌을 강력 추동하였으나, 논리분석적인 일면은 가려져

이 성격유형의 장점은, 앞서의 강유의 성격유형 상 특징과 대체적으로 매우 유사하다. 그러하니 사실상 그 연장선으로 봐도 무방하다. 이

22) 연희 10년 247년에 양주의 호왕胡王 백호문과 치무대 등이 부락을 이끌고 귀순하였는데 이때 강유가 이들을 맞이하여 촉군 번현繁縣을 거처로 삼게 한 적이 있다.

성격유형의 장점을 강유에게 적용시켜 보면, 이미 전술한 강유에 관한 내용들은 이러한 성격유형 상의 장점, 특히 첫째 내용과도 부합한다. 둘째 내용은 해당하는 사항이 아니라 할 수 있는데, 이는 앞서 성격유형 상의 특징을 다룰 때 분석적, 논리적이며 치밀하여 매사에 빈틈없이 일처리를 하는 점이 강유가 지닌 성격의 특징에 별로 해당되지 않았던 점과, 상당히 유사한 것이다. 그의 성격유형 상의 장점의 경우에도 그는 현실에 구애받지 않고 강력하게 추진할 수 있는 능력은 있었지만 다만 그 성과는 별로 크지 않았다는 점에서, 사실상 그의 성격유형 상의 장점을 그다음의 내용으로 연결시켜 논하는 데에는 적용이 안 되는 그 한계가 드러나는 것이라고 여겨지기도 한다.

강유는 뜻이 높았지만 그가 헌신한 북벌을 추구하는 데 별다른 성과를 내지 못한 것은 물론, 조정의 지지와 협력 등도 제대로 받지 못할 정도로 어려운 상황 속에서 강행하였기 때문이기도 하다. 이에 그치지 않고 촉의 국력까지 상당히 소진될 정도였으니, 이는 분명 그의 성격유형상의 단점과 무관치 않다. 내향적 사고형의 인물이 흔히 보여줄 수 있는 단점은, 첫째로 맹목적인 헌신이나 계산이 들어맞지 않는 행동으로 편협하다는 인상을 받게 되는 것이고, 둘째로는 논리적이고 분석적이지만 객관적으로 설명하는 능력이 부족하여 자신의 의견에 대한 설득력이 부족할 수 있다는 점이다.

3. 객관적으로 설명 자신 의견 설득 능력 부족한 단점 넘어서지 못해, 거듭 북벌에 조정 지지 장수들 호응 취약 고군분투

이 성격유형의 단점을 강유에게 적용시켜 보면, 첫째 내용이야말로 강유의 성격유형 상의 단점에 가장 잘 부합한다고 할 수 있다.

강유는 황호가 방자하게 제멋대로 하는 것을 미워하여 후주(유선)에게 그를 죽이라고 아뢰었다. 후주가 말했다. "황호는 종종걸음으로 빨리 달리는 소인일 뿐이오. 예전에 동윤이 그에게 몹시 분노하였는데 나는 늘 이것을 한스럽게 여겼소. 그런데 어찌 그대 또한 족히 개의할 일이겠소!" 강유는 황호가 가지나 잎이 나무뿌리에 의지하는 것처럼 후주와 연결된 것을 보고 (자신이) 실언했음을 두려워하여 공손히 말을 한 뒤 물러났다. 후주는 황호로 하여금 강유에게 가서 사죄하도록 하였다. 강유는 황호를 설득하여 (스스로) 답중으로 가서 보리를 파종하려 한다고 말하여 안으로부터의 핍박을 피했다. 《본전/배송지 주, 화양국지》

강유의 성격유형이 지닌 단점을 현실에 적용하여 들여다보면, 맹목적으로 북벌에 매진한 나머지 조정의 지지를 받는 데에도 실패한 것, 그리고 더욱 문제가 발생한 부분은 우선적으로 그 조정이 간신배에 의해 농단당한 상황이었다. 앞서 인용된 진지와 같은 인물이 환관이나 소인배들과 사귀고 후주 유선의 총애를 받는 데 급급한 처신을 보이면서 강유보다 더 실권을 장악하게 된 것도, 강유가 정사에 잘 참여하지 않고 그저 북벌에만 매달린 데 무관하지 않은 결과였다. 또한 황호와 같은 환관이 강유의 북벌을 방해하는 것도 모자라, 그 자리까지 위태롭게 만들게 한 것도 매한 마찬가지였다. 괜히 황호를 죽이라고 주청했다가 황제의 제지를 받고 나서야 자신이 실언한 것을 깨닫고, 그저 화를 피하고자 스스로 주청하여 답중에 주둔하고 만다. 이는 따지고 보면, 그저 북벌에 매진하려고 하는 강유 자신의 보신책일 뿐 그 이상 의미를 갖지 못하는 시야가 좁은 편협한 행동이었다.

강유의 지나친 북벌에 대한 헌신은 심지어 동료 장수들에게까지 비판을 받게 되었다.

강유가 다시 출병할 것을 논의하자 오직 장익만이 조정에서 논쟁을 하여 작은 나라 백성들은 피곤한데 군사를 마구 동원하는 것은 옳지 못하다고 주장했다. 그러나 강유는 (이를) 듣지 않았고, 장익 등을 이끌고 출병을 행하려고 장익을 진남대장군으로 승진시켰다. 《삼국지 촉서 장익전》

경요 5년 262년, 강유가 군을 이끌고 적도로 나아가자 요화가 말했다. " '전란이 끊이지 않으면 반드시 스스로를 불태운다.'고 하더니 이는 백약(강유)을 두고 하는 말이로구나. 지모가 적보다 뛰어나지 않고, 역량도 적으면서 용병이 끊이지 않으니 어찌 스스로를 보존하겠는가? 《시경》에서 말하는 '나보다 먼저 시작된 것도, 나보다 뒤에 시작된 것도 아니다.'[23]란 것이 지금의 일을 가리키는 것이로다." 《삼국지 촉서 종예전/배송지 주, 한진춘추》

다름 아닌 전우가 출병을 반대할 정도라는 것은 이것이 너무나 지나치다고 할 무리수였다 하겠으니, 강유로서는 북벌에 대해 좀더 신중을 기할 필요가 있었다. 이러한 조정 신료와 동료 장수들의 반대는 제일 먼저 엄정한 장수였던 장익에서부터 시작되었다. 강유가 연희 19년 256년에 재차 출병을 논하자, 제갈량의 북벌에 함께 참여했던 동료 장익이 이론을 제기하며 그 무리함을 지적한 것이다. 그러나 강유는 이를 듣지 않고 자신의 뜻대로 출병을 강행하다 단곡에서 위의 등애에게 대파를 당하고 말았다.

---

23) 이는 《시경》「대아탕지십[大雅蕩之什]」 첨앙[瞻卬]에 나오는 문구이다. 이 표현은 근심이 나로부터 시작된 것이지, 나 이전 혹은 그 이후에 나온 것이 아님을 뜻한다. 즉, 이는 나라의 위기가 강유로부터 비롯되었음을 우회적으로 비판한 것이다.

《삼국지 촉서 장익전》에 따르면, '장익은 이론을 제기한 이래로 강유와 조화를 이루지 못했다.'고 기록되어 있는 것으로 보아, 강유는 자신의 출병을 반대하는 동료와 제대로 화합을 도모하지 못했던 것으로 보인다. 그렇다면 강유의 북벌군은 그 수뇌부부터 문제가 있었던 것이라 아니할 수 없다. 상황이 이러하니 군심 역시 어찌 일치단결할 수 있었을까? 촉의 원로 장수였던 요화마저도 강유의 지나친 출병을 두고 비판하며 이를 나라의 폐해로 생각했으니, 그는 북벌에 맹목적으로 헌신하면서 동료 장수들과의 불화를 낳았고, 나라를 소진하게 만들었다. 때문에 촉이 멸망지화를 당하게 된 책임에서 그는 자유로울 수만은 없었고, 그의 성격유형이 지닌 단점이라 할 맹목적인 헌신이나 계산에 들어맞지 않은 행동이 이러한 폐해를 야기하는 촉매제 역할을 했던 것이다.

총체적으로 살펴보건대, 강유는 천수의 관족 출신으로 그 가문은 양주에서 상당한 위세를 자랑하였으며 본인 역시 명망이 있고 무략武略을 지향하는 재주 있는 인물이었다. 처음에 강유와 촉의 인연은 적과 적의 관계로 시작하였다. 그러나 학행보다는 전공을 통해 입신양명을 하려는 자신의 사고판단 기준을 채울 수 있는 조건이 촉에 적합하다고 판단하여, 이에 투신할 수 있었다. 이윽고 이러한 자신의 관념을 추구하기 위해 그는 부단히 노력을 다했고, 특히 강족과 호족과 같은 이민족들을 자신의 우익으로 삼아 양주를 탈취하려는 개혁으로 적극적인 행보를 보이기도 하였다.

그렇지만 현실에 구애받지 않고 강력하게 추진할 수 있는 이러한 성격유형이 지닌 특징이 제대로 발현되고 있었음에도, 논리적이고 분석적이지 못한 성격유형이 지닌 또 다른 특징을 잘 보완하여 갖추지 못한 관계로 그가 주도한 북벌은 성과를 내기 어려웠다. 더욱이 지나치게 북벌에 헌신하는 행동에 매진하면서 국정에 자주 참여하지 못하여 조정에서는 간신들이 득세하는 기회를 간과하게 되었고, 이로 인해 자신의 북벌마저 방해받는 신상의 위험까지 처하게 되었던 셈이다. 심지어 함께 싸워야 할 전우도 강유의 북벌에 반대하고 비판하는 입장에 섰으니 말이다.

그가 만약 자신이 잠재적으로 지니고 있는 자신의 신념을 강력하게 추진할 수 있는 성격유형이 지닌 특징과 장점을 보다 긍정적으로 발현해 나가면서도, 일면 좀더 치밀하게 매사를 처리하도록 그의 설득 능력이 부족한 단점을 보완할 수 있었더라면 상황은 달라질 수 있었을까. 그리했더라면 강유의 북벌은 좀더 안정적으로 진행되어 위 촉의 현저한 국력을 넘어서는 승리를 거두기를 기대할 수는 없을지라도, 적어도 나라는 소진해 가고 자신은 독불장군처럼 처연하게 최후를 맞게 되지는 않았을지 모른다.

모신 강유의 남은 논의

04

진수는 강유에 대해 평하였다.

강유는 문무 양면의 재능을 갖추고 공명을 세우려는 데에 뜻이 있었지만 군사와 전쟁을 너무 가볍게 생각했기에, 분명하게 결단을 내렸지만 두루 조밀하지 못해 결국 죽음에 이르렀다. 「노자」에 이런 말이 있다. "큰 나라를 다스리기는 마치 작은 생선을 삶듯이 해야만 한다." 하물며 한쪽의 작은 나라에서야 어찌 그리 소란스럽게 할 게 있겠는가? (본전)

여기에서 진수는 《노자 도덕경》 제60장의 '대국을 다스리는 것은 마치 작은 생선을 삶는 것과 같아야 한다治大國, 若烹小鮮'는 말을 인용하며, 강유의 북벌을 강도 높게 비판하고 있다. 이것은 북벌이라는 동일한 정책을 수행한 제갈량에 대해 특별한 비판을 가하지 않았던 점과 비교해 뚜렷한 차이를 보인다. 왜 이처럼 진수는 상이한 평가를 내릴 수밖에 없었던 것일까. 아마도 그 이유는 강유의 비극적인 최후에서 찾아야 할 것이다. 강유는 제갈량의 한중漢中 견수책堅守策을 포기한 뒤 곧바로 빠르게 한중을 잃었고, 검각을 지켰지만 등애의 음평으로의 돌파에는 속수무책이었으며, 한실광복을 도모하여 끝내 종회와 함께 살해되어 불행하게 일생을 마쳤기 때문이라고 할 것이다. 여기에 제갈량과 달리, 상당한 전비를 들이며 자주 원정을 일으킨 데 비해 성과가 적다는 점 또한 상당한 약점으로 작용하였다.

건흥 12년 234년 제갈량이 죽고 장완이 뒤를 이으면서, 강유는 우감군, 보한장군, 평양후로 자리를 옮겼다. 그 후 9년 뒤인 연희 6년 243년에 강족이나 호족과 손잡는데 양주 차지는 매우 중대하다며 장완의 적극 추천으로, 강유가 진서대장군, 양주자사로 옮겨진 것으로 봐도 강유의 주된 임무를 능히 짐작할 수 있게 한다. 바로 이 점 때문에, 강을 따라 동쪽으로 내려가려는 또 다른 작전[24]을 준비하려는 장완에게 후주 유선이 자문을 구할 때도 비의와 함께 사행을 맡을 수 있었던 것이다.

그러나 장완 사후 비의는 북벌의 계승에 중점을 두었던 장완과 달리 매우 신중하게 이 상황을 접근했다. 이러한 정책 노선의 변화는 여러 가지 원인이 있었겠지만, 주된 것은 촉 내부에 북벌 반대의 중론이 점차 고조되었던 데 있다고 봐야 한다.

"항상 대규모로 출병하려고 하여 비의는 번번이 강유를 제지하며 그에게 내준 병력은 만 명에 지나지 않았다."《삼국지 촉서 강유전》

---

24) 기존에 제갈량이 고수한 북쪽의 진천秦川 공략은 길이 험하다고 군량 보급에 어려움이 많기 때문에 실효성이 없다고 여긴 장완은 한수漢水와 면수沔水의 급류를 이용하여 동쪽의 형주 북부 일원인 위흥魏興과 상용上庸군을 습격하는 작전을 수립했다. 이 장완의 방책에 대해 강을 거슬러 퇴각하기란 어려운 일이기 때문에 작전이 성공하지 못하면 위험성이 크다고 여겨 최선이 아니라는 당시 중론이었다. 이 작전은 장완의 지병이 재발하여 결국 빛을 볼 수 없었지만 아이러니하게도 훗날 조위의 뒤에 서진의 익주자사 왕준王濬이 이와 유사한 작전을 구사하면서 동오를 정벌하여 서진으로의 천하통일에 지대한 기여를 하게 되었던 것이다.

"백성들이 지치고 피폐하면 소요가 일어날 징조가 생기고 (…) 총명한 사람은 작은 이익에 눈을 돌리지 않고 생각이 비슷하다 하여 주관을 바꾸지 않으며, 시기가 가능해진 연후에 행동하고, 여러 수를 종합한 뒤에야 거사하는 것입니다. (…) 만약 모든 무력을 다하여 몇 번이고 정벌하여 토지가 붕괴되는 형세가 생기고 불행히 어려움을 만나게 된다면 비록 총명한 사람이라 하여도 어떤 방책도 강구할 수 없을 것입니다."《삼국지 촉서 초주전》

상기의 두 내용은 《삼국지 촉서 강유전》과 《삼국지 촉서 초주전》의 기록들을 대비한 것인데, 이 중 「초주전」에서 발췌한 '구국론仇國論'은 비의 이후 상서령이 된 진지와 논의하여 만들어진 것으로, 강유 북벌에 관한 반대 여론의 논리를 총합적으로 응집한 내용으로 평가할 수 있다. 흥미로운 점은 바로 이 '구국론'의 논지와 비의의 강유 견제론은 비슷하게 맞아 떨어진다는 것이다. "그만한 능력을 지닌 이를 기다려야" 한다는 비의의 제안은, 누가 봐도 '구국론'과 여러 면에서 일치하는 점이 많다. 이것들은 당시 비의의 보정기輔政期부터 촉의 여론이 북벌에 더욱 급속히 부정적으로 변했다는 것을 보여주는 결정적 증거라고 볼 수 있다. 비의 이후부터 북벌 정책은 국가적 정책에서 점차 후퇴하여 쇠락하고 있었다. 바로 이 시점에 비의와 강유의 갈등이 있었던 것이다.

연희 16년 253년 비의의 사망은 그의 견제 속에서 앙앙불락하며 북벌을 꿈꾸던 강유에게 날개를 달아준 격이 되었다. 위장군으로 군 내 상위 서열에 있던 강유는, 곧바로 그해 여름 석영에서 남안으로 진출하여 포위한 것을 시작으로 본격적인 북벌에 들어간다. 촉 내부의 반대가 장기전에 따른 국내 부담의 가중임을 잘 알고 있었기 때문에, 양주에서 군량과 인원을 확보하려는 제갈량 전술의 장점을 받아들인 것이다.

《삼국지연의》의 흐름대로라면, 강유보다 제갈량이 국내에 머무는 기간을 좀 더 오래 가졌을 것이라고 생각하기 쉽다. 그러나 처음 건흥 6년 228년 출정을 개시한 이후 건흥 12년 234년 사망할 때까지, 평균적으로 제갈량은 오래 머문다 해도 3년을 넘지 않았다. 전체 출정 중 기간이 고작 6년이어서 그 출정 횟수가 많을 수 없었고, 규모도 크지 않아 그리 많아 보이지 않을 뿐이었던 것이다. 강유는 사실상 연희 16년 253년부터 경요 6년 263년까지 무려 10년을 출정했기 때문에, 그 횟수가 더 잦았고 촉 내부의 안정희구론도 견고해서 많은 비판에 부딪혔을 뿐이었다.

그런데 왜 강유의 북벌은 제갈량에 비해 소모적이었다는 주장이 제기되는 것인가? 물론 제갈량은 북벌 이전에 남정을 행하고, 군비를 확보하여 익주가 피폐해지지 않도록 노력했다는 차이는 있겠으나, 이는 대부분의 경우 촉 내부의 안정희구론자들에 의해 제기된 주장에 근거하고 있다. 그렇다면 이러한 의견이 과연 강유의 북벌에 관한 평가의 근거로서 적정한 것일까. 우선 강유의 촉이 주도한 전투의 승패가 불분명하게 끝난 경우가 적지 않았는데도, 북벌 목표를 달성하지 못한 것만을 이유로 달아 '패전 처리'하고 있기 때문이다. 그러다 보니 촉 내부의 안정희구론자들에게는 이 패전 처리가 좋은 구실거리가 되고 있어, 바로 이 점이 강유의 북벌은 익주를 피폐하게 했다는 평가의 주된 요인으로 작용하여 드리운 것이다.

기실 강유는 위 출신 내항자로서 불리한 조건에 있었고, 촉 조정으로부터 사실상 크게 지원을 받지 못했던 한계에도 이만한 충성과 절의를 보인 경우는 드물다. 남중의 어찌 보면 여러 바깥 신하外臣들이 충의를 드러냈음에도 불구, '남중이 불안하다'며 후주 유선에게 항복을 권한 초주와 비교해 봐도 그렇다. 이렇듯 안정희구론자들의 촉이 항복하게 하는 그 마지막 행로가 드러남에도, 이들의 주장을 전적으로 근거하여 강유를 결과론적으로만 비판하는 것은 분명 문제가 있다. 강유는 당시 촉인蜀人들 중 누구보다도 촉나라를 위한 구국의 마음을 온 몸을 던져 표현하였기에, 그의 최후가 안타까운 이유도 어쩌면 이런 데 있는 것은 아닐까.

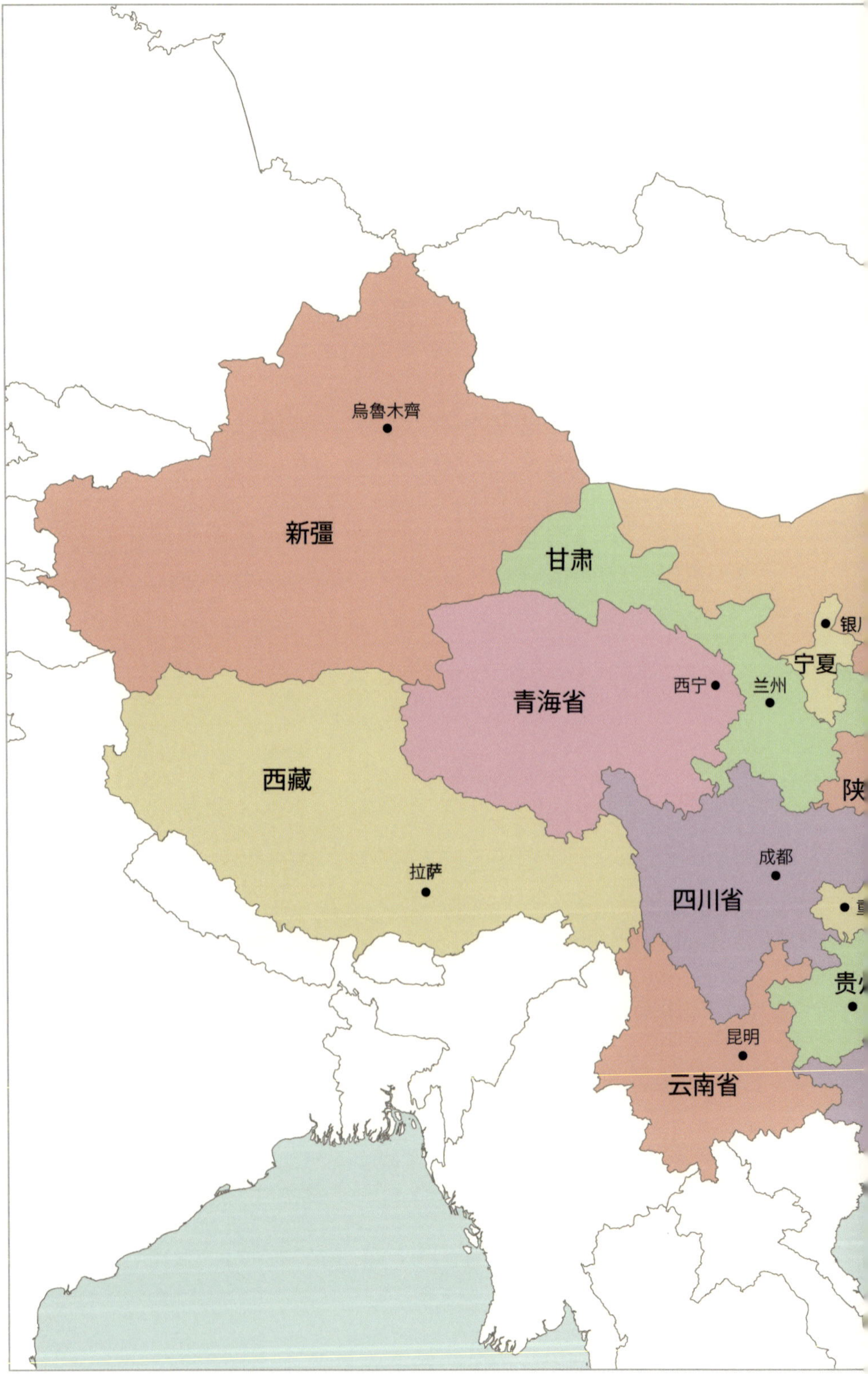
烏魯木齊
新疆
甘肃
银川
宁夏
青海省
西宁
兰州
西藏
陕
拉萨
成都
四川省
贵
昆明
云南省

黑龙江省
哈尔滨
长春
吉林省
内蒙古
沈阳
辽宁
北京
北京
天津
天津
石家庄
太原
河北省
济南
山东省
山西
郑州
河南省
江苏省
合肥
南京
上海
湖北省
武汉
安徽省
杭州
浙江省
南昌
长沙
江西省
湖南省
福州
福建省
台北
台湾
关东
广州
香港
澳门
海口
海南省

中國歷史 年表

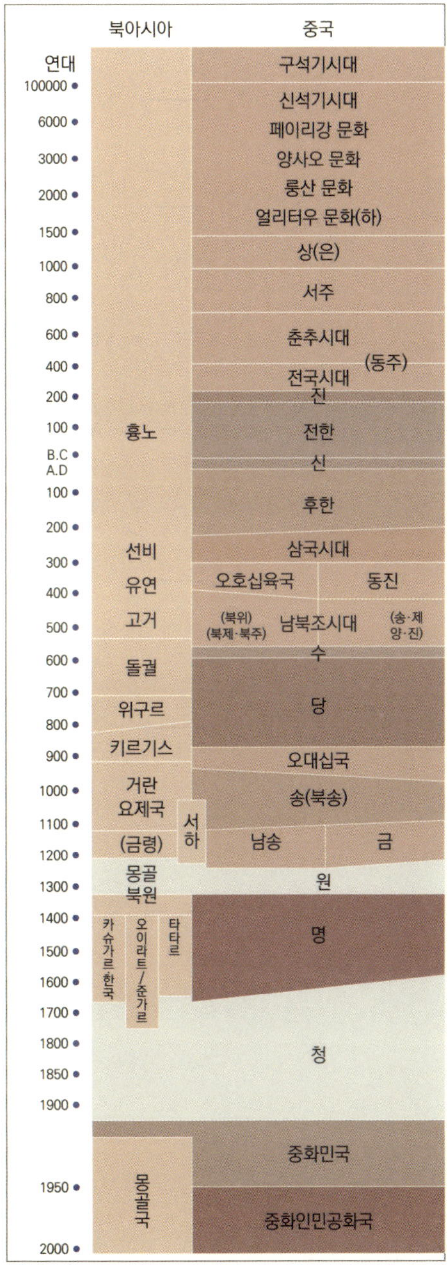
북아시아
중국
연대
100000
6000
3000
2000
1500
1000
800
600
400
200
100
B.C
A.D
100
200
300
400
500
600
700
800
900
1000
1100
1200
1300
1400
1500
1600
1700
1800
1850
1900
1950
2000
구석기시대
신석기시대
페이리강 문화
양사오 문화
룽산 문화
얼리터우 문화(하)
상(은)
서주
춘추시대
(동주)
전국시대
진
흉노
전한
신
후한
선비
삼국시대
유연
오호십육국
동진
고거
(북위)
(북제·북주)
남북조시대
(송·제
양·진)
수
돌궐
당
위구르
키르기스
오대십국
거란
요제국
송(북송)
서하
(금령)
남송
금
몽골
북원
원
카슈가르한국
오이라트/준가르
타타르
명
청
중화민국
몽골국
중화인민공화국